智谋故事 上

何莲女　姚康乐　编

北京出版集团公司
北 京 出 版 社

写在卷首

这本故事集，是我们在带孙子、做家务之余，边看边读边整边编的，历时十多年，现在终于完稿了。

开门见山，我们就说说是怎么想起编写这本书的，又是怎样来编写这本书的。

一、为补憾而读《资治通鉴》

离开职场以后，趁身体还行，想做点儿有意义的事情。我们原来在大学都是历史系的，但对中国历史经典著作接触甚少。所以，就想在退休以后，来补一补这个缺憾。怀着这样的初衷，我们决定一起来读读这部中国历史上的经典著作。

《资治通鉴》是宋代司马光花费了十九年时间编撰的一部编年体史学巨著。书中记载的历史从公元前403年，一直到公元959年，共十六代，时间跨度长达1362年。全书294卷，近400万字。它的主要内容多叙国家的兴亡、政治的治乱、君主的贤愚、用人的得失、官吏的贪廉、战争的详略、用兵的得失、经济的兴革等，是古代统治者鉴往事、资治道的必读史书。毛泽东主席通读此书十七遍，并多次向身边的人推荐。此书与汉代司马迁所撰传记体巨著《史记》并称中国史学的不朽经典之作。学历史的人，无疑应该读读这两本书。

话虽这样说，但是读《资治通鉴》一段时间后，发觉兴趣似乎并不大，而且有越来越淡的趋势。这倒不是因为它的原文是文言文，不大好读，有白话文对照着看，读通看懂还是做得到的。主要是因为这部书记载的内容太庞杂，头绪纷繁，详略不一，又因按年记事，寻检不易，一下子扎进去，浑浑然读不出个所以然来，兴趣自然就减退了。怎么办呢？我们想起了当年学习毛著，提倡带着问题学、选好角度学，就琢磨着也应选择一个恰当的角度去读这部书。

21世纪初，国家提倡大力弘扬中华优秀传统文化，我们认为中华优秀传统文化中无疑应该包含着古代智慧、计策、谋略等方面的内容，而《资治通鉴》中肯定记载着不少这方面的内容，我们何不从这个角度去读这本书呢？就这样，我们就专门从智、计、策、谋（智谋）这些角度去读《资治通鉴》，并将有关记载按时间先后摘录出来。这样边读边摘，果然，书读得进去了，读书速度加快了，获得感提高了，兴趣自然也就增强了。几年坚持下来，不仅读完了全书，还积累了一厚沓摘录资料。

看着案头上的一厚沓摘录资料，我们不由得脑中浮出一个念头：如果在这些资料的基础上加以整理编辑，使之成为一本通俗的故事集，不仅对自己、对别人，对社会也许都不失为一件有益之事，何乐而不为呢？就这样，我们接着又开始了对这些资料进行编辑整理。又经过几年的努力，这本故事集也就自然而然地编出来了。

二、本书是如何编写的

（一）整理成篇。按照一个故事的情节、内容，整理有关资料，使它形成一个有头有尾的故事。如果这个故事经历的前后过程比较短，内容相对集中，整理编辑就较为容易；如果故事经历的过程比较长，内容分散在前后多卷内，那整理编辑就要复杂一些，免不了要采用简化、概括、归纳、删节、连缀等方法，先选择恰当的资料，再连贯成篇。当然，前提是尊重原著，保持原汁原味。

（二）译成现代汉语。原著是文言文，要将它译成现代汉语，才能使今人看懂。这事好在不难，因为在阅读《资治通鉴》时，就是对照白话文阅读的。在读编过程中，我们先后对照了三种版本的白话文《资治通鉴》。第一种是沈志华、张宏儒主编的《白话〈资治通鉴〉》（1993 年 3 月由中华书局出版）。第二种是张舜徽审订、李国祥等主编的《〈资治通鉴〉全译》（1994 年 9 月由贵州人民出版社出版）。第三种是《柏杨白话版〈资治通鉴〉》（2006 年 7 月由北岳文艺出版社出版）。三种白话文版，又以柏杨先生译的文本为主要参照，因为它出版的时间距离现在最近，文字也更通俗、生动。

（三）设置标题。为每个故事编写标题，起的是画龙点睛的作用。书中的每个故事都编写了一个正标题和一个副标题（括号内）。正标题是依据每个故事的主要内容概括而出的，全为六个字；副标题全为四个字，是点出这个故事中所运用的智、计、策、谋（智谋）的关键词。编写这几百个故事的标题，着实花费了一番功夫、心思。

（四）做出评点。每个故事的最后一段文字，是我们对这个故事读编后的感想、慨叹、议评。这些文字可以说是我们对每个故事的读后感、编后语，大约有几万字，所评所议不一定都恰当，但确实是我们当时的真实想法和认识。

（五）编定目录。这个比较容易，将故事的标题按时间先后排列出来就可以了。

（六）修改定稿。本书应该说是三稿而成。第一稿是边读边摘而成的资料稿；第二稿是在译为白话文的过程中，边编写、边增减的修改稿；第三稿是用手写板将此书全部重新输入到电脑中，边输入边修改，并最后定稿。其中，单第三稿从头到尾，就用了一年多时间。

三、几点说明

第一，《资治通鉴》中关于智谋方面的记载很丰富，涉及篇幅颇多。由于我们的见识、水平有限，现在编写出的452则故事，只是其中的一部分，也许可能是相当大的部分，但绝非全部。即使是这四百多则故事，所编所译所写所议也未必都准确精当，请有识之士多多批评指正。

第二，本书中涉及一些邪智、阴谋、诡计的故事也编写列出，这是因为这些内容在原著中都一一有记载，是在彼时彼境下人们用智使谋的活动和记录，这是抹杀不了的。把他们的这些所作所为当作反面教材和一面镜子，对于今天的我们，仍不乏积极意义。

第三，本书中涉及的纪年，为方便阅读，采用公元纪年，但涉及月、日，仍按原著，采用的是农历，所以在时间表示上，会出现公元555年五月初五这样的表述。

第四，本书中涉及的古今地名对照，主要参照柏杨先生的文本，因为它离现在最近。即使这样，他的书出版也已有十一年了，其间，由于社会发展，地名肯定又发生了不少变化。这些新变化，我们还没有做出相应的修改，主要原因是资料不足。这是遗憾之处。

何莲女　姚康乐

二〇一七年十二月三十一日

目 录

1. 智果改姓避祸

（见微知著）

2400多年前，我国周王朝第三十四任国王姬午在公元前403年正式下达诏命，分封晋国的三位权臣魏斯、赵籍、韩虔为国君。这样，魏斯就当了魏国的君主，赵籍当了赵国的君主，韩虔当了韩国的君主。（三姓分晋是司马光编撰的《资治通鉴》——我国第一部编年体通史的起点。从此事开始，它记载了长达1362年古代中国的史迹，成为中国史籍中最有价值的巨著。我们的故事也就从这里开始了。）

在此之前的一段时间内，晋国的朝政其实是由智、韩、赵、魏四大族氏把持的，其中智氏的势力最大，代表人物是智申。智申在晚年的时候打算立自己的儿子智瑶为继承人。智瑶有五个明显比别人强的方面：一是长相好，鬓发美好，身材魁梧；二是武艺好，射箭驾车，气力充沛；三是能力强，技艺全面，运用熟练；四是口才好，文辞巧妙，善于言辩；五是敢决断，性格刚毅，果断勇敢。但他有一个致命的缺点——待人不仁厚，刻薄寡恩。

智申的同族人智果听说智申要立智瑶为继承人后说："立智瑶不如立庶子（妾生的）智宵。如果立了智瑶，他以五个方面的强势凌人，而以不仁厚、刻薄寡恩来行事，谁能够与他和平相处呢？真要立智瑶的话，智氏宗族必然要灭亡。"智申这个人刚愎自用，并没有听取智果的意见，还是立了智瑶为继承人。智果听说以后就马上到掌管族氏的政府部门——太史那里另外登记了族号，给自己改姓为"辅"。

过了若干年，智申死了，智瑶接管了晋国的政事，逐渐变得嚣张起来。智瑶先后以"增强公室"为名，让韩、魏、赵三家各自拿出封地献给晋国国君。三家都明白这是智瑶使的伎俩，不过是想削弱别人来壮大自己而已。韩氏的族长韩虎（康子）、魏氏的族长魏驹（桓子）被逼无奈，只得忍痛割让了一个万户的地盘给智瑶。赵氏的族长赵无恤（襄子）却不肯割让。智瑶大怒并胁迫韩氏、魏氏与他一起联合出兵进攻赵氏，赵氏被迫退守晋阳城（今山西省太原市西南）。晋阳城民心归附赵氏，尽管城池被三家联军围困了三年，还被水淹了很长时间，但赵军和百姓宁愿被困死，也绝不投降。

在这个危急关头，赵襄子听从家臣张孟谈的建议，派张孟谈潜往魏、韩军营，对魏桓子、韩康子说："古人说过'唇亡则齿寒'，现在韩、魏、赵互为唇齿，一旦赵氏灭亡，下一个被消灭的就是你们自己，你们好好想清楚！"其实，韩氏、魏氏心里清楚其中的利害关系，只是当时迫于无奈才助智围赵，现在经张孟谈这么一说，三家于是约定了日期，决定共同反攻智氏。

到了约定的那一天，魏、韩军队从侧面夹击智瑶的军队，赵军正面挖河决堤放河水冲灌智军，三方合力，把智军打得落花流水，生擒了智瑶并立即将他斩首，同时将智氏灭族。只有智果因为早就改了姓才得以保住性命。从此以后，韩、赵、魏三家共同把持了晋国国政，直到姬午分封韩、赵、魏三国。三国建立后不久，晋国就灭亡了。

智果从智申立智瑶为继承人一事中，推测出以后将会出现的危局，采取了常人难以做出的果断措施，最终保全了自己。他称得上是能见微知著、具有先见之明的睿智之士。

2. 翟璜巧答魏斯

（顺水推舟）

韩、赵、魏三姓分晋以后，魏国的国君魏斯（魏桓子的孙子，时称魏文侯）善用人才、奖励耕种、兴修水利、进行改革，使魏国成了战国初期的强国，一时称雄于诸侯。

公元前403年，魏斯派出大将乐羊攻占了中山国（今河北省定州市一带），并把它封赏给了自己的儿子公子魏击。

有一天，魏斯在朝堂之上问群臣："你们认为我是个什么样的君主呢？"众臣为讨他的欢心，异口同声地回答："您是一位仁慈的君主！"魏斯听了，脸上露出了欢悦的神情。

突然，魏斯耳边响起了另一个声音："主君，您取得了中山国，没有把它封赏给您的弟弟却封赏给了您的儿子，怎么能说您是仁慈的呢？"魏斯睁大眼看去，那个声音是从一个叫任座的人的嘴巴里发出来的，马上怒形于色。任座一看苗头不对，也就匆匆忙忙地溜了出去。

任座走了以后，魏斯渐渐恢复了原来的神色，接着又问一个名叫翟璜的臣僚："你认为我是一个什么样的君主？"翟璜非常利落地回答："您当然是一位非常仁慈的君主！"魏斯又问："你凭什么这样认为呢？"翟璜说："我听说君主仁慈，当臣僚的才能正直。刚才，任座说了非常正直坦率的话，我由此推断您是位仁慈的君主。"

魏文侯听翟璜这样说非常高兴，眉飞色舞地让翟璜赶快去召请任座返回朝堂。当任座回来时，魏文侯神色谦恭地亲自下阶迎接，并封他为上客。

任座不畏强权、实话实说尽管令人敬佩，但却被当权者嫌恶，并没有让实话起到好的作用；翟璜巧妙对答，却收到了意想不到的效果。人性的弱点之一就是喜欢听顺耳的话，翟璜的聪明之处就在于利用人的这一弱点，采取顺水推舟的办法，让国君朝着积极的方向行动。

3. 李克聪明举相

（启发自悟）

公元前403年，李克正任中山相。有一天，魏文侯对李克说："先生，您曾经说过这样的话：'家贫时想有贤惠的妻子来操持，国家动乱时想有贤能的宰相来治理。'现在我考虑可以立为宰相的有两个人，一个是魏成，另一个是翟璜，您认为哪位更为合适呢？"

李克听后回答说："卑下之辈不参议选立尊长的事，疏外之人不参谋讨论亲近者的事。我在朝廷外任职，不敢接受您让我议论选立宰相的命令。"魏文侯说："先生，您面临要事，不要推让啊！"李克回答说："主君，您现在举棋不定，实际上是因为没有仔细考察推敲。对于臣僚，您只要在平常观察他亲近什么人，在他富有时观察他与谁相交，在他显达时观察他推崇什么，在他穷困时观察他不屑做什么，在他贫寒时观察他不贪谋什么。观察清楚了这五个方面，您就可以选定宰相了，哪里要我李克来议论！"魏文侯听了李克的这番话后，说："先生，您可以回客舍去了，我的宰相已经选定了。"

李克从魏文侯处退出来时，正好与翟璜相遇，翟璜说："听说刚才主君召请先生议择宰相之事，究竟选定了谁当宰相呢？"李克说："是魏成！"翟璜一听立即愤然作色，说："西河（黄河西岸，陕西省东部）的守令吴起是我举荐的；主君担忧邺城（今河北省临漳县邺镇），我举荐了西门豹；主君要攻取中山国，我又举用了乐羊；中山攻克后没有官员镇守它，我推荐了先生你；主君的儿子没有师父，还是我举荐了屈侯鲋，以这些众所周知的事实，我怎么就比不上魏成呢？"

李克听完翟璜的话后说："你当初在主君面前举荐我，难道是为了结党营私以谋求做大官吗？我想不是这样的！所以主君现在问我谁适宜为相，我做了那样的回答。我之所以知道会选魏成为相，是因为魏成食禄千钟（一钟为六斛四斗），却把十分之九用在了外面，十分之一用在了家里，因此，他在东边结交了卜子夏（孔子的学生）、田子方和段干木（这两人是孔子的学生子夏的学生）。这三个人，主君无不把他们尊为老师；而你所举用的五个人，主君都把他们当臣僚。你想想你怎么能与魏成相比呢？”

翟璜听完李克的话后，惶恐惭愧地退后拜谢，说：“我翟璜是个粗鄙浅陋之人，刚才所说多有谬误，请原谅！我愿终身作为先生您的弟子！”

在这里，李克的聪明智谋在于：对不宜直接作答的敏感问题，启发对方自己去比较思考，然后由他自己决定该怎么办。这比由别人明讲出来更珍贵。

4. 魏击任才强国

（任势择人）

吴起是卫国（今河南省濮阳市周围一带）人，在鲁国做官。当时齐国要攻打鲁国，鲁国人想启用吴起为将，可吴起的妻子是齐国人，鲁国人便担心吴起一旦领军与齐军开战不能忠心为鲁。吴起知道这个情况以后，毅然杀了妻子以请求领军抗齐。吴起当了鲁将后，把齐军打得大败。这时，又有人在鲁侯那里说吴起的坏话，吴起知道情况后，担心给自己带来麻烦，他听说魏文侯贤明，就归附了魏国。

魏文侯听从李克的建议，任用吴起为大将去攻打秦国，夺占了秦国的五座城池。身为大将的吴起廉洁公正，善于用兵，与兵卒同甘共苦，深得将士之心。魏文侯拜吴起为西河郡守，抵御秦、韩。文侯逝世后，武侯魏击继位，仍然像他的父亲那样对吴起非常敬重。

有一次，魏击乘坐御舟沿西河（现陕西、山西二省之间的黄河河段）顺流而下，看着河水汹涌奔腾，两岸峭壁夹峙，便对着吴起说："黄河天险，固若金汤，实在是我魏国的至宝啊！"

吴起听了后回答："国家的兴盛衰败，在于当政者德行的高下，而不在于山川是否险阻。从前三苗部落所居之地，左有洞庭湖，右有鄱阳湖，可以说万无一失，但是因为当政者无德，对国家疏于管理，结果被夏禹（夏朝首任君主姒文命）灭亡了。夏朝末代君主桀（姒履癸）的驻地，东有黄河、济水，西有华山，南有伊阙山（今河南省洛阳市南），北有羊肠陂（今山西省平顺县东南太行山中），可是因为政治腐败，不行德政，商汤（商朝首任君主子天乙）把他赶下了台，夏桀被放逐到远方。而商朝末代君主纣（子受）的国都，西倚孟门山（今山西省吉县西），东靠太行山，北有恒山，南临黄河，同样是由于政治腐败，暴虐无道，最后商纣王被周朝开国君主武王（姬发）杀死。从以上这些事实来看，国家的安危，在于当政者的德行高下，而不在于山川是否险阻。如果主君您不施德政为国尽责，恐怕现在跟您同坐在船上的人，到时候都可能成为您的敌人！"

魏击听了吴起所说的话，心中凛然，不禁敬佩地对他说："您说得太对了！我会谨记您的话！"此事传扬开去以后，吴起的名声越来越大。

正是因为魏国两代国君能够任势择人，善于用人所长，认真听取谏言，内修德政，支持变法，革新政治，整饬军队，才使魏国能在当时称雄一方。看来，当政者的最大智谋应该是得人用才，能真正任势择人、得人用才的，必定会无往而不利。

5. 田文坦诚服人

（开诚布公）

魏武侯即位不久，就想设立宰相。吴起自以为长期镇守西河，功高名盛，一定会被任命为宰相。没想到，武侯却拜田文为宰相，吴起因此心里不高兴，更不服气。

有一次，吴起碰到田文，就对田文说："我想跟你比一比你我对国家的功劳和贡献，可不可以啊？"田文知道吴起的来意后说："当然可以！"

于是，吴起就理直气壮地说了起来："统领三军，能使士兵们舍生忘死、勇往直前，使敌国惊惧、不敢来打我魏国的主意，你比得上我吗？"田文谦逊地答道："我比不上你！"

吴起接着问道："管理文武百官，使得万民亲附，国库充实，社会安定，你比得上我吗？"田文还是谦逊地答道："我比不上你！"

吴起继续问道："镇守西河，使秦国不敢向东进犯，韩国和赵国不敢不对魏国唯命是听，你又比得上我吗？"田文依然谦逊地答道："我还是比不上你！"

听了田文这样的回答后，吴起愤愤不平地质问田文："在这样三件重要的大事上，你都比不上我，但你却当了宰相，官位比我还高，这是什么道理呢？"

田文心里早已预备好了答案，他不慌不忙、十分坦诚地反问吴起："武侯即位时年纪小，国内的政局不稳定，大臣们都还没有诚心归附，老百姓心里都比较恐慌。在这种情况下，你酌量一下，这个宰相是让你来当合适，还是由我来当合适呢？"

吴起听了以后，沉默了好一阵。也许是田文的谦逊感动了他，也许是田文为相后的所作所为没有什么好挑剔的，更也许是田文所说的确实有道理，他想明白了在当时的情况下任田文为相更为妥当。吴起终于服气地说："看来还是由你当宰相更合适！”

这时，田文才从正面回答吴起：“这就是我在三件大事上的作用比不上你，而我的官位却比你高的原因！”吴起正式向田文道歉服输。

田文没有简单推脱（他完全可以说：“那是武侯决定的，我也是不得已而为之。”），也不与吴起正面争辩，先是以谦逊的态度让对方说出心里话，吴起的心火就熄了一半；然后，再把当时的形势坦诚地摆出来，让吴起设身处地地、客观地比较得出结论；最后才正面回答了问题，使吴起口服心服。故事里，田文待人处事开诚布公、顾全大局，称得上是一个聪明睿智的领导人。当然，吴起豪爽耿直、知错即改、光明磊落，亦是值得称道的。

6. 吴起死后复仇

（别出奇招）

魏国宰相公叔娶了公主为妻，权势渐大，便想陷害吴起。公叔认为总有一天，吴起会威胁到他的地位，因而处心积虑地想排除吴起。

公叔想了很久，却没有想出一个妥当的办法。后来，他的心思被他贴身的一个绝顶聪明的仆人觉察到了。有一次，这个仆人悄悄地对公叔说：“要除掉吴起这个人很容易，他这个人最大的毛病是太刚强，而且心直口快，只要设一个套，就不怕他不往里钻。您可先向君上进言说：‘吴起是个贤能的人，但心气很高，我们魏国只是一个小国，恐怕时间长了留不住他。’君上就会问：‘那该怎么办呢？’您就可以建议君上：‘留住他的唯一办法是君上许诺将公主（公叔之妻的妹妹）嫁给他，以此来试探他。如果吴起愿久留在魏国，他就一定会答应娶公主，如果他不想长期待在魏国，他就一定会推辞娶公主的。’如果君上同意这样试探，您就事先与公主（公叔之妻）沟通好，然后在家中设宴，邀请吴起跟您一起回府。回到府上以后，让公主故意使性子羞辱您，您就装出百般忍辱的样子。吴起看见公主这般凶悍，就一定会推辞娶公主的事情，这就跳进圈套了，您的计谋就成功了！”

公叔听后，大喜过望，按照计策行事，吴起果然中计，向魏武侯辞却娶公主的事情，加上公叔又乘机说了不少吴起的坏话，武侯心中不喜，亦怀疑吴起有异心，就不再像以前那样信任吴起了。吴起后来发觉自己上当了，但已经无法挽回，又怕以后会招来灾祸，只好逃亡到楚国去了。

楚悼王熊疑早就敬慕吴起的贤能了，就委任吴起为楚国宰相。吴起上任以后，严明纪律，审施政令，雷厉风行，推行改革。他撤除冗闲官员，取消公族中关系已经疏远的一些人的俸禄，用来增加战斗一线的士兵的给养，追求强兵保国。他还坚持独立自主，反对与秦国讲和。这样实行了几年，就使楚国在南方平定了百越（古族名，分布在现浙江、福建、广东等省），在北方抵挡住了韩、魏、赵三国的扩张，向西方几番征讨秦国，诸侯各国都忧虑楚国的迅速复兴。可是，在楚国国内，那些丧失了既得利益的皇亲国戚和大臣们却大多仇恨吴起。

公元前 381 年，楚悼王突然去世，那些心怀仇恨的皇亲国戚和大臣们就乘机作乱，群起围攻吴起。因事发突然，吴起在无路可逃的情况下，仓皇奔走到楚悼王的灵柩前，伏卧在悼王尸体旁边。围攻、追杀的暴徒们将箭密密地射向吴起，吴起被乱箭射死，悼王的尸身也被多支箭射中，射中悼王的箭竟使吴起和悼王的尸体无法分离开来。楚悼王的丧葬料理完后，刚刚即位的楚肃王熊臧就命新任宰相逮捕所有在悼王丧葬期间作乱的人。最后因作乱、围攻吴起而被处以诛灭宗族的有七十余家（两千余人）。

吴起的一生是一场悲剧。吴起的才干之高，历史上很少能找到与之匹敌的，他却因上了小人的当，竟不被容于当世，真令人为他感到悲哀。但是，吴起在最后关头，在那么危急的情况下还想出了这样高明的办法，居然可以在自己死后使仇敌悉数覆没，实现死后复仇，这种智谋也是无人可及的！

7. 田因齐重考察

（重察轻听）

公元前370年，有一天，齐威王田因齐召见即墨（今山东省平度市东南）的大夫（主管官员），对他说："自从你前往即墨上任以来，各种毁损你的言语，我几乎每天都能听到。可是，我派人去视察了即墨，却见到田野开辟了，人民生活充裕了，官府清静无大事，齐国东部得到了安宁。你之所以遭人诽谤，我知道那是因为你没有去讨好、巴结我身边的有权势者以谋求得到内援！"于是，田因齐增赏了即墨大夫一万户人家的封邑。

接着，田因齐又把阿邑（今山东省东阿县）的大夫召来，对他说："自从让你掌管阿邑以来，赞誉你的言语，我几乎每天都能听到。可是，我派人去视察了阿邑，见到的却是田野荒芜，人民贫困饥饿。前些时候，赵国进攻鄄地（今山东省鄄城县），你不率军去救援；卫国夺取薛陵（今山东省阳谷县东北），你却假装不知道。我知道，我所听到的对你赞扬的话，都是你用丰厚的礼物买通我身边的人为你吹捧而来的！"当天，田因齐就下令把阿邑的大夫及自己身边曾经吹捧过他的那些近臣全部扔进大锅煮了。

这样一来，齐国众臣惊惶震动，没有谁敢再做矫伪欺诈之事，都能竭诚供职，齐国自此得到大治，逐渐成为强国。

田因齐不简单，他深知身边人的话不能完全听信，于是，他重调查、考察，并按照调查、考察到的实绩做出奖惩，而且奖得实在，不是只发一张奖状或封个虚名；惩得叫绝，让人根本没有后悔的余地。如果他不这样做，结果就会完全不同，误国害民。所以，田因齐重考察而轻听闻，绝对是明智之举！

8. 齐军围魏救赵

（避实击虚）

齐国人孙膑和魏国人庞涓同为鬼谷子（王栩）先生的弟子，两人一起学习兵法，还成了要好的朋友。

庞涓先离开鬼谷子到魏国谋职，运气不错，后来被魏惠王任命为大将军。他当上大将军后，就把孙膑推荐给了惠王。一段时间以后，庞涓发现孙膑的才能胜过自己，就心生妒忌，设计陷害孙膑。结果，孙膑脸上被刺了字，双腿膝盖被挖掉，成了一个残疾人。孙膑后来知道自己是为庞涓设计所害，万分气愤，又怕还会遭到庞涓杀害，就佯装疯癫、四处流浪。

有一次，齐国的使节来到魏国，孙膑得知后，暗中上门拜访了齐使，他把自己的遭遇告诉了齐使。齐使听后非常同情孙膑，也很钦佩他的才学，就把他藏在自己的车里，悄悄地载回了齐国，被齐国的宗室大臣田忌尊为家里的上宾。

田忌经常与齐国的王孙公子们玩赛马打赌的游戏，孙膑也常在旁观看。孙膑见双方出赛的马力相差不远，都可以分为上、中、下三等。有一次，孙膑对田忌说："将军尽管下大注去赛，我一定让将军赢。"田忌很相信孙膑的话，不仅与各位王孙公子约赛，还邀了齐威王下注。比赛那天，孙膑对田忌说："比赛时，将军先用自己的下等马跟对方的上等马比赛，然后用自己的上等马跟对方的中等马比赛，最后用自己的中等马跟对方的下等马比赛。"田忌按照孙膑所说去做，三场比赛下来，田忌输了一场赢了两场，赢得了五千金。齐威王大为惊奇，向田忌询问取胜的原因，田忌就把孙膑推荐给齐威王，齐威王发现了孙膑的军事才能，恭敬地拜他为师。

公元前354年，魏国进攻赵国，并且包围了邯郸，赵国向齐国求援。第二年，齐国决定救援赵国。齐威王原打算任命孙膑为将军，但孙膑说："一个受过重刑、身体已经残废的人不适宜担任此职。"于是，齐威王任命田忌为将军，孙膑为军师，让他坐在篷车里运筹决策。

田忌打算领军直接去救赵国，孙膑却建议说："要劝开别人斗殴，不能直接去夺他们的武器。如果两个人正斗得生死难分，就更不能用刀枪去乱刺乱砍。只能采取避实击虚的策略，造成一种再也打不下去的形势，他们自然就会停止了。现在魏国的精锐部队都投在战场上与赵国决战，留在国内的都是些老弱残兵。如果我军直捣魏国陪都大梁（今河南省开封市），魏军必然回师自救。那时，我军乘机袭击魏军，就能一举两得，既救了赵国，又重创了魏国。"田忌采纳了孙膑的建议，亲率大军深入魏境，直逼大梁。

十月，庞涓攻下了赵国的邯郸，正在他扬扬得意的时候，忽然从后方传来齐军正在逼近大梁的急报，他不得不慌忙命令魏军回师堵截。当魏军行进到桂陵（现河南省长垣县西北）时，突然与齐军遭遇，魏军被打得大败而逃。赵国之危自然也就解决了。

齐军围魏救赵是孙膑智斗庞涓的一次较量，这次较量成为中国古代战争史上以"避实击虚"取胜的著名战役。它使人们看到战场的空间可以如此广阔，智谋在战争中可以如此大放异彩。自桂陵之战首创以后，"围魏救赵"的战术在历史上屡屡被运用，创下了无数辉煌战绩。

9. 孙膑减灶诱敌

（示弱骄敌）

齐魏桂陵之战十二年后，公元前 341 年，庞涓率领魏军进攻韩国，韩国派使者向齐国请求救援。齐威王为此征求群臣意见："救援韩国是早点儿出兵好，还是晚点儿出兵好?”宰相邹忌反对发兵救韩，说：“我以为还不如不发兵!”大将田忌说：“如果我们不出兵，韩国必定会被魏国吞并；如果我们要救援，就要早出兵。”

这时，孙膑说：“现在韩国正与魏国恶战，目前还没有疲惫的迹象，我们这时出手相救，是我们替韩国挨打。魏国灭韩是铁了心的，而韩国看到有灭亡的危险，也必定会依赖我们。最好的办法就是告诉韩国，我们一定会发兵救援，以坚定韩国抵抗的决心，等到魏军战力消耗得差不多的时候，我们再发兵。那样，我军受到的阻力会大大减少，我们不仅可以取胜，还可以博得好名声。”威王听后赞许地说：“很好，就这么办!”

于是，齐国秘密答应韩国使者的请求，同意出兵救援，让他先回国报告。韩国有了齐国的承诺，胆子大了起来，就拼命奋力抵抗，结果五战五败。眼看支撑不住了，韩国只得再次派出使节，向齐国表示愿作为附属，请齐国快出兵施援。齐威王见时机成熟，就任命田忌与田婴、田盼为将军，孙膑为军师，仍旧采用老办法，直袭魏国陪都大梁。庞涓闻讯后，急忙从韩国撤军回堵。魏王任命太子魏申为统帅，调动全国军队，准备与齐军决战。

面对汹汹而来的魏军，孙膑告诉田忌说：“赵、魏、韩三国的军队，向来强悍勇猛，瞧不起齐军，总认为齐军胆小怯懦。我们要利用这一点，来个将计就计，引导他们走向误区。《孙子兵法》上说：‘以一百里的速度急行军去追逐胜利的军队，会使它的上将军受挫；以五十里的速度急行军去追逐胜利的军队，只有一半人能够到达目的地。’我们要让庞涓主动跳进这个圈套里。”

按照孙膑的安排，齐军在进入魏境后的第一天造了十万个炉灶（行军做饭)，第二天就减少一半，造了五万个炉灶，到了第三天，只造了两万个炉灶。回堵齐军的庞涓见齐军的炉灶急速减少，喜不自禁地说：“这太好了！我早就知道齐军胆怯，却没有想到竟会严重到这种程度，他们才踏入魏国三天就逃散了一大半。我们一定要紧追不舍，绝不能让他们逃脱，否则，以后就再也不会有这么好的机会了!”

庞涓下令大部队步兵照常开进，而他自己亲率精锐骑兵，日夜兼程追击齐军。孙膑估计，按照庞涓亲率轻骑急行军的速度，庞涓当在当日傍晚到达马陵

（今河北省大名县东南）。马陵是一条险道，道路狭窄，上有绝壁，下有深谷，最易隐蔽。孙膑命人砍倒一棵大树，削去树皮，在上面写上“庞涓死此树下”。孙膑还在狭道两侧埋伏一万多名弓箭手，并下令：在日暮时分有人在此树下举火，就朝那里万箭齐放。

果然不出所料，在那天黄昏，庞涓率领的轻骑部队来到马陵道，只见横在狭道上的一棵大树上，似乎写着什么字，便命人燃起火把照看，还没有等他看清楚，两旁已是万箭齐发，魏军顿时惊恐万状、四处逃散。庞涓见在劫难逃，只得拔剑自刎。临死前，他还恨恨地说：“苍天无眼，终于让孙膑这小子侥幸成名了！”齐军乘胜大败魏军，还俘虏了魏申。孙膑和庞涓的恩怨也就此结束了。

在这里，孙膑先后用了两条计策：一是先以韩制魏，让韩军先奋力抵抗以严重削弱魏军实力；二是以每天递减炉灶的示弱办法，迷惑敌军，使之轻敌骄志，做出错误判断和失误指挥，最终把握主动权，赢得了胜利。马陵之战，堪称孙膑以智取胜的典例，让人拍案叫绝！

10. 公孙鞅擒魏印

（连哄带骗）

公元前340年，秦国公孙鞅（商鞅）对秦孝公嬴渠梁说：“秦国跟魏国互为心腹之患，不是魏国吞灭秦国，就是秦国吞灭魏国……现今以您的贤圣，秦国国势日振，而魏国因连年被齐国击败，一些跟屁虫似的小诸侯纷纷背叛魏国，这正是我们进攻魏国的大好时机。一旦我们向魏国发起进攻，魏国必定难以支撑，它唯一能做的就是把国都东迁。那样的话，我秦国就能横跨黄河，凭借山川的险固，向东方威胁控制各诸侯国，这是天子大业啊！”嬴渠梁听了很心动，就下令公孙鞅向魏国出兵。魏国任命公子魏卬领军抵御秦军。

两国军队既已在战场上对峙，公孙鞅派人送了一封信给魏卬，信上写道："以前，我在魏国的时候，我们是好朋友，而如今却成为敌对两军的统帅，虽然都是各奉国君的命令行事，但我内心极不愿打这场仗。我想同公子见面并盟誓，以此来解决纷争，然后我们举杯畅饮，各自班师，使两国百姓都能和平安居。"魏卬读信后，认为这样很好，便依约与公孙鞅相会。两人相见，把臂言欢，指天盟誓，然后出席宴会。在畅怀豪饮时，公孙鞅事先埋伏的秦国甲士将魏卬生擒了，秦军乘机攻打魏军，使魏军大败而归。

魏惠王知道情况后，心胆俱裂，急忙派遣使节到秦国，表示愿意献出河西（黄河西岸）地区，请求讲和。魏国的河西既失，黄河成为秦魏两国共有，使黄河东岸的魏国都城安邑（今山西省夏县）完全暴露在秦军面前，魏国只得把国都迁往大梁（今河南省开封市）。魏王见到现在这种情况连连叹息说："我真恨当年不听公叔痤的话！"二十一年前，魏国宰相公叔痤病重时曾对魏王建议："请重用公孙鞅，如不能重用，就马上杀掉他。"在这里，魏王是后悔没有听公叔痤的话重用公孙鞅，还是后悔没有听公叔痤的话杀掉公孙鞅呢？含义不明。但是，只要看一看吴起、孙膑是怎样从魏国被逼走他国的，估计公孙鞅不离开魏国可能也是凶多吉少。

在这里，公孙鞅连哄带骗地生擒魏卬，其实也算不得诡诈，只不过魏卬这个公子哥儿太缺心眼儿，再加上又不懂兵法，所以就让公孙鞅得手了。

11. 邹忌逼走田忌

（布设陷阱）

邹忌很早就当上了齐国的宰相，还被封为成侯。邹忌个子高大、相貌堂堂，在当时有美男子之称。但是，他还是认为自己的相貌比不上徐公。可是，他发现了一个怪现象：自己的妻、妾和客人都说他比徐公长得帅。为什么会这样呢？他思之再三，寻到了答案：妻子是因为爱慕他，妾是因为怕得罪他，客人则是因为有求于他。邹忌从自己的这件事情说起，劝说齐威王纳谏治国，不然就会受到蒙蔽。齐威王听从了他的意见，下令奖赏进谏，广开言路，使齐国昌明强大了起来。

由此看来，邹忌也是一个有才识的人，可惜他这个人的胸襟气度不行，忌妒心比较重。他看到田忌多次率军获胜，威名远扬列国，就想栽赃陷害他，把他从齐国逼走。

邹忌派了个人，手里拿着十金（约二百四十两）到街上请人算卦。这个人找到一个卜卦先生就说："我是田忌将军的随从，我家将军统军作战，三战三胜，举世闻名。现在，他打算举行大事（暗指举兵谋变），请你看一下吉凶如何。"卜卦先生还没有弄清是怎么回事，事先受邹忌吩咐的几个人就把他抓了起来。一时间，田忌要谋反的谣言流传开来。

眼看祸事要临头，田忌有口难辩，又气又急。他知道是邹忌在背后捣鬼，就率领他的卫队突袭临淄（今山东省淄博市东临淄镇），打算抓邹忌。可是，邹忌早有准备。田忌在无法取胜而又百口莫辩的情况下，只好奔逃至楚国。直到齐威王去世、齐宣王继位，齐宣王知道是邹忌陷害田忌后，才又把田忌召请回国。

邹忌的阴谋得逞了，他的这条"诬以谋反"之计实在狠毒，就算你功德盖世，也只能仓皇出逃。有才识的人搞起阴谋来可能更歹毒！

12. 苏秦合纵摈秦

（和衷共济）

古人勤奋苦学的故事里，有一个是“头悬梁、锥刺股”，以锥刺股的就是苏秦。

苏秦和张仪都是鬼谷子的学生，学的是纵横捭阖的谋略。学成之后，苏秦首先来到秦国，向秦惠文王嬴驷提出兼并天下、统一中国的战略，嬴驷听后不感兴趣。苏秦只好在公元前333年来到北方燕国，向燕文公提出一个跟在秦国提出的主张完全相反的战略，就是山东（崤山以东）六国联盟共抗秦国，使秦国不敢向东发动吞并战争，也就是“合纵摈秦”。

为了推销他的这个主张，苏秦对燕文公说：“燕国之所以一直没有遭受战争的灾难，是因为赵国在南面当了燕国的屏障。秦国要攻打燕国，战场在千里之外；赵国要攻打燕国，战场却在百里之内。不忧虑百里之内的忧患，却担心千里之外的秦国，还要献媚于它，没有比这个策略更愚蠢的了。我愿效力，助主上与赵国合纵亲善以抗秦，这样燕国就不会有祸患了。”燕文公听了大喜，资助苏秦车马行装，并派人护送他去了赵国。

苏秦来到赵国，对赵肃侯赵语说：“山东六国，赵国最强，秦国最怕赵国。然而，秦国不敢大举进攻赵国的原因是什么呢？是害怕韩国和魏国在背后暗算它，韩魏两国是赵国南面的屏障，一旦南面的屏障失去了，秦国就没有了后顾之忧，到那时候倒霉的就是赵国了。为主上计，我以为最佳谋略莫过于六国共结同盟，共同抵抗秦国，如果六国中有背约的，其他五国共同讨伐之。六国合纵结成，秦国军队一定不敢再出函谷关（今河南省灵宝市东北），再来为害山东各国了。”赵语听了大喜，把苏秦奉为上宾，厚加赏赐，派他去游说其他各国。

就在这时候，秦国派大将公孙衍攻魏并获大胜，扬言要东进。苏秦怕秦军进攻赵国坏了合纵好事，为了阻止秦军，他故意激怒学友张仪赴秦，但在暗中派自己的随从用大量金钱资助张仪，使张仪受到秦惠文王的重视并担任客卿（外籍顾问）。到这时，那个随从才向张仪道出是苏秦在暗中相助，目的是想让张仪设法阻止秦国东进，而这件事只有帮助张仪在秦国有了发言权后才能办到。张仪恍然大悟，说："原来如此，我掉进了他的计谋中却不知道，我比他差得太多了！代我向你家主人致谢，只要苏秦在世一天，我一定会竭尽全力相助。"

秦国终于稳定了下来，苏秦又前往韩国，对韩宣惠王说："韩国幅员近千里，雄兵十万，天下强弓劲弩都出在韩国，战士英勇，个个以一当百，足可与秦国对峙。可如今，您却一味委曲求全，以割让土地去迎合秦国贪婪无尽的索求，照这样做的话，根本不必打仗，您的国土就会丢个精光。俗话说：'宁为鸡口，不为牛后。'以主上您的贤名，手中又握有举世闻名的强兵，如果只落得个当牛屁股的丑名，我实在为您感到羞耻。"韩宣惠王听后，表示决心参加合纵之盟，听从苏秦的安排。

苏秦接着来到魏国，对魏惠王说："魏国虽说国土面积不大，但国力强盛，有军队七十万、战车六百辆、战马五千匹。这样强大的国家，有人却劝您去当秦国的尾巴，使人震惊。赵肃侯派我来给大王分析目前的形势，建议您参加这项盟约。"魏惠王表示同意，绝对听从。

苏秦又来到齐国，对齐威王田因齐说："秦国想要进攻齐国并不容易，因为齐国有强大的军队，秦国离得又远，途中有不少关卡险要，加上韩国、魏国能抄它的后路。所以，秦国对贵国只能虚张声势恐吓恐吓，绝不敢动真的来实的。这说明，秦国对齐国束手无策。在这种情势下，齐国却还去巴结讨好秦国，那真是愚蠢极了！齐国既然不是它的尾巴，那么就请大王考虑合纵这件事。"齐威王也一口答应了。

最后，苏秦抵达楚国，对楚威王熊商说："楚国是当前最强大的国家，秦国最怕的就是楚国。楚强则秦弱，楚弱则秦强，两个国家是死对头，难以和平共处。为大王着想，楚国应该参加合纵同盟，使秦国陷于孤立。我可以让山东各国接受您的领导，由您指挥各国精兵。"楚威王也表示愿意参加。

至此，六国合纵联盟宣告成功。六国共推苏秦担任合纵同盟的盟约长，同时兼任六国的宰相（实际上只兼任三国宰相）。然后，苏秦从楚国北返赵国，向赵肃侯复命。随行的行李辎重堆积如山，卫队前呼后拥，威风凛凛，好像国王出巡一般。

“合纵摈秦”的主张是杰出的，也是当时六国自救的唯一方法。但实践起来是困难的，合纵同盟订立不到一年，秦国就用诈术使得齐国、魏国向赵国出兵。赵肃侯就责怪苏秦，苏秦就离开了赵国，合纵同盟实际上就瓦解了。

苏秦抓住各国都要维护自身利益，而秦国是他们的共同敌人这一主线，提出只有和衷共济、联合抗秦，才是捍卫自身利益的正确选择，并以此说服六国君主，使六国缔结合纵盟约，这确实是一次取得巨大成功的外交，在当时也绝对是一件了不起的大事。苏秦合纵摈秦之策，体现出了他杰出的才智和胆识。

13. 田婴巧妙揽权

（故添麻烦）

田婴是齐威王最小的儿子，曾经与田忌、孙膑一道在马陵大败魏军。自那不久，田婴就担任齐国宰相，开始被封在彭城（今江苏省徐州市），后来改封于薛邑（今山东省滕州市南），号称靖郭君（君是比侯低一级的爵位）。由此看来，齐威王很看重田婴。

有一天，田婴向齐威王建议说：“各个部门上奏的奏章、报告，当君王的必须每天认真审查、反复考核才是，只有这样，才能使国家得到治理。”齐威王听了觉得对，就接受了田婴的建议。

田婴接下来就认真布置安排，让各个部门把应该上奏的都面送到齐威王那里。于是，各种报告、简报、情况、账目，什么陈芝麻烂谷子都报了上来。齐威王开始几天觉得还可以，可是时间一长，他就被那些没完没了、细碎烦琐的事弄得厌烦透了。齐威王不想再理这些无聊的事，就把这些事情都委托给田婴去处理。田婴也就借着这个机会，逐渐把大权揽于一身，控制了政务。

田婴实际上是利用君王贪图清静安逸、怕麻烦的心理，故意让齐王事无巨细地去亲自考核处理，使他很快厌倦。结果，正中田婴下怀，大权落在了他手中。

田婴巧妙（肯定是打着为父王分忧的旗号）揽权这件事，警示每个当权者，千万不要懈怠懒惰！否则，你也许也会上“田婴”的当！不过，你不大可能会有齐威王那样的幸运，因为你身旁的“田婴”，几乎不可能是你的儿子。

14. 孟尝君书门板

（从读如流）

田婴有四十个儿子，田文是最卑贱的一个，因为他的母亲是田婴的小妾。田文聪慧又有谋略，曾经说服父亲不惜财物去结交英豪。田婴也看重田文，让他主持接待宾客的工作，宾客们都一致盛赞田文，很多人都劝田婴选田文为继承人。田婴去世后，田文继承封爵，号称孟尝君，名声比较大。

田文曾经代表齐国出使楚国，楚怀王熊槐送给他一张十分贵重的象牙雕刻的床。田文命手下人登徒直将这张床送回齐国，这在当时肯定是一件辛苦而艰难的差事，登徒直虽然表面上不敢抗命，但心里是十二万个不愿意。怎么办呢？登徒直终于想出一个办法，他找到田文的随从公孙戍，并对公孙戍说：“象牙床价值千金（两万四千两），万一出了什么纰漏，在途中有毫发的损伤，就是把老婆孩子卖掉都赔不起。烦请老兄你想个办法，让我躲过这件差事。如果能办到的话，我愿意把祖上传下来的一把宝剑送给你做个纪念。”公孙戍一口就答应了下来。

公孙成去晋见田文，对他说："很多小国之所以给您送上相印，请您兼任他们国家的宰相，是因为您能体恤贫弱，存亡续绝。大家敬佩您的仁义，倾慕您的清廉。可是，现在您第一次到楚国，就接受象牙床这么贵重的馈赠，以后您再到别的国家，叫别人送您些什么好呢？"田文听了，顿时醒悟，对公孙成说："你说得对！"决定婉转辞谢象牙床。

公孙成见田文接受了他的劝谏，很高兴地辞别了田文，但他还没走到院门处，田文就又把他唤了回来，问他："你走路怎么跟平时不一样？看你大步流星、神采飞扬的，是什么好事让你这样兴奋呢？"公孙成只得如实说了登徒直相托之事。

听了公孙成所述，田文立即命人在门板上（那时纸还没有发明出来）写出公告："凡是能够使我得到好名声，或者能够制止我犯浑的，请快快来劝谏我！即使他已经私自接受别人请托并已得到了馈赠之类好处的，也没有什么关系。"

田文确实很有气度，很有智慧！这件事显示出田文的远见卓识、非同凡响。所以，当时才有那么多人愿意投靠在他的门下。

15. 攻韩不如伐蜀

（因利制权）

公元前 316 年，位于西南方的巴国（在今重庆市一带）和蜀国（在今四川省成都市一带）互相攻伐，又都同时向秦国告急求援。秦惠文王嬴驷想出兵伐蜀，借此机会平定西南，但担忧道路艰险。正在这个当口，韩国又出兵进犯秦国边境，所以，到底出不出兵伐蜀，嬴驷感到有点儿犹豫难决了。

一天，嬴驷临朝理政，又讨论到眼前时局，将军司马错赞成秦王伐蜀，自请将兵。可是，宰相张仪却认为伐蜀不如攻韩。张仪对嬴驷说："出兵攻占三川

（伊水、洛水、黄河交汇处）之地，攻打韩国的新城（今河南省伊川县）、宜阳（今河南省宜阳县西），到达周朝的领地，抢到象征九州的国宝九鼎，掌握天下户口图籍，然后挟持周天子以号令诸侯，使天下无人敢不听从，这是帝王的大业啊！俗话说：‘争名者于朝，争利者于市。’如今，三川之地和周朝的领地，就是天下的‘朝’和‘市’。大王，您现在不去占据这些，却要到荒蛮的戎狄中去争夺，这样做背离帝王之业实在太远了啊！”

司马错也向秦王据理力争，说：“大王，我听说要使国家强盛，一要扩展土地，二要强兵富民，三要广泽恩德。如果这三个方面的条件具备了，那么称王天下的大业也就成功了。现在，大王的土地狭小而民众贫困，所以，我认为应该先从容易的事情做起。蜀国是个僻远的国家，又是戎狄部族的头领，内部还有像夏桀、商纣那样的乱政。我们去攻伐它，好比狼逐羊群。我们得到它的土地正好用来开拓疆土，夺取它的财富有利于兵强民实，而天下人也不会因此而责备我们横暴、贪婪。我们举兵伐蜀实在是既得名又得利的事情。”司马错还列举了攻韩的种种弊端，总体来说，攻韩不如伐蜀有取得完全成功的把握。

嬴驷经过权衡比较，采纳了司马错的意见，出兵南下，历时十月，攻占蜀国，蜀地归了秦国。此后，秦国日益强盛，国家变得富足，也逐渐开始轻视诸侯各国了。

事实证明，司马错从眼前容易做的事做起的谋国之策，虽然不像张仪的主张那样使人眼花缭乱、心潮澎湃，但极有实际功效，确实是容易取得成功的智谋之策！

16. 张仪离间楚齐

（假投诱饵）

公元前313年，秦国准备攻打齐国，但顾忌楚国与齐国关系好，两国还订立了共同抵御外敌的盟约，于是决定先离间楚齐，让它们反目成仇。

因此，秦国宰相张仪来到楚国，对楚怀王熊槐进言说："大王如果愿意采纳我的意见，与齐国绝交，秦国愿意把商（今陕西省丹凤县）、於（今河南省西峡县）地区六百里土地割让给贵国，而且还要挑选秦国美女当您的婢妾，秦楚结为亲家，永远成为兄弟之邦。"熊槐听了大喜，立刻应诺。朝中的一班大臣都为楚国得到这样意外的收获向楚王祝贺。

但是，楚国的大臣也不全是愚蠢的人，有一位叫陈轸的大臣面色沉重地提醒熊槐说："秦国这样做包藏祸心，目的是为了离间楚齐关系，张仪一回国肯定会食言。为国家打算，最好还是假装与齐国翻脸，然后派人跟张仪去秦国接收土地，等他们真正把商、於之地割让给了我们，我们再跟齐国决裂也不迟。"结果陈轸被熊槐一顿臭骂。熊槐请张仪兼任楚国宰相，送给他贵重的礼物，宣布立即与齐国绝交，下令关闭楚齐边界的关卡，并派一位将领随张仪到秦国办理土地交割手续。

张仪一行离楚返秦，刚进入秦国，张仪就假装从车上摔了下来。回到都城后，张仪闭门养伤三个月，既不公开露面，也不朝见秦王。这个情况迅速传到楚国，对此，楚怀王思忖：张仪这样子，莫非是嫌我与齐国绝交做得还不彻底？于是派宋遗作为楚国使节去齐国将齐王辱骂了一通。齐王大怒，立即改变了与秦国敌对的立场，反过来跟秦国结盟。当这些事情发生后，张仪也称自己的病已无大碍，召见楚使时一脸惊讶地说："你怎么还待在这里？还不赶快去接收我承诺给你们的土地！从这里到这里，一共六里。"

楚使听后，知道上当受骗，急忙回报，熊槐知道后大怒，下令要派大军进攻秦国。这时，陈轸又劝谏楚王说：“现在进攻秦国还不如割一重镇给秦国，以此破坏秦齐结盟，使秦国跟我们合力攻击齐国。如果能这样的话，那么，我们虽然在西面丧失了土地，却可以从东面得到弥补。如今，我们已经与齐国绝交了，如果还要发兵讨伐秦国，这是亲自去促使秦齐结盟而同时招来各国乘机对我国攻击之举啊！这样的话，我国一定会受到重创的。”

熊槐此时已被气得发昏，哪里还听得进陈轸的话，当即任命屈匄为统帅，出兵攻秦。秦国任命魏章为统帅迎战。第二年春季，楚军两战两败，魏国和韩国乘机也向楚国进攻。在这种情况下，楚国向秦国屈服，割让了两座城池，换取缔结和约。自此以后，楚国就一蹶不振了。

在这个故事里，张仪采用假投诱饵的欺骗手段让熊槐上当，其实是熊槐的愚蠢衬托出了张仪的智慧。熊槐如果明白天上不会掉馅饼的道理，听取陈轸的劝告，楚国就不会落到如此下场。

17. 姬职礼贤郭隗

（骏骨吸才）

公元前 314 年，是燕王姬哙让位给燕国国相子之的第三年，燕国国内大乱。齐国乘机进攻燕国，齐军捕获了子之，把他剁成了肉酱，同时也杀死了姬哙。两年以后，燕国贵族们共推公子姬职（《资治通鉴》原著中为姬平）为国君，他就是历史上著名的燕昭王。

姬职即位以后，哀悼死者，慰问孤寡，发愤图强，与百姓们同甘共苦，自己纡尊降贵，却以丰厚待遇招纳贤能之士。他对宰相郭隗说：“齐国趁我国内乱出兵攻破我国，此仇不共戴天。我很明白燕国现在国小而力弱，还不足以报复齐国。但我非常渴望得到贤能的奇才，与他一起来治理国家，以洗雪我们所受的耻辱，这是我的愿望。先生如遇到合适的人，我定会诚心诚意地去侍奉他！”

郭隗听后对姬职说：“我听说过一个故事：古时候有个国君拿出千金（合二万四千两）派他的使臣去求购千里马，但当这位使臣找到千里马时，这匹马已经死掉了，这位使臣就用五百金买了这匹死马的头回来见国君。国君见买回来的是个死马头，勃然大怒。使臣却不慌不忙地说：‘主君您别发火，死马我们尚且买了来，更何况活生生的马呢？千里马很快就会送来了！’果然，不出一年，送到国君处的千里马就有好几匹。现在，如果大王您决意要招贤纳士的话，就不妨先把我郭隗当死马头吧，至于比我更贤能的人，他们绝不会因嫌千里路遥而不奔到您眼前的。”

燕昭王采纳了郭隗的计策，他为郭隗改建宫殿，并以老师的礼节对待郭隗。各方贤士听说燕昭王如此礼遇贤士，都纷纷趋奔燕国，乐毅从魏国来，剧辛从赵国来。姬职任用乐毅为亚卿（副宰相），把国政交给他掌理。燕国自此逐渐恢复元气。

郭隗给燕昭王讲千里马的故事并建议从他实践起，这就是隆礼重金吸才的道理，姬职这样做了并达到了预期的目的。这个故事蕴涵的道理并不深奥，关键在于是不是实心实意。只要是实心实意想出来的办法，再加上实实在在地去做，并且达到了目的，就是一种有益的智谋！

18. 囚徒变为上宾

（直捣要害）

公元前311年，秦惠文王嬴驷派使节告知楚怀王熊槐，愿意用武关（今陕西省丹凤县东南）以东的土地（包括商於地区）换取楚国黔中郡（今湖南省西部及贵州省北部）。熊槐因受过秦国宰相张仪的骗（见《张仪离间楚齐》），心中怨恨张仪，就对来使说：“我不想交换什么土地，只要得到张仪，我就向秦国奉献黔中郡。”

张仪知道后，就主动请求前往楚国，嬴驷问张仪：“楚王很想抓到你，你为什么还要去自投罗网呢?”张仪说：“现在是秦国强而楚国弱，有大王您在，楚王不敢对我怎么样。而且，我早已与楚王的宠臣靳尚搭上了关系，而靳尚又正好侍奉着楚王最宠爱的妃子郑袖，郑袖的话，楚王从来没有不听的。”嬴驷就同意张仪去了楚国。

张仪到了楚国，熊槐就把他关进天牢并准备处斩。靳尚知道这个情况后就对郑袖说：“秦王很倚重张仪，听说准备用上庸（今湖北省竹山县）六个县的地方及一批美女来赎回张仪。到那时，我们大王一方面想要那些地方，另一方面也敬畏秦国，那些秦女一定会受到宠幸而显达。看来，夫人您恐怕要被疏远去坐冷板凳了。”郑袖听靳尚这样说后，就日夜不断地向楚王哭诉：“当臣子的只是各为其主而已，现在如果真的杀了张仪，秦王必定震怒，将派出大军来讨伐，我请您准许我带着儿子先迁居到南方去，免得以后成为秦国刀下的鱼肉而遭受凌辱!”楚怀王听后果然改变了杀张仪的主意，赦免了张仪并以厚礼相待，尊奉张仪为上宾。

张仪趁着这个机会劝说熊槐：“合纵抗秦，无异于驱赶羊群去攻击猛虎，难以御敌是明摆着的。现在，如果大王您不肯听命于秦国，那么，秦国一旦胁迫韩国、魏国联合起来攻击楚国的话，楚国可就危险了……楚国如被秦军攻击，三个月之内就会岌岌可危，而等待合纵联盟各国来救援起码要半年以后。这样消极坐等弱国来救援而忘却强秦压境之祸，我真为大王现在的所想所为感到忧虑啊！如果大王愿意听我的建议，我可以让秦、楚两国长久地成为兄弟之邦，不再互相攻伐。”

楚王已经谅解了张仪，又舍不得把黔中郡割让给秦国，就接受了张仪的建议，张仪使自己从楚王的阶下囚变为座上宾。在这个过程中，起关键作用的是张仪通过靳尚利用女人最害怕失宠的心理，采用直捣要害的手段使郑袖发挥了作用。张仪的未雨绸缪让人心惊，但他的智谋和口才不得不让人钦佩!

19. 张仪离秦自保

（创设场景）

公元前311年，秦惠文王嬴驷突然病逝，他的儿子武王嬴荡继位。嬴荡在当太子的时候，就不喜欢宰相张仪，等他即位之后，众臣中有不少人都来中伤和指责张仪。各国听说张仪和秦王之间有嫌隙，也都纷纷放弃原来对张仪组成东西连横（以六国共同侍奉秦国的主张）阵线的承诺，使得南北合纵抗秦又掀起了新浪。

张仪看到这种情形，知道自己处境不妙。他急谋脱身，心生一计，对秦武王说："从秦国的利益考虑，只有当东方的韩国、魏国发生变乱时，您才可能得到更多的土地。世人都知道齐王是最憎恨我的，我在哪个国家，齐国就一定会去攻伐哪个国家。我请求大王准许我这个无才无德的人前往魏国，这样齐国必定会去攻伐魏国，当齐、魏两国打起来时，大王您便可趁机进攻韩国，进占三川一带，挟制周朝天子，掌握天下地图户籍，以成就帝王大业了！"嬴荡听了这番话后，便同意张仪离秦赴魏。

齐宣王田辟彊见张仪去了魏国，果然派军队进攻魏国，使得魏襄王魏嗣十分惶恐又非常震怒。此时已在魏国的张仪安慰魏嗣："大王不必忧虑，我可以设法让齐军自己撤兵。"随后，张仪派他的随从人员急忙赶往楚国（楚国有靳尚这一帮狐朋狗友），聘请楚国说客充当使节去晋见齐宣王。这个楚国说客使节见了齐宣王故作愤愤地说："大王，你们让张仪被秦国器重的这件事做得太过分了！"齐宣王说："此话怎讲？"楚国说客使节答道："张仪离开秦国是与秦王设计好了的，他们是故意让齐、魏两国打起来而使秦国乘机夺占三川。现在，大王您果然来攻打魏国，这是在内造成国力疲惫而对外背上攻伐盟友的恶名，这样不是反而会使张仪更加得到秦王的信任吗！"

田辟彊听了楚国说客使节的话后就停止攻伐魏国，把齐军撤了回去。此后，张仪当了魏国宰相，一年以后就病逝了。

张仪采用主动创设场景的方法离秦赴魏，既避开了与秦武王之间存在嫌隙可能给自己带来的祸患，又让魏襄王在危急关头看到了他的能力，终于获得了与在秦国时一样尊荣的地位，实在聪明！

20. 甘茂预设对策

（先见之识）

公元前308年，秦武王嬴荡派大将甘茂去邀约魏国联合攻伐韩国，并派向寿作为副使一同前往。甘茂在得到魏王同意出兵的诺言后，就派向寿先返回秦国，并让他向嬴荡报告说："魏王已经同意和秦国联合出兵了，但是我想劝大王不要攻伐韩国。"

嬴荡听了向寿带回来的话，感到很纳闷，就派人召回甘茂。嬴荡是个急性子，等不及甘茂回到秦都，自己就先到息壤等候甘茂了。甘茂回来了，嬴荡问他为何劝自己不要攻伐韩国，甘茂回答说："韩国的宜阳（今河南省宜阳县），说起来是一个县，实际上却是一个郡（战国时，郡大县小），大王您现在要出动大军，面对关隘险要，行军千里，艰难是可想而知的。从前，鲁国有一位与曾参（孔子的学生）同名同姓的人杀了人，有人就告诉了曾参的母亲，曾母不相信，仍然照常织布。可是，等到第三个人来告诉曾母时，曾母不得不相信曾参真的杀了人，匆忙丢掉织布的梭子，走下织布机，翻墙逃跑了。我比不上曾参的贤能，大王对我的信任比不上曾母对儿子的信任，而怀疑我的远不止三个人，恐怕大王最后也会扔掉织布梭子！

"还有，从前魏文侯命乐羊攻伐中山国，围攻了三年才攻破。乐羊凯旋后炫耀自己的功劳，魏文侯把一只小箱子交给他，乐羊打开一看，箱子里装的全是攻击、诽谤他的书简。乐羊感激地对魏文侯说：‘攻下中山国的功劳不是我乐羊的，而是大王您的！’我甘茂是楚国人，现在是客居秦国的臣子，如果嬴疾（秦国右丞相）、公孙奭（秦国左丞相）到时候拿攻韩的事非议攻击我，大王一定会听信他们而命我撤退。那样做，对魏国是一种欺骗，而我也会因与韩国宰相公仲侈是老朋友而受到诬陷。”

嬴荡听了甘茂的话后说：“我向你发誓，决不听任何人的非议，一定支持你到底，我俩可以一起盟誓。”秦王就与甘茂在息壤祭告天地，宣誓立盟。秋天，甘茂和庶长（秦官秩第十、十一级）嬴封分别担任秦军正、副统帅，率大军进攻宜阳。

秦军包围了宜阳，猛攻五个月还没有攻下来。这时候，嬴疾、公孙奭果然出面非议攻韩，认为攻伐宜阳会给秦带来灾难。嬴荡心里不安起来，打算召回甘茂，准备撤军。甘茂接到秦王之令，不做任何辩解，只回报了一句话：“息壤还在那里?”嬴荡看到后顿时大悟道：“我当然记得息壤的誓言!”随即大量增兵支援甘茂，甘茂再一次组织猛攻，斩杀韩军六万，占领了宜阳。韩国派出了宰相公仲侈来秦国求和。

甘茂确实是一个聪明而有智谋的人，他采用借古喻今、借喻明理之法，为自己将要遇到的难题预先安排好了有效的应对之策，终于实现了预期目标。做事情想要成功，应该多学学甘茂，要有先见之识。

21. 赵雍说服赵成

（情敦义促）

公元前 307 年，赵武灵王赵雍打算北伐征战中山国。为了提高赵军的战斗力，赵雍跟大臣肥义商议要用“胡服骑射”的办法改造军队：改变士兵们穿着宽袍大袖拿着武器乘在马拉的车上作战的传统方式，学习胡（北方古少数民族）人穿短衣窄袖骑在马上使用刀枪和弓箭的作战方式。赵雍态度十分坚决地说：“愚昧之辈或许会因此笑话我，但贤明的人一定会明白其中的道理。就算世上所有的人都反对，我也一定要这样做，一定要把东胡（北方古少数民族部落，现内蒙古西辽河上游）和中山国夺到手！”于是，他带头穿上了胡人的服装。

可是，朝廷里的贵族们都不愿意换装，赵雍的叔父赵成还以身体有病为由不去上朝。赵雍就派人去劝赵成：“家事要听父母的，国事应由国君决定。我现在已颁令改穿胡服而叔父您却不穿，我怕天下人会指责您。治国有常法，应以民众福祉为本；管理有常规，应以施行政令为要。现在推行的这项明显的善政，连一般老百姓都明白，但要想全面、彻底地推行，必须先由身居高位的显要人物遵行。我想让叔父做个榜样，来推动‘胡服骑射’这场改革。”赵成却以违背古俗为由，不愿遵行。

派去劝说的人回来报告了情况，赵雍就亲自去赵成家拜访，并诚恳地对赵成说：“我们赵国，东有齐国、中山国，北有燕国和东胡，西有楼烦（北方古少数民族部落，现山西省北部管岑山）和秦国、韩国边境。如果我们的军队仍旧使用传统的武器装备，一旦敌人来犯，如何防御得住？您总该记得，以前，中山国那样的小国依仗着齐国军队的支持，占我领土，掠我百姓，引水围灌我鄗城（现河北省柏乡县北），若非神灵保佑，鄗城几乎不保，先王引以为耻。我之所以要改穿服装、更换装备，只是为了应对边境守备不利的形势，报以前中山国进犯、蹂躏我国之仇。叔父您却因循旧俗，要坚决维护传统，而恰恰忘记了我们那次鄗城战败的耻辱，真是太出乎我的意料了。”赵成这才听从了赵雍的主意。

第二天，赵成穿上了胡服上朝。于是，赵雍颁布国人改穿胡服的命令，军队淘汰旧式战车，战士改习骑马射箭。后来，赵雍几次出征东胡和中山国，屡获胜利。赵国自推行“胡服骑射”以后，国力陡增，成了当时可跟秦国较量的强国。

赵雍能从别人的长处中认识到本国军队的短处，很聪明！他能自己带头除旧革新，很明智！特别是他能一再采用情敦义促的办法说服反对派里最有地位的人支持革新，很智慧！因此，他把这件事做成功了。

22. 相如完璧归赵

（随机应变）

公元前283年，赵惠文王赵何得到了十分珍贵的楚国和氏璧。秦昭襄王嬴稷知道后，就想得到这块玉璧，并提出用十五座城池作为交换。赵何接到嬴稷提出的条件后，感到左右为难：想不给，怕秦国强横，不肯罢休；如果给了，又怕被秦王欺骗。如何决断，赵王举棋不定。

这时候，宦官头目缪贤对赵王说，他家的门客蔺相如可能会有办法。赵王召来了蔺相如，问他这件事该怎么处理。蔺相如回答说："秦国用城池来换和氏璧，如果大王您不答应，是我们理亏；我们送去和氏璧，秦国不把城池交割给我们，那是他们理亏。两相权衡比较，我建议宁可以璧换城，让秦国失信理亏。我愿奉和氏璧前往秦国，如果秦王到时候真的不想交割城池，我保证让和氏璧完好无损地回到赵国。"于是，赵王便派遣蔺相如带着和氏璧去了秦国。

蔺相如见了秦王并奉上和氏璧，秦王接过玉璧，非常高兴，爱不释手，喜滋滋地吩咐把玉璧传给大臣和宫女们看，而把自己提出的以城换璧的事都忘在脑后了。蔺相如看出秦王根本就没有以城换璧的诚意，就上前对秦王说："这块玉璧尽管非常漂亮，但还是有点儿小毛病，让我来指给大王看。"说着，他从秦王手中接过了玉璧。玉璧一到手，蔺相如脸色骤变，生气地指责秦王："大王既傲慢无礼，又无意交割城池，我看您是得不到这块玉璧了。大王如果逼我，我的头就和玉璧一起在庭柱上撞个粉碎，那您就什么也得不到了。"

秦王这时才知道上了蔺相如的当，一面假意道歉，一面命人把地图拿来指给蔺相如看交割的城池。蔺相如早已看透秦王的心思，说："和氏璧是天下至宝，赵王派我送璧来前，曾斋戒五日，大王如想得到它，也应该斋戒五日吧！"秦王无奈，只得同意。蔺相如料定秦王不会履约，就派随行人员将和氏璧揣在怀里，连夜从小路返回赵国，自己则留在秦国应付秦王。

秦王最终没有得到和氏璧，虽然很生气，却也很无奈，同时也十分佩服蔺相如的机智和胆识，秦王认为蔺相如贤能，不但没有杀他，还以礼相待，送他回到赵国。蔺相如回国后，赵王任命他为上大夫。最后，秦国没有将十五座城池交予赵国，赵国也没有将和氏璧交予秦国。

蔺相如完璧归赵，胆略和勇气固然重要，但巧妙和机智更为关键。如果他在秦王面前不能随机应变，怎么能从秦王手中要回和氏璧，怎么能逼秦王答应交割城池，又怎么能赢得将玉璧送回赵国的时间呢？蔺相如的智谋实在是护卫赵国利益的一道屏障啊！

23. 说停楚国用兵

（告之利害）

公元前 281 年，楚国打算跟齐国、韩国联合进攻秦国，并准备将周朝一起灭掉。周赧王姬延得知这个消息后，心里恐慌，就派了东周的武公（姓名不详）去见楚国的令尹（宰相）昭子。

武公对昭子说：“你们最好不要打周朝的主意，因为周朝是不可图谋的！”昭子答道：“谁说我们要打周朝的主意？这是没有的事！虽然是这样，但我还是不明白为什么说周朝不可图谋呢？”

武公就说：“周朝虽然现在只有很少的地方，方圆不满百里。可是，它名义上却是天下共主。去吞并那一点儿地方，不能使他的国家富足；得到那一点儿土地上的百姓，也难以使他的军队强盛，而听起来像是臣下弑杀君主。尽管如此，却仍然有人妄图这样去做，他们的目的就是想得到那里的传国之宝——九鼎。可是，你要知道，老虎肉腥臊，还有像锋利的刀子一样的爪子护卫着，人们还尚且攻杀它；倘使是草原上的麋鹿蒙上了虎皮，那攻杀它的人肯定会比攻杀老虎的多上万倍。道理很明白，现在谁割据了楚国的领土，谁就可以增强自己的国力，谁能抑挫楚国的图谋，谁就得到了尊崇周王的美名。你们现在如果真打算诛灭天下共主，独占夏、商、周三代流传下来的祭器国宝，那么，我可以告诉你，当这些祭器还未南运到楚国的时候，那些讨伐楚国的军队就已压境了。”

楚顷襄王听了昭子转述的武公的话后，下令中止了原来的计划。

武公对昭子的一席话说得不卑不亢，因为直陈利害、鞭辟入里，最终使楚国打消了用兵灭周的念头。所以，聪明的话不在声高气壮，而是能发挥巨大作用。

24. 蔺相如避廉颇

（顾全大局）

秦昭襄王嬴稷谋取赵国和氏璧失败后，秦国就接二连三地发兵进攻赵国，使赵国损折了五座城池和两万人马。嬴稷为了窥探赵国朝廷举动，在公元前279年派遣使节邀请赵惠文王赵何在西河（今陕西省东部黄河西岸）东面的渑池（今河南省渑池县西）相会，愿结为盟好。赵何怕秦王图谋不轨，打算拒绝。

廉颇、蔺相如都不赞成赵王拒会，劝谏赵王说：“大王若不去，就会显得赵国胆怯。”赵何只好同意赴会，由蔺相如随行。廉颇等文武大臣送行到边境，跟赵何告别说：“大王这次前往，按照途中行程和计划，往返应该不会超过三十天。如果三十天还不见您回来，臣请大王允许我们拥立太子继位，以断绝秦国要挟赵国的念头。”赵何应允了。

两国君主如期在渑池相会，两王以礼相见，并大设宴席，行酒取乐。当众人喝得将醉未醉的时候，嬴稷想取笑一下赵王，于是请赵何弹瑟（一种有 25 根弦的乐器），赵何无奈，只得弹奏一曲。嬴稷叫好不止，还让秦国御史记下：“某年某月某日，秦王与赵王会于渑池，秦王令赵王鼓瑟。”蔺相如见状，立即走到秦王桌前，拿起桌几上盛酒的瓦缶（状如肚大口小的花瓶），对嬴稷说：“赵王知道秦王善于秦声，臣请秦王击缶，以助娱乐。”嬴稷愠怒拒绝，蔺相如怒视秦王道：“我现在跟您相距只有五步远，大王如不击缶，我就拼死一搏，以我颈中之血溅您一身。”秦王的侍卫要上前救驾，蔺相如怒目呵斥，侍卫怕伤及嬴稷，都不敢动弹。嬴稷在这种情况下，尽管万分不乐意，也只好勉强敲了一下缶。蔺相如于是让赵国御史记下：“某年某月某日，秦王为赵王击缶。”就这样一直到酒宴结束，嬴稷始终没有占到赵何的便宜。再加上赵国边境上的军队严阵以待，秦国不敢轻举妄动。

赵何回国以后，就擢升蔺相如为上卿，地位还在大将廉颇之上。廉颇心里不平衡了，大喊道：“我是赵国大将，驰骋疆场，功在国家。蔺相如出身贫贱，现在仅凭嘴巴的本事，地位居然在我之上，让我实在感到羞耻啊！”并扬言说：“等我什么时候碰到他，一定当众要他好看！”蔺相如听闻此言，就想方设法不跟廉颇碰面。每逢朝会或御前会议，蔺相如经常借口生病，避免跟廉颇发生排列上下位的情况；路上远远望见廉颇的车驾，总是命自己的车绕道而行。

蔺相如的随从都为主人的这些退让行为感到不解和耻辱。蔺相如知道以后就问随从：“你们认为是廉将军厉害，还是秦王厉害？”随从说：“廉将军当然比不上秦王厉害。”蔺相如又说：“就是像秦王这样厉害的人，我都敢呵斥他，羞辱他的属下，我即使再差劲，也还不至于害怕廉将军。我只是考虑到，强横的秦国之所以现在不敢大举进攻赵国，是因为我跟廉将军二人在。假如我们两方争斗，必有一伤，这是最让秦国高兴的事。我之所以要避让廉将军，是将国家利益考虑在先，然后才想到个人恩怨啊！”

廉颇听说了这番话后，顿时头脑清醒了，于是马上赤裸上身，背着带刺的荆条，亲自前往蔺相如府上请罪。两人从此以后就结为刎颈之交。

“将相和”成为千古佳话，流传后世，蔺相如和廉颇共同为世人留下公利第一、顾全大局的行事典范，这也是最高尚、最智慧、最坦诚的行事典范。

25. 姬职止谗有方

（一策两全）

燕昭王姬职从即位起就下决心复兴燕国，立誓要报齐国杀父灭国之仇。

经过姬职二十多年的励精图治，燕国逐渐强盛起来。公元前284年，姬职任命乐毅为上将军，统率五国联军，大举进攻齐国。乐毅统领燕军在六个月内攻下了齐国七十多座城池，并将攻下来的地方一一设置为燕国的郡县。最后，在齐国范围内只剩下莒（今山东省莒县）、即墨（今山东省平度市东南）两座城邑。这两座城邑虽被围困了三四年，却仍然没有被燕军攻下来。

这时候，有人在姬职跟前说起乐毅的坏话来，这人说："乐毅智谋过人，一口气就攻下了齐国七十多座城池，现在没有攻下来的只有这两个地方。他不是能力不行，之所以三年不攻下它们，是因为他想长久地依仗燕军兵威去震慑齐国人，然后自己就可以南面称王……希望大王千万要提防这件事情啊！"

姬职听了这些话，不动声色，过了不久，就吩咐摆设酒筵大宴群臣，当着群臣的面，他呵斥那个进谗言的人说："乐毅将军冒死犯难为我攻伐齐国，铲平了他们祖先的宗庙，报了先王被杀之仇。齐国本来就是乐毅将军攻下来的，不是燕国的。乐将军如果能主宰齐国，与燕国同为平等的国家，彼此结为同盟，以抵御各诸侯国侵扰的祸患，这是燕国之福，也是我的愿望啊！你怎么敢说出这样挑拨离间的话来！?"随即喝令左右把这个人拉出去斩杀了。

然后，姬职把王后穿的服饰赏赐给乐毅的妻子，把公子穿的服饰赏赐给乐毅的儿子，还把诸侯王乘坐的驷马大车及百辆随从车辆送给乐毅，还专门派了宰相将乐毅的妻儿送到府上，正式封拜乐毅为齐王。乐毅为此惶恐不安，立即写了辞谢信，拒绝接受赏赐和封号，以表明自己永远忠诚于燕王，至死不变心。

这样一来，齐国人敬佩乐毅的高尚德义，各诸侯国也敬服乐毅的诚信，再也没有人以迟迟没有攻下莒、即墨两邑而去中伤和诽谤乐毅了。可惜的是，姬职不久以后就去世了，他的儿子对乐毅不满意，齐国田单用了离间之计，使得乐毅最后还是被迫离开燕国，投奔了赵国。

燕昭王姬职办了一场酒筵，铲除了进谗言的人，既保护笼络了乐毅，又让世人看到了他的胸襟气度，他的一策两全真高明！

26. 田单破燕复齐

（巧施反间）

公元前279年，燕昭王姬职对燕将乐毅封赏后不久就去世了，姬职的儿子继位，即燕惠王。燕惠王在当太子的时候，就对乐毅不满。这一情况被齐国即墨百姓认为“多智习兵”而推举出来顽强守卫城邑、抵拒燕军的首领田单知道了。田单派人四处扬言：“乐毅与燕国新王有嫌隙，害怕被杀而不敢回燕国，所以，他现在伐齐只是个幌子，实际上是想保持兵力准备称王，现在暂缓攻取即墨是为了等待时机。齐国人所惧怕的是燕国改派别的将领来，如果燕国让别的将领来领兵，即墨很快就会被攻下来。”燕惠王本来就怀疑乐毅，受到齐国的离间，就另外任命骑劫代任燕军统帅，并召乐毅回国。乐毅知道惠王对他心怀不善，就奔逃到赵国了。

田单还派人扬言说：“我们很怕燕军把齐军俘虏的鼻子割掉，如果燕军真要那样做的话，即墨肯定保不住了！”燕军听了这话后，真的那样做了。即墨城里的齐军士兵们看见被俘的齐军士兵都被割去了鼻子，非常愤怒，更坚定了坚守即墨的决心。然后，田单又让人扬言：“我们很怕燕军挖掘即墨城外先人们的坟墓，如果燕军真那样做了，会使我们寒心的。”燕军听到这些后，就真的挖掘了城外所有的坟墓，并放火焚烧坟墓里的尸首。齐国人从城上看见这番情景，都流涕哭泣、奋袖出臂，想冲出城拼死一战，这个时候，田单知道高昂的士气可以利用了。

于是，田单一方面制造假象，把精锐部队掩藏起来，同时派人到燕军那里商讨投降事宜，并收集民间藏金千镒（二万四千两），让人分送给燕军将领以寻求保护，故意使燕军松懈警惕；另一方面积极备战，在城里征集一千多头牛，给每头牛披上土黄色画着龙纹的罩衣，并在每个牛角上绑上尖刀，在每条牛尾巴上捆绑灌了油脂的苇条。当这一切都准备妥当后，一天傍晚，田单命人在城墙上凿开几十个大洞，把那些牛赶到洞外，用火把点燃牛尾巴。顿时，一千多头牛拖着火尾巴惨叫着冲向燕军阵地，五千名齐军壮士随后杀出，守在城上的百姓们敲响各种铜器，高声呐喊，声震天地。燕军从来没见过这样的阵仗，十分惊恐，在混战之中，燕将骑劫被斩杀了。

田单指挥齐军乘胜前进，响应齐军的人一天比一天增多，一路上追杀逃溃的燕军，一直追到黄河边上，齐国七十多座城池很快就被全部收复了。齐复国以后，田单被新立的齐襄王田法章封为安平君。

田单先用反间计，继设迷惑阵，再突派奇兵，以火牛阵大败燕军，处处透出智高一筹的睿智，在中国古代战争史上留下了有声有色的一页。

27. 田法章听人劝

（顺水推舟）

齐襄王田法章还都临淄（今山东省淄博市东临淄镇）后，就任命田单为宰相。有一次田单外出，经过淄水，看见一位老汉涉水过河，因为天寒水冰，老汉上岸以后就冻僵了，不能行走。田单就把自己御寒的皮袍给了老汉穿。

这件事很快就传开了，田法章听到后，十分反感，不禁自言自语道："田单这样做分明是收买人心，是不是想取代我称王？如果不尽早提防，恐怕以后会发生变乱。"也许是感到自己失言了，田法章打量了一下周围，四周无人，只有殿堂屋檐下一个穿珍珠的工匠在干活。

田法章就喊他过来并问道："你刚才有没有听到我说的话?"工匠回答说："我听到了!"田法章又问道："你认为怎么样?"工匠答道："大王您最好是顺水推舟，把田单的善行变成您的善行。您应该嘉奖田单并公开下令说：'我担忧人民饥饿，田单就供给他们粮食；我忧虑人民寒冷，田单就脱下皮袍给他们穿；我不忘人民疾苦，田单也很忧心这件事，田单的所忧所为很合我的心意。'您这样去褒奖田单的善行，就可以把田单做的善行变成您的善行了!"田法章听了大喜，就命人赏赐田单牛肉和酒。

过了几天，这个工匠又向田法章建议："大王最好在朝中会见群臣的时候，把田单召到跟前，向他拱手行礼，亲口慰谕，然后再下诏公告天下他要深入民间，多为百姓解困济危。"田法章一一照办了。之后，田法章派人到街头巷尾进行暗访，听到人们在互相讨论："田单这样爱护老百姓，原来是齐王教他这样做的啊!"

田法章没有将听到他阴暗心声的穿珠工匠关起来或者灭口，反而听了工匠的建议并付诸行动，果然达到了将田单的善行转变成为自己的善行的效果，实现了君王笼络人心的目的。不管怎么说，田法章采取"顺水推舟"的办法，其结果比他原先要尽早提防田单的想法要阳光得多。这位工匠是善良、聪明的人。

28. 貂勃智护田单

（单刀直入）

齐国宰相田单向齐襄王田法章推荐了貂勃。齐襄王身旁有九个宠臣，他们与田单过不去，想尽办法要排挤田单。他们怂恿田法章派貂勃出使楚国。在貂勃出使的几个月里，这九个人先后想了不少花招儿毁谤中伤田单，使得田法章不仅对田单怠慢起来，而且还表现出对田单不信任、轻视和冷落的态度。貂勃从楚国回来后去见田法章，田法章赏赐酒宴，当酒饮到欢畅时，田法章对左右说："快把宰相田单给我叫来!"

貂勃回来以后，已经听说了田单所遭遇的事情，现在听到田法章这样说，立刻离座向田法章跪拜说："大王，您的贤明与距今久远的周文王姬昌相比怎么样?"田法章回答："我比不上姬昌。"貂勃又问："那您与距今短近的齐桓公姜小白相比又怎么样?"田法章回答："我也不如他。"貂勃接着就说："姬昌得到姜尚（姜子牙），尊他为太公；姜小白得到管夷吾，敬他为仲父。大王您得到安平君却直呼他'田单'，您怎么能说出这样的话来呢？从开天辟地有人类以来，做臣子而为国树立功勋的，有谁能超过安平君呢？想当初，燕国人攻袭齐国，先王（田法章之父）不能守住自己的家国，而您逃往城阳山（今山东省东南）中，安平君只凭借岌岌可危、周长只有三里的即墨内城和方圆只有五里的外城，率领疲惫不堪的七千老弱士兵，最后杀死燕将骑劫并收复了幅员千里的齐国故土，这是安平君的功劳啊！在那时，安平君如果去城阳山而自立为王，天下就没有谁能阻止。但是，安平君从道义上考虑，不肯那样做，而是架设栈道木阁到城阳山迎接您和王后，您才能返回国都，统治百姓。现在，国家已经平定，人民已经安居，大王您却忘记了这一切，竟如此随便直呼召'田单'来，就是连小孩子都不会做出这样的事情。请大王赶快除掉那九个奸臣以敬谢安平君，不然的话，我们的国家恐怕又要陷入危险了！”

齐襄王听了貂勃这一番直言，觉得极有道理，顿时醒悟，认识到身边九个宠臣是奸佞之徒，就下令杀了他们，并将他们的家属驱逐出齐国，又把夜邑（今山东省莱州市）的一万户人家封赏给安平君田单。

貂勃之智就在于采用单刀直入的方法，不避嫌疑，以一番直言，开导了田法章，保护了田单，得到人们的赞扬。当然，齐襄王终能纳谏醒悟，弥补自己的过失，也还算得上明智。

29. 平原君荐赵奢

（大度荐才）

赵国主管田地租税部门的官吏赵奢在一次收税时，遇到赵惠文王赵何的弟弟平原君赵胜家抗缴。赵奢依照有关法令，诛杀了赵胜家抗缴的九个管事的人。

赵胜知道这件事情后怒不可遏，要反过来诛杀赵奢。赵奢一点儿也不慌张，不卑不亢地对赵胜说：“您是赵国的贵族，如果放纵您家的人抗税枉法，那国家法令的力量肯定会被削弱。国家法令的力量被削弱，国家的力量就会随着削弱。国力削弱，其他各国就会乘虚出兵进犯，这样实际上就是毁灭赵国，到那时，您还有什么富贵？以您这样的尊贵，如果仍能奉公守法，就能实现上下公平。能实现上下公平，国家就能强大；国家强大了，政权就稳固了。您贵为王弟，在赵国难道还会有谁轻贱您吗？”

赵胜听了赵奢这一番话，非常惭愧。他不仅不再为难赵奢，还认为赵奢是贤能之才，就向赵惠文王推荐了赵奢。赵惠文王就任命赵奢负责管理全国赋税，并让他建立公正的赋税制度。赵奢主管赋税一段时间后，果然人民富足起来，国库也逐渐充盈起来了。

赵奢确实是一个有见识、有胆量的奇才。但是，如果不是被顶撞冒犯的赵胜慧眼识才，赵奢恐怕极可能就流于平庸了。是赵胜的大度和智慧才使得赵奢脱颖而出。

30. 赵奢解围阏与

（假象惑敌）

公元前270年，秦国军队进攻赵国，围攻阏与（今山西省和顺县）。赵惠文王赵何召集大将廉颇、乐乘等询问：“我们可以派兵去救援吗?”廉颇、乐乘等人都回答：“到那里路途遥远并且艰险难行，很难进行救援。”赵何又问赵奢，赵奢说：“路途确实遥远而且艰险难行，但如果我们派出援军去与秦军交战，就好像两只老鼠在洞穴中相斗，其结果必定是勇敢无畏的那一方取胜。”赵何就命令赵奢率军去救援阏与。

赵奢带领援军刚走出都城邯郸（今河北省邯郸市）三十里就下令扎营驻守，并下令说：“凡是敢来向我进谏有关这次打仗的建议的，一律处斩!”这时，秦军前锋抵达武安（今河北省武安市）城西，秦军阵地战鼓喧天，士兵们喊杀的声音令武安城的屋瓦都被震动了。这种情况下，一位负责侦察的赵军军官建议赵奢先救援武安，赵奢立即将他处斩，全军坚守阵地，接连二十八天按兵不动，还一再下令加固增修营垒工事。

秦军派出间谍混进赵军驻地刺探情报，赵奢假装不知道，反而好吃好喝地招待了他，还客客气气地送他出了营。间谍回去以后马上将自己看到的情况报告了上去，秦军将领们听后高兴地说：“赵军离开国都才三十里就畏惧不敢前进，只知道加固和增修营垒，看来阏与这个地方不会再属于赵国了。”赵奢刚刚送走秦国间谍，突然下令全军急行军直奔阏与，只用了一天一夜就赶到离阏与五十里的地方驻扎了下来。秦军得到情报后，也全军出动跟着赶往赵军阵地。

这时，赵军一位军士许历请求拜见赵奢，赵奢接待了他，许历说："秦军绝对料不到我军会突然来到这里，他们现在跟着我们追击，一定来势凶猛，请将军一定要严阵以待，不能轻视，否则，这一仗必败！"赵奢表示赞同。许历认为自己已触犯将令，请求给予处分。赵奢说："以后再说吧，这是发生在邯郸以后的事情。"许历又进言："现在的情势是谁先占据北山谁就胜，后到北山的肯定败！"赵奢听后立即派出一万名士兵占据北山，秦军很快与赵军争夺北山，多次进攻，多次被打退，始终攻不上去。最后，赵奢下令全军发起猛烈反攻，把秦军打得大败，成功地解除了秦军对阏与的包围。赵军班师回朝后，赵何封赵奢为马服君，与廉颇、蔺相如的地位相等，任命许历为国尉。

赵奢解围阏与，先制造假象，迷惑敌人；然后出其不意，占据主动；再信用良谏，夺得先机。这实在是智谋与勇气良好结合的范例！

31. 范雎定秦方略

（远交近攻）

范雎是魏国人，为人机敏善辩，志向远大，因为家里贫穷不能自给，就投奔在中大夫须贾门下做事。有一次，须贾出使齐国，范雎作为随从人员跟随而去。齐襄王田法章听说范雎能言善辩，十分欣赏他，赏赐范雎牛、酒、黄金等礼物。

须贾是个十分可鄙的人，他因齐王赏赐范雎这件事，就怀疑范雎私通齐国。回国以后，须贾就向宰相魏齐诬告范雎。魏齐大怒，令人在大庭广众之下殴打范雎，范雎的肋骨被打断，牙齿被打落，几乎被打死。后来，凭借向守卫军士求情和一个叫郑安平的人搭救和藏匿，范雎才得以逃脱。

公元前270年，秦国使者王稽出使到魏国。范雎知道这个消息后，经过郑安平引荐，在一个夜晚偷偷去见王稽。通过交谈，王稽发现范雎确实是个人才，就偷偷把范雎载回秦国，推荐给了秦昭襄王嬴稷，嬴稷准备在行宫里接见范雎。

范雎踏进行宫的长巷，却装作不知道到了那里，懒懒散散地走着。引导的宦官们警告范雎说：“你小心点儿，大王就要驾临了。”范雎故意大声地说：“什么大王？你们国家只有太后、穰侯（秦王的生母宣太后与她的弟弟穰侯魏冉把持秦国朝政已经三十多年）而已。”这时，秦王已经走近，隐隐约约地听到了这句话。

秦王来到后，就马上命左右人等回避，自己跪坐于席，向范雎说：“先生何以教我?”范雎只是答道：“是啊，是啊!”这样一问一答进行了三次后，秦王问：“先生难道真的不愿教导我吗?”范雎才答道：“岂敢如此，只是我一个客居秦国的人，跟大王素无交情，而我所要提的建议却与大王关系密切。置身在大王与亲情骨肉关系之间，尽管我愿意效忠，却不知大王的心意到底怎样，所以大王三次垂询，我都不敢回答。我知道今天如果在大王面前直陈进言，明天就很可能会被杀掉。我并不怕死，人生终有一死，只要死得对秦国有益，我也心甘情愿。怕只怕我因这次进言而被杀掉后，天下贤能之士从此再也不敢前来秦国效力了。”

秦王长跪着对范雎说：“先生说的什么话！我今天能够见到先生，是老天爷顾念我，让我来烦扰先生，以保存我秦国先祖的宗庙啊！你今天要讲的事情不管大小，上至我的母亲太后，下至权贵大臣，希望你可以毫无保留地指教我，不要对我有丝毫怀疑。”范雎听后拜谢秦王，秦王也回拜范雎。范雎接着又说：“以秦国的强大、战士的勇猛去掠取各国，就好比猛犬搏击跛脚的兔子。可是，秦国却闭关（函谷关）十五年，不敢向东出兵，其主要原因是大王的舅父穰侯谋国不忠，大王设定的方略也有错误。”秦王仍然跪着说：“请先生务必告诉我错在什么地方。”

这时，范雎发现周围有不少人在偷听他们的谈话，就先谈天下形势，一边观察秦王的反应，一边观察周围的动静。范雎看到偷听的人没了兴趣退走后，就单刀直入地说："魏冉穿过魏国和韩国去攻打齐国的刚邑（今山东省宁阳县堽城镇）、寿邑（今山东省阳谷县寿张镇），是一大失策。以前，齐湣王南攻楚国，破军杀将，开拓千里疆土，结果最后连一寸土地都没有得到。难道是齐国不想得到土地吗？这是形势不允许啊！因为诸侯各国发现齐国因攻伐楚国弄得军疲民乏、国力枯竭，就联合起来攻伐齐国，使得齐国几乎要灭亡了。齐国伐楚的结果是肥了魏国和韩国。所以，我建议大王不如确立与远方的国家交好而攻打邻近国家的方略。这样得一寸土地就永远是秦国的一寸土地，得一尺土地也永远是秦国的一尺土地，再也不会丧失。如今，韩、魏两国位于中原的心脏地区，是天下的门户。大王如果想称霸天下，必须要掌控中原的心脏地区，然后再对楚国、赵国施加压力。那时，如果是楚国强，我们就亲附赵国；如果是赵国强，我们就亲附楚国。当楚国、赵国都与我们亲附，那齐国必定会恐慌，而等到齐国也来亲附我们的时候，魏、韩两国就必定会被我们夺取。"

秦王听了范雎这一席话，大喜，并连声称好，立即任命范雎为客卿，参与谋划国家军事。

正是由于秦王嬴稷后来采用了范雎提出的"远交近攻"这一智谋方策，以强兵东出，使得秦军最后以摧枯拉朽之势席卷山东，终于奠定了吞并六国的基业。

32. 范雎劝逐四贵

（伺机而动）

公元前 266 年，范雎见秦昭襄王嬴稷对他日益信任和亲近，认为时机已到，便向嬴稷提出了驱逐四贵、巩固王权的方略。范雎向秦王嬴稷秘密建议："臣在崤山之东居住时，只听说齐国有孟尝君，不知道有齐王；只听说秦国有太后、穰侯魏冉，不知道有秦王。臣以为能独揽国家大权的才称得上王，能兴利除害的才称得上王，能掌握生杀大权的才称得上王。

“可是，太后擅自专断，不顾大王；穰侯出使他国也不报告大王；华阳君、泾阳君处事，无所顾忌；高陵君自作主张，也不请示大王。有太后和这四贵存在而国家不危亡是不可能的。四贵专权，秦国人心目中就没有了大王。穰侯魏冉掌控大王之权，决断与各国的事务，出使遍天下，征讨敌国，无人敢不听从。如果战胜，他就将所获利益归于自己的封地陶邑；如果打败了，与百姓结下怨恨，则将灾祸带给国家。

“臣听说过，果实太多会压折树枝，树枝折断会损伤树根；属国封地大了会损害国家，大臣过于尊显会使君主卑微。当年淖齿把持齐国，用箭射齐王的腿，抽去了齐王的筋，将齐王吊在房梁上折磨至死。李兑把持大权，将赵武灵王关在沙丘宫内，一百天后，赵武灵王被活活饿死。如今，我看秦国四贵的所作所为，也类似淖齿、李兑。

“夏、商、周三代最后灭亡，都是因为君王把专权转授给臣下，自己纵酒行猎；而被授权的人嫉贤妒能，欺上瞒下，以牟取私利。他们不为君王考虑，而君王也不觉察醒悟，所以失去了国家。现在，秦国的大小官吏，直到大王的左右侍从，无一不是相国魏冉的亲信党羽。臣见大王孤立在朝廷上，私下实在为您担忧。怕您去世以后，拥有秦国的将不是大王您的子孙了。”

秦王嬴稷认为范雎说得很有道理，于是，毅然废黜太后专权，把穰侯魏冉、高陵君、华阳君、泾阳君驱逐到关外；同时，任命范雎为丞相，封为应侯。

范雎劝秦王逐四贵，能让秦王很快付诸行动，原因有二：一是范雎善于借古喻今，采取单刀直入、直刺伤疤（难行王权是秦王的伤疤）的方法，力陈太后、四贵擅权的弊害，使得秦王顿悟；二是范雎懂得伺机而动，在他到了秦国后几年、已深受秦王信任、眼前急需兴利除弊时，才提出这项建议，使得秦王不仅深信不疑，而且更觉十分迫切。因此，范雎才获得了政治上的一次大成功。

33. 触龙谏赵太后

（迂回劝导）

公元前265年，秦国出兵攻打赵国，夺取了赵国的三座城池。这时，赵孝成王赵丹刚刚继位为王，国家大事由太后掌控。太后派出使节到齐国求援，可是，齐国提出：必须先把太后的小儿子长安君送来当人质，才能考虑出兵援赵的问题。赵太后坚决不答应，齐国也就没有派出救兵。赵国的大臣们都竭力劝说太后同意把长安君送往齐国做人质，太后就公开对大臣们说："谁再来劝说这件事，老妇我一定吐他一脸口水！"

有一天，左师触龙请求拜见太后，太后以为他又是来劝说的，就怒气冲冲地等待他。触龙慢慢地走过来坐下，抱歉地对太后说："我腿脚不好，很久没能来探望太后，我担心太后的身体有什么不适，所以赶过来看看太后。"太后说："我的行动也不方便，现在靠人推车行走。"触龙又问："饮食没有减少吧？"太后说："我平常只吃一些粥食。"太后的怒气渐渐消退下去了。

触龙又对太后说："我最小的儿子舒祺，没什么出息，而我已年迈力衰，心里却疼爱他，想让他补个黑衣卫士的缺去护卫王宫，我冒死向您提出这个恳求！"太后问："他有多大了？"触龙说："已经十五岁了，虽然年纪还小，但我希望在死之前为他做个安排。"太后问："难道男人也爱怜小儿子吗？"触龙答："比妇人还爱得厉害。"太后听了笑着说："哪里比得上妇人爱得厉害！"

说到这里，触龙突然话锋一转，说："我认为太后疼爱女儿燕后大大地超过爱长安君。"太后说："你说错了！我疼爱燕后比疼爱长安君差多了。"触龙接着说："父母疼爱儿女，就应该为他们深谋远虑。您送燕后走的时候，拉着她的脚后跟哭泣，是怕她离得太远，这是怜爱她。燕后走后，您不是不想念她，可是每次祭祀时却都祝愿她'一定不要再回来'。这难道不正是为她长谋远虑，希望她的子孙能相继成为燕国的君王吗？”太后说：“正是这样的！”

触龙紧接着问太后：“三代以前，赵王的子孙被封为侯的，现在还有没有继承人在位的？”太后说：“没有了！”触龙说：“之所以这样，是他们之中，被封侯时间短的由于灾祸殃及自身，被封侯时间长的由于灾祸殃及了他的子孙。难道被封侯的儿子们都不成器吗？这是因为他们往往地位尊贵而无军功，俸禄丰厚而无劳绩，还挟持着太多的国器重室啊！现在，太后您让长安君享有崇高的地位，封给他肥沃的土地，赐给他许多宝物，却又不让他抓住机会为国建功。一旦您不在世了，长安君靠什么在赵国自立呢？”

赵太后听完触龙所说，连忙说：“我明白了，就请您安排派遣他吧！”触龙于是下令准备了一百辆车送长安君到齐国去做人质。长安君到了齐国，齐国立即派出了援军。秦军见齐国出兵，也就自行撤退了。

触龙真是一位循循善诱、会迂回劝导的聪明老人，一席话说完，就改变了赵太后的态度，扭转了紧张局势。

34. 黄歇成全太子

（巧施障眼）

公元前 272 年，楚国任命黄歇为左徒，让他当太子熊完的侍从，一同前往秦国充当人质。公元前 263 年，楚顷襄王熊横卧病不起。黄歇听说以后，匆匆去拜见秦国宰相范雎。

黄歇向范雎建议说：“楚王病情严重，恐怕难以痊愈。为秦国考虑，你们不如把充当人质的太子熊完放回去。如果熊完回去后能继承王位，他对秦国一定会非常尊重，对您也肯定会感激不尽，这样的结果等于培育了一个拥有万辆战车的盟邦。如果不放他回去，他只不过是咸阳（今陕西省咸阳市）街头的一个平民而已。一旦楚国另立了一位新君，必然不会亲近秦国，这样的结果，肯定是秦国失去了一个盟邦而又断送了与一个大国的友谊，不是上策啊！”范雎就去向秦昭襄王嬴稷报告，秦王嬴稷的意见是先派太子熊完的老师回去探望一下楚王的病情，等他回来以后再作计议。

黄歇在向范雎提出建议以后，又与太子熊完进行密议。他对熊完说：“秦国之所以羁留你，当然是想从中谋取利益，而你现在事实上无法做出有利于秦国的事情。在这个过程中，如果楚王不幸去世而你又不在楚国，那么阳文君（楚王的兄弟）的两个儿子中的一个就会继承王位，这样的话，你就彻底失去了前途。你不如就悄悄地跟使者一起回去，我留下来应付，他们顶多是把我杀掉而已。”

熊完听从了这个建议，就将自己乔装打扮成马车夫的模样，与使者同行，混出了关卡。黄歇留下来看守馆舍，并经常对外宣称熊完染了病，需要静养，暂不会客。估计熊完已经离开秦国很远了，即使秦国再派兵也追不上了，黄歇才向秦王报告：“敝国太子已归国，而且离开秦国很远了，我愿意被您处死。”秦王嬴稷大怒，要下令处死黄歇。

这时，范雎向秦王嬴稷进言说：“黄歇只是一个楚臣，他愿为主人牺牲自己。如果熊完这次回去能继承王位，就一定会重用他。不如赦免他的罪并放他回去，这样的话，以后楚国会更亲近秦国的。”秦王嬴稷听从了这个建议。就这样，黄歇也回到了楚国。三个月以后，在这年的秋天，楚王熊横逝世，楚考烈王熊完继位。熊完任命黄歇为宰相，并把淮河以北的土地封给了他，称他为春申君。不久后，楚国又向秦国割让州邑（今湖北省洪湖市东北），立誓两国和好。

在楚王生命垂危的关键时刻，黄歇一边向范雎直陈让熊完回国对秦国的好处；一边更是巧施障眼之法，让太子偷偷回了国，由自己留下来承担后果。他的这一计策成全了熊完，也成全了楚、秦两国的友好邦交，还算是一个被动情况下的明智办法。

35. 赵母知子之明

（比较辨人）

上党郡（今山西省长治市一带）原来是韩国的疆土，公元前 262 年，秦国大举进攻韩国，攻占了野王（今河南省沁阳市），切断了上党郡与韩国都城新郑（今河南省新郑市）的联系。上党郡郡守冯亭为求自保，就率领全郡军民向赵国投诚，赵孝成王赵丹派了平原君赵胜去接收。

公元前 260 年，秦国派左庶长王龁率军进攻上党郡并攻克了上党城，上党的百姓都向赵国逃奔。赵国派将军廉颇率军驻扎在长平（今山西省高平市西北），接应逃难来的百姓。王龁不间断地向赵国进攻，使赵国损折一员副将和四名都尉。见此情景，赵王赶紧派了郑朱到秦国求和，秦国接待了郑朱，却迟迟不进行谈判。

因赵军屡次被秦军挫败，廉颇便下令坚守营垒不准擅自出战。赵王认为是廉颇胆怯而不敢迎战，气得多次派人去斥责他。这期间，秦国宰相范雎派人用重金去赵国施行反间计，散布流言说："秦国所惧怕的是马服君赵奢的儿子赵括，廉颇年纪大了好对付，况且他也快要投降了。"赵王果然中计，下令用赵括代替廉颇为将。蔺相如认为赵括只知道死读兵法，不知道随机应变，就劝阻此事。但是，赵王不听，固执己见。

赵括从小学习兵法，自以为天下无人可比。他曾经与父亲赵奢讨论兵法，连赵奢也难不倒他。但是，赵奢从不称赞他儿子有才干。赵括的母亲曾经向赵奢询问，难不倒儿子却从不称赞儿子有才干是什么原因，赵奢说："带兵打仗，就是出生入死，可是赵括谈起来却很随便轻松。赵国以后不用他为将倒也罢了，如果用他为将，那么覆灭赵军的一定是他！"

到了赵括接受赵王的任命就要出发上前线时，赵括的母亲向赵王上书，指出赵括不能重用。赵王就问赵母："为什么不能重用赵括呢？"赵母回答说："当年我侍奉赵括的父亲，他当将军的时候，亲自端着饭碗去优礼招待的就有十多个人，他的朋友数以百计，大王及宗室赏赐给他的财物，他全部分发给了将士和谋臣。他从接受任命之日起，就不再过问家事。可是现在，赵括刚受命为将，就东向高坐，接受拜见，大小军官没人敢抬头看他。大王赏赐给他的黄金和礼物，他全部拿回家藏了起来，每天都在探察有什么良田美宅可以买下来。大王以为赵括能像他父亲那样，其实他们父子俩的心思完全不同，所以，请求大王不要派他去！"赵王却说："老太太，你不要再提这件事了，我主意已定。"赵母见此情形只好说："万一赵括出了差错，请求大王不要因为赵括的事株连我！"赵王答应了。

秦王嬴稷听说赵括已经当了赵军的统帅，就暗中任命武安君白起为上将军，改任王龁为副将，并下令不准将这一消息泄露出去。赵括到了赵军军营，全部推翻原来的作战部署，调换廉颇任命的军官，下令主动出击秦军。白起让秦军佯装战败撤退，预先埋伏两支奇兵截击。赵括乘胜追至秦寨，秦寨坚固而不得进入。结果，赵军被秦军切断退路，断绝了粮道，先后断粮四十六天，虽然其间也组织了四五次进攻，却仍无法突围，赵括本人在阵前被秦军射死。赵军全线崩溃，四十万士兵投降，却被白起下令全部坑杀，只有又弱又年幼的二百四十人被送回赵国。

长平一战，赵国军队主力被全歼。不少人只知道指责赵括纸上谈兵，却不知道更应受到指责的是赵王：赵王不听赵母之劝而使赵国自毁长城。如果赵王能采纳赵母的意见，那长平之役也许将会是另一种结果。

赵母能做到知子之明，是她通过亲身体验并比较了赵奢父子俩在处事待人上的大不相同而得出的结论，一个只知道盲目溺爱孩子的母亲是绝不可能做到这样的。

36. 苏代巧施离间

（直告利害）

长平之战后，公元前259年的十月，秦将白起将大军分成三路，对赵国继续进攻：一路由王龁指挥，攻陷赵国的武安（今河北省武安市）、皮牢（今山西省翼城县东北）；一路由司马梗指挥，攻陷赵国西北部的太原（今山西省太原市），占领上党全郡；一路由自己率领，打算直扑赵国都城邯郸。照这个架势，秦军大有灭赵之势。如果赵国被灭，接下来韩国、魏国就危险了。韩、魏两国非常惊恐，急忙派遣苏代西入秦国，想阻止秦国灭赵。

苏代带着厚礼去拜访秦国宰相范睢。见了范睢，苏代问道："白起是不是即将围攻邯郸了？"范睢答："是这样！"苏代接着说："一旦赵国灭亡，秦国就称王天下了，白起就一定会被擢升为秦国三公（地位高于宰相）之一，你能甘心居于他之下吗？即使你不甘心，恐怕到时候也没办法了。秦国曾攻伐韩国，包围邢丘（今河南省温县东）、围困上党，可是那里的百姓宁愿成为赵国人，也不愿受秦国统治，天下百姓不愿成为秦民已经很久了。现在如果赵国灭亡，赵国北面的百姓会加入燕国，东部的百姓会加入齐国，南边的百姓会加入韩、魏两国，秦国能得到的百姓就没有多少了。你不如趁着现在形势对秦国有利而让赵国割地求和，不要把功劳由白起一个人全占去了。"

范睢听了苏代所言，心动了，便向秦王嬴稷建议："秦军长期倾国出战，兵卒疲劳，如果再发生什么不测，出了差错，弄不好会前功尽弃的。不如允许韩国、赵国割地求和，让军队可以得到休整。"秦王嬴稷同意了范睢的建议，让韩国割让垣雍（今河南省原阳县西北）、赵国割让六座城池来讲和。到了正月间，秦、赵两国都停止了军事行动。白起眼看灭赵之功被破坏，深恨范睢在其中阻挠，两人从此结下了仇怨。

苏代瞅准范雎不愿屈居于白起之下所说的这一席直告利害的话，可以说胜过精锐之师，阻挡住了秦军灭赵的脚步，这就是离间智谋的力量。

37. 虞卿献策得赏

（析谬正误）

赵孝成王赵丹听说秦国同意赵国割地求和的消息后，就要派赵郝担任特使去办理割让六座城池的事宜。

这时候，上卿虞卿听说此事后，便进见赵王并问他说："秦军进攻赵国，现在停了下来，这是因为他们疲惫了想撤回，还是军力仍能前进，因为他们顾怜赵国才停止进攻了呢?"赵王答道："秦军不遗余力，一定是因为疲惫才撤回的。"虞卿接着又说："秦军凭力量攻击他们攻不下的，因为疲惫了才撤回，您却将秦军缺乏力量夺取的土地奉送给它，这是帮助秦国来削弱自己。到来年，秦国再来攻打赵国时，您就得不到救援了!"

此时，曾经在秦国当过宰相的楼缓恰好也来到赵国，赵王就与他商讨虞卿提出的意见。楼缓对赵王说："虞卿只知其一，不知其二。秦、赵敌对而天下的诸侯都开心，因为他们可以趁火打劫。现在赵国应赶快向秦国割地求和，以此让各诸侯国认为赵国已经与秦国达成默契，使他们不敢再打赵国的主意，也满足了秦国的贪婪。如果不这样，诸侯们就会利用秦国的怨恨和赵国的疲惫瓜分赵国，赵国面临灭亡，哪里还谈得上算计秦国呢?"

虞卿知道楼缓这样说后，又来对赵王说："楼缓所说的建议很危险，那样做只能使诸侯们更怀疑赵国如何满足秦国？不是向天下展示自己的软弱吗？您不如把要割让给秦国的六座城池割让给齐国。齐国是秦国的对头，不等您把割让六座城池给齐国的话说完，齐王就一定会听从您的意见。这样，您在齐国失去的六座城池将会从秦国那里得到抵偿，而且还能在天下诸侯面前显示自己的气度才智。只要您现在将此计策放出风声去，那么，齐国援军还没有到达边境，秦国的使节就已经带着厚礼到了赵国，反过来向赵国讲和了。在这种状况下再与秦国讲和，韩国、魏国一定会看重您，并因此使赵、韩、魏三国关系更亲近。您这样做的结果，使得赵国和秦国变换了相互的位置。”赵王同意这样去办。

于是，赵王派虞卿东行去见齐王，与齐王共同谋划对付秦国的事。虞卿出使齐国，还没有回到赵国，秦国派出的使节果然已经来到了邯郸。楼缓听到这个消息后，就急急忙忙地离开了赵国。赵王为此奖励虞卿，封赏他一座城池。

虞卿一方面采用析谬正误的方法，劝说赵王不能向秦国割地求和；另一方面，又通过利害比较的透彻言辩说动赵王向齐国求援以争得主动。最终，他使赵国在极为不利的情势下，得到了对自己最有利的结局。

38. 毛遂脱颖而出

（造势夺人）

公元前258年初，秦国军队向赵国的都城进攻。赵孝成王赵丹见秦军来势汹汹，急忙派平原君赵胜到楚国求救。赵胜打算从他门下的食客中挑选文武兼备的二十个人一同前去，但选来选去，只选中了十九个人。

这时，有个名叫毛遂的门客向赵胜作了自我推荐。可是，赵胜却对他说：“贤能之士为人处世，好像一把锥子放在囊袋里，它的尖端会立即露出来。先生来到我门下三年了，我还没有听说过你，说明先生没有什么可称道的长处，我看先生还是留下吧！”

毛遂听后就说：“我今天就是来恳请您将我放置在囊袋中的！如果您早将我放在囊袋里，现在整把锥子都已经破袋而出了，岂止露出个尖?”赵胜只得勉强同意毛遂跟随他去楚国，原来选出的十九个人都以目光互相示意，在心里嘲笑毛遂。

赵胜到了楚国，向楚考烈王熊完细细阐述合纵以抗秦的利害得失，从早晨太阳出来开始谈，一直到中午时分还不能商定下来。这时，毛遂突然登上殿阶走到殿上，对赵胜说：“合纵的利害得失，两句话就能说完，今天却是日出谈起，到太阳当顶还不能决断，这是为什么？”楚王熊完见状呵斥毛遂：“我与你的主人说话，哪有你插嘴的份？还不退下去！”

只见毛遂此时手按剑柄走到熊完跟前说：“大王你之所以敢呵斥我，是仗着楚国人多势众。现在咱们相距却只有不到十步，你就不可能依仗人多势众了！你的命现在就掌握在我的手中！我的主人在面前，你凭什么呵斥我？我听说，商汤王以七十里地为开端，终于称王天下；周文王仅凭百里之地，使诸侯臣服。他们难道是兵多将广、人多势众吗？不是的，他们只是顺应大势、振奋扬威而已。现在楚国方圆五千里，武士有百万之众，以楚国的强大，天下各国难以抵挡。可是，秦国白起是个小人物，率领几万秦军向楚国开战，一战就攻下了楚国的鄢城（今湖北省宜城市南）、郢城（今湖北省江陵县），再战就烧毁了楚国的夷陵（今湖北省宜昌市），三战焚毁了楚国先王的陵庙，这是楚国千秋百代的怨仇，连我赵国都替你感到羞耻，而你却不以为难堪，不痛恨秦国的凶横。合纵抗秦，实在是为了楚国而不单单是为赵国啊！你有什么好呵斥的？”

熊完听了毛遂所言，无话可答，只好说：“先生说的是，诚如先生所指教的，我愿奉楚国上下跟从赵国。”就这样，楚、赵正式订立合纵之盟。立盟时，毛遂招呼一起来的十九个人一起参加歃血立盟仪式，并对他们说：“你们辛苦跟随而来，就是所谓的靠着别人成就大事啊！”赵胜立盟后回到赵国，还不断地感叹道：“从今以后，我赵胜不敢再自夸能识天下人才了！”他恭恭敬敬地把毛遂待为上客。

这个故事就是成语“毛遂自荐”的出处。毛遂先是以反客为主、造势夺人，占据了主动权；然后，他采用直刺伤疤、情敦义促的手法，使楚王改变了态度，使两国订立盟约，实现楚军北上救援赵国的目标。这件事情充分展现了毛遂的胆识和智谋。

39. 鲁仲连不帝秦

（晓之以害）

赵、楚两国结盟后，楚考烈王熊完就派春申君黄歇率军救赵。与此同时，魏安釐王魏圉也派将军晋鄙领兵十万救赵。秦昭襄王嬴稷得知情况后，就派人对魏王说："诸侯中有谁敢去救赵国的，等我攻下赵国后，就调动大军先攻灭它！"

魏王听了心里惧怕，急忙下令让晋鄙停止救赵的行动，让魏军停驻在邺县（今河北省临漳县），名义上是救赵，实际上是脚踏两条船。魏王还派了将军新垣衍从小路偷偷来到赵国都城邯郸，通过平原君赵胜向赵孝成王赵丹建议：由魏、赵两国联名，共同尊奉秦王为帝，使秦国退兵。

齐国人鲁仲连这时正好在邯郸，听到上述消息以后，就去拜见了新垣衍并对他说："那个秦国啊，是个不懂礼义、尚武的国家。如果让它公然称帝于天下，我宁可跳进东海而死，也不愿成为它的臣民。魏国之所以愿意让秦王称帝，是因为没有看到秦称帝以后的危害。若秦王真的称帝了，我一定会让秦王将魏王剁成肉酱。"

新垣衍听了很不高兴地问："你怎么能让秦王将魏王剁成肉酱呢?"鲁仲连说："我当然能，你听我慢慢道来。从前，九侯、鄂侯和文王是商纣王的三公。九侯有个漂亮的女儿，于是将她献给纣王。可是，纣王讨厌她，就把九侯剁成了肉酱。鄂侯竭力规劝并反复为九侯申冤，纣王就将他晒成了肉干。文王听说了此事只是长叹了一声，也被关押在羑里（今河南省汤阴县西北）的仓库里一百天。纣王想置他于死地。

"现在的秦国是拥有万辆战车的大国，魏国也是拥有万辆战车的大国。秦国和魏国在拥有万辆战车的国家里，各自为王，为什么你们只因看到对方打了一次胜仗，就要服从它，还要尊它为帝，而使自己落到被剁成肉酱、晒成肉干的地步呢？

“况且，事情还没有到此为止，假如让秦王称帝，那他就有了行使天子职能的权力，以此号令天下。他会更换各国大臣，撤换他看不上的人，重用他所宠信的人；排除他所憎恨的，给予他所心爱的；他还会把秦国的女人强行许配给各诸侯王做姬妃，试想：如果让这些女人充斥大梁的宫殿，魏王还能过上安宁的日子吗？而将军你又有什么办法来保持魏王对你的恩宠和信任呢？”

新垣衍听了，不由得心惊，连忙起身离座，向鲁仲连连拜了两拜，道谢说：“我现在才知道先生是天下少有的高人！我这就告辞回国，不敢再提尊秦为帝这件事了！”

鲁仲连说服新垣衍的智谋表现在：一、采用反激之法，魏国尊秦为帝而使自己沦落到被剁成肉酱、晒成肉干的地步，这不是太有失尊严了吗？二、抓住核心问题——魏国愿意尊秦为帝，是因为没有看到秦称帝带来的恶果，鲁仲连采取层层剥笋的办法晓之以害，使之心惊神惶。战国时期的言辩家们一般都采用这种方法，以达到预期的目的。

40. 侯嬴授计救赵

（窃符杀将）

晋鄙率领十万魏军停留在邺县（现河北省临漳县）观望不前，赵国上下翘首以待。

赵国平原君赵胜的夫人是魏国信陵君魏无忌的姐姐，所以，赵胜派到魏国求救的使者，一个接着一个，昼夜不停，他还对魏无忌抱怨说：“我之所以敢烦劳你，是因为你素来有高义，能急人之困。现在邯郸在重围之中，朝不保夕，早晚要陷落，而贵国的救兵却迟迟不来。你看轻我、抛弃我也就罢了，难道就不顾怜你姐姐也要遭到劫难吗?”

魏无忌因这件事情而非常焦虑，多次请求魏王下令晋鄙进军救赵，又派门下宾客辩士前往百般劝说，但魏王始终不松口。无可奈何之下，魏无忌只好集合门下的宾客和一百多辆战车，想自己开赴赵国前线去搏斗。他率领车队经过大梁城北门时，拜见了他敬重的城门监守官侯嬴。可是，侯嬴见了他却淡淡地说：“公子尽力而为吧，恕老臣不能跟随您了!”魏无忌告别侯嬴，出了北门没多远，心里闷闷不乐，又返回来找到侯嬴。侯嬴见了魏无忌笑着说：“我就知道您会返回来的！您就这样去与秦军一拼，就好像用肉包子打虎一样，有什么用呢?”魏无忌听后，一再向侯嬴请教，有什么好办法。

侯嬴屏退众人后，悄悄地对魏无忌说：“听说魏王调遣晋鄙大军的兵符藏在卧室里，最得魏王宠幸的如姬肯定有办法把兵符偷出来。听说您曾经为如姬报过杀父之仇，如姬一定愿意报答公子而不避死难，您若真的向如姬开这个口(让她帮助偷出兵符)，是肯定可以拿到兵符的。如果夺得晋鄙的兵权，往北可以救援赵国，往西可以抗击秦国，那可是五霸的功业啊!”魏无忌按照侯嬴说的那样去做，果然拿到了兵符。

魏无忌拿着兵符就要上路，侯嬴又叮嘱他：“将在外，君令有所不受，如果晋鄙查验了兵符后仍不交出军队，还要再请示魏王的话，那事情就会败露。我的朋友朱亥是一位勇猛的力士，可让他与您同去。晋鄙如果答应交出军队，那最好不过，如果他拒绝交出军队，就让朱亥击杀晋鄙!”魏无忌就邀请朱亥一同前往。

到了邺县，晋鄙核验了兵符后，果然表现出了疑惑，对魏无忌说：“我率领大军驻扎在此，公子现在单车匆匆赶来，就要接任统帅，事情怎么能这样呢?”见此情形，按照侯嬴所授之计，朱亥出其不意地用藏在袖子里的四十斤重的铁锤猛击晋鄙脑袋，晋鄙于是死在铁锤之下。魏无忌掌控军队后，立即下令：“父子都在军营中的，父亲留下；兄弟都在军营中的，哥哥留下；是家里独子的，回去奉养父母。”经过这样的筛选后，魏无忌率领余下的八万军队，向赵国邯郸城挺进并大败秦军于城下。秦国从商鞅变法以来九十年间，第一次受到这样的重创。

城门官侯嬴的计谋，一是让如姬将兵符拿到手，二是让朱亥击杀晋鄙夺得兵权，终于帮助魏无忌达成心愿。侯嬴的智谋造就了信陵君击秦救赵的功业。

41. 吕不韦赚秦相

（奇货可居）

秦国太子嬴柱的正妃叫华阳夫人，一直没有生养儿子；另一个妃子夏姬生的儿子叫异人，嬴异人被安排到赵国做人质。因为秦国屡次攻伐赵国，赵国对异人很少以礼相待，再加上异人又是以王族庶出子孙的身份在国外当人质的，所以，秦国供给的财物和平日安排给他使用的车马都不宽绰，异人生活穷困，很不如意。

阳翟（今河南省禹州）的大商人吕不韦这时恰好也来到邯郸，看见嬴异人这种境遇，他就感叹道："这是一件难得的奇货啊，囤积起来一定可以赚大钱！"于是，吕不韦就去拜见嬴异人，说："我能够光大你的门庭！"嬴异人笑答："你还是把你家的门庭先光大吧！"吕不韦又说："你不知道吧？我的门庭要等你的门庭光大了以后才能光大。"嬴异人明白吕不韦所说的意思，就请吕不韦入内深谈。吕不韦对嬴异人说："秦王已经老了。太子最宠爱华阳夫人，夫人却没有儿子。你的兄弟二十多人中，长子子傒最有希望做继承人，还有智囊人物士仓辅佐他。你在儿子当中排行居中，不怎么受宠，又长期在外当人质。如果太子即位当了秦王，你就很难去争接班人的位置了。"

嬴异人就问："那怎么办呢？"吕不韦说："现在能够将你确立为接班人的，只有华阳夫人。我吕不韦虽然不富裕，但愿意花费千金（古时一金为二百四十两）为你西行到秦国去奔走，争取让她立你为太子的接班人。"嬴异人听后说："如果真能像你所说的那样，我愿意与你共享秦国。"吕不韦就拿出五百金给了嬴异人，要他在邯郸广交宾客朋友，用来营造自己的美誉。

然后，吕不韦又用五百金购买了奇珍异宝和美服玩饰，来到秦国。他先去面见了华阳夫人的姐姐，通过她把带来的奇珍异宝献给了华阳夫人，并盛赞嬴异人的贤能，说他结交的宾客遍布天下，尤其有孝心，日夜思念太子和夫人，把夫人简直当作老天爷一样看待。华阳夫人听了这些，心里十分高兴。吕不韦还乘机通过华阳夫人的姐姐劝说夫人："凡是以美貌取悦于人的，到了年老色衰的时候，宠爱也就淡了。如今夫人受到宠爱却无儿子，应该趁现在风华正茂时，赶紧在庶子中选出一个贤能孝顺的，将他立为嫡子。如若不然，等到年老色衰那一天，你即使想开口说句话，还有这个可能吗？现在诸子中，异人贤能，他自己也明白不能做嫡子继嗣，夫人如果在这时举荐他，将他立为继承人，那么，就使异人从本没有国家而变为有了国家，夫人也从本没有儿子而变为有了儿子，那样的话，夫人在秦国就会终身享有尊荣了。"

华阳夫人认为吕不韦说的话很有道理，就找到一个机会对太子说："庶子中的异人最为贤能，来往的人都称赞他。"又哭着诉说："我很不幸没有生养儿子，希望能把异人立为我的嫡嗣，使我有个依托！"太子答应了她，与她刻下了玉符，约定立异人为嫡嗣，还送给异人丰厚的礼物，请吕不韦辅佐他。异人的名望从此在诸侯中盛传开来。

当邯郸被秦军围困时，赵国人想杀掉异人，异人和吕不韦用六百金贿赂看守，脱身逃往秦军中，得以平安返回秦国。异人为了讨得华阳夫人的欢心，就穿着楚国的衣服去见华阳夫人，夫人于是将异人改名为子楚。

过了六年，秦昭襄王嬴稷去世，太子嬴柱继位为王，子楚被立为太子。嬴柱即位才三天便去世了，子楚就继位为王，他就是庄襄王嬴楚。嬴楚尊奉华阳夫人为华阳太后，尊奉生母夏姬为夏太后，任命吕不韦为宰相，并尊封他为文信侯。

吕不韦投下了巨资，赚取了秦相之位，他经营"奇货"的所识所为实在非同凡响！但这毕竟仍是商贾的智谋，最终逃不掉商人经常会出现的结局：赚得够狠，输得也够惨！

42. 蔡泽劝退范雎

（明理点拨）

公元前 255 年，秦国河东郡守王稽因被指控与外国暗中勾结而获罪，在街市中被斩。推荐王稽的秦国宰相、应侯范雎为此心情非常忧郁。有一天，秦昭襄王嬴稷上朝时突然发出长叹，范雎问他为什么长叹，嬴稷说："现在，武安君白起已死，郑安平、王稽（两人均为范雎推荐）等人又都背叛了秦国，国内没有良将而外边却还有许多劲敌，我因此而忧虑啊！"范雎听后心中恐慌，却又想不出用什么话回答。

燕国的客卿蔡泽听说这件事后，便向西来到秦国。他先请人给范雎带话："蔡泽这个人，是天下能言善辩的人，他一旦见了秦王，一定会让你窘困并夺取你的相位。"范雎听后很生气，召来蔡泽。蔡泽来见范雎，行了礼却很傲慢。范雎极不高兴地斥责他说："你扬言要取代我当秦国宰相，那就请你说说你的道理。"蔡泽说："唉，你的见识怎么到了这样短浅的地步啊！春夏秋冬四季更替，都是在各自完成了自己的任务后就被取代，你难道没有看到秦国的商鞅、楚国的吴起、越国的文种，他们哪个是值得你羡慕效仿的呢？"

范雎故意辩驳说："有什么不可效仿的？这三位先生道义高尚，忠心而竭诚，大丈夫能杀身成名，死而无憾。"蔡泽说："一个人建立功业，如果生命和名誉都能保全是最上等的，名誉值得彰扬而生命不能保全是次一等的，而名誉受玷污却苟全活命是最下一等的。商君、吴起、文种尽了忠诚而使事业得到了成功，虽然值得效仿，可他们最后都性命不保，哪里比得上既忠诚又贤明、生命和荣誉都得到了保全的闳夭、周公（两人都是周朝的元老大臣）呢？"范雎听后不禁赞道："说得好极了！"

蔡泽接着又问范雎："你的功劳和才能与商君、吴起、文种相比怎么样呢？"

范雎说："我不如他们。"蔡泽就说："既然是这样，你就应该辞去相位，否则遭到的祸患恐怕会比他们三个人更大。俗话说'太阳当顶时就要西沉，月亮圆满后就将亏缺'。一进一退，一伸一缩，随着时间不断变化，这是圣人处世之道。现在，你的怨仇和恩德都已经报了，愿望也得到了实现，却没有应对时局的计谋，我真替你担忧啊！"

范雎听了蔡泽的话，深以为然，便将蔡泽奉为上客，并将他推荐给了嬴稷。嬴稷召见蔡泽并和他交谈，感到非常高兴，就任命蔡泽为客卿。此后不久，范雎就以生病为由辞去了宰相之职。嬴稷赞赏蔡泽，便任命他为宰相。但蔡泽担任宰相只有几个月的时间，就被罢免了。

蔡泽从事物兴衰的一般规律说起，能以一番深蕴哲理的说辞点拨范雎，可谓睿智之士；而正在日中月满盛极之时的范雎，居然能听得进去，做到急流勇退，亦不愧是个明智之人。

43. 两公劝返信陵

（启发自悟）

公元前247年，秦国派大将蒙骜率领军队进攻魏国，夺取了高都（今山西省晋城市）、汲邑（今河南省卫辉市），魏军屡战屡败，魏安釐王魏圉很忧虑战事，就派人到赵国请信陵君回国。

信陵君魏无忌因为十年前窃符救赵之事，害怕受到魏王追究和惩罚，一直不肯返回魏国，长期待在赵国。他听说请他回国的魏国使者已经来到赵都的消息后，认为这是个陷阱，是为了引诱他回国而处罚他的。所以，他告诫门下的人说："如果有敢为魏使通报消息的一律处死！"门下的宾客没有一个敢去劝说信陵君的。

这时，宾客有毛、薛两位先生联袂进见信陵君，对信陵君说："公子您之所以被各诸侯国看重，是因为您的祖国魏国还存在啊！现在魏国情势危急而您却不忧虑顾惜，一旦魏都大梁被秦军攻克，先王的宗庙被铲平，您还有什么面目见天下人啊!"两人的话还没说完，信陵君就突然变了脸色，马上急催门客赶快准备车驾返回魏国。

信陵君回到大梁后，魏王拥抱着阔别已久的信陵君流下了眼泪，立即任命他为统领魏军的上将军。信陵君很快派人到诸侯各国求救。诸侯们听说信陵君又担任了魏国的上将军，都派出军队来救援魏国。后来，信陵君率领五国联军在黄河以南打败了蒙骜的军队，并把秦军一直追到函谷关，将秦军压制在关西，然后回师魏国。

毛、薛两公劝说的话虽不多，却深蕴丰富的人生哲理——人要顾及立身之本，终于使信陵君如梦初醒，立即改变原来的主意。这是很典型的启发自悟的游说术，也是说服对方接受建议的最有效的办法。

44. 秦王不杀郑国

（顺水推舟）

公元前246年，韩国为了消耗秦国国力，让秦国军民疲惫不堪，使秦国再也不能向东进攻，就想出了一个办法：让本国的水利名匠郑国假装逃亡，投奔到秦国。等郑国到了秦国后，就说服秦王开渠引水，以此实现韩国的上述目的。

这项工程是从秦国仲山（今陕西省泾阳县西北）开凿一条灌渠直通泾水，再沿着北山延伸，然后向东流进洛水（今陕西省的洛河）。在修建这项庞大的水利工程的过程中，秦国发觉了韩国的真实意图，就想杀死郑国。面对死亡的威胁，郑国没有丝毫惧色，坦然地说："我投效修筑这条灌渠，确实是想为韩国延迟几年被灭亡的时间；但是，修成这条渠，那也是为了秦国千秋万代的利益啊！”

秦王认为郑国所说的话有道理，便仍命他主持并最终完成了此项巨大工程。工程完成后，这条灌渠被命名为郑国渠。郑国渠修成后，使原来被阻塞的泾水流了进来，灌溉盐碱地四万多顷（百亩为一顷），使每亩地的收成都达到了六斛（一斛为十斤）四升，秦国关中地区从此逐渐富饶起来。

秦王不杀郑国，采取顺水推舟、将计就计的办法，仍让郑国完成此项工程，是非常明智而有远见的。两相对照，韩国的计谋就显得愚不可及了。

45. 郭开阻挠廉颇

（暗中买通）

秦、赵长平之战后，赵国国力大衰。燕国趁此机会，在公元前251年秋，派栗腹、卿秦率领燕军进攻赵国。赵孝成王赵丹起用廉颇为将，在鄗城（今河北省柏乡县北）大破栗腹燕军，在代郡（今河北省蔚县）战胜卿秦、乐乘的部队。赵军乘胜追击燕军五百余里，顺势包围了燕国国都蓟城（今北京市）。燕国国君姬喜只好派人前往赵国求和，赵军方才停战退兵。

公元前245年，赵丹任命廉颇为假相国，率军征伐魏国，攻占了繁阳（今河南省内黄县）。正当此时，赵丹去世，他的儿子赵偃继位，世称为悼襄王。赵偃在当太子时，就不喜欢廉颇，于是命武襄君乐乘取代廉颇。廉颇大怒，攻击乐乘，乐乘躲开了，廉颇就投奔到魏国。可是，他在魏国待了很久，仍得不到信任与重用。

此时，赵军又屡遭秦军围困，赵偃想请廉颇回来为将，廉颇也愿意再为赵国效力。赵偃就派使者前往魏都大梁，实地考察廉颇是否还能复出。廉颇有一个仇人，名叫郭开，是赵偃的一个宠臣，他得知此事后，就以重金贿赂那位使者，让使者在赵偃面前设法阻挠廉颇重新被重用。

廉颇知道赵国使者的来意，有意一餐饭吃下一斗米、十斤肉，然后披挂铠甲，跃上战马，挥刀习武，以此显示自己仍可担当大任，领军杀敌。可是，使者回到赵国后，就向赵偃报告称："廉颇将军虽然老了，饭量还尚好。只不过他与我相坐不久，就去了三趟厕所。"赵偃由此认为廉颇已老，就不再征召廉颇回赵。

楚考烈王熊完听说了上述情况后，立即偷偷派人到魏国去迎接廉颇，拜廉颇为将。但廉颇在楚国并没有建立战功。廉颇思念赵国，经常感慨地说："我真希望能指挥赵军作战啊!"他最终死于楚国寿春（今安徽省寿县）。

郭开暗中买通使者，实现了阻挠廉颇复出的计划，泄了自己的私愤。廉颇一代名将，却毁于小人之手，最后壮志难酬，郁郁而终。像郭开这样的人，比公开的敌人更可怕！智士仁人应高度警惕郭开这类人，离这种人越远越好。

46. 李牧示"怯"守边

（蓄势制敌）

公元前 244 年，赵悼襄王赵偃任命李牧为大将，攻伐燕国，夺取了武遂（今河北省徐水区西北）、方城（今河北省固安县西南）。

李牧是赵国防守北部边疆的良将，曾经驻扎在代郡（今河北省蔚县）、雁门郡（今山西省右玉县南）一带防御匈奴。根据需要，他按照当时的实际需要，他可以自行任用军吏官员，将市场所收的租税全部划入将军账下，作为养兵的费用。李牧每天都要杀牛宰猪犒赏士卒；他精练骑射，严格把守关卡，广派间谍侦察敌情，同时申明约束，号令："匈奴入境进扰时，应赶快进入营垒防守，收好畜产自保。如果有人胆敢逞强去捕捉匈奴就处斩!"匈奴人每次进扰边境，烽火就准确报警，李牧的军队迅速进入营垒收好畜产自保，只守不战。

李牧就这样守了边疆多年，军队和畜产都没有损失。匈奴人都以为李牧胆怯，就连守边的赵军官兵也以为自己的将领胆子太小，赵王为此责备过李牧，但李牧照旧实行，没有改变。赵王因此发怒，另派他人去替代李牧统兵守边。在防守边疆的一年多时间里，新任将领曾多次主动出击，都不能战胜匈奴，人畜还损失了不少。因边境屡遭骚扰，百姓们都已不能耕作放牧。

面对这种情况，赵王无奈只得又派人请李牧复出，李牧称病闭门不出，但赵王执意要李牧重新出兵。事已至此，李牧只能对赵王说："您一定要任用我的话，必须允许我仍然和以前一样行事！"赵王答应了。

李牧重返边境以后，仍按过去的办法行事。匈奴连续几年的进扰都没捞到好处，却仍以为李牧畏惧他们。赵国守边将士每天得到赏赐却无所事事，都憋足了劲想好好地与匈奴打一仗。李牧知道时机已经到来，就置备挑选过的战车一千三百辆、战马一万三千匹、杀敌获过奖赏的士卒五万人、善于张弓射箭的士兵十万人，将他们组合起来操练并演习作战。同时，纵放牲畜，让牧民遍布旷野。匈奴人先以小队人马进行试探，李牧让军民们假装惊慌失措地奔逃，还将几十个人丢弃给了匈奴。

匈奴单于听到得胜的消息，就亲率大部队进攻。李牧布设了许多奇阵，指挥军队分左、右两翼进攻匈奴，将匈奴杀得大败，匈奴骑兵被歼灭十余万人。李牧在乘胜追击的同时，趁机灭掉了代地以北的襜褴部落（今内蒙古浑善达克沙地），打败了东胡部族（今内蒙古东胜区），使林胡部族归降。单于失败后向北逃窜，十多年不敢接近赵国边境。

事实证明，李牧示"怯"守边，是在防守中酝酿积极进攻，是避敌锋芒、蓄势制敌的上好谋略。

47. 李园狡黠嫁妹

（移花接木）

楚考烈王熊完没有生养儿子，宰相春申君黄歇为此十分忧虑，费心搜索了很多看起来有可能生养儿子的美女送进宫去，可熊完仍然没有儿子。赵国人李园，正准备把妹妹献给楚王，听说楚王不擅生养，不敢贸然行事，怕妹妹进宫后不能生子，就会失宠。

于是，李园与妹妹商议后，决定改投宰相黄歇，充当他的随从。李园投靠黄歇后不久，就请假回赵国探亲，故意拖延了几天才回来销假。黄歇问他为什么耽搁，李园说："齐王想娶我妹妹，派人来了，我与齐使欢聚盘桓，所以耽误了归程。"黄歇问："有没有下聘？"李园答："还没有！"黄歇就把李园的妹妹迎入府中纳为小妾。没过多久，李园的妹妹就有了身孕。

这时，李园就教妹妹对黄歇说："楚王对你的宠信，连他的亲兄弟都比不上。你当宰相已经二十多年了，他偏偏又没有儿子，如果去世的话，接替王位的，将是他的兄弟们，他们各有自己的亲信，你有什么办法继续保持富贵呢？更何况你占据相位太久，对楚王的兄弟们失礼的地方肯定不少，他们一旦坐上宝座，你可就要大祸临头了。现在，我刚刚怀孕，外面没人知道，假如此时你把我献给楚王，楚王肯定不知道真相。十个月后，如果有幸生下一个男孩，那你的儿子就会成为楚王，楚国就是你的了，这比起重新去面对别的新君，你觉得哪种情形更好呢？"

黄歇听了李园的妹妹所说，大为赞叹，纳其所言，将她送回李园家中，然后向楚王推荐。熊完果然迎接李园的妹妹进了宫，两人后来果然生下一个男孩，（这个男孩）被封为太子。母凭子贵，李园的妹妹被封为王后，李园也随着地位显赫，当权主事。

李园爬上高位以后，不再需要黄歇，却又深恐黄歇泄露机密，就暗中收养亡命之徒，准备让他们杀黄歇以灭口。消息逐渐传开，不少人都知道了这件事。不久，熊完卧病，有个叫朱英的向黄歇建议要防备料想不到的灾祸。黄歇问他："什么是料想不到的灾祸?"朱英说："李园以国舅的身份，却不能掌权，已成为您的政敌。他不掌管军务统率军队，却长期以来秘密豢养一些勇士。如果楚王去世，李园必定抢入宫廷夺权，对您痛下杀手，这就是料想不到而突发的灾祸。"朱英还自告奋勇地请黄歇任命他为宫廷侍卫官，预先做好准备。黄歇没有听进去，反而认为自己有恩于李园，事情不会发展到那种地步。朱英知道巨变即将发生，怕祸及自身而逃往他乡。

十七天以后，熊完去世，李园果然抢入宫中夺权，并设下埋伏，刺杀了黄歇，砍下他的头颅扔到宫门外面。接着，李园又派人把黄歇的家人全部捕获诛杀。随后，太子熊悍继位，他就是楚幽王。

李园在这里采取移花接木、暗中调包的手段，瞒天过海，终于达到了目的，夺得大权，其为人比吕不韦更狡黠阴险！这种邪恶的策略实在让人触目惊心！

48. 李斯谏逐客令

（逻辑引导）

公元前 237 年，秦国的大臣们向秦王嬴政建议："诸侯各国来秦国做官谋职的人，都是为他们各自的主君来游说和挑拨离间的，因此，请大王把他们统统赶走。"嬴政果然就下了一道逐客令，在秦国大肆搜查、驱逐从各国来秦国客居为官的人。

客卿李斯是楚国人，也在被驱逐之列。他在临走的时候，给秦王上了一道奏章，奏章中说："从前，秦穆公聘求贤才，从西方的戎部族中选得了由余，从东方的宛邑（今河南省南阳市）物色到百里奚，从宋国接来了蹇叔，从晋国寻聘到丕豹、公孙支，秦国由此得以兼并二十多个封国，在西戎称霸。秦孝公任用商鞅实行变法，使诸侯各国归附秦国，以至今日天下大治，国势强盛。秦惠文王采用张仪之计，拆散六国合纵联盟，使它们为秦国效力。秦昭襄王得到范雎的辅佐，使王室强大，杜绝了权贵们的不法行为。这四位君王，都是任用客卿而建功立业的。由此看来，从诸侯各国来的客卿哪里有什么对不起秦国的地方？那些美女、音乐、珠宝、美玉都不产自秦国，可秦王取来享用的非常之多；而秦国现在任用人才却不是这样，不问高低，不论好坏，凡不是秦国人的客卿都要驱逐。这样做，秦王看重的正是女色、音乐、珠宝、美玉，而看轻的恰恰是人才。我听说泰山因不离开泥土，所以才能这样高大；河海不嫌弃细流，所以才能这样深广；做君王的人不违背人民的意向，所以才能彰显德惠。这是五帝三王能够无敌于天下的原因。而今，大王竟然抛弃百姓而让他们帮助敌国，驱逐贤才而让他们为别国效力，这等于是把兵器借给敌军，把粮草送给强盗啊！”

嬴政看到李斯的上书以后，觉得他讲得十分有道理，就召回李斯，恢复了他的官职，并废除了逐客令。

嬴政后来重用了李斯，并采用了李斯的谋略，暗中派人携带黄金珠玉去游说诸侯各国，收买或刺杀各国有名望、有势力的人，离间各国的君臣关系，然后再派出精兵强将随后攻打各国。这样，在短短几年时间里，秦王嬴政便统一了天下。

李斯上书，采用稽古喻今、逻辑引导的方法，驳斥了秦国眼下不问青红皂白一律驱逐客卿的行为，指出这种行为的性质是将武器借给敌军、把粮草送给强盗。一番话说得理直气壮，极有说服力，取得了良好的效果，使嬴政立即废除了逐客令。

49. 王翦求田问舍

（避招风雨）

公元前226年冬天，秦国将领王贲攻伐楚国，夺取了十多座城邑。秦王嬴政询问将军李信："我想夺取楚国，在将军看来需要出动多少人马才够呢?"李信说："大约二十万人足够了。"嬴政又去问将军王翦，王翦说："非得六十万人不可!"嬴政就说："王将军你老了，怎么这样胆怯啊!"于是派了李信、蒙恬为正、副统帅，率领二十万大军进攻楚国。王翦以有病为由辞职，返回了家乡频阳东乡（今陕西省富平东北）。

李信领秦军进攻平舆邑（今河南省平舆县），蒙恬率秦军进攻寝邑（今安徽省临泉县），都将楚军打得大败。李信再攻鄢郢（今湖北省江陵、襄阳一带），也把它攻克了，接着率军西进，与蒙恬的军队在城父（今安徽省亳州市东南）会师。可是，楚军紧紧地跟随着秦军，连续三天三夜不停地攻击，结果把李信的秦军打得大败，还攻下了秦军的两座营垒，杀死了七个秦军都尉。李信一路奔窜逃回了秦国。

嬴政听到李信失败的消息后震怒，也很后悔当初没有听从王翦的意见。于是，他亲自到频阳向王翦道歉说："我没有听从将军的建议，而李信却使秦军战败而受辱。现在将军虽然有病，难道就忍心丢开我不管吗?"王翦仍推辞说："我确实病得不能带兵打仗了。"嬴政说："话就说到这里为止，您不要再推辞了!"王翦只能说："大王您非得要我带兵的话，就非六十万大军不可!"嬴政应允了。

王翦率领六十万秦军出师时，秦王嬴政亲自到灞上（今陕西省西安市东）送行。王翦当着嬴政的面请求多多赐给他良田美宅。嬴政对他说："将军您尽管上路吧，何必担心贫穷呢?"王翦说："当了大王的将军，即使立了功，也得不到封侯，所以趁着大王现在看重我的时候，向您提出封赏，好为我的子孙留下产业啊！”嬴政听完哈哈大笑。

王翦领兵开拔，到了武关（今陕西省丹凤县东），又前后五次派遣军使返回向秦王请求赏赐。有朋友对他说：“您这样索要，做得过分了吧！”王翦说：“不是这样的！秦王粗暴而多疑，如今他将国内的全部军队交托给我一个人指挥，如果我不去多求赏赐为子孙留下产业，反而会使秦王怀疑我心怀异志啊！”

王翦领兵攻楚，不到三年时间，就打垮了楚军，灭掉了楚国。成就王翦这一赫赫战功的，无疑是秦国六十万大军，但这也与王翦不笨，懂得避招风雨的智谋，故意求田问舍，从而实现了自我保全是分不开的。

50. 秦始皇不分封

（善于倾听）

公元前221年，秦王嬴政兼并了六国，统一了天下。嬴政自以为德行盖过三皇（《史记》以天皇、地皇、泰皇为三皇），功业超过五帝（《史记》以黄帝、颛顼、帝喾、尧、舜为五帝），就更改自己的称号为“皇帝”。皇帝出命称“制”，下令称“诏”，自称为“朕”。他颁布诏书说：“我就是始皇帝，后世皇帝以序数计算，称为二世、三世以至万世，这样无穷无尽地传位下去。”

这时，宰相王绾趁机向秦始皇进言道：“燕、齐、楚三国的故地距离都城都很遥远，如果不在那些地方设置侯王，就无法有效地镇抚。因此，请分封您的儿子们为王。”秦始皇将王绾的建议交给臣下评议。

在评议中，廷尉（掌国家刑狱）李斯说：“周朝文王、武王分封的子弟和同姓宗室很多，可是到了后世，关系慢慢地疏远，甚至像仇敌一样相互攻击，连周天子都无法制止。现在四海之内仰仗着皇帝陛下的神灵而实现了统一，最好把全国划分设置为郡、县，对各位皇子及功臣们可用国家赋税予以重赏。这样做比较容易掌控，使天下人对朝廷产生不了异议，这才是安定天下的方略。分封诸侯不宜行!”

秦始皇听了李斯的意见后，说：“天下人都吃尽了战争不休的苦头，这都是因为存在着诸侯王。今日依赖着先祖的在天之灵，刚刚平定了天下，假如又要重新封诸侯国，就是自己招引战争啊！这样的话，再想求安宁生息，岂不是更加困难了吗？廷尉的主张是很对的。”

于是，秦始皇下令将全国划为三十六个郡，每个郡设置郡守、郡尉、监御史。

秦始皇不分封，是听取了李斯的建议、吸取了历史教训而做出的明智决策。但是，秦朝的苛政重赋却使它仅仅维持了十多年，这又是秦朝两代皇帝极为不智的地方。

51. 胡亥矫诏篡位

（暗中调包）

公元前 210 年，秦始皇嬴政出外巡游，到了平原津（古黄河渡口，在今山东省平原县西南）就病倒了。由于嬴政最讨厌说到“死”，所以，当时没有人敢提秦始皇死后的事。秦始皇等到自己的病情特别严重时，才命中车府令兼掌符玺事务的赵高写下诏书给长子扶苏，说：“立即前往咸阳，与灵车会合，然后安葬我。”诏书已经封好，但放在赵高处，还没有交给使者送出。

七月，秦始皇在沙丘宫平台（今河北省广宗县）驾崩。丞相李斯考虑到皇帝死在都城之外，唯恐皇子们或其他什么地方突发变乱，就决定秘不发丧，把秦始皇的尸体用棺材装载在温凉车（古代的卧车）中，由秦始皇生前最宠幸的宦官陪乘。所到之处，呈进饮食，官员们奏报事务仍像往常一样进行，由宦官在车中传话批准。这件事情隐瞒得天衣无缝，只有秦始皇的小儿子胡亥、赵高和最宠幸的宦官五六个人知道实情。

当初，秦始皇尊宠蒙氏兄弟，十分信任他们，让蒙恬在外担任领军大将，让蒙毅在朝廷中参与决策，所以朝中无人敢与他们一争高低。秦始皇听说赵高体强力大，而且精通刑狱法律，就提拔他任中车府令，让他教导胡亥学习刑狱断案的事。赵高办事圆滑，很快就得到了胡亥的宠信。赵高曾经犯过罪，嬴政派蒙毅审理他，蒙毅依法判定赵高死刑，但嬴政认为赵高对事务勤敏，便赦免了他，并恢复了他的职务。

赵高既已深受胡亥的宠信，而心中又怨恨蒙氏兄弟，于是此时就劝说胡亥，让他诈称始皇遗命诛杀扶苏，而宣布立胡亥为太子，胡亥同意了赵高的计谋。赵高又提出："这件事如不与丞相商议，恐怕不能成功。"于是，赵高随即去见了丞相李斯，说："皇上赐给长子扶苏的诏书及符玺，都在胡亥那里。现在确立太子之事，就在你我一句话，你看该怎么办?"

李斯听赵高这样说，大吃一惊："你怎么能说出这种大逆不道的话！这不是我们当人臣的应该议论的!"赵高没有正面回答李斯的话，却不慌不忙地反问李斯："您在才能、谋略、功勋、人缘及得到扶苏信任五方面与蒙恬相比，有哪一项可以比得上的呢?"李斯回答说："我没有哪一样比得上蒙恬。"赵高接着说："既然如此，扶苏即位以后必定会任用蒙恬为丞相，您最终还是不能怀揣通侯之印返归故乡，这是显而易见的事情了！为什么不拥立嬴胡亥呢?他仁慈厚道，是完全可以立为皇位继承人的，希望您审慎考虑再定!"

李斯认为赵高说得有道理，两人便共同谋划商议，诈称他们接受了秦始皇的遗诏，立胡亥为太子。他们又另外改写了给扶苏的诏书，斥责他不能开拓疆土建立功勋，却使士卒伤亡众多，责备他给皇帝数次上书狂言诽谤，日夜都在怨恨不允许解除他监军的职务而返回咸阳当太子。同时，斥责将军蒙恬不知道纠正扶苏的过失，还参与扶苏的阴谋。因此，令两人自杀，把军队交给副将王离。

在使者的多次催促下，扶苏不顾蒙恬的劝说，自杀而亡。蒙恬不愿自杀，被囚禁在阳周（今陕西省子长县），蒙毅被拘禁在代郡（今河北省蔚县）。太子胡亥继承帝位以后，不听他哥哥的儿子子婴的劝谏，杀掉了蒙毅，蒙恬被迫服毒自杀。

李斯不是一个平庸之辈，可赵高几句话，就使李斯与他狼狈为奸、沆瀣一气了，实在厉害啊！他们采取偷梁换柱、暗中调包的手段，使胡亥实现了矫诏夺位的阴谋。赵高在这里显露的是一种邪恶智谋，人越具有这样的智谋就越卑鄙、可怕，其造成的后果也越严重！

52. 不战而下卅城

（隆爵诱降）

秦二世元年（公元前209年）秋，阳城（今河南省登封市东南）人陈胜、阳夏（今河南省太康县）人吴广揭竿起义，攻占了大泽乡（今安徽省宿州市埇桥区境内），后来又攻占了陈县（今河南淮阳境内）。陈胜在陈县自称楚王，号张楚国。陈胜任命过去与他要好的陈县人武臣为将军，拨给其三千士兵，让他去攻略以前赵国的土地。

武臣等人从白马津（今河南省滑县境内）渡过黄河，进入赵国各县邑，劝说当地有声望地位的人士反秦，这些地方绅士都纷纷响应。武臣等人还沿途征兵，使部队增加到几万人，大家尊称武臣为武信君。武臣率领这支大军接连攻下十多座城池，但其他的城池都固守不降，武臣只得领兵转向东北攻击范阳（今河北省定兴县）。

这时候，范阳人蒯彻对武信君说："您一定认为要先打了胜仗后再去掠取土地，只有夺得了土地才算占领了城池，我以为这是不恰当的。如果您能采纳我的计策，可以不用进攻就能使守城者投降，不作战就能掠取土地，只要传送一篇檄书文告就可平定千里之地，您以为这样如何?”武臣听后不解其意地问：“你说的办法是什么呢?”

蒯彻接着说：“范阳县令徐公，怕死而且贪心，早就想投降了。您如果以为他是秦朝官吏，就像先前杀戮十多个城池的秦朝官吏那样加以诛杀，那么这剩下的所有城池都将成为坚固难摧的城堡，更难攻克了！如果您能让我携带侯爵的印绶授予范阳县令，让他乘坐华贵的车辆奔驰在燕、赵故地的郊野上，那么，燕、赵范围内的各个城池就都会不战而降了!”武臣说：“那好吧，就按你说的办吧!”

于是，武臣让人拨给蒯彻车一百辆，骑兵二百名。蒯彻带着他们和侯者之印去迎接徐公。燕、赵故地各城邑的守将听到这个消息后，没有交战就举城投降的有三十多个。

蒯彻出的是重利隆爵诱降之策，使之产生强大的夺气攻心的作用，从而实现不战而攻城略地的目的。蒯彻的办法确实高明!

53. 役卒说服燕将

（告之利害）

公元前209年九月，自立为赵王的武臣，跟右丞相张耳、大将军陈馀向北掠取，土地直达燕国境内。有一次，武臣偶尔离营外出，不小心被燕军俘获。燕军囚禁了武臣，想逼他割让土地。赵军几次派使者到燕军营中请求释放赵王，全被燕军杀掉了。

这时，赵军里有一个做杂役的士卒跑到燕军营地，拜见燕将并对他说：“您可知道现在张耳、陈馀在盼望什么吗?”燕将回答说：“他们想得到他们的国王而已。”赵军役卒笑着说：“您并不知道这两个人所企盼的是什么啊！武臣、张耳、陈馀挥着马鞭攻下赵国几十座城池，张耳、陈馀二人也各自都想在南面称王，谁甘心当一辈子将相啊？只不过看到形势初定，还不敢一下子就三分赵地各自称王，暂且按年纪大小先举武臣为王，以稳定赵国民心。现在，赵地已经平定顺服，这两个人也想瓜分赵地而各自称王，只是时机还不成熟而已。您现在囚禁了赵王，这两个人名义上是请求释放赵王，实际上是巴不得你们尽早杀掉他，这样，他们就可以两个人瓜分赵地而自立为王了。一个赵国尚且不把燕国放在眼里，更何况将出现两个国君共同携手、同仇敌忾地声讨你们谋杀赵王的罪行，真正这样的话，燕国被灭亡就更容易了！”

燕国将军听了赵军役卒这样说，就立即放回了赵王。于是，那名役卒驾车送赵王返回了赵军军营。

赵军役卒显然是采用告之利害的一番说辞，说服燕将放回了武臣。看来，位显权重者未必都智高谋远，而位卑言轻者未必都智浅识短。

54. 赵高狡杀李斯

（诬以谋反）

秦朝郎中令（宫廷警卫长官）赵高依仗着二世皇帝嬴胡亥的恩宠，肆意专权横行。胡亥听信赵高的建议，深居在宫中，不再坐朝接见大臣。赵高侍奉在秦二世左右，掌管国家政事，国家一切大事都由赵高决断。

赵高听说丞相李斯对此不满，要向秦二世上书进言，就去见李斯说：“关东地区盗贼很多，而现在皇上却加紧调服徭役的人去建造阿房宫，又收集猎狗、快马之类无用的玩物。我想进行规劝，只因自己地位卑贱，不敢劝说。可这些实在都是您分内的事，您为何不去劝谏呢？”

李斯说：“我早就想向皇上进言了。可现在皇上不坐朝堂，深居在宫廷中。

我想对他说的话，又不能让别人传达。而想要见皇上，他又没有空。”赵高说：“您如果真肯劝谏皇上的话，我就替你打听，他一有空闲，我就马上派人告诉您！”

于是，赵高专门等胡亥在欢宴作乐、美女站满眼前时，派人告知李斯：“皇上现在正有空，可以去上奏要事了！”李斯就到宫外求见皇上，这样的情况发生了几次，胡亥就发怒了，说：“我平时有空的时候，丞相不来谒见；我正准备放松休闲时，丞相就来奏事。丞相是看我年轻无知，还是认为我见识浅薄呢？”

赵高见时机成熟，就趁机进谗言说：“当初在沙丘宫篡改始皇遗诏的密谋，丞相是参与者。现陛下已立为皇帝，而丞相的地位并没有提高，他的愿望是想割地而封王啊！”赵高又密告李斯长子、三川郡（今河南省洛阳市东）郡守李由与陈胜有勾结。胡亥听信赵高说的话，派人先去核实李由与陈胜勾结的情况。李斯听说了这件事，才知道自己已陷入险境，便上奏书一一揭发赵高的过错，提醒胡亥防备赵高会发动叛乱。胡亥向来宠信赵高，又怕李斯杀了赵高，便将李斯进谏的情况私下告诉了赵高。

这时，国内反秦的起义日益增多，朝廷不停地调发关中的军队往东攻打反秦义军。右丞相冯去疾、左丞相李斯、将军冯劫为挽救大局，联合上书劝谏秦二世暂停建造阿房宫、减少四方边境戍守和粮草运送等徭役。胡亥见了非常生气，以对上不能报答先帝、对下不能为国尽忠效力为由，将三人交给刑狱官吏治罪，冯去疾、冯劫被逼自杀，李斯被关进了监狱。

胡亥让赵高查究李斯、李由父子涉嫌谋反的情况，拘捕了他们的所有宗族、宾客。赵高拷打李斯一千多次，李斯忍不住痛苦，屈招认罪。赵高又派他的门客十多人冒充御史、谒者、侍中，轮番询问李斯，李斯如以实情对答，赵高就让人再严刑拷打。到最后，胡亥派人去核实李斯的口供，李斯便不敢更改口供，在供词上承认了自己的罪行。判决定了下来，奏报上去，胡亥高兴地说：“假使没有赵高，我差一点儿被丞相出卖了！”于是，李斯被认定罪大恶极，处以五刑，在咸阳街市上被腰斩，三族被诛灭。胡亥就任命赵高为丞相，大小事务都由他决定。

李斯被杀是中国历史上最早、最大的冤案，由赵高一手主导的“三步曲”酿成：第一步是无中生有，诬其谋反；第二步是严刑拷打，屈打成招；第三步是使用诈术，使其不敢翻供。这“三步曲”中充斥着邪智恶谋，古今多少贤士能人成了它的牺牲品！秦朝之所以只传之二世就寿终正寝，宦官赵高奸诈误国是一个重要因素。

55. 嬴婴诱杀赵高

（托病不赴）

公元前207年，秦朝已经处于分崩离析的境地。时任丞相的赵高，见形势危急，害怕秦二世胡亥追究而招致杀身之祸，就与弟弟赵成和女婿咸阳令阎乐合谋，宣称追捕巨盗，包围胡亥居住的望夷宫（今陕西省泾阳县），胁迫胡亥自杀。

阎乐将胡亥已死的情况报告给赵高后，赵高便召集全体大臣、王子，对诛杀胡亥之事进行通报，并宣布：“秦本来就是一个王国，先帝统一天下，才称皇帝。现在六国都已复建，我们的疆土越来越小，仍用皇帝的空名，已无必要，应该恢复原来那样才合适。”于是，拥立嬴婴（胡亥之兄扶苏之子）为秦王，并用平民的仪式，将胡亥埋在杜县（今陕西省西安市东南）南部的宜春苑中。

九月，赵高让嬴婴沐浴斋戒，约定日期到太庙参拜祖先，正式接受玉玺。斋戒到第五天时，嬴婴跟他的两个儿子密谋道：“赵高将二世皇帝谋杀在望夷宫中，害怕群臣讨伐，所以才假装公义，拥我为王。我听说赵高已跟楚军约定，消灭秦朝宗室后，在关中分别称王。现在故意让我斋戒，朝拜皇家祖庙，就是想在那里动手杀我。如果我假装有病，声称不能前往，他就一定会前来劝驾，乘他来时，你们就将他杀掉！”

到了那一天，赵高派了几批人去请嬴婴，嬴婴就是推托不动身。赵高果然亲自出马，对嬴婴说："参拜宗庙是重大的事情，大王怎么能不去亲自主持呢？"嬴婴就在斋宫把赵高杀了，并下令诛杀赵高三族（父族、母族、妻族）。

嬴婴在十分被动的形势下，采用托病不赴宗庙的策略，反客为主，使赵高不得不亲自前往斋宫敦请。这样一来，使情势变换：赵高由主动变为被动，嬴婴则由被动变为主动，终于收拾了这个阴险狠毒、诡计多端、僭越作乱、恶贯满盈的人。

56. 张良危急救主

（笼络内线）

公元前206年十月，刘邦灭秦取得关中，派兵把守函谷关，阻挡其他诸侯军队。项羽得知后大怒，派英布等率军攻破关口。十二月，项羽率军抵达戏水（今陕西省西安市临潼区东）。

这时，想投靠项羽的刘邦的左司马曹无伤派人向项羽告密："刘邦打算在关中称王，让子婴当宰相，搜刮全部金银财宝。"项羽听后，大怒，让全军加餐，决定第二天早晨向刘邦发动攻击。项羽的大军号称百万（实为四十万），扎营在骊邑鸿门坂（今陕西省西安市临潼区东）。刘邦只有十万人（号称二十万），扎营在灞上（今陕西省西安市东）。项羽的智囊范增也认为刘邦有天子之气，劝项羽急攻刘邦，不要迟疑延误。

项羽有位叔父叫项伯，担任楚军左尹，张良曾经救过他的命，两人是至交。项伯听说项羽要攻打刘邦的消息后，很为正在刘邦军中的张良担忧，就在夜里出营，骑马急驰来到灞上，找到张良，告知军情，劝张良随他离开，说"不要跟他们一起玉石俱焚"。张良听后说道："我奉韩王之命，送沛公入关，而今沛公有难，我私自逃跑，那是不义！我应将这件大事告诉他，然后再做决定吧！"

张良转身进去告诉刘邦。

刘邦听了这个消息后，吓得魂飞魄散。张良问刘邦："你的军队能不能抵挡项羽?"刘邦沉默了一阵后说："不能！那我们怎么办呢?"张良说："那只好请项伯来相见，你要告诉他，你绝不会背叛项羽!"刘邦又问："你怎么与项伯成为朋友的呢?"张良说："在秦朝时，我们就有交往，他曾经杀了人，我救了他。所以，现在遇到这等大事，他特来回报。"刘邦又问："你与他谁年长些?"张良说："项伯长我几岁。"刘邦说："请你陪他进来，我会像对待兄长那样侍奉他。"

张良出来请项伯跟刘邦相见，项伯不愿意，经张良再三求告，才勉强答应。刘邦恭敬捧酒，向项伯祝福，与他约定结为亲家，并乘机说："我进武关（今陕西省丹凤县东），连毫毛般的细小财物都不敢沾，只是收集档案，封存仓库，等待项羽将军的到来。我之所以派军队把守函谷关，并不是抗拒项将军，而是为了防备各地盗匪攻击和防范突发事件。我日夜盼望将军驾临，哪里敢谋反背叛啊！望您一定将我的这份忠心转告项将军。"项伯答应了，并对刘邦说："明天早上，你可一定得早早前来进见，亲自向将军道歉。"刘邦说："一定!"

项伯当夜赶回了军营，将刘邦的话一五一十地报告给项羽，并趁机说："要不是刘邦先攻下关中，你现在怎么能够顺利到达这里？如今，他立下了大功而你却还要去攻打人家，是不义的。不如好好地对待他!"项羽也就同意了。第二天，刘邦亲往鸿门，向项羽当面谢罪。

张良巧用与项伯的交情，教刘邦主动求助于项伯，并与之结为亲家，使项伯同意暗中相助，说服了项羽善待刘邦，解除了危机。所以，刘邦才能在鸿门有惊无险，得以安全脱困返回。张良临机巧用交情，采取笼络内线之法，达到化敌为友、化险为夷的目的，确是上好的计谋!

57. 刘邦破格拜将

（适时任才）

淮阴（今江苏省淮安市淮阴区）人韩信，家境穷困，自幼便是一个无业游民。项梁起事渡淮河北上，韩信前往投奔，却一直默默无闻。项梁战败后，韩信又投奔项羽，项羽让他当了郎中。韩信多次向项羽献计，项羽都没有采纳。

公元前206年二月，刘邦被封为汉王，将进入关中，韩信此时已逃离楚军，投奔了汉军，但仍然不被重用。一次，韩信因受牵连获罪，要被判死刑。一起获罪的十三个人都被斩了，轮到韩信时，韩信抬头看，正好是夏侯婴监斩，就说："主上不是想得到天下吗？为什么要杀壮士？"夏侯婴吃了一惊，又见他相貌堂堂，就没有杀他，与他交谈，非常喜欢他，就将他推荐给刘邦。刘邦就任命韩信为治粟都尉（管理粮食的小官），但也不认为他有什么过人之处。韩信常与丞相萧何接触，谈论军国大事，萧何觉得韩信不一般。

自刘邦到了南郑（今陕西省汉中市）后，汉军将士们经常流涕悲歌，想念家乡，很多人在中途就潜逃东归了。韩信估摸着萧何等人已经向刘邦多次推荐了他，但刘邦并无反应，也就跟着逃走了。萧何听说韩信逃走了，来不及向刘邦报告，亲自去追赶韩信。有人向刘邦报告说："丞相也逃跑了！"刘邦大怒，好像失去了左右手一样。过了一两天，萧何才回来拜见刘邦，刘邦既喜又怒，责问萧何："你为什么要逃走？"萧何说："我不是逃走，而是去追逃走的人。"刘邦问："你追的是谁？"萧何说："韩信！"刘邦听了就骂起来："逃跑的将领已有十几个，你不去追，却去追韩信，这是在骗我。"

萧何回答刘邦说："那些将领不足惜，容易找到。可是像韩信这样的人才，天下难找出第二个。大王如果一辈子只想当汉中王，自然用不着韩信；如果想要争夺天下，除了韩信，就再没有第二个人能帮助您了，现在就看大王您怎么想了。”刘邦说：“我当然想回到东边去，怎么能长久地憋在这里。”萧何说：“如果您决定东进，任用韩信，韩信自然会留下来。否则，他也终究会逃走。”刘邦就说：“那就看你的面子，让他当将军吧！”萧何又说：“只让他当个将军，恐怕他还是留不下来。”刘邦很干脆地说：“那就请他当大将军（统帅）！”萧何说：“那真是太好了！”

于是，刘邦就要召见韩信并授予其官职，萧何说：“慢！大王待人，一向轻慢，现在要任命统帅，就像呼唤小孩子一样，这就是韩信要离开的原因。您如果决定任他为统帅，就得挑选个良辰吉日，沐浴斋戒，设立高台，然后登台拜将才行。”刘邦也答应了。汉王要登台拜将的消息传出，将领们大为高兴，每个人都认为自己会被任命为大将军。等到真正拜将的时候，才知道拜的是地位卑微、名不见经传的韩信，全军上下都非常惊讶。

拜将礼毕，分宾主就座，刘邦就问：“丞相屡次谈到将军，请将军教我怎么走才对。”韩信谦让一番后，就问刘邦：“大王自以为勇猛剽悍，比项羽如何？”刘邦沉默许久说：“不如他！”韩信赞许地说：“我也以为在这点上大王不如他！但是，我当过项羽的部下，很了解他的为人。项羽性情如烈火，动辄怒斥呼喝，千万人都会吓得心胆俱裂，可是他却不能选拔贤能，只不过是匹夫之勇。他待人恭敬慈祥、言语温和，别人生了病，他甚至会流泪，把自己吃的饮食分给病者，可是当人立了功，要封赏时，他却拿着已刻制好的印信捏在手中，甚至将印角都磨旧了，仍舍不得授给别人，这就是人们所说的妇人之仁。他虽然称霸天下，统御各方，却不占据关中而去彭城（今江苏省徐州市）建都，违背义帝怀王的约定，将自己的亲信分封为王，使天下人愤愤不平。他还驱逐原来的诸侯国国王，而让他们原来的将相当王，又逼迫义帝远迁到江南（今湖南省郴州市）；他的军队所经过的地方，都遭受摧毁，老百姓都不愿亲近归附，只不过是迫于他的威势勉强归顺而已，他虽然名义上是霸主，实际上已失去民心，他的强盛是极容易转化为脆弱的！

“如果从现在起，大王您处处都反行其道，任用天下英勇善战的人，那还有什么对手不能诛灭？把天下的城邑封给有功之臣，那还有什么人会不心悦诚服？用正义的军事行动去顺从惦念东归故乡的将士们，那还有什么敌人击不败？况且，现在分封在秦地的三王（雍王章邯、塞王司马欣、翟王董翳）都是以前秦朝的将领，率领秦国子弟，在外征战多年，伤亡不计其数，最后被他们裹胁，投降东方诸侯军，抵达新安后，被项羽坑杀二十多万，只有他们三个人还活着，秦地的父老们对这三个人恨之入骨。项羽虽然强行封他们为王，但是秦地的百姓们是绝对不会拥戴他们的！

“更何况，大王您从进入武关（今陕西省丹凤县东），秋毫无犯，废除了秦朝的暴政，与秦地的百姓约法三章，那里的人民没有不盼望您在关中称王的，而且按照原来诸侯们共同的约定，您也理应在关中称王，这是人人共知的。可是，最后您却被排挤去了汉中，秦地百姓没有不怨恨的。现今大王如决定起兵向东，只要发布一纸征讨号令，三秦所属之地，就可以全部平定。”

刘邦听了韩信的分析，大喜过望，深恨相见太晚，随即完全听从韩信的计谋，部署众将领所要攻击的位置和任务，留下萧何留守后方，征收巴蜀的赋税，负责军队的后勤供应。

韩信应对刘邦的这番话，不仅让我们看到了一个知己知彼、了然大势、运筹帷幄、谋定胜负的统帅风采，也看到了萧何的识人爱才和刘邦的豁达大度及能适时任才。正是这样绝配的三位一体，才开创了汉朝天下。

58. 刘邦信用陈平

（容人所短）

当初，阳武（今河南省原阳县东南）人陈平，家境贫寒，但喜爱读书。乡里有社庙，陈平当社宰，每次分割祭肉都很均匀。父老乡亲们都嘉勉他说：“你当社宰真是人尽其才！”陈平却说：“嗨，这不算什么，如果有朝一日我能主宰天下，也会像分割祭肉一样公平！”

各路诸侯起兵反秦时，陈平先是侍奉魏王魏咎，任太仆。他曾向魏王献策，没有被采用。有人诋毁他，陈平看苗头不对，就悄悄溜走了。后来，陈平又投到项羽门下，当了都尉。刘邦攻下殷地后，项羽大怒，要杀原来平定殷地的将领和官吏。陈平害怕受连累，封还官印和赏金，从小路逃走，渡过黄河，投奔那时驻军在修武（今河南省修武县）的刘邦。

陈平托魏无知推荐，刘邦召见了他，请他共餐后，就要送他到客舍休息。陈平说："我是为提建议而来见您的，而且不能拖过今天。"刘邦就和他交谈，两人谈得很投机。刘邦欣喜之际问陈平："你在西楚军中当什么官？"陈平说："都尉。"当天，刘邦就任命陈平为都尉，并让他担任参乘（陪乘侍卫）兼典护军。将领们听到这个消息以后就喧闹起来，喊叫着："大王偶尔遇到一个楚军的逃兵，还没有弄清楚他的来龙去脉、本领高低，就与他同乘一辆车，还让他来监督我们这些老将！"刘邦听到后，却更加厚待陈平。

刘邦这样对待陈平，引起了周勃、灌婴等亲信对陈平的不满，他们联络了其他将领向刘邦反映："陈平虽然外表俊美，但未必真有才能。我们听说陈平从前在家的时候，跟他嫂子私通。后来在魏王那里做事不被容纳，就逃奔西楚，在那里又混不下去了，才逃到我们这里。现在大王那样尊重他，让他担任典护军这样重要的职务，监督各部将领。可是，我们听说陈平却在接受将领们的贿赂，钱给得多的给好位置，给得少的给差位置。陈平实际上是个反复无常的乱臣，希望大王明察。"

刘邦听了以后也对陈平起了疑心，责备推荐人魏无知。魏无知却说："我所推荐的是陈平的才能，大王所责备的是他的品行。现在有人如果具有尾生、孝己（古代品行良好的楷模）那样的品行，但对目前战场的胜负成败根本没有什么帮助，请问大王会任用他们吗？现在楚汉相争，日趋激烈，我只推荐有不凡谋略的人，只考虑他是否对国事有利，至于他与嫂子私通以及收受贿赂，又哪里值得去犯疑计较呢？"

于是，刘邦又召见陈平，责备道："你在魏国不受重用，在西楚也不被重用，现在又来投奔我，一个有信义的人难道可以这样三心二意吗？"陈平答道："我侍奉过魏王，魏王不能采纳我的意见，所以投奔西楚。西楚霸王项羽不能重用人才，而只信任项家的人，搞裙带关系。我听说汉王能重用人才，所以才来归附。我赤条条一个人空手而来，如果不收些金钱就无法应付日常开销。关键是，我提的计策如确实有价值，就请采用它；如果没什么价值，那么，金钱还都在这里，请予以没收，并准许我辞去官职。”

刘邦听了以后，就向陈平道歉，又重重地赏赐了他，还擢升他当了护军中尉，督察全军将士。将领们看情势，从此也不敢再说什么了。

正是由于刘邦能够识人用才，而且还能做到容人所短、用人信而不疑，使得陈平日后对刘邦心怀感激而殚精竭虑，这正是刘邦的高明和成功的地方！

59. 乘木罂擒魏豹

（出奇制胜）

公元前205年四月，汉王刘邦兵败彭城，退到荥阳（今河南省荥阳市）、成皋（故址在今河南省荥阳市汜水镇西北）一线与项羽对峙。五月，一直羁留在汉军大营的魏王魏豹，请求返回魏国探视患病的双亲，他一到魏国就立即封锁黄河渡口，倒戈投楚。

八月，刘邦派郦食其前往劝说魏豹返回荥阳。魏豹一口拒绝，说：“汉王为人傲慢无礼，好侮辱人，责骂起诸侯、群臣来如同斥骂奴隶，我绝不再见他！”刘邦就任命韩信为左丞相，灌婴、曹参为副手，率军去攻伐魏国。

刘邦曾经问郦食其：“魏军的统帅是谁?”郦食其答：“是柏直。”刘邦说：“这是个乳臭未干的毛小子，怎么抵得住韩信！”又问：“骑兵统领是谁?”郦食其答：“是冯敬。”刘邦说：“他是秦朝大将冯无择的儿子，虽有才干，但挡不住灌婴。”接着又问：“步兵统领是谁?”郦食其答：“是项佗。”刘邦说：“这个人挡不住曹参，我没有什么可担心的了！”韩信也曾问过郦食其：“魏国会不会用周叔为统帅?”郦食其答:“不会,他们用的确实是柏直。”韩信听后说:“只不过是一个成不了才的娃娃罢了!”随即发令进军魏国。

韩信率领汉军来到临晋津(今陕西省大荔县东),魏豹已派重兵驻守蒲津渡口(今山西省永济市)阻挡汉军。韩信在黄河西岸,一边集结部队、收集船只,装出就要在临晋一带渡河进攻的样子;一边根据侦察得知临晋北面、黄河上游的夏阳(今陕西省韩城市)一带,魏军防备松弛,就决定用声东击西之计,在那里出其不意击败魏军。于是,另派一支伏兵,来到夏阳一带,准备从那里渡黄河,袭击魏军后方重镇安邑(今山西省夏县)。但是,这样一支军队怎样才能渡过滔滔黄河呢?韩信授意,让军中急办所需物资,用四根木棒夹住一个肚大口小的大陶瓮,每个瓮内载二至三人。全部伏兵都这样划水渡过黄河,急袭安邑。

魏豹得知消息后,大惊失色,连忙率军迎战。九月,韩信发动猛攻,大败魏军,生擒魏豹,将他押到荥阳,魏国全境平定。刘邦分别在那里设置河东郡、上党郡、太原郡。

韩信采用出奇制胜之谋:一是用声东击西之策,二是用大陶瓮作舟渡河。这些都出人意料,使敌人猝不及防,防不胜防,确实干得漂亮。

60. 韩信背水列阵

(置亡后存)

公元前204年十月,被汉王拜为大将军的韩信和张耳率领几万人马向东进攻赵国。赵王赵歇和成安君陈馀听到这个消息后,就在太行山的一个关隘井陉口(今河北省井陉县西)聚集军队进行抵御,号称有二十万人马。

赵国广武君李左车向统帅赵军列阵的陈馀献计说:“韩信、张耳乘胜离开本土到远地作战，锋芒不可阻挡。我听说‘从千里之外供给军粮，士兵就会面带饥色；临时拾柴割草来做饭，军队当会食不果腹’。现在井陉口一带，道路狭窄，车辆不能并行，骑兵不能成列。部队行军会长达几百里，随行的粮草必定在大队伍后面。望您暂拨我奇兵三万人，抄小道去截住他们的辎重粮草；而您就深挖沟垒高墙坚守，不与他们正面交战。这样，他们向前不能拼战，后退又无路可回，荒野又无食物可掠，不出十天，韩信、张耳两人的头颅就可送到您帐下。如果不这样的话，我们一定会被这两个人擒获！”

陈馀常自诩他的军队是仁义之师，不屑使用诡谋奇计，听了李左车的建议后说：“韩信的兵少而且疲惫不堪，对这样的军队还避而不击的话，那诸侯们就会以为我们胆怯而来进攻我们。”韩信派探子侦察到陈馀没有采纳李左车的建议，非常高兴，就引兵直下，在离井陉口三十里处停下扎营。

半夜时分，韩信传令部队出发，并另行挑选两千名骑兵，让他们每人手持一面红旗，从小路爬到山上并埋伏在隐蔽的地方，观察赵军的动向。韩信对他们说：“交战时，赵军见我军后退，必定会倾巢而出来追赶我们。那时，他们的大营必定空虚，你们就突入赵军军营，拔掉赵军的旗帜，插上我军的红旗。”韩信还命令他的副将给将士们传送干粮，说：“等今天打败赵军后再会餐！”将领们对此都表示怀疑，却假装答应说：“好吧！”韩信还说：“赵军早就占据险要地势，如果他们没有见到我军统帅的旗鼓，是不会进攻我们的先头部队的，因为担心会把我吓跑。”韩信随即派出一万人打先锋，出隘口，背靠河水摆开阵势。在营垒里的赵军见此情景，都一个个地哈哈大笑。

凌晨，韩信打出统帅旗帜，让部队擂着战鼓开出井陉口。赵军打开营门，出来迎击汉军。双方一阵混战后，韩信、张耳假装战败丢鼓弃旗，逃向已经驻扎在河边的先头部队的军营；河边的汉军打开营门迎他们进来，又和赵军鏖战。赵军果然倾巢出动去争抢汉军抛下的旗鼓，并追击韩信、张耳。韩、张两人进入河边先头部队的军营后，全军都奋不顾身地奋战，杀声震天动地，赵军始终无法打败汉军。这时，隐蔽埋伏着的两千汉军骑兵见赵军全跑出营去争夺战利品，就迅速冲入赵营，拔掉赵军的旗帜，插上了两千面汉军的红旗。

赵军见已难以捉到韩信等人，就撤回到自己的营地，却赫然看到营垒上全是汉军的红旗，一下子全都惊慌失措了，以为汉军已经抓获了赵王和赵军将领，士兵们纷纷逃命。顿时，赵军大乱。汉军趁机前后夹击，大败赵军，在泜水岸边斩杀了陈馀，活捉了赵王。

战后，众将领呈献完敌人的首级和俘虏后，纷纷向韩信庆贺胜利，并趁机向韩信请教这次战斗用的是什么战术。韩信说："这种战术兵法上早就有了，只不过是你们没注意罢了！兵法上说'陷之死地而后生，置之亡地而后存'，况且我率领的不是平时训练有素的将士，而几乎等于是'驱赶没有训练过的平民去作战'，这种情况下，就不得不将他们置之死地，使每个人都为自己的生存而战。要是给了生路，他们就会全部逃跑，哪里还能指望他们去冲锋陷阵呢？"众将领听了都佩服地说："您的谋略不是我们能比得上的。"

韩信在这一仗中，显示出了高超的军事智谋，其中"置亡后存"之法的运用尤其突出。对此，柏杨先生曾评说："如果韩信的运气不佳，碰上的对手不是迂腐的陈馀，而是天才李左车，数万汉军势必丧生井陉，所谓登台拜将，徒留笑柄。"这个评论也是中肯恰当的。韩信打赢这一仗，确实是因为智谋高加运气好。

61. 师事手下败将

（诚挚待才）

韩信在泜水岸边大败赵军并斩杀了陈馀之后，就传令军中谁能活捉曾经劝陈馀截夺汉军粮草辎重的李左车，就赏千金。

时隔不久，果然有人捆着李左车送到韩信帐下。看见李左车被带进来，韩信下座亲自为他松绑，并请他坐在面向东的尊位上，像敬待老师一样来对待他。韩信问李左车："我想向北攻打燕国，向东讨伐齐国，应该怎样做才能成功呢？"李左车却推辞说："我只是一个打了败仗而亡国的阶下囚，哪里有资格参谋这样的军国大事呢!”

韩信听后说:“秦穆公的贤相百里奚以前在虞国而虞国灭亡了,后来到秦国任职却使秦国强盛称霸,并不是他在虞国时愚蠢而到秦国就变聪明了,而在于国君信不信任他、听不听从他的意见。假如当初陈馀听从了您的计策,那我韩信就已经当了赵军的俘虏。正因为他不采用您的计策,才使我能有机会在这里听从您的指教。今天,我是全心全意地求教于您,望先生不要推辞!”

李左车于是回答说:“现在,将军您已经渡过黄河,俘虏了魏王,活捉了夏说,向东一举攻下井陉,用了一个早上就击溃二十万赵军,杀了成安君陈馀,已是名闻海内,威震天下。现在,老百姓都在侧耳倾听您的进军号令,这是您的优势。但是,当前百姓困苦,士卒疲惫,难以继续作战。如果您打算现在调动疲惫的军队困顿在燕国坚城下,想战不可能,强攻不可拔,军队的窘况暴露,威势随之丧尽,如此旷日持久,粮食必定耗尽。燕国既不肯投降,齐国势必会坚守自卫。这样一来,燕国、齐国都与汉军僵持,刘邦和项羽双方势力的较量就难见分晓,这是您的弱点。善于用兵的人绝不会以己之短去击敌之长,而会用己之长去击敌之短。”

韩信听后问:“既然如此,那我该怎么做呢?”李左车答道:“如今为将军着想,不如就按兵不动,并安抚赵国人民,让汉军摆出向北进攻燕国的架势,然后派出一个能言善辩的人带上您的书信去燕国,向他们尽量炫耀汉军的优势,燕国肯定不敢不听从。燕国顺从以后,便可向东威慑齐国。到那时,纵然有智高谋深之人,也不知道该怎样为齐国出谋划策了。这样的话,天下之事就尽在掌握之中了。用兵之道原本就是先造声势,然后才用实力,我这里所说的就是这个道理。”韩信听完后,说:“非常好!”随即采用了李左车的计策,派遣使者出使燕国,燕国很快就归降了。

韩信不以胜负论成败,而能正确评估李左车,并且以谦恭诚挚的态度对待李左车,因此谋得了轻易灭燕之道。所以说,诚挚待才也是一种智谋。这种智谋运用得好,往往能起到事半功倍的作用。

62. 随何智劝英布

（以矛陷盾）

公元前204年冬天，正是楚、汉相争激烈之时，汉王刘邦派使者随何来到九江王英布处，九江王府的太宰（掌管膳食）出面接待了他。可是一连过了三天，随何还未见到九江王。随何就对太宰说："九江王之所以不肯见我，一定是认准西楚强而汉王弱，而我这次到这里来正是为了这件事。如果让我见到九江王说这件事，而且如果我说得有道理的话，那一定是九江王愿意听的；如果我说得不当，完全可以把我和我带来的二十个随从绑到九江（今安徽省六安市）街市上处斩，这也更可以向天下证明九江王背汉附楚了。"太宰把随何的话报告给了九江王，英布很快就接见了随何。

见了英布后，随何说："汉王派我来拜见大王您，是因为我们还不清楚大王您与楚王有什么亲密的关系。"英布说："我是面朝北，以臣子的身份侍奉楚王的。"随何说："您与楚王项羽一同列为诸侯，地位相等，而您却以臣子身份侍奉他，那一定是认为楚国强大，可以作为九江国的靠山了。可是，当项王攻伐齐国，背着修筑营垒用的版筑等工具，身先士卒地冲杀时，大王该出动全部九江军队，亲自率领他们去为楚军打先锋；可是，您仅仅只派了四千人马去援助楚军。作为以臣子身份侍奉楚王的人，难道可以这样做吗？"

随何接着说："汉王攻入彭城时，楚王还没有从齐国回师，以大王的立场，您那时就应率领全部九江军队抢渡淮河，夜以继日地与汉军会战在彭城下。可是，大王您拥兵万人，却不让一兵一卒渡过淮河，袖手旁观楚、汉两虎争斗。作为一个把江山社稷托付给别人的人，难道应该是这个样子的吗？"

随何接着又说："大王您其实是借依附楚王之名来增强自己的实力，我私下认为您这样做是不可取的！大王之所以不敢明目张胆地背弃楚国，是您以为汉国弱小。可是，眼下楚军虽看起来强大，但已经背负上了不义的名声，违背了'先入关的当王'的盟约，又杀死了义帝。现在，汉王已联合诸侯，率军回守成皋、荥阳，运来蜀、汉一带的粮食，深挖沟壕，加固营垒，防守险隘。楚军虽深入敌国八九百里，却只能靠老弱残兵从千里之外运送粮草。汉军坚守城池以待敌，楚军却进不能攻敌，退无法脱身，所以楚军的力量并不足以依靠。即使楚军打败了汉军，也只会增加诸侯们各自的危机恐惧而彼此救援。在这种情况下，楚军眼前的强盛，恰恰会招致各诸侯军队对它的共同抵抗。所以，楚军实际上不如汉军强大，这种情势已是显而易见的了。如今大王您不与万无一失的汉国结好，却把自身托付给行将败落的楚国，我真对您的做法感到疑惑不解啊!"

随何又说："我倒不以为九江国的兵力能消灭楚军，而只是说大王如果能背离楚国，楚王的军队就必定会被羁绊。您只要拖住楚王几个月，汉王夺取天下就会万无一失了。我请求追随大王一起提剑归附汉王，汉王肯定会割地封赏大王；更何况九江国本就是大王的封地，当然仍会归大王所有的!"

英布听了随何上述一番话，后，说："那好吧，我就遵命了。"暗中答应背楚归汉，但还不敢把事情公开。

这时，楚国的使者也来到九江，住在客舍里，正急切催促英布发兵援助楚军。随何知悉后就径直闯入，坐在楚国使者上方的尊位上，说："九江王已归附汉王，楚国怎么还来催调九江军队?"因事出突然，英布惊愕地呆在那里，不知怎么办才好。楚使见情况有变，拂袖起身离去。随何随即对英布说："背楚既已成事实，就应杀掉楚使，不要让他返回报信，而您也要赶快投奔汉王，与汉军协力攻楚。"英布说："就按你说的去办吧!"于是，英布派人杀了楚使，然后向楚军发动攻击。

随何凭自己的聪明才智，一步步完成策反英布的大计：他先用以矛陷盾的方法，使英布无话可说。然后，他又为英布分析形势，告之利害。最后，他加以情敦义促，让英布回避不了，退无可退，只能答应附汉攻楚。随何的应变和言辩能力，令人印象深刻。

63. 劝阻复立六国

（层层剥笋）

楚汉战争期间，两军相争正酣。楚军曾多次袭夺、破坏汉军从黄河渡口到荥阳大营之间运粮的通道，使得汉军开始缺粮。汉王刘邦因此同郦食其商议怎样才能削弱楚国的势力。

郦食其提出："从前商汤讨伐夏桀，把夏桀的后裔封在杞地（今河南省杞县）；周武王讨伐商纣（商朝最后一个君王），把纣王的子孙封到宋国（今河南省商丘市）。现在，秦国德义沦丧，吞并各国，毁灭了各国的社稷，使得各国的后人没有立锥之地。汉王您如果在这个时候能扶立六国诸侯的后裔，这样，诸侯各国的君臣、百姓一定都会对您感恩戴德，无人不向往您的风范，仰慕您的德义，愿意成为您的臣仆。如此，大王德义兼备，自然能南面称霸，楚王也一定会来恭敬地朝见您。"刘邦说："这很好！赶快去刻制印玺，先生您可以带上它们出使各国，去封六国的后裔了！"

郦食其还没有动身，张良从外地回来拜见刘邦。刘邦正在用餐，见到张良说："子房请过来！有人为我谋划了削弱楚国势力的好办法。"说着，他就把郦食其的建议告诉了张良，并问："这个办法怎么样呀？"张良说："谁给您出了这么个馊主意？大王如果这样办的话，您统一天下的大业就要付之东流了！"刘邦问："为什么呢？"

张良答道："借用一下您的筷子，让我比画一下当前的形势：第一，从前商汤、周武王之所以伐灭夏桀、商纣后仍分封他们的后裔，是因为自信可以控制住他们，而大王现在能够控制住项羽吗？第二，周武王入朝歌（商朝的都城）后，旌表被商纣王废黜的贤士商容，释放被囚禁的王叔箕子，加高被害的忠臣比干的坟墓，而如今您能做到吗？第三，周武王当政后曾经用巨桥粮仓的储粮赈济天下穷人，把鹿台府库的钱财散发给贫困百姓，如今您能做到吗？第四，商朝灭亡后，周武王把战车改为乘车，用车把兵器倒挂着，以向天下人表示不会再打仗了，如今大王能这样做吗？第五，周武王将战马放养在华山之南，以显示它们不再驰骋战场，如今大王能这样做吗？第六，周武王把牛群放牧于桃林之北，以显示不需要再用它们运输粮草辎重，如今大王能这样做吗？第七，现在天下远游之士之所以要离亲别戚，舍弃祖坟，抛离故友，追随大王奔波征战，为的是将来有尺土之封。如果现在重新封立六国国君的后裔，使天下远游之士各自回去侍奉他们的新君主，伴随他们的亲戚，返回旧友与祖先的坟墓所在之地，那么大王还依靠谁来夺取天下呢？第八，当今只有楚国较强，还没有哪个国家超过它的，六国后裔如果复立，六国的新君主们就一定会屈从楚国，那么大王能有什么办法让他们臣服呢？所以，如果您真的采用了那位先生的计谋，大王要统一天下的大业就算彻底完了！”

刘邦听完张良这一席话，马上停止了进食，一边把嘴里的食物吐了出来，一边大骂：“郦食其差点儿坏了我的大事！”立即下令赶快收集印玺并将它们销毁。

张良采取层层剥笋之法，向刘邦剖明眼前形势和利害得失，指出复立六国的主意是绝不可行的。郦食其的主意表面上堂而皇之，实际上却十分荒唐！他就像是寓言《刻舟求剑》故事里的那个找剑的人，想从刻在船上的印记处跳下河去寻佩剑，是不会有结果的。张良成功劝阻刘邦复立六国，谋高不止一筹！

64. 陈平巧施三策

（故布疑阵）

刘邦的军队与西楚霸王项羽的大军在荥阳一带对峙已一年了，而且汉军的粮草与外援常常被断绝，形势对汉军来说十分危急。

公元前204年春的一天，刘邦召来陈平并对他说："天下纷扰混乱，到什么时候才能安定啊?"陈平回答说："楚王身边刚直不阿的臣子，只有范增、钟离眛、龙且、周毅等几个人而已。大王您如果能抛出几万斤黄金，用来实施反间计，离间楚国的君臣关系，使他们互相猜忌。项羽为人多疑，容易听信谗言，这样一来，他们内部必然互相残杀，我们就可以乘机发兵攻打他们，击败楚军是肯定了的。"刘邦同意了，就拿出黄金四万斤交给陈平，任凭他安排，也不过问他是如何使用的。

陈平就用这些黄金雇请间谍深入楚军中进行离间活动，这些间谍到处扬言说："钟离眛等将领为项王领兵打仗，功劳卓著，却不能分得一块土地而称王，因此他们想与汉军联合灭掉项氏，瓜分楚国的土地，各自称王。"项羽听了这些传言，果然心里犯嘀咕，起了疑心，不再那么信任钟离眛等人了。

四月，楚军围攻荥阳，攻势猛烈。刘邦心里畏惧，向项羽请求议和，只要求将荥阳西面的地区划归汉。范增劝告项羽不可答应并建议火速攻打荥阳。刘邦为此忧心忡忡，一筹莫展。正好项羽派出使者前往刘邦处，陈平见机，心生一计：他先让人置备了最丰盛的宴席款待楚使。但当他见到楚使后，就假装惊诧地说："我还以为是亚父（范增）派来的人，原来是项羽派来的使者啊!"随即就命人将酒菜端了回去，改换一桌粗劣的饭菜给使者食用。楚使回去以后就将这些情况汇报给了项羽，项羽果然对范增大加猜疑。范增催促加紧攻打荥阳城，项羽却偏不肯听从他的意见。范增终于知道项羽怀疑他，便沉痛而悲愤地对项羽说："天下大事大体上已有定局了，大王好自为之吧，望能准许我辞职归家!"于是，范增踏上了归途，还没有到达彭城，因背上毒疮发作而死。

五月的一天，眼看据守荥阳的汉军已难以支撑，将军纪信急报刘邦说："战事危急了，荥阳快要被攻破了！我请求代替您去诳骗楚军，大王可以乘机逃出去。"于是，陈平又使出一计：趁着黑夜把收集来的两千多名女子从荥阳城东门放出，吸引楚军围攻她们；又让体貌像刘邦的纪信打扮成汉王的模样和架势，乘着君王坐的车子，缓缓驶到东门，让汉军高喊："城中粮草吃尽，汉王愿意投降。"楚军信以为真，都跑到城东观望。刘邦抓住良机，带领几十骑人马从城西悄悄遁去。当项羽见到装扮成汉王的纪信，喝问："刘邦在哪里?"纪信说："已经出城，去得很远了！”项羽恶狠狠地下令，把纪信烧死了。

陈平是刘邦的得力谋士，他曾为刘邦六出奇计。这则故事里就包含了三计：采用间谍造谣、舆论惑众之法，让项羽怀疑、疏远钟离昧等人；采用故布疑阵、巧施障眼之法，让项羽气走了亚父范增；采用假冒顶替、金蝉脱壳之计，让刘邦从被久困援绝的荥阳城脱身。“六出奇计”后来演变为一句成语，泛指出奇制胜的智谋。刘邦正是因为能够正确采纳这些智谋，才赢得了最终的胜利。

65. 曹咎失守成皋

（激将诱敌）

公元前204年五六月，刘邦被项羽打败，项羽攻陷荥阳，又兵下成皋，刘邦一逃再逃，跟夏侯婴同乘一车，北渡黄河，到达韩信、张耳驻军所在地小修武（今河南省获嘉县东），并接管了他们的部队，声势又大振。于是，刘邦又打算跟楚军再战，夺回成皋。

在商议中，郎中郑忠建议刘邦挖高垒深堑而不与楚军作战。刘邦采纳了这个建议，派将军刘贾、卢绾率领步兵二万、骑兵数百，渡过黄河渡口白马津（今河南省滑县西北），南下潜入楚军腹地，会同彭越，打游击战，焚烧楚军粮草，劫夺楚军车辆。楚军来攻，刘贾严守营垒，与彭越互为声援，就是不做正面交接。彭越还乘势夺取以前梁国的土地，攻下睢阳（今河南省商丘市）、外黄（今河南省民权县西北）等十七个城池。

九月，项羽在成皋，正准备挥师西进，忽闻彭越、卢绾深入后方焚粮拔城，决心亲自前往剿灭。临走前，项羽对大司马曹咎说：“请将军严守成皋，无论汉军怎么挑战，一定不能出战，只要挡住汉王，使他不能向东发展就行。我在十五天内便可平定以前梁国土地上的变乱，然后立即回来。”然后，项羽就率军东进，攻击陈留（今河南省开封市东）、外黄、睢阳等，收复了全部失地，彭越败退。

项羽一走，刘邦立即南下，兵临成皋。镇守成皋的曹咎不管汉军如何挑战，就是闭门不理，没有反应。怎么办呢？刘邦采用了激将之计，诱敌出城，然后设伏破敌。于是，汉军就在城外张口诟骂，怎么难听就怎么骂，恣意侮辱。曹咎性子暴躁，几天听下来，忍耐已到极限，忘了项羽的叮嘱，打开东门，渡汜水河出战。杀出的楚军才刚刚渡过汜水河一半，埋伏在两岸的汉军冲杀出来，使楚军首尾不能相顾，立即崩溃。成皋又重入汉军之手，储存在城中的金银财宝也全部为汉军所得。曹咎、翟王董翳及塞王司马欣突围不成，在河边一起自刎。

刘邦从小修武南渡黄河，再入成皋，将重兵进驻广武（今河南省荥阳市东北），就近护守敖仓粮库。项羽听说成皋失守，立即回师，也在广武扎营，跟汉军对峙。相持几个月后，楚军开始尝到丧失敖仓的苦头，因为军中粮草不济了。

两人相斗，暴躁者易输；两军对垒，暴躁者易败。暴躁之人最忌的是激将之计，因为暴躁者容易失去理智，只图痛快，不顾后果。曹咎正是中了此计，落得人亡城弃。

66. 劝韩信仍攻齐

（逻辑引导）

燕、赵两地被韩信平定后，谋士郦食其自告奋勇请赴齐国，劝说齐王田广归汉，得到刘邦的赞同。于是，郦食其来到齐国，向田广剖析了当前形势，陈述了要保全齐国就必须尽快归附汉王的事实。田广听从了他的话，立即派出使者去与汉王讲和。

在这之前，田广听说韩信已率领汉军向东进攻齐国，齐国就派出了大将华无伤、田解率领重兵驻屯在历下城（今山东省济南市），以抵御汉军。后来，田广接受郦食其的建议，在派出使者去与汉王讲和的同时，主动解除了守卫历下城军队的戒备，以为大功告成了，与郦食其天天尽情饮酒取乐，只等待好消息传来。

此时，韩信正率领汉军向东推进，还没有从平原津渡过黄河，听说郦食其已经说服齐王投降，就打算停止进军。这时，那个几年前给武臣出谋划策的谋士蒯彻又来劝韩信说："将军您是奉命进攻齐国，汉王只不过是派密使去劝降齐国，难道有命令让您停止进攻吗？您怎么可以擅作主张不进军了呢？更何况，郦食其只不过是一介书生，乘在车上卖弄着他那三寸不烂之舌，就轻易劝降了齐国七十多座城池；而将军您率领几万大军，花了一年多时间，才攻下赵国五十多座城池。您当了多年的大将军，难道功劳反而比不上一个书呆子？"韩信觉得蒯彻说得有道理，就听从了他的计策，挥师渡过黄河。

公元前 203 年十月，韩信率领部队轻易击败了齐国在历下的守军，并且一路进攻，一直攻到齐国都城临淄。齐王田广以为是郦食其出卖了他，于是就用大鼎煮杀了郦食其，然后带领残军向东逃往高密（今山东省高密市）。

在这里，蒯彻先采用逻辑引导之法，说明继续进攻齐国不违背刘邦的意图；然后，再以激将之法，点燃韩信自尊的火花，使其挥师东进。蒯彻的这一智谋，使韩信立下了大功，却使郦食其被冤杀了。

67. 重伤装作轻痛

（临危应变）

正当韩信率汉军进攻齐国都城临淄时，楚军镇守成皋的曹咎中计败亡，成皋失守。项羽得知消息急忙回师，驻军在广武，与汉军对峙。楚军因丧失敖仓，营中缺粮，项羽十分担忧，扬言要杀刘邦之父来要挟刘邦投降。由于项伯劝阻，项羽才没有杀刘邦之父。

项羽对刘邦说：“天下沸沸扬扬闹腾了好多年，是我们两个人相持不下的缘故。现在我愿意与你对面相搏，一决雌雄，不必再让天下百姓忍受煎熬了！”刘邦笑着推辞道：“我与你只斗智不斗力。”项羽连续三次命楚军将领出阵挑战，却被汉营中善于骑射的楼烦射杀。项羽勃然大怒，亲自披甲持戟上阵挑战。项羽与刘邦约定互相隔着广武涧相见对话，项羽再次提出想与刘邦单打独斗。

刘邦乘此机会，当着楚军将士之面，历数项羽十大罪状：“你一是违背先约，封我到蜀汉为王；二是假托怀王命令杀了宋义；三是救赵后不回报怀王，擅自胁迫诸侯入关；四是焚烧秦国宫室，掘毁秦始皇陵，盗取财物据为私有；五是诛杀已经投降的秦王子婴；六是活埋已归降的二十万秦兵；七是把好地方封给手下将领，驱逐原来的诸侯王；八是将义帝逐出彭城，自己在那里建都，竭力扩充自己的地盘；九是派人在江南暗杀义帝；十是处理政事不公平，主持盟约而不守信义，大逆不道。如今，我率正义之师与诸侯一起征讨你这个残暴贼子，只需让那些受过刑罚的囚犯去捉拿你就够了，又何必要与你单打独斗呢？”

项羽听了大怒，命令埋伏的弓弩手向刘邦射箭，有一支箭射中了刘邦胸部。这时，刘邦乘身体倒下之势却摸着自己的脚，大声说：“这贼子射中了我的脚趾！”刘邦因伤势沉重而躺倒在床，张良见此情景，竭力请刘邦咬牙挺身去军营中抚慰将士，以稳定军心，不让楚军乘机来攻。于是，刘邦坚持着穿好军装，巡视了军营。最后，因伤势加重，刘邦退回成皋大营养伤。

刘邦胸部受了重伤，却声称被射中了脚趾，装成只是受了轻伤的样子，并坚持巡查军营，安抚将士。刘邦临危应变的功夫一流！他在倒地瞬间所表现出来的灵念一闪的智谋，是谁也教不出来的。刘邦自身正是具备了这种灵悟，使他能够识人用才，战胜群雄，平定天下。

68. 壅潍水斩龙且

（利用地形）

韩信带领汉军兵下齐国都城临淄，齐王田广、齐相田横乘乱逃出，派人向项羽求救。项羽派了他最亲信的大将龙且，率领号称二十万的大军来救，跟田广在高密会合。

有人向龙且建议："汉军远来，每战都拼命，其锋难挡。而齐、楚两军因在自己家门口作战，稍受挫折，士兵们就易一溃而散。因此，最好的办法莫过于修筑深沟坚垒固守，请齐王派出亲信去招抚已丢失的城邑，让那里的百姓知道齐王仍然健在，楚军也已经来救援，他们就必定会起来反叛汉军。汉军远离本土两千里，如果在齐国完全孤立，粮草势必断绝，这样就可以不战而使他们投降。"

可是，龙且却说："我一向了解韩信的为人，他很容易对付。这个人曾经靠漂洗衣服的老太婆养活，还蒙受过从别人胯下钻过去的耻辱，毫无过人的勇气，没什么可怕的。而且，我这次是奉命救援齐国，如果不大战一场而让汉军来主动投降，我还有什么功劳可言！如今，我与他交锋并战胜了他，必定震动天下，项王也许会把半个齐国封给我。"

公元前 203 年十一月，齐、楚联军跟汉军隔着潍水，摆开阵势。韩信命人连夜赶做了一万多个布袋子，装满沙土，投堵在潍水的上游。然后，他率领一半部队渡河去袭击龙且的军队。因为潍水上游被堵，下游水位很快降低，韩信的部队都蹚着水过河。龙且的部队见状，都冲上前去作战。韩信假装不敌，边战边撤。龙且大喜道："我就知道韩信是个草包！"急令全军追击。眼看敌军已追进潍水河床，韩信即命人挖开堵塞上游的布沙袋筑的堤坝，大水立刻奔泻而下，龙且的军队被分割为两部分。汉军在韩信的指挥下猛烈反扑，歼灭了已上岸的楚军，并杀了龙且。阻留在另一边的楚军见此情景，心惊胆战，四处逃散。

齐王田广似惊弓之鸟逃回高密，韩信紧追不舍到城阳（今山东省莒县），生擒了田广。韩信因其烹杀郦食其，令部下将他斩首。接着，汉军又击杀其他齐将。至此，齐地完全平定了。

成功利用地形以战胜强敌，是自古以来兵家常用之术。壅潍水，斩龙且，取得伐齐之胜，是韩信以智取胜的又一例。

69. 不可养虎遗患

（穷追败寇）

公元前203年二月，刘邦听从张良、陈平的建议，派张良带着齐王之印前往临淄，宣布封韩信为齐王，并且调派他的军队到前线攻打楚军。项羽自从听说大将龙且战死，开始感到恐惧，自知再没有人能帮他，而且粮食又快吃完了，韩信也要来攻击，心里非常忧虑。

恰巧，刘邦派遣特使侯公前来拜见项羽，请求交还被楚军扣押已久的老父亲。项羽正好利用这个机会，跟刘邦签订和约：以鸿沟为界，沟西归汉，沟东为楚，两国友好，永不交战。九月，项羽把刘邦的父亲刘执嘉和妻子吕雉送还给刘邦，然后率军撤退东归。

刘邦也准备领兵西还关中。这时，张良、陈平劝刘邦说："现在，汉王已经有了天下一半以上的土地，四方诸侯首领都已归附。项羽兵力已疲，粮草又尽，这正是灭楚的机会。如果现在不乘胜追击，那就像在家里豢养猛虎，给自己留下祸患啊！"刘邦听取了他们的劝告。

公元前202年十月，刘邦背盟向往东撤退中的项羽发动攻击，一直追到固陵（今河南省太康南）。刘邦与齐王韩信、魏相彭越约定前来会师，共商大计。

可是，韩信和彭越却没有反应。而被激怒的楚军回军反攻，汉军大败。刘邦只好固守营垒，不敢迎战，并问张良："韩信、彭越不服从约定，怎么办呢?"张良说："楚覆亡在即并不足畏，而韩信、彭越二人不来，是因为没有给他们封地，也不意外。如果大王能真心跟他们共有天下，他们肯定会来。韩信虽封了齐王，但不是出于您的本意，韩信心中不安。彭越本来平定了梁地，开始您因魏豹是魏王的缘故，所以只能任命他为魏相，现在魏豹已死，彭越也在盼望封王，您却迟迟不做决定。如果现在您把睢阳以北，一直到谷城（今山东省东阿县南），都划给彭越，封他为王；再把陈县（今河南省淮阳县）以东，直至东海，都划给韩信，韩信本是楚人，当然想分封在故乡。假如你舍得裂土分封，以此吸引、催促他们来参战，楚国败亡是肯定无疑的了。"刘邦听从了张良之计，派人传信给韩信、彭越。

过了不久，韩信、彭越果然率领大军前来会合，三军合一，汉军声势大振。十二月，楚军到达垓下（今安徽省灵璧县东南），被汉军重重包围，兵力既少，粮草又尽，终于被围歼，项羽自刎在乌江（今安徽省和县乌江镇）边。

刘邦听从了张良、陈平不可养虎遗患的劝告，以封王为诱饵，获得韩信、彭越两支大军的援助，终于打败了项羽，根绝了遗患，创下了西汉的基业。两军相争，抓住机遇，穷追猛打，不留后患，这是大智谋，是事业成功的前提。

70. 刘邦总结成败

（善用能人）

公元前 202 年五月，刘邦称帝后，在京城洛阳（今河南省洛阳市）南宫大设宴席，召集群臣共饮。

群臣毕至，陆续入席。酒过数巡后，刘邦向众臣问道："各位列侯、将军辅佐朕夺得天下，今日同聚，有话尽说，不要对朕隐瞒。朕有一问：为什么朕能夺得天下，而项羽却失去了天下?”群臣共思，一会儿，高起、王陵回答说：“陛下派人攻城略地，谁攻取了城邑、土地，就作为封赏封给了他，能与大家共享利益；项羽却不是这样，他对有功的人嫉恨，对贤能的人猜疑，人心难齐，所以失去了天下。”

刘邦听后，哈哈一笑道：“你们是只知其一，不知其二啊！说到运筹帷幄之中，决胜千里之外，我不如张良；镇守国家，安抚百姓，供给粮饷，保持粮道通畅无阻，我不如萧何；统率百万大军，战无不胜，攻无不克，我不如韩信。这三位都是人中英杰，而我能够量才重用他们，这就是我能够得天下的原因。项羽虽然有一个范增，却不能信任重用他，这便是他被我打败和消灭的原因。”

群臣听后，都心悦诚服。刘邦也十分高兴，君臣畅饮，兴尽方散。

刘邦善于总结，而且总结得十分精辟、到位。他的这一席话道明了汉胜楚败的根本原因，就在于他能善用能人。在军事上，他重用了韩信；在行政上，他重用了萧何；在谋略上，他重用了张良、陈平。这难道不正是刘邦夺取天下的重要智谋吗?

71. 娄敬力劝迁都

（着眼长远）

刘邦在洛阳南宫大宴群臣后，有一天，被派去防守陇西的娄敬经过洛阳，脱下辂，穿着羊皮袄，通过虞将军求见刘邦。虞将军想要给他换上一身新衣，娄敬说：“我就穿身上的衣服去见皇上，不敢冒昧地换衣。”虞将军只能作罢，便入内向刘邦报告去了。

经过虞将军引见，刘邦立即传令召见娄敬。娄敬见到刘邦就问：“陛下定都洛阳，难道是想效仿周朝吗?”刘邦点头称是，娄敬说：“陛下取得天下与周朝不同。周朝的始祖后稷封在邰地（今陕西省武功县），积德累善十多代，到周武王时，诸侯归附，伐灭商纣，才得天下。周成王嗣位，周公辅助他，才营建洛邑。他觉得这里地处中央，各地诸侯前往纳贡述职，所走的路程大体相等。有德行的君主就容易统治天下，没德行的君主也容易亡国。所以，周王朝强盛时，诸侯四夷臣服；待到周王朝衰弱时，天下无人前来朝贡。这除了后面的周王德薄外，也是形势太弱的缘故。”

娄敬接着说：“而如今陛下从丰（今江苏省丰县）、沛（今江苏省沛县）起兵抗秦，席卷蜀郡、汉中郡，平定三秦，与项羽在荥阳、成皋之间作战，经过大战七十、小战四十，使得天下百姓肝脑涂地，惨遭杀戮，哭声不绝，死者暴尸荒野，伤者不能行走，这种情况是不能与周王朝初期周成王、周康王时的盛势相比的。况且，秦地依枕华山，濒临黄河，四面有险要关隘为屏障，即使发生紧急状况，百万军队可立刻集结。秦地素称天府，号为雄国。陛下在关中建都，即使崤山（在今河南省西部）以东有乱，秦地仍可自全。与人斗，只有扼其喉，拊其背，才能获全胜。现在陛下迁都关中，正是扼天下之喉，拊天下之背。”

刘邦为此召集群臣询问，众臣大多是崤山以东地区的人，都抢着发言说：“洛阳东有成皋，西有崤山、渑池，背靠黄河，面向伊、洛二河，其险要坚固完全可以依凭。”刘邦又去问张良，张良说：“洛阳虽有稳固的地势，但中央地域太狭小，方圆不过数百里，而且田地贫瘠，四面受敌，不是用武之地。而关中左有崤山、函谷关，右有陇山、岷山，沃野千里，南有巴、蜀的富饶资源，北有胡地草场和畜牧的地利。占据三面险要的地形防守，只需用东方一面扼控诸侯。倘若诸侯安定，即可通过黄河、渭河转运天下的粮食，西供京城；如若诸侯有变，就可顺流而下，征伐便利。这就是所谓的千里金城、天府之国啊！娄敬的建议很对，愿陛下施行。”

刘邦听了，就决定迁都关中。当天就起驾动身向西进发，定都长安（今陕西省西安市），并授任娄敬为郎中，称奉春君，赐他姓刘。

定都是立国中的一件大事，选择京城，可以反映不同人的见识、气度和魄力。娄敬以形势相异、着眼长远的战略眼光提出迁都关中，实在是有远见卓识！张良全力支持按娄敬的建议施行，反映出智者所见相同，确实不同凡响！刘邦最后决定迁都长安，并且雷厉风行，立即动身进发，更显王者风范。

72. 张良蛰居让禄

（明哲保身）

张良向来多病，自从跟随汉高祖刘邦从洛阳迁都到长安后，就沉迷于用导引术静居行气，不吃五谷，只吃一种据说可延年益寿的药物，关门蛰居，很少与外界接触。

张良经常说："我家几代人都做韩国的宰相，韩国灭亡后，我不吝惜万贯家财，替韩国向强悍的秦国报仇，博浪沙追杀秦王之事震动天下。现在，我凭三寸之舌成为皇帝的军师，被封为万户侯，这已是一个布衣平民所能得到的极尊待遇了，我已经很满足了。目前，我唯一的愿望是抛却人间万事，跟随仙人赤松子（太古时代的神仙）云游四方！"平时处事，他都表现得很淡然。

公元前201年的冬天，汉高祖刘邦分封功臣，他让张良自己挑选以前齐国地方三万户食邑作俸禄。张良说："当初，我是在下邳（今江苏省睢宁县北）这个地方起事的，与皇上在留县（今江苏省沛县东南）会面，这是上天把我授给了陛下。皇上采用我的计谋，有时很幸运能够奏效。我只希望封给我留县就足够了，不敢承受那三万户食邑。"于是，张良被封为留侯。

凭着张良的通晓事理，他完全知道神仙之类的传说是虚妄荒诞的。但是，他却装着要随从赤松子去仙游，在这种言不由衷的背后，实际上是他深深地忧虑自身的安全的表现。封建专制主义视每个有权力、有影响、有能量的人为潜在的敌人，这个人只要危及或可能危及独裁者的地位，就会遭到祸害，甚至丢掉性命。张良深知自己处在险恶之中，只有采用无为和低调的行事方式，才能麻痹独裁者放松对自己的警惕和防范，从而躲避兔死狗烹之祸。所谓“明哲保身”，其实是封建社会里的一种无奈消极的自保智谋。

73. 刘邦轻擒韩信

（因形造势）

项羽手下的将领钟离昧，向来与楚王韩信关系要好。项羽死后，他逃出来归附了韩信。汉高祖刘邦憎恨钟离昧，听说钟离昧在楚国，就诏令韩信去追捕他。这时，韩信才被改封为楚王不久，刚刚到楚国，正忙着到各县邑巡察。

公元前201年冬，有人上书告发韩信谋反。刘邦就此事征求将领们的意见，大家都说：“快点儿发兵，去活埋韩信！”刘邦默不作声，又问陈平，陈平答道：“有人上书告韩信谋反，这事韩信知道吗？”刘邦说：“不知道。”陈平又问道：“陛下的精兵与楚王的军队相比，哪个更强？”刘邦说：“那超不过他的。”陈平又问：“陛下的将领们，带兵打仗有没有超过韩信的？”刘邦说：“也没有人能超过他。”陈平于是说：“现在军队没有楚国的精，将领又超不过韩信，却要出兵去攻打他，这是逼迫他起兵反抗啊，我私下真替陛下担忧啊！”

刘邦听陈平这么一说，就问：“那该怎么办呢？”陈平建议说：“古时候天子有巡察出行、会见诸侯的制度。陛下不妨宣称要外出巡察，假装巡游云梦（今湖北省孝感市），先要在陈县会见诸侯。陈县处在楚国的西部边界，韩信听说此事，会以为那只是皇上出来游玩散心而已，他一定会没有顾忌地在郊外迎谒。在接见韩信时，陛下便可趁机捉住他，这不过是一个武士就能办到的事。”刘邦于是依计行事，专门派出了使者诏告诸侯在陈县聚会，诏书上说：“我将到南方游云梦泽。”刘邦随即就动身起程了。

韩信听到刘邦出游的消息，心里既疑虑又恐惧，不知该怎么办才好。这时，有人劝韩信说："事到如今，看来只好斩下钟离眛的头去晋谒皇上刘邦，皇上才会高兴，这样就不会有什么祸事好忧虑的了。"韩信听从了这个意见。

十二月，刘邦在陈县会见众诸侯，韩信提着钟离眛的头颅去谒见刘邦。刘邦看过人头后，就命令武士捆绑了韩信，将他单独装载在随皇帝车驾出行的副车里。此时才发现落入圈套的韩信叹息道："果然像人们所说的：'狡兔死尽了，猎狗就会被煮杀；飞鸟打光了，优良的弓箭就会被收藏起来；敌国灭亡了，谋划的臣子就会遭诛杀。'现在天下已经平定了，我自然就该死了！"刘邦对韩信说："不要抱怨，是有人告发你谋反！"随即给韩信戴上镣铐，并下令大赦天下，以安抚韩信的部下。

刘邦从陈县返回，到了洛阳时，就赦免了韩信，降封他为淮阴侯。韩信知道他获罪的原因不是谋反，而是刘邦对他的军事才能感到担心恐惧。于是，韩信就经常称病，不去朝见，平时居家，也怅然若失。对于与周勃、灌婴居于同一级官秩，韩信感到有一种难言的羞耻。

刘邦采用陈平出的因形造势的计谋轻擒韩信。此计谋是营造出一种情势，用效果最优、负效最小的办法，达到成大举的目的。这项计谋虽好，但在无形之中却开了刘邦当了皇帝后杀戮功臣的先河，这也许是陈平没有料到的。

74. 张良劝封雍齿

（巧用环境）

公元前201年春，汉高祖刘邦封定的功臣已有二十多人，还没有被封的一些有功将领夜以继日地在争比功劳，因为一时定不下来，所以没有继续封下去。

有一天，在洛阳南宫，刘邦从天桥上望见将领们相聚坐在沙地上议论着什么，就问张良："这些人在那里说些什么呀？"张良说："难道陛下不知道吗？他们是在图谋造反啊！"刘邦又问："天下刚刚安定下来，为什么又要造反啊？"张良答道："陛下原来不过是一介平民，是靠了这些人才取得了天下；现在陛下当了天子，得到封赏的都是您的故交和亲属，诛杀的都是您的仇家。现在，军吏们正在进行计算，认为要论功行赏的话，就是把天下的土地、民户都拿出来封，也还是不够封；所以，将领们担心您不会分封所有的功臣，又怕自己以前所犯的过失会被您猜忌，甚至怕遭诛杀，所以相聚在一起密谋造反了。"

刘邦听了以后，忧虑地问张良："那该怎么办呢？"张良说："皇上平生最厌憎，又为大家都知道的人是谁？"刘邦说："是雍齿！这个人与我有旧怨，他曾经多次羞辱我。我早就想杀了他，只因他的功劳不小，所以不忍心下手。"张良说："那就请您先封雍齿，这样的话，其他人对自己会受封就都有信心了。"

于是，刘邦下令摆设酒宴，正式下诏封雍齿为什邡侯，并催促宰相和御史们尽快评估功臣们的功劳大小，用来作为分封的依据。将领们吃完酒宴，都非常高兴，互相说："连雍齿尚且可以封侯，我们这些人就不必担忧什么了！"

张良为了使刘邦避免出现偏袒私交的失误，也为了使将领们捐弃猜忌和可能产生的不轨图谋，采取巧用环境之法，编造了将领们准备谋反的善意谎言，向刘邦提出先封雍齿的建议。他这样做，完全是为刘邦着想并能使他愿意采纳。张良对刘邦真可以说是非常忠心的人了。

75. 刘敬陈平得赏

（重赏驱动）

公元前200年冬天，汉高祖刘邦亲率大军北上，讨伐已投降匈奴的韩王韩信（不是淮阴侯韩信），获得胜利，韩信逃奔匈奴。曼丘臣、王黄等人拥立以前赵王的后裔赵利为赵王，又收拢韩信的残兵败将，与韩信、匈奴勾结，准备进攻刘邦。匈奴派出左右贤王（地位仅次于单于）率领一万多骑兵，跟王黄的赵军，驻扎在广武（今山西省代县西南）以南，出击晋阳（今山西省太原市）；汉军予以迎头痛击并获得了胜利，战场迅速向北推进。

身在晋阳的刘邦，听说匈奴单于挛鞮冒顿正驻扎在代郡（今河北省蔚县），决定再发动一轮大攻击，以求一劳永逸地解决北方的边患。于是，刘邦派出特使前往侦察。冒顿知道汉使是来探察虚实的，所以，早就将精锐部队、肥羊壮马都藏匿起来，只让人看到老弱残兵和瘦弱的牲畜。刘邦前后派出十批人去侦探，他们回来后都报告了相同的情况，认为可以攻击。刘邦还是不放心，再派刘敬（娄敬）出使去打探，还没有等他回来，刘邦就觉得机不可失，迫不及待地出动全部兵力三十二万人向北推进。前锋已经越过了句注山（今山西省代县西北）。

正在这时，刘敬回来了，向刘邦报告说："两国交战，敌国理应炫耀自己的实力，显示自己的优势，以震慑对方。可是，我在匈奴那里看到的只是瘦弱的牲畜和老弱残兵，这一定是匈奴故意示弱，引诱我们攻击，然后埋伏奇兵突袭，以此来赢得战争的胜利。我认为不可贸然进攻匈奴。"这时，大军已经出动，难以停顿下来，刘邦激愤地骂刘敬："你这个人靠两片嘴皮得到一官半职，现在又站在那里胡言乱语，扰乱军心，打击士气，容你不得了！"遂下令给刘敬上了刑具，押在广武。

刘邦一路北上，先到了平城（今山西省大同市）附近，大军主力还没有跟上来。冒顿倾其全力四十万骑兵，将在巡视白登山（今山西省大同市东北）的刘邦汉军围得水泄不通，长达七天之久，使汉军内外联络中断，又得不到救援补给，眼看就要覆亡。在最后关头，刘邦采用陈平的计策，派使者偷偷从小路寻到匈奴大营晋见冒顿的阏氏（相当于汉朝的皇后），送上贵重的礼物。此计起了作用，阏氏就来对冒顿说："两国君主，不应互相围困迫害。即使我们现在夺得了汉朝的土地，事实上您也不能长久居住在那里。况且，汉帝有神灵保护，望单于明察！"

冒顿原来与王黄、赵利约定了会师的日期，可是时间已到而赵军迟迟未来，冒顿怀疑赵军与汉军可能有勾结，就趁此机会下令解除包围圈的一角。正好这时天降大雾，汉军进行突围的种种准备都没有被敌人发觉。陈平命卫士们使用强弓，弦上搭双箭，箭头朝外，保护刘邦从解围的一角悄悄冲出了包围圈，刘邦要快马急驰，太仆滕公夏侯婴坚持让他慢慢行进。

刘邦一行回到平城，汉军的主力部队也陆续抵达，匈奴骑兵也就撤围离去。汉军也跟着收兵回师，只留下樊哙平定代郡（今河北省蔚县）一带。刘邦回到广武后，赦免了刘敬，并对他说："我不听你的劝告，以至于在平城受困。我已把在你之前报告情况的十批瞎眼使者都杀掉了！"还封给刘敬二千户食邑，赐爵关内侯，号建信侯（关内侯一般无采邑、无号）。

刘邦南归途中，经过曲逆（今河北省顺平县），惊叹地说："好大的县城，我走遍天下，只有洛阳可以跟这里一比。"改封陈平为曲逆侯，将全县民户赐给他作为采邑。陈平跟随刘邦东征西战，前后出过六次奇谋妙计，每次都增加了封邑。

刘邦没有听从刘敬之劝而陷入困顿，而在听从了陈平的计策脱身险境后，论功行赏，刘敬和陈平都获得重赏。刘邦能成为中国历史上的一位伟大君王，这与他自身具备的一个优点是相关的，这就是：能做到知错就改，懂得重赏驱动而不吝以功给赏。

76. 刘敬献策和亲

（以柔制刚）

匈奴单于冒顿经常进犯汉朝北方边境，汉高祖刘邦为此事很忧虑，问建信侯刘敬该怎么办，刘敬说："天下刚刚安定，士兵们因战争都很疲累，所以，不宜用武力去征服冒顿。但是，冒顿杀父夺位自立为单于，还将父亲的妃嫔们占为己有，依仗武力作威作福，对这种人我们不可能用仁义去说服他。我们唯一可以用的计策是使他的子孙长久地成为大汉的臣属，但我又担心陛下您做不到。”刘邦说：“你怎么这样说呢？说出来听听！”

刘敬回答说：“陛下如果能把嫡生的女儿大公主嫁给冒顿为妻，再赠送一份丰厚的嫁妆，冒顿必定会仰慕汉朝，把她立为阏氏（单于之妻的称号）。这样的话，她以后生下儿子，必定会被立为太子。陛下您把每年汉朝多余而匈奴缺少的东西，经常派人赠送给他们，同时派能言善辩的人士常去晓之以汉朝的礼节。这样一来，冒顿在世时，就是汉朝的女婿；一旦他死了，您的外孙就会继位为单于；谁听说过外孙敢同外公相抗礼的呢？这就可以不经过战争而逐渐使匈奴臣服。但是，要嫁就得嫁长公主，如果不能让长公主去，而只派一个宗室或后宫女子去冒名顶替，冒顿一旦发现，那是不能奏效的。”

刘邦听后说：“好计谋！”就准备让长公主嫁出去。但是，吕后知道后日夜哭泣，说：“我只生了太子和一个女儿，为什么要把她扔给匈奴！”刘邦最终还是没办法让长公主嫁出去。过了些天，刘邦只得物色平民家的一个女子，宣称她就是长公主，隆重地把她送给匈奴，嫁给单于为妻，同时派刘敬前往护送并与匈奴缔结和亲盟约。

公元前 198 年冬天，刘敬完成任务后从匈奴那里回来，又对刘邦说：“匈奴在黄河以南的白羊、楼烦部落，距离长安最近的地方只有七百里，轻骑快马一日一夜即可到达关中（今陕西省中部）。关中刚刚遭到战争的破坏，人口稀少，土地却很肥沃，应该大大充实人口。当初，诸侯刚起来反秦时，如果没有齐国的田氏家族和楚国的昭氏、屈氏、景氏家族的响应，是不可能勃兴成事的。陛下现在虽在关中建都，关中却地广而人稀，而关东（函谷关以东）还有旧六国时的强大宗族；一旦有变乱，陛下您也难以高枕安卧啊！我建议陛下把旧六国的后代，以及地方上的豪杰、名门大家迁徙来关中居住。这样的话，国家没有战乱时可防匈奴进扰，各地诸侯如有变乱，也足以率领这些人向东征伐。这是强本弱末的办法啊！”刘邦听后说：“这非常好！”

十一月，刘邦就下诏迁徙齐楚地区的昭氏、屈氏、景氏、怀氏、田氏五大家族及当地豪强移居到关中地区，赐给他们良田美宅，一共迁移了十多万人。

刘敬为刘邦贡献的和亲与强本弱末两条计策，应该说都是非常有远见的，对汉朝的巩固稳定意义重大。尤其是和亲政策，刘敬是首先提出者，他这是在对己不利的情势下所提出的一种以柔制刚、以屈求伸的处危应变谋术。和亲政策尤其在汉、唐影响非凡，硕果累累。

77. 蒯彻智辩免烹

（话题转换）

公元前197年九月，阳夏侯陈豨公开谋反，自称为代王，占据赵、代一带地方。刘邦亲率大军北上征讨，第二年冬，陈豨大军溃败。被贬为淮阴侯的韩信声称有病，没有跟随刘邦出征，却派人与陈豨暗中勾结，互通谋略。韩信准备与家臣们在夜晚假传诏书，大赦官府的有罪工匠和奴仆，把他们集结起来去袭击吕后、太子。事情已经部署完毕，只等陈豨的消息。

这时，恰好韩信门下有个随从因得罪韩信被囚禁起来，并准备处死。第二年正月，随从的弟弟就上书举报到吕后那里，告发韩信谋反的阴谋。吕后想把韩信召来，又怕他可能不服从，便与宰相萧何谋划骗韩信来，假说从刘邦那里来了人，说陈豨已被捕并处死，让列侯、大臣们都来祝贺。萧何还专门对韩信说：“你虽然有病，也应撑着入朝道一下贺。”等韩信一入宫，吕后便令武士捆绑了韩信，并将他杀死在长乐宫钟室内。韩信被杀时说：“我真后悔没有听从蒯彻的计谋，竟上了小人和妇人的当！这难道不是天意吗?”吕后还下令诛韩信三族。

刘邦从北面返回洛阳，听说韩信已被杀死，既欣喜又怜惜，便问吕后：“韩信临死时说了什么话?”吕后回答说：“他说悔恨当时没有用蒯彻的计策。”刘邦说：“哦，他说的是齐国的辩士蒯彻!”于是，下诏让齐国捕捉蒯彻。

当初，韩信被封为齐王时，蒯彻就明白当时能左右天下局势的人是韩信，便用算命先生的办法劝韩信说："我看您的面相，不过能得封侯罢了，而且还有危险，不平安；我看您的背后，那真是贵不可言啊！"韩信说："那是什么意思呢？"蒯彻说："当今楚、汉两主的命运，就维系在您身上，您助汉则汉胜，您助楚则楚胜。假如您能听从我的计策，不如两边都不挨，让他们共存下来，您与他们三分天下，鼎足而立。"韩信听后犹豫不决，不忍心背叛汉王刘邦，又自认为功劳大，刘邦不会夺他的齐国，并没有采纳蒯彻的意见。蒯彻见此情形，也离开了韩信，装疯弄痴地做巫师去了。

蒯彻被捉到后押送到长安，刘邦问他："是你教淮阴侯谋反的吗？"蒯彻答道："正是！我确实教他谋反，可惜这人不用我的计策，所以现在才自取灭亡；如果当初他用了我的计策，陛下您怎么能够杀他呢？"

刘邦听后勃然大怒说："把他拉出去用鼎镬煮死！"蒯彻大叫："冤枉啊！"刘邦问："你教韩信谋反，又有何冤？"蒯彻回答说："当初，秦朝失去了政权，天下人都在争夺它，才能高、动作快的人就会先得到它……那时，我作为臣子只知道有韩信，不知道有陛下您啊！何况，那时和陛下您一样想做大事的人还很多，只是他们的力量达不到而已，难道这些人全都该煮死吗？"刘邦听后说："放他走吧！"

韩信为汉朝的建立立下了汗马功劳，在关键时刻忠于刘邦，最后却以谋反之名而被诛杀，令人扼腕感叹！而与之有关的蒯彻却让人佩服：他曾用一番话使武臣不交战而得三十余城；用一番话使韩信伐齐成功并得封王；这里采用话题转换的逻辑手法说出的另外一番话，竟然使自己死里逃生。他实在是一个十分机智而又伶牙俐齿的人物啊！

78. 栾布转危为安

（夺气攻心）

刘邦征讨陈豨的时候，曾经征召过梁国的军队，梁王彭越声称患病，只派了将领率领梁军前往邯郸与刘邦大军会合。刘邦又气又恨，派了使节去责备他，彭越十分害怕，准备亲往长安道歉赔罪。他的一位将领扈辄说："这可要想好，大王最好不要去。受了责备才去，就会落入别人的圈套，不如动员军队，索性反了！"彭越却不肯这样做。

此时，正好梁国的太仆（管马匹交通的官员）犯了罪逃到了长安，向朝廷检举彭越跟扈辄谋反。刘邦知晓后派人趁彭越不备，将他逮捕，送到洛阳囚禁。有关司法部门审讯后，认为彭越谋反的证据存在，应依法以谋反罪治罪。刘邦特别开恩，只撤销彭越的王爵，将他贬为平民，放逐到蜀郡青衣（今四川省名山区北）。

彭越被押解往西行，走到郑县（今陕西省华县）时，遇到从长安到洛阳的皇后吕雉，两人在路途中相见。彭越向吕雉痛哭流涕，称自己是清白无辜的，不敢企盼恢复爵位，只请求将自己流放到故乡昌邑（今山东省金乡县昌邑镇）。吕雉听了满口答应，并带着他折回洛阳。

正当彭越心存一线希望之机，吕雉却对刘邦说："彭越是英雄人物，把他弄到蜀地，那可真是后患无穷，不如乘机杀了他，所以，我特地把他带了回来。"刘邦认同后，吕雉就找到彭越的一个随从，唆使他检举彭越又要谋反，廷尉王恬开依律奏请处"族刑"，刘邦批准。公元前 196 年三月，在洛阳城外集中行刑，斩彭越，屠三族。刘邦还下诏："有谁胆敢收殓彭越尸首的，一律抓起来治罪。"

就在这时，梁国大夫栾布从齐国出使回来，就到彭越的头颅下奏报出使的经过，然后又祭祀又哭泣。官吏们将栾布抓起来并报告了刘邦。刘邦召见栾布，大骂了他一顿，还要烹杀他。正要将他投入沸腾的鼎中时，栾布回头对刘邦说："我想说一句话以后再死。"刘邦说："好吧，你有什么话？"栾布神色镇定地说："当陛下在彭城（今江苏省徐州市）被围困、在荥阳成皋之间战败的时候，项羽之所以不能向西穷追猛打，就是因为彭王的军队当时在梁地，与汉王结盟，联合打击楚军。当时，彭王只要稍有联合楚军的念头，那汉军就会失败；而跟汉军联合，则楚军也必定败亡。更何况，垓下会战，如果没有彭王参与，项羽就不会覆亡。等到天下既定，彭王被封为王爵，他也是想要传给子孙后代的。想不到现在陛下在梁地征调军队，彭王因病不能亲往，就怀疑他谋反。其实，彭王并没有谋反，陛下就以微不足道的小事审问他并屠灭他三族。我怕所有功臣都会人人自危。如今，彭王已经被杀，我觉得自己活着不如死了的好，请让我继续受烹吧！"刘邦听后，不仅下令赦免栾布，还任命他为都尉。

彭越"谋反"被杀，比韩信"谋反"被杀更冤。刘邦在功成之后屠灭功臣的卑鄙之举，难以掩盖。尽管这是刘邦为了刘家天下长治久安所采取的措施，但把这些建功立业的将士杀了，难堵天下悠悠之口。栾布的一席话，恰恰就是刘邦最忌讳的。栾布实际上采取直刺要害、启发自悟的谋略，终于奏效，使自己转危为安。

79. 陆贾智说赵佗

（造势夺气）

公元前196年五月，刘邦在诛杀彭越后，想起南越地方还未平定，经过一番深思以后，下诏任命原来秦朝南海郡（今广东省广州市）尉赵佗为南越王，派特使陆贾前往做说服工作，并授其印信符节。

秦二世时，赵佗原是龙川（今广东省龙川县）令，归南海郡尉任嚣管理，任嚣病重临死前，召来赵佗并对其说：“秦政暴虐，天下苦难。听说陈胜起事，将来如何发展，不得而知。南海地处边远，我很恐慌兵匪侵扰，本打算塞断北道‘新路’（秦始皇嬴政时开凿），以求自保，静待大局演变。现因病情加剧，未能实施，希望由你来完成。番禺这地方，北有险要大山，南有大海阻挡，东西几千里，还有很多中原人士帮衬，也可成一方霸主，建一个国家。但郡府中没有一个有见解的人可交换意见，所以请你来告知这事。”随后，用正式公文任命赵佗代理他的职务。

不久，任嚣病死，赵佗就传檄几个关隘守将，严守边防，截断北路，还杀了秦朝几个重要官员，派自己的亲信去代理郡守、县令。秦朝灭亡后，赵佗又发兵夺取了桂林郡、象郡，自称南越武王。

陆贾抵达番禺求见赵佗，赵佗态度傲慢，头不束冠，伸开两腿，像个簸箕一样坐在那里。陆贾也不行礼，径直对他说：“你本是中原人，父母兄弟的坟墓都在真定（今河北省正定县）。现在，你一反天常，背叛父母之国，弃冠裂带，想以区区南越之地跟天子抗衡，恐怕大祸就要降临。自秦失政不道，英豪纷起，独有汉王抢先入关，夺取咸阳。后来，项羽背盟，自称西楚霸王，诸侯皆附，可谓十分强大。然而，汉王从巴蜀起兵，扫平诸侯，诛杀项羽，只用了五年时间，天下平定。这不仅靠人力所为，更是天意如此。天子知道你在南越称王，也没有参加天下抗秦除西楚的阵营，宰相和将军们都认为应该派出大军前来问罪，但天子怜悯百姓在战乱中深受苦难，才打消了那种想法，特派我前来授你王印和符节。你应该出郊相迎，北面称臣。想不到你却打算靠着刚刚建立、还不稳固的南越，妄自尊大，如此抗命。天子如果得知情况，恐怕会勃然大怒，先屠尽你的宗族，挖掘你的祖坟，再随便派一个将军，率十万大军，南下征讨。到那时候，你的部下杀了你投降，就易如反掌了。”

陆贾这一番话，说得赵佗目瞪口呆、茅塞顿开，连忙规矩地坐下，并道歉：“久处蛮夷之地，忘了礼仪，请原谅！”……赵佗挽留了陆贾，举行了盛筵，日日与他畅饮。几个月后，赵佗对陆贾说：“南越这里，无人可与我共语。陆先生来此，使我听到一些从未听到过的事情。”然后，赵佗向汉朝敬呈价值千金的贵重礼物，另赠陆贾价值千金的礼物。赵佗终于接受南越王爵位，向汉朝称臣，接受汉朝法律的约束。陆贾回长安复命，刘邦大为高兴，任命陆贾为太中大夫。

陆贾先用造势夺气之法，造成逼人气势，挫败赵佗傲气；再实陈双方悬殊实力，晓以利害，终于使赵佗臣服。陆贾智说赵佗成功，使汉朝免动干戈，保持了南边安宁，对巩固汉初政权作用颇大。

80. 樊哙直谏刘邦

（刺而动之）

公元前 196 年夏，刘邦患病，厌恶跟人见面，在寝宫卧床不起，下诏宫门守卫，不准让任何官员入内，连绛侯周勃、颍阴侯灌婴等亲近大臣都被阻挡在宫门外。

这样过了十多天，舞阳侯樊哙憋不住了，推开门卫，一直闯到刘邦的床榻前，一帮大臣跟在他后面进了寝宫。这时，刘邦正独自一人头枕着一个宦官躺在那里，樊哙看见他这个样子，忍不住流下了眼泪。

樊哙一边流泪一边说："当初，陛下同我们这些人在丰（今江苏省丰县）、沛（今江苏省沛县）起事，平定天下，是何等威武雄壮啊！如今天下归于一统，您竟这般委顿不振！而且听说您病情严重，大臣们都心神不宁。您不想跟我们见面共议大计，难道只对一个宦官留意吗？您难道没看到赵高所干的勾当吗？"

刘邦听了以后大笑起来，一跃而起。

樊哙劝谏刘邦的这番话，采用的是直言不讳、稽古喻今、刺而动之的办法，果然起到了效用。樊哙给人的印象是鸿门宴上的一介武夫，不料竟能说出这么一番话，让人刮目相看。

81. 四皓智护刘盈

（巧用关系）

公元前196年七月，淮南王英布被逼起兵反叛，刘邦下诏撤销英布的封爵，改封皇子刘长为淮南王。这时，刘邦身染重病，打算让太子刘盈带兵去平叛。

太子宾客东园公（唐宣明）、绮里季（吴实）、夏黄公（崔广）、角里先生（周术）急忙找到国舅、建成侯吕释之说："太子去领兵打仗，打胜了，功劳再大也不能再提升；可是，万一打输了，那灾祸就会从此开始。你应火速晋见皇后，让她找一个恰当的机会向皇上哭诉求情，告诉皇上：'英布是天下有名的猛将，又很会用兵。而现在军队的将领们跟您都是同辈，如今要让太子统御他们，这跟让绵羊去驱赶狼群没什么区别，他们很有可能不接受命令。况且，英布一旦得知这个消息，他就会击鼓西行，谁能够抵御呢？皇上虽然有病，仍请勉为其难，可以躺在一种特制的车上指挥，将领们就不敢不尽力作战。皇上这样虽然会很辛劳，但为了妻儿，只能烦您强打精神。'"

吕释之当夜就去了皇后吕雉那里，将四位太子宾客的请求告诉了吕雉，吕雉找了个机会向刘邦哭诉，照四位太子宾客的话说了一遍。刘邦听了以后说："我早知道这小子难当大任，还是我亲自出马吧！"刘邦于是御驾亲征讨伐英布，拜托有病不能跟他出征的张良照顾好太子。第二年十月，刘邦打败了英布。

四位太子宾客都已年过八十，当时号称"商山四皓"，据说是张良为了巩固刘盈的太子地位而出谋请出山来辅助太子的。他们听说刘邦要让太子领兵出征，为了保护太子，巧用关系，并采用集明言点拨、告之利害和情敦义促于一体的一番说辞，果然达到了目的。

82. 陈平机变保身

（留有余地）

公元前 195 年四月，汉高祖刘邦逝世。在刘邦死前卧病时，有人诬陷樊哙与皇后吕雉结为私党，只要有一天刘邦过世，他们就要兴兵诛杀刘邦与宠妃戚姬所生的赵王刘如意及其亲随。刘邦听了大怒，采用陈平之计，把绛侯周勃召到病床前接受诏令："陈平立刻乘驿车，载着周勃火速去接替樊哙担任将军，陈平就在军营中立斩樊哙！"

两人接受诏令之后，就乘驿车疾驰而去，在途中，两人边走边商议道："樊哙是皇上的旧交，功劳很大；而且又是吕后的妹妹吕媭的丈夫，有皇亲关系，是尊贵之人。皇上现在一时动怒，要我们杀了他，恐怕日后后悔了，就会把怒气出在我们头上。我们不如把樊哙拘囚起来押到皇上那里，让皇上自己处理他。"

他们俩到达军中，设置好坛台，并用符节召令樊哙前来，让樊哙看了诏书后，就反缚他的双手，载上槛车由驿站直送到长安；而让周勃代樊哙为将，带领军队继续平定燕国还没有归附的各县邑。

陈平传达完诏令，在回来的路上听说刘邦去世，发现自己竟处在危险之中，害怕吕媭会在吕雉面前说自己的坏话，便一路疾驰直趋长安。在路上碰到宫中使者，传令陈平和颍阴侯灌婴去屯守荥阳。陈平受诏后，并没有马上去荥阳，而是立即马不停蹄地来到长乐宫中，放声大哭，十分悲痛，并坚决请求亲守棺柩。吕雉深受感动，于是就任命陈平为掌管宫殿门户的郎中令，还让他辅佐汉惠帝刘盈。这样，吕媭即使要向她姐姐诬陷陈平，也起不到作用了。

后来，樊哙被送到长安后就立即被赦免，恢复了他的爵位和封邑。

在关键时刻，陈平在前对刘邦的诏令采取留有余地的做法，于后则根据突变的形势，迅速以正当感人的行动博取吕雉信赖，不但使自己摆脱了困境，而且更受到了信任，真不愧为一代智囊！人的一生难免会遇到十分棘手的事情，智慧和谋略就是披荆斩棘的利剑，陈平为我们树立了一个榜样。

83. 曹参无为而治

（曹随萧规）

公元前193年七月，汉朝首位宰相萧何去世，朝廷任命曹参继任宰相。曹参接任以后，所有事情一律按照萧何当年的规定行事。他挑选宰相的属官，都是从各郡或封国中选择为人质朴、性情敦厚而不善言辞、像长辈一样的人。对那些言谈行为苛刻、专门追逐名声的官员，都予以排除。

除此之外，曹参就是一天到晚只顾欢宴畅饮，不问政事。官员和宾客们见他不理政事，都很担忧，有些人去看望他时都想劝说他一番。可是，曹参却只顾劝他们喝酒，把他们都灌得大醉，使来访者没有机会开口劝说。曹参见到别人偶尔犯点儿小错误也一味地掩饰，相府中终日无事，像一潭静水。

曹参的儿子曹窋任中大夫之职，汉惠帝刘盈在他面前埋怨曹参不理政事，让曹窋回家私下问问曹参是什么用意。曹窋回家一问，曹参大怒，就鞭笞曹窋二百下，并呵斥儿子说："快回宫当差去，国家大事不该是你胡说的！"

刘盈知道后，第二天朝会时，责备曹参说："你为什么鞭笞曹窋？这可是我派他去劝说你的呀！"曹参立即脱下官帽谢罪说："陛下您与高祖比，谁更英明圣武？"刘盈说："我哪里敢跟先帝相比！"曹参又问："陛下再看我的才能和萧何的比谁强？"刘盈说："好像你不如他。"曹参接着说："陛下说得太对了！先帝和萧何共同平定天下，法令和规章已定得清楚明白。现在，陛下垂衣拱手以治国，我们当臣下的恭谨守职，不出差错，不就行了吗?!"刘盈听后说："我已经知道你的用意，不用再说下去了！”

看来，曹随萧规在当时是适时宜、合民心的。曹参这样无为而治，其实是个精明的办法，不知不觉地就堵住了皇帝身边的那些谗言之口，使已有的良好局面能顺利延续下去，这不是很好吗？

84. 陆贾计亡诸吕

（将相交好）

公元前188年秋，汉惠帝刘盈才当了七年皇帝就在未央宫逝世了。在此之前，皇太后吕雉将由皇后抱养的别的女人生的儿子刘恭立为太子，并把他的生母杀掉。刘盈入土安葬后，刘恭继位，但因年龄还小，吕雉成为太皇太后，临朝主政。于是，分封吕氏四人为王，六人为列侯，吕氏家族权势崛起，气焰冲天，威胁着刘氏政权。

右丞相陈平忧虑吕氏家族的嚣张，怕有一天会失控，大祸就会临头。所以，他常独居静室，苦思对策。公元前181年的一天，老熟人陆贾入都来访，未经通报直入陈平室中坐下，见陈平低头沉思，竟没有觉察，就开口问道：“有什么事情能让丞相如此忧虑？”陈平猛然惊起，见是陆贾，忙笑道：“先生素来有智，请猜一猜我思虑何事。”陆贾说：“您富贵已极，不会再有什么大欲了，但仍然有忧虑，不外乎是担忧诸吕专权和皇上年幼罢了。”陈平听后，连连说：“先生猜得对！但有什么良策能解决此事呢？”

陆贾听后说：“天下安，注意相；天下危，注意将。将相和睦，众情归附，即使天下有变，大权也不会被瓜分。当今社稷安危的大计，就系在您和太尉周勃两位文武大臣身上。我曾经把这话跟太尉说过，但绛侯平素与我经常开玩笑，恐怕意识不到我说的话的重要性。丞相何不与太尉交好，彼此联络和相助呢？”

接着，陆贾又为陈平分析谋划对付吕氏家族的几个关键问题。陈平听后，顿然醒悟，决定采纳陆贾之策，主动消除与周勃之间的隔阂。

陈平借故设宴邀请周勃来府宴饮，在席终之际又捧出五百金为周勃祝寿；周勃也以同样的礼节回敬陈平。二人情谊日益加深，使吕氏家族的势力有所收敛。陈平还赠送陆贾奴婢一百人、车马五十乘、钱五百万，作为陆贾暗中进行联络的费用。公元前180年秋，吕雉病亡。不久，陈平、周勃在众臣协助下，尽除诸吕，拥立代王刘恒为帝。

历史事实证明，将相和，可立国安邦，也可平乱扶正，汉初将相交好灭诸吕就是一例。在这个过程中，陆贾所贡献的智谋可称为推陈出新。

85. 宋昌劝说刘恒

（审时度势）

公元前180年秋，吕雉病重去世以后，吕氏家族想作乱，被太尉周勃和朱虚侯刘章等人一一诛杀。事后，各位大臣共同商议，决定拥立汉高祖在世的最年长的、为人仁慈宽厚的儿子代王刘恒为帝，并相继派人秘密与刘恒联络。

刘恒知道这个消息，既喜又惊，询问身边亲信们的意见，郎中令张武等人说："朝廷大臣都是当年高祖开国时的大将，熟习兵法，善于使用谋略。他们不会满足于目前的爵位，只是恐惧高祖、吕太后的威望，还不敢动手。现在，他们已将吕氏家族除掉，刚刚喋血京城，就来迎接大王，实在不可轻信。希望大王托病不要前往，以静观其变。"

中尉（维护封国治安的长官）宋昌却上前说："各位的意见似是而非。当年，秦朝失去政权，诸侯、豪杰蜂拥而起，自以为可以得到天下的人数以万计，可是最后得天子之位的是刘氏，天下人已不再有称帝的奢望了，这是第一点。

高祖把子弟封为诸侯王，他们的封地犬牙交错，互相制约，这就使宗族势力稳如磐石，天下人都蛰伏在它的强势之下，这是第二点。汉朝建立之后，废除秦朝苛政，简化法令，广施恩泽给平民百姓，使国内人人相安，国势已难以动摇，这是第三点。以吕太后的威严，封吕氏家族为王，专权独断朝政，而太尉周勃只持一方符节，进入北军一呼，所有士兵都袒露左臂，站在刘氏一边，吕氏家族终于被诛灭。这些都是天意，不是普通人力所能办到的。”大家都听得很入神。

宋昌接着说：“现在大臣们即使另有图谋，百姓们也不会为其所用，他们的党羽难道能办到吗？何况，现今朝廷内有朱虚侯刘章、东牟侯刘兴居等宗室大臣，朝廷外又慑于吴、楚、淮南、琅琊、齐和代等诸侯国之强悍，大臣们另生邪念不容易。高祖的儿子们，现在只剩下淮南王刘长和大王您健在，而大王又是兄长，仁慈孝顺闻名于天下，所以大臣们才顺应天下之心迎立大王，您不必猜疑了！”

刘恒将上述情况告知母亲薄太后，母子俩一起商量，仍犹豫不决，还专门问了卜卦，得了个大吉之兆。刘恒还派舅父薄昭前往京师拜见太尉周勃，周勃等人详细地向薄昭说明迎立代王为天子的过程。薄昭回去向刘恒报告说：“情况属实，没什么可怀疑的了。”刘恒于是笑着对宋昌说：“果然如你所说的那样。”

于是，刘恒命宋昌与他一起同车而行，张武等六人乘着驿车跟随前往长安。到了长安以后，刘恒在谦让一番之后，接受了右丞相陈平等大臣们的参拜，正式即天子之位。

从天下大势说到人心所向，宋昌论述了众大臣迎立代王是顺应天下人心之举，一席话说得高屋建瓴，合情合理。经过核实了解，情况果然如宋昌分析的那样，刘恒便打消了疑虑。能够审时度势说出这样一番话，必是胸中有智之人。宋昌后来被封为壮武侯。

86. 周勃辞去右相

（自知之明）

汉文帝刘恒即帝位半年后，逐渐明习国家大事。有一天上朝，他问右丞相周勃："全国一年判决多少案子?"周勃说不知道。他又问："全国一年钱粮收入多少?"周勃又说不清楚，内心感到惶恐惭愧，整个人汗流浃背。

刘恒又转过头来问左丞相陈平，陈平回答说："主管其事的人知道!"刘恒问："主管其事的人是谁呢?"陈平回答说："陛下想要知道断案之事，就问廷尉；想要知道钱粮之事，就问治粟内史。"

刘恒又问陈平："如果各事都有专司其职的，那么你宰相管什么事呢?"陈平答道："陛下由于不知道我才智低劣，让我担任了宰相。我以为宰相的职责是对上辅佐天子，调理阴阳，顺应四季变化；对下创造万物生长的条件；对外要镇抚四方夷狄和诸侯；对内要使百姓归附，让各级官吏都能安心地履行各自的职责。"刘恒认为陈平讲得好。

周勃在皇帝面前出了丑，感到很惭愧，退朝出了宫门后就抱怨陈平说："你怎么平日不教我呢?"陈平笑着说："你身居相位，难道不知道自己是干什么的吗？如果皇上要问长安城中有多少盗贼，你也想去勉强回答吗?"周勃明白，自己的才能远远不如陈平。

过了不久，有人劝周勃说："您诛灭了吕氏家族，扶立代王为帝，威名震动天下。您现在受到优厚的赏赐，居于显赫地位，时间一长，可能会给自己招来大祸。"周勃也觉得功臣难有好下场，就托病请辞右相之职，刘恒应允了。公元前 179 年八月，周勃离职，朝廷决定不再设左右丞相，由陈平一人独任丞相。

陈平和周勃，一个肚里明白、胸中明晰，将自己担任的职责说得清清楚楚；

一个有自知之明、处安知危，主动辞去不适合自己担任的职务。两人都是聪明有智的人。

87. 刘长杀审食其

（先斩后奏）

汉文帝刘恒有一个同父异母的弟弟，就是淮南王刘长。刘长的母亲是以前的赵王张敖（刘邦的女婿）呈献给刘邦的一位赵姓美人，她得刘邦宠幸生了这个儿子。公元前 198 年十二月，赵国宰相贯高想谋杀刘邦的事情败露，赵美人也被牵连在内，被囚禁在河内（今河南省武陟县）。

赵美人的弟弟赵谦见此情景，连忙去拜访辟阳侯审食其（与皇后吕雉关系暧昧），请他向吕雉求情。吕雉本来就妒恨赵美人，尽管审食其开了口相求，吕雉听了以后还是不肯帮忙。赵美人正是在这事不久后生下刘长，怨愤交集而自杀身亡。监狱官吏把她所生之子呈送给刘邦，刘邦悔恨不已，为此子取名刘长，交给吕雉抚养，把赵美人葬在了真定（今河北省正定县）。

刘长在公元前 196 年被封为淮南王。因为他自幼丧母，受吕雉抚育，所以一直亲近吕雉，在刘盈、吕雉当政的那段日子能够平安度过。但是，刘长内心怨恨审食其没有尽力说服吕雉，而最后使亲生母亲含恨而死。等到刘恒即位，刘长自以为与皇帝关系最亲，逐渐骄横无忌，屡屡犯法。刘恒对他总是格外宽容。

公元前 177 年，刘长从淮南来到长安朝拜，常陪同刘恒打猎，二人同乘一辆车，刘长还不顾名分，直呼刘恒“大哥”，刘恒也不计较。刘长有勇力，能把大鼎举起来。有一天，刘长在宽袖中暗藏铁锤，去拜访审食其。刘长见审食其相迎，突然发起攻击，手起锤落，击倒审食其，命令随从魏敬割下审食其的脑袋。随后，刘长立即驱车驰向皇宫，脱衣露背，向皇上自首请罪。刘恒同情他怀念生母的孝心，加之自己现在只存此一弟，下令赦免了他。事后，刘恒的母亲薄太后、皇太子刘启及朝廷重臣都心有余悸，对刘长心怀恐惧。

刘长利用汉文帝对自己的宠爱，先斩后奏，既报了母仇，又使自己脱罪被赦，在当时的情况下，不失为明智之举。但是，采取这样的办法，只能在几个方面特殊条件都具备的情况下才行。否则，只能自食恶果。

88. 张释之诡辩术

（偷换话题）

南阳人（今河南省南阳市）张释之，当了十年骑郎（皇家骑兵警卫）仍得不到升迁，准备辞职回家。中郎将（皇家警卫指挥官）袁盎知道他是贤能之人，向汉文帝刘恒举荐他，张释之被擢升为谒者仆射（皇家礼宾执行官）。

有一天，刘恒游逛上林苑（御花园），张释之随从，到虎圈参观。刘恒向上林尉（御花园管理官）问了园中禽兽的数量及有关饲养方面的十多个问题，上林尉结结巴巴，说不出个名堂。虎圈的啬夫（管理员）在旁边代为应答。刘恒问得很详细，打算考考啬夫的能力，啬夫随问随答，反应十分敏捷，好像说不完一样。刘恒叹道："一个负有责任的官员，难道不应该是这样的吗？这个上林尉看来不是个称职的人。"刘恒就吩咐张释之任命啬夫当上林令（御花园总管）。

过了一段时间，张释之问刘恒："陛下认为绛侯周勃是怎样的人？"刘恒回答："是个忠厚的长者。"张释之又问："东阳侯张相如是怎样的人？"刘恒答："也是忠厚的长者。"张释之接着说："周勃、张相如都是忠厚的长者，他们二人说事情时，显得口舌迟钝，有话表达不清，哪里有这个啬夫这张利嘴能言善辩？秦朝重用刀笔之吏，以会挑剔、苛察为高手，发展到最后，很多事情往往都成了有其表而无实际的一纸空文。在上面的人听不到对朝政过失的批评，使国家最后走上崩溃末路。现在，陛下因为这个啬夫能说会道，就给予破格提升，我怕天下人会争相效仿，都竞相在口辩之术上下功夫。下边的人受上面的人的影响感化，上行下效，响应迅速。所以，君主的举措不可不审慎啊！”

刘恒听后说：“你说得好啊！”于是，就取消了对啬夫的擢升。

张释之采用了偷换话题、攻其一点的诡辩方法，不谈论啬夫尽责该不该擢升，却只说啬夫的伶牙俐齿，还采取无限夸大、牵强附会的手段，将秦亡与官员的嘴利牵扯在一起，将提拔啬夫会造成效仿口辩之术成风相联系，说得头头是道。刘恒不是刘邦，没有辨别这种似是而非的能力。所以，刘恒被张释之说服了。

89. 廷尉巧诘文帝

（依法办案）

公元前 177 年，张释之被汉文帝刘恒任命为廷尉。有一天，刘恒出行经过中渭桥（渭桥有三：东、中、西），一个人突然从桥下经过，惊吓了驾御车的马匹，幸而马匹立即被控制住，没有发生意外。卫士们逮住了这个人，送交廷尉治罪。

张释之奏报了处理的判决：“此人违犯了应回避而没有回避的规定，应该处罚金。”刘恒听了，愤怒地说：“这个人惊吓了我的马，幸亏这些马脾性温和，换了别的马，岂不是要了我的命？你却只判他交罚金！”

张释之解释说：“法律是人人都得遵守的，这件事按法律规定就是处罚金，只能这样处理。如果加重处罚，法律就不能取信于民。如果当时陛下将他杀死，也就算了，既然交给廷尉，廷尉就必须坚持公平，稍有倾斜，天下用法就会想轻就轻，想重就重，老百姓就不知道该怎样安放自己的手脚了，请陛下明察。”

刘恒思索了半晌，对张释之说："你的处罚很对！"

不久以后，有人偷盗刘邦祭庙门上的玉环而被捕。刘恒大怒，将案子交给廷尉审理，张释之按照"偷盗皇帝祭庙器物"的律条论罪，应当在街市公开斩首。刘恒闻报，大发脾气，说："这盗贼胆大包天，竟敢偷先帝祭庙的东西，我将此案交给廷尉，就是要诛杀他全族，否则，让我如何敬祖?"

见文帝发怒，张释之连忙脱下官帽，叩头请罪，说："按照汉律规定，我只能这样判决。对于犯罪，应该看轻重大小，以此作为惩罚的根据。如果因偷祭庙的一个玉环就诛杀他的全族，那没有知识的愚民如果挖了长陵（刘邦的坟墓）的一抔土，陛下将用什么更重的刑罚惩处他呢?"刘恒将上述情况禀明薄太后，获得太后的同意后，文帝批准了这项判决。

张释之通过巧问皇帝，坚持掌握尺度、以法办案，制止刘恒的意气用事，防止了滥施刑罚情况的出现，他的勇气和智谋都是十分可贵的。

90. 刘恒逼舅自裁

（百僚哭吊）

公元前170年冬，汉文帝刘恒前往甘泉宫（在今陕西省淳化县西北）视察外情，让大将军薄昭留守京城长安。

薄昭是刘恒母亲薄太后的弟弟，是刘恒的亲舅舅，在十年前刘恒被拥立为帝时发挥了一定作用。刘恒即位后，薄昭权力膨胀，多有不轨之举。这次留守京城，更加有恃无恐。

刘恒虽在外巡视，仍常派使臣回京。有一天，派回来的使者与薄昭有仇隙，薄昭乘此机会将他诛杀。刘恒闻报，既恼怒，又觉得不宜直接下诏拘狱问斩。

刘恒返回长安后，就立即派公卿大臣到薄昭家陪他饮酒，暗示他自裁赎罪，薄昭不肯。刘恒知道后，又命文武百官身穿丧服，前往薄昭家哭吊。

见此情形，薄昭知道刘恒已下定诛杀自己的决心，无可奈何，只好自杀。

刘恒顾念亲情，难以亲自下手诛杀舅舅，便令群臣百僚前往哭祭，逼舅舅自裁。作为帝王的刘恒处理特殊案件，注意讲究手段，颇具谋略。

91. 晁错移民实边

（奖励迁边）

公元前 169 年，匈奴不断骚扰边境，太子家令晁错上书谈论战争问题。在上书中，他提出："匈奴人的衣食，不依赖土地，所以他们经常进扰边境，往来迁移，时来时去。这是匈奴人的生活习俗，却使中原汉人离开耕种多年的土地。如今匈奴人经常在边界一带放牧、游猎，窥视守边汉军士卒的情况，发现汉军士卒少时就进扰。如果陛下不发兵解救边塞百姓，边民们一旦绝望就会萌发投敌之心；如果发兵救援，发的兵少，则不足以对抗，发的兵多，远来的士卒刚到，匈奴人就已撤走。而集结边境的兵力时间长了，费用开支太大；一旦撤走，匈奴人又会乘虚进扰。这样折腾几年下来，国家就会国库空虚，百姓苦不堪言了。"

晁错在上书中建议说："现在规定戍守边境的士兵，一年轮换一批，这就会造成戍边士卒不能真正了解匈奴人。不如挑选一些人移民常驻边境，成家种田，来防御匈奴进扰，并利用地势造高城深堑；在战略要地、交通要道上，规划建立城堡，每城不少于一千户。官府在城中先建好房子，准备好耕田器具，再招募百姓移居，有罪的可以赦免，无罪的可以颁给爵位，免除应募者的全部赋税，发给他们冬夏服装和粮食，直到他们能够自给为止。"

晁错还建议："匈奴进扰，如果有人能夺回所劫掠的财物，就把其中的一半赏给他，另由官府补偿失主的损失。这样对待边民，那乡里邻居就会互相救援，与匈奴人冒死搏斗。他们这样做并不是对皇上感恩戴德，而是为保全骨肉亲戚和他们的财产。这比起那些来自东方、既不了解当地形势又畏惧匈奴的戍卒来，其防御能力要高出万倍。在陛下当政治国之时，移民以充实边防，使百姓免去了远戍边境之徭役；边塞居民能够父子相保，不再发生被胡人俘虏的祸患。陛下这样做，后世一定会承受您的福荫，称颂您的圣明，这与秦朝那种征发满怀怨恨的百姓去戍守边疆的办法，是不能相提并论的。”

汉文帝刘恒采纳了晁错的建议，招募百姓迁徙到边疆定居。晁错的建议是充满大智慧的谋略，在我国长达两千年的时间里，一直是卫疆保国行之有效的办法。

92. 鼓励百姓种粮

（以粮换爵）

晁错为人刚直严格，以口才敏捷而受到太子宠信，太子称他为“智囊”。公元前 165 年春天，晁错向汉文帝刘恒进言说：“当务之急是鼓励百姓务农，关键在于注重粮食生产；而注重粮食生产最好的办法在于朝廷把粮食作为赏罚百姓的手段。现在可以招募天下百姓向官府捐献粮食，凡是捐献了的可以封给爵位，也可以免除罪刑。这样，富家可拥有爵位，贫农可以得到钱财，粮食就不会被囤积。能够缴纳粮食而得到爵位的，都是粮食富足的；收取了余粮来供给朝廷使用，那些贫困百姓的赋税就可以减轻，这就是所谓的‘减少富有的，补充不足的’，政令一出就可以使百姓得利的办法。”

晁错在进言中引用了神农氏之教“石头城墙高十仞，护城河道宽百步，穿甲衣人有百万，无粮果腹弗能守”。然后他指出：“粮食对君主的用处最大，也是国家政治的根本要务。现在百姓进献粮食要封到五大夫（九等）以上的爵位，才能免除一个人的兵役，这与呈献车马的人享受的优待（供战车用的马一匹，可免除三个人的兵役）相差太远了。”

晁错最后说：“封爵位是国君专有的，可以随口封赏，无穷无尽；但是粮食是百姓种植的，生长在土地上而不会缺乏。得到高爵和免除罪刑，是百姓们的愿望。如果下诏给那些进献粮食到边境的百姓封爵、免罪，那么不用三年时间，边塞的粮食贮备必定会多起来。”

刘恒采纳了晁错的这个建议，下令百姓献粮直送边塞，并依据捐输粮食的多少，分别授予百姓不同等级的爵位。晁错这一建议实际成了汉代最早的粮食政策。这条政策的推进，对促进当时全国的粮食生产和稳固国家的边防起到了积极作用。

93. 冯唐启帝识将

（稽古喻今）

公元前166年冬天，匈奴单于在汉塞之内活动了一个多月，才撤退出塞。汉军将匈奴驱逐出塞外就撤兵，未能对匈奴有所杀伤。汉文帝刘恒尝试寻找镇边的良将。

有一次，刘恒乘辇车经过郎署，问郎署长冯唐：“老人家的原籍在何地？”冯唐回答：“我的祖父是赵国人，父亲迁移到了代国。”刘恒说：“我在代国的时候，我的尚食监高祛多次向我称赞当年赵国将军李齐很了不起，讲述他与秦军大战于巨鹿（今河北省平乡县）城下的事情。直到现在，我每次吃饭，都记得那件事，很思念巨鹿。老人家可知道这个人？”

冯唐回答说：“李齐远不如廉颇、李牧为将带兵的本事大。”刘恒拍着大腿说："唉，我没福气，怎么就偏偏得不到像廉颇、李牧这样的人做将军呢？如果得到了这样的将军，还担忧匈奴进扰吗？"可冯唐却说："陛下即使得到了廉颇、李牧，也不可能任用他们。"刘恒受到了顶撞，勃然大怒，起身返回宫中。

刘恒回到宫中，过了很久，等心情稍稍平静后，把冯唐又召来，责备说："你为什么要当众羞辱我，难道不能趁着没人的时候讲吗？"冯唐道歉说："我是个乡鄙之人，不懂得规矩。"刘恒正在担忧匈奴进扰的问题，于是再问冯唐："你怎么就知道我虽然得到廉颇、李牧，也不会任用呢？"冯唐说："我听说古代君王派遣大将出征时，要跪着推将军的车辆前行，而且会吩咐：'国门以内的事，由我做主；国门以外的事，由将军做主。'军功的赏罚、爵位的升降，都由将军在外面决定，回国后再向君主奏报。这并不是虚假的传言。我的祖父告诉我，李牧在赵国为将防卫北方边疆时，把从军中交易市场上收得的税钱，都用来犒赏将士，一切由他决定，不用请示朝廷。给他全权，只要求他成功，所以李牧才能充分发挥他的聪明才干。他率领着精选出来的一千三百辆战车、一万三千名精锐骑兵、十万训练有素的将士，北逐匈奴，东破东胡，西灭襜褴部落。再向西力抑强秦，在西南防备韩、魏，那时的赵国，几乎称霸天下。后来，由于赵迁继位，听信郭开谗言，将李牧杀掉，而让颜聚代替，结果全军溃败，将士逃散，被秦军消灭。"

见刘恒听得认真，冯唐继续说："如今，我听说云中郡（今内蒙古托克托县）郡守魏尚，在军中也将市场交易所得的税钱全部用来犒赏将士，还用自己的官俸，每五天宰杀一头牛，宴请宾客、军中文职人员及随从谋士，因此，匈奴远避，不敢接近云中边塞。匈奴也曾经进扰过一次，魏尚率军出击，杀伤颇多。不过，将士们都来自农家，对官府文书规定等浑然不知，只知杀敌追捕。可一旦将战果军功报上去，只要有一字的出入，就会受到那些舞文弄墨官吏的刁难和处罚，这些处罚往往还非常严厉。"

突然，冯唐话题一转："我认为陛下的赏赐太轻而惩罚太重。像云中郡守魏尚，上报斩杀敌军首级的数目跟实际只差六个，陛下的官员就削去他的官爵，还判处他做一年的苦役。由此看来，陛下就算得到廉颇、李牧，也不能任用啊！"

刘恒听完冯唐所言，觉得言之有理，非常高兴地接受了冯唐的批评。当天，刘恒就命冯唐持皇帝符节去赦免魏尚，重新任命魏尚为云中郡守，并任命冯唐为车骑都尉。

赏轻罚重的结果容易严纠细过而被一叶障目，容易使人循规蹈矩而不能打破常规，会影响统御人物的识人用才。冯唐在这里采用稽古喻今、借喻明理的方法，由廉颇、李牧，引出魏尚，指出刘恒难以识人用才的症结所在。冯唐的这席话，让刘恒高兴地接受了批评并发现了将才，让魏尚重获重用并施展才能，也使自己脱颖而出，真有智谋！

94. 刘恒遗诏简丧

（严格自律）

公元前157年六月初一，汉文帝刘恒在未央宫去世。他临终前留下一道遗诏，遗诏中说："我听说天下万物没有不死的。死是天地间的常理，是万物的自然法则，有什么可以过分哀伤的呢？当今之世，大家都乐于生而厌恶死，以致为了厚葬而使家业破败，为了服丧而损害了自身健康，我非常不赞成这样的做法。"

他在遗诏中还说："我有幸以渺小之身即天子之位，到现在已经二十多年了。靠着上天的庇佑，社稷的福佑，才使得四方安宁，少有战事。我虽然并不聪明，但总担心自己的行为给先帝的美德带来耻辱，害怕自己寿命太长会失德而不得善终。现在幸而得以享尽天年，又得以供奉先帝在高庙，还有什么值得悲哀的呢？"

在遗诏中，刘恒还诏令天下臣民："遗诏到达后，只哭吊三天，就都把丧服换下来；不得禁止娶妻、嫁女、祭祀、饮酒、吃肉。亲戚中应当参加丧事而穿孝服的，不要光着脚；头上系的麻巾，脚上扎的麻绳，都不要超过三寸；不要把丧布套在车辆和兵器上；不要组织百姓到皇宫中哭吊；应到宫中哭祭的人，早晚来各哭十五声，行礼完毕就退出；不是早晚哭祭时间，不准擅自前来……其他未在此诏令规定范围内的，都要照此诏令精神去办理。此诏要布告天下，让大家明白我的心意。霸陵（今陕西省西安市东）周围的山川地貌都要保持原状，不要有所改变。把我后宫中从‘夫人’以下直至‘少使’的姬妾都送回娘家。”

六月初七，刘恒在霸陵下葬。

刘恒遗诏简丧，发生在秦始皇死后五十三年。秦始皇尽管有伟大的历史功绩，但他严刑苛法、租役繁重、大兴土木、穷奢极欲，打造罕见的骊山地宫，死时让成千上万后宫嫔妃殉葬，使得民不聊生，秦王朝终于在秦始皇死后仅仅三年就被推翻，这是秦始皇的残暴和不智所致。刘恒的简丧，表现出他的严格自律及过人的智谋，后世的帝王里，很少有人比得上他的。

95. 穆生主动请辞

（一叶知秋）

最初，汉楚元王刘交很喜爱读书，幼年时，就跟鲁国的申公、穆生、白生（名皆不详）三位好朋友一起拜浮丘伯为师，学习《论语》。后来，刘交被封为楚元王，就任命三人为中大夫。

穆生这个人从不饮酒，所以，每逢宴会，刘交总会特意在他面前放一杯甜酒。刘交去世后，他的儿子刘郢客继位，也照样如此。等到刘郢客去世后，刘交的孙儿刘戊继任，开始的时候也保持原样，可是后来竟忘记了这回事。有一次宴会后，穆生退席出来，说：“可以走了，席上不再摆甜酒，说明楚元王已经懈怠了。此时如果不走，他哪天说不定会把我押到街头示众。”穆生从此声称自己有病，闭门不出。

申公和白生劝穆生不要这样，说道：“难道我们就不念先王的恩德了吗？何必为刘戊无心的一次疏忽闹成这个样子？”穆生却说：“《易经》有言‘明察契机的人就像神仙！契机就是迹象和吉凶的先兆，有见识的人，一旦洞察到就立即去做，不必等到天晚’。先王父子所以礼遇我们三人，是因为道义尚在；现在刘戊忽略了，是道义已尽。忘记了道义的人，怎么还能够跟他长期相处呢？岂止是为了小小的礼节不周？”穆生最终辞官而去。申公和白生不相信会有什么恶果，留了下来。

刘戊年纪稍长后，变得有些荒淫凶暴，他的太傅韦孟不敢直言教诲，只敢作诗进行规劝，刘戊不理睬，韦孟辞官离去，定居邹县（今山东省邹县东南）。公元前 154 年，汉景帝刘启削减楚国封地（削去东海郡），刘戊就准备与反叛中央政府的吴王联合图谋。申公和白生进行劝阻，刘戊早已不把他们放在眼里，这时就乘机翻脸，下令用绳子绑着，让他们穿着囚衣，牵到街头捣米。刘戊的叔父休侯刘富派人去规劝，刘戊却回答说：“叔父如果不参与，等我起兵后，就先取叔父的性命！”刘富恐惧，赶忙带着母亲投奔长安。

穆生有见一叶落而知秋至的智慧，从而免去了像申公、白生那样不识趣的后果，这难道不是一种发人深省的生存智谋吗？

96. 袁盎计杀晁错

（嫁祸于人）

晁错平时与吴国宰相袁盎不和，有晁错身影的地方，袁盎就不去；袁盎出现的地方，晁错也总是不去。两个人从未在一起谈过话。

后来，晁错升迁为朝廷的御史大夫（地位仅次于宰相），派官吏审查袁盎收受吴王刘濞贿赂之事，判他有罪，依法应处死刑。汉景帝刘启下诏赦免袁盎，只把他贬为平民。吴、楚七国叛乱发生后，晁错准备乘机再收拾袁盎。有人把此事密告给袁盎，袁盎很害怕，连夜去求见大将军窦婴，对他说明吴王反叛的原因，希望拜见皇上，当面陈述。窦婴入宫奏报刘启，刘启就召见了袁盎。袁盎入宫时，刘启正与晁错估算所需军粮数量及如何调度的问题。刘启问袁盎："现在吴、楚反叛，你对局势如何看？"袁盎说："用不着忧虑！"刘启说："吴王利用铜山就地铸钱，熬煮海水制盐，招诱天下豪杰，在头发已白时反叛了，如果没有周全的策划，怎么会发动？怎么能不忧虑呢？"

袁盎回答说："吴国确实有铸钱煮盐之利，可并没有什么英雄豪杰被招诱过去。假如真的招诱到了英雄豪杰，他们也一定会辅佐吴王走正道而不会谋反。吴国现在所招诱到的都是一些无赖子弟、亡命之徒和私铸铜钱的人而已。"晁错在旁边插话："袁盎分析得对！"刘启于是问："那么，我们应该采取什么对策呢？"袁盎说："请陛下屏退左右。"刘启就命左右人员退出，唯独晁错在场。袁盎又说："我要说的话，当臣属的都不该知道。"刘启就让晁错也回避。晁错退到东厢房，心里对袁盎怨恨极了！

在刘启的一再催问下，袁盎回答说："吴、楚两国发表文告，谈到高祖分封子弟为王，每人都有各自的封地。而今奸臣晁错擅自贬谪诸侯，削夺他们的封地，所以他们才起兵造反，准备向西进军诛杀晁错，直到恢复原有的封地才罢休。当今唯一的办法，只有除掉晁错，派出使者赦免吴、楚七国之罪，恢复他们原有的封地，那么就可以兵不血刃而使七国退兵。"刘启听后，沉默了很久，才说："不知道他们是不是有诚意。我是不会因为爱一个人而得罪天下人的。"于是，就任命袁盎为太常（九卿之一），让他秘密收拾行装，做好前往吴国的准备。

十多天以后，刘启授意丞相陶青、中尉陈嘉、廷尉张欧上书弹劾晁错："晁错所作所为辜负皇上的恩德和信任，打算使皇上疏远群臣和百姓，又想着把城邑割送给吴国，毫无臣子的礼节，犯下大逆不道之罪。晁错应处腰斩，他的父母、妻子、兄弟，不论老幼应全部当众处死。"刘启批示："可以。"

晁错却一点儿不知道情况，还在为前方的军事谋划。公元前 154 年正月二十九日，刘启派中尉召见晁错，骗晁错一起乘车巡视市区。于是，晁错身穿朝服在东市被处腰斩而死。然后，刘启派袁盎跟着吴王的侄子、宗正、德侯刘通出使吴国。

袁盎所献这条嫁祸于人的计策，结果只除去了死对头而没有让七国停止反叛，小目的达到了，大目标却落空了。看来，袁盎只有小聪明而缺乏大智谋，而刘启却连小聪明都没有。反观晁错，虽有智谋，但对待袁盎胸襟太窄，最后成了政治斗争的牺牲品。

97. 周亚夫善用兵

（制敌要害）

汉文帝刘恒在临终时，曾经告诫太子刘启：“如果国家有紧急情况，周亚夫（周勃之子）是真能带兵打仗的帅才。”等到公元前 154 年正月吴、楚七国叛乱的消息传来，汉景帝刘启就任命中尉周亚夫为太尉，统领三十六位将军及其部队前往迎战吴、楚联军。

周亚夫向刘启建议：“楚兵剽悍敏捷，与他们正面交锋很难取胜，如果我们暂置梁国而不顾，先去切断吴、楚联军的粮道，这样才有可能制服吴、楚。”刘启允许了。

周亚夫就带着军队经洛阳直取东北方向的昌邑（今山东省金乡县西北）。这时，吴、楚联军正猛攻梁国睢阳，梁王刘武几次派出使节向周亚夫求援，周亚夫都不理睬。刘武就派出使者向刘启控告周亚夫，刘启也派人下令让周亚夫出兵救梁，但周亚夫拒绝接受诏令，坚守营垒，不派兵出战，却派弓高侯韩颓当等人率领轻骑部队，直捣淮河、泗水交江口，绕到吴、楚联军后面，阻塞其运粮通道。

吴、楚联军想向西进攻，但由于梁军据睢阳城坚守，不敢贸然越过睢阳而向西进发；于是转而奔袭在昌邑的周亚夫的部队，两军在下邑（今安徽省砀山县）相遇。吴、楚联军急于求战，但周亚夫却坚守不出；吴、楚联军因粮道断绝，士卒饥饿，几次挑战，周亚夫始终不出兵应战。到了夜间，周亚夫的军营内突然发生惊乱，好像内部发生了自相攻击的情况，骚乱甚至延续到了周亚夫帐幕附近，但周亚夫假装高卧不起，不一会儿，一切又平静了下来。吴、楚联军集中力量，攻击汉军东南方面的阵地，周亚夫却下令加强西北方面的戒备；过了不久，吴、楚精锐部队果然攻向西北，但因汉军早有防备不能攻入。吴、楚军队中的很多士卒饿死或反叛离散，只好被迫撤退了。

二月，周亚夫出动精锐部队追击，吴、楚叛军被打得大败。身为联军统帅的吴王刘濞丢下他的军队，与数千精兵乘夜逃跑；楚王刘戊见大势已去也自杀了。吴、楚七国之乱历时三个月，至此全部平定，将领们都认为周亚夫开始坚持不战、先断绝吴、楚联军粮道的决策是很英明的。但是，梁王刘武却对周亚夫在当时的见死不救记恨在心。

周亚夫在平定吴、楚之乱中，采取的是不与强敌正面交锋、先切断其粮道的策略。事实证明，这是攻敌要害的大智谋，周亚夫确有大将风度。

98. 为济北王辩白

（找准对象）

吴、楚七国叛乱平定以后，吴王刘濞逃跑，楚王刘戊自杀。其他与吴、楚一起反叛的胶西王刘卬、胶东王刘雄渠、菑川王刘贤、济南王刘辟光和赵王刘遂，或者自杀，或者被处死。连在胁迫之下暗中与叛军有串联的齐孝王刘将闾也害怕得服毒自杀了。

曾经与七国有过联络的济北王刘志怕被追究，也准备自杀，以求侥幸保全妻子儿女。齐国人公孙玃对刘志说：“我请求替大王向梁王做解释，通过他向皇上做解释，如果我的劝说无效，您再自杀也不迟。”

公孙玃就去睢阳拜见梁孝王刘武，并对他说：“济北国的东面连接强大的齐国，南面被吴国、楚国牵制，北面受燕国、赵国的威胁。可以说是个四面受敌、随时有可能被人瓜分的国家。济北王靠权谋不够自保，靠武力不足以抵御进犯之敌，又没有什么奇方妙计可用来保佑渡过劫难；虽然他曾答应过与吴王一起行动，但只是权宜之计，绝非济北王的本意。”

公孙玃接着说：“如果当时济北王真心表露出忠于朝廷、不向吴王表现出愿意顺从的假象，那么吴王一定会先放过齐国，而一举消灭济北，招诱燕国、赵国并统领它们的兵力，这样的话，崤山以东的诸侯就会结为一体，使朝廷没有任何机会可乘了。吴王就可以联合七国的军队，指挥那些缺乏训练的士卒，向西进军与天子争天下；可济北王却始终固守臣节不归降吴王，使吴王丧失盟友而得不到帮助，不能快速推进，终于土崩瓦解、一蹶不振，这当中未必没有济北国坚守不降所做出的贡献啊！”

最后，公孙玃说：“以小小的济北国和几国诸侯叛军抗衡，就如同弱小的羔羊、牛犊与虎狼搏斗一样。济北王恪尽职守，可谓一片忠心。他有这样的功业道义，现在还受朝廷怀疑，弄得整天敛肩低头，手足无措，产生悔不当初也参加谋反的念头，这对国家没什么好处。我担心从此以后，那些忠心的藩臣都要怀疑朝廷了。我私下思量：眼下能够经过西山，径直前往长乐宫（太后居所），抵达未央宫（皇帝居所），勇于在太后和皇上面前据理力争的，只有大王您一个人了。这件事，上有保全面临厄运的济北国之功德，下有安抚百姓的美誉，功德深入人心，恩泽于世无穷无尽，请大王您仔细考虑！”

梁孝王刘武听了大为高兴，立即派人飞马向汉景帝奏报。济北王刘志因此免于连坐，被改封为菑川王。

公孙玃能为济北王辩白成功，关键在于两方面：一是他有一副伶牙俐齿，采用发掘认同的方法，辩得入情入理，不由得让人产生同情之心；二是他找准了申辩对象。梁孝王刘武是窦太后最小的儿子，是汉景帝疼爱的弟弟，更是一个喜欢听人吹捧他的诸侯王，他出面帮忙，最终促成了此事。

99. 王娡有谋封后

（火上泼油）

汉景帝刘启当太子的时候，祖母薄太后给他选定了一个薄氏女子为妃，刘启当了皇帝以后，薄妃就成了皇后。可是，刘启并不宠爱她。不久，薄太后去世了。公元前 151 年九月，刘启就将薄皇后废了，贬为平民，囚禁于皇宫。

当初，燕王臧荼有个孙女，名叫臧儿，嫁给了槐里（今陕西省兴平市）人王仲，生下了儿子王信和两个女儿王娡、王皃姁。不久，王仲去世，臧儿再嫁长陵（今陕西省咸阳市东北）人田家，生下儿子田蚡、田胜。汉文帝时，臧儿的长女王娡嫁给了金王孙，生下女儿金俗。臧儿请巫师替子女卜卦，卜人说："你的两个女儿都贵不可言。"臧儿就从金王孙家夺回女儿王娡，金王孙愤怒，不肯与妻子分手，臧儿却不加理会，竟把王娡直接送到太子刘启宫中，后来生下了儿子刘彻。王娡怀着刘彻时声称：梦见太阳投入她的怀中。

等到刘启当了皇帝后，因为薄皇后没有生儿子，所以才立栗姬生的大儿子刘荣为太子。刘启的姐姐长公主刘嫖，想把自己的女儿陈娇嫁给刘荣。可是，栗姬因为后宫中的各位美女都是由于刘嫖的推荐而受到刘启宠幸，所以对刘嫖恨之入骨。为了报复她，就断然拒绝了这门亲事。退而求其次，刘嫖又想把陈娇嫁给刘彻，刘彻的生母王娡一口应允了。

此后，刘嫖就开始经常在刘启面前说栗姬的坏话，而称赞王娡的美德和刘彻的英俊聪明。刘启也觉得王娡贤惠，又有以前梦日投怀的吉瑞，也逐渐有了更换太子的念头，但一直没有下定决心。王娡知道刘启疏远和忌恨栗姬，有一次，趁着刘启发火余怒未消之机，暗中派人催促大行（礼宾总监官）上奏，请封栗姬为皇后。刘启大怒，对大行说："这是你应该说的话吗?"于是把大行问罪处死了。

公元前150年十一月，刘启在废掉了薄皇后两个月之后，又废掉了太子刘荣，改封他为临川王。太子太傅窦婴极力劝谏，见无法挽回，只好声称有病，请求免职。栗姬愤恨而死。几个月后，刘启封王娡为皇后，封胶东王刘彻为太子。

在王娡和栗姬的夺嫡战中，栗姬惨败，王娡完胜。栗姬败在有妒而无谋上，将关键人物刘嫖彻底得罪。王娡完胜在有心更有谋，不仅笼络刘嫖为己所用，而且瞅准机会火上泼油，终于成就夙愿。

100. 田叔庇护梁王

（毁证卖乖）

梁孝王刘武与汉景帝刘启是窦太后亲生的两兄弟，在公元前150年太子刘荣被废的时候，窦太后曾想让刘武继承帝位，刘启征求众大臣的意见，袁盎等人认为这样会伤害君臣大义，因此，太后的意见最后没有被采用。

刘武因此怀恨袁盎和议政的大臣们，与宠信的臣僚羊胜、公孙诡策划，暗中派人刺杀了袁盎和议政大臣十多人。刺客尚未抓到时，刘启就怀疑是梁王指使人干的；等到深入了解刺客行迹后，发现果然是梁王所为。刘启就派田叔、吕季主前往梁国调查此案，捉拿公孙诡和羊胜，而这两个人却躲藏在梁王府里。面对这种情况，在梁国内史韩安国的劝说下，刘武被迫下令让羊胜、公孙诡自杀，把他们的尸体交出来。刘启为此对弟弟梁王怀恨在心。

事情发展到这个地步，刘武心里也感到恐惧，就派了邹阳前往长安，去见皇后的哥哥王信。邹阳对国舅说："请得便时暗中向皇上说情，不要再追查梁国的事。这样，太后会感激你的，你的妹妹会同时得到两宫（太后和皇帝）的欢心，地位将更加稳固。”王信承诺照办。找了一个机会，王信向刘启进言，刘启的怨恨稍稍化解。

太后也一直忧虑刘武闯下大祸的事情，不进饮食，日夜哭泣，刘启心里很烦闷。恰好这时田叔等人调查完梁王之事回来，到了霸昌驿站，他们取火烧掉了在梁国办案所得的全部供词，空着双手来见刘启。刘启问：“梁王有没有谋反之罪？”田叔回答：“犯死罪的事是有的！”刘启问：“罪证在哪里？”田叔说：“皇上最好不要过问梁王的罪证了！”刘启问：“为什么呢？”田叔说：“如果现在梁王有死罪而不杀他，那朝廷的法令就该作废了；但如果杀了梁王，太后会伤心得食不甘味，寝不安席，那也是让陛下不堪忧虑的事情。”

刘启听后，十分赞同田叔的说法，让田叔等人晋谒太后，并向太后禀告说：“梁王根本不知道那件事，谋反的只是他的宠臣羊胜、公孙诡之流，他们都已经按法处死，梁王安然无恙。”太后听说后，大为欣慰，立即起床进餐，情绪也稳定了。此事虽然过去了，刘启表面上恢复了与刘武原来的手足之情，但从此愈发疏远梁王，不再和他乘坐一辆车出入了。刘启认为田叔很贤能，提拔他做了鲁国宰相。

田叔等毁证护刘武，既使梁王解了罪，又使景帝脱了困，更使太后脱了忧，不但没有因严重渎职受到追究，反而被认为贤能而升迁。田叔真是个审时势、思虑周全的人，这种人往往能得到上司的信任和重用。

101. 李广智退敌骑

（虚张声势）

公元前144年六月，匈奴进扰雁门郡（今山西省右玉县），前锋自武泉（今内蒙古呼和浩特市东北）攻入上郡（今陕西省延安市），抢走官府牧马场里的马匹，汉军将士战死两千人。

李广时为上郡太守，他曾带领一百名骑兵出行，突然遇到数千匈奴骑兵。匈奴人看见李广一行人马少，以为是汉军大部队派出诱敌的小队骑兵，都大吃一惊，赶紧占据高地摆开阵势，准备攻击。李广率领的百余名骑兵都很害怕，有的打算驰马逃走。

这时，李广对部下说："我们距离大部队几十里远，现在，如果就这样仓促逃走，匈奴人必定会追上来并射杀我们。如果我们保持镇静，停留在这里，匈奴人必定会认为我们是故意诱敌的队伍，一定不敢来攻击我们。"

于是，李广下令："保持正常队形，继续前进！"马队来到距离匈奴阵地大约两里的地方停下，李广下令："都下马解鞍！"有人害怕地说："敌人众多而且靠近我们，如果一旦出现紧急情况，怎么办？"李广说："敌人认为我们一定会逃跑，但我们却解下马鞍，向他们显示不会逃跑，用这个办法使他们更加相信我们是在引诱他们。"

匈奴骑兵见此情形，真的不敢来攻击。有一名骑白马的匈奴将领出阵来靠近汉军骑兵，意在窥探侦察；李广立刻上马，率领十余名骑兵飞奔而上，并射杀了他，然后又返阵解下马鞍，让士兵们都放开战马，卧地休息。这时，天近黄昏，匈奴骑兵一直对李广部队的行动感到疑惑，不敢轻易发动攻击。

到了半夜时分，匈奴骑兵以为附近可能埋伏有汉朝大军，准备利用夜晚袭击他们，就引兵撤离了。天亮后，李广才回到汉军的驻地。

虚张声势是一种诈谋，也是兵家常用的谋略。李广在忽遇强敌之际，采用此谋，迷惑、威慑了对方，造成了敌方误判，从而达到了挫败、吓阻强敌而自保的目的。飞将军勇中有谋，可见一斑。

102. 石奋另格教子

（自绝饮食）

汉景帝在位时，因为太子太傅石奋及其四个儿子，都有二千石的官秩，总计他们一门父子五个人的官秩之和，故称石奋为“万石君”。石奋虽没有文才学识，但在恭敬谨慎方面却没有人可以与他相比。子孙做小官，回来看望他，“万石君”必定身穿朝服以礼相见，不叫他们的名字。

石奋教子别具一格。子孙有了过错，他不加责备，而只是为此离开正室，坐到厢屋里去，对着桌子不吃饭不饮水，直到儿子们互相批评，有过失的人通过长辈中的人前来求情，并且袒露上身前来请罪，表示一定会改正，石奋才答应他的要求，然后正常饮食。

已经成年的子孙在身边，石奋即使闲居无事，也必定衣冠整齐。他主持丧事，表情极为悲痛。子孙们遵循他的教导，都以孝顺谨慎闻名于各地。公元前139年春天，因有感于石奋忠孝治家、不言而躬行，汉武帝刘彻任命他的大儿子石建为郎中令、他的小儿子石庆为内史。

石建在刘彻身边任职，发现应该进谏的事情就让人回避，然后再对刘彻畅所欲言，话说得很尖锐。可是，到了朝廷上与百官朝见刘彻时，石建就像是一个不善言谈的人。刘彻因此对他很亲近。

石庆曾经担任过太仆，为刘彻驾车外出，刘彻问有几匹马拉车，石庆举起马鞭一一点过拉车的马匹后，举手回答说：“有六匹马!”石庆是石奋的四个儿子中最随便的一个，做事却还如此恭敬谨慎。

治家教子并不比执政治国容易，有时还更困难，因为其中有血缘亲情的干扰。石奋通过自绝饮食的办法，逼迫后辈们严格遵循规矩行事，改正自己的过错，确实别具一格，收到了非常不错的效果。

103. 劝下推恩之令

（削弱诸侯）

汉武帝刘彻很赏识临淄（今山东省淄博市东）人主父偃，一年之内，对他连升四次官职，升到了中大夫。公元前127年冬天，主父偃劝谏刘彻说："古时候诸侯的封地不超过方圆百里，朝廷强而诸侯弱之势分明，朝廷容易控制。现在的诸侯，有的拥有数十座城池，封地方圆上千里。朝廷控制较松时，他们就骄横奢侈，容易做出淫乱之事；朝廷控制严格时，他们就会凭着自身的强大，互相结盟，反叛朝廷。如果用法令来分割削弱他们，他们叛逆的苗头就会油然而生，以前晁错在世时推行削藩而导致吴、楚七国叛乱就是这种情况。"

主父偃接着说："现在，诸侯王的子弟有的已多达几十人，却只有嫡长子一人继承王位，其他的人虽然同是亲生骨肉，却得不到一尺一寸的土地，这就使仁孝之道得不到显扬。我建议陛下可以准许诸侯王推广皇恩，把封地再分封给他们的子弟，子弟们个个都会为得到自己所想要的东西而欣喜的。皇上用推广恩泽这种方法厚待诸侯，实际上是使诸侯们的领地越来越少，朝廷没有采用削夺手段而诸侯们却逐渐衰弱了。"

刘彻听从了主父偃的建议。正月，刘彻下诏说："诸侯王中有谁愿意推广恩泽、分封领地给子弟的，都可以一一奏报上来，我准备亲自为他们定下封邑的名号。"从此，诸侯王国开始被分割，亲王的子弟也都受封变为侯了。

主父偃提出的这个建议，确实是一个解决西汉诸侯藩国之患的好办法，比晁错鼓动汉景帝刘启削藩的主意显得有智谋多了！

104. 公孙弘心机深

（看势行事）

菑川（今山东省寿光市南）人公孙弘参加汉朝廷举行的对策考试。当时，参加考试的有一百多人，主考的太常奏报考试的结果，把公孙弘列为末等。策文呈报给汉武帝刘彻阅后，刘彻就将公孙弘的成绩提升为第一名，任命他为博士，在金马门（宫廷值班休息处）随时听候召唤。

公孙弘每逢上朝言事，总是只陈述事实与缘由，让刘彻自己抉择，避免与之面对面地在朝会时争辩。刘彻看他为人谨慎厚道，又有辩才，熟悉法律政事，还善于运用儒学，对他十分赏识，一年当中就把他升为内史（掌管京城）。公孙弘上奏事情，遇到刘彻不同意时，也不在朝廷上坚持。他和汲黯会请求刘彻单独召见，由汲黯先讲，再由公孙弘补充，刘彻听得都很高兴，他们所提的建议都能予以采纳，因此，公孙弘越来越受刘彻的亲近和重用。

公孙弘曾经与公卿们共同商定出某一个问题的处置意见，但他一到刘彻面前，见刘彻不赞成，也就完全背弃原来约定的意见而迎合刘彻的心意。汲黯当廷指责公孙弘说：“齐人大多狡诈而不诚实。你开始和我们商定的建议，现在却全部背弃了，这是对皇上不忠！”刘彻责问公孙弘，公孙弘谢罪说：“了解我的人会认为我是忠心的；不了解我的人就认为我不忠心。”刘彻认为公孙弘说得对。所以，每有身边宠幸的大臣诋毁公孙弘，刘彻就更加优待他。

公元前126年，公孙弘当了御史大夫，仍然用麻布做被子，饮食也不注重肉食。汲黯抨击说：“公孙弘高居三公之位，朝廷给他很多俸禄，但他还在用麻布被子，这是骗取名声的把戏。”刘彻就此事问公孙弘，公孙弘道歉谢罪说：“有这么回事，九卿中与我关系最好的，无人超过汲黯，他今天在朝廷上指责我，实在是说中了我的私心。以三公的显赫身份而用麻布被子，跟一个小吏没什么区别，这确实是矫饰造作，想借此沽名钓誉，正如汲黯所说的。不过，如果不是汲黯这么忠直，陛下怎么能够听到这些批评我的话呢?”刘彻听后认为公孙弘谦让、心胸坦荡而有度量，不但没有怪罪，反而更加尊重他。

又过了两年，宰相薛泽免职，刘彻就任命公孙弘为宰相，封为平津侯。宰相加封侯爵，就是从公孙弘这里开始的。

公孙弘表面上看起来无突出才识，但他工于掩饰、善体上意、看势行事、邀获赏识的功夫一流，一般人学不来。有人认为公孙弘具有退让能忍的智慧，这其实是一种伪诈阴暗的心谋！人们要万分警惕公孙弘这样“表面宽厚而心机很深”的人。

105. 吾丘问哑公孙

（层层剥笋）

公元前 124 年冬天，汉武帝刘彻雄心万丈，想大建一番功业。刚刚封侯拜相的公孙弘就开辟了相府东门，作为招揽人才的场所，与上门来的人共同讨论国家大事，听取意见。每次入朝奏事，公孙弘便把这些意见奏报朝廷，刘彻也常命身边有才学的臣子与他进行辩论。

公孙弘曾经上奏说：“十个强盗拉满了弓，能使上百个衙吏不敢向前。如果能下令禁止百姓携带弓箭，将有利于地方维持治安。”刘彻将这个建议交给朝臣们讨论。

刘彻的近臣、侍中吾丘寿王上奏表示反对说：“我听说古代制造五种兵器，并不是为了相互攻杀，而是为了制止凶暴、讨伐邪恶。秦王朝统一天下之后，虽然销毁了兵甲、折断了刀刃，但后来百姓们就用农具、马鞭、棍棒互相攻击，犯法的人日益增多，盗贼防不胜防，终因天下大乱而灭亡。因此，圣明的君王应重视教化而简省法禁，因为知道法禁是不可能解决所有问题的。《仪礼》上说：‘男孩出生，要用桑木制成的弓、蓬草秆制成的箭射天地四方。’以表明男子长大以后的志向所在。大射这种礼节，从天子到平民都要举行，这是夏商周一脉相传的。我听说圣明的君王将射礼作为教化百姓的方法，没有听说过禁止百姓携带弓箭的。”

“更何况，”吾丘寿王接着说，“我还担心这样下令禁止，到头来是恶徒满不在乎而强持弓箭为非作歹、肆无忌惮，地方衙吏也无法禁止，而平民百姓却因持用弓箭自卫而触犯法令，这是助长坏人气焰而剥夺百姓的自卫权利。我认为公孙弘的这个建议是大为不妥的。”

吾丘寿王的奏章递上去以后，刘彻以此诘问公孙弘，公孙弘理屈词穷而无言以答。

公孙弘的建议是肤浅和愚蠢的，吾丘寿王对他的观点采取层层剥笋的办法批驳：首先讲古人制造兵器是为止暴；其次列举秦朝销毁兵甲，百姓为抗暴政揭竿而起，造成天下大乱；再说明大射是一种教化方式，自古以来从未禁止过百姓携带弓箭；最后指出真正下令百姓禁带弓箭，弄不好会助长恶势力而使守法百姓失去自卫权利。在这种情况下，公孙弘败下阵来。

106. 卫青不杀苏建

（处置得当）

公元前123年四月，汉朝大将军卫青再次奉命率领合骑侯公孙敖等六位将军从定襄（今内蒙古和林格尔县）出塞，向匈奴发起第二次总攻，斩杀及俘虏一万多人。可是，右将军苏建与前将军赵信合并部队，率领三千骑兵与匈奴单于亲率的部队相遇，血战一天多，汉军将要全军覆灭。赵信原来就是匈奴一个部落的首领，投降了汉朝以后被封为翕侯，现在汉军兵败，匈奴引诱他归降，他就率领本部残剩的八百骑兵又投降了匈奴。苏建的部队全部阵亡，只剩他一人逃回大营。

怎样处置逃回来的苏建呢？议郎周霸说："卫大将军从出师以来，没有斩杀过本军一位将领。现在，苏建弃军逃了回来，应该将其处死，以展示大将军的威严。"军正闳和长史安说："不能这样处理！《兵法》上说：'小部队的战斗力再强，仍然会被大部队吞灭。'这次苏建以三千骑兵抵抗匈奴单于数万军队，血战一天多，部队将士都死了，而他没有投降匈奴并独自回来了。如果我们把他杀了，就等于告诉大家，以后战败就不必回来了。所以，不应当杀苏建。"

卫青听了双方的意见后，说："我有幸以皇上的近亲身份统率大军，从不担心没有威严。周霸让我杀苏建以显示威严，很不符合我的心意。即使我有权斩杀大将，但作为深受皇上宠信的我，却不敢擅杀大将于国境之外。我认为应把苏建送到皇上那里，由皇上亲自裁决，以显示作为臣子的我不敢专权行事，这样不是更好吗？"部下的将吏们都一致说："这样处理好！"

于是，卫青派人把苏建押往长安，汉武帝刘彻没有杀他，让他交纳了赎金后，将他贬为庶人。

卫青不杀苏建，这个处理办法难道不是非常明智而得当的吗？如果按照周霸荒谬而蠢笨的意见行事，那会寒了万千忠贞将士之心的。

107. 一言迁大鸿胪

（含蓄点拨）

汉武帝刘彻宠信江充，而江充感到自己与太子刘据及卫皇后隔阂很深，见刘彻年事已高，怕刘彻死后自己会被太子杀掉，因此就玩弄诡计，说皇帝生病是因为巫蛊（用巫术诅咒及把木偶人埋于地下害人）在作祟。刘彻就派江充为使者，专门负责处理巫蛊事件。江充利用刘彻的恐惧心理，指使胡人女巫师檀何说：“宫中有毒蛊之气，如不除掉，皇上的病就治不好。”

公元前91年夏天，刘彻批准江充入宫挖地寻找巫蛊，又派了按道侯韩说、御史章赣、黄门苏文等人协助江充办理此事。江充先从后宫中很少得到刘彻宠信的妃嫔那里查起，然后依次搜寻，一直搜到皇后和太子住的地方。因为到处被挖掘，使太子和皇后连放床的地方都没有了。江充宣称：“在太子宫里挖得的木偶特别多，还有帛书，上面写的都是大逆不道的话，应当奏报皇上。”

刘据听后很害怕，就问少傅石德该怎么办。石德也怕自己是太子的老师，会受牵连与太子一起被杀，就对刘据说：“先前宰相公孙贺父子、两位公主及卫伉（卫青之子）都被指控犯有用巫蛊害人之罪而被处死，现在巫师和使者江充又从太子宫中地下挖到证据，不知是巫师故意放的，还是确有其事，你自己无法说清。建议你可假传圣旨将江充等人逮捕下狱，彻底追查他们的阴谋。现在，皇上远在甘泉（今陕西省淳化县西北），眼下的情况也弄不清楚，奸臣竟敢如此行事，你难道忘了秦朝太子扶苏的往事了吗？”

刘据此时想不出别的计策，就听从了石德之计，七月七日，派门客冒充皇帝使者，逮捕并斩杀了江充、韩说，在上林苑中烧死胡人女巫师。刘据派人将情况报告卫皇后，打开武器库，调发长乐宫卫卒，长安陷入一片混乱，纷纷传言太子造反。刘彻听说后，派使者召刘据，使者不敢进入长安，回去谎报太子已经造反，刘彻大怒，下诏给丞相刘屈氂，要他捕杀造反的人，并收回皇后的印玺和绶带，处死太子的门客，屠灭跟随太子起兵作战的人。

刘彻为此异常愤怒，群臣也都感到忧虑。尽管曾有壶关（今山西省长治市北）三老令狐茂上奏说明太子这样做是子盗父兵，使自己逃脱灾难，并没有险恶用心。这使刘彻有所醒悟，但仍然没有颁诏赦免太子的罪过。不久，太子在逃亡中自缢而亡，两位皇孙也同时遇害。

事情过去一年以后，刘彻发现地方官吏和民众以巫蛊之事来告发的，经过查验大多不属实。此时，刘彻也逐渐了解太子是因被江充逼迫才惶恐不安而杀了江充，并无他意。就在此时，守卫刘邦祭庙的高寝郎田千秋向刘彻上了一道紧急奏章，为太子鸣冤叫屈："作为儿子擅自调动父亲的军队，其罪只是受鞭打。天子的儿子误杀了人，又当判什么罪呢？难道要抵命？我梦见一个白发老头让我上此奏章。"听了田千秋的话，刘彻彻底醒悟了。

刘彻召见了田千秋，对他说："我们父子间的事，一般人难以讲清楚，只有你知道其间的道理。这是高皇帝托梦让你来指教我的，你应当担任我的辅佐大臣。"当下就任命田千秋为大鸿胪（掌管接待藩属的事务长官），并下令诛灭江充满门，把苏文烧死在横桥上；曾经在湖县（今河南省灵宝市西）泉鸠里追杀伤害太子、后来被任命为北地太守的人也遭满门抄斩。刘彻哀怜太子无辜被害，就在湖县造了一座思子宫，修建了归来望思台。天下人听说这件事后，都悲伤不已。

公元前 89 年六月二十五日，刘彻又擢升田千秋为宰相，封为富民侯。田千秋并没有突出的才干，也没有显赫的家世和卓越的战功，仅仅以一句话感悟了刘彻，几个月就登上了宰相的高位，还晋封为侯，这是从来没有过的事。但田千秋为人敦厚聪明，在位期间颇为称职，政绩超过前后几位宰相。

田千秋的一番话，非常适时并巧于运用，采取含蓄点拨的方法，使信神的刘彻在心理上完全认同，而又不失面子，所以，这番话才能产生如此神效。田千秋真是个人物啊！

108. 杀钩弋立太子

（预绝后患）

公元前 88 年，刘彻执掌朝政超过五十年，他年事已高。原太子刘据在巫蛊之祸中被逼自杀了，重新立太子这件事成了汉武帝最上心的一件事情。

燕王刘旦自以为按照长幼顺序，自己应该被立为太子，就上书请求回长安侍卫皇帝左右。刘彻很生气，将刘旦派来上书的使者斩杀在皇宫北门；又因为刘旦被指控私藏逃犯，下诏削去燕王封地中的良乡（今北京市房山区良乡镇）、安次（今河北省廊坊市）、文安（今河北省文安县）三县。从此，刘彻开始厌恶刘旦。刘旦博学善辩，聪明有才，他的弟弟广陵王刘胥，勇武有力，身体强壮，但他们两人都不守法度，常犯过失，所以，刘彻不立他们俩为太子。

这时，钩弋夫人（赵婕妤）所生的儿子刘弗陵，虽然只有几岁，但身体健壮，懂得很多事情，刘彻非常喜欢他，想立他为太子；只因其年纪太小，母亲又太年轻，所以一直犹豫不决。刘彻想选择一位合适的大臣辅佐刘弗陵，通过细察群臣，发现只有奉车都尉、光禄大夫霍光（霍去病的异母弟弟）为人忠厚，可以托付大事。于是，刘彻就让黄门官画了一张周公姬旦背着周成王接受诸侯们朝拜的图画赐给霍光。

几天后，刘彻借故谴责钩弋夫人，钩弋夫人摘下首饰，叩头请罪。刘彻说："把她带下去，送到掖庭的监狱！"钩弋夫人回头央求刘彻，刘彻催着说："快走，你不能再活命了！"最终将她处死了。

不久，刘彻闲居无事，问身边的人："外面的人对处死钩弋夫人有什么反应？"身边的人回答说："人们都说'既然要立她的儿子为太子，为什么还要杀她呢？'"

刘彻说："是啊，这不是你们这些平庸之辈所能明白的。自古以来，国家之所以会乱，就是由于国君年幼，而国君的母亲却正当壮年。女主独立当政，就会骄矜傲慢、淫乱放纵，而别人无法禁止。你们没有听说过吕后之事吗？所以，我不得不先把她除掉！"

第二年二月，刘彻病重，霍光流着泪问道："如有不测，谁来继承皇位呢？"刘彻说："你难道还没有理解上次赐给你的那幅画的含义吗？要立少子，你要像周公那样辅佐他！"

二月十二日，刘彻下诏立刘弗陵为太子，太子时年八岁。十三日，任命霍光为大司马、大将军，金日磾为车骑将军，太仆上官桀为左将军，由他们三人接受遗诏辅佐太子。

汉武帝刘彻汲取历史教训，为稳固子孙天下，杀爱妃而立其子，虽有他的道理，但这种预绝后患的智谋实在很残忍！

109. 刘彻不履赎约

（秉持职责）

汉武帝刘彻于公元前 87 年二月十四日逝世。刘彻聪明有决断，善于用人，执法严厉不留情面。刘彻的妹妹隆虑公主的儿子昭平君，娶了刘彻的女儿夷安公主。隆虑公主临终时，进献了黄金一千斤、钱一千万，请求预先为昭平君赎一次死罪，刘彻当时答应了她的要求。

隆虑公主去世后不久，昭平君日益骄纵，竟在喝醉后杀死了公主的师父，被逮捕下狱。廷尉因他是隆虑公主的儿子，就奏请上报皇上亲自处理。刘彻身边的人都为昭平君说话："以前，隆虑公主已经为他出钱预先赎罪，陛下也是亲口答应了的。"

刘彻说："我妹妹年纪很大时才有这个儿子，临终前，又把他托付给我照顾。"说完就泪流满面，长久叹息。最后说："可是，法令是先帝制定的，如果因为我妹妹的缘故而背弃了先帝制定的法令，那我还有什么脸面进高祖皇帝的祭庙？而且真是这样的话，也对不住万民百姓。"

刘彻最后批准了廷尉的上奏，将昭平君处死，心中却悲痛不已，左右的人也跟着一起伤感不已。这时，金马门待诏东方朔上前祝贺道："我听说圣明的君王治理国政，奖赏不回避仇人，诛罚不区分亲属。《尚书》上说：'不偏私、不结党，君王之道就坦荡开阔。'这两条原则，是古代五帝非常重视、三王都难以办到的，如今陛下都做到了，这真是天下之大幸！我冒昧捧杯祝贺陛下！"

刘彻对东方朔的这一番话，开始非常恼怒，可仔细一想，感觉他的话说得是对的，就任命东方朔为郎中。

刘彻没有履行与妹妹的赎约，最终依法处死了昭平君，其智慧之处就在于把握好了自己的基本职责。

110. 果断缚假太子

（稽古喻今）

公元前82年正月的一天，有一名男子乘坐着黄牛犊拉的车来到未央宫北门，自称是以前的太子刘据。公车（宫门警卫接待官）将此事急忙奏报到了汉昭帝刘弗陵那里。

刘弗陵听闻后，立即下诏让公、卿、将军跟中二千石（相当于部长级）的官员一同前往辨认。长安城中的一般官吏和民众得知此事，一时间约有几万人前往围观。右将军带兵守卫在宫门前，以备不测。到场辨认的宰相、御史、中二千石官员都不敢发言。

京兆尹隽不疑是最后赶来的，见到这种情况，马上命令手下官吏将那名男子逮捕。有人劝他说："这人到底是不是真的前太子刘据，还不清楚，不可操之过急！"隽不疑说："各位何必怕他是否是真的前太子！春秋时，卫国太子卫蒯聩因违抗卫灵公之命，私自逃往晋国。后来，卫蒯聩的儿子卫辄即位，就拒不接纳其父回国，这种立场得到了《春秋》的肯定。前太子刘据得罪了先帝，逃跑在外，就算真的没死，现在自己回来了，他也是一个前来自首的罪犯！"于是，他命人将此男子押送到大狱。

刘弗陵和大将军霍光听说此事后，称赞隽不疑说："公卿大臣应当有这种精通经典、明晓大义的人来担任！"由此，隽不疑在朝中名重一时，一些身居要位的人都自以为比不上他。

后来，经过廷尉审议，方知自称前太子的那人叫成方遂，住在湖县，是个算卜先生。前太子有个侍从曾找过他占卜，对他说："你的相貌很像太子刘据。"成方遂想到有利可图，希望借此取得富贵。结果，他被判以诬罔不道之罪，处以腰斩。

隽不疑确实是个明白官，他处理这件事情，采用了稽古喻今、借喻明理的方法，有智谋，很果断！

111. 汉使智归苏武

（以谎对谎）

公元前100年初，刘彻因感念匈奴单于的诚意（放回被匈奴扣押的汉臣并派使者护送回国），下令释放囚禁在汉朝的匈奴使节，并派中郎将苏武为正使、副中郎将张胜为副使和兼吏常惠等一行护送匈奴使节回国。

可是，在匈奴期间，副使张胜背着苏武参与了他的故友虞常刺杀匈奴丁灵王卫律的阴谋，阴谋被告发后，虞常被杀，张胜投降。苏武因此受到牵连，卫律威胁苏武投降，苏武拒不投降。匈奴单于为了进一步威逼苏武归附，把苏武囚禁在一个大地窖中，断绝他的饮食。当时，天降大雪，千里冰封，苏武吞吃皮衣上的羊毛和冰雪，竟没有被饿死。匈奴人大为惊异，以为一定有神灵护佑他。于是，就把苏武放逐到绝无人烟的北海（今俄罗斯西伯利亚贝加尔湖），让他去放牧一群公羊，告诉他："等到公羊有了奶水，就可以回去了。"拒绝投降的常惠等人被囚禁在别的地方。

十多年后，新单于壶衍鞮即位，由于其母大阏氏（皇太后）行为乖张，国内分崩离析，时常恐惧汉朝再来发动攻击，便采纳了卫律的建议，再向汉朝求和。汉朝使节到匈奴后，就查询苏武的下落，可匈奴却谎称苏武早已死亡。后来，汉朝再次派使节到匈奴，常惠得知消息后，设法暗中偷会汉使并告知了内情，并让汉使对单于说："大汉天子在上林苑打猎，射下一只飞雁，雁脚上绑着一封帛书，是苏武亲笔书写的，说他在某处湖泽。"汉使就用这话诘问单于，单于大吃一惊，环顾左右呆了一会儿，只得承认并道歉说："苏武等人确实还活在人间!"于是，下令遣送苏武和马宏等回国。匈奴释放二人，以表示和解的诚意。

公元前81年，匈奴单于召集苏武及当年随从的官员，除了归降匈奴和病故的，随苏武返回西汉的共有九人（常惠也在其中）。苏武一行到了长安，汉昭帝下诏，命苏武用牛、羊、猪的太牢之礼，前往汉武帝刘彻的陵墓拜祭。封苏武为典属国，受二千石的薪俸，赏钱二百万、良田二顷、住宅一所。苏武羁留匈奴十九年，当初出使时，正青春鼎盛，等到回国，头发全白，已成老翁。

苏武十九年后得以归汉，根本原因是当时汉朝强而匈奴弱。但是，如果不是戳穿了匈奴所说苏武早已去世的谎言，苏武未必能回归。常惠编了个虚多于实的故事，采用以谎对谎的方法，让汉使将故事告诉匈奴单于，单于感到自己的谎言被拆穿，只能尴尬地放人。因此，是常惠的智谋使苏武得以归汉。但是，如果这个故事由常惠直接讲给单于听，单于是不会放人的。只有汉使在追问苏武下落时才能奏效。所以，智归苏武这个功劳还得记在汉使头上。

112. 少帝识破阴谋

（计算分析）

大司马、大将军霍光受汉武帝刘彻遗诏，辅佐幼主汉昭帝刘弗陵，朝廷一切政令都要经过他发出。刘弗陵的姐姐盖长公主、皇后的祖父左将军上官桀、皇后的父亲车骑将军上官安、御史大夫桑弘羊等人因各自所托私事被霍光拒绝而心怀怨恨；刘弗陵的哥哥燕王刘旦未能继承皇位，对霍光也常常心怀怨恨。于是，他们就互相勾结在了一起，密谋除掉霍光。

上官桀等人派人伪造燕王刘旦的手迹向昭帝上书，并趁霍光休假出朝时奏报昭帝。上书里说“霍光出外检阅郎官和羽林军时，就仿佛皇上出巡一样，命人将所经过的地方戒严，还派太官（御厨房）事先为其准备饮食住所”。还指控说“苏武出使匈奴被扣十九年而不投降，回朝后不过做了个典属国，而大将军的长史杨敞并无什么功劳，却被任命为搜粟都尉；另外，霍光还擅自增加自己幕府中的校尉。霍光独揽大权，为所欲为，恐怕会有不轨之举。因此，我愿交还燕王的印玺和符节，入宫守卫在皇上身边，监督奸臣的行为，以防变乱”。

上官桀本打算乘霍光休假、自己值班的机会，将伪造的奏书呈送给刘弗陵，让刘弗陵下诏查办，由桑弘羊和其他大臣一起去捉拿霍光，并撤掉他的职务。可是，奏章上呈后，刘弗陵却搁置不发。第二天早上，霍光入朝听说此事，便站在绘有古代帝王像的西阁中待命，不敢贸然进殿。刘弗陵问：“大将军在哪里?”上官桀答道：“因燕王控告大将军的罪行，所以他不敢进殿。”刘弗陵下令：“召大将军进来!”霍光进殿后，脱下官帽，叩头请罪。

刘弗陵却对霍光说：“请将军戴上帽子！朕知道那道奏章是假的，将军无罪。”霍光问：“陛下怎么知道它是假的呢?”刘弗陵说：“将军去广明（长安东门外）校阅禁卫军，是最近几天的事；选调校尉的事，也还不到十天，燕王远在蓟地，怎么会知道?况且将军若真要造反，也用不着选调校尉。”这一年，刘弗陵年仅十四岁，对于他的这种迅速反应和睿智的判断，尚书和左右侍从都很吃惊。

后来那个呈递奏章的人果然逃跑了，刘弗陵下令紧急追捕。上官桀等人心虚害怕，劝刘弗陵说：“这点儿小事情就不必深究了。”刘弗陵不听。不过这个人最后也无法捕获。后来，上官桀的同党中又有说霍光坏话的人，刘弗陵都会怒斥：“大将军是忠臣，先帝命他辅佐我，谁再敢诬陷大将军，我就要依法治他的罪!”从此，上官桀等人不敢再攻击霍光了。但是，上官桀等人仍没死心，不久，他们又一次密谋杀霍光、废昭帝，结果阴谋败露，上官桀、上官安、桑弘羊等人连同他们的宗族全被斩杀，盖长公主和燕王自杀。

刘弗陵将诬陷霍光的奏章搁置不发，是在对奏章内容的真实性进行分析。他通过分析后，确信这封奏章是假的。一个十四岁的少年，有这份智谋，当真有帝王风范!

113. 傅介子除安归

（布设陷阱）

公元前77年，楼兰（今新疆若羌县）王去世，匈奴先得知消息，抢先把在匈奴当人质的楼兰王子安归送回去继位。汉朝闻讯后，也派使节到楼兰，诏命新王到长安朝见，安归拒绝了。

安归之所以拒绝，是因为楼兰位于西域最东头，距离汉朝最近，当中横亘着白龙堆沙漠（今新疆罗布泊东），缺乏水草，楼兰人常被派遣担任向导，供应淡水粮草，不停地迎送来往的汉朝使节，而这些汉使嚣张凶暴，简直像匪徒一样，使楼兰上下都受到骚扰和伤害，因此他们不愿再跟汉朝来往。加上现在匈奴又在其中作怪，楼兰就跟汉朝断交了，还不断拦杀汉朝官员。安归的弟弟尉屠耆在汉朝当人质，因见自己无法回国继位，就投降汉朝，并把上述内情报告汉朝廷。

就在这时，担任汉朝骏马监的傅介子，正奉命要出使大宛国，于是汉昭帝命他顺路去责问楼兰、龟兹两国改变对汉朝立场的原因。傅介子到楼兰、龟兹后，两国国王都承认愿与汉重修旧好。傅介子从大宛国回来的时候，再经过龟兹国，正好遇到从乌孙国返回的匈奴使节也在该国，就率领他的随从人员发动突袭，杀死了匈奴使节。

傅介子回到长安复命后，被擢升为郎中兼平乐监。有一天，傅介子面见大将军霍光说："楼兰、龟兹反复无常，如果不予以严惩，就难以弹压西域各国。我经过龟兹时，发现龟兹王平易近人不设防，对他下手很容易得手。我愿意去刺杀他，以此向西域各国显示汉朝之威。"霍光说："龟兹太远，不妨先到楼兰试试。"于是，霍光禀报汉昭帝后，派傅介子前往。

傅介子率领卫队，携带大量金银财宝，宣称要赏赐给西域各国君王。当这个消息传到楼兰后不久，傅介子一行也抵达了楼兰。可是，楼兰王安归不愿接见汉使，傅介子装作毫不介意的模样，向着楼兰西面继续前进，走到楼兰西部边界时，让楼兰的翻译告诉安归："汉使携带的黄金、绸缎，都是用来赏赐西域各国的，大王如果不愿领受，汉使可就要到别国去了。"还将金银财宝展示给翻译看，翻译赶忙去向安归报告。

安归听到真的可以得到金银财宝等礼物，大为高兴，就亲自到西部边界来见汉使。傅介子盛宴款待，故意摆出那些金银财宝，席间觥筹交错，气氛热烈。最后喝到大家都醉了，傅介子悄悄对安归说："汉天子有重要的话，令我秘密报告大王。"安归听后就起身，跟着傅介子到帐后，屏退了侍从人员。当安归正要注意倾听时，突然，两名壮士手持两把利刃，从安归背后猛力刺入，刀刃穿胸相交，楼兰王当即死亡。楼兰的侍从人员和贵族大臣四散逃走。

傅介子出来安抚众人，指出安归背叛汉朝，对大家说："汉天子派我来诛杀楼兰王，并扶立在汉朝的他的弟弟尉屠耆继承王位。汉朝大军很快就到了，不要轻举妄动，否则，就会招来亡国之祸！"楼兰全国震恐。傅介子砍下安归的人头，派驿马快速送往长安，悬挂在未央宫北门外。

汉朝封尉屠耆为楼兰王，后又把楼兰国名改为鄯善，颁刻印章，并赏赐一名宫女给尉屠耆做夫人；还为他准备车马、辎重，由宰相率领文武百官，送他到长安城外，祭祀路神，置酒饯行。

不久以后，傅介子被封为义阳侯。

傅介子能只身立奇功于西域，靠的是过人的胆识和审时度势的能力，倘若在这个过程中任何一个环节出现一个小差错，身首异处的恐怕就是他而不是楼兰王了。

114. 杨敞妻言有谋

（危言耸听）

公元前74年四月，年纪轻轻的汉昭帝刘弗陵在未央宫逝世。因刘弗陵没有儿子，在大将军霍光、宰相杨敞等人的主张下，上官皇后颁发诏书，迎昌邑王刘贺承继大统。六月一日，刘贺正式接受皇帝玉玺，登基即位，尊上官皇后为皇太后。

刘贺当了皇帝后，比当亲王的时候更加荒唐，原来的昌邑国郎中令龚遂等人竭力规劝，刘贺却置之不理，依然我行我素。刘贺的荒唐行径，使霍光大失所望、痛心忧虑，经过秘密征询亲信（从前的部属）大司农田延年并与车骑将军张安世磋商，决定采取非常行动（罢黜刘贺）。

先由田延年向宰相杨敞报告，杨敞听到要罢黜皇帝，吓得呆在那里，瞪大眼睛，张大嘴巴，面色苍白，六神无主，汗如雨下，连衣服都湿透了，说话支支吾吾，只听见发出的是“啊啊”的声音，不敢表示明确的意见。

正巧这时候田延年起身如厕，杨敞的夫人在东厢房里听见了他们的谈话，见田延年不在，赶忙走过来警告杨敞说：“这是国家大事，既然大将军已经决定，又派身为九卿的高官前来通知你，如果你此刻不能坚决表示跟大将军同心同力，却还犹豫不定不表态，那么，事情还没有发动，我们全族可就要先被屠灭了！”杨敞惊悟，等田延年如厕完毕归座，邀夫人一起参与谈话，夫妻俩誓言支持，一切听从大将军吩咐。霍光等人迅速布置行动。

六月二十八日，霍光率领文武百官朝见上官太后，报告刘贺种种无道事实，请求罢黜刘贺。上官太后恩准，下令命刘贺返回昌邑，赏给二千户作为汤沐邑，撤除昌邑国，改设山阳郡。七月二十五日，拥立汉武帝的曾孙刘病已为帝，尊上官太后为太皇太后。

八月五日，宰相、安平侯杨敞去世。

柏杨先生说杨敞可能是被吓死的，一个多月的风云突变，使得这个老官僚肝胆俱裂，一命呜呼。比起这个眼光和胆子都逊色的杨敞，在关键时刻，他的夫人能认清大势、辨明利害、相机行事，用一番极具说服力的话，使得丈夫顿时醒悟，倒是显得很有气魄和智谋。

115. 黄霸狱中求学

（变废为利）

公元前72年五月，汉宣帝刘病已颁布诏书说：“孝武皇帝躬行仁义，远振威武，功德极盛，但祭祀时所用的‘庙乐’却与此不相称，朕感到非常难过。有关官员应与列侯、二千石俸禄的显官、博士共同议定。”

于是，群臣齐集朝廷讨论此事，都认为应按诏书的意思去做。唯独长信少府夏侯胜认为：“孝武皇帝虽有征服四夷、开拓疆土之功，但奢侈无度，使得人民财力枯竭，百姓流离失所，死亡过半，再加上蝗灾大起，数千里不见草木庄稼，以致民间竟出现杀人食用的惨景，积弊至今未除。武帝并无恩泽于百姓，不应特为其制定‘庙乐’。”

宰相、御史等上奏宣帝，弹劾夏侯胜非议诏书、诋毁先帝、大逆不道，同时弹劾宰相长史黄霸附和、纵容夏侯胜。于是，夏侯胜、黄霸二人一并被逮捕下狱。

夏侯胜、黄霸长期被关在狱中，因夏侯胜是一位研究《尚书》的专家，曾为上官太后讲解过《尚书》，黄霸就想利用这种朝夕相处的机会，跟夏侯胜学习《尚书》。夏侯胜认为已犯下死罪，学了也没有用，就推辞而不愿讲授。黄霸却说：“早晨明白了真理，即使晚上就死，也没有遗憾了。”夏侯胜很赞赏他的话，便给他讲授《尚书》。他们在狱中经历了两个冬天，一直孜孜不倦地讲论着。公元前70年夏天，皇帝大赦天下，他们都被释放出狱，夏侯胜被任命为谏大夫、给事中，黄霸被任命为扬州刺史。

黄霸后来当了八年的颍川郡（今河南省禹州市）太守，成为汉朝出类拔萃的能吏，最后当了宰相，被封为建成侯。黄霸狱中求学，变刑期为学期，变消极为积极，无疑是聪明智慧之举。他应是所有在逆境中的人们学习的一个榜样。

116. 霍光妻害许后

（借刀杀人）

公元前71年春，汉朝大将军霍光的妻子显夫人（其姓不详）苦思冥想地要让她的小女儿霍成君当上皇后，可是时任皇后的许平君年纪轻轻，霍成君没有一点儿机会。

正好，许皇后这时怀上了身孕，身有不适。恰巧，有一位平时与霍家关系密切的女医师淳于衍，曾经入宫侍奉过许皇后，现正被召入宫中。淳于衍的丈夫是宫廷里一名看守宫门的护卫，他对淳于衍说："你进宫前可先去拜访显夫人，向她辞行，乘机求她帮忙，把我调出宫外去当安池（今山西省运城市南盐池）监（总管）。"

淳于衍果然按丈夫所说的向显夫人请求，显夫人听了怦然心动，以为是天赐良机，不可错过，就遣退左右，亲切地叫着淳于衍的别名说："少夫，你有事托我，我也有事想拜托你，可以吗?"淳于衍说："夫人尽管吩咐，有什么不可以的呢?"显夫人说："大将军最喜欢小女儿霍成君，想让她大富大贵，此事只有托少夫成全。"

淳于衍听了这话，一头雾水，愕然说："此话怎讲?"显夫人说："女人生子是一件大事，九死一生。如今，皇后就要分娩，如果乘机下毒，神不知鬼不觉地将她除去，成君就自然会当上皇后了。此事如能成功，荣华富贵，当与少夫共享。”淳于衍惊问：“皇后吃的药，由多位医师会诊而定，而且还要由宫女先品尝，怎么行呢?”显夫人说：“这就在少夫所为了，不要怕，大将军统领天下，谁敢乱说！即使有什么纰漏，也有力量袒护，只怕少夫不愿帮忙！”淳于衍发现自己已骑在虎背上，沉吟许久，才回答说：“愿尽全力！”

于是，淳于衍回家后，找出附子（草本植物，毒性大）捣碎，秘密带进长定宫。等到许皇后生产之后，她取出附子，掺入御医开给皇后服的药丸里，让皇后服下。一会儿工夫，毒性发作，许皇后呻吟说：“我头昏得厉害，莫非药丸里有毒?”淳于衍说：“怎么会有毒呢?”许皇后更加头昏难受，不久死亡。淳于衍出宫后，来见显夫人，互相道贺安慰，但为避免引起注意，显夫人也不敢马上重谢淳于衍。

皇后之死震惊朝廷，有人上书指控御医们没有尽心尽力侍奉诊治，汉宣帝刘病已下令将参与诊治的御医（包括淳于衍）逮捕下狱，认为是大逆不道，要追查皇后死亡的原因。显夫人这才大为惊恐，只好将实情全部告诉霍光，并说：“现在事情已经出了，只能让审案的官员不要去逼迫淳于衍！”

霍光听后大惊，立即就想自己举告此事，可是毕竟关系自己的妻女，于心不忍，犹豫不决。正在这时，有关机关向朝廷奏报结案意见，霍光就在奏章上批注：此事与淳于衍无关，应免予追究。淳于衍因此得以释放。显夫人不失时机地劝霍光，把女儿送进皇宫。第二年春天，霍光的女儿霍成君被立为皇后。

霍光之妻（显夫人）为了让女儿享受荣华富贵，采取借刀杀人的手段，指使淳于衍毒死许平君。这条诡计神鬼不知，手段的确高明，但是太过歹毒！俗话说：多行不义必自毙，霍氏的最后覆亡，也许正是从这里播下了祸种。

117. 赵广汉治京兆

（明察善断）

公元前71年，颍川郡守赵广汉调任京兆尹。

颍川地区的风俗是地方上有势力的人互相勾结，拉帮结伙。赵广汉为此专门设置了一个竹筒检举箱，接受官吏和民众的举报，鼓励人们互相揭发。这样，一些为非作歹的团伙被瓦解拆散，盗贼也不敢出来作案了。据一些归降汉朝的匈奴人说，他们在匈奴时都听说过赵广汉之名，赵广汉因此被调到长安担任京兆尹。

赵广汉对待他的属下官吏殷勤周到，遇到有功劳或奖赏之事，总是分给下属。他的这种做法出于诚意而不是故意做作，所以属下都愿听他的调遣，即使有生命危险也不推脱。赵广汉很聪明，对下属的能力、特长及是否尽力办事，都一清二楚；如果有人蒙骗他，便会遭到逮捕，谁也无法逃脱。他审讯定案，证据确凿，使人立时服罪，无法抵赖。

赵广汉尤其擅长掌握罪犯作案的真实情况，使得罪犯无法抵赖。市井中一些细小的不法之事，他都很清楚。有一次，长安城里几个恶少集合在隐蔽小巷的空屋里，谋划一起去抢劫，他们的讨论还未结束，赵广汉就已派出衙役前去捉拿他们了，他们被捕后都招认服罪。赵广汉察觉奸邪之人、揭露隐秘之事，很有本事，简直像神灵一样。

在赵广汉任京兆尹时期，长安地方政治清明，官吏百姓对他赞不绝口。很多老辈人认为，自从汉朝建立以来，治理京兆的官员，没有谁比得上他的。几年以后，赵广汉为报私仇，将一名男子判处死刑，被人告发并关进廷尉掌管的监狱。长安城中数万吏民听到这个消息后，纷纷来到皇宫门前号泣，有人还说情愿代替赵京兆去死。但是，赵广汉最后仍被处以腰斩。赵广汉担任京兆尹时，廉洁清明，抑制豪强，使得百姓安居乐业，深受百姓怀念和歌颂。

赵广汉肯动脑筋、明察案情、信息灵通、善于审断等，都是他具有比较丰富的实用智谋的体现。比起那些只有满口仁义道德的人来说，老百姓肯定更欢迎赵广汉这样的人。

118. 徙薪曲突之谏

（借用故事）

在霍氏家族覆灭之前，霍家权势冲天，不可一世，茂陵（今陕西省兴中市东北）人徐福就曾说："霍氏把持朝政太久，厌憎他们的人太多了，天下这么多人厌恨他们，而他们又走上了大逆之途，怎么可能不败亡呢?"于是，他上书朝廷："霍氏权势已到盈满程度，陛下如果厚爱他们，就应当加以约束，不要让他们走上覆亡之路!"他上书三次，都没有被采纳。

公元前66年，霍氏家族被诛灭，凡是曾经告发过霍氏的人都受到了封赏，只有徐福例外。有人为他抱不平，向汉宣帝刘病已上书说："我听说过一个故事，有一位客人拜访主人，看见主人家的烟囱是直直伸出的，旁边堆满柴火，就对主人说：'应该把烟囱改成弯曲的，把柴火搬开，不然的话，恐怕会发生火灾。'主人没理会。不久，主人家果然失火，邻居们一起抢救才把火扑灭。主人家杀牛摆酒，宴请邻居致谢。救火中烧伤的被请到上座，其余的人按照当时出力的情况依次就座，唯独没有请那位建议改弯烟囱、移开柴火的人。有人就对主人说：'当初要是听了那位客人的劝告，就不必宰牛摆酒，也不会发生火灾了。现在论功酬谢，那位建议改弯烟囱、移开柴火的客人没人理会，被烧得焦头烂额的人反而成了上宾!'主人这才醒悟，立刻将那位客人请来了。而今，徐福几次向陛下上书，警告霍氏家族会作乱，应严加防范。如果徐福的劝告早受到采纳，那就不需要划出国土，分封列强，臣属也不会有叛逆受到被诛杀的大祸。现在事情已经过去了，只有徐福的功劳未被提及。请陛下明察，奖赏提出‘徙薪曲突’者的远见，使他居于‘焦头烂额’之人的上面!”

刘病已这才赐给徐福绸缎十匹，后来又任命他为郎官。

这位爱打抱不平的无名氏，采取借故事上书言事的方法，娓娓道来。这种劝谏容易引起对方注意，表达得也生动，气氛比较轻松，所以就比较有效。这个无名氏是个有心、有义，又有智谋的人!

119. 龚遂便宜治渤

（缓解乱绳）

公元前66年，当时担任渤海郡（今河北省沧州市东南）守的龚遂擢升为汉朝廷的水衡都尉。此前，渤海周围各郡因为闹饥荒，盗贼四起，连俸禄二千石的官员也无法制服他们。汉宣帝刘病已下令征选有能力的官员前去治理，丞相、御史大夫就推荐前昌邑国郎中令龚遂。于是，汉宣帝任命龚遂为渤海郡守。

汉宣帝召见龚遂并问他：“你打算用什么办法去治理渤海，平息那些盗贼呢?”龚遂回答：“渤海地处海边，远离京师，得不到圣明君王的教化，当地民众饥寒困苦，而地方官吏却不加体恤，所以才使得陛下那些原本善良的子民不得不盗取陛下的兵器，在小池塘边耍弄作乱。如今陛下是要派我去平定他们呢，还是去安抚他们呢?”宣帝说：“我征选贤良的大臣，当然是要安抚他们。”龚遂说：“我听说治理乱民就像整理乱绳一样，不可操之过急；只有先慢慢缓和下来，然后才可治理。我请求丞相、御史大夫暂且不要拿严格的法规来约束我的行动，让我能够相机便宜行事。”宣帝批准了这一请求，还赏给他黄金，勉励他前往。

龚遂乘坐着驿车，来到渤海郡的边界，郡中官员听说新郡守到了，就派军队前往迎接。龚遂将军队全部遣还，并下达文书给所属各县，命令：“撤销所有负责缉捕盗贼的官吏，凡是手持锄头、镰刀和其他农具的，一律视为良民，地方官吏不得刁难他们，只有手拿兵器的人才算盗贼。”然后，龚遂就单人独车前往郡衙官邸就职。

盗贼们听到新郡守的命令后，纷纷解散，抛弃兵器弓箭，拿起镰刀、锄头，于是盗贼全部平息，百姓又都安居乐业。龚遂又下令打开官仓济贫，选派品行优良的官吏对百姓进行安抚、管理。

龚遂发现齐地风俗奢侈，人们喜好经营商业，不愿耕作，于是就以身作则，提倡节俭，劝导百姓从事农桑，规定每人必须种多少树，养多少牲畜。如果看见有人带刀持剑，一律让他们卖剑买耕牛，卖刀买牛犊，说：“你为什么把牛佩到身上，把犊带在腰间?”经过龚遂的辛勤劝勉、身体力行，郡中民众大都有了积蓄，治安逐渐趋好，刑狱讼案大为减少。

龚遂采用的是缓解乱绳之法，只下了一道敕令：“悉罢逐捕盗贼吏，诸持锄、钩、田器者皆为良民，吏毋得问；持兵者乃为贼。”很快就使郡内安定下来，最终不费一枪一刀而使全郡大治。他的胆识、才能和智谋确实高人一筹。

120. 有功不被授封

（假借皇命）

公元前 65 年，汉宣帝刘病已命群臣推荐能够出使西域的人选，经前将军韩增推荐，上党（今山西省长子县）人冯奉世以卫侯（皇城治安官）身份充当使者，携带皇帝符节，护送大宛（西域古国名，位于中亚费尔干纳盆地）等国的客人返回他们的国家。

这时候，正巧遇上莎车（西域古国名，今新疆莎车县）国发生政变，前莎车王的弟弟呼屠征联合邻国势力一同杀死莎车王万年和汉朝派到莎车国的使者奚充国，自立为莎车王。这时，匈奴再次出兵进攻车师（西域古国名，今新疆吐鲁番市）境内汉朝屯垦区，未能攻下而撤兵返还。莎车王呼屠征趁机派人到处扬言说："西域北路各国已归属匈奴了。"并乘势派兵攻打南路各国，强迫各国背叛汉朝，使西域从鄯善国以西的国家全部与汉朝绝交。因此，汉使西行之路完全被阻断了。

这时，都护郑吉、校尉司马意都在北路各国之间巡视，人单而势弱，冯奉世就与副使严昌商议，认为如果不立即攻击莎车国，必会使其日益强盛，将来难以控制，危及整个西域。于是，他们就声称奉汉朝皇帝符节告谕各国国王，征调仍接受命令的各国军队，会合南北两路共一万五千人进攻莎车，终于攻克了莎车城。莎车王自杀，他的首级被传送到长安悬挂示众。冯奉世又改立前莎车国王其他兄弟的儿子为莎车王。西域各国都平定了，冯奉世这才收兵，报告朝廷。汉宣帝召见韩增说："恭贺将军，你举荐的人非常出色！"

冯奉世又向西到达大宛，大宛王听说他杀了莎车王，对他特别恭敬，礼遇大大超过别的汉朝使臣。大宛王还向汉朝皇帝进献了一匹名叫象龙的宝马，冯奉世将它带回长安。汉宣帝很高兴，与朝臣商议要封冯奉世为侯。丞相、将军都认为应该这样做，只有少府（九卿之一，皇宫供应长官）萧望之认为："冯奉世作为朝廷使臣，其使命只是护送各国客人，但他却擅自假借皇命，征发西域各国的军队去攻打莎车国，虽然建立了功勋，但不能让后人效仿。如果因此而封赏他，以后奉命出使的人必将以他为榜样，争着征调各国军队，以图建功于万里之外，这将使国家陷入各外族间的纠纷之中，此风断不可长。所以，冯奉世不宜封侯。"

汉宣帝认为萧望之的话很有道理，便任命冯奉世为光禄大夫，打消了封他为侯的念头。

萧望之的建议不能说没有一点儿道理！但话说回来，在非常特殊的情况下，为了维护国家利益、不计个人安危、敢于超越职权、假借皇命行事并达到了目的的行为，当政者如能摆脱常规，予以大胆鼓励，这未尝不是维护君权的更智慧的作为。以冯奉世之功，封侯完全应该！也许萧望之的真智谋就在于不让冯奉世封侯，他算是达到了目的。

121. 勿发远兵报愤

（忖时度势）

公元前 64 年，匈奴国大臣们在议政时都认为“车师国土地肥沃，草木茂盛，又靠近匈奴，如被汉朝长期占领，在那里大力垦荒屯田，积聚谷物，必定危害我国，所以不能不将车师国从汉朝手中争夺过来”，因此，多次派兵袭击在车师屯田的汉朝军民。

侍郎郑吉率领在渠犁（今新疆库尔勒市西南）屯田的另一支汉朝军队七千余人前来援救，被匈奴兵围困。郑吉派人向汉宣帝刘病已上书报告说：“车师离渠犁一千多里，在渠犁的汉军兵力单薄，难以援救车师，希望能增派屯田军队。”汉宣帝与后将军赵充国等人商议，打算趁匈奴国力衰弱的机会，出兵袭击其右翼地区，迫使其不能再骚扰西域各国。

丞相魏相上书劝阻道：“近来，匈奴曾对我国表示了善意，所掳掠的士兵百姓也都送还，并且也未再进扰我国边境；虽然发兵与我国争夺车师，但那只是小摩擦。如今听说诸位将军计划动员大军攻入匈奴境内，恕我愚昧，不知如此兴兵名义何在？现在各郡守、各封国丞相多不称职，风俗非常不好，水旱之灾不时发生。依据今年统计，子弟杀父兄、妻子杀丈夫的，就有二百二十二人，我认为这种情况绝非小事。而今皇上身边的人不为此担忧，却想发兵到遥远的蛮夷之地去报细小的仇恨，这恐怕正如孔子所说：‘我担心危害季孙家族的，不在鄅臾（春秋时小国，在今山东省平邑县）国，而在他家的屏风之内。’”

刘病已听从了魏相的建议，只派了长罗侯常惠率领张掖（今甘肃省张掖市）、酒泉（今甘肃省酒泉市）的骑兵前往车师，护迎郑吉所率的部队退回渠犁；又征召正流亡在焉耆（西域古城国名，今新疆焉耆县）的前车师太子军宿，立他为车师王，把车师国的百姓都迁徙到渠犁，将原车师国的那一片土地让给了匈奴。汉宣帝任命郑吉为卫司马，派他负责鄯善国西南路地区各国的安全事务。

刘病已在当时的情况下，听从魏相的建议，能忖时度势，采取忍小愤、妥安置、守边地的举措，不失为智谋善策。但是，魏相的“祸起萧墙”之说，又开启了后世“攘外必先安内”之议。

122. 为子孙免怨恨

（疏财宴邻）

公元前63年四月，汉皇太子刘奭年满十二岁，已经读通《论语》《孝经》，太子太傅疏广、太子少傅疏受叔侄二人在位五年了。有一天，疏广对疏受说：“我听说‘知道满足的人不会受辱，知道停止的人不会跌倒’。如今我们做官已到二千石高位，功成名就，如果仍迷恋而不离去，恐怕将来会后悔。”

于是，在当天，叔侄二人就一起以身体患病为由，上书汉宣帝刘病已请求退休。刘病已批准他们所请，赏赐黄金二十斤，刘奭另外赠送黄金五十斤。公卿大臣和故人老友在长安城东门外为他们饯行送别，相送的人数众多，仅马车就有几百辆。沿途观看的人都称赞说：“这两位真是太贤明了！”有人甚至为之感叹落泪。

疏广、疏受回到家乡后，每天都让家人变卖黄金，用于摆设宴席，招待族人、故友、门客，大家一同高兴取乐。有人劝疏广留下点儿金子给子孙购置些产业，疏广说：“我难道是老糊涂，不顾及子孙？我只是想到，我家原本就有旧地房产，子孙们只要勤劳耕作，足够他们吃穿，过着与普通人一样的生活。如果现在再给他们增加产业，使他们有更多的盈余，只会使子孙们懒惰懈怠！”

疏广还对大家说：“贤能的人，如果财产太多，就会磨损他们的志气；愚蠢的人，如果财富太多，就会增加他们的过错。而且，富有的人是众人怨恨的目标。我既然无法给予子孙们良好的教育，就更不能用财产去增加他们的过失而使他们招人怨恨。再说，这些金钱是皇上用来恩养老臣的赏赐，我乐于跟邻居宗族共享这份皇上的恩赐，用来度过我的余生，不是也很好吗？”

族人们对他说的这番话都心悦诚服。

疏广疏财宴邻，其实是为了冲淡人们心存的仇富观念，营造一个与族人邻居和睦相处的环境，从而使子孙今后能平顺无虞地生活，用心良苦、深含智谋。从族人们“心悦诚服”的结果来看，他的努力是有效的。这个故事颇有现实意义，值得人们深思。

123. 赵充国平西羌

（先惩祸首）

公元前61年，被派往边塞巡察、了解西羌各部落动向的义渠（复姓）安国到达羌中（今青海省东北部），召集先零（羌族的一种）部落首领三十余人前来，将其中几个桀骜不驯的酋长当场杀了，还纵兵袭杀一千多先零人。这事引起原来已经归附汉朝的西羌各部落和被汉朝封为归义侯的酋长杨玉的怨恨。杨玉认为汉朝不可信赖，不应归顺，就胁持其他弱小民族进扰汉朝边塞，攻打城池，杀伤官民。义渠安国以骑都尉的身份率领的两千骑兵遭到羌人袭击，损失很多军需装备和武器，只能急行撤退到令居（今甘肃省永登县西），义渠安国将此事奏报了朝廷。

朝廷得知战况，年过七十的将军赵充国自告奋勇要求率军西征平羌，汉宣帝刘病已同意了。四月，赵充国抵达金城郡（今甘肃省兰州市），率领金城军队进攻西羌。赵充国打算先凭借威信招罕、幵及其他被先零部落胁迫的羌人部落，瓦解羌人联合叛汉的企图，等他们非常疲困时，再去攻打他们。

这时，汉宣帝已征调集结内地各郡国的军队达到六万人。酒泉郡守辛武贤上奏："各郡军队都屯备在南山（祁连山），使北边防务空虚，这种形势不能拖得太久……不如在七月上旬，携带三十天粮食，从张掖、酒泉两路出兵，合击鲜水（今青海湖）之畔的罕、幵两部落，以震慑羌人。"汉宣帝将辛武贤的上奏交给赵充国，征求他的意见。赵充国上奏认为：辛武贤的意见并不可行，更非上策，"先零是叛逆祸首，其他只是被迫胁从，所以应该舍弃罕、幵两部落愚昧不明的过错，先诛伐先零，以震慑羌人，迫其改过自新，再加以安抚，这才是保全兵力、获得胜利、安定边境的策略"。

汉宣帝见了赵充国的上奏后，下诏责备他迟疑拖延，任命侍中许延寿为强弩将军、辛武贤为破羌将军，诏令辛武贤等率兵于七月进击罕、幵部落，赵充国率兵同时出击，不得迟疑。见了诏令后，赵充国再次上奏阐明自己的主张，认为只要击破先零部落，罕、幵两部落用不着一兵一卒，自会臣服。如果先零部落臣服了，罕、幵两部落仍抵抗，那时再攻击就合理合时了。七月初五，汉宣帝下诏，听从采纳了赵充国的奏报。

赵充国率军进抵先零地区，先零羌人屯兵已久、戒备松懈，忽见汉军大兵来到，慌忙抛弃马车辎重，急渡湟水撤退，挤入湟水中淹死的有数百人，被斩杀和俘虏的有五百余人，汉军缴获牛羊家畜十万余头、车四千多辆。汉军行至罕、幵部落所在地，赵充国下令不得焚烧羌人部落、不得在羌人耕地中牧马，首领靡忘听说后，欣喜地说："汉朝果然没有把我们当作敌人！"羌人马上派人前来归降，赵充国果然没怎么用兵就平定了罕、幵部落。

汉宣帝又诏令辛武贤、许延寿率兵前往赵充国驻地，于十二月与赵充国合兵进攻先零。这时，投降的羌人已经有一万多人，赵充国估计先零部落肯定要失败，打算撤除骑兵，让步兵在当地屯戍，先使自己立于不败之地，等待羌人疲惫，然后战胜敌人。他不顾儿子赵印的劝阻，先后两次进呈主张留兵屯戍的奏章，并列举了十二项好处。

赵充国每次上奏，汉宣帝都让公卿大臣们讨论，经过多次讨论，大臣们越来越认为赵充国的意见是正确的。汉宣帝于是回复赵充国，嘉勉并采纳了他的计划，又因为辛武贤、许延寿多次建议出兵，所以也同时批准，下令两位将军和赵充国的儿子中郎将赵印率部出击。最后的结果是许延寿斩杀和俘虏了四千多人，辛武贤斩杀和俘虏了二千多人，赵印斩杀及招降的也有二千多人，而赵充国收容归降五千多人，羌族叛乱基本平定。汉宣帝下诏罢兵，只留下赵充国率领步兵在那里屯戍。直到第二年五月，赵充国才撤回屯戍部队。

赵充国平西羌，坚持先惩祸首，怀柔胁从，反对急功近利，主张全师保胜。实践证明，他是正确的。汉宣帝兼听并用两方面的意见，也是有智谋的。

124. 张敞批评黄霸

（反对作假）

公元前55年春天，宰相博阳侯丙吉去世，汉宣帝刘病已擢升御史大夫黄霸为宰相。黄霸长期直接面对百姓，对朝廷中枢缺乏运作能力，所以当了宰相以后，声誉反而比之前当郡守时下降了。有一天，京兆尹张敞家的鹖雀（斑鸠之类）飞到宰相府，黄霸以为是神雀，大为惊喜，准备上奏皇帝。

这时，张敞上奏汉宣帝，对黄霸的一些做法提出了批评。他在奏表中说：“我看到宰相会同中二千石大臣、博士等一起接见各地来京报告本年度工作情况的官员，其中有郡守、长史、郡丞，询问考察他们为民兴利除害、推行教化的情况，让他们逐条回答。凡是能报告出辖区内农人谦让田界、男女不共走一条道、路不拾遗的，以及列举得出孝顺长辈的子孙、贞节妇女人数的，列为一等，先上厅入座。虽能泛泛陈述，却不能确切说出人数的，列为二等。对这些方面说不出任何情况的，列为三等，只能在后面叩头请罪。宰相虽然口中未说，但心里却仍希望他们也能对答出来。

“在郡守、长史、郡丞对答之时，我家的一群鹖雀飞到了宰相府的屋顶上，自宰相以下，看到的人有好几百。其中，有的是从边疆地区来的，知道它们是鹖雀，但宰相问他们，他们却装作不知道。宰相与人商议，准备把这当作祥瑞，上奏皇上，说：‘我问过来京报告工作情况的各地长史、郡丞，他们都认为是由于礼义教化大兴，上天才派下神雀以酬报皇上盛德。’后来发现这些鹖雀是从我家飞来的才作罢。各郡、国的官吏们都在背后暗笑宰相虽仁厚有智，却有点儿轻信奇闻怪事。

“我绝不是诋毁宰相，只是怕大家都不敢说明此事，各郡、国的官吏害怕被宰相指责，回去后会依照宰相所企盼的弃舍国家正规法令，专注个人表现，追求政绩效应。这样的话，原本淳朴的民风就会被破坏，人人行为虚伪，应付懈怠，最严重的甚至会做出邪恶之事来。如果京城率先倡导农人互相谦让田界、男女分开走道、路不拾遗等事，实际无益于分辨廉洁与贪婪、贞节与荒淫，只能以虚假表象欺骗天下，这已经是不对的。如今，如果再要鼓励各郡国先这样做假，再用虚假的美誉欺蒙朝廷，这更不是小事，后果会很严重。

“我大汉承接前朝并加以变通，制定新的法律条令，目的在于鼓励善行，禁止邪恶，条令翔实周密，再难增添。所以，我们应做的是：明确指示各郡、国长史、守丞，回去后转告二千石高官……处理郡、国事务都应遵循法律条令的规定，不可擅自修改。弄虚作假博取声誉的，就应受诛杀，以显示朝廷好恶的意向。”

刘病已对张敞的建议极为赞赏，欣然采纳，召集来都城上奏情况的各地方官员，派侍中前往发布指示，内容完全是张敞的那些建议。黄霸深感惭愧。

张敞对黄霸的批评，实事求是、切中要害、深含智谋。刘病已能支持张敞的建议，确实也很明智。这个故事对当今社会仍有一定的现实指导意义。

125. 耿寿昌受重赏

（就地筹粮）

公元前 54 年春，大司农中丞耿寿昌上奏汉宣帝刘病已，奏中说："由于连年丰收，粮价便宜，农民收益减少。按照以往惯例：每年从函谷关以东地区转运粮食四百万斛以供应长安，需调用运粮士兵六万人。如果朝廷直接从三辅（京兆、右扶风、左冯翊，即长安及长安西、长安北）、弘农郡（今河南省灵宝市东北）、河东郡（今山西省夏县）、上党郡（今山西省长子县）、太原郡（今山西省太原市）购买粮食，可以节省从关东转运粮食一半以上的士兵。"刘病已采纳了他的建议。

耿寿昌又禀告："应该命令沿边塞的各郡一律修建粮仓，在市场粮价贱的时候，略微提高一点儿价钱买进粮食；在市场粮价高的时候，略微降低一点儿价钱卖出，这些粮仓定名为'常平仓'。"建了常平舍，百姓受益不浅。

刘病已下诏嘉奖耿寿昌，封他为关内侯。

耿寿昌提出上述两项建议，一是就地筹粮，以节省运力；二是设"常平仓"以利百姓。这些都是便国利民的好方法。看来他确是一位既能恪尽职守又善动脑筹谋的官吏，所以他受到了这样隆重的封赏。

126. 张敞倒而复起

（主动请罪）

公元前56年，光禄勋、平通侯杨恽跟太仆戴长乐互不相容，被廷尉定为用恶言诽谤，大逆不道。汉宣帝刘病已下诏赦免杨恽死刑，但跟戴长乐一起被贬谪为平民。

杨恽被贬在家赋闲三年，大肆购置田产，用他的财富享受声色犬马。他的朋友安定郡（今宁夏固原市原州区）守孙会宗写信告诫他，大臣被贬在家，应该低调，不应大兴土木，广交宾客。杨恽对遭贬黜，内心本来就不服，就给孙会宗回信说：“……我得罪皇上，已满三年，农家劳作辛苦，每年伏天、腊月，煮羊炖羔，用酒一斗，自我犒劳，酒后耳热，仰面朝天，敲击瓦盆，放声高唱：‘南山种田，荒芜杂乱，种一顷豆，落地成秧。人生应及时行乐，等待富贵何时来！’就算是荒淫无度，也不知有何不可。”

这时，正好遇到日食，有一个名叫成的马夫头上书控告杨恽，说：“杨恽骄横奢侈，不思悔过。这次出现日食，就是他的缘故。”奏章交给了廷尉处理，廷尉在处理中发现了杨恽写给孙会宗的信，汉宣帝看了这信后更厌恶杨恽。廷尉以大逆不道罪处杨恽腰斩，他的妻儿被放逐到酒泉郡，他的侄儿安平侯杨谭被贬为平民，几位与杨恽关系友善的官员，如未央宫卫尉韦玄成及孙会宗等，都被罢免。

杨恽被杀后，公卿上奏弹劾京兆尹张敞，说他是杨恽的同党，不应仍居高位。刘病已爱护张敞，压下奏章，不交付查办。可是，朝廷气氛很紧张，形势对张敞不利。就在这时候，张敞派他的一个下属絮舜去调查一件案子，絮舜一反常态，爱答不理，私自回家睡大觉，还冷笑说：“张敞这个京兆尹只能再干五天，还能再办什么案?”张敞知道后，立刻逮捕絮舜，日夜不停地审讯，终于将絮舜定为死罪。絮舜被杀前，张敞派主簿给他送了一张字条，上面写道：“五日京兆尹怎么样？冬季已尽，你还想多活几天吗？”然后命人将絮舜绑赴刑场，斩首示众。

到了立春，朝廷派出调查冤狱的使者出巡，絮舜的家属抬着絮舜的尸体，将张敞写的字条贴在辩冤诉状上，向使者控告张敞。使者上奏，弹劾张敞滥杀无辜。这是个很重的罪名，刘病已不愿严办张敞，打算对他从轻发落，就把先前弹劾张敞为杨恽朋党的奏章发下，只将张敞免职，贬为平民。张敞到未央宫北门交还印信后，就赶快逃走了。

几个月后，京城官吏因懈怠职守，办事效率低，追捕盗贼的警鼓频频敲响，冀州一带（今河北省中、南部）更为严重，发现了巨盗。刘病已想起张敞治理盗匪的功劳，就派使臣到张敞家征召他。因张敞身遭弹劾，听说朝廷使者到来，他的妻儿家属都吓哭了，只有张敞笑着说：“我一个逃亡的平民，郡吏就可以来抓捕我。现在朝廷使臣到来，这是天子要起用我。”于是，整理行装，随使臣前往公车府。

张敞立即上书，为他诛杀絮舜一事进行说明，奏中说：“我以前有幸位列九卿高位，担任京兆尹，被指控杀死属吏絮舜。絮舜这个人本是我平时厚待的部属，我曾经几次原谅了他的过失。这次，只因有人弹劾我，他认为我会被免职，所以，我派他去查办一宗案件，他竟然不理不睬，私自回家睡觉，还讥讽我只能再当五日京兆尹。这是一种忘恩负义、伤风败俗的行为。因为他态度恶劣，我借法令纵泄私愤，将他诛杀。我确实是枉杀无辜，也故意不公正判决，如果现在将我明正典刑，我也死而无恨！”

刘病已召见了张敞，任命他为冀州刺史。张敞到任后，盗贼很快就绝迹了。

这个故事中，杨恽没有韬光养晦，结果惹祸身亡。反观张敞，在危急关头，先是疾杀势利眼小人，解了心头之恨，尽管行为失当，但确实大快人心；后是瞅准机会，主动请罪，又重被任用。两个人相比较，张敞确实有智谋多了，所以才能倒而复起。

127. 以国宾待单于

（优礼相待）

公元前52年十二月，匈奴呼韩邪单于因本部兵弱将寡，走投无路，听从左伊秩訾王的建议，率领大队人马，缓缓抵达汉朝边界五原要塞（今内蒙古包头市），派人进关，表示愿意呈献本国珍宝，并于明年正月到长安，朝见汉朝皇帝。

这是一件大事，汉宣帝刘病已命有关部门商议朝见的礼仪。宰相与御史大夫建议："按古制，匈奴单于来朝贺，接待的礼仪与诸侯王相同，但位次应排在诸侯王的后面。"

太子太傅萧望之却提出异议："匈奴本非我国臣属，不应用臣属的礼仪对待它，应该让它的位次在诸侯王之上。外夷俯首称臣，自愿居于藩属地位；我国谦让，不以臣属之礼待它，以笼络其感情，显示我国大度。《尚书》上说'戎狄很难驯服'，说明它的归附变化无常。如果万一将来匈奴的后代子孙突然像飞鸟远窜、老鼠潜伏一般不再来朝见，也算不上是我国的叛逆之臣，这才是万世的长远策略。"

刘病已采纳了萧望之的建议，下诏说："匈奴单于自称我国北方藩属，将于明年正月初一前来朝见。朕的恩德不够，不敢当此隆重礼节。应该以国宾之礼相待，让单于位于诸侯王之上，拜谒时只称臣，不具名字。"

呼韩邪单于于公元前51年正月抵达长安，朝见汉宣帝时，受到特殊礼遇，自称"藩臣"，不加报名字。刘病已赠送给他大量钱物，在建章宫设宴款待他，请他观赏珍宝，答应他提出的请求。二月，刘病已还派出了大部队护送呼韩邪单于出朔方郡鸡鹿塞（今内蒙古磴口县西北）。

以前，从乌孙以西到安息（今伊朗），凡与匈奴接壤的各国，都畏惧匈奴而轻视汉朝。自呼韩邪单于朝见汉朝天子后，大家转而敬畏汉朝了。

看起来，用优礼接待前来归附的匈奴单于，无疑比妄自尊大更有远见和智谋。这样做不仅有利于当时汉朝北方边疆的安宁，还赢得了与匈奴接壤各国的广泛尊敬。

128. 刘奭逼死老师

（引诱认同）

公元前 47 年正月，前将军萧望之、光禄大夫周堪、宗正刘更生等一伙人，在与大司马车骑将军史高、中书令弘恭、仆射石显等外戚团伙（汉宣帝的妻族、祖母族许、史家族）的较量中受挫，萧望之被免除将军职务，周堪、刘更生被贬为平民。

到了秋天，汉元帝刘奭又征召周堪、刘更生，准备任命他们为谏大夫，却因弘恭、石显从中作梗，刘奭改任他们二人为中郎。萧望之曾经是刘奭当太子时的老师，刘奭一直很器重他，想要他担任宰相。弘恭、石显与许、史家族的子弟，以及侍中、诸曹却嫉妒怨恨他们，两伙人再一次铆上了劲。

这次是刘更生先动手，他指使他的一个亲戚就当时发生地震灾难上书说："地震的发生，是针对弘恭、石显的，而不是针对萧望之、周堪、刘更生三个匹夫的。我很愚昧，但我认为，应罢黜弘恭、石显，以显示对庇邪压良的惩罚。应擢升萧望之等，以疏通贤能上进的道路。如果能这样的话，则天下太平的大门洞开，天灾地变的泉源也就阻塞了。"奏章呈上后，弘恭、石显看到了，怀疑是刘更生搞的名堂，要求刘奭准许追究，于是逮捕了那个亲戚，亲戚供出了真相，果然是刘更生指使的。刘更生因此被捕入狱，再次被贬为平民。

就在这个时候，萧望之的儿子散骑中郎萧伋也上书为其父在年初被罢免之事鸣冤叫屈。奏章交给有关部门，有关部门复查后奏报说："萧望之正月间被指控的罪证很明确，并非诬告陷害。可他却教唆儿子向陛下上书，引用《诗经》

上关于无罪的诗篇，有失大臣气度，大不敬！请予以逮捕审讯。”

弘恭、石显等人非常了解萧望之素来气高节烈，是不可能接受下狱的屈辱的。因此，他们装作为皇上考虑，提出建议说：“萧望之在正月的前案中，侥幸没有牵连进去，而又得赐爵位，他不悔过认罪，反而满腹牢骚，教唆儿子上书，把过错推到陛下身上。他自以为是陛下的师父，无论怎么折腾都不会被治罪。如果不用下监狱的痛苦挫挫他的骄傲，压压他的自信，堵堵他的怨恨，陛下即使施加更多的恩惠给他，他都不会感激的。”石显等人还说，“人谁不爱惜生命，而萧望之被指控的不过是言辞上的轻罪，对他来说是没有什么可担忧的。”刘奭于是同意复查的奏报。

十二月，石显等人把诏书封好，交给谒者（主司礼宾），命令由萧望之亲拆。为了加逼萧望之，石显还让太常（九卿之一，主司祭祀）速调执金吾（主司长安警卫）所属部队，包围萧望之的住宅。谒者到达萧宅，召唤萧望之接诏。萧望之问他身边的学生朱云，该如何应对。朱云也是性情刚烈的人，崇尚节操，劝萧望之自尽。萧望之仰天长叹：“我曾位列将相，而今年过六十。这么老的年纪被投入监狱，还要去苟且偷生，岂不是很鄙贱?”就喊着朱云的别号说：“朱游，快把药配好，不要延长我等死的时间。”然后，萧望之吞下鸩酒，自杀身亡。

刘奭接到报告，大为震惊，拍着桌子说：“我本来就怀疑他不会去坐牢，我果然害死了我的好师父!”这时，太官（主司御厨）呈上午餐，刘奭不肯进食，泪流满面，悲哀痛切，感动左右之人。他召来石显责问，石显等人承认当初判断失误，脱下官帽，叩头请罪，过了很久，才让他们起身。刘奭哀悼萧望之，不能忘情，每年四季都派人去他坟前祭祀，直到自己去世。

石显等人和刘奭都知道萧望之不可能接受坐牢之辱，但石显说服刘奭的一个观点是：应该给点儿苦头让萧望之尝尝，不会有大碍。这样，使得刘奭在不知不觉之中，被诱进圈套。石显采用先布设圈套，再引诱认同的计谋，终于得逞了。刘奭钻进了圈套，逼死了自己的老师，要怪只能怪他自己太昏庸。

129. 石显计惑刘奭

（预布场景）

中书令（主司传宣诏命）石显邀宠弄权，公卿以下的官员都很怕他，小心翼翼，唯恐有所冒犯。石显与中书仆射（主司执行政务）牢梁、少府（主司宫廷供给）五鹿充宗结为朋党，凡依附他们的，都得到了受宠信的官职。民间有歌谣："你是牢梁的人，还是石显的人，或是五鹿家的人，为什么身揣那么多印，印上的绶带那么长?"

石显自知专权在手，生怕汉元帝刘奭一旦听信左右之人对他抨击而失宠，便经常想表明自己的忠诚，并用预先设计好的事情来验证刘奭对自己的态度。他曾奉命出宫到各官府办事，便事先向刘奭请求："有时回宫太晚，恐怕宫门关闭，我可不可以说奉陛下之命，叫他们开门。"刘奭答应了。

有一天，石显故意回宫很晚，宣称皇上有命令，唤开宫门入内。不久，果然有人上书告发"石显专擅皇命，假传圣旨，私开宫门"。刘奭看后笑了起来，并把奏章给了石显看。石显抓住这个机会向刘奭哭诉："陛下过分宠信我，将朝廷政事委托我办理，很多人因此而嫉妒我，他们随时随地想陷害我，类似这种事情已不止一次，只有圣明的皇上才知道我的忠心。我出身微贱，实在不能以我一己之努力而使万人称快，承担起天下所有的怨恨。请准许我辞去中枢机要工作，只负责宫廷清洁洒扫的差役，我死而无恨。唯求陛下爱怜，让我能保存性命!"

刘奭以为事情果真是这样，就很同情石显，多方安慰他，又给他重重赏赐。这样的赏赐及百官贿赂石显的，价值达一亿之多。

石显逼死了前将军萧望之，人心激愤，他知道后，唯恐招来抨击。因为谏大夫（主司议论）贡禹精通经典、节操高尚，石显就派人去问候致意，用心交结，并向刘奭推荐，使贡禹升官至九卿，并对他礼遇周全。于是，舆论对石显也出现了赞扬的风向，认为石显对萧望之不至于有故意陷害之意。石显善于谋略变诈，为自己解围，并取得刘奭信任的手法，大抵是这样。

石显通过预布场景、自导自演的手法骗取刘奭的同情和信任，以假行尊贤的手法掩饰他真实害贤的面目，这都是智谋含量颇高的奸佞手段。

130. 击斩郅支单于

（假借上命）

郅支单于自以为匈奴是个大国，又连续打了胜仗，就更加骄傲，不可一世。汉朝曾前后派出三批使者到康居（今中亚突厥斯坦）郅支单于处，查询卫司马谷吉（护送在汉朝当人质的郅支单于的儿子回匈奴时被杀）等人的遗体的下落。郅支单于对汉使百般侮辱，不肯接受汉朝的诏书，只是通过西域都护上书，戏谑地写道："本人居住的地方环境困苦，愿意归顺强大的汉朝，还打算送我儿子去当人质。"态度非常傲慢。

公元前36年，汉元帝刘奭派西域都护、骑都尉甘延寿和副校尉陈汤出兵，讨伐郅支单于。陈汤沉着勇敢、深思远虑有谋略、喜好建立奇功。他与甘延寿商议说："夷狄（西域少数民族）都畏惧匈奴，这是他们的天性。西域（今新疆及中亚东部）本来就属于匈奴管辖，现在郅支单于威名远扬，不断进扰乌孙（今中亚伊塞克湖东南）和大宛，又经常给康居出谋划策，目的在于吞并乌孙、大宛。一旦郅支单于得到乌孙、大宛，几年之内，西域各国就都有危险了。郅支单于性情剽悍、喜好战争，又屡次获胜，时间一长，一定会成为西域的祸害。现在，他距离我们路途遥远，还没有坚固的城堡和强劲的弓弩防守。我们如果征调屯垦的部队和乌孙的军队，挺进到他新筑的单于城（今中亚巴尔喀什湖西南）下，他要逃没地方可逃，要守又守不住。这样千载难逢的功业，一天就可以完成了。”

甘延寿认为陈汤说得很对，准备先行上奏请求批准。陈汤说：“皇上一定会召集公卿大臣们商议，而宏伟大计不是平庸的官员们所能理解的，如报上去肯定得不到批准。”甘延寿犹豫不决。恰巧，他突发疾病卧床，一时不能痊愈。陈汤就单独行动，假借皇命，征调几个西域国的军队，以及驻在车师国（今新疆吐鲁番市）的戊己校尉指挥的屯垦部队。甘延寿得知后，大惊失色，想阻止陈汤这样做。陈汤大怒，手握剑柄，严厉警告甘延寿：“大军已动，你是要破坏大计，想打击士气吗？”甘延寿只好顺从了。

经过整编，军队一共集结了四万多人，甘延寿、陈汤一边上奏，自劾假传上命的罪过，说明了这样做的理由，一边就在当天率领大军推进。大军分为六路，其中三路沿南道（今新疆塔里木盆地南边）越过葱岭（今帕米尔高原），穿过大宛国；另外三路由甘延寿亲率，从温宿国（今新疆乌什县）出发，由北道（今塔里木盆地北边）经过乌孙国首都赤谷城，穿过乌孙，沿康居边界，挺进到阗池（今中亚伊赛克湖）西岸。

郅支单于听说汉军抵达，打算脱离战场，去投奔康居。可是，他怕康居王怨恨他，会与汉军里应外合，所以不敢前往。他又了解到乌孙等西域各国都派出了军队，参与了汉军行动，认为已无路可逃，所以，他虽然逃出了单于城，只好又返回，说：“不如坚守，汉军远道而来，绝不可能坚持太久。”当汉军攻城之战激烈时，郅支单于全身披挂在城楼上指挥作战，他的阏氏、夫人等几十人，都手挽弓箭射击汉军。汉军的一支箭射中郅支单于的鼻子，他的夫人也死了，郅支单于满身是血下了城楼，率领一百余人退入王宫。汉军包围并纵火焚烧王宫，官兵们争先恐后地冲入宫殿，郅支单于因身负重伤而亡。

甘延寿、陈汤虽然斩杀了郅支单于，但当权的石显、匡衡等人认为他们假传圣旨，擅调军队，不杀他们已是宽容，不能以功论赏。直到两年多后，刘奭终于下诏赦免甘延寿、陈汤假借上谕之罪，赐封甘延寿为义成侯、陈汤为关内侯，采邑各三百户，加赐黄金各一百斤。任命甘延寿为长水校尉，陈汤为射声校尉。

汉朝这次能率西域各国击斩郅支单于，建立空前功业，是陈汤采用假借皇命的计谋完成的。如果陈汤没有胆量坚持这个主意，并使它迅速实现，是难以完成这样的功业的。智谋与勇气往往是成就功业的双翼。

131. 罢边备十不可

（陈告利害）

匈奴呼韩邪单于得知郅支单于被汉军诛杀的消息，既高兴，又害怕。于是，向汉元帝刘奭上书，请求入朝觐见。公元前33年正月，匈奴呼韩邪单于来朝见汉天子，请求娶汉女为妻，以亲近汉朝。汉元帝就把后宫中一个女子王嫱（字昭君）赏赐给单于。呼韩邪单于非常高兴，激动得马上上书说："愿意替汉朝防守东起上谷郡（今河北省怀来县），西到敦煌郡（今甘肃省敦煌市）的边塞，万世相传，永远顺从。请天子撤回边境的士兵，使人民得到休养生息。"

汉元帝把呼韩邪单于的这个建议交给有关部门讨论，有关部门一致认为可以采纳。只有很熟悉边塞各种情况的郎中侯应提出了异议。元帝问他道理何在，侯应上奏列述了十条不能答应的理由：

其一，匈奴失去阴山（今内蒙古阴山山脉），每次经过那里时都伤心痛哭，如果撤走边塞的军队，正可给夷狄（对边塞少数民族的蔑称）卷土重来以可乘之机；

其二，现在边塞留下的军队仅够担任瞭望、互通烽火而已，应居安思危，对这些守卫再也不能撤除了；

其三，汉朝的愚昧小民尚且要犯禁，匈奴单于就能绝对保证部众不会违反禁约吗？

其四，为了防备那些匈奴属国的降民（他们本是匈奴人）会因思念故旧而逃亡；

其五，如果撤回边防军队，会使夷狄生出轻慢欺侮之心，激起怨恨而引起纠缠不清的纷争；

其六，以前从军的人，很多沦落在匈奴，他们的子孙都很贫困，一旦有机会，就会大批逃出边塞去投亲靠友；

其七，沿边各地的奴仆婢女，身世悲苦，想要逃离的人很多，经常有人逃出边塞去；

其八，凶恶奸佞的盗贼犯了法，被追捕急了，就会向北逃入匈奴而无法制裁他们；

其九，如为了节省徭役戍守的权宜之计，而忽视事情的长远利害关系，一旦突发事变，仍需调遣屯卒，重建要塞，而且短时间内不可能马上修复；

其十，如果撤除边防，省去守望戒备，边境太平了，匈奴单于就会自认为替汉朝保卫了边境，将会不断请求赏赐，如使他失望不满，后果将难以预测。

所以，侯应认为撤除边塞和防卫军队，不是保持永久太平、控制外夷的长远策略。侯应奏章递上去后，元帝就下诏令："停止讨论撤除边塞防卫的事情。"还派车骑将军许嘉口谕呼韩邪单于道："边境上设的关卡、津梁、亭障、要塞，不只是为了防备塞外进扰，也是用来防止境内的奸佞坏人出塞为害。恐怕单于误会朝廷为什么不撤去边防，特派许嘉向单于做解释。"

呼韩邪单于听后感激地说："我愚昧，没有想到汉天子的周详大计，还特地派大臣来告诉我，待我这么优厚！"呼韩邪单于封王昭君为宁胡阏氏（皇后），不久后，王昭君生下一男孩，名叫伊屠智牙师，被封为右日逐王。

侯应以实事求是的态度，采取层层剥笋、陈告利害的方法，所述罢废边防十不可，是有实际智谋的真知灼见。他比那些只知道摇头晃脑死背经典、空发议论的人和见识短浅、人云亦云的人，真的不知高明了多少倍！

132. 史丹力保太子

（至诚相劝）

公元前35年六月初五，汉元帝刘奭的弟弟中山王刘竟去世。刘竟与太子刘骜的年龄相仿，叔侄俩一起长大，又在一块儿读书。刘竟逝世后，刘骜前往吊丧。刘奭看到儿子，想起弟弟，悲哀不能自抑，可是刘骜却显得无动于衷的样子。刘奭恨恨地说："天下哪有一点儿爱心都没有的人，可以继承祖庙香火、做万民父母的?"这时，驸马都尉、侍中史丹正担当刘骜的监护人，刘奭责备史丹，史丹脱帽请罪说："这都怪我，是我见陛下痛悼弟弟，以致身体受损。前几天，太子要觐见，我事先嘱咐过他，不要流泪哭泣，以免引起陛下伤感。罪责在我，我该死!"刘奭认为史丹说的是事实，才平息了怒气。

刘骜从小就喜爱儒家经典，为人宽厚谨慎，也很博学。可是，他后来却喜好饮酒、追求安乐，刘奭认为他没有能力主持国政。而另一位皇子山阳王刘康很有才干，他的母亲傅昭仪又最受刘奭宠爱，刘奭就逐渐有意改封刘康为太子。

有一次，刘奭卧病，久久不能起床。傅昭仪和她的儿子刘康经常在刘奭病床前侍奉。而皇后王政君跟她的儿子刘骜却很少来拜见。刘奭的病势渐渐沉重，心绪不宁，他好几次向尚书查问汉景帝废掉太子刘荣、改立刘彻为太子的往事。这时，刘骜的大舅阳平侯王凤当着卫尉、侍中，他和皇后王政君、太子刘骜都忧心忡忡，不知道该怎样才能挽救危局。

史丹是刘奭身边最亲近的大臣之一，能够直接进入寝殿探视刘奭的病情。史丹等到只有刘奭一个人躺着的时候，直接进入寝殿，一直走到铺在地上的青蒲上，以头叩地，流着泪说："刘骜以嫡长子的身份被封为太子已经十多年了，全国上下，家喻户晓，万民归心，愿做他的臣民。而今，山阳王刘康得到陛下厚爱，外面流言纷纷，这里面既有为国的成分，也有个人利益的考虑，认为太子地位不稳。如果真的发生了这样的事，三公九卿以及众大臣，必然会以死相争，拒绝接受这样的安排。我请求陛下赐我先死，作为群臣的表率。”

刘奭素来心肠软，不忍看到年迈的史丹伤心流泪，泣不成声，而史丹所说的话又恳切中肯，出于至诚。刘奭非常感动，有所觉悟，不由得长叹一口气，说：“我的病情日益沉重，太子刘骜、山阳王刘康、信都王刘兴，年纪都还小，心中思恋，怎么能对他们的将来不悬念！但我并没有改立太子的想法。而且，皇后为人谨慎，先帝又很喜欢太子，我怎么能违背他的意愿？你是从哪里听说这些的？”

史丹听后立即退后叩头说：“都是我愚昧，妄信传言，罪当处死。”刘奭对史丹说：“我的病越来越重，恐怕好不了了，你要好好辅佐太子，不要辜负我的嘱托。”史丹哽咽着起身告退。太子的地位从此才巩固。刘奭不久逝世，刘骜继位，他就是汉成帝。

史丹在这里采用至诚劝谏的方法，先为刘骜揽过开脱，后又通过恳切劝谏，打消了刘奭改立太子的念头，终于保住了太子刘骜。所以，在特定的条件下，通过至诚相劝来改变对方的想法，这种朴实的智谋，也会有意想不到的效果。

133. 谷永辩救陈汤

（借古喻今）

公元前 33 年六月，汉成帝刘骜即位不久，时任宰相的匡衡弹劾射声校尉陈汤，说他“以二千石俸禄高官的身份，出使西域（今新疆及中亚东部），在负责蛮夷事务中专权独行，不能持身以正做部下的表率，反而盗取在康居国（今中亚突厥斯坦）没收的财物，还对部下说‘远在外域发生的事，不会有人核查追究’，这些事虽发生在大赦之前，但他不宜担任官职”。陈汤获罪被免职。后来，陈汤上书指称："康居国送来当人质的王子，并不是真的王子。"但经查验，这个王子确是真王子，陈汤因此被捕入狱，依罪很可能会被处死。

太中大夫谷永上疏为陈汤辩解说："我听说楚国因为宰相芈得臣贤能，使晋文公坐不安席；赵国有廉颇和马服君赵奢，使强秦不敢进犯赵国西界的井陉关；在汉初，因为有雁门郡（今山西省右玉县）郡守郅都、云中郡（今内蒙古托克托县）郡守魏尚，匈奴不敢从沙漠南下。所以说，能征善战、克敌制胜的将领，是国家的利爪，不可不慎重地对待他们。自古以来，人们听到战鼓激扬的声音，就会想到战场上冲锋陷阵的将帅。

"关内侯陈汤，以前曾击斩郅支单于，声威震慑各国，武功传播西域，自汉朝开国以来，在疆域之外作战的将领，从未有过他这样的功勋！而今，陈汤被控告检举不实，长久囚禁监狱，历时这么久仍未结案，掌刑的官员还想判他死刑。从前，白起为秦国大将，向南伐楚，攻陷郢都（今湖北省江陵县）；北击赵国，坑杀降卒四十万，却因极小的过失在杜邮被逼自杀。秦国百姓怜惜他，无不流涕。当今的陈汤亲执武器，席卷匈奴，喋血于万里之外，把战功呈献在皇家祖庙，禀告上天。天下武士无不思慕。而他所犯的错，并不是什么严重的罪。

"《周书》说：'记人之功，忘人之过，才是领袖人物。'犬马对人有辛劳之功，死后尚且不思扔弃，好好加以埋葬作为回报，何况是对国家有大功的英雄呢？我怕陛下忽略了战鼓之声，没时间翻阅《周书》的记载，忘记报答功臣的效劳，像对待一般平庸臣子那样待陈汤，终于批准对他施加死刑，使百姓再怀秦国人民那样的遗恨。这不是勉励臣下为国赴难效忠的做法！"

谷永的这道奏章上去后，刘骜立即下令释放陈汤，免除其死刑，但剥夺了他的爵位，贬为战士。后来，因陈汤熟悉西域各国的军情，所提供的意见都很准确，经大将军王凤上奏请求，陈汤被任命为从事中郎，大将军幕府的大事都由陈汤决定。

在这里，谷永采用的是借古喻今、借喻明理的方法，这样的劝谏不仅给人哲理上的启迪，而且内容比较形象、生动，富有感染力。所以，二十多岁的刘骜被说动了，陈汤终于免除了厄运。

134. 拒匈奴王请降

（大局着眼）

公元前27年春天，匈奴单于所派的右皋林王伊邪莫演朝贡之后，将要回国之时忽然声称："我要降汉，如不接受我，我就自杀，誓死不回匈奴了。"负责接待的官员便将这事奏报了上去。

汉成帝刘骜接到奏报，就把这件事交给公卿们去讨论审议。参与审议的人有的说："应该按惯例，接受他请降的要求。"光禄大夫谷永、议郎杜钦则认为："自从汉朝建立以来，匈奴一直是边境的祸害，所以悬赏黄金、爵位，鼓励他们来降。现在单于已归顺称臣，成为北方的藩国，而且派遣特使朝贺进贡，汉朝如今既然接受了单于朝贡的诚意，却又收容他们叛逃的臣子，这是为贪图得到一个人而失掉一国的归顺之心，为了拥有一个罪臣而断绝一位仰慕仁义的君王的行为啊！"

谷永和杜钦接着阐述道："此外，还可能出现这样的情形：单于刚刚即位，本想继续依附大汉，却不知是利是害，就密派伊邪莫演前来诈降，用以观察事情的吉凶。我们如果接受，那就有亏道义而使单于疏远我们，不再相信我国边境的官吏；或许是有人设下的反间计，想借此惹是生非，如我们接受他的归降，正好中了他们的计，匈奴就可以把罪责加到我国头上而理直气壮地责备我们。"

他们二人进一步指出："这正是关系今后边境安危、征战与和平的关键，不能不特别慎重考虑。因此，不如拒绝他的请降，以显示我们光明磊落的信义，消除他们欺诈的阴谋，安抚单于归顺亲近我们的决心，这才是最好的办法！"

汉成帝采纳了这个建议，派遣中郎将王舜前往询问伊邪莫演请降的原因，伊邪莫演忽然改变态度，说："我有精神狂妄症，以前说要投降的话，是一时精神失常而胡言乱语。”最后，汉朝就把他护送回国了。伊邪莫演回国后，匈奴单于保留了他的官职，但不准他再会见汉朝使节。

谷永、杜钦从大局着眼提出的看法和建议，使刘骜做出了正确的抉择。这样的抉择才符合国家的长远利益。谷永、杜钦在这个问题上，确实显示出极高的政治智谋。

135. 班婕妤知进退

（审时度势）

汉成帝刘骜同时宠爱许皇后和班婕妤。汉成帝曾经在后宫游逛，想要班婕妤跟他同坐一辆车，班婕妤推辞说：“我看古代的图书绘画，圣贤的君王都是名臣跟随在身旁，而夏、商、周三代的末代君王才有宠爱的姬妾在身旁。今天陛下想让我一同乘车，岂不是和三代的末代国君有点儿相似?”刘骜认为她说得有理，就不再勉强。

后来，皇太后听说这件事，非常高兴，称赞说：“古代有樊姬（楚庄王芈侣爱打猎，他的宠妃樊姬不吃狩猎来的禽兽肉，劝诫芈侣停止打猎），现有班婕妤!”班婕妤还把自己的侍女李平进献给成帝，得到了皇上的宠爱，也封了婕妤，并赏赐姓卫。

有一次，刘骜微服出行，经过阳阿公主家，看见一名歌伎叫赵飞燕，就很喜欢她，立即召入宫，大为宠爱；赵飞燕的妹妹赵合德也被召入宫，其姿态秉性更纯美无疵，左右侍从见了，无不啧啧称赞。赵飞燕姐妹二人都被封为婕妤，受到皇上宠爱，压倒了后宫所有美女，连许皇后、班婕妤都失了宠。

于是，赵飞燕就向汉成帝进谗言，诬陷许皇后、班婕妤用妖术蛊惑后宫得宠的美人，甚至诟骂皇上。终于导致公元前 18 年十一月许皇后被废，并迁居到上林苑昭台宫。许皇后的姐姐许谒等人都被诛杀，其亲属都被遣回原籍山阳郡（今山东省金乡县西北）。然后，又来对付审问班婕妤。班婕妤回答说：“臣妾听说：‘死生有命，富贵在天。’我修行正道，尚且没能享受到幸福，如果去做邪恶的事，那还能有好的指望吗？假如神鬼有知，就不会接受不守臣道的恶诉；如果神鬼无知，那向神鬼诉说又有什么用呢？所以我不会做这种事情。”刘骜认为她回答得有道理，就赦免了她，还赏赐了黄金一百斤。

班婕妤看到赵飞燕姐妹的骄纵妒忌，恐怕时间一长自己还会遭到陷害，就要求到长信宫侍奉皇太后。刘骜答应了她的请求。

宫廷里的争斗同官场一样残酷，班婕妤的智谋表现在她能审时度势，知道进退。被宠幸时能自重自持不骄纵，失宠时能沉着敏慧、赢得尊重，一旦有机会就及时摆脱困境，得以自保。班婕妤聪而有谋，难得！

136. 张禹主动化怨

（避招风雨）

公元前12年十二月二十七日，汉成帝刘骜任命曲阳侯王根为大司马、骠骑将军。

安昌侯张禹请求汉成帝把平陵（汉昭帝刘弗陵的坟墓）附近肥牛亭（今陕西省咸阳市西平陵乡南）的那片土地赐给他，修他自己的墓园。王根竭力反对，认为这块地在平陵墓园附近，是皇帝祭祀、出游墓园的必经之地，应换另一块地方赐给他。刘骜没听，还是把那块地赐给了张禹。

王根因此很忌妒张禹得宠，就多次在刘骜面前诋毁张禹。可是，刘骜却越发尊敬厚待张禹，张禹每次患病，刘骜都要问候他的饮食起居情况，甚至亲自坐车到他家问候，并到床前探望他，张禹则在病床上叩头谢恩。张禹的小儿子没有官职，张禹频频用眼睛盯着小儿子，刘骜会意，便在张禹床前任命他的小儿子为黄门郎、给事中。张禹虽然没有官职赋闲在家，但以特进身份为天子的老师，所以，国家每有大事，刘骜都要与他商议而后定。

当时，吏民中有很多人上书，谈论变异跟灾难，讥讽指摘，认为是王氏家族专政而招致灾异。刘骜的心里也同意这个看法，但又觉得事实不明显，因而不能肯定，就坐车到张禹家，屏退左右侍从，亲自询问张禹关于天象变异的原因，同时把吏民谈论到有关王氏家族的事情也告诉了张禹。

张禹是个官场人物，了解处境的危险，自知年事已高，子孙太弱，加上又和曲阳侯王根关系不好，恐怕与王氏家族结下怨恨，无力对抗。于是，张禹就对刘骜说："上天降下灾害变异的原因，含意是很深远复杂的，因而难以明确判断。所以圣人很少谈论天命这个问题，也不说有关鬼神的事。像命运与天道这类问题，连子贡（孔子的学生）他们都没有听孔子谈论过，更何况那些见识肤浅的儒生所说的话呢？陛下应勤于政事，使政治修明，用来应对天地所显示的变异，尽量与臣下一同多行善举，这才是儒家经术的主旨。"

刘骜非常尊信张禹，听了张禹这番话后就不再怀疑王氏家族。不出所料，后来曲阳侯王根及王氏家族的子弟们，探听到了张禹所说的话后，都很欢喜，于是改变了态度，开始亲近张禹了。

张禹在处理与王根的关系时，采取了避招风雨的做法，退一步留有余地，结果大家都平安。如果不这样处理，双方的矛盾肯定会愈演愈烈，说不定最后会鱼死网破。张禹看似柔弱，实蕴智谋！在倡导和谐的今天，退一步海阔天空，主动化怨仍具有正面意义。

137. 赵昌扳倒郑崇

（乘机使绊）

驸马都尉、侍中董贤深受汉哀帝刘欣的宠信，刘欣外出，由他陪同；回宫后也由他陪伴在旁。刘欣赏赐给董贤的财物，累加起来有巨万，他的显贵震动朝廷。董贤常与刘欣睡在一张床上，有一次睡午觉，董贤压住了刘欣的衣袖，刘欣想起床，又不想惊醒董贤，就把袖子割断了，悄悄起床离开。

刘欣下诏，允许董贤的妻子出入皇宫，跟董贤同住。刘欣又召董贤的妹妹进宫，封为昭仪，地位仅次于皇后。董贤夫妻兄妹三人，日夜侍奉刘欣。刘欣还任命董贤的父亲董恭为少府（皇宫供给长官），赐封关内侯。

刘欣还专门下诏，命将作大匠（工程建筑长官）为董贤在未央宫北门外修筑豪宅，里面有前殿、后殿，工程浩大，精巧极致。刘欣还将武库里的兵器和御用库房里的珍宝物品赏赐给董贤。皇家最好的贵重物品都赐给了董贤，刘欣所用的却是次一等的。甚至皇家陪葬用的器物，包括用珍珠制成的短袄、璧玉片制成的长裤，都预先赏赐给了董贤。董贤家中的珍宝应有尽有，无所不备。刘欣另命将作大匠在为自己修的义陵旁边给董贤筑墓，墓内建有密室，还用坚实的柏木作外椁。墓外修筑了巡卫的道路，四周环绕，长达几里。墓门和围墙修得威严壮观。

尚书仆射郑崇认为皇上对董贤的宠爱过度，上书向刘欣进谏。刘欣因此对郑崇的厌恶感与日俱增，屡次以公事为借口责备他。郑崇为此忧虑愤懑，脖子上都生出疔疮，打算辞官，却又不敢。尚书令赵昌奸诈谄媚，一向讨厌郑崇，见刘欣已经疏远郑崇，认为排除异己的机会到了，就上书说：“郑崇跟他的家族中人交往密切，我怀疑其中有什么奸谋，请皇上追查惩处。”刘欣就诘问郑崇：“你家门庭若市，为什么要约束君王交朋友?”郑崇说：“我家虽然热闹，但我心里却清静如水，望陛下明察。”刘欣听到这样顶撞的话后暴怒，将郑崇逮捕下狱。

司隶孙宝上书进言：“尚书令赵昌指控尚书仆射郑崇一案，郑崇被拷打得快要死了，并未吐出一句口供。道路上的行人都知道他是被冤枉的。我怀疑他们之间有宿怨，赵昌才用谗言来陷害郑崇。如果连宫禁之内皇上身边主管机要的近臣都遭到诬陷、冤枉，将会使朝廷招来诽谤而受到损害。我请求对赵昌进行调查，以解众人之惑。”

孙宝上奏后，刘欣很快颁布诏书：“司隶孙宝，附会臣下，欺罔主上，企图利用春季宽赦，做出欺骗诋毁之事，以满足他的奸诈之心，是国之奸贼。罢免孙宝官职，贬为平民。”郑崇最后死于狱中。

赵昌扳倒郑崇，采用的就是乘机使绊子的方法，这是政敌之间常用的一种手段。乘机使绊其实是一种巧用机缘之谋。赵昌及时抓住了对郑崇极为不利的机会，不失时机地巧加运用，终于达到了他所盼望的目的。

138. 谏拒匈奴入朝

（着眼大局）

匈奴单于上书汉朝，请求于公元前 2 年到长安朝见汉天子。这时，汉哀帝刘欣正在病中，有人警告说：“匈奴从黄河上游的西北方向来，气势压人。自从黄龙（汉宣帝年号，公元前 49 年）、竟宁（汉元帝年号，公元前 33 年）以来，单于每到中原朝见，中原就会发生重大丧事。”刘欣因此感到为难，就询问公卿大臣们的意见，大家也都认为接待朝见浪费官府财物，应予婉转拒绝。

单于的使节即将辞别而去，还没有动身。这时，黄门郎（宫门内的郎官）扬雄上书劝谏说：“现在，匈奴单于上书请求入朝，我朝不肯批准而推辞，我冒昧地认为，汉朝与匈奴会从此种下嫌隙猜忌的种子。”“单于归心教化，怀着诚恳之心，准备来京师朝见陛下，这正是前代采取的和平之策取得的效果，是祖先所盼望的景象。这样做，国家虽然有所破费，也是不得不如此。怎么能因‘匈奴从上游来，气势压人’的一句妄语就加以拒绝，使匈奴与我朝疏远，让往昔的恩德毁于一旦？匈奴如果因猜疑而生嫌隙，把怨恨归罪于汉朝，并断绝与朝廷原来的友好关系，那时，既威慑不住它，又安抚不了它，怎么能不对大汉构成重大的忧患呢？”“以往百年艰苦奋斗所获得的和平安定局面，却要在一天之内就被破坏而失去；花费了十分的费用所取得制伏匈奴的成果，却因现在吝惜一分的费用而使它全部白费。我私下深为国家前途感到忧虑不安，希望陛下在还未发生变乱、战争之时稍加注意，以遏制北边战祸的萌生。”

扬雄的奏章呈上，刘欣看了顿时醒悟，立即召回刚要动身踏上归途的匈奴使节，重新更换了给单于的书信，答应单于前来朝见的要求。然后，刘欣赐给扬雄绸缎五十匹、黄金十斤。

主张拒绝匈奴单于来朝的人的理由有：一是迷信，二是吝财。别看他们都是公卿，在事关国家安危的大事上所表现出来的却是鼠目寸光。“食肉者鄙”说的就是这类人。一个小郎官扬雄却能高屋建瓴、着眼大局，呈上这样一番谏言，这才叫有大智谋！

139. 王莽有谋两事

（不信妄语）

王莽篡汉十五六年，不是偶然的。班彪（《汉书》编修人之一）在评论此事时说：“孝元帝皇后王政君经历四个朝代、身居国母的高位，享受朝廷奉养六十余年，让成群小人世代把持政权，轮换着掌握国家命脉，共出现五将（指王凤、王音、王商、王根、王莽，皆王政君亲戚）、十侯（指王禁、王凤、王崇、王谭、王商、王立、王根、王逢时、王音、王莽，皆王政君亲戚），最后终于促成王莽篡汉。”

班固（班彪之子，《汉书》编修人之一）对此事也有评论：“王莽不仁德，又有奸邪谄佞的特殊才干，又利用四位伯父、叔父历代所掌管的权势，遇上汉朝中途衰落，汉成帝、汉哀帝、汉平帝一连三代没有皇位继承人，而偏偏太后王政君却享有高寿，做了一宗之主，所以才能放纵他的邪恶，从而造成篡夺政权、窃取皇位的实祸。”

王莽既然有奸邪谄佞的特殊才干，不用说，他的歪智邪谋足够多，所以能够一边假意谦恭，一边真实篡权。但观其行为，也有一些不乏聪明有谋术的举动。

公元 14 年，北方沿边地区发生大饥荒，出现人吃人的现象。谏大夫如普巡视边境驻军，回来说：“军士们长久在苦寒的边境戍守，边郡没有能力供养。如今匈奴单于刚登上宝座，与我方和好，应该趁此机会撤军。”校尉韩威却上前说：“凭着新朝的威力，吞并匈奴，就好像吃掉口里的跳蚤虱子一样。我愿意求得勇敢的士兵五千人，不携带一斗粮食，饥饿了就吃敌人的肉，口渴了就喝敌人的血，可以在匈奴境内横冲直撞。”王莽认为他的话很豪壮，便任命韩威为将军。然而，王莽却采纳了如普的建议，调回驻扎在边境的将士。

公元 19 年，王莽下令广泛召集可以用来攻打匈奴的有奇巧技术的人才，并打算越级提拔他们。于是，上书建言的人数以万计。有的声称渡江河可以不用舟船，只要让战马首尾相接，就可以运送百万雄师；有的声称不用携带军粮，只要服一种药物，将士就不会饥饿；有的声称可以一日飞行千里，深入匈奴的心脏地区侦查。王莽就让他们当面试验，他们拿大鸟的羽毛做成两个大翅膀，头上和全身都贴满羽毛，翅膀用纽带缠绕操纵，飞行几百步就掉了下来。王莽知道这种技术不能用，却又要博取珍惜人才的名声，就将他们都任命为理军（技术官员），赐给车马，等待出发。

王莽不信韩威的妄语而采纳如普的建议；知道声称“日飞千里”是骗人的，

却仍对提出者予以任用奖励，还算得上有点儿正谋之举。即使如此，这里面虚伪的味道也够重的。

140. 刘秀忍保其身

（罪己障眼）

公元23年二月初一，汉朝的春陵戴侯刘熊渠的曾孙、当时在平林兵（平林人陈牧、廖湛领导的造反军，平林在今湖北省随县）中被称为“更始将军”的刘玄在新市兵（新市人王匡、王凤为首领的农民造反军，新市在今湖北省京山县）、平林兵将领的拥戴下登上皇帝之位。汉朝故长沙王的后代刘縯被刘玄任命为大司徒，其弟刘秀（后为东汉光武帝）被任命为太常、偏将军。

新市兵、平林兵的将领们对刘縯和其弟刘秀的威名日盛，既嫉妒厌恶，又恐惧害怕，就暗中劝更始帝刘玄将他们两兄弟除掉。刘秀察觉出气氛有异样，就警告其兄刘縯说：“看情况，形势对我们不妙啊！”刘縯笑着回答说：“情况一向如此。”

刘縯的一个部将叫刘稷，勇冠三军，听说刘玄登位当了皇帝，就发怒咆哮说：“当初起兵图谋大事的是刘縯兄弟，刘玄算什么！”刘玄任命刘稷为抗威将军，刘稷拒绝接受。于是，刘玄就和将领们预谋，用数千名士兵作戒备，先逮捕刘稷，准备将他杀掉。刘縯知道以后坚决反对。时任五威将军的李轶和大司马朱鲔乘机唆使刘玄将刘縯抓了起来，并于当天把刘縯和刘稷两人一起杀了。刘玄另外任命自己的堂兄光禄勋刘赐接替刘縯为大司徒。

刘秀在前方得知这个消息后，立即从父城（今河南省宝丰县）奔回宛城（今河南省南阳市），向刘玄请罪。原大司徒刘縯所属的官员迎接刘秀并向他表示哀悼，刘秀只是表面致谢，却不与他们谈一句私话，只是深深自责，闭口不提自己在昆阳之战的功劳。他又不敢为刘縯穿丧服，饮食谈笑故意装得跟平常一样，表面上十分平静。

刘玄看见刘秀这样，感到内疚和惭愧，后来任命刘秀为破虏大将军，封武信侯。而刘秀自从兄长被杀，每逢独居，总是不吃酒肉，枕席上经常有泪痕。

刘秀采用罪己障眼之法，假意请罪、假装平静、掩饰情感、忍保其身，以求暂渡难关。如果刘秀做不到这一点，就不可能成就一代帝业。

141. 寇恂智归印绶

（威理并施）

公元23年九月，历时14年的王莽新朝被推翻。十月，建立不久的更始政权定都洛阳，派出使节到各郡各封国，宣布“原新朝的郡守率先归附的，保持他的封爵和官职”。

一位使节来到上谷郡（今河北省怀来县），原新朝任命上谷太守耿况亲自迎接，上缴印绶，表示愿意归附，使节正式接受。可是，过了一夜，却不见印绶发还，而且也没有发还印绶、恢复耿况职位的意思。郡守的属官、功曹寇恂见此情形，就带了一队人马，全副武装，拜访那位使节，要求兑现承诺，发还印绶。

使节见此情景，说：“我是皇上派来的使节，你打算威胁我吗?”寇恂说：“我实在不敢威胁使者，只是为你思虑不周而做出的错误举措感到担忧。眼下，天下刚刚安定，使君代表更始帝驾临本郡，此时，各郡、各封国，莫不引长脖子在观望探察。可是，使君第一站到上谷，就发生自毁承诺的事，那还能有什么办法对别的郡国发号施令呢?”

寇恂的一番话说得使节沉吟不语。见此情形，寇恂大声命令左右用使节的名义召见耿况。等耿况来到后，寇恂径自拿起印绶交给了耿况。使节见事已至此，无可奈何，只得顺水推舟，以刘玄的名义，委任耿况为更始政权的上谷太守。耿况受命之后告辞而归。

寇恂在处理这件事上的智谋，体现在威理并用上。戎装面见使节以示己威，分析利害而晓之以理，终于达到要回印绶的目的。这一目的得以实现，当然也是寇恂正确分析形势、周密筹划和果敢决断的结果。

142. 智借儒生之口

（巧用机缘）

公元23年十二月，汉朝故赵王刘元的儿子刘林率领骑兵和军队数百人，在一天凌晨，进入邯郸（今河北省邯郸市），接收故赵王宫，宣称占卜者王郎是汉成帝刘骜的儿子，将他立为天子。然后派出将领，分别向幽州（今河北省北部及辽宁省）、冀州（今河北省中部、南部）夺取地盘，并发送文告到各州、各郡，华夏北部地区都望风响应。与此同时，刘秀以更始政权大司马的身份也在黄河以北地区发展自己的势力。

公元24年春天，上谷郡守耿况的儿子耿弇准备去长安向更始政权呈送奏章，听说大司马刘秀正在卢奴（今河北省保定市），就直接前往拜见。刘秀挽留他任长史，一同再向北到蓟县（今北京市）。而这时，王郎的文告也跟着到达，悬赏十万户侯爵买刘秀的人头。汉故广阳王刘嘉的儿子刘接，在蓟县发动民众响应王郎，霎时间蓟县全城混乱，刘秀急忙逃离蓟县。

从蓟县仓促逃亡时，耿弇与刘秀失散了。耿弇向北逃回上谷郡他父亲那里，劝说耿况南下攻击邯郸王郎。上谷郡功曹寇恂、门下掾闵业也建议耿况归附刘秀，但耿况很犹豫，怕势单力薄难以抵抗。寇恂、闵业表示愿往渔阳（今北京市密云西南）说服郡守彭宠，齐心合力抵御。耿况这才同意派寇恂前往拜见彭宠，商定支援刘秀的具体事宜。

这时候，渔阳郡安乐（今北京市顺义区）令吴汉等人，也劝本郡郡守彭宠归附刘秀。彭宠同意吴汉的建议，可郡府的其他官员却盼望归附邯郸王郎，彭宠不能立即下决心。吴汉见此情形，一时无奈，但仍不死心，琢磨着怎样才能使众人信服自己。在这兵荒马乱之年，路上饥民络绎不绝，吴汉一次去城外巡查时，在一个小村落里碰到一位儒生，就请他一起进餐，并询问他在南方有什么见闻。儒生告诉吴汉："刘秀经过的郡县，都向百姓言明：邯郸王郎不是刘氏皇族后人。"

吴汉听说后大喜，就以刘秀的名义给渔阳郡发了一封文告，让那个儒生拿着交给彭宠。吴汉还让儒生把沿途听到和看到的对刘秀称颂的所见所闻，做了详细报告。就在这时，寇恂又适时来到了。这样一来，上下思想很快得到统一，彭宠决定派出步骑兵三千人，任命吴汉为行长史，与盖延、王梁共同率领，南下攻打蓟县，斩杀王郎的大将赵闳。

寇恂返回上谷后，便与上谷长史景丹以及耿弇率军一同南下，与渔阳部队会合，所经之地斩杀王郎任命的大将、九卿、校尉及以下三万人，夺取涿郡、中山、钜鹿、清河、河间等二十二县。

吴汉采用的是巧用机缘、假人之口之法，借远来的儒生之口，来念自己的经，并且念成功了。面临挫折，不妨改用另一种方式去做，也许就成功了，这是这个故事给人的启示。

143. 刘秀计赚谢躬

（虚言相赞）

公元24年春天，更始帝刘玄派尚书令谢躬率领六名将军讨伐在邯郸称帝的王郎，却久攻不下。四月，大司马刘秀也率领军队前来攻伐，两军联手，共破邯郸，消灭了王郎。

尽管如此，刘秀、谢躬二人之间经常发生争执，谢躬常常想袭击刘秀，却畏惧刘秀兵力强大而不敢妄动。两支军队虽都在邯郸，却分别驻防。刘秀此时虽然还打着更始旗号，实际上已经在培植自己的力量，也在盘算如何吞并谢躬。

因两军之间经常发生摩擦，刘秀就不时地对谢躬的军队进行慰问和安抚。谢躬忠于职守，勤于事务，细心而认真，刘秀称赞他是一位称职的尚书。谢躬听到刘秀的恭维夸奖，稍稍松懈了戒备。可谢躬的妻子觉察到刘秀的用心，告诫丈夫说："你跟刘将军一直不亲善，可你却相信他那套表面的虚情假意，早晚要栽在他的手上。"谢躬却并不在意。不久，谢躬就率领他的数万军队，离开邯郸，南下驻屯邺县（今河北省临漳县西北）。

再稍后，刘秀南伐造反军队青犊军，让谢躬配合讨伐盘踞在隆虑山（今河南省林县北）的尤来造反军。谢躬答应了刘秀的请求，亲自带领大军离开邺县去进攻尤来。不料尤来造反军途穷死战，谢躬出师不利，反被打得大败。

正当谢躬领兵在外与尤来军激战时，乘谢躬的邺县大本营空虚，刘秀命吴汉和刺奸大将军岑彭，用劲旅夺取邺县。谢躬从前方败退下来，还不知道大本营发生了突变，仅带领少量将士返回邺县，结果被吴汉等生擒处决，谢躬的部队尽归刘秀所有。

刘秀为兼并谢躬的军队，连出阴招：一是虚言相赞，当面奉承，除其戒备之心；二是驱牛斗虎，借力打力，让尤来削弱谢躬的实力；三是釜底抽薪，背后捅刀，使谢躬终于跌入陷阱。刘秀的阴谋损招置友军于死地，虽然得逞了，却并不光彩。

144. 陈俊断敌供应

（坚壁清野）

公元24年，南郑（今陕西省汉中市）人延岑，聚众起兵占据汉中，占领南郑。更始政权的汉中王刘嘉讨伐延岑，延岑被迫投降，使刘嘉的部众一下子增加到几十万。校尉贾复眼见更始政权腐败混乱，便向刘嘉建议："如今天下还未安定，而大王您却安守汉中郡，这些东西难道就没有不保的可能吗？"

刘嘉对贾复说："你所说的这些话关系重大，不是我能胜任的，恐怕会使你感到失望。大司马刘秀在黄河以北，一定会欣赏任用你！"于是，刘嘉写信给刘秀，推荐贾复和长史陈俊前往。贾复、陈俊抵达柏人（今河北省隆尧县西南），刘秀任命贾复为破虏将军，任命陈俊为安集掾。

公元25年春，已被封为萧王的刘秀率军北进，在元氏（今河北省元氏县）攻打尤来、大枪、五幡等各路造反军队，一直追到北平（今河北省满城县），连战连胜。后来在顺水（徐水）北岸交战，刘秀乘胜冒进，反被打败。刘秀从悬崖上跳下，正遇骑兵突击部队的王丰，王丰把自己的战马让给刘秀，刘秀才脱险而回。

尤来等造反军虽然获胜，但还是对刘秀心怀忌惮，就连夜撤退了。刘秀率军追击，追到安次（今河北省廊坊市），接连进攻，大破造反军。尤来等退入渔阳郡（今北京市密云区），所经之处，抢掠一空。这时，已经是强弩将军的陈俊向刘秀建议："这群贼军没有辎重，应该派出轻骑部队绕到他们大部队的前面，动员前面沿途百姓坚壁清野，以断绝贼军的粮草。能这样做到的话，不用攻打，就能消灭他们。"

刘秀认为很对，就命陈俊率领轻骑部队飞奔赶到造反军的前面，对那些坚固完整的城堡，下令固守待援；对那些分散在郊野的，就先行掠取一空。尤来等造反军到达这里后，抢掠不到粮食，饥饿难忍，果然溃散了。刘秀称赞陈俊说："这伙贼军陷入困境而被消灭，全靠你的好谋略。"

断敌供应是一种战术上的智谋，方法有焚其积聚、断其粮道、芟其禾苗、坚壁清野等，其目的是使敌吃用无源，军心大散，最后战胜敌人。这种战术虽然简单，但是绝对管用，所以从古至今常常被采用。

145. 冯异遗书涣敌

（晓以利害）

公元24年，更始帝刘玄封刘秀为萧王，并下令黄河以北的所有军队一律解散，命刘秀跟有功的将领一同返回长安。另行任命苗曾为幽州牧、韦顺为上谷郡守、蔡充为渔阳郡守，同时到北方接任。在偏将军耿弇的劝说下，刘秀以黄河以北还没有完全平定、无法抽身返回为借口，没有接受征召，开始对刘玄不再忠一。

刘秀将对北面燕、赵（今河北省）地区发动扫荡，估计赤眉造反军会攻破长安，又打算利用更始政权与赤眉军相争的机会，吞并关中（今陕西省中部）。于是，刘秀任命邓禹为前将军，交给他精锐部队二万人，西行入关（函谷关）。为了阻止刘秀的势力向西扩展，更始帝刘玄派遣左大司马朱鲔、舞阴王李轶、廪丘王田立、白虎公陈侨统军三十万，与河南郡（今河南省洛阳市东）守武勃共守洛阳。刘秀在征战河北时，任命寇恂为河内郡（今河南省武陟县西南）守、行大将军事，又任命冯异为孟津将军，统率河内郡、魏郡（今河北省临漳县西南）的军队，以抵御洛阳方面的进犯。

公元25年春天，赤眉的两路大军在弘农（今河南省灵宝市东北）会师。更始帝先派讨难将军苏茂堵截，大败；后由宰相李松率领大军跟赤眉决战，又大败，死伤三万多人。孟津将军冯异认为突破洛阳守敌的机会来了，就给镇守洛阳的更始军将领之一的李轶写信，分析祸福利害，劝他归降刘秀。李轶知道长安已危，前途渺茫。可是，因为刘縯（刘秀之兄）之死，李轶是主谋之一，心里不相信刘秀不会报复，就回信给冯异说："我本是最早跟萧王合谋重建汉朝的人，现在我守洛阳，你守孟津（今河南省孟津县东黄河渡口），都居于战略要地，这是千载难逢的良机，你我二人同心，力可断金。请你转达萧王，我愿贡献愚策，助他定国安民。"

双方自从交换信件之后，李轶不再跟冯异发生冲突。冯异利用这个机会，向北进击天井关（今山西省晋城市南），攻取上党郡（今山西省长治市）所属的两个县。再率军南下，攻取河南郡所属的成皋以东十三个县，收编降卒十万余人。更始将领武勃率领一万余人攻打背叛的部众，冯异在士乡（洛阳城东）迎战，大破更始军，斩杀了武勃。李轶为表示归降，眼看自己这方面的军队覆亡，却紧闭城门，不出来援救。

冯异见劝降李轶奏效，就把情况报告给刘秀。刘秀回复冯异说："李轶这人诡计多端，让人看不透他心里到底是怎么想的。你应将他的信抄送给各郡郡守和都尉。"大家都奇怪刘秀为什么要这样做。守卫洛阳的另一位更始将领朱鲔，不久就得到了消息，派人刺杀了李轶。这样一来，洛阳城内人心不安，很多人越城向冯异投降。不久，冯异又将朱鲔军打败。

冯异一封劝降信，晓以利害，剖明祸福，促敌瓦解，用的是攻心之策。结果是一箭几雕：三十万敌军崩溃，十多个县被攻占，还为刘秀除了杀兄仇人。

146. 刘秀纳降朱鲔

（不忌小怨）

公元25年六月二十日，在众将领一再请求下，刘秀在鄗县（今河北省柏乡县北）南郊登基，自称皇帝，改年号，大赦。

东汉大军包围更始政权刘玄盘踞的洛阳，历时数月，而在洛阳的更始政权在左大司马朱鲔的坚守之下，拒不投降。刘秀知道廷尉岑彭曾经是朱鲔的部下，就命岑彭前往劝降。朱鲔站在城上，岑彭站在城下向朱鲔分析成败利害。朱鲔说："大司徒刘缜被害之事，我是主谋之一。后来，又劝谏更始帝刘玄不要派萧王前往黄河以北。我知道自己罪恶深重，所以不敢投降。"

岑彭回来将朱鲔所说的报告给刘秀，刘秀听后说："做大事的人不计较小的恩怨。朱鲔如果现在投降，可保全官职和爵位，我怎么会报复而治他的罪呢？有黄河作证，我绝不食言！"岑彭又去洛阳向朱鲔传达刘秀的话。朱鲔从城上垂下绳梯说："如果你讲的是真话，就请攀缘上城！"岑彭向前准备攀登，朱鲔看出他确有诚意，就答应投降。

九月二十六日，朱鲔将自己五花大绑，跟岑彭一起到了河阳（今河南省孟州市西）。刘秀下令解下朱鲔身上捆绑的绳索，并接见了他，再命岑彭连夜送他返回洛阳。第二天早晨，朱鲔和苏茂等，率领全军出城投降。刘秀任命朱鲔为平狄将军，封扶沟侯。后来，朱鲔担任少府，封爵世代相传。

冬季，十月十日，刘秀进入洛阳，居住南宫，正式定都。

刘秀的"举大事者不忌小怨"之名言，是化敌为友、成就事业的高度宽容和睿智过人的体现。作为政治人物，如果没有开阔的胸襟，不能做到超凡的自我克制，就难以成就大事。

147. 宋弘进谏得法

（揽过于己）

公元26年二月十九日，东汉光武帝刘秀任命太中大夫宋弘为大司空。宋弘又推荐桓谭担任议郎、给事中。

桓谭多才多艺，弹得一手好琴，刘秀喜好音乐，就经常让桓谭为他弹奏。宋弘听说此事，心中很不高兴，有点儿后悔举荐桓谭了。有一天，待桓谭从宫中出来后，宋弘派人将他召来，自己衣冠整齐，端坐府中。桓谭进来后，宋弘也不让座，开门见山地责备他说："只会给君上弹琴，这不是忠正之举，是你自己改正，还是让我提出纠举、依律处置?"桓谭听后不住地顿首认错，表示愿意改过。宋弘又责备了他好一会儿，才让他离开。

过了几天，刘秀又召集群臣宴饮，席间，又要让桓谭弹琴。桓谭看见宋弘在场，心里紧张起来，显得左右为难，态度失常。刘秀见桓谭一反常态，大为奇怪，追问他是怎么回事。没等桓谭开口，宋弘就离开座位，脱下官帽，请罪说："我之所以举荐桓谭，是希望他能以忠正之道辅佐陛下。如今，陛下却喜好郑国的音乐（被视为淫靡之音），这是我的罪过。"刘秀听后，感到宋弘所言在理，表情由奇怪变为惭愧，向宋弘道歉。

宋弘劝谏奏效，固然在于刘秀有纳谏的度量，但关键还在于他进谏得法。宋弘利用桓谭左右为难、在刘秀面前失态之机，揽过于己、承担责任，使刘秀动容知错而致歉。劝谏，不光要有好动机，更要有好方法，才能达到目的。

148. 宋弘一语脱困

（巧用谚语）

刘秀有个姐姐，刘秀当皇帝后，姐姐被封为湖阳公主。正当她养尊处优过着富贵生活之时，不幸丈夫去世了，湖阳公主成了寡妇。刘秀有意要为姐姐再找个意中人，便与她一起谈论朝中大臣，想试探她心中对谁中意。

湖阳公主倒也不忸怩，说："朝中大臣中，只有宋公（弘）的威仪容貌、道德气度，令人倾慕，其他人都比不上他。"刘秀见湖阳公主中意宋弘，就答应为她转达心意，以促成好事。

不久，刘秀就将宋弘召来，让湖阳公主躲在屏风后面。刘秀便与宋弘闲谈起来。刘秀对宋弘说："俗话说：'官位高了换朋友，钱财多了换妻子'，这恐怕是人之常情吧！"刘秀这样问，意在试探宋弘对待其妻的态度。宋弘是有妻室的人，只有他有了休妻之念，刘秀才能把话题进行下去。

宋弘是个聪明人，听出了刘秀话中有话，联想起湖阳公主新寡，心中明白刘秀的真意。宋弘立刻截住刘秀的话，引用了一句谚语，说："我听说有这么一句话，叫'贫贱之交不可忘，糟糠之妻不下堂'。"刘秀明白了宋弘的心意，就朝着屏风的方向，自言自语："这件事情办不成了！"

宋弘在刘秀面前，这次碰上了一个三难的局面：皇帝的龙颜触怒不得，公主金枝玉叶触碰不得，妻子的结发深情割舍不得。面对难局，宋弘把握时机，抓住刘秀的话头，不等话题深入，巧用一句谚语委婉地表达了自己的心意，摆脱了三难的局面，避免了刘秀和公主的尴尬，保全了自身和家庭。一语脱困局，可窥宋弘智谋非凡。

149. 寇恂避让贾复

（厚槁释怨）

公元26年秋天，东汉执金吾贾复，南下进攻召陵（今河南省郾城区东）、新息（今河南省息县），占领了两地。

贾复的一个部将在颍川郡（今河南省禹州市）杀了人，时任颍川郡守的寇恂将他捕获，囚禁在狱中。当时天下正乱，东汉才立，军人犯法，大多互相包庇掩饰，而寇恂最后却把那个部将绑到街头斩首了，贾复认为这是自己的耻辱。大军班师，要经过颍川，贾复对他的左右说："我跟寇恂同样都是将帅，竟被他欺负。我要是看到他，一定要让他吃我一剑。"

寇恂知道贾复有这样的企图，根本不打算跟他见面。寇恂姐姐的儿子（外甥）谷崇说："我是武将，可以携带武器在旁边侍候，如真有仓促之变，足可以抵挡。"寇恂说："不必！从前蔺相如不畏惧秦王而受屈于廉颇，那是为了国家。"于是，他下令各县准备丰盛的供品和香醇的佳酿。一旦执金吾的军队进入颍川境内，每人都供应双份饮食。

当执金吾军队的前锋入境后，寇恂在道旁迎接，然后声称自己身感不适，先行返回城内。贾复听说这一情况，就要率军追寇恂。可是，这时贾复的将帅和官兵们都一个个喝得醉醺醺的，无法快速行动。贾复见此情形，只好作罢，气冲冲地过境而去。

寇恂派谷崇到洛阳向刘秀报告情况，刘秀就征召寇恂入京。寇恂到后，刘秀接见。当时贾复已经在那里，一见寇恂便要起身回避。此时，刘秀对两人说："天下未定，两虎怎么可以自己先斗起来？今天我来给你们调解！"于是，两人并肩而坐，饮宴欢笑，然后同乘一辆车出宫，互相结成了好友。

寇恂避让贾复，有蔺相如之风，宗旨是顾全大局。他以双份饮食、美酒厚犒贾复的军队，并亲自在道边迎接先头部队，然后托病迅速避退，始终未与贾复会面。这样，礼数周全，留下了余地，才有最后圆满的结局。

150. 冯异击败赤眉

（变服相乱）

公元27年春天，正月初六，东汉朝廷任命冯异为征西大将军。时任宰相的邓禹对自己身负大任却没有建立功业，感到十分惭愧。为了挽回颜面，他不断驱使饥饿的部队去攻打赤眉军，但每次都被打败。这让邓禹恼羞成怒，他率领车骑将军邓弘等，从河北渡黄河南下，抵达湖县（今河南省灵宝市西），要求冯异跟他一起对赤眉军发动总攻。

冯异说："我跟赤眉对阵几十天，虽俘虏了他们的将领，但他们的军队仍然庞大，可以用恩德信义引诱瓦解，却难以用武力击败他们。皇上已派大军驻屯在东方的渑池（今河南省渑池县西），阻截他们东归的要道，而由我在西边攻击，前后夹击，只要一战，便可获胜，这是个万全之计。"

邓禹、邓弘急于立功雪耻，不听冯异的意见。邓弘又向赤眉军挑战，恶战了一整天。赤眉军假装战败，丢弃辎重、粮食逃跑。辎重车上装载的其实都是土，仅在表层铺了一层豆子。邓弘的士兵饥饿，争着去夺车抢豆。赤眉军乘机反攻，邓弘军大乱。邓禹、冯异联合救助邓弘，赤眉军稍稍退却。

冯异认为官兵已经又饥又困，不宜继续作战，应该稍做休息。邓禹不听，径自再去交战，又被赤眉军打得大败，死伤三千多人。邓禹仅带着二十四名骑兵逃出战场，回到宜阳（今河南省宜阳县西）。冯异也丢弃了战马，徒步逃回回谿阪（今河南省渑池县南），和部下数人回到营寨，集结部属，重新固垒自保。

一个月后，冯异跟赤眉军约定日期决战。冯异为了取得决战胜利，组选了一支精锐部队，让他们改换军服，全部穿戴跟赤眉军一个样，先在必经之路旁埋伏。第二天一早，赤眉军派出一万人马，攻击冯异军的正面。冯异只出动少量部队迎战。赤眉军见冯异军实力薄弱，就出动全军攻击，冯异这才发动主力迎战，两军恶斗厮杀，直到太阳偏西。赤眉军气势稍衰，这时，埋伏在路边的东汉军队突起，杀向赤眉军。因为装扮完全一样，赤眉军立即陷入无法分辨敌我的境况，顿时军心大乱，溃散瓦解，各自奔跑逃生。冯异乘胜追击，一直追到崤底（今河南省洛宁县西北），再大破赤眉残军，收降男女八万多人。

刘秀下诏书慰劳冯异，说："你虽然开始时在回谿阪垂下翅膀，但最终能在渑池重振双翼。可以说早上在东方失掉的东西，晚上在西方找了回来。朕要对你论功行赏，以回报你卓越的功勋。"

冯异在这一仗里使用的是巧布迷阵之计，这个迷阵就是变服伏军。在两军厮杀的关键时刻，突然杀出一支与自己军队穿戴完全相同的敌军伏兵来，这个冲击是致命的，将士的心理防线瞬时崩塌，失败也就不可避免了。巧布迷阵，关键在"巧"，冯异的变服相乱是一种独特的迷魂阵。

151. 王霸智应强敌

（纵敌轻举）

公元 28 年秋天，东汉光武帝刘秀前往谯县（今安徽省亳州市），派遣捕虏将军马武、骑都尉王霸，在垂惠（今安徽省蒙城县北）包围梁王刘纡和大将周建。

第二年二月，刘纡的部将苏茂率领五校军增援垂惠，援救周建。马武在苏茂、周建的联合攻击下被打败，在奔逃时经过王霸营垒时，马武大声呼救。见此状况，王霸说："贼军士气正盛，我若出手相救，也会被打败，你只有自己努力了!”便下令紧闭营门，严密戒备。军官们都嚷嚷着请战反击，王霸说：“苏茂的军队都是精锐，人数又多，我们的将士有恐惧心理。而马武想依赖我军，两军行动又难以一致，这是失败之道。现在，我们紧闭营门，表示不援助马武，贼军一定会放心大胆地乘胜轻举冒进。马武得不到救援，只得奋力作殊死反击。这样，苏茂的部队就会很疲劳，我们趁他们疲劳的时候再奋力进行攻击，才有可能取胜。”

苏茂、周建果然出动所有军队追击马武，双方交战了很久。这时，王霸军中有几十名壮士割发请战。王霸见时机已到，就打开军营后门，派出精锐骑兵从背后袭击苏茂、周建的军队。苏茂、周建的军队遭受前后夹击，陷入混乱，大败逃跑，各自逃回营垒。

不久，苏茂、周建又集结部队再来挑战。王霸坚守不出，反而设宴犒劳部下，唱歌取乐。苏茂向王霸营中放箭，箭如雨下，有一支箭还射中了王霸面前的酒杯，王霸却端坐不动。军官们说：“苏茂不久前已被我们打败，现在我们更容易打败他们!”王霸说：“不能这样想，苏茂的军队远道而来，粮草不足，所以想速战速决，侥幸获得一时的胜利。现在，我们偏偏不上当，关闭营门，休整军队，这就是所谓的‘不战而屈人之兵’啊!”

苏茂、周建求战无效，只好引军回营。当天晚上，周建哥哥的儿子周诵反叛，紧闭垂惠城门，不让他们进城。于是，苏、周联军瓦解。周建在逃亡中去世，苏茂逃奔至下邳（今江苏省睢宁县北），跟海西王董宪会合，梁王刘纡投奔到另一个将领佼强那里。

王霸先以置危后生之策谎称不救马武，以激励友军奋力自救，同时纵敌轻举冒进，再突袭疲敌而获胜；后又坚守不出，以静制动，使敌求战不能，终于自乱而溃败。战争双方不仅是数量、装备的较量，更是将领意志、智谋的角逐。有智谋的一方更有意志，也就更可能获胜。

152. 马援慧眼择君

（以小见大）

公元28年十月，以天水郡（今甘肃省通渭县）为据点的西州大将军隗嚣派马援前往成都（今四川省成都市），观察成立政权的皇帝公孙述的情况。马援跟公孙述是同乡，从小在一起玩耍，关系一直很好。所以，马援以为到了成都后，公孙述一定会来与他握手言欢。

没想到公孙述高坐在宫殿上，阶下武士林立，戒备森严，再请马援进入，依照礼节参拜后，由礼宾官陪同，去客舍休息。公孙述还让人为马援制作礼服礼帽，在宗庙召集文武百官，让马援坐在旧交老友的座位上。然后，公孙述御驾才从皇宫出发，仪仗队打着鸾旗作前导，全城戒严，禁止行人通行。公孙述从御车中走出，不断向左右屈身相迎的官员点头，以示恭敬。所设宴席及百官宾客的阵容极其盛大。

公孙述准备封马援侯爵，任命他为大将军。马援带来的宾客们大喜过望，都盼望着能留下来，但马援拒绝了。他向大家解释说："天下胜负未定，公孙述不懂得一饭三吐哺（周朝姬旦为接待来访宾客，吃一顿饭的工夫，因忙于接待，来不及下咽而把饭吐出来三次），急迫相迎有才识之士，与他们共商大计，反而只注意烦琐小节，就像一个木偶人。这种人怎么能留得住天下贤士呢？"他坚决告辞而回。回去后，马援对隗嚣说："公孙述不过是井底之蛙，却还妄自尊大！我们不如专心实意与东面的刘秀结交。"

隗嚣再派马援带着写给刘秀的书信前往洛阳。马援到洛阳后求见刘秀，等了很久，后由中黄门引导入宫内。刘秀在宣德殿南面的廊屋下，只戴着普通的头巾坐在那里，笑迎马援。刘秀对马援说："先生在两个皇帝之间遨游，今日见到你，我感到很惭愧。"

马援叩头拜谢，对刘秀说："当今之世，不但君主选择臣子，臣子也要选择君主。我和公孙述是同乡，从小就很要好。前些日子我去了成都，公孙述让近侍手持剑戟卫立于台阶旁，然后传唤我进去。我今日远道而来，陛下怎么就知道我不是刺客，或者是奸恶小人，这样放心地接见我呢?"

刘秀笑着说："你不是刺客，只是个说客而已。"马援说："天下动乱，反复不定，称帝称王的人不计其数。今天，我见到陛下的宽宏大度，和高祖刘邦一样，才知道帝王自有其本性。"公元29年正月，刘秀在与马援进行了十多次畅谈后，派表兄来歙持节送马援回陇右（隗嚣所拥踞的地区，今甘肃省东部）。

马援从公孙述和刘秀如何接待自己的亲身体会中，以小见大，鉴识了公孙述不过是一只井底之蛙，不值得趋附；而刘秀气度不凡，真正具备帝王气象，值得亲附。事实证明，马援的这个选择很明智，有智谋！

153. 以攻心助攻城

（巧用败兵）

公元29年，光武帝刘秀诏令建威大将军耿弇进军讨伐齐王张步。据守剧县（今山东省济南市西）的张步听说耿弇大军将要到来，就派大将军费邑屯兵历下（今山东省济南市西），又分兵把守祝阿（今山东省历城西南），另在泰山（今山东省泰安市北）、钟城（今山东省济南市南）集结部队，严阵以待耿弇。

耿弇率领大军渡过黄河之后，先攻，从早晨开始，不到中午就攻下了。在攻打祝阿时，耿弇故意留了一个缺口，让城内的残敌突围而逃。大批败兵纷纷逃往钟城，守卫钟城的将士们听闻祝阿已经陷落，个个魂飞魄散，一时军心大乱，人无斗志，四散逃亡。很快，钟城就只剩下一座空城，耿弇兵不血刃地占领了钟城。

齐国大将军费邑为了阻止耿弇，派他的弟弟费敢据守巨里（今山东省章丘市西）。耿弇大军先围住巨里，并下令让军士立即准备攻城的器具，命令各部三天以后全力进攻巨里城。而在暗中，耿弇命人故意疏忽使一些齐兵俘虏逃跑，让他们把他下达的命令报告给费邑。三天后，费邑果然亲率三万多精兵来救巨里城。

耿弇听说费邑带兵前来，大喜，对诸将说："我大造攻城器具，扬言三日后攻城的目的，就是要把费邑引诱出来。难道我们不去攻击他的部队，而只是去攻城吗？"耿弇当即分兵三千围困巨里，自领主力埋伏在附近的山岗上。等费邑率军到达，耿弇挥军杀出，乘高冲下，攻势凶猛，大破齐军，临阵斩杀了费邑，并将他的人头砍下悬挂在巨里城下。城中守军大惧，无心守城。费敢见状，只能率领部队弃城而逃，投奔张步。

耿弇进入巨里城，收集齐军留下的粮秣，继续进军，一连攻取不肯归附的齐军营垒四十多座，平定了济南郡（今山东省章丘市）。

耿弇先是采用攻心之术，巧妙地放出祝阿败兵，瓦解了钟城守敌。然后，耿弇故意放走俘虏，让他们传递信息，成功实施围点打援，全歼敌援军而取巨里城。耿弇将攻心、攻城相结合，以攻心助攻城，非常成功，堪称经典。

154. 耿弇击一得二

（避实击虚）

耿弇在打败费邑之后，继续向张步的齐军大本营进军。此时，张步以剧县（今山东省寿光市南）作为都城，派他的弟弟张蓝率领两万精兵防守西安（今山东省桓台县东），各郡郡守联合一万余人防守临淄（今山东省淄博市东），这两地相距只有四十里。耿弇率军到达画中，画中这个地方位于西安和临淄之间。

耿弇在视察战场时察看西安，发现此城虽小却坚固，而且张蓝的军队也很精锐；临淄名气虽然很大，但实际上容易攻破。于是，耿弇命令各军营五天后联合攻打西安。张蓝听到这个消息后，日夜加紧警戒防守。到了预定攻打的日子，半夜里，耿弇命令各将领都提早在住宿地吃饭，到天亮时，却引领将领们抵达临淄城下。

护军荀梁等人都表示反对，认为“进攻临淄，西安方面必然会来救援；进攻西安，临淄方面不会来救援，还不如攻打西安”。耿弇说：“不对！西安方面听说我们要去攻打，日夜加紧防备，正为自己的安全担心，哪里有闲工夫去救别人！临淄方面想不到我们会去攻打它，我们出其不意地攻打临淄，它必定惊慌失措，我们只要攻打一天就能破城。攻陷了临淄，西安就被孤立了，它和剧县的交通又被我们切断，西安的守军必定会弃城而逃，这就是所说的‘攻打一座城而得两座城’的道理。如果先攻打西安，不能很快攻下，军队会被困在坚固的城下，伤亡就会很多。纵然能攻陷西安，张蓝将率军逃回临淄，两军一会合，在那里监视我们的行动；我们深入敌地，后面又无补给，不用一个月，即使不作战也会被弄得疲困不堪。”

于是，耿弇指挥进攻临淄，只用了半天时间，就攻下临淄城，占据了该城。张蓝听到这个消息后，心里很害怕，就率领他的军队离开了西安逃回剧县。

耿弇运用声东击西、避实击虚的谋略，出敌不意地攻取临淄，使西安守敌怕遭围困不战而退，取得了击一城而得两城的结果。耿弇堪称智勇双全。

155. 郑兴巧语脱身

（借用传统）

接受东汉朝廷任命为西州大将军的隗嚣，喜欢自夸，矫饰弄巧，常常自比周文王姬昌。他跟将领们商议，打算自立为王。他的谋士郑兴表示反对，说：

“您的恩德显然很明显，却没有周朝世代相承的王位；您的威望才略虽然很高，却缺少汉高祖那样的赫赫战功。硬要去做不可能做到的事情，只会加速祸患的降临，恐怕不能那样做。”隗嚣很不满意，但也只得作罢。

光武帝刘秀了解隗嚣的暧昧态度，知道隗嚣想脚踩两只船，不愿天下统一，就逐渐降低了对他的礼遇，以端正君臣之间的礼仪。又因为隗嚣跟马援、来歙关系好，刘秀多次派来歙、马援前往隗嚣处，规劝隗嚣前往洛阳朝见，承诺封赏他尊贵的爵位。隗嚣也不断派使者到洛阳，用十分谦恭的语言，说自己没有建树功德，只盼望四方平安后辞官回乡。刘秀又派来歙劝说隗嚣派儿子当人质，隗嚣听说称帝的刘永、燕王彭宠都已败亡，内心震撼，只得派长子隗恂跟随来歙到洛阳去了。刘秀任命隗恂为胡骑校尉，封镌羌侯。

郑兴趁着隗恂之行，也请求返回故乡安葬父母。隗嚣不同意，还让郑兴迁入更好的居舍，增加俸禄和礼遇。郑兴知道后就跑去对隗嚣说：“我只是因为父母还没有安葬，才请求返乡。如果为了增加俸禄，迁移住所，就改变主意留了下来，这是用双亲做诱饵，实在无礼至极！将军您怎么能任用这样的人呢？如果您还不放心，我愿意留下妻子儿女，只身还乡安葬双亲。”隗嚣终于允许郑兴偕妻子儿女一同东行。

马援也偕家属随同隗恂东回洛阳。因为随行的宾客太多，马援请求在故都长安上林苑中开垦耕种，刘秀允许。

郑兴的目的就是要离开隗嚣东归。他与隗嚣短短一席话，融占理、巧辩、吹捧、立誓于一体。占理：以归乡葬亲尽孝这个最传统的借口，使隗嚣无法拒绝；巧辩：如因改善住房、待遇就改变归乡葬亲的初衷，就会成为以尽孝为诱饵之人，使隗嚣不敢坚持用优惠条件挽留；吹捧：如“我”真是那种以尽孝作诱饵的人，将军能任用这种人吗？以反问的形式标榜隗嚣，让其愈发难以挽留阻止；立誓：如果还不放心，“我”就单独东还，留下妻儿作人质，更使隗嚣无话可说，只得放行。郑兴凭着巧言而脱身，确有自己的不凡智谋。

156. 刘秀不听谗言

（赞赏有加）

从公元 26 年征西大将军冯异被光武帝刘秀派往关中（今陕西省中部）平乱起，到公元 29 年十二月，前后已经三年，他屡建奇功，使那里人口骤增，上林苑热闹得像都市一样。于是，有人就向刘秀打小报告说："冯异威望太高，权力太大，人民归附，都称他是咸阳王。"

刘秀派人把这个小报告给了冯异看，冯异大为惊恐，上书请求恕罪。刘秀用诏书回答，说："将军与我，在大义上是君臣关系，在私谊上犹如父子，你有什么好疑惑、犹豫和害怕的呢?"虽然如此，但冯异仍然难去心里的阴云。

第二年春天，冯异从长安到京城洛阳朝见。刘秀对文武大臣们说："冯异是我刚起兵时的主簿，为我披荆斩棘，平定关中。"朝见完毕，赏赐金银财宝，并下诏说："想当初，芜蒌亭（今河北省肃宁县南）的豆浆，滹沱河的麦饭，你的深厚关爱，久不能回报。"（在刘秀转战黄河以北、身处困顿之时，冯异曾给刘秀弄来豆浆，煮好麦饭，以解饥渴。）

冯异低头道谢，说："我听说，管仲曾对齐桓公姜小白说：'愿君王不忘记射钩，愿我自己不忘记囚车。'（春秋时，齐国内乱，逃亡在外的齐国公子姜小白、姜纠，分别返国。姜纠的部属管仲，为阻止姜小白，在中途设伏，一箭射去，射中带钩，姜小白得以不死。后姜小白即位，鲁国把管仲装入囚车，送往齐国治罪。姜小白竟任命管仲为相，使齐国成为五霸中的首霸。）齐国靠着他们而强大。我也愿陛下不忘记河北的苦难，我不忘记陛下赐给我荣耀的大恩。"

十多天后，刘秀仍命冯异带着妻子儿女西返任所。刘秀的这些举措，逐渐打消了冯异的疑虑，使他安心西还，继续建立功业。四年以后，冯异在军中逝世。

在封建社会，功高震主，极易引起君王怀疑，更何况有人谗言相加。古往今来，有多少精英贤良为谗言所扰、所冤、所害、所毁！刘秀却对冯异之功不忌讳，甚至将举告的谗言拿给冯异本人看。之后，下诏公然赞扬、重赏他，让他仍偕妻儿西返。刘秀使用这些举措，显示了他对冯异的坚信不疑，也显示出他用人不疑的不凡气度和高明谋略。

157. 冯异抢占栒邑

（以逸击劳）

公元30年五月，隗嚣公然发动军事叛变，派王元率兵据守陇坻（今甘肃省庄浪县东），砍伐大量树木，堵塞东去的道路。东汉朝廷的将领们排除了障碍，与隗嚣作战，结果被打得大败，都率兵逃离陇坻，隗嚣随后猛追。幸得东汉捕虏将军马武，挑选精锐部队亲自断后，杀了几千敌人，东汉军队才得以逃脱。

东汉将领们从陇坻溃败后，光武帝刘秀命建威将军耿弇在漆县（今陕西省彬县）驻屯，征西大将军冯异在栒邑（今陕西省旬邑县）驻屯，征虏将军祭遵在汧县（今陕西省陇县）驻屯，大司马吴汉等率军返回长安驻守。冯异率军还未到达栒邑，隗嚣就乘胜派王元、行巡率领二万余人从陇坻下来，并派行巡去攻取栒邑。冯异听说这消息后，马上带兵赶去，想抢先占据栒邑。

将领们认为："敌军强大，而且乘着胜利的锐气，势不可挡。我们不可与他们交战，应该停止行军，就地安营，徐图良策。"冯异却认为："敌军压境，是由于被小小的胜利冲昏了头脑，竟然还想进一步深入；如果被敌人取得了栒邑，三辅（即关中地区，今陕西省中部）地区人心就会动摇。现在，开展进攻，我们的兵力不足；采取防守，我们的兵力还有余。目前，我们要抢先占据栒邑，以逸待劳，并不是要和敌人相争。"于是，冯异率领军队秘密进了栒邑城，关闭城门并偃旗息鼓，不动声色。

行巡完全不知道这种情况，还在急急忙忙地赶赴栒邑。当他们赶到栒邑城下，冯异趁其不备，突然战鼓齐鸣，率军而出。行巡的军队惊慌散乱，四下奔逃。冯异率军尾随追击，大败敌军。

祭遵在汧县也大破王元的军队。于是，北地郡（今宁夏吴忠市）豪强首领耿定等全部背叛隗嚣，投降东汉。刘秀下令冯异继续攻击义渠（今甘肃省西峰区），大破卢芳的将领贾览和匈奴奥鞬日逐王。于是，北地郡、上郡（今陕西省榆林市南）、安定郡（今宁夏固原市原州区）全部归降东汉。

这是一个以逸击劳、出其不意的成功战例。“大树将军”冯异有智谋，确实是将才。

158. 斩来使逼敌降

（反常行事）

自称宁朔王的隗嚣在公元 33 年病死。隗嚣的将领高峻率领军队踞守高平县第一城。东汉建威大将军耿弇等率军包围该城，历时一年，还未能攻陷。

公元 34 年秋天，光武帝刘秀准备亲自率军前往征伐，寇恂劝谏刘秀应坐镇长安，深入艰险阻塞之地，关涉天子安危。刘秀不听，亲自率军到达汧县（今陕西省陇县）。高峻还是不投降，刘秀于是派遣寇恂前往说降。

寇恂捧着诏书到了高平，高峻派军师皇甫文出城见寇恂，皇甫文言辞态度都非常傲慢。寇恂大怒，下令要杀皇甫文。将领们劝说：“高峻还有精兵一万多人，多半是强弩射手，拦住西边陇地（今甘肃省东部）的通道，一连几年都不能攻下。现在要招降高峻，却反而杀他的来使，恐怕不好吧！”

寇恂不听众将所说，断然杀了皇甫文，而放他的副使回去转告高峻：“你的军师没有礼貌，已被我杀了！要投降，就赶快投降；不想投降，就继续坚守。”

高峻惊慌恐惧，当天就打开城门投降了。将领们都来向寇恂祝贺，并顺便问道：“杀了他的使节，却能使他开城投降，这是什么道理呢？”

寇恂说：“皇甫文是高峻的心腹，也是为高峻出谋划策的智囊。此次前来，言辞傲慢，一定没有归降的意思。如果保全他，皇甫文的计谋就得逞了；杀掉他，就可以使高峻丧胆，高峻自然就开城投降了。”将领们全都叹服说：“您的智慧胆识不是我们所能赶得上的。”

两国两军交兵，不斩来使。寇恂在这里却一反常训。寇恂通过分析高峻与皇甫文之间的关系，准确地得出杀了皇甫文可使高峻丧胆的判断，终于迫使高峻投降。寇恂这一反常行事行为，蕴含了正确分析及超常的智谋。

159. 刘阳智察吏牍

（合理推断）

公元39年夏天，东汉光武帝刘秀因为全国各地呈报的耕地面积大都不实，而百姓户数、人数、年龄每年互有增减，所以下诏各州、郡，要求严格测量，重新核实。各州刺史、各郡郡守却抓住这个机会，多行诡诈，投机取巧，大肆发财。他们以测量为名，把农民都集中在农田中，将农舍家宅、乡里村落都一并丈量。百姓在道路上啼哭呼喊，投诉无门。有的官吏对乡绅豪强特别庇护，只苛待贫弱的百姓。

当时，各郡都有专吏向朝廷呈递奏章，汇报情况。刘秀在陈留郡（今河南省开封市东南）的上奏中，发现承办的郡吏不小心夹在里面的一张字条，上面写着：“颍川（今河南省禹州市）、弘农（今河南省灵宝市东北）可问，河南（今河南省洛阳市东）、南阳（今河南省南阳市）不可问。”刘秀召见陈留郡送奏章来的差吏，问他是怎么回事，这个郡吏不承认有什么意思，支吾着说：“那字条是在洛阳街上捡来的，误夹到奏章里了。”刘秀知道此人是在撒谎，勃然大怒，想要惩治他。

这时，刘秀的儿子东海公刘阳，年方十二岁，将刘秀拉到幕帐后说：“依孩儿所见，字条上的那句话是郡守对信差的指令，让他探听其他郡核实测量的结果。”刘秀又问：“既然是这样，为何说河南、南阳不可问?”刘阳答：“河南郡是京城所在，这里大多是陛下的近臣。南阳郡是陛下的故乡，这里大多是陛下的近亲。这些人的农田房舍，都超出了规定范围，所以不足为凭，也无人敢用朝廷规定的标准进行核实。”

刘秀听了刘阳所言，恍然大悟，立命近卫武士逼问陈留郡的信差，那个信差终于道出了实情，与刘阳分析的一模一样。刘秀对刘阳大为称赞。于是，刘秀派谒者调查郡守一级的官员中是不是存在这种贪赃枉法的行为。十一月一日，查出大司徒欧阳歙在汝南郡守任内，存在测量田亩作弊，贪污千余万钱的情况，于是将他抓捕下狱。欧阳歙后来死在狱中。

刘阳十二岁就能断明郡吏牍书一案，确有奇智。他是对事情进行合理分析后得出的正确判断。史书上称他善刑理、法令明、断狱当、察情准，应不为过。

160. 刘阳出谋平叛

（撤围缓攻）

公元43年春天，单臣、傅镇等人聚众造反，进犯原武城（今河南省原阳县），自称“将军”。光武帝刘秀诏令太中大夫臧宫率兵围剿，几次攻城不克，而士兵死伤却不少。

刘秀召集公卿、王侯询问对策，大家都说：“应该重金悬赏。”只有东海王刘阳表示不可，说：“这伙人在妖巫劫掠之下，势必不能长久，其中必定有后悔想逃走的人，只是城外围攻太紧急，使其不能逃走罢了。应将围攻稍稍宽缓，让他们能够逃亡。只要有人逃走，妖贼自然就会溃散。那么，有一个亭长就足够擒住他们了。”

刘秀认为刘阳说得很对，就命臧宫撤除包围圈，给贼军一定时间，让他们分散四逃。

四月，终于攻陷原武城，并杀了单臣、傅镇等人。

刘阳提出了撤围缓攻的主意，懂得攻心为上，终于取胜。刘阳后来被刘秀赏识而立为太子也就不奇怪了。

161. 耿国良策安边

（以邻为伴）

公元 48 年春天，匈奴南疆八大部落首领共同商议决定，推举日逐王䘹鞬比为呼韩邪单于，派出使者到五原郡（今内蒙古包头市），表示愿意永远作为东汉的藩属屏障，抵挡北方的进扰。光武帝刘秀就此事征询朝廷公卿大臣们的意见。

许多大臣认为：如今天下初定，中原空虚，现在南匈奴这样做，真假难知，不应答应他们来议和。只有五官中郎将耿国对这种意见表示异议，说：“想当年，西汉宣帝初年，匈奴单于也曾经请求与汉朝和好，宣帝答应了，还派出两千骑兵迎接，待之以殊礼。应按照这个前例，接受归附。命他们东面抵挡鲜卑，北面抵挡匈奴，作为四方蛮夷的榜样，使我国沿边各郡的秩序尽快恢复正常。”刘秀采纳了耿国的这个建议。

第二年三月，南匈奴单于䘹鞬比再派使节到洛阳进贡，要求东汉派出军队协防，准许他派王子作人质，并重续中断已久的汉匈和约。公元 50 年秋天，䘹鞬比遣送王子到东汉作人质。刘秀下令赏赐䘹鞬比官帽、腰带、印信、车马、金银、绸缎、武器、餐具等。又由河东郡运去粮食二万五千斛、牛羊三万六千头。命协防的将军率领由减刑囚犯组成的卫士五十人，随同挛鞮比前往，协助处理诉讼案件，并侦察动静。

每年年终，挛鞮比派使节到洛阳呈送奏书，护送另一个王子入汉朝当人质。东汉朝廷则派谒者护送上次所派的人质王子返回王庭（设于云中郡，今内蒙古托克托县），并赏赐单于、阏氏、左右贤王以下官员布匹绸缎，共计一万匹，年年如此。

北方边疆由此得到了较长时间的稳定，恢复了昔日的安宁繁荣。云中郡、五原郡、朔方郡（今内蒙古磴口县）、定襄郡（今山西省右玉县）、雁门郡（今山西省朔州市）、上谷郡（今河北省怀来县）、代郡（今河北省蔚县）等八个郡流亡在外的百姓，都先后回归本土。

中国古代帝王大多是大汉族主义者，难以正确处理好与周边少数民族的关系。耿国向刘秀建议的与邻为伴的良策的实施，既恰当地处理了东汉与南匈奴的关系，也给边疆地区带来了和平、安宁与发展。实践证明，与邻为伴确实是安边良策。

162. 宗均诈命平乱

（假托王命）

公元48年秋天，武陵（今湖南省常德市）一带的山民进扰临沅县，朝廷派谒者李嵩和中山郡守马成去讨伐，没有能够取胜。伏波将军马援不顾年迈力衰，再三请求出征。光武帝刘秀就派他率领中郎将马武、耿舒等人，带领四万多士兵去征讨，不幸的是，马援在征途中病死了。

此时，监督马援军队的是谒者宗均，见马援病死，军中又有多半人死于瘟疫，而造反的山民们也都饥饿困乏了，就与诸位将领商议说："如今路途遥远，官兵染病，难以继续作战，我打算权且代表皇上发布命令招降他们，各位认为怎么样?"诸将领全都伏地不敢回答。

见此情形，宗均说："忠臣远在都城之外，只要有利于国家安定，就可以自作主张。"他就诈传皇命，调伏波司马吕种担任沅陵县（今湖南省沅陵县）县令，命吕种带着皇帝的诏书（宗均写的）去叛民大营向山民宣告朝廷的恩惠，同时带着军队尾随其后。山民们都很震惊恐慌。十月，山民内部发生叛乱，他们杀了自己的首领向朝廷投降了。于是，宗均进入叛民大营，遣散了集结而来的山民队伍，将他们送回原郡，并为他们设置妥当地方官员后返回。山民造反终于被平定了。

宗均还没有回到都城洛阳，就先上奏弹劾自己诈传王命之罪。刘秀见了他的自劾，非但没有降罪，反而嘉奖了他的功劳，赐给他金帛，还告令他路过家乡时可以祭扫祖坟。

宗均通过假托王命的手段，最终完成了平定武陵的任务。宗均这样做，冒的风险是很大的。我们不仅敬佩他具有敢于担当的可贵胆魄，还敬佩他临危机变的不凡智谋。

163. 马氏无子立后

（变无为有）

公元60年春天，东汉明帝刘庄擢升贵人马氏为皇后，封皇子刘炟为太子。

马皇后是伏波将军马援的女儿。在光武帝时，她就被选进了太子刘庄宫中，因为能侍奉顺承婆婆阴皇后，又能够与和她有一样地位的人和睦相处，礼仪周到，所以她受到特别的宠爱，在刘庄即位后就被封为贵人。当时，马贵人的异母姐姐的女儿贾氏也被选进太子宫里，生下了皇子刘炟。

因为马贵人没有儿子，刘庄就命她抱养刘炟，并对她说："人不一定非得亲自生儿子，只怕对他养育爱抚不周到。"于是马贵人尽心尽力抚育，操劳辛苦超过皇子的生母。刘炟也很有孝心，淳厚笃实，这样母慈子孝，两人之间始终亲密无间。

因为刘庄的子嗣不多，马贵人就不时推荐身边的美女给刘庄。每当后宫女子陪伴了皇帝，她都给予接见、慰问。如果有宫女多次受到召宠的，她就给予重赏。所以，等到刘庄即位后，主管官吏奏请册立皇后时，明帝还没开口，阴太后就说："马贵人的品德在后宫中是最好的，皇后应该是她。"于是，马贵人就被册封为皇后。

马皇后在宫中就位后，愈加谦恭，喜好读书。百官上奏的事情有难于决定的，刘庄多次问马皇后，马皇后则剖析意理，各得其情，然而从不以家中私事干涉政事。刘庄因此宠爱敬重她而始终不变。

马皇后自己没有生育，就尽全力抚育好皇子，母慈子孝，又能与后宫妃嫔和睦相处。马皇后真是个聪慧而有德行之人！

164. 班超挟鄯归汉

（使诈探情）

公元73年春天，东汉奉车都尉窦固派代理司马班超和从事郭恂一起出使西域。班超到达鄯善国（今新疆若羌县），鄯善王广（姓不明）开始对待班超礼貌周到，盛情接待，但后来忽然变得疏远怠慢起来了。

班超敏感地对部属说："你们觉不觉得鄯善王态度变得冷淡了?"部属们满不在乎地说："胡人以礼待人不能持久，不会另有别的缘故。"班超说："这一定是因为匈奴的使者来了，鄯善王心里犹豫不决，不知该归顺谁为好。聪明人在事情还没有发生前就应该看出端倪，何况现在事情已经很明显了!”于是，班超唤来侍候的鄯善官员，诈他说：“匈奴使者来到好几天了，现在住在哪里?”

鄯善侍官惶恐不安地回答说：“他们已经来了三天，住在离这里三十里的地方。”班超就把派来侍候的鄯善官员关了起来，并把自己手下的部属三十六人集合起来，一起饮酒，喝到痛快时，就对大家说：“现在北匈奴的使者到这里才几天，鄯善王就对我们不礼貌了。如果鄯善王把我们捉起来送给匈奴人，我们的骸骨就要喂豺狼了，应该怎么办才好呢?”

部属们都说：“现在我们处于关系危亡的境地，我们愿意追随司马，同生共死!”班超说：“不入虎穴，就得不到虎子。现在唯一的办法，就是趁着夜晚用火进攻匈奴人。消灭了匈奴人，鄯善人就会吓破胆，我们就可以建功了。”大家说：“应该先和郭从事商议一下这件事。”班超生气地说：“吉凶就取决于今天，从事是个文官，听到此事一定会害怕而泄露计划，到那时，我们死了不能成名，就算不得壮士!”大家说：“好，就这样干吧!”

初更时分，班超就率领部属直奔匈奴人的营地。适逢天刮大风，班超命十人拿着鼓，藏在匈奴人住的帐屋后面，约好说：“看到火燃烧起来，就都一齐敲鼓大喊。”其余人都拿着兵器弓箭，在帐门的两边埋伏。于是班超顺风点起了火，前后就打鼓喊起来，匈奴人都惊恐慌乱了，班超亲手杀死了三人，部属们把匈奴的使者及三十多个随从士兵杀了，其余的一百多人也都被烧死了。

第二天回来，部属们把昨夜的情况告诉郭恂，郭恂大惊，顿时变了脸色。班超知道他的心意，对他举手说：“从事虽然没有参加此次行动，班超哪里会有独占功劳的想法!”郭恂这才高兴起来。

班超召来鄯善王广，把匈奴使者的头颅拿给他看，事情传扬开来，鄯善国为之震惊。班超向鄯善王宣示汉朝的威德，告诉他：“从今以后，不要再同北匈奴来往。”鄯善王叩头说：“我愿意归顺汉朝，再没有二心。”于是把儿子交出来做人质。

班超回来报告了窦固，窦固很高兴，把班超的功劳向朝廷一一呈报，并请求另派使者出使西域。明帝刘庄下诏说：“像班超这样的官吏，为什么不选派，而要另选他人呢？现在就任班超为军司马，让他完成还没有完成的功业。”

班超先后采用使诈探情、激言励志、虚张声势、先发制人等手段，引领部属突袭北匈奴使团，使鄯善王不能三心二意。班超这次成功，确实是智谋与勇气结合的结果。

165. 廉范撤销禁令

（因势利导）

公元 73 年，北匈奴大举进攻云中郡（今内蒙古托克托县），云中郡郡守廉范竭力抵抗。下属官员们因本郡兵少，想送信给邻郡求救，廉范不同意。恰好这时候天已近黄昏，廉范命令军士们将火把捆扎成十字形，一端手拿着或插入地面，点燃其他三端，在军营中排开来，只见满营火光，状如繁星。

匈奴人以为是东汉的援军已到，大吃一惊，准备等到天亮时就撤走。廉范命令部队当晚就地进餐，没有露出一点儿声息。第二天凌晨，廉范指挥东汉军队突然出击，斩杀匈奴士兵数百人。北匈奴军队大乱，自相践踏而死的有一千余人。经此一战，北匈奴再也不敢进扰云中郡。

过了八年，廉范先后担任武威（今甘肃省武威市）、武都（今甘肃省成县）郡郡守。公元 81 年秋天，他被调任蜀郡（今四川省成都市）郡守。成都在当时已是富庶繁华之城，人口众多，物产丰饶，房舍街巷，都密集聚在一起。对此情况，以前历位郡守都禁止百姓夜间干活。因为夜间干活，点火照明，很容易失火，而一旦失火，就会使大片房屋烧毁。但是，百姓们又不可能夜里不干活，只好不顾禁令，在夜里偷着干活，因此火灾的发生不仅没有减少，反而更多了。

廉范到任以后，立即撤销了以前的禁令，准许百姓夜间点火干活，同时严格规定家家必须备足水，以便能及时扑灭火苗，将火灭于初起之时。自从采用这种新办法后，百姓方便了，火灾反而减少了。民间传诵着一首歌谣："廉大人为什么来得这样晚？他不禁止我们夜里使用火烛，百姓得以安心劳作，从前连个短衣裳都没有，而今却有了五条裤子。"

廉范是赵国名将廉颇的后人，他利用天近黄昏，让每个士兵手中拿的一个火把变成三个火把，制造声势，吓敌阻敌，采用的是因势利导之法；他打破以禁防灾的思维定式，利用水可灭火的简单常识，达到兴利除弊，采用的也是因势利导之法。这两件事，情形虽不同，但廉范处理得都很有智谋，也非常成功。

166. 朱晖称病而谏

（闭口不言）

公元 84 年十月，东汉章帝刘炟南下视察的归途中，在宛城（今河南省南阳市）召见前临淮郡（今江苏省泗洪县）郡守朱晖，任命他为尚书仆射。十一月初七，刘炟一行返回洛阳。

尚书张林上书说："地方政府经费不足，应当允许地方制盐专卖，并恢复和推行汉武帝时的均输法（在大司农下设管运输的均输官，令各地交纳贡物折价和运费，由均输官在价格低的地方买货，转运到京城或在价格高的地方卖出）。"刘炟将此议交付尚书们通议，朱晖认为此法不可以推行，说："均输法使得衙门官员跟商人做买卖没有分别：政府制盐专卖，利益归官府，百姓会穷困怨恨，实在不是圣明君王所做的事。"

刘炟因此而发怒，严厉责备了诸位尚书，朱晖等人都很惊恐，自己主动投奔监狱。过了三天，刘炟下诏说："我乐于听到不同的意见，老先生们没有罪，我诏书中有的话说得过分了点儿，你们为什么要自投监狱呢?”立即让人将他们释放出来。

朱晖出狱后，就自称病重，不肯到署中在张林等人的议案上署名。尚书令以下的人都很惶恐，劝朱晖说：“我们现在正面临谴责，你怎么能装病呢？这样恐怕会惹上大祸的!”朱晖说：“我年将八十，蒙受皇恩得以任枢密机要的职位，应当以死相报。如果我心中明知这事不可行而行动上却违心顺旨，就有负于为臣之义！现在我耳目不能视听，等待皇上处置吧。”说完此话后，朱晖就闭口不再说话了。

诸位尚书不知道该怎么办，只好共同上奏弹劾朱晖。刘炟这时的怒气也消了，表示对朱晖之事不予追究。过了几天，刘炟下诏派直事郎去问候朱晖的日常起居，又派太医去探视朱晖的病情，派太官去赐予食物，朱晖这才起身答谢并恢复办公。刘炟又赏赐给他钱十万、布百匹、衣服十套。

在封建社会，皇权至高无上。劝谏皇帝，伤透了劝谏者们的脑筋，可以说是花样百出：冒死进谏有之，自贬而谏有之，明顺暗谏有之……朱晖则闭口不言、称病而谏，看来也收到了一定的效果。朱晖可称有计谋。

167. 孔僖辩答获迁

（依理直说）

鲁国人孔僖是孔子的后代。有一次，孔僖和崔骃一起在太学读书，互相议论起来，议论“孝武帝（指汉武帝刘彻）刚做天子时，崇信圣贤之道，最初五六年里的政绩，被人称颂胜过文帝、景帝的政绩；但后来只凭自己的意思行事，抛弃了以前的善政”。邻座的太学生梁郁听到后就上了奏书，告发他们诽谤先帝，讽刺讥评当前的政事。

事情交给了有关部门官吏审查。崔骃先往该官吏处受审。孔僖写了文字材料为自己辩解。他上书申辩说："凡称为诽谤的，是说其实没有这事情，而凭空加以诬告。至于孝武皇帝，他政治上的好坏得失，明显地记载在汉史里，像日月一样明白，我们只是直接叙述了书传中的记载，不是凭空诽谤……更何况如果批评的确很对，那么就应当诚心改过；倘若批评不当，也应该包含容忍，又何必要问罪呢！陛下不推究治国谋略，为自己做长远打算，只是大搞个人忌讳来使自己心意畅快，这样做的结果，天下人一定会拿这件事窥视揣摩陛下的心意，从今以后，如果再遇见朝廷有不对的事，就没有敢说话的人了。"上书奏上，东汉章帝刘炟立刻下诏停止再对此事追究，并任命孔僖为兰台令史（执掌文书）。

第二年的三月初十，刘炟巡行到鲁国。十一日，在阙里（孔丘故居，今山东省曲阜市）祭祀孔子及其七十二弟子，演奏六代古乐，接见孔家二十岁以上的男子共六十二人。刘炟对孔僖说："今天的聚会，对于你们家族来说是不是很荣耀啊？"孔僖回答说："我听说英明的帝王和圣明的国君，没有不尊敬老师和重视圣道的。现在陛下亲自以天子之尊屈驾，光临我的故乡，这是崇敬先师，给圣人的德行增辉；至于说到荣耀，那实在不是我们所敢承受的。"刘炟听了大笑着说："不是圣人的子孙，怎么说得出这样的话！"于是，就任命孔僖为郎中。

孔僖依理直说为自己辩解，终于免于被追究，反而获得升迁。孔僖有智有谋，才使自己免于灾祸。

168. 班超平定莎车

（故纵敌俘）

公元 87 年，班超征调于阗国（今新疆和田市）等国的作战部队共二万五千人，向一贯抗拒汉朝的莎车国（今新疆莎车县）发动猛烈攻击。龟兹国（今新疆库车县）联络温宿国（今新疆乌什县）、姑墨国（今新疆阿克苏市西北）、尉头国（今新疆阿合奇县西南）等国作战部队，共五万人，增援莎车国。

面对严峻的形势，班超召集部下将校，并和于阗国王一起商议应对之策。最后，班超脸色凝重地说："我方如今兵少力弱，无法抵抗敌军，不如各自先行撤退。于阗军队向东撤返本国，我领军向西撤返疏勒（今新疆喀什市），暂时躲避。两路人马在半夜鼓声响起时，一起行动。"部署完毕后，班超指使部下故意放松戒备，让一些俘虏逃跑，将撤退的信息传了出去。

龟兹王得到班超撤退的消息后大喜，亲自率领一万余骑兵到西面的道路上拦截班超，温宿王则亲率八千余骑兵往东面的道路上拦截于阗军队。班超侦探得知龟兹、温宿两军已经出动，就立即秘密集结部队，紧急备战。等到黎明时分，班超指挥汉军向莎车军营发动突袭，莎车军队顿时崩溃，乱作一团，四处奔逃，班超等追击斩杀五千余人，莎车王恐惧投降。龟兹等国军队只好各自撤退而去。从此，班超威名震动西域。

班超面对强敌，临危不惧，先是故纵敌俘，让他们传递消息，调虎离山，削减主战场敌军优势；然后，他集结主力，突发袭敌，挫敌逼降，终于平定莎车国叛乱。班超的智谋和勇气果然非同一般。

169. 邓训击败迷唐

（恩德相抚）

东汉护羌校尉张纡不能安抚当地羌人，羌人对他的统治日趋不满，以致最后引起羌人的激烈反抗。公元 88 年冬天，朝廷公卿大臣们推荐原张掖郡（今甘肃省张掖市）郡守邓训代替张纡担任护羌校尉。西羌烧当部落的新酋长迷唐率领一万多骑兵迫近边塞，但不敢攻打邓训，只想先威胁祁连山下小月氏部落

（匈奴月氏族的残余）。

可是，邓训已先派军队对小月氏各部落进行保护，并命令他们不许与迷唐交战。这种情况引得官员们议论纷纷，议论的人都认为：羌人和匈奴人互相攻打，对东汉朝廷有利，不应该采取禁止和保护的策略。

邓训却说："原来张纡失去信义（公元87年七月，迷唐之父迷吾投降，张纡接受，却又在受降宴中下毒，伏兵突起，杀迷吾及其部下八百余人），迫使羌人大动干戈，使凉州官员百姓的性命像悬在一根发丝上那样危险。匈奴各族所以对汉人愤恨，难以同心，都是因为汉朝恩泽不厚、信誉不高。现在正好趁着他们紧张危难之际，用恩德安抚，或许会收到回报。"

于是，邓训就下令大开城门和自己居住官衙的后园门，让小月氏部落的匈奴老弱妇孺全部进来居住，并派军队严密守卫。羌人们抢掠不到东西，又不敢向小月氏各部落丁壮进逼，只好解兵撤退而去。从此，湟中（今青海省东北部）一带各匈奴部落的人都说："汉军都希望我们互斗，可现在邓使君却以恩信对待我们，开城收容我们的妻子儿女，使我们得到了父母般的恩德。"匈奴各部落的人都向邓训叩头说："我们一切听从使君的命令。"

邓训抚养教化匈奴人，使他们无不心悦诚服。然后，悬赏招降羌人，并让已降羌人招降未降的羌人，连迷唐的叔父号吾也率领他的八百户族人来投降。邓训由此共征召湟中的汉人、匈奴人、羌人四千人出塞，奇袭据守写谷（今青海省湟源县西）的迷唐，迷唐大败，全部撤出大小榆谷（今青海省尖扎县西），逃向更西的颇岩谷（今地不详），部众全部离散。

邓训采用与历来朝廷官僚不同的方式，对待处于困厄之中的匈奴人，以恩德相安抚，派军队保护；并用怀柔手段招降广大羌人，使得匈奴人、羌人都心悦诚服地听命出力，终于击败迷唐。邓训懂得以恩德相抚会产生力量，并运用它成功实现平定西羌的目的，说明他不仅胸怀慈悲，还具有不凡的韬略。

170. 李郃拖送贺礼

（阳奉阴违）

公元92年，由于大将军窦宪兄弟专权，东汉和帝刘肇与内外臣僚没法接近，只有宦官与他一起居住。刘肇看到朝中大臣没有不依附窦家的，只有中常侍钩盾令（主管池苑囿）郑众，为人谨慎机敏有心计，不依附窦宪，于是与郑众商议诛杀窦宪之事。当时，窦宪驻守在外，因担心他会作乱，所以刘肇一直隐忍着没有发作。

六月，窦宪和穰侯邓叠回到了京城。当时，清河王刘庆受到特别恩遇，可以常常进入宫中居宿。刘肇为实施自己的谋划，希望得到《汉书·外戚传》，但害怕左右泄密，不敢差遣他们，只能命刘庆私下向千乘王刘伉求取，要他在夜间单独送过来。刘肇还命刘庆传话给郑众，求取诛外戚的故事。

二十三日，刘肇来到北宫，下诏命执金吾、北军五校尉带兵驻守南宫、北宫，关闭城门，收捕窦宪的党羽郭璜、郭举、邓叠、邓磊，把他们都关在狱中处死。派出谒者仆射收回窦宪大将军印绶，改封他为冠军侯，和窦笃、窦景、窦瑰都遣回各自的封国，然后逼他们（除窦瑰）自杀。凡是与窦宪有关系的人员都被论罪免官回乡。

当初，在窦宪得势专权时，很多地方官吏都争着攀附邀宠。窦宪娶妻时，天下郡国都派人去送礼庆贺，汉中郡（今陕西省汉中市）也理应派人去送礼。户曹李郃劝阻郡守去送礼，说："窦将军是太后的亲戚（哥哥），不修德而专权骄横，危亡的灾祸已经可以踮起脚等待了，希望你一心效忠皇室，不要与他有什么关系。"郡守却固执地要派人去送贺礼，李郃见无法阻止，只好自请派他前往，郡守答应了。

李郃在送贺礼途中故意拖延滞留，每到一地都要借故迟行，以等待、观察时局的变化。当他走到扶风郡（今陕西省兴平市）时，窦宪被遣送回自己的封国，汉中郡的贺礼也就没有送到窦宪手中。当窦宪自杀后，朝廷追究惩处与窦宪有往来关系的官吏时，只有汉中郡守因李郃故意拖延没有把贺礼送到而得以免受牵连。

李郃采取阳奉阴违、故意拖延的办法，消极执行郡守交办的事情，结果反使郡守免除了一场大难。他的识见和作为都比郡守有智有谋多了！

171. 邓绥能忍成后

（以屈求伸）

—

护羌校尉邓训有个女儿邓绥，性情孝顺友爱，喜爱读书，常常白天学习纺织刺绣，晚上诵读儒家经典，家里称她为“女学生”。她的叔父邓陔说：“我听说，能救活一千人的，其子孙必会受封。我的兄长邓训当谒者的时候，奉命修整石臼河，每年救活几千人，天道可以信赖，家门必定蒙福。”

后来，邓绥被选进皇宫，当了东汉和帝刘肇的贵人，她非常谦恭小心，一举一动都循规蹈矩。侍奉阴皇后，和其他嫔妃相处，总是克制自己，居人之下。即使是对宫女和做杂役的奴仆，也都施以恩惠和帮助。刘肇对她深为赞赏。

有一次，邓绥生病，刘肇特别下令，让她的母亲和兄弟入宫照料医药，可以久住，不限天数。邓绥推让说：“宫廷禁地，而让外戚久住在内，上会为陛下招来宠幸私亲的讥讽，下会为我招来不知足的非议，上下都要受到损害，我不愿这样！”刘肇说：“别人家都以家人能多次入宫当作荣耀，想不到你反而以此为忧虑！”

每逢刘肇举行宴会，嫔妃们都竞相打扮，争妍斗艳，只有邓绥质朴无华。当她发现自己所穿衣服的颜色与阴皇后相同时，就立刻脱下换掉。若是与阴皇后同时进见，则不敢正坐或并立，行走时微躬上身，以示自己身份卑微。每当刘肇提问，邓绥总是退让在后，不敢先于皇后开口。阴皇后身材矮小，行为举止若有不合礼仪之处，左右侍从每每掩口窃笑，只有邓绥深为同情，替皇后隐瞒掩饰，好像自己有了过失一样。刘肇知道邓绥的苦心和委屈，叹息说："人要增进德行，难道真的要这样辛苦吗?"

后来，阴皇后失宠了，邓绥每逢刘肇召幸，都借病推辞。这期间，刘肇接连死了几个皇子，邓绥担心皇嗣单薄，不断挑选才人美女进献，使刘肇心慰。阴皇后眼见邓绥的德望声誉一天比一天旺盛，十分嫉妒。有一次，刘肇生病，病情严重，阴皇后私下里说："我若是能够如意，就不让邓家留一个活口!"邓绥知道后，流泪说："我诚心诚意侍奉皇后，竟然得不到她的护佑。我只能跟随皇上去死，上报皇上大恩，中解家族灾祸，下不使阴氏像吕太后那样遭受'人彘'的讥讽。"说完，就要服毒。宫女赵玉坚决阻止了她，并谎称："刚才有差人来，说皇上的病已经好了。"邓绥这才作罢。次日，刘肇的病势果然好转了。

公元102年六月，刘肇罢黜了阴皇后，邓绥反而为阴氏求情，没有成功。刘肇打算将邓绥立为皇后，邓绥却宣称自己病重，闭门深居不出。十月二十四日，刘肇下诏立邓绥为皇后，邓绥辞让，不得已最后才接受。成为皇后的邓绥下令，各郡、各封国一律不准再进贡物，每年只让他们供应纸墨而已。每当刘肇要封邓家官爵时，邓绥都苦苦推辞。所以，刘肇在位时，邓绥的哥哥邓骘的官职才不过是虎贲中郎将。

阴氏骄横，邓氏谦恭；阴氏咄咄逼人，邓氏步步退让。最后的结果是骄横者失宠，谦恭者获荣；逼人者忧愤而亡，退让者反登后位。凡能够真正做到忍辱负重的，无一不是具有极其顽强的精神力量和深藏不露的深智远谋的。成功绝不会像天上掉馅饼一样突然到来。

172. 虞诩平定朝歌

（打破常规）

公元110年，西羌民变一天天扩大，东汉大将军邓骘焦头烂额，束手无策，准备放弃凉州（今甘肃省武威市），集中力量对付北方的匈奴。于是，召集公卿会议讨论，邓骘向大家解释说："好比有两件破衣服，拿一件去补另一件，至少还有一件完整的；要不然，两件衣服都破烂而保不住。"大家都赞同。

郎中虞诩对太尉张禹说，邓骘的意见有三不妥，决不可实施。主张放弃凉州的人，用补衣服使之完整的比喻，认为至少可以保留一件。事实上这好像一个恶疮，如不治疗，将使肌肤溃烂不止。虞诩建议："网罗凉州地区的豪杰，命州牧郡守的子弟到朝廷任职，由官府分别任用，表面上是勉励他们，回报他们父兄的功绩，实际上是约束并防止他们叛变。"张禹采纳了他的建议，又举行了一次四府（太尉府、司徒府、司空府、大将军府）会议。讨论后大家一致同意虞诩的分析，并将他的建议付诸实施。

邓骘放弃凉州的计划受挫，就对虞诩恨之入骨，想利用官吏的法律中伤他。时逢朝歌县（今河南省淇县）变民宁季等几千人攻杀县令以下官吏，连年屯聚，州郡官府无法镇压。邓骘就任命虞诩当朝歌县令。这显然是个陷阱，故交旧友都为虞诩感到不安，虞诩却谈笑如故地对他们说："这正是我建功立业的机会！"虞诩上任前，拜见河内郡守马棱，马棱说："你是一个学者，应在朝廷供职，如今却到朝歌县，我很为你发愁。"虞诩说："请长官不要为我忧虑，只请您赐给我较宽的限制，不要用平时的法令规章来拘束我。"

虞诩到任之后，制定三项标准招募壮士，并下令从掾史以下每人推荐所了解的人。将那些杀人放火、抢过东西的列属上等；那些伤人打架、偷过东西的列属中等；那些不事生产的无业游民列属下等，共集结了一百多人。虞诩设宴招待他们，赦免他们的罪，派他们混入变民队伍中去，引诱变民抢劫，然后秘密通知官府埋伏军队围歼，先后斩杀几百人。虞诩又派会缝纫的穷人投奔到变民的队伍中去，为变民缝制衣服，暗中用特制的彩色线缝他们的衣服，等变民们一到街市上有所行动时，就都被捉住了。变民们因此惊骇恐惧，四处逃散，都视虞诩为神明，朝歌县终于安定下来了。

虞诩的不能舍弃凉州的识见胜过邓骘百倍，他因此被报复。但他不避艰险、从容应对、赴汤蹈火的果敢使人敬服。他到任后，为迅速平定县境，采取打破常规、不拘一格的办法，显现了他过人的才智。

173. 虞诩示敌以强

（增灶惑敌）

公元 115 年，邓太后听说怀县（今河南省武陟县）县令虞诩有将帅之才，就任命他为武都郡（今甘肃省成县）郡守。当时，羌人作乱。西羌听说虞诩为武都郡守，派几千羌军在陈仓崤谷集（今陕西省宝鸡市西南）拦截虞诩。得知这一情形，虞诩立即停军不前，宣称“我已上书朝廷请发援军，等援兵到后再出发”。羌军得知这个消息后就分散到邻县劫掠。虞诩乘他们分散之机，马上日夜兼程，一天奔走了一百多里。在路途中，虞诩命令士兵们每人各造两个灶，以后每天增加一倍，羌军尾随见此情况，不敢逼近。

有人问虞诩：“当年孙膑减灶而您增灶，兵法说每天行军不超过三十里，以备不测，而现在您每天行军近二百里，这是什么缘故？”虞诩说：“羌军人多，我兵少，走慢了就容易被他们赶上，快速前进，他们就无法探测到我们的底细。他们查看到我们的炉灶日益增多，必定以为各郡的军队已经来接应。我军人多了，行动又迅速，他们就畏惧了，自然就不敢来追我们。当时孙膑为示弱诱敌而减灶，我们现在是为示敌以强而增灶，这是形势不同的缘故。”

虞诩到达郡府，见军队不满三千，而羌军有一万多人，已经围攻赤亭（今甘肃省成县西北）几十天了。虞诩就命令将士们不许使用强弩，只许暗中使用小弩；羌军误以为守城汉军的弓箭射不远，就集中兵力急攻。于是虞诩命令用二十张强弩为一组集中射一个目标，射无不中，羌军大为震惊，急忙撤退。虞诩乘势出城奋战，杀伤许多敌人。

第二天，虞诩把军队集中起来，让他们从东门出去，再从北门入城，并且变换衣服，来回循环出入了几次，羌军看不清楚城里到底有多少军队，更加惊恐动摇。虞诩估计羌军就要撤退了，暗中派了五百多人在河道浅水处埋伏，守住羌军逃跑的退路。羌军果然大批逃跑出来，埋伏的士兵突然拦击，把他们杀得大败，斩杀并俘虏了许多羌兵，羌军就此败逃溃散了。

虞诩确实是一个杰出的智谋人才。孙膑以减灶之计诱敌追赶，然后在途中设伏，消灭敌人。虞诩反其计而用之，也使敌人判断失误，终于平羌成功。两个事例都是以诈惑敌取得成功的典型，大有异曲同工之妙！

174. 阻止遣将增兵

（危言耸听）

公元137年夏天，象林郡（今越南维川县）蛮族首领区怜等攻打官府，杀害地方官吏，势力一天比一天强大。第二年夏天，侍御史贾昌和州郡官府合力讨伐区怜等人，非但没有取胜，反而被包围了，这一年多下来，援兵和粮食都接应不上。

东汉顺帝刘保召集公卿百官和四府幕僚，询问对策。不少人主张再派遣大将，征发荆、扬、兖、豫四州的四万民兵前往增援。时任从事中郎的李固驳斥了这种意见，认为有七不可：一、四个州中有的本来就不太平，有的已征发多次，如果再征发，骚扰百姓，会引发新的叛乱；二、兖、豫两州的百姓，突然被征召，远征万里，又无归期，催促急如星火，会导致叛乱和逃亡；三、南方水土潮湿，气候炎热，还有瘴气，会导致十分之四五的人死亡；四、长途跋涉，万里行军，士卒疲劳不堪，等军队抵达岭南，已无战斗力；五、每天行军三十里，需行军三百天才能到达九千余里的目的地，按每人每天口粮五升计算，需用米六十万斛，还不包括将领、军吏的口粮和驴、马的饲料，费用负担沉重不堪；六、一旦发生战斗，死亡的人一定很多，为获胜利必定会继续征调援兵，犹如挖心割腹去补四肢；七、九真郡（今越南清化市）、日南郡（今越南东河县）两郡相隔仅千里，九真的民兵尚且不能忍受征调，更何况在万里之外的四州民兵呢？

李固提出："应当重新选派既有勇气又有谋略，既仁慈而又可担任将帅的人，担任州刺史和郡守，命他们都驻守在交趾（今越南河内市东北）。现在，日南的兵力单薄，又没有粮食，既不能守，又不能战，可以让那里的所有官吏、人民迁徙到北面的交趾，等事情平定以后，再返回日南。同时还可以招募蛮夷，让他们自相残杀，朝廷则供给金钱、布帛作为资助，如有人能离间并俘获他们首领的，就许以封侯、赐地的奖赏。前任并州刺史祝良，勇敢而有决断，还有张乔以前在益州有攻破敌虏的功劳，都可以任用。应当立即任命祝良等人，不必来京，马上赶往交趾任职。"

四府完全赞同李固的建议，顺帝刘保立即任命祝良为九真郡郡守，张乔为交趾州刺史。张乔到职，告示慰民，蛮夷部落有的投降，有的解散。祝良到了九真郡，单独乘车进入叛军之中，想方设法用威信招抚，有几万人投降，大家还一起为祝良修筑郡守的官舍。于是，岭外地区重新得到了平定。

李固采用告以利害、危言（也是实情）耸听的方法，列举大动干戈、遣将增兵去万里之外平患将会面临的重重困难，从而使朝廷改变遣将增兵的想法，而另派官员去获取人心。李固这番话深蕴智谋啊！

175. 张纲平定广陵

（取信于众）

公元142年八月，侍御使张纲上书弹劾大将军梁冀、河南尹梁不疑。但当时皇后梁妠正受东汉顺帝刘保的宠幸，梁氏家族的亲友遍布朝廷。刘保虽然明白张纲说得有理，但未能采纳他的奏报。梁冀为此痛恨张纲，想找一个机会整治他。

当时，广陵郡（今江苏省扬州市）的反民首领张婴在扬州（今安徽省中部及江南地区）、徐州（今江苏省北部）一带，作乱已有十多年，历任郡守都无法压制下去。梁冀就任命张纲为广陵郡守。以前的郡守都要求朝廷多派兵马，而张纲却只乘了一辆车就去上任了。

张纲到任之后，直接来到张婴营垒大门外，要求与张婴相见。张婴对这次突如其来的拜访，震惊得手足无措，急令紧闭营门。张纲见状，就将随从的官员遣回，只带了侍卫十多人，再写信给张婴，坚持要求会面。张婴发现新任郡守有诚意，就出营拜见张纲。

张纲请张婴以贵客的身份坐上座，并没有指责张婴攻城杀官的行径，而是开导他说："过去历任郡守，大多肆虐贪暴，才使得你们怀恨相聚，他们确实是有罪之人。然而，你们这样的所作所为，也不符合大义。如今圣上仁爱圣明，准备以恩德消除反叛，所以派我前来，想赐给你们封地和官位，使你们享受荣华，不愿对你们施加刑罚，今天是转祸为福的好机会。如果你们仍然执迷不悟，使天子震怒，调集荆州、扬州、兖州、豫州的大军合力围剿，你们就得身首异处、子孙灭绝。二者的利害，请你们好好考虑。"

张婴听了张纲的这一番话，深受感动，流着泪说："我们都是荒野的愚民，不能使下情上达朝廷，因为实在受不了残酷的压迫，才聚集在一起苟且偷生，像鱼游锅中，自己也知道难以长久，只不过是苟延残喘，过一天算一天。今天，正是我们重获新生之日。”于是，张婴告辞回营。

第二天，张婴率领部众一万多人和妻子儿女，自缚双臂，向张纲投降。张纲仍是独乘一车进入张婴营垒，摆下筵席，遣散张婴的部众，听任他们去自己愿意投奔的地方。张纲亲自为张婴选择住宅，寻觅耕地，张婴的子孙想做地方官吏的，都加以推荐任用。人们心悦诚服，广陵全郡恢复太平。

朝廷评论功绩，张纲应被封侯，但受到梁冀的阻挠。张纲担任郡守一年就去世了，张婴等五百余人为他穿上丧服，把他的灵柩护送回其故乡犍为郡（今四川省彭山区），安葬后，五百余人分别运送泥土，堆成坟冢。刘保下诏，任命张纲之子张续为郎中，赐钱一百万。

张纲平定广陵的智谋集中体现在取信于众上。他先是不摆架子，亲自上门，一再求见，示之以诚；然后依据实情，晓以利害，实话实说，不装腔作势；最后言行一致，遵守承诺，不出尔反尔。正因为张纲真正在诚信上下功夫，做到了历任依靠武力而未做到的事情。张纲的平乱之策，比千军万马还厉害啊！

176. 度尚焚营励军

（化有为无）

公元164年夏天，荆州刺史度尚招募蛮、夷士卒讨伐艾县（今江西省修水县）的反民，大获全胜，反民投降的人有数万之多。在桂阳郡（今湖南省郴州市）作乱已久的反民头领卜阳、潘鸿等逃进了深山，度尚连续追击了好几百里，攻破了他们的三处据点，抢获了许多珍宝。然而，卜阳、潘鸿的势力仍然很大，度尚想继续进攻，可是士卒们既骄傲又富有，已经没有斗志了。

度尚深知只要稍一松懈，士卒们就难以继续战斗下去，如果强迫他们出战，就会发生逃跑的情况。于是宣称：“卜阳、潘鸿当了十年的盗贼，擅长攻守，现在我军人太少，不可轻易进攻，只有等待各郡派来的援军都赶到了，才能合力进攻。”于是，下令军中，允许出营自由射猎，士兵们听到后都一片欢腾，上上下下纷纷出营作乐去了。

这时，度尚秘密派自己的亲信潜入军营，暗中放火把兵士们抢来的珍宝都烧光了；等到打猎的士兵归来，见到珍宝被烧毁，没有不为自己的损失而痛苦流泪的。于是，度尚逐个进行安慰，深表自责，并趁机激励说：“卜阳等人的财宝足够我们用几辈子的，只怕你们不肯尽力，至于烧掉的那一点点东西，又何必介意呢!”

众人都踊跃请求出征，度尚就命令喂饱战马，提前吃早餐，第二天清晨直捣反窝。卜阳、潘鸿等人自以为营垒很坚固，未加提防。官军们乘着锐气，终于攻陷了反民的大营，一举剿灭了反民的军队。度尚出征三年，至此完全平定了造反的反民，后来被朝廷封为右乡侯。

以利诱之往往是军事上的一种谋略。但如何运用这种谋略，智慧的将帅们会根据不同的情况想出办法。在这里，度尚明白自己所募的士兵是一支贪军。多次胜利后，将士们已是袋鼓囊满，而战斗力却大大减弱了。在这种情况下，要想继续调动他们的积极性，只有设法让他们的资财化有为无，使他们为获得更大的利益而振作起来。于是，度尚就导演了古今少有、别出心裁的这一出。

177. 张盘拒绝出狱

（把握机遇）

公元165年，荆州军队的士兵朱盖等反叛，与桂阳（今湖南省郴州市）反民头领胡兰等再次攻打桂阳城，桂阳郡守任胤弃城逃跑。反民人数多达数万，转而攻打零陵（今湖南省永州市），零陵郡守陈球坚决进行守御和抵抗，交战十余日，不分胜负。

这时，正遇上度尚被调回京都洛阳，东汉桓帝刘志任命度尚为中郎将，率步、骑兵两万余人，南下援救陈球。度尚征发各郡民兵，联合攻击，大破朱盖、胡兰反民军，斩胡兰等三千余人。朝廷又重新任度尚为荆州刺史。苍梧郡（今广西梧州市）守张叙曾被反民俘虏，他和桂阳郡守任胤都被召回洛阳，在街市上被斩首示众。

胡兰的残部南逃到苍梧郡，交趾州（今广东、广西及越南北部）刺史张盘迎头痛击，使残余反民不能前进，只能返回荆州境内。尚度怕受到不能绝灭反民军的指控，就上书谎称苍梧反民进入荆州境界。于是，朝廷又征召张盘回洛阳，囚入廷尉狱。

正在审理期间，遇上大赦令，张盘应该是免罪被释放。可是，张盘拒绝出狱，并且他把自己所戴刑具的接扣处钉牢加固。狱吏对他说："天恩浩荡，你却不领情，能这样做吗?"张盘回答说："我身为一州的地方大员，被度尚诬告，投入监狱，备受苦刑。事情应该分清虚假和真实，法律应该辨明谁是谁非。我确实无罪，赦罪之令，与我无干。如果忍气吞声，只求免除眼前痛苦，将受到永远的羞辱，活着是恶吏，死后是恶鬼。我要求将度尚征召到廷尉狱，当面对质，就可以明辨真假。如果不征召度尚，我将把骨头埋葬在狱中，绝不背负恶名出狱，蒙受飞来的冤枉。"

廷尉将上述情况报告给桓帝，刘志下诏，将度尚征召回京。度尚到廷尉狱和张盘对质，被诘问得理屈词穷。本应治度尚之罪，但他先前有功劳，朝廷对他免于惩处。

张盘抓住大赦的难得之机，拒绝出狱，将它作为逼迫朝廷重审、洗清自身冤屈的机遇。他获得了成功，终使真相大白。张盘用自己的智谋，赢回了名誉。

178. 王甫陷害刘悝

（诬以谋反）

勃海王刘悝是东汉桓帝刘志的亲弟弟，行为一向荒唐、邪恶、骄纵，不断破坏法令，北军中侯史弼曾上疏劝谏刘志将刘悝的恶状公议判决，稍加惩处，刘志没理会。公元165年正月，刘悝果然发生谋逆之事，刘志才下诏贬刘悝为瘿陶（今河北省宁晋县西南）王，采邑仅只一县。

刘悝事后请托中常侍王甫，让他游说刘志，答应如果能够恢复原来的封国（勃海国），愿意送给王甫五千万钱作为酬谢。不久，刘志去世，留下遗诏让刘悝回任勃海王。刘悝知道这不是王甫的功劳，就不肯拿出这笔巨款白送给王甫。王甫从此对刘悝怀恨在心。

刘志去世后，东汉灵帝刘宏即位。这时，朝内有两个人很骄横，一个是中常侍郑飒，一个是中黄门董腾。这两个人与朝廷内外权势交结，又都与刘悝经常来往，关系密切。王甫就派出密使，将详情调查清楚，就去向司隶校尉段颎告密，说他们图谋不轨。

公元172年十月，郑飒被逮捕入狱，羁押在北寺监狱。王甫又让尚书令廉忠诬告说："郑飒等人阴谋迎立刘悝为帝，大逆不道。"刘宏自然大怒，下诏让冀州刺史审理此案，证实此事非虚。刘宏严厉斥责刘悝，命他自杀。刘悝的妃妾十一人、子女七十人、歌舞伎女二十四人都死在狱中；勃海王的师父、封国宰相以下的官员，全部诛杀。

王甫等十二人，却因破获一件叛国巨案，立下了大功，一律被封为侯爵。

这是一件因图财不成心生怨恨、罗织罪名诬以谋反的血案。刘悝作恶多端，死不足惜，但被诬告陷害，不仅搭上了自己性命，而且枉送一百多条无辜性命，实在悲惨！王甫的阴谋手段实在歹毒！

179. 贾琮治理交趾

（对症下药）

交趾州（今广东、广西及越南北部）盛产珍珠宝物，历任刺史大多贪赃枉法，来到此地任职，实为搜刮珍奇。等到财宝搜聚得差不多了，就要求离职，请朝廷另派人接任。如此往复了好几任，弄得当地吏民怨声载道，终于酿成巨大民变。

公元184年六月，反民逮捕了交趾刺史和合浦（今广西合浦县东北）郡守来达。反民首领自称“柱天将军。”东汉灵帝刘宏下诏有关部门，选择能臣治理交趾，三府就擢升京县（今河南省荥阳市）县令贾琮为交趾刺史。

贾琮任职后，没有立即派兵镇压，而是调查为什么会激起民变。百姓们众口一词，说：“田赋捐税，太过沉重。横征暴敛的结果，百姓只剩下孑然一身。京城遥远，投诉无门，人民无法生存，只有相聚反抗暴政。”

了解真实情况后，贾琮发出安民告示，并派人到各郡各县，张贴布告，让百姓安心生产，招抚逃亡在外的饥民，免除民夫差役，斩杀了几个罪太大的反民首领，选任清廉干练的官员为各县县令。百姓的负担减轻了，作乱的首要人物镇压了，大约一年时间，交趾全州恢复安平，人民得到了安居。

于是，在街头巷尾流传着这样一首歌谣：“贾老爹来得太晚，逼得我们提前造反，现在是清平世界，官吏不敢白吃我们！”

治病先诊因，才能治好病，治乱如治病，功在诊对因。贾琮到任后，在诊因上使劲，找准病因后下药，收到了良好的效果。其实，这中间并不需要特别高的智谋。可是，历代官府平乱，多以兵戈相见，往往加深了病因，从而加重了病症，南辕而北辙，这不是很愚蠢吗？

180. 曹操迁都许县

（巧用机缘）

公元196年，东汉献帝刘胁逃到长安五年多后，在韩暹、杨奉等人的护送下，回到京城洛阳。擢升安国将军张杨为大司马、杨奉为车骑将军、韩暹为大将军兼司隶校尉。这时的洛阳，宫室烧尽，满地荆棘，皇帝与百官只能靠着断墙残壁居住。

兖州牧曹操此时在许县（今河南省许昌市），谋划迎接天子，部属们认为：崤山以东还未平定，韩暹、杨奉自视迎驾有功，骄横跋扈，不能一下子制服。荀彧却说："而今，圣驾还都，东京一片荒芜，义士和百姓无不感慨。如果您抓住这个机会，迎奉主上，安定人心，这是最顺应潮流的举动……若不果断决定，让别的豪杰捷足先登，以后再来考虑，就来不及了。"于是，曹操就派扬武中郎将曹洪率军向西，到洛阳迎接献帝，但因卫将军董承等人据险抗阻，曹洪不能西进。

韩暹自恃护驾有功，横行霸道，董承对他愤恨不满，就暗里派人征召曹操，曹操就率军到达洛阳。曹操到达后，立即弹劾韩暹、张杨的罪行。韩暹害怕被杀，单枪匹马，投奔杨奉。刘胁认为他们二人有迎奉保驾之功，下诏不予追究。八月十八日，献帝下诏，让曹操兼任司隶校尉、录尚书事。于是，曹操处罚有罪之人，奖赏有功之臣，表彰死难烈士。

曹操在做完上述事情后，专门请来曾劝自己联合杨奉的议郎董昭，让他与自己并肩而坐，并请教道："我现在到了京城，下一步该怎么办呢？"董昭说："将军发起义兵，讨伐乱臣逆贼，入京朝见天子，辅佐王室，这是春秋五霸的功业。现在这里的将领，心中各有打算，未必肯服从调遣。如今如果留在洛阳辅佐朝廷，形势并不有利，最好的办法是请天子移驾到许县。可是，天子流离在外已经很久了，最近才回到旧京，远近都在举足企望，盼望迅速安定。如果要再移驾，反倒不符合人心。不过，要做不同寻常的事情，才有不同寻常的功业，愿将军权衡利弊，做出最佳选择。”

曹操听后，说：“这正是我本来的计划，只是杨奉驻军在梁县（今河南省汝州市），听说麾下尽为精兵，会不会从中阻挠成为我的障碍呢?”董昭说：“杨奉缺少同党和外援，所以会真心与将军联手。不久前，朝廷任命您为镇东将军，封费亭侯，全都出于杨奉的主张。将军应速派使者厚谢他的盛意，并告诉他迁都的理由，就说：‘洛阳缺粮，想让皇上暂移鲁阳（今河南省鲁山县），鲁阳接近许县，交通较为方便，可不必担心军粮匮缺。’杨奉虽作战勇猛，但智谋不足，一定不会起疑。在使节往来的过程中，大计就这样定了，他怎么能阻挠呢?”曹操说：“好极了!”就立即派人去见杨奉，依计行事。

八月二十七日，献帝刘协车驾出轩辕关（今河南省登封市西北）东行，乘势迁都许县。刘协亲自到曹操的军营，擢升曹操为大将军，封武平侯。开始在许县建立皇室家庙社稷。

曹操实现迁都挟帝的目标，荀彧的出谋固然重要，但董昭教他的智谋更加重要。董昭为他指明了具体实现目标的路径：利用实力最强的杨奉需要同党和外援的事实，实施笼络拉拢行动。曹操正是采纳了这一计谋，终于达到了目的。

181. 孙策夺取会稽

（出其不意）

公元 196 年八月，殄寇将军孙策准备攻夺会稽郡（今浙江省绍兴市）。反民首领严白虎等人，各拥有部众一万余人，驻屯在各地。将领们打算先攻击严白虎等人，孙策说：“没必要，严白虎等人不过是一众强盗，没有大志，很容易制伏他们。”于是，率军渡过浙江（今富春江）。

会稽郡功曹虞翻劝郡守王朗说：“孙策能征善战，我们不如避开他吧！”王朗听不进，据守固陵，阻止孙策前进。孙策发动几次渡河攻击，不能取胜。

这时候，孙策的叔父孙静对孙策建议说：“王朗据守坚城，一时不易攻破。南边数十里，有座查渎城（今浙江省萧山区境内），应从那里深入敌人后方，这就是所谓‘攻其不备，出其不意’。”孙策听从了他的建议。

入夜之后，孙策在营中到处燃起火把，建立疑阵，然后派出一支奇袭部队，直扑查渎城，攻陷高迁屯（今浙江省萧山区东）。王朗闻此消息大惊，急忙派曾任丹阳郡守的周昕等率军迎战，孙策大破会稽军，并斩周昕等。王朗逃亡，虞翻追随左右保护。

王朗等人从东海乘船南下，逃到东冶（今福建省福州市）。孙策一路跟踪追击，又大败王朗，王朗无路可逃，只得向孙策投降。

“出其不意，攻其不备”，在对手没有或缺乏准备的情况下，突发攻击，从而争取战场上的主动权，是应变智谋中的先发制人。孙策善用其叔叔所出计谋，终获成功，夺得了会稽郡。

182. 贾诩主动告辞

（通权达变）

公元196年，镇东将军张济从关中率军南下，抵达荆州境内，攻击穰城（今河南省邓州市），张济被流箭射中身亡。荆州官员一齐向荆州牧刘表道贺，刘表说：“张济潦倒穷困，前来荆州，穰城的守将拒不接纳，竟致战场交兵，这不是我的本意。我只接受哀悼，不接受祝贺。”并派人去安抚张济的部队。刚丧失主帅的部众得此消息，转忧为喜，心悦诚服。张济的堂侄建忠将军张绣，接管了张济的部队，驻屯在宛县（今河南省南阳市）。

当初，东汉献帝刘协逃出长安后，宣威将军贾诩缴回印信，前往华阴（今陕西省华阴市），投奔宁辑将军段煨。贾诩名望大，段煨的将士们都仰慕他，段煨对他也十分尊敬。但是，贾诩却暗中打算去投奔张绣。有人问："段煨待你如此优厚，你还想往哪里去?"贾诩说："段煨生性多疑，对我已生猜忌之心（段煨恐惧贾诩夺他军权），虽然礼数周到，却不能持久，最后会被他谋害。我现在如果主动告辞而去，段煨一定心中欢喜，又盼望我能替他争取强大的外援，他一定会善待我的妻子儿女。而张绣身旁没有出谋划策的人，也愿意得到我的帮助。这样的话，我自身和我的家眷都可以得到保全了。"

贾诩于是去了张绣处，张绣以晚辈的礼节对待他。段煨果然特别照顾贾诩的家眷。贾诩劝张绣归附刘表，张绣听从了。

贾诩在这里表现出的是一种通权达变的智谋，它的基本点就是，根据发生了或将会发生的情况，做出有利于己方的应变。大至军事政治，小至保全身家，善于如此应变者，就能成功。

183. 满宠审理杨彪

（顺其自然）

公元197年春天，左将军袁术称帝，前任太尉杨彪跟袁术有姻亲关系，司空曹操对他深恶痛绝，诬陷他打算废黜天子，另立新君。曹操将此消息上奏给东汉献帝刘协，将他投入大牢，罪名是大逆不道。

时任将作大匠的孔融听说此事后，来不及穿上朝服，就去见曹操说："杨公四代清明道德，天下仰慕。《周书》上说：'父子兄弟，罪不牵连。'骨肉尚且如此，又怎么能把袁术的罪迁延到杨彪头上呢?"曹操说："这是皇上的意思。"孔融说："假如周成王要杀周公，周公怎能说他不知道？"

曹操命许县县令满宠审理杨彪的案件，孔融和尚书令荀彧都嘱咐满宠说："只能记录口供，不得用刑拷打。"满宠对此没说什么。可是，在审理时，对杨彪依然与对其他犯人一样，进行拷打审讯。几天以后，满宠晋见曹操，报告说："杨彪在苦刑之下，口供不改，没有说出什么。此人天下闻名，如果没有口供证据就定罪，一定会大失民望，我为您深感惋惜。"当天，曹操就下令释放了杨彪。

起初，当荀彧、孔融听到满宠用刑拷打杨彪时，都怒不可遏。后当杨彪因受过苦刑拷打的规定程序而被开释，才知道满宠的良苦用心，对满宠更加亲近了。

杨彪看到东汉王朝已经衰败，政权握在曹操手中，于是称腿脚痉挛，长达十余年不行走，因此得以免于一死。

满宠在审理杨彪案时，采用的是顺其自然的应变之术。一边曹操想通过满宠坐实对杨彪的诬陷，一边荀彧、孔融要保全杨彪而告诫不能对其用刑。面对这种情况，满宠沉着应对，对案件按常规进行审理，虽然不得不用刑，但终于排除诬陷，保全了杨彪。这种顺其自然，看似消极无为，其实是富含智谋的韬略。

184. 用败兵后战胜

（攻其不备）

公元198年三月，东汉司空曹操再次率军包围穰城（今河南省邓州市），攻打建忠将军张绣的部队。这时，从冀州牧袁绍那里逃出来的士兵跑去投奔曹操，报告袁绍有偷袭许县（今河南省许昌市）的动向，曹操于是放弃了对穰城的包围并迅速撤回了军队。

看到曹军突然撤退，张绣率军追击。五月，荆州牧刘表也派出军队支援张绣，驻军在安众（今河南省邓州市东北），据险切断曹军的后路。这样，曹操到达安众时，前后受敌。可是，曹操出动骑兵步兵进行前后夹击，把刘表、张绣的军队打得大败。

当曹操要率军撤退、张绣要追击曹军时，被张绣倚重的贾诩劝阻他，说："不可追，要追的话一定会败！"张绣不听，进军交战，果然大败而归。当张绣率领败军归来时，贾诩登上城楼却对在城外的张绣说："赶紧再去追击曹操，再战必胜！"张绣问道："前面没有听您的劝告，以至于落到这个地步，现在已经败了，为什么还要去追呢？"贾诩说："战争的形势已发生了变化，赶紧去追他！"张绣一向信服贾诩的话，就带领残兵败将再去追击交战，果然获胜而回。

事后，张绣问贾诩："先前我用精兵追击撤退的敌军您说必败，后来用败兵追击得胜之敌军而您说必胜，结果都像您所说的，这是为什么呢？"贾诩说："这很容易明白，将军虽然善于用兵，但不是曹操的对手。曹军先前撤退，曹操一定会用重兵亲自断后，所以，知道将军必败。而这次，曹操进攻将军，军事上并没有什么失策之处，但他没有竭尽全力攻打而中途突然撤退，一定是他的后方发生了大的变故。因此，他既然已打退了将军的追击，就必然轻装急进，而留其他的将领断后，其他将领虽然勇猛，但不是将军的对手，所以，虽领败兵而后战可胜。"

张绣由此对贾诩佩服不已，对他更是言听计从。不久，张绣在贾诩的谋划下率众归降曹操，被封拜为扬武将军，贾诩也被封为执金吾、都亭侯。

张绣不听贾诩之劝，先以精兵追击的是有备之敌，就遭到了失败；后来，听了贾诩之劝，再以败兵追击的是怠倦之敌，就获胜而回。贾诩的智谋确实太厉害了！

185. 曹操乌巢劫粮

（釜底抽薪）

公元200年初，大将军、冀州牧袁绍不顾别驾田丰的劝阻，率领大军进攻许都，司空曹操驻军在官渡（今河南省中牟县东北）抵抗。七月，袁绍大军驻扎在阳武（今河南省原阳县西南），八月，推进到沙丘扎营，东西长达数十里。曹操令军队扎营，两军对峙，营垒数量相当，但曹操的兵力只有袁绍的十分之一。九月，曹操出兵与袁绍交战，没有取胜，只得退回营垒，坚守不出。

由于曹军兵力缺乏，粮食短缺，士兵疲惫不堪，百姓赋税沉重，很多人纷纷投靠袁绍，曹操为此非常担忧，给尚书令荀彧写信，准备退回许都，引袁军深入。荀彧回信说："……眼前僵持的局面已经到了尽头，形势必定要发生变化，这正是出奇制胜的时机，一定不可错失。"曹操听从荀彧的劝告，坚守营垒，继续与袁绍僵持。

十月，谋士许攸对袁绍说："曹军本来就少，现在全部兵力又都集中在官渡，许都那里剩下的守军一定空虚。如果另外派出一支骑兵，星夜赶路，前去偷袭，一定可以攻陷许都。攻下许都后，就可奉迎天子去讨伐曹操，曹操就无地方可逃了。即使许都暂时攻不下来，也能使曹操两头不能兼顾，来回疲于奔命，最后一定能够打败他！"袁绍不同意，坚持要先在官渡打败曹操。

就在这时，许攸家里有人犯了法，留守邺城（今河北省临漳县西南）的审配将他们逮捕。许攸知道后大为光火，一气之下就投奔了曹操。曹操听说许攸前来投奔，来不及穿鞋，光着脚出来迎接他，拍着手笑着说："许子卿，你远道而来，我的大事可以成功了！"

落座以后，许攸问曹操："袁绍兵力强大，您怎么应对？现在还有多少存粮？"曹操说："还可支撑一年。"许攸说："您这是谎话吧！"曹操说："还可支撑半年。”许攸说：“您是不想击破袁绍了，怎么尽说不实之词!”曹操说：“刚才说的是玩笑话，老实说，存粮只够一个月了，怎么办呢?”许攸对曹操说：“您孤军独守，外无援军，粮草将尽，这是危急关头啊！袁绍的辎重有一万多辆，都停在故市、乌巢（均在今河南省封丘县西），守军戒备不很严密，如果派出骑兵前去偷袭，出其不意地将他们的粮草与军用物资焚毁，那么不用三天，袁绍大军就会自行溃败了。”

曹操听了大喜，留下曹洪、荀攸守营，亲自率领五千名骑兵去偷袭乌巢，将袁军的粮草全部烧毁。而此时攻打曹军大营的袁军大将高览、张郃因遭受袁绍怀疑诋毁也来到曹营投降。袁绍军队的辎重被烧，高览、张郃降曹，使得袁绍全军惊恐不安，以致全线崩溃。袁绍与袁谭等人戴着头巾、骑着快马，只率领了八百骑兵渡过黄河仓皇逃跑了。经此一战，曹操基本统一了北方。

官渡之战是历史上以少胜多的著名战例。曹操之胜关键在敬待许攸，并采纳他的夜袭乌巢焚敌粮草之计，这犹如釜底抽薪，霎时使敌军军心大乱，袁绍怎能不败？如果袁绍之前也能够像曹操那样，采用许攸所献偷袭许县之计，这一战也许是另一种结局。许攸称得上是一个身系胜败的智谋之士。

186. 徐氏智杀仇人

（假顺其意）

公元 204 年，讨虏将军孙权所属的丹阳郡（今安徽省宣州区）的大都督（军事长官）妫览、郡丞戴员互相勾结背叛孙权，杀死了郡守孙翊。将军孙河驻守在京城（今江苏省镇江市），闻讯后驰赴宛陵（丹阳郡府所在地），又被妫览、戴员杀了。妫览、戴员派人迎接曹操任命的扬州刺史刘馥，并请刘馥率军进驻历阳（今安徽省和县），以便丹阳郡响应。

妫览住进原先郡守的府中，并打算强逼孙翊的妻子徐氏嫁给他。徐氏假装应允，骗他说："请您等到这个月底，容许我祭奠了丈夫、脱去丧服后，再听命于您。"妫览答应了。

于是，徐氏在暗中派亲信与孙翊亲近的部将孙高、傅婴等一起策划铲除妫览，孙高、傅婴非常感奋激动，流着眼泪答应了。他们秘密招来孙翊生前优厚供养的二十多名侍从武士，一起盟誓，密谋合计。

到了月底，郡守府中设祭，徐氏在丈夫灵前痛哭流涕，表达哀思。祭奠完毕后，徐氏就脱去丧服，熏香沐浴，谈笑欢悦，看不到丝毫忧郁。府中上下正处在悲伤之中，对徐氏的这般举止感到很惊愕。妫览派人窥视，看到徐氏这般举止，对徐氏愿意嫁给他就不再疑虑了，也放松了戒备。

徐氏暗中已将孙高、傅婴埋伏在自己的房里，另派人请妫览进房来。妫览进得门来，徐氏向他先拜了一下，就大声叫喊："两位将军可以动手了！"孙高、傅婴一齐奔出，当场杀死了妫览，埋伏在外边的人杀死了戴员。将两人杀死后，徐氏又重新穿上丧服，捧着两人的首级，祭奠孙翊。全军上下都为徐氏的举动感到惊骇。

孙权听到叛乱的消息，从椒丘（今江西省新建区东北）率军来到丹阳后，把妫览、戴员的余党全部灭族，并提拔孙高、傅婴为牙门将（看守营门的将领），其余人也给予大小不等的赏赐。

徐氏的复仇很有智谋，先是忍辱负重、假顺其意，再暗中布局、密谋定计，最后佯装欢喜、不露破绽，使仇家放下戒备，终于将他们杀死。

187. 乘内斗而攻之

（利用矛盾）

公元202年正月，东汉大将军、冀州牧袁绍去世。袁绍生前已任命长子袁谭为青州刺史，次子袁熙为幽州刺史，外甥高幹为并州刺史。袁绍死后，他的亲信审配等人假传袁绍遗命，由幼子袁尚继承爵位。九月，司空曹操率大军渡黄河北上，攻击袁谭，袁谭向袁尚告急，袁尚命审配留守邺城（今河北省临漳县西），亲自率军援助袁谭，对抗曹操。多次会战后，袁谭、袁尚兵败，退守自己阵地。

公元203年二月，曹操率军攻击黎阳（今河北省浚县），冀州牧袁尚、青州刺史袁谭的联军在城下迎战，大败而奔回邺城（冀州牧治所）。曹军追到邺城，将领们打算乘胜围城攻击。曹操的智囊郭嘉建议："不要紧急攻击，这样反而会使他们两兄弟紧密合作。可先等待一段时间，他们的内斗一定爆发，到时再攻击，就可一举而定。不妨先向南图谋荆州"。曹操听从了，五月，返回许县（今河南省许昌市），命部将贾信留守黎阳。八月，曹操准备进攻荆州牧刘表，大军云集西平（今河南省舞阳县东南）。

袁谭、袁尚两兄弟为了争夺冀州的统治权，发生了内斗。袁谭攻击袁尚，在邺城城门外会战，袁谭失败，率军退回南皮（今河北省南皮县）。袁尚继续攻击袁谭，大败袁谭军。袁谭逃到平原（今山东省平原县），据城固守。袁尚军将平原城层层包围，猛烈攻击，袁谭恐惧，派辛毗向曹操求救。辛毗抵达西平，晋见曹操，转达求救之意。曹操的部属一致认为：刘表强大，应先消灭；袁谭、袁尚不过是残烬余火，不足为虑。

对这种看法，只有尚书荀攸独执己见，说："天下正在互决胜负之时，刘表却坐保长江、汉水之间，只求平安，可见他没有兼并天下的大志。袁家可是盘踞四个州的广大地区，拥有几十万兵马，而袁绍又曾以宽厚著名，深得民心。如果他的两个儿子和睦团结，保守已有的基业，那天下的祸乱就难以平息。而今，他们兄弟交恶结仇，势必不能两全，如一人被除，那双方的势力就会合二为一，一旦他们的力量集中起来，就不容易对付了。现在正应该乘他们拼命内斗时，下手攻取他们，天下就能平定了，机会不能错过。”曹操听从了，答应救援袁谭。

曹操大军在公元 204 年二月抵达邺城，将邺城围得水泄不通，几个月里，城中百姓饿死超过一半。七月，袁尚率一万余人回救邺城，被曹操大军打得大败，趁夜逃往中山国（今河北省定州市）。曹操将袁尚营中辎重全部接收，得到袁尚的印信、符节、斧钺及衣服用具。八月，曹军攻占了邺城。九月，东汉献帝刘协下诏，任命曹操兼冀州牧。

在曹操包围邺城时，袁谭却又乘机反叛曹操，出动军队攻城略地，并攻击踞守中山国的袁尚，将袁尚的部队全部接收。曹操写信给袁谭，斥其背叛，断绝婚姻（曹操为儿子娶袁谭之女），然后，大军进攻袁谭部队，袁谭撤出平原，退守南皮。公元 205 年正月，曹军攻破南皮，袁谭在败退中被追赶的曹军斩杀。

荀攸在这里提出的是利用矛盾乘乱攻之的谋略。曹操采纳了此策，不仅取得了袁绍盘踞的北方四州，更为日后魏国的建立奠定了基业。荀攸的智谋非同一般。

188. 杜畿单车赴任

（主动解脱）

公元 205 年十月，并州刺史高干听到曹操征讨乌桓的消息后，又反叛了曹操，抓捕了上党郡（今晋中东南）守，率兵驻守壶关口（今山西省长治市东）。

曹操派部将乐进、李典进击。当时，还有反民首领张晟聚集一万多人在崤山（今河南省三门峡市东南）、渑池（今河南省渑池县西）一带抢掠。另一反民首领张琰起兵响应张晟。

河东郡（今山西省夏县）守王邑受征召调回朝廷，郡掾卫固与中郎将范先等拜见司隶校尉钟繇，请留王邑，钟繇没有同意。卫固等人表面上请留王邑，实际上是要与高干合谋。曹操得到情报后，征求荀彧的意见说："关西众将外表顺服却内怀二心，张晟在崤山、渑池一带劫掠，南与荆州刘表勾结。卫固等想乘机发难，会成为我们的祸害。当今的河东，是天下要冲之地，你为我物色一名贤才，让他镇守河东。"荀彧说："西平郡（今青海省西宁市）守杜畿，勇气足以担当灾祸，智谋完全可以应付事变。"曹操就任命杜畿为河东郡守。王邑带着印绶直接从河北到许县进行了交割。

卫固等派出几千人的部队切断陕津渡口（今山西省平陆县西南），杜畿上任到达黄河南岸，几个月都不能渡河。曹操虽派了夏侯惇讨伐卫固等，但大军尚在途中。杜畿说："讨伐卫固如果不能获胜，灾难就不能结束；讨伐卫固如果获胜，一郡人民也必将受到创伤。况且卫固等没有公开反叛朝廷，虽说动用了军队，表面上是请求留任旧长官，因此不会谋害新来的长官。我当出其不意，一人乘单车直入赴任。卫固此人，计谋多却缺少决断，一定会先假装接纳我的。我只要在郡中待上一个月，用计策笼络住他，就足够了！"杜畿就绕道西边的另一渡口郖津渡过了黄河。

中郎将范先想用杀杜畿来胁迫部众，后来决定先观察杜畿的态度，就在郡府大门前杀了主簿以下三十多人。可是，杜畿谈笑举止一如往常。卫固说："杀了杜畿没啥好处，只会招来恶名，况且他也已经在我们的掌控之中了。"就准许杜畿就任新郡守。杜畿对卫固、范先说："卫家、范家是河东望族，我得仰仗你们才能办成事情。"任命卫固为都督，署理郡丞职务，兼任功曹；将校士兵三千人，全由范先统领。卫固等大为欢喜，表面上拥护杜畿，实际上没把他放在心上。

卫固打算扩充征兵，杜畿甚为担忧，对卫固说："如扩充征兵，百姓必定惊恐骚动，不如改为募兵，使实力逐渐增强。"卫固认为有理，采纳了他的建议，而募集到的士兵却很少。杜畿又劝卫固说："人情恋家，可众将领和属官分批轮流休假，紧急时征召他们不难。"卫固等害怕违背众人心愿，就完全同意了。这样，善良的人在外边，暗中成了帮手；邪恶的人被分散开来，各自回到自己的家。

时逢张白骑为头领的反民军攻打东垣（今山西省垣曲县），并州刺史高干进驻濩泽（今山西省阳城县西）。杜畿知道下面有若干县归附自己，就挺身出城，只率领几十名骑兵，奔赴坚固的壁垒而据守，若干县城官民纷纷响应，只过了几十天，就集结到四千余人。卫固于是公开与高干、张晟一起进攻杜畿，不能攻克；侵犯附近各县，又没有什么收获。曹操派议郎张既，征调关中（今陕西省中部一带）驻屯将领马腾等，会师攻击张晟等，大破张晟等联军，斩卫固、张琰等，赦免余党。

杜畿在情势对己不利的情况下，运用主动解脱之法，单车转道赴任，再分权交兵，求得立存。他还利用对手的弱点，迂回诱导，实施麻痹，削弱对手实力。当形势突变时，杜畿立即顺势而为，终于不辱使命。杜畿堪称有智之士。

189. 曹操迂击乌桓

（攻敌无备）

公元207年春，司空曹操率军向辽西乌桓部落发动大规模进攻。在途中，曹操征召田畴。田畴愤恨乌桓部落杀他故乡仕宦的主谋，立志要报复，却又无可奈何。得到曹操的征召后，他立即让部属为自己准备行装。有部属问："从前，袁绍仰慕你，曾五次礼聘，你都不肯去，而今曹操第一次派人前来，你就好像迫不及待，是什么原因呢？"田畴笑答："这不能让你们知道。"于是，随同使者前往曹操大营，曹操任命他为蓨县（今河北省景县）县令，随同大军进抵无终（今天津市蓟州区）。

时逢初夏，大雨不止，沿海一带，地势低洼，积水不退，泥泞难行，而乌桓部落沿边严守险关，曹操大军无法前进。曹操对此十分忧虑，向田畴请教。田畴说：“这条路，夏秋两季全成沼泽，车马难通，舟船不行。右北平郡郡府原设在平冈（今内蒙古宁城县西南），此地百姓前往郡府，都是出卢龙口（今河北省迁安市西北），穿过柳城（今辽宁省朝阳市南）。这条路荒了一百多年了，桥塌路断，无人行走，但仍有残迹，依稀可辨。乌桓部落把主力布防在无终对面，以为那是我们的必经之道，在那里难以前进，就认为我们会自然撤退，所以他们戒备松懈。如果我们假装沮丧，宣称班师回朝，而另由卢龙口挺进，越过白檀（今河北省梁平县）险阻，再往北就进入乌桓部落空虚的后方，路近而方便，在他们毫无防备之下，可不经战斗，就生擒蹋顿（乌桓部落酋长）。”

曹操听闻后说：“好计策！”就指挥大军后撤，并在泥泞沼泽地带的道路两旁插木杆，宣称“现在天近盛暑，道路不通，且等秋冬，再行出击”。乌桓部落经斥候侦察后回报，判断曹操大军确已撤退。

曹操就命田畴率领他的部众，攀登徐无山（今河北省玉田县北），向北挺进，开路、搭桥、凿山、填谷，经过五百多里，穿过白檀、平冈、鲜卑部落王庭，向东直扑柳城。距离柳城不到二百里时，乌桓部落王庭才发觉。袁尚、袁熙跟蹋顿、辽西郡乌桓单于楼班、右北平郡乌桓单于能臣，一起联合抵抗，率数万骑兵迎战。

八月，曹操攀登白狼山（今辽宁省喀喇沁左翼蒙古族自治县东境），突然跟乌桓联军遭遇。曹操的军队因是轻装，只有少数战士身披铠甲，左右无不惊恐。曹操站在高处向下观望，发现乌桓联军行动涣散、队伍杂乱，知道他们的战斗力有限，就命部将张辽为前锋，展开攻击。乌桓联军不能抵挡而崩溃，曹军追击，斩蹋顿及其他各部落酋长以下的敌人，胡人、汉人投降的有二十余万人。

曹操听从田畴之计，假装撤军，避开正面之敌，从另一个方向挺进，突入敌防空虚的后方，出其不意，攻敌不备，终获大胜。

190. 孔明隆中对策

（审时度势）

琅琊郡（今山东省临沂市）人诸葛亮寄居在襄阳隆中（今湖北省襄阳市西），常自比古代的政治家、军事家管仲和乐毅；当时的人并不认可，只有徐庶和崔州平认为确实可以这样比。

刘备被曹操打败后，投靠刘表，当时正在荆州，向司马徽询访人才。司马徽对他说："儒生俗士，哪里能识时务，识时务者只有俊杰。在这里就有卧龙和凤雏！"刘备问是谁，司马徽说："是诸葛亮、庞统。"公元 207 年的一天，徐庶来见刘备，说："此地有卧龙，名叫诸葛孔明，将军愿意见见他吗？"刘备说："当然愿意，请你陪他一起来吧！"徐庶说："此人不可无礼地将他招来，将军应该屈尊去看望他才是。"

于是，刘备就亲自登门拜访，三顾茅庐，才见到诸葛亮。刘备对诸葛亮说："汉朝江山日趋衰亡，奸臣把持朝政。我虽然不自量力，却想在天下伸张正义，但因自己智谋短浅，连遭失败，弄到今天这般地步。尽管如此，我的志向依旧，你说我以后应该怎么办？"

诸葛亮听后，回答说："如今曹操已经拥兵百万，又挟持天子而号令诸侯，一时是很难与他抗争的。孙权占据江东，已经历三代，地势险要而民众归附，贤能的人才都愿为他效力，他那里只能和他联盟而不能攻伐图谋。目前可以打主意的只有荆（今湖南、湖北两省及河南南部地区）、益（今四川省、重庆市、贵州省一带）二州。荆州北面靠汉水、沔水，南面直达南海，东面连接吴郡、会稽，西面通向巴蜀，这是一个用武之地，而它的主人刘表又不能守护它，这大概是上天赏赐给将军您的资本。"

诸葛亮接着说："益州地形险要，沃野千里，是天府之国。可是，现在那里的刘璋昏庸无能，又有张鲁（天师道首领）在北面同他作对，百姓殷实国家富庶却不知道去抚恤，有智慧才能的人都盼望得到贤明的君主。将军您是皇室后裔，信义又闻名于四海，如果能占据荆、益二州，在险要的地方设防守卫，安抚好西边的戎族和南边的越族，再对外与孙权结盟，对内修明政治，那就一定可以完成霸业，复兴汉室了。”

这就是历史上著名的隆中对策。刘备听了，大声称妙。在刘备的竭力恳请下，诸葛亮答应辅佐他完成统一大业。自此以后，刘备和诸葛亮友情日益亲密。关羽、张飞见了心里不痛快，说了一些怨恨的话，刘备向他们解释说：“我得到孔明，犹如鱼儿得到了水。希望你们以后不要再说什么了。”关羽、张飞此后才不再啰唆了。

隆中对策奠定三分天下的基础，显示出诸葛亮具有审时度势的非凡智慧。刘备正是按照这一对策，顺势而为，成就一代帝业。可惜的是，关羽刚愎自用，挑战孙权，使对策中的计划遭到严重破坏。

191. 命众安坐定乱

（以静待哗）

公元208年六月，东汉朝廷撤除三公官称，恢复“丞相”“御史大夫”。六月九日，曹操被任命为丞相。

曹操任命张辽驻防长社（今河南省长葛市东北）。就在部队即将开拔之际，发生了部分军人叛乱的事，他们乘着夜色在营中纵火，令士兵惊恐不定，霎时间全军都混乱起来。

张辽见状，立即吩咐左右卫士：“不要有任何反应，这绝对不是全营造反，只是少数人制造混乱，就是要让我们惊慌失措，全营溃散。”然后，他亲率卫队几十人，在营中央站定，大声下令说：“没有参与叛乱的，一律就地坐下！”

绝大多数士兵都立即席地而坐，很快，全营就平静了下来。然后，张辽派人捕获了主谋分子，并予以诛杀。

张辽运用的是以静待哗的应变之术。《孙子兵法·军事篇》说：“以治待乱，以静待哗，此治心者也。”以静待哗是一种高明的谋略，往往是对付突发事件的一剂良方。以静待哗，谋定而动，后发制人，一般都能在最后胜券在握。

192. 刘琦抽梯问计

（借用典故）

荆州牧刘表有两个儿子，一个叫刘琦，一个叫刘琮。刘表为刘琮娶了后妻蔡氏的侄女，蔡氏就喜爱刘琮而厌恶刘琦。刘表的妻弟蔡瑁、外甥张允都是刘表的亲信，他们二人经常诋毁刘琦而称赞刘琮。

刘琦见到这种情况，知道处境危险，心中很不安，就向诸葛亮讨教保护自己的办法，诸葛亮三缄其口，就是拒绝回答刘琦的问题。有一天，刘琦请诸葛亮一起登上高楼，并命令左右搬走了楼梯，对诸葛亮说：“如今，上不着天，下不着地，话从您口中出来，就进入我一个人的耳朵，您可以跟我讲了吗？请您给我指一条活命的路。”

到了这种地步，诸葛亮才说道：“你难道不记得春秋时，晋国太子申生在国内受害（被骊姬谗毁而自杀），而他弟弟重耳避居国外却终获平安的事情吗？”刘琦听后心中领悟，于是在暗中谋划从刘表身边离开。

这时候，正好碰到了江夏郡（今湖北省武昌区西南）郡守黄祖被孙权杀死，刘琦就请求接替黄祖的职位，于是刘表任命刘琦为江夏郡郡守。刘琦在江夏的那段日子里，确实平静了不少。

但是，后来事情并不遂人意。不久刘表病重时，蔡瑁、张允怕刘表可能会立刘琦为继承人，不许刘琦与刘表见面。刘表去世后，蔡瑁、张允等拥立刘琮继任荆州牧，刘琦虽然愤怒，却也只得无奈地逃避到江南去了。

诸葛亮在刘琦的一再追问下，既不能装聋作哑，又不能卷入刘家夺嫡的斗争中，更想为刘备寻觅一个退守之处，就讲了申生、重耳的故事，令刘琦领悟自为。借用典故说出自己的观点，是在特殊情况下，聪明人待人处世的一种智谋。

193. 促成刘孙联盟

（先激后启）

公元208年九月，曹操率领南征大军抵达新野（今河南省新野县），刚继任荆州牧的刘琮投降了曹操。刘备率领部属只得向南逃退，经过当阳（今湖北省当阳市）向东渡过沔水，投奔到夏口（今湖北省武汉市长江南）的刘琦，后又采纳鲁肃的建议，进驻鄂县（今湖北省鄂州市）的樊口（今湖北省鄂州市西）。此时，曹操已夺取南郡（今湖北省江陵县），大军将从江陵沿长江东下。

诸葛亮对刘备说："形势很危急了，请派我前往孙权将军处求救！"经刘备应允，诸葛亮与鲁肃同行，向东抵达柴桑（今江西省九江市），晋见孙权。诸葛亮为孙权分析眼下时局，说："天下大乱，将军在江东起兵，我主刘备在汉水以南聚众，与曹操一同争夺天下。如今，曹操在北方铲除劲敌，基本平定；更击破荆州，声威震动四海。英雄豪杰已无用武之地，我主刘备撤退南下，逃到这里，盼望将军量力应对目前的局势！将军如能以吴越的人力与中原抗衡，就应早一天跟曹操断绝关系；如果不能，为什么不早点儿解除武装，在北面称臣呢？

现在，将军表面上服从朝廷，内心却三心二意，情况紧急却不能决断，灾祸就要来临了。”

孙权听后说：“如果真像你说的那样，那刘备为什么不向曹操投降呢？”诸葛亮说：“田横是齐国的壮士，尚且坚守义节，不肯屈辱，何况刘备是皇室后裔，盖世英才，士大夫们景仰他，如流水归向大海。如果大事不成，只能说是天意，怎么能屈居曹操之下，当别人的部属呢？”孙权听后，勃然大怒，说：“我不能让全吴的土地、十万兵马去受别人的控制。我的决心已定，只有刘备才可以抵挡曹操。可是，刘备最近挫败，怎么能担当此项艰难使命呢？”

诸葛亮见孙权的情绪已被激发了起来，不慌不忙地说：“刘备虽然在长坂（今湖北省当阳市北）受到挫败，但集结部众，加上关羽的水军，还有精锐部队一万人。刘琦的部属，加上江夏郡的军队，也不下一万人。曹操的南征大军远道而来，身心疲惫。有情报说，曹操为追刘备，骑兵轻装南下，一日一夜急行三百余里，这就是所谓的‘强弩之末，势不能穿鲁缟’。这是兵法所忌讳的，‘必定会使上将军跌倒受挫’。而且，北方的军队不熟悉水战，荆州百姓归附曹操，只是被武力胁迫，而不是真心臣服。孙将军如果现在能派出猛将，率军几万人，跟刘备齐心合力，一定能击败曹操。曹操被击败北撤，荆州和东吴的势力就强大起来，三足鼎立之势便形成了。成败的关键，就在于今天！”孙权非常高兴，就召集部下商议。

后来，孙权在鲁肃、周瑜的支持下，坚定了联合刘备、迎战曹操的决心，派周瑜、程普分别任左右都督，率军西上，跟刘备合力迎战，命鲁肃为赞军校尉，协助大军，贡献方策。

诸葛亮先采用激将之法，以田横不畏强暴、刘备不肯屈服等事例，“将”孙权一军，使他大怒而激发宏志决心。然后，诸葛亮科学对比了双方力量，准确判断形势，消除了孙权的顾虑，终于使其决心联刘抗曹。诸葛亮先激后启的一番说辞，促成了双方联盟，而这番说辞背后是真知卓识、高谋深智。

194. 周瑜火烧赤壁

（诈降惑敌）

公元208年十月，周瑜率领的大军与曹操大军在赤壁（今湖北省赤壁市西北赤壁镇）遭遇。这时，曹操大军的很多士兵因水土不服生病，所以，两军首次交锋，曹军失利，退到长江北岸的乌林（今湖北省洪湖市东北乌林镇），周瑜则据守长江南岸，两军遥遥相对。

周瑜的部将黄盖说："现在敌众我寡，难以长期坚持。曹军现在将船舰用铁链锁在一起，首尾相接，我们可以用火攻对付他们。"于是，集结了十艘艨艟战舰，装满干草和木柴，里边灌满油脂，外面用帐篷蒙起，插上军旗，在船尾系上快艇。

事先，黄盖派人送信给曹操，诈称向他投降。当发起攻击时，东南风刮得正急，黄盖命十艘艨艟战舰先行到达江心，升起篷帆，其他船舰则在后跟进。曹军将士涌出军营张望，挤在岸边，向江心来船指指点点，说是黄盖来投降了。

当黄盖的舰队驶到离曹军大营约二里远时，在前面的十艘战舰同时引火，着火的船借着风势，像箭一样飞驰，射入曹军舰船之中，曹军的舰船顿时烧成一片火海，火还延蔓到岸上的陆军营寨。曹军大营，江畔岸上，顷刻之间，火光冲天，烟尘弥漫，曹军士兵、马匹，或被烧死，或坠江溺毙，哭号震天，死伤不计其数。

周瑜等率轻装舰船接连赶到，战鼓雷鸣，震天动地，曹操大军霎时崩溃。曹操只好率领残军从华容（今湖北省潜江市西南）狭道向西逃窜。沿途泥泞不堪，道路阻塞，狂风大作。曹操命老弱残兵背负野草铺路，骑兵才得以通过，而身背野草铺路的老弱残兵，被人马踩踏，又死亡不少。刘备、周瑜联军水陆并进，在后追击，一直追到南郡（今湖北省江陵县）。曹操大军惨败之后，又加上饥饿和疾病，丧生的超过一半。

曹操命征南将军曹仁、横野将军徐晃留守江陵，派折冲将军乐进留守襄阳（今湖北省襄阳市），自率残军北返。

在这里，周瑜先让黄盖演诈降戏，以麻痹迷惑敌人；继又施以火攻，终于以少胜多，大获全胜。当然，史书记载不如文学作品所描述的那样生动，但仍可以看到这一仗的概貌。这一仗意义重大，奠定了以后几十年天下三分之势。

195. 周瑜盛待蒋干

（堵住嘴巴）

东吴周瑜、程普率领几万军队，与驻守江陵的曹仁隔江对峙，却没有接战。东吴将领甘宁请求先行夺取夷陵（江陵西北 90 公里长江北岸上），切断曹仁的右臂。甘宁一到夷陵，立即入城，戒备防守。曹仁派出军队包围夷陵，甘宁被困，情势危急，向周瑜求救。在横野中郎将吕蒙的支持下，周瑜率军西进支援，在夷陵城下大破曹军，俘获了战马三百匹而班师。将士们斗志高昂，周瑜率军横渡长江，在长江北岸筑垒，跟曹仁对抗。

就这样，周瑜攻打曹仁一年多，杀伤曹军士兵很多，公元 209 年十二月，曹仁弃守江陵，向北突围逃跑了。孙权就命周瑜兼任南郡郡守，屯驻江陵；程普兼任江夏郡守，吕范兼任彭泽郡守，吕蒙兼寻阳县令。

曹操知道周瑜年轻有为，是孙权的得力干将，想笼络他为己所用。曹操秘密派遣手下的蒋干前往游说周瑜。蒋干凭着自己的才能，在长江、淮水一带很有声望。蒋干受命后，就身穿布衣、头戴方巾，自称以个人私交拜访周瑜。

周瑜听说蒋干来访，赶忙出门迎接他，见面的第一句话就说：“子翼啊，你一路辛苦，远涉江湖而来，是替曹操当说客的吧？”谈笑之间，周瑜引蒋干进营，带他一起到处参观军营，巡视仓库、军需物资、武器装备，然后设宴款待，向蒋干展示美丽的侍女、漂亮的服饰及珍奇玩物，乘机还对蒋干说：“大丈夫处世，能遇上知己的君主，表面上是君臣关系，内心里却情同骨肉，恩义如山，言听计从，有福同享，有祸共担，就是苏秦、张仪重生，岂能改变他的忠贞吗?”蒋干听了只是张嘴笑着，始终没有说出一句有关真实来意的话。

蒋干回去后向曹操报告，称赞周瑜胸襟广大，志向高远，不是用言语就可以离间拉拢的。

蒋干游说周瑜，周瑜知其来意，见面就用一言道破之法堵住了蒋干的嘴巴。然后，带他巡视，为他设宴，向他展示心爱之物，并不失时机地对他说了一番贴心话，处处先发制人，使蒋干才屈智折，怏怏而归。看来，对付说客，最好的办法，就是像周瑜这样，先发制人，堵住他的嘴！

196. 劝迎刘备入蜀

(利用时机)

担任益州牧刘璋的军议校尉法正，不被刘璋重用，又受到跟他一起客居益州的同乡的鄙视，心里郁闷。法正与益州别驾张松关系很好，张松自负有才，觉得跟着刘璋不可能有所作为，常常暗自叹息。

张松劝刘璋结交刘备，刘璋说：“谁可担任使者?”张松推荐法正，刘璋就让法正前往，法正先是推辞，然后装着不得已的样子接受了任务。法正出使回来后，对张松说刘备有雄才大略，两人密谈奉迎刘备为益州之主。

适逢此时曹操派钟繇率军讨伐汉中的张鲁，刘璋听到消息后，内心感到恐惧。张松乘此机会劝刘璋说：“曹操的军队天下无敌，如果攻下汉中，利用张鲁的资源进攻益州，有谁能抵挡得住？刘备是您的同宗，又是曹操的死敌，他擅长用兵，如果让他讨伐张鲁，一定能打败张鲁。张鲁被打败，益州的势力就会增强，曹操就算亲自来，也无能为力了！如今本州的将领如庞羲、李异等人，都恃功倨傲，企图依附外部的势力。如果得不到刘备的援助，那么外面有敌人的进攻，里面有老百姓作乱，必定会失败！”刘璋认为有道理，就派法正率领四千人去迎接刘备。

主簿黄权劝阻刘璋说：“刘备以骁勇闻名，如今把他请来只当部属对待，恐怕不能让他满意，如果把他当宾客礼遇，那么一国之中又难容二主，客人如果有泰山般的安稳，那么主人就有累卵般的危险。不如封锁边界，等待局势安定下来。”刘璋不听，把黄权调任广汉县令。从事王累把自己倒吊在成都的城门上来劝阻，刘璋也一概不理。

法正到荆州后，向刘备暗地里献上夺取益州之计，刘备还存疑虑，犹豫不决，经庞统劝说后，刘备才同意赴蜀。刘备留下诸葛亮、关羽等守卫荆州，任命赵云兼任留营司马，自己率领几万步兵进入益州。刘备到达巴郡，巴郡郡守严颜抚着胸口，叹着气说：“这真是所谓‘独坐深山，放虎自卫’啊！”

张松利用曹军攻伐张鲁、刘璋担忧曹操南下的恐慌心理，把握时机，劝迎刘备入蜀，很容易就说服了刘璋。看来，还是刘璋胆小，使张松、法正的计谋得了逞，放进了一只就要吞灭自己的大老虎。

197. 离间马超韩遂

（制造误解）

公元211年春天，关中割据的将领马超、韩遂、侯进、程银、杨秋等十人，联合反叛，共有军队十万人，据守潼关（今陕西省潼关县）。当年秋天，曹操亲率十万大军，攻打马超等。曹营中的很多参议认为：“关西士兵精于使用长矛，如果缺少精锐的前锋，则不能抵挡。”曹操说：“战场的主动权在我的手上，不在叛贼那里。他们虽然善用长矛，我将使他们的长矛无用武之地，各位只管在一旁看好了！”

九月，曹操大军挺进，主力全部渡过渭水。马超等屡次挑战，曹操严守营盘不应战。马超等坚持要求割让河西地区，并表示愿送儿子充当人质。曹操的谋士贾诩认为可以假装允许。曹操问他下一步怎么办，贾诩说：“只要离间他们的同盟！”曹操说：“我明白了！”

韩遂请求与曹操相见，曹操与韩遂本来就是老朋友，于是，他们在大军阵前，两马相交，寒暄问候，交谈多时，却没有一句谈及军事，只叙说当年在京城的种种往事和旧情，谈到高兴处，拍手欢笑。这时，韩遂军中的汉人、胡人围在四周，前后重叠，拥成一团。曹操笑着对大家说：“你们想看看曹操吗？他也是个人，并没有四只眼睛两张嘴，只是多了点儿智谋罢了。”

两人会见后，各自返回。马超等人问韩遂：“你们谈了些什么？”韩遂说：“没有谈什么。”马超等人顿时起了疑心。有一天，曹操又给韩遂写了一封信，信中圈圈点点改动了不少地方，好像是韩遂改定的，马超等人就更加怀疑韩遂了。

曹操估计马超、韩遂等人内部已经离心离德，就与马超等人约定决战日期。决战那天，曹操先派轻装部队进行突击，厮杀了很久，才投入主力，大破马超等反叛军，斩杀了成宜、李堪等。韩遂、马超逃奔凉州（今甘肃东南部），杨秋逃奔安定郡（今甘肃省镇原县东南）。

曹操通过创设与韩遂欢晤、通函的场景，在反叛将领间制造误解疑虑，使敌军内部产生嫌隙，最后实现战而胜之。这个故事向人们生动地展示了智谋能够胜过长矛的作用。

198. 吕蒙计降郝普

（假人之口）

公元 214 年，刘备夺取了益州。第二年，孙权就派中司马诸葛瑾向刘备索求借给他的荆州各郡。刘备不想归还，说等他夺得凉州后才能归还，孙权听说后，说："这是借而不还，想用借口拖延时日罢了。"于是任命了长沙（今湖南省长沙市）、零陵（今湖南省永州市）、桂阳（今湖南省郴州市）三个郡的地方长官，命他们赴任。关羽是刘备所派驻守荆州的大将，他把孙权任命的三个郡的地方长官全部赶走。孙权得知后大怒，派吕蒙统兵两万来夺取三郡。

吕蒙写信给长沙、桂阳二郡的郡守，这两个郡守都望风归降，只有零陵郡守郝普据城坚守不降。刘备听到消息后，从蜀地亲自赶到公安（今湖南省公安县），派关羽争夺三郡。孙权闻讯坐镇陆口（今湖北省嘉鱼县西南），统帅调度各路人马。他派鲁肃带领一万人马驻守益阳抵御关羽，并火速传召吕蒙，让他放弃零陵急速赶回援助鲁肃。吕蒙接到孙权的命令后，就把它偷偷地藏了起来，连夜召集将领研究攻打零陵的作战方案。

第二天早晨，在攻打零陵前，吕蒙忽然回头对郝普的旧友郑玄之说："郝普真是不识时务！现在，左将军刘备远在汉中（今陕西省汉中市）被夏侯渊围困，关羽还在南郡（今湖北省江陵县），我们的主公亲自到了那里讨伐。他们现在正处境危急，自己都救不过来，哪里还有余力再来营救这里呢？我已经估量了形势并周密计划过，如果向零陵发动攻击，要不了多久就一定会攻破，破城之后，郝普自己送了性命，对事情没有任何益处，而且还让满头白发的百岁老母遭受诛杀，岂不让人痛惜？我猜想郝普一定是得不到外边的消息，认为可以依赖外援，所以才这样死守。你应去见见他，为他分析祸福得失！"

郑玄之匆匆去拜访郝普，把吕蒙的意思详尽地转告给他。郝普听后，十分恐惧，就出城投降了。吕蒙亲自迎接郝普，握着他的手一起下了船，谈话完毕后，吕蒙让人拿出孙权军书命令给他看，并拍着手大笑起来。郝普看到诏书，知道上了当，羞愧后悔得要钻入地底下。

吕蒙假郑玄之的口，说了自己不方便说或即使说了对方也不一定相信的话，收到了预期的效果。这就是自己出面难以办妥的事，可以假手于人，假人之口，不必亲行，却能坐享其利的道理。吕蒙在这里用的就是假人之口、虚造声势之法，终于使郝普受骗恐惧而降。

199. 巧为周泰树威

（细问伤疤）

公元 217 年正月，东汉魏王曹操率军抵达居巢（今安徽省巢湖市），东吴孙权坚守濡须（今安徽省含山县西南）。二月，曹操开始进攻。三月，曹操率军撤退，孙权望风请降，曹操允许。孙权命平虏将军周泰留守濡须，统御朱然、徐盛大军。

周泰出身寒微，又不喜欢宣扬自己，所以，他的部下朱然、徐盛等人，都有点儿瞧不起他，内心不服他，往往不听从他的指挥。孙权是了解并钟爱周泰的。孙权曾追随孙策讨伐山越，驻军宣城（今安徽省宣州区西），因一时疏于防备，山越突然来袭，孙权刚爬上马背，敌人的刀锋已指前胸。周泰奋勇迎击，毫不顾及性命地护卫孙权，身受创伤十二处，才使孙权险中逃生。

孙权得知有人对周泰不服气，就特意摆下筵席，召集部下所有将领来赴宴畅饮。孙权一连向周泰敬了好几杯酒，使得周泰身燥难忍。孙权就让周泰解开衣裳散热，周泰解开衣裳，却露出了满身伤疤。孙权指着这些伤疤，逐一细细询问受伤的经过，周泰就记忆所及，逐一叙述了当时战斗的情形。这一问一答，使在座的将领们都了解了周泰的功绩。

孙权问完后，让周泰穿上衣裳，握住他的手臂，眼中含着泪花，感激地说：“幼平（周泰别名），你为了我们兄弟，在战场上猛如熊虎，不惜身体、不惜性命，受伤数十处，全身肌肤都似刀刻剑割，我怎么能忍心不把你看成自己的手足，交给你军事重任呢？”筵席散后，孙权暂时留座，用自己的仪仗队作前导，在盛大的鼓角军乐中，先送周泰回营。

从此以后，朱然、徐盛等人才对周泰真正服气了，上下不和的矛盾也就消除了。

孙权为了树立周泰的威望，巧妙导演了设酒筵、脱衣裳、问伤疤、叙战功、表感激的一幕好戏，使众将领耳闻目睹了周泰的英勇事迹。最后，还专门安排礼送周泰的结尾。孙权通过这场酒筵达到了预期的目的，不仅解决了上下不和的矛盾，还向众人展示了自己敬爱人才、知人善任的一面。孙权不愧为一代人杰！

200. 曹丕矫情获立

（装模作样）

公元216年，曹操由魏公晋封为魏王。一年半后，曹操把担任五官中郎将的次子曹丕立为王太子。

曹丕的弟弟临菑侯曹植，天性机警、多才多艺、文辞优美、敏捷多智，曹操很宠爱他。也有人（丁仪、丁廙兄弟和杨修）屡次称颂曹植的才华，并劝说曹操立曹植为继承人。

曹丕就派人向太中大夫贾诩询问如何巩固自己的地位。贾诩对他说：“愿将军您能发扬德行和气度，亲自去做普通人的事情，早晚孜孜不倦，不违背做儿子应遵守的规矩，这样就可以了。”曹丕听从了贾诩的指点，暗自磨炼自己。

有一天，曹操命众人退下，询问贾诩，贾诩默不作声。曹操说：“我在问你，你却不回答，这是为什么?”贾诩回答说：“我正在考虑一个问题，所以没有立刻回答您。”曹操问：“你考虑什么呢?”贾诩答：“我正在想袁绍、刘表两对父子。”（袁绍、刘表都因废长立幼终于灭亡）曹操听了大笑起来。

有一次，曹操出征，曹丕、曹植一起送行到路边。曹植称功颂德，出口成章，使左右的人都为之惊讶，曹操也非常高兴。这时，曹丕却显得既失落又不知所措。幸好，他的密友朝歌（今河南省淇县）县令吴质对曹丕耳语道：“魏王即将上路，您只要流泪哭泣就行了。”曹丕心里有了底，当要离别告辞时，曹丕伤心地流下泪水，久久地一边哭泣一边跪拜，曹操及其左右的人受到感染也都悲伤而唏嘘不已。于是，在场的人们都认为曹植虽多有华美文辞，但诚心诚意上却赶不上曹丕。

正因为曹植做事任性、言行不加修饰，而曹丕善于使用权术、装模作样，又能克制修饰自己，宫里的人和曹操身边的人大多称赞他，为他说话，再加上曹操怕废长立幼带来灾祸，所以曹丕最终被确立为太子。

在古代政治斗争中，任性直率者往往会吃亏失势，而会玩弄权术的人或能成事，曹丕矫情获立便是个例子。

201. 赵云摆空营计

（假象惑敌）

公元219年三月，曹操从长安穿过褒斜谷（今陕西省太白县西南），沿途严密防守要害地带，向汉中（今陕西省汉中市）接近。刘备闻讯后说：“曹操虽然亲自出征，但已不能挽救颓势，我一定能夺取汉川（汉中郡治所）。”他于是集中兵力，据守险要，轻易不与曹军交战。

曹操大军的军粮都运往北山，黄忠劫夺曹营粮草，遭到拦截，没有在预定时间内回军。翊军将军赵云率领几十个骑兵斥候，出营侦察接应，正碰上曹操的大部队出动，双方猝然相遇。赵云下令攻击，一面搏斗，一面撤退。曹军被冲散后，很快集结，紧追不舍，直逼赵云大营。

赵云撤进本军大营后，命令守营的士兵们大开营门，收起战旗，停止击鼓，埋伏众多弓箭手，全营呈现一片寂静。曹操来到赵云营寨大门，怀疑赵云设置了埋伏，不敢下令攻击。正当曹军踌躇之际，赵云营内突然战鼓雷鸣，天地震动，埋伏的弓箭手射出的箭雨，一阵又一阵地向曹军袭来，曹军遭到突袭惊慌应战。当时，天色已黑，两军互相厮杀，很多士兵被挤入汉水中淹死，曹军伤亡惨重。

赵云大战曹军，消息传到刘备那里，第二天，刘备亲自到赵云军营视察战况，说："子龙真是一身是胆啊!"曹操跟刘备对峙一个多月，曹操大军官兵逃亡的很多。

赵云摆空营计击退曹军，是采用假象迷惑敌人的一种智谋，更是一种胆略。赵云英勇善战且有智谋，在中国人的心目中是一位智勇双全的良将。

202. 费诗劝通关羽

（迂回劝导）

公元219年七月，刘备在沔阳（今陕西省勉县）自称汉中王，立儿子刘禅为王太子，同时提拔牙门将军魏延为镇远将军，兼汉中郡守，镇守汉川。刘备把自己的治所迁到成都，任命许靖为太傅，法正为尚书令，关羽为前将军，张飞为右将军，马超为左将军，黄忠为后将军，其他人也都得到不同程度的升迁。

刘备派益州前部司马费诗前往荆州关羽驻地授予关羽前将军印绶，关羽听到黄忠的职位与自己并列，大发脾气，说："大丈夫绝不能和老兵平起平坐!"气冲冲地不肯接受任命。

费诗劝关羽说："建立王业的人，他所任用的人不可能都是同一类型的人。从前萧何、曹参和汉高祖从小交好，而陈平、韩信是后来投奔过来的；但论起他们的地位，韩信最高，却没有听说萧何、曹参对此有什么怨恨的。如今，汉中王为一时之功，提拔了黄忠，但是在他心中的轻重高下，黄忠怎么能和您相提并论呢？况且，汉中王和您犹如一体，同甘共苦，祸福与共。我认为您不应该在心中计较官职名号的高下和爵禄的多少。"关羽听后，怒气慢慢地消了下去。

见此情形，费诗又说道："我只是一名使者，是传达命令的人，您如果不肯接受任命，我就这样拍拍手回去了，只是为您的这种举动感到惋惜，恐怕您以后会后悔的。"关羽听了费诗的这番劝说，很受启发，终于醒悟过来接受了任命。

关羽是一个骄傲而意气用事的人，能让他改变主意，必是一番富含智慧的说辞。费诗采用稽古喻今、迂回劝导与真诚赞美、启发自悟相结合的方法，既使关羽明白事理，又满足了关羽的自尊心，终于劝通了他，完成了这项使命。

203. 沉白马守樊城

（顾全大局）

公元219年七月，前将军关羽奉命北伐，命南郡郡守麋芳留守江陵（今湖北省江陵县），将军傅士仁留守公安（今湖北省公安县），亲自率军攻击曹仁据守的樊城（今湖北省襄阳市汉水北岸）。曹仁命左将军于禁、立义将军庞德，驻守樊城之北。

八月，绵绵大雨，汉水溃堤泛滥，平地水深数丈。于禁率领的大军全部遭淹，于禁跟将领们登高避水，被关羽乘巨舰攻击，走投无路只好投降。庞德孤守河堤，在逃归曹仁的大营途中，落水被擒，坚决不投降而被关羽斩杀。

关羽再猛攻樊城，城垣在大水中浸泡侵蚀，有些地方开始崩塌。樊城内外被隔绝，救兵迟迟不到，粮草将要吃尽，曹军将士都惊恐不安。有人对曹仁说："今天樊城面临的危机，不是人力所能挽救的。不如趁关羽的包围圈还没有最后完成，我们找缺口，乘快艇，在夜晚冲出去。"

对这种意见，汝南郡（今河南省平舆县西北）郡守满宠表示不同意。他说："目前山洪暴发，虽然来势汹汹，但不能持久。听说关羽另外派出部队开赴郏县（今河南省郏县），京都许县以南，百姓骚动，四处逃离。关羽现在之所以不敢再向前推进，是怕我们抄他的后路。我们现在如果逃跑，那黄河以南将不再是属于我国的土地了。我们还是应该坚持到底。"满宠命人牵出自己乘骑的白马，将它沉入大水之中，作为祭品，跟全军将士盟誓，同心固守。曹仁说："好极了！"顿时，全军士气大振。

过了不久，魏王曹操派出的平寇将军徐晃的救兵赶到，终于击退了关羽，保住了樊城。

满宠之所以在坚守樊城时临危不惧，是因为他明白这场保卫战的成败关乎大局。有了这种大局观念、战略眼光，他才下定决心，沉马盟誓，死守樊城，终于获得了成功。为将者，应该具备像满宠这样的素养和智慧。

204. 杜袭说服曹操

（借喻明理）

公元219年秋，关羽北伐，包围樊城、襄阳。魏王曹操任命杜袭为留府长史，进驻关中。关中地方部队的营帅许攸（不是谋士许攸），坐拥部众，不肯归顺，又出言不逊，诋毁曹操。曹操气极，打算先讨伐他。可是，不少部属劝阻说："对许攸应用怀柔手段，以便共同对抗面前的强敌（关羽）。"

曹操却把他的佩刀横放在双膝上，面色铁青，拒绝任何建议。这时，杜袭晋见，打算进谏，曹操不等他张口，就说："我已下定决心，你不必多费口舌。"杜袭说："如果您下的决心是对的，我必定会助您完成；如果您下的决心不对，即使已经下定了，也应该修正。殿下先堵了我的嘴，对臣属岂不是不够开明吗？"曹操听说后，道："那好吧，许攸羞辱老夫，该怎么对待他呢？"

杜袭说："这就对了，只有贤人才了解贤人，圣人才了解圣人，一个平凡的小人物，怎么能了解一个不平凡的大人物呢？而且，现今是豺狼当道，却要先捕捉狐狸，人们一定会认为您是故意避强欺弱。您对许攸发动攻击，谈不上英勇；向后退让，谈不上仁慈。我听说：千钧巨弓，不向一只小鼠发箭；万石宏钟，不被一根小草撞响。现在，一个区区无名之辈许攸，怎么值得有劳您的神威呢？"

曹操听后说："好极了！"于是下令优待许攸，许攸就很快归降了曹操。

杜袭先是义正词严地指出，决心下得不对就应该修正。然后，运用借喻明理的方法，将精辟哲理与摹形拟像的比喻结合成一体，不仅给人以深刻启迪，而且话语形象生动，使人易于接纳。加上杜袭话语里暗含对曹操的赞美，曹操就更乐于被说服了。杜袭是个有智谋且会说话的人。

205. 吕蒙智取荆州

（暗中图谋）

公元219年秋天，关羽大规模向北进攻，将樊城团团包围，又派别的将领包围与樊城一水相隔的襄阳。

孙权曾为自己的儿子向关羽求婚，关羽不答应通婚并斥骂孙权的使者，孙权为此非常愤怒。等到关羽进攻樊城时，东吴大将吕蒙上书对孙权说：“关羽征伐樊城，却在后方留下许多防守部队，一定是怕我们突袭他的后方。我身体不好，经常生病，现请求以治病为名，让我分领一部分军队回建业（今江苏省南京市）。关羽听到这一消息，必定会抽调后方防守部队，全力增援襄阳。等到那时，我们可出动大军乘船沿长江昼夜不停地开赴上游，袭击关羽空虚的后方，这样就可以攻下南郡，擒获关羽了。”上疏发走以后，吕蒙就声称病重。孙权收到上疏后，就用公开的檄书召回吕蒙，暗中与他一起谋划。

吕蒙顺长江而下到芜湖（今安徽省芜湖市），定威校尉陆逊对吕蒙说：“关羽自以为骁勇气盛，欺压他人，刚有大功，便骄傲自大，得志猖狂，只知专意北进，对我们并不在乎，听说您生病了，就更不会提防。如果现在出其不意，发动袭击，自然可以击败他。回去见到至尊，应该好好谋划大计啊！”吕蒙回到建业，孙权问他：“谁可以代替你？”吕蒙回答说：“陆逊思虑深远，有能力担负重任，看他的气度，终究可以大用；而且他现在没有什么名声，不是关羽所顾忌的人，没有人比他更合适了。”孙权于是召来陆逊，任命他为偏将军、右都督，接替吕蒙。

陆逊上任抵达陆口，写信给关羽，称颂他的功德，显得十分谦恭，表示愿意尽忠和自求托付的意思。关羽见信后，心中大为安定，不再有所疑虑，便逐渐抽出防守后方的军队增援樊城。陆逊据实将情况上奏孙权，陈述可以擒服关羽的关键所在。关羽因为得到于禁等人投降过来的几万军队，军粮不足，于是夺取孙权所属湘水关卡的米粮。孙权抓住这个机会，派吕蒙统领大军去袭击关羽。孙权还写信给曹操，请求出兵讨伐关羽，作为对朝廷的报效，并要求保密，免得关羽戒备。曹操命徐晃把孙权的信分别射入被围的樊城和关羽大营，关羽犹豫不决，却不愿撤军。曹操先后派出十二批增援部队支援徐晃，在互相搏击之中，关羽一败再败，只得解围撤退。

吕蒙到达寻阳（今湖北省武穴市东北），把精兵全部埋伏在船中，让百姓摇橹，官军穿着商人的衣服，昼夜兼程，并将关羽设置驻扎在长江边的岗哨全部铲除，所以，关羽对吕蒙的行动一无所知。吕蒙大军到达南郡，傅士仁、糜芳先后投降；到达江陵后，又把囚禁在狱中的于禁释放了，并对俘虏到的关羽的将士们的家属给予抚慰。不久，孙权也到达江陵，刘备原来委任的将领、官员全部归降了。

关羽得知南郡失守，自知孤立困穷，立即回军南撤，退到麦城（今湖北省当阳市东南）。孙权派人诱降，关羽假装投降，在城墙上遍立旗帜，扎插假人，然后逃走。这时，士兵们全部瓦解，跟随他的只有十余名骑兵。孙权事先命朱然、潘璋切断了关羽的退路。十二月，潘璋手下的司马马忠在章乡（今湖北省当阳市东北）俘获了关羽和他的儿子关平，杀了他们。于是，孙权占据了荆州。

关羽不识大体，意气用事，既缺谋略，又无心胸。吕蒙、陆逊正是利用他的弱点，以假象惑敌，当面谦卑，暗中图谋，联络敌手，出其不意，包抄其后，终于使关羽败走麦城，身亡章乡。

206. 不纳刘晔妙策

（趁火打劫）

公元221年夏天，四月六日，刘备在武担山（今四川省成都市西北）之南即皇帝位。刘备深以关羽被孙权袭杀为耻，准备大举向孙权进攻。翊军将军赵云反对，文武官员多有劝阻，可刘备全然听不进去。七月，蜀汉大军东进，孙权派人求和，刘备不理会。

刘备派将军吴班、冯习，率领四万大军，在巫县（今重庆市巫山县）击败孙权的部将李异、刘阿，进逼秭归（今湖北省秭归县）。武陵郡（今湖南省常德市）的蛮夷各部都派人前往蜀汉，要求向东进军。孙权命镇西将军陆逊担任大都督，率领将军朱然、潘璋、宋谦、韩当、徐盛、鲜于丹、孙桓等共五万兵马抵御。

曹丕曾经让文武大臣们判断刘备会不会出兵为关羽复仇。大家一致认为："蜀汉只是一个小国，名将不过一个关羽，关羽既死，大军已破，全国恐惧，所以不可能再出兵复仇。"只有侍中刘晔说："蜀汉虽小，但刘备却准备用武力壮大自己。所以，一定会动员大军，用以表示自己的力量有余。况且，关羽与刘备之间，义如君臣，恩同父子；关羽死于敌手，如不能为他出兵复仇，情分上就有缺憾。"

八月，孙权派人前往洛阳，正式归降曹魏，向曹丕称臣，奏章恭敬谦卑，并送被关羽所俘的曹将于禁等返回。朝中大臣都来朝贺，唯独刘晔说："孙权无缘无故请求归降，内部一定有紧急情况。孙权袭杀关羽，刘备必定出兵复仇。外有强敌，国内民心不安，又怕我国乘机攻击，所以才跪服请降。这样，一可以防止我出兵攻袭，二可以用我声势振奋民心，使敌人惊疑。现在，天下三分，我占十分之八，蜀汉和孙权，只不过各占一州，凭着山川险要，有危急时相互救援，这样才对小国有利。想不到如今他们互相攻伐，这是上天要他们灭亡。我们应大举出兵，直接渡过长江攻击孙权。蜀汉攻击孙权的边境，我们袭击它的核心，孙权的灭亡，不会超过十天。孙权一亡，蜀汉则势单力弱，即使把孙权的国土一半割让给蜀汉，蜀汉也不会长久存在下去，何况蜀汉只得到孙权的边境地区，而我们得到的却是孙权的腹心部分。”

曹丕听了后，说：“别人归降称臣却要去讨伐，将使天下想来归附的英雄寒心，不如暂且接受孙权归降，而去袭击蜀汉的背后。”刘晔说：“蜀汉远而孙权近，蜀汉听闻我国要讨伐它，就会撤回军队迎战，我们难以制止。现在，刘备盛怒，举兵伐孙，如听闻我们也要出兵伐孙，就知孙权必定覆灭，心里高兴，一定会迅速挺进，与我们争夺孙权的土地，绝对不会再克制自己，反而去援救孙权了。”曹丕不听，终于接受孙权投降。

刘备兴兵攻伐孙权，的确给了曹丕一个灭掉孙权的良机。刘晔因势提出利用机缘、趁火打劫之策，直捣孙权的心腹之地，孙权必亡，蜀汉也长久不了。无奈曹丕不是曹操，智谋和大略略逊一筹，只能坐失这个一统山河的绝好机会。

207．平定河西西平

（对症下药）

凉州（今甘肃省武威市）卢水（可能是今石羊河）一带胡人叛乱，河西走廊（今甘肃省中西部）陷于混乱，曹魏帝曹丕召回凉州刺史，改派京兆尹张既继任，另派护军夏侯儒、将军费曜等随后出发。卢水胡人的七千余骑兵部队，在鹯阴口（今甘肃省靖远县）迎战。张既得知后，扬言自己率军从鹯阴口渡河，暗中却由且次直出武威。卢水胡人认为是神明下凡，撤军退回显美（今甘肃省永昌县）。

张既占据了武威，费曜才从后面赶到，而夏侯儒还在中途。张既犒劳将士后，打算继续追击卢水胡人部队，众将领说："士卒疲惫，敌众而气盛，难以取胜。"张既说："我军现无存粮，应夺敌之粮补我军所需。如果敌人发现我军会合，就会退居深山。我们要去追击，道路艰险，粮秣难继；如果班师回撤，他们就又出来抢掠。这样的话，这场军事行动就无休无止，正所谓一日纵敌，危害数代。"于是，向显美进军。

公元221年十一月，卢水胡人的数千骑兵利用风势纵火焚烧官军兵营，将士们都很惊恐。张既就在一天深夜埋伏三千精兵，派参军成公英率领一千多骑兵挑战，让他们诈败，向后狂奔逃命。卢水胡人部队果然争先追赶。这时，张既突然出动伏兵切断卢水胡人部队的退路，首尾夹击，大破卢水胡人部队，斩杀及俘获胡人数以万计，河西走廊全部平定。

后来，西平郡（今青海省西宁市）人麴光等造反，杀死郡守。众将领打算去攻击麴光。张既说："只是麴光等人造反，其他人未必都造反；如今派大军前往镇压，西平的官民及羌人、胡人，会认为朝廷不辨是非，会促使他们互相依靠而都去支持麴光，这是为虎添翼。麴光打算利用羌人、胡人作为援助，我们就应该赶快使羌人、胡人先攻击抄掠麴光等人。只要悬以重赏，把羌人、胡人掠获的战利品，全部归属他们，让他们在外面遏制阻挠麴光的扩张，在内部离间他们之间的感情，就可以不经战事而平定西平郡。"

于是，张既用正式公告通告诸羌部落：凡被麴光欺骗牵连的，一律赦免；能斩杀造反首领的，将加爵受赏。不久，麴光的部属斩杀了麴光，送来了麴光的人头，其余人都安居乐业，不受骚扰。

张既先平河西，后平西平，关键在于他能透过乱局找准关节、对症下药，或巧用伏兵，或近利诱惑，而不是一味猛冲莽杀。所以，他成功了。

208. 刘备信任法正

（善纳良言）

法正原是益州牧刘璋的军议校尉，刘璋被迫投降、刘备自兼益州牧后，诸葛亮被任命为军师将军，法正被任命为扬武将军、蜀郡郡守。法正的智谋才能连诸葛亮都很赞赏，因此，法正自然也深为刘备器重。

最初，刘璋手下的蜀郡郡守许靖，因见刘璋昏庸，在刘备包围成都时，曾打算翻城墙投降刘备，但没有成功。刘备占领成都后，刘璋手下的人归顺刘备，刘备都量才封官。但因了解许靖有过投降的行为，刘备有点儿瞧不起他，就没有给他封官。法正就劝刘备："天下之大，有一种只有虚名而无实际的人，许靖就是这一类人。然而，您不可能向天下人逐一说明和解释。目前正是您创业之际，即使对这种人，也应该敬重，才不至于使远近失望。"刘备认为法正说得在理，就改变了原来的态度，礼待许靖，给他官职。后来，果然引来了许多有才干的人。

公元 215 年春天，魏公曹操亲自率军攻击汉中张鲁，十一月，张鲁率领全家和部属投降。曹操回军，只命夏侯渊、张郃、徐晃等留守汉中。公元 217 年，法正向刘备建议："曹操一举而降服张鲁，平定了汉中（今陕西省中部），却没有乘胜南下图谋巴、蜀，只命夏侯渊、张郃留守，自己回军北返。这不是曹操才智不够，而是力量不足，存在严重内忧。我度量夏侯渊、张郃的才能，不会胜过我们的将领，我们如果向他们发动进攻，一定可以获胜。占领汉中后，推广农业，积蓄粮食，等待时机。这样上可以消灭敌人，尊奉皇室；中可以逐渐并吞雍、凉二州，开拓疆土；下可以据守险要，作长久打算。这是上天的赐予，机会不可丧失。"

刘备听从法正的计策，率众将进军汉中，派张飞、马超、吴兰等驻军下辨

（今甘肃省成县），魏王曹操派曹洪率军阻截。经过多次战争，公元219年初，刘备大军在定军山（今陕西省勉县南）大破曹军，夏侯渊被斩杀。三月，曹操率军从长安穿过斜谷（今陕西省勉县西南），亲征汉中。经过一个多月的对峙交战，曹军将士大量逃亡，曹操只得撤回长安，刘备终于攻占汉中。七月，刘备自称汉中王，任法正为尚书令。

公元219年年底，关羽败失荆州，关羽、关平父子被东吴军擒而斩之。一年半后，公元221年七月，时已称帝的刘备决心为关羽报仇，率军进攻东吴。结果，被陆逊火烧连营，刘备大败而返，只保住了性命。这时，法正已经去世，对此，诸葛亮叹息说："法正如果在，一定能制止主上东征，即使东征也一定不会落到如此危急的地步。"

刘备从身无立锥之地发展到建立蜀汉，与他敬贤爱才、善纳良言大有关系。刘备信任法正就是一个例子。善纳良言，绝对是每个睿智的统领人物的成功之道。

209. 司马懿斩孟达

（假慰速剿）

孟达曾是当年汉中王刘备的属将，因与刘备义子、副军中郎将刘封发生冲突被凌辱，在公元220年秋投靠曹丕，受到重用，被任命为新城郡（今湖北省房县）郡守。孟达还跟曹魏的尚书令桓阶、征南大将军夏侯尚友好情深。公元226年，曹丕去世，桓阶、夏侯尚也先后逝世，孟达感到孤单，似乎失去了安全感。诸葛亮得知这一消息后，写信诱导孟达重归蜀汉，几次书信往来，孟达暗中应允了。

但是，世上没有不透风的墙，孟达的异动，被与他关系十分不好的魏兴郡

（今陕西省安康市）郡守申仪察知，申仪就向曹魏朝廷检举。孟达得知此消息后，非常恐惧，打算立即起兵叛变。就在这时，时任曹魏都督荆豫州诸军事的骠骑大将军司马懿写信给孟达，宽解安慰，表示对他深信不疑。孟达接信以后，犹豫不决，不能当机立断。

然而，司马懿在写信宽慰孟达的同时，却催动大军秘密迅速开进。司马懿帐下的将领们都以为，孟达跟东吴、蜀汉都已联系，应继续观察再做决定。司马懿对他们说："孟达无信无义，现在他正犹豫不定，应在他拿定主意前解决他。"司马懿催促大军急行军，用加倍的速度挺进，行军八天，就从宛城（今河南省南阳市）赶到新城郡城下。东吴、蜀汉得知，都派出军队向西城安桥（今陕西省安康市西南）、木阑塞（今陕西省旬阳县东北）援救孟达，司马懿分兵阻截。

孟达在给诸葛亮的信中说："宛城距洛阳八百里，距我处一千二百里，听到我起兵的消息后，要上报朝廷，等诏书询问，再上奏解释，这样一往一返的过程，至少也要个把月的时间，那时我的城垒已经坚固，军队也已准备妥当。我这里地势险要，司马懿一定不会亲自征伐，其他将领来，我一点儿也不担心。"等到司马懿大军突然抵达，孟达向诸葛亮告急说："我起兵才八天，敌人已兵临城下，竟如此神速！"

公元228年正月，司马懿攻击新城郡城，十六天就破城，擒斩了孟达。魏兴郡郡守申仪，有恃无恐，私刻印信，妄称代表皇帝，随意任官封爵。司马懿召见了他，当场扣押，把他押送至洛阳。

司马懿在此采用的谋略是：一边假施安慰，使其犹豫，以迟滞孟达反叛的脚步；一边急催大军，加速兼程，堵截敌援，使孟达突临城危而措手不及。司马懿假慰速剿这一手玩得娴熟漂亮。

210. 贾逵夹石救援

（果敢决断）

公元228年夏天，东吴王孙权派鄱阳郡（今江西省鄱阳县）郡守周鲂，在江南土著中秘密物色一位连曹魏也不知晓的首领人物，并让他引诱曹魏扬州牧曹休跳进东吴设下的圈套。周鲂认为："山越首领恐难胜任，事情如果败露，曹休就不会上钩。我愿派亲信去跟曹休联系，声称我受到了斥责，害怕被杀害，想献郡归降曹魏，请求派兵来接应。"孙权同意了他的建议。

于是，孙权不断派出官员到鄱阳郡，向周鲂查问各种问题，周鲂因而亲自到郡府门前，剃发谢罪。这个情况很快传到了曹休那里，曹休就率领十万步骑兵大军南下皖城（今安徽省潜山县）接应周鲂。曹魏帝曹叡还派司马懿进军江陵、贾逵攻击东关（今安徽省含山县西南），三路人马，同时并进。

八月，孙权抵达皖城，任命陆逊为大都督，朱桓、全琮为左、右都督，各率三万人马，迎战曹休。曹休此时才知道上当受骗，但他仗着自己兵马多，并不在乎中圈套，决心继续与东吴交战……曹休大军与东吴军在石亭（今安徽省潜山县东北）交战，曹魏军被撵出险要地带，并被东吴军队尾追至夹石（今安徽省桐城市北夹山），被斩杀、生擒一万多人，被俘获的牛马骡驴车一万余辆，曹休的辎重武器粮秣几乎全部丧失。

起初，曹休上书曹叡请求率军深入敌境内接应周鲂，曹叡命贾逵率军向东进发，跟曹休会合。贾逵认为："东吴在东关没有防备，说明东吴都把军队集中到皖城方向，曹休深入敌境，必定失败。"贾逵就对自己率领的部队重新部署，水陆并进，前进约二百里，从被俘获的东吴百姓口中，得知曹休兵败、东吴军队截断夹石的消息。在这种情况下，贾逵属下将领不知所措，有的打算停止前进，等待后援。

贾逵这时说："曹休兵败在外，回归路绝，进不能战，退无法返，正处在安危存亡的关口，恐怕坚持不到天黑。东吴军队以为我军无后援，所以只截追到夹石。如果我们现在迅速挺进，出其不意，攻敌不备，这正是挫敌士气的办法。当东吴军队发现我军突至，一定会撤追。如果我们还要等待后援，东吴军队就会据守关隘，切断我们的退路，到那时，即使我军有再多的后援又有什么用呢？"

贾逵催促部队以加倍的速度挺进，沿途设置旌旗战鼓作为疑阵。东吴军队看到贾逵的军队突然到来，果然惊恐，随即撤退，曹休才得以脱离困境。贾逵占据夹石，供应给曹休军队粮秣，曹休的军势才振作起来。

贾逵与曹休曾有过节，两人关系并不好，但曹休兵败，却靠了贾逵才幸免于难。贾逵不计个人恩怨、以大局为重的襟怀令人起敬，他在战场形势瞬息变化中果敢决断、出其不意、攻敌不备、机智败敌的谋略，也让人赞佩。

211. 孙权爱将敬贤

（尊重人才）

东吴大将吕蒙在公元219年平定荆州后，孙权任命他为南郡郡守，封孱陵侯，赏钱一亿、黄金五百斤。但吕蒙还未接到封爵，就旧病复发了。当时，孙权在南郡（今湖北省公安县），就命人把吕蒙接到自己的行馆旁边，想方设法为他医治。

孙权对病中的吕蒙关怀备至，当医生为吕蒙针灸时，孙权常为他受病痛而忧伤难过。为了能经常观看吕蒙的脸色，又怕打扰他的休息，孙权命人在病房的墙上凿出一个小洞，悄悄进行观察。当他看到吕蒙可以吃下少量饭菜时，就高兴地与左右侍从又说又笑；不然的话，就愁容满面、唉声叹气，晚上牵挂得不能安睡。有一阵子，吕蒙的病情有所好转，孙权大喜，破例下令赦免罪犯，作为庆祝，还让文武百官都来道贺。

然而，吕蒙的病情愈来愈重，终于去世，享年四十二岁。孙权万分悲痛，很多日子不思饮食。孙权为吕蒙修了坟墓，还特别安排三百户人家为吕蒙扫墓守墓。后来，孙权跟陆逊评论吕蒙说："想不到他年长之后，学问增进，谋略不同寻常，仅次于周瑜。他虽不如周瑜那样谈笑风生、英姿焕发，但应付关羽的方法胜过鲁肃。"

孙权对周瑜、吕蒙这样的将领非常关爱，对辅佐他的文臣贤士也非常敬重。张昭是孙策的得力助手，孙策去世、孙权主事以后，张昭全心扶持孙权。公元222年十二月，孙权在武昌登上钓台邀宴文武官员，大家醉成一团。孙权命人用冷水把大家泼醒，取乐说："今天要喝个痛快，要喝到醉倒在地才罢休。"张昭见此情形，一言不发，也不喝一口酒，板起脸走了出去，坐上车。孙权派人把张昭请了回来，说："为的是大家同乐，您怎么会发脾气?"张昭回答说："以前商纣王爱喝酒，曾经造了七里大的酒池，整夜痛饮，当时也认为是同乐，不认为是坏事。"孙权听了，沉默不语，面带愧色，下令结束酒宴。

七年以后，张昭因年老多病，呈请辞职，缴还所辖部众。孙权却改命张昭为辅吴将军，改封娄侯，采邑一万户。可是，张昭每次朝见，言辞严厉，曾以直言冒犯孙权的旨意，以后就不肯上殿朝见了。不久，蜀汉派使者来，当庭赞扬本国的美德，东吴在朝百官，听了以后，张口结舌，无法对答。孙权叹息说："如果张昭在座，蜀汉使臣恐怕连话都说不出，岂有吹牛的机会?"

第二天，孙权派侍中问候张昭，然后自己亲自去拜见，张昭急忙离座请罪，孙权跪下来阻止。君臣坐定后，张昭仰头说："太后、桓王（孙策）把陛下托付给老臣，我想到的只是竭尽臣节报答厚恩，却因见识肤浅违背旨意。然而，我一片忠心侍奉君王，此生不变。如果让我为了荣华富贵去巴结奉承，我是做不出这种事的。"

孙权如此爱将敬贤，反映了他尊重人才、爱护人才的良好品性。正因他能如此，才吸引并团结了部属，使武将赴汤蹈火、文臣殚精竭虑，造就称雄一方的伟业。

212. 刘晔对质不语

（顺势迎合）

侍中刘晔很受曹魏帝曹叡的亲近与器重。曹叡打算攻伐蜀汉，朝廷内外的大臣都说“不行”。刘晔入朝与曹叡商议这件事时却说“可以征伐”，而一出来与朝廷大臣议论时却又说“不行”。刘晔在说可征伐与不可征伐时，都言之成理，都很能说动人。

中领军杨暨也是曹叡亲信的大臣，也很推崇刘晔。他是持不可征伐意见最坚决的人，每次从宫中出来，就去拜访刘晔，刘晔对他讲的都是不可征伐的道理。后来有一次，杨暨与曹叡议论关于征伐蜀国的事情，杨暨直言极谏不可伐。曹叡就问：“你一介书生，怎么知道打仗的事情?”杨暨说：“我说的实在不值得采纳，但侍中刘晔是先帝的谋臣，他常说不可以伐蜀。”

曹叡感到很奇怪，说：“刘晔可是对我说蜀国可以伐。”杨暨怕曹叡怪罪自己讲假话，就说：“我可以跟刘晔来对质。”于是，曹叡下诏让刘晔觐见，曹叡质问刘晔，可是刘晔始终不说话。

事情过后，刘晔单独觐见曹叡，刘晔抱怨说：“征伐一国，是一项国家大计，我参与了这一机密，常常害怕说梦话泄露出去而增加我的罪过，哪里敢随便对人说起！用兵之道在于诡诈，军事行动还没有开始，计划就要越机密越好。现在陛下公开谈论了，恐怕敌国已听说了。”曹叡听后，向刘晔表示道歉。

刘晔出来后，就上杨暨那里，责怪他说：“钓大鱼的人，就要放长线，等到可以制服它时再用线把它牵回来，那就没有什么不能得到了。君主的威严，难道只是一条大鱼吗？你诚然是个正直的臣子，但是这样处理事情的做法不值得采纳!”杨暨听了，也向他道了歉。

有人对曹叡说：“刘晔并不是真正的忠心，他只是窥探陛下的心意，顺势迎合而已。陛下不妨试他一下，与刘晔交谈时，把您所反对的意见，故意说成赞成的意见，告诉他后并询问他的意见。如果他的回答是反对的话，那确实是刘晔的见解常常与陛下的意见相合了。如果每个问题他都赞同的话，那么刘晔的迎合之情就露出原形了。”曹叡照其所言来检验刘晔，果然发觉刘晔有迎合之情，从此就疏远了他。刘晔发觉自己失策，懊恨之余，开始精神失常，后出任大鸿胪，因忧而死。

刘晔有才也狡黠，顺势迎合的能耐一流。在曹叡质问时不置一词，却能在事后各以一番巧词使双方都向他道歉，确实非同一般。但这种做法缺乏诚实，涉嫌投机作伪，结果聪明反被聪明误，落得自食恶果。

213. 陆逊稳定军心

（弈棋射戏）

公元234年二月，蜀汉丞相诸葛亮率十万兵马，从褒斜谷（今陕西省太白县西南）向曹魏发动第五次进攻，同时派出使节前往东吴通报。五月，东吴帝孙权为呼应蜀汉北伐，亲率大军二十万，挺进到巢湖湖口（今安徽省巢湖市），直指合肥新城（今安徽省合肥市西北）。又派出上大将军陆逊、左都护诸葛瑾，率万余人马，进入江夏郡（今湖北省鄂州市）、沔口（汉江入长江口，今湖北省武汉市），直指襄阳（今湖北省襄阳市）；派将军孙韶、张承率军进入淮河，直指广陵（今江苏省扬州市）、淮阴（今江苏省淮安市）。

曹魏帝曹叡派征蜀护军秦朗率步骑兵两万人，支援大将军司马懿抵御诸葛亮，并下诏让司马懿坚守阵地，挫敌兵锋，使敌久停粮尽，只能撤退，退而击之。七月，曹叡乘御舟，亲自东征。曹魏征南将军满宠募集敢死队，烧毁东吴军队的攻城武器，射死孙权的侄儿孙泰，而东吴的将士有不少染上了疾病。当曹叡御舟驾距合肥还有数百里时，扮演迷惑敌人角色的先锋部队已经抵达。孙权最初以为曹叡不可能亲自出马，所以当他得知曹叡亲率大军即将到来的消息后，就立即退兵班师。由淮河进击的孙韶部队也跟着退走了。

进伐襄阳的陆逊派亲信韩扁携送奏章给孙权，中途被曹魏军截获。诸葛瑾得知后很害怕，写信给陆逊说："圣上已返，敌人又擒获韩扁，完全掌握了我们的军情，而且水路已近干涸，应该迅速撤离。"陆逊不作回答，依然督促部属种植蔬菜、豆子，跟众将领下棋、骑马射箭，游戏如同平常。诸葛瑾认为陆逊足智多谋，一定有他的道理，亲自去见陆逊。陆逊对他说："曹魏军知道圣上已返，不再担忧东方，势必全力对付我们。而且现在所有关口要道，他们都已把守，我军军心已不稳定，存在溃散的危险。所以眼下必须使军心稳定，再布置应变之策，然后才能脱险。如果目前匆匆开拔，敌军就会看出我们恐惧，会来紧逼我军，结局很难预料。"

于是，陆逊与诸葛瑾秘密定下计策，由诸葛瑾督率舰船部队，陆逊在岸上率领全部人马，向原定目标襄阳进击。曹魏军素来敬畏陆逊，急忙调动各军退守襄阳。诸葛瑾率领舰队驶出港口，陆逊从容调动大军向江边登船，曹魏军不敢逼近。舰队抵达白围（今襄阳市西北），声称打猎，暗中派将军周峻、张梁等，攻击曹魏江夏郡所属新市（今湖北省京山县东北）、安陆（今湖北省云梦县）、石阳（今湖北省汉川市），斩杀及俘虏一千多人而返回。

以个人的镇静来使自己所率团队镇定下来，以沉稳应对强敌的紧逼威胁，最后实现从容脱身，这是以静待哗的应变之术。陆逊弈棋射戏就是为稳定军心而运用的这种谋略。历史上不少著名将领都有使用此种谋略的记载。

214. 宗预巧答孙权

（得体坦言）

公元234年夏天，蜀汉丞相诸葛亮率十万大军出褒斜谷（今陕西省太白县西南）进伐曹魏，到达郿县（今陕西省眉县），驻军在渭水以南。曹魏军在大将军司马懿的率领下渡过渭水，背水驻营抵御蜀汉军。两军在五丈原（今陕西省宝鸡市眉县西）对峙了一百余天，在此期间，诸葛亮在军中去世了。

东吴听说诸葛亮去世，担心曹魏军会乘蜀汉衰落之机而攻伐它，就增加了巴丘（今湖南省岳阳市）的守军一万人，一来可作为救援蜀汉之用，二来如果蜀汉瓦解，可伺机进行分割。蜀汉听到消息以后，也增加了永安（今重庆市奉节县东白帝山）的守军以防不测。

蜀汉帝刘禅派了右中郎将宗预出使东吴，东吴帝孙权问他说："东吴与西蜀，犹如一家，现在听说西蜀增加了白帝城的守兵，这是为什么？"

宗预对答说："我认为东吴增加巴丘的军队，西蜀增加白帝城的守卫，都是时势所需的自然之举，完全不必相互追究。"

孙权听后哈哈大笑，称赞他所答得体智巧，并且刚直不阿、尽情无隐。对他的礼遇，仅次于邓芝。

宗预的得体巧答在于：既非常坦率，又未直接道明，却能互相认同，还很神定气闲，更有一点儿幽默。能如此对答的人，必是一个有高智谋的人，所以他赢得了孙权的赞赏。

215. 高柔劝废禁猎

（告之利害）

高柔在曹操手下任理事掾（司法秘书）时，就曾劝谏曹操不要追究逃兵亲属，他认为加重处罚非但不能阻止逃兵，反而会加剧逃亡。曹操听从了高柔之谏，不再追究逃兵亲属了。曹操去世后，在曹魏帝曹丕、曹叡两朝，高柔前后当了二十三年的廷尉，两朝皇帝对他都很器重。曹叡说高柔总能提出有益的意见，盼望他能多多进言。

公元235年夏天，时任廷尉的高柔又提出应当废除禁猎法令。当时，狩猎的法令严峻而残酷，杀死皇家禁地里的鹿的人，本人要被处死，财产没收归官府。对告密的人，厚加赏赐。

高柔对此上疏说："近年来，百姓被强征民夫，充当各种劳役，亲自耕种田地的人数大大减少；加上最近狩猎禁令颁布后，麋鹿闯进农田、啃食庄稼、伤害禾苗，农家损失不可估计。民众虽设篱障防护，但仍阻挡不住。就在荥阳一带，周围数百之广，一年都没有收成。今天下生产粮食的人很少，而麋鹿蹂躏庄稼的却很多。万一仓促之间，爆发战争，要动员打仗，或水灾天旱，寸草不长，我们将用什么来应对防御？恳请陛下放宽对民众的狩猎禁令，准许他们捕捉践踏他们庄稼的麋鹿，使他们能维持生活，正常从事农业。这样，才能获得万众称颂。"

曹叡听了高柔的这番上疏，放宽了狩猎禁令。几年以后，曹叡去世，他的儿子齐王曹芳即位，高柔先后被任命为太常、司空。

上至国君，下至平民，其行为都受到某种利益的驱动。有智谋的劝谏者，就是敏锐发现对象的利害所在，直接对他陈述利害得失，使其领悟而中止某种行为。高柔采取的就是这种劝谏之法：曹操如再严惩逃兵亲属，就会加剧兵士的逃亡，会造成无人去打仗的局面；曹叡如再维持狩猎禁令，种粮的人和庄稼会越来越少，拿什么去备战防灾？曹操、曹叡知道了利害，自然会听取建议。

216. 计驱山民出山

（逼人就范）

东吴左辅都尉诸葛恪认为，丹阳郡（今江苏省南京市）山势险要，山民又强悍，虽以前出兵镇压过，但抓到的是一些外县的平民，其他人躲进深山，没法肃清。诸葛恪屡次请求朝廷让他去办这件事，他保证三年内可征精壮士兵四万人。大家都认为此事很难。诸葛恪的父亲诸葛瑾听说后，也认为此事难以成功，长叹说：“此子如不能兴旺家门，就定会使家门败亡。”但诸葛恪坚称此事必定成功，东吴帝孙权就任命他为抚越将军，兼任丹阳郡守，让他有权实施自己的计划。

公元237年冬，诸葛恪抵达郡府接事，正式通知相邻四个郡各县的长官，请他们封锁各自防守的边界，严密戒备，各地已归顺的土著百姓，一律集中居住。然后，诸葛恪派众将领率军深入险要之地，只修筑简单的防御工事，不准与山民交战。等到当地庄稼快要成熟时，他下令所有部队赶紧抢割，不留一根。山民们原来存的粮食吃尽了，新熟的粮食又收不到，住在平地的百姓又都聚居在一起被保护着，要抢也无法下手。于是，在饥饿穷困的逼迫下，山民们只好逐渐从深山走出来投降。

针对眼前的这种情况，诸葛恪又下令：“山民只要能痛改前非，接受教化，都应当抚慰，如迁到外县，不准嫌弃怀疑他们是罪犯而随意拘捕。”臼阳县令胡伉发现有个叫周遗的降民，原来是个歹民，被迫暂且出来归降。胡伉将他捆绑起来送郡府法办。诸葛恪认为胡伉违令，将他斩首示众。山民们听说胡伉因随便拘捕人而被诛杀，才知道官府的目的只是想让他们离开山区而已，于是扶老携幼，大批出山。

一年过后，三年期限已到，诸葛恪统计精壮士兵的人数，跟他当初预计的差不多。诸葛恪自己征集统率一万人，其余的分别交付其他将领。孙权嘉奖了诸葛恪，擢升他为威北将军，封都乡侯，迁移到庐江郡皖口（今安徽省安庆市）驻扎。

诸葛恪先是采用逼人就范之法，通过坚壁清野、搜尽粮食，逼迫山民出山；然后用杀人明意之法，斩杀违令者胡县令，让广大山民明白官府的意图，放心大胆地走出深山，实现了预期目标。诸葛恪的确有智谋，但从中也透出其恃才刚愎之气，最后应了其父的话，诸葛恪最终死得悲惨，还累及家门。

217. 司马懿斩曹爽

（装病弄呆）

公元239年正月，魏帝曹叡病危，大将军司马懿被召回洛阳，与刚任大将军的曹爽一起接受遗诏，立只有八岁的齐王曹芳为太子，共同辅佐朝政。不久，曹叡去世，曹芳即帝位，给曹爽、司马懿都加官侍中、都督中外诸军、录尚书事，让他们共执朝政。不久，他们为争权夺利，互存戒心，矛盾日渐加深。公元247年三月，曹爽采纳尚书何晏等人的计策，将太后迁至永宁宫，并独揽朝政，多次更改制度。时任太傅的司马懿不能阻止，两人矛盾加剧。五月，司马懿称病，不上朝参与政事了。

公元248年冬，河南尹李胜出京担任荆州刺史，到太傅府辞行。司马懿听说曹爽的亲信李胜要来，就故意装出病重的样子，让两个侍女搀扶。见李胜来了，司马懿伸手去拿衣服，衣服掉在了地下；他指着嘴巴表示渴了，婢女端上稀粥，司马懿张嘴去喝，粥顺嘴角流下，沾满了前胸。

李胜对司马懿说："大家以为明公只是旧病复发，想不到您病得这样厉害!"

司马懿听了，喘着气说："年老病重，死就在眼前。你去并州任职，那里靠近胡人，要好好提防他们！以后恐怕不能再相见了，我把儿子司马师、司马昭兄弟托付给你，拜托多加关照。"李胜说："我是将回荆州任职，不是去并州。"司马懿故意颠倒错乱，说："你正要到并州？"李胜又说："将要回荆州。"司马懿说："年纪大了，思想错乱，听不懂你的话。"

李胜告退出来，立即向曹爽报告，说："司马公身上只有一点儿余气了，形体和精神已分离，不值得担忧。"又有一天，李胜向曹爽等人悲切地说："太傅的病治不好了，实在令人悲伤！"所以，曹爽等人不再防备司马懿，继续恣意妄为。

公元249年正月，曹魏帝曹芳出城到高平陵祭拜曹叡，大将军曹爽和弟弟中领军曹羲、武卫将军曹训、散骑常侍曹彦及他们的党羽都随同前往。司马懿见机会到来，当即发难，以皇太后的名义废黜曹爽兄弟，派司徒高柔假节行大将军事，占据曹爽军营；派太仆王观行中领军事，控制曹羲军营。不久，曹爽兄弟及何晏等人都被捕关进监狱，以大逆不道的罪名被夷灭三族。司马懿当上了丞相，独掌朝政大权。

在面临对己不利的情势时，运用装病弄呆、装疯卖傻、装聋作哑的策略，不仅可以避灾逃祸，而且便于窥测机会，以求自保。所以，这种伪装躲避灾祸、积蓄力量、等待时机的方法，是一种高明的应变之术。司马懿显然是个中高手，以装病弄呆，麻痹了政敌，置曹爽于死地，最终夺取曹魏江山。

218. 司马师敢担当

（揽过自责）

公元252年正月初二，抚军大将军司马师担任了魏国的大将军。

这一年的十月，吴国太傅诸葛恪调集军队到东兴，重新修筑东兴大堤（在今安徽省巢湖市东南)。大堤左右与两座山相连接，诸葛恪率军队在山与大堤之间构筑了两座城堡，各留下一千人守卫，派将军全端守西城、督尉留略守东城，然后率军返京。

魏国镇东将军诸葛诞向司马师进言说："应趁吴国现在入侵我国南部之机，命令征南大将军王昶进逼江陵，派镇南将军毌丘俭进击武昌，以牵制吴国上游的军队；然后挑选精锐的兵士攻打东兴的两座城垒，等他们的救兵赶到，我们就已大获全胜了。"司马师没有听从诸葛诞的意见。

十一月，魏国下令，命王昶等人分三路大军，齐头并进，同时攻打吴国。王昶进攻南郡，毌丘俭进攻武昌，胡遵、诸葛诞进攻东兴。十二月十九日，东吴国太傅诸葛恪率领四万士兵，日夜赶路，救援东兴。诸葛恪令冠军将军丁奉等人率领先头部队快速挺进，攻破魏军前部的营垒，魏军惊恐骚动，四处逃奔，争相抢渡浮桥，以致浮桥被压断，兵士们大批掉入水中，他们又互相践踏，死了几万人。其他两路魏军闻讯后，也都毁营后撤走。

因攻伐东吴失败，朝廷里议论要贬黜各将领，大将军司马师说："是我不采纳诸葛诞的意见，所以才弄到这个地步。这是我的过错，各将领有什么罪呢?"于是，朝廷全部宽宥了他们。司马师的弟弟安东将军司马昭当时为监军，朝廷只是削了司马昭一人的爵位而已。

第二年，雍州刺史陈泰请求朝廷下令，合并州与雍州之兵力，联合去讨伐北方胡人，司马师同意了。可是，军队还没有集中，新兴（今山西省忻州市)、雁门（今山西省代县）两郡的胡人听说要出远征，就惊疑不定而反叛了。朝廷来追究，司马师又向朝廷官员说："这是我的过错，不是陈刺史的责任!"因此，人们都既惭愧，又对司马师心悦诚服。

东晋史学家习凿齿对上述事情进行评论说："对于两次失误，司马师都揽过自责，过错消除后，事业却隆盛了，可以称得上是明智之举。假若掩饰失败，推卸责任，就会上下离心离德，人才四散而去，那样谬误就太大了。"他的这个说法很有道理!

219. 孙亮剖屎破案

（合理排除）

公元252年四月，吴帝孙权病逝，年仅十岁的太子孙亮登上了皇位，但他真正亲政是在登上皇位五年之后。

孙亮一亲政，大将军孙琳所上的奏章，就多次受到查问。孙亮挑选了十八岁以下、十五岁以上的兵家子弟三千人，挑选年轻骁勇的将领子弟统领他们，每天在苑囿中操练，说："我建立这支军队，是想和他们一起成长。"他又多次前往中书省，翻阅孙权时的旧事，问左右侍从："先帝多次颁布亲笔诏书，现在大将军上奏事情，为什么只是让我签字认可呢？"

有一次，他要吃酸梅子，让黄门（侍从宦官）到中藏府取来蜂蜜，却发现蜂蜜中有一粒老鼠屎，就唤来中藏府的官吏问讯，守库的官员叩头谢罪，无法解释。孙亮问："黄门是不是向你要过蜂蜜？"官吏叩头回答说："他以前来要过，但我不敢给他。"黄门却对此竭力否认。

孙亮就命人把老鼠屎捞起来剖开，发现屎中间是干燥的，于是大笑着对左右的人说："如果老鼠屎原先就在蜂蜜中，里外就应都是潮湿的；现在，老鼠屎外湿内干，这一定是黄门搞的鬼！"

孙亮命人诘问黄门，黄门如实招供，左右的人都对此感到惊骇。

孙亮一个十五岁的孩子，用剖开鼠屎的办法，合理排除了贮藏不当的原因，确定是黄门曾求索蜂蜜不得，为嫁祸报复而故意使的坏。看来，孙亮倒是个有志气、有主见的人。可惜，他的所作所为威胁到了孙琳，孙琳不久就发动了政变，孙亮被废为会稽王并被赶出了宫廷。

220. 习氏导夫免祸

（主动请罪）

公元258年九月，吴国大将军孙琳用武力废了孙亮以后，便率领文武官员迎立琅玡王孙休为吴帝。

孙休在当琅玡王的时候，丹阳郡（今江苏省南京市）郡守李衡曾多次因事冒犯过孙休，李衡的妻子习氏规劝过李衡，李衡没有听从。孙休只得上奏乞求迁到其他郡去，后来孙亮诏命他迁到会稽郡（今浙江省绍兴市）。

现在，孙休登位当了皇帝，李衡想起自己以前冒犯过孙休，因此非常忧虑畏惧，对妻子说："因为不听你的劝告，结果落到今天这个地步。我想投奔曹魏，你认为怎么样?"妻子说："不可以。你本来是个平民，先帝把你提拔到现在这么高的职位，你却多次对他的后裔做出无礼的事情，又以小人之心胡乱猜疑，认为要受到报复，还想逃跑叛主，谋求活命。你以这种情形去归附北方，有何脸面见中原人呢？当今皇帝一向有爱做善事的好名声，正想向天下显示自己的胸襟，决不会因私人之间的怨恨而杀你的。我建议你将自己捆绑起来前往京城监狱，上奏章列举自己往日的过失，请求治罪。这样的话，就反而会受到优待，而不仅仅是活命而已。"李衡听从了妻子的意见。

孙休见李衡主动入狱谢罪，便下诏说："丹阳郡郡守李衡，因以往行事造成过失，自动投入监狱。从前有管仲射中齐桓公带钩、勃鞮斩断晋文公衣袖（春秋时，晋献公受宠姬骊姬迷惑，杀死太子申生，次子重耳出奔，宦官勃鞮追赶，斩下重耳衣袖。后重耳回国继位，是为晋文公，宽恕了勃鞮。后有人谋反，靠勃鞮报信，文公得以脱难）的事传，那种情况是属于在谁手下办事为谁卖力而已，李衡也是这样。现送李衡回郡中，让他不要自我生疑。"又加授李衡威远将军之职，并赠给他显示官阶品级的棨戟（仪仗）。

李衡的妻子习氏建议丈夫主动请罪，结果李衡不仅获得了原谅，还额外有所收获。她的见识比李衡高得多，谁说须眉一定比女子有智谋？有智谋的女子往往胜过寻常男子。

221. 司马昭诛成济

（舍卒保车）

公元260年四月，大将军司马昭晋升为相国，封晋公，加九锡。魏帝曹髦眼见司马昭继其父兄之后，仍把持朝政，自己的权威从手中滑走，忍不住心生愤恨，累积多年的怒火突然爆发。

五月初七，曹髦召集侍中王沈、尚书王经、散骑常侍王业，对他们说："司马昭之心，路人皆知！我不能坐等被他罢黜而受凌辱，今天，我跟你们一起行动，亲自去讨伐他！"王经劝曹髦再慎重考虑一下，以免适得其反。曹髦从怀中掏出写在黄色绸缎上的诏书，扔在地下，义无反顾地说："我主意已定，死也不怕，何况还不一定会死！"然后，进宫报告郭太后。王沈、王业乘机溜走，向司马昭报信。临行前，两人要王经同行，王经不去。

曹髦于是拔出佩剑，登上辇车，率领身边的禁卫武士、侍从等人擂鼓呐喊而出，直扑司马昭的相府。司马昭的弟弟——屯骑校尉司马伷的部众在东止车门跟曹髦相遇，不敢迎战，一哄而散。中护军贾充率军从外而入，在南宫门下阻截迎击，双方混战。曹髦挥剑向前，贾充的部众不敢冒犯，打算后退，骑督成倅、太子舍人成济问贾充怎么办，贾充说："司马公厚待你们，就是为了今天，眼前的事，还有什么好问的？"成济手持长矛，直刺曹髦，曹髦当即惨死在辇车上。

司马昭得到报告，大吃一惊，立即入宫，召集文武百官商议。尚书左仆射陈泰不肯参加，司马昭就让陈泰的舅父——尚书荀颉去请陈泰，陈泰在家人和宾客的逼迫下，最终来见了司马昭。司马昭问他：“你看现在该怎么办?”陈泰说：“只有诛杀贾充，才可略平天下公愤!”司马昭迟疑了很久，说：“你想想还有没有别的办法?”陈泰说：“我只能说出这一个办法，不知道还有别的办法!”司马昭就不再继续讨论了。

但是，贾充是司马昭最得力的帮凶，司马昭怎么舍得把他杀掉呢？于是，冲锋在前、充当杀手的成济兄弟便当了替罪羊。五月二十六日，司马昭上奏说：“成济兄弟大逆不道，应该诛灭全族。”太后自然准奏。可怜成济兄弟为主子卖命，自以为立了头功，升官发财就在眼前，哪知道已经死到临头了。

司马昭面对曹髦被杀之事，必须严惩凶手。经过二十天的权衡和安排，他将直接动手杀人、无足轻重的马前卒成济兄弟抛出惩处，而将唆使弑君、倚为心腹的贾充偷偷放过。司马昭的这种舍卒保车的伎俩，既有利于他安抚人心、对外有所交代，又保护了同党，便于他今后扫除障碍。

222. 卫瓘智捕邓艾

（明陈利害）

公元263年夏，魏帝曹奂下诏令各军大规模出动，征伐蜀汉。他派遣征西将军邓艾统领三万多士兵，从狄道（今甘肃省临洮县）赶往甘松（今甘肃省迭部县）、沓中（今甘肃省舟曲县），以牵制姜维；派雍州刺史诸葛绪，率三万人，由祁山（今甘肃省礼县西北）出发，攻击武街（今甘肃省成县）桥头，切断姜维退路；派镇西将军钟会统领十万人马分别从斜谷（今陕西省太白县西南）、骆谷（今陕西省周至县西南）、子午谷（今陕西省宁陕县）直往汉中；委派廷尉卫瓘为邓艾、钟会两军监军，兼行镇西军司。

这年的冬天，曹魏大军压境，蜀汉皇帝刘禅在成都向邓艾投降。接着，蜀汉大将军姜维得到刘禅的命令，就近到钟会那里投降。因平蜀有功，邓艾被任命为太尉，钟会被任命为司徒。

邓艾在成都颇为傲慢，不顾晋公、大将军司马昭通过卫瓘对他的提醒晓谕，仍擅自准备进攻东吴的种种事情。钟会因不满邓艾专权行事，与卫瓘联名秘密上告邓艾有谋反的迹象。第二年正月，曹奂下诏用囚车押回邓艾。司马昭担心邓艾对抗命令，令钟会进军成都，又派中护军贾充率领军队进入斜谷南下，自己则亲率大军，侍奉魏帝御驾亲征，进驻长安。

钟会接到诏令后，派卫瓘先到成都逮捕邓艾。钟会此举是想让邓艾抗命杀死身边兵士不多的卫瓘，并以此坐实他对邓艾的指控。卫瓘心里明白钟会用的是借刀杀人之计，但因职责所在不能推辞，只得奉命前往。

一天夜晚，卫瓘进入成都并向邓艾所属将领颁布檄令，声称："我接受诏令，只拘捕邓艾一人，其余的人一概不予追究；如果各位天亮前投归到朝廷的军队中来，赏赐爵位和先前平蜀时一样；但如果谁胆敢到时候不出来，就诛灭他三族！"等到鸡鸣时分，邓艾所属将领纷纷投奔到卫瓘军中来了，只有邓艾营帐里的人还不知道。

天亮时分，卫瓘让人打开营门，乘坐使者的专车，直接进入邓艾的营帐。邓艾这时还躺在床上没有起来，卫瓘就这样捉住了邓艾父子，把邓艾关进了囚车。有些将领悲愤交集，想救出邓艾，就带着武器直奔卫瓘的军营而来。卫瓘不慌不忙，只身出来迎接他们，假称自己正在写奏章，要为邓艾的事情申辩，各将领相信了他而停止了劫救邓艾的行动。卫瓘就这样机智地拘捕了邓艾。

卫瓘为了拘捕邓艾，对其部属采取开诚布公、告之利害的办法，使邓艾处于完全孤立的状态，对邓艾本人则采取攻其不备的办法，对想劫救邓艾的将领采取巧施障眼的办法。正是这些智谋的成功实施，使他顺利完成了拘捕邓艾的艰巨任务。卫瓘虽捕人有谋，但为害人的钟会作帮凶，终究不是什么光荣的角色。

资治通鉴

智谋故事 下

何莲女 姚康乐 编

北京出版集团公司
北京出版社

图书在版编目(CIP)数据

资治通鉴　智谋故事：全2册 / 何莲女，姚康乐编.
—北京：北京出版社，2019.9
ISBN 978-7-200-12585-6

Ⅰ.①资…　Ⅱ.①何…　②姚…　Ⅲ.①中国历史—古代史—编年体—青少年读物　Ⅳ.①K204.3-49

中国版本图书馆CIP数据核字(2018)第273222号

资治通鉴　智谋故事　全2册
何莲女　姚康乐　编
*
北京出版集团公司
北　京　出　版　社　出版
(北京北三环中路6号)
邮政编码：100120
网　址：www.bph.com.cn
北京出版集团公司总发行
新　华　书　店　经　销
定州启航印刷有限公司印刷
*
787毫米×1092毫米　16开本　39印张　600千字
2019年9月第1版　2020年11月第2次印刷

ISBN 978-7-200-12585-6
定价：88.00元（全2册）

质量监督电话：010—58572393　010—82899187　010—58572750

223. 贾充避任固势

（借助婚姻）

晋侍中、尚书令、车骑将军贾充，在晋王司马昭生前就受宠当权。后来，司马炎能够成为太子，贾充起了很大作用。公元265年十二月，魏帝曹奂被迫把皇位禅让给晋王司马炎，司马炎即位以后，就更加尊宠贾充了。

贾充为人奸恶险诈，头脑灵活，善于谄媚阿谀，与太尉兼太子太傅的荀颛，侍中、中书监荀勖以及越骑校尉冯纨相互结成党羽，朝野人士都十分憎恶他们。

侍中、太子少傅任恺及河南尹庾纯都与贾充合不来。当时，鲜卑族人秃发树机能率部攻掠秦州、雍州（今陕西省中部），晋武帝司马炎很忧虑。任恺就建议："应当派一位有威望、有智谋的大臣去加以镇抚。"司马炎问："谁可以担当此任?"任恺乘机推荐贾充，庾纯也表示赞成。公元271年七月，司马炎委派贾充担任都督秦、凉二州诸军事，保留侍中、车骑将军职务。贾充无法推辞，为此忧心如焚。

十一月，贾充将要前往镇所赴任，公卿大臣们在夕阳亭（洛阳城西）为他饯行。贾充私下向荀勖问计策，荀勖说："您身为宰相之尊，却被那个平庸小子（指任恺）牵着鼻子，确实太窝囊了！不过，这次出征，要推辞实在又很难，只有一个办法，那就是把女儿嫁给太子，到时候，不用推辞就可自然地留下来。"贾充说："那么拜托谁去办此事呢?"荀勖说："就让我去试试吧。"荀勖找到冯纨说："贾公如果远在外地的话，我们就会失势。现在太子的婚事还没有定下来，为什么不劝皇帝给太子娶贾公的女儿呢?"冯纨也赞成这样办。

司马炎本来是要纳征东大将军卫瓘之女为太子妃的，贾充的妻子郭槐贿赂杨皇后的左右侍从，让杨皇后劝说司马炎纳贾充的女儿为太子妃。司马炎本来不怎么愿意，说："卫公女儿有五种可取之处，贾公的女儿有五种不可取之处。"

但因为杨皇后一直在为贾女说情，荀颉、荀勖、冯纨都称赞贾女不但长得极美，而且德才兼备，司马炎就听从了他们的意见。

结果，奉诏西征已到中途的贾充又回到京城，仍然担任原来的官职。

贾充和同党们为了巩固势力，想出了以嫁贾女给太子的办法来逃避西征，这是典型的借助婚姻来应变，结果成功了。尽管说得上有智谋，但目的歪邪，令人不屑！

224. 羊祜别样征吴

（怀柔攻心）

晋武帝司马炎称帝后，就有消灭东吴的打算。公元 269 年二月，他任命尚书左仆射羊祜为都督荆州诸军事，镇守襄阳（今湖北省襄阳市）；任命征东大将军卫瓘为都督青州诸军事，镇守临淄（今山东省淄博市东）；任命镇东大将军、东莞王司马伷为都督徐州诸军事，镇守下邳（今江苏省睢宁县北）。

羊祜到了荆州以后，实行怀柔政策，安抚远近郡县，获得了江汉地区人民的好感。他对相接壤的东吴边防人员开诚布公。归降的东吴人想回去，一律遂他们所愿。他精减边境巡防部队，用裁减下来的士兵开垦荒田八百多顷。羊祜刚到任时，军队的粮食不够吃一百天，后来竟积存了足够十年吃的粮食。他在军中经常穿着宽松的皮袍，不穿戴铠甲，居住的地方，侍卫也不过十几个人。

公元 272 年九月，东吴的昭武将军、西陵（今湖北省宜昌市）督步阐向晋朝投降。十二月，羊祜奉命率军五万去江陵接应步阐，没有成功，被贬为平南将军。他从江陵返回襄阳后，就致力于修明德政，以吸引东吴人归顺。羊祜每次向东吴发动攻击，都先跟东吴军约定日期再开战，从不偷袭。将领中有人要进献计策的，羊祜就用美酒把他们灌醉，让他们说不出来。羊祜的军队出行经过东吴边境，收割庄稼作为军粮，全部记下数量，然后送回等值的绢帛补偿给主人家。每次外出打猎，都只在晋朝境内，从不越界。如果禽兽被东吴人打伤，后又被晋军捕获，都一一送还。因此，东吴边境的百姓对羊祜心悦诚服。

羊祜与东吴镇军大将军陆抗隔着国界对峙，双方的使节常来常往。陆抗送酒给羊祜，羊祜毫无怀疑地痛饮；陆抗有病，向羊祜求药，羊祜把配好的药送给他，陆抗也同样服下。许多人劝阻他服药，陆抗说："羊祜怎么会下毒杀人?"陆抗告诉守边将士："别人专门行善，我们专门作恶，这样的话，用不着打仗，我们就占下风了。现在双方各保边界就可以了，别再想贪图小便宜。"东吴帝孙皓听说双方和睦交往，就质问陆抗，陆抗说："一邑一乡都不可以不讲信义，更何况是大国呢？我们如果不这样做，正是彰显羊祜的美德；我们这样做了，对我们并没有什么损害。"

公元 278 年，时任晋征南大将军的羊祜病情加重，要求上京朝见。到了洛阳，司马炎让他乘坐软轿上殿，不用朝拜直接就座。羊祜当面向司马炎陈述了进攻东吴的计划，司马炎听后非常赞赏。羊祜因为病重，不方便一次又一次进宫，司马炎就派中书令张华去羊祜那里问计。羊祜说："孙皓暴虐到了极点，现在可以不战而胜。但万一孙皓现在死了，东吴选立了一个贤明的君主，我们虽有百万大军，连看一眼长江都不可能，那可是最大的后患。"司马炎想让羊祜带病出征，躺在车上指挥打仗，羊祜说："攻取东吴不一定非我亲征不可，关键在夺取全胜后，就要劳烦陛下多加思虑。功名利禄之事，我没兴趣，只盼对委任前往治理那一片新征服的广大土地的官吏要慎重选择！"

十一月二十六日，羊祜去世，司马炎哭得十分哀伤。这天，天气严寒，司马炎的涕泪流到胡须上，都凝结成冰。荆州百姓听到羊祜去世的消息，都关闭店门停止交易，大街小巷哭声一片。东吴边防将士闻讯也都为之落泪。四个月后，公元 280 年三月，晋朝大军平定东吴的消息传来，文武百官都向司马炎祝贺，司马炎手持酒杯，流着泪说："这都是羊祜的功劳。"

羊祜别样征吴，就是通过安抚、感化、笼络等手段去瓦解敌人、俘获人心。

羊祜施行怀柔攻心战术，为晋平定东吴铺平了道路，加快了统一全国进程。所以，司马炎才说平定东吴都是羊祜的功劳。

225. 杜预攻克江陵

（钻心擒头）

公元 280 年正月，接任羊祜为晋镇南大将军的杜预奉命大举南伐，进攻东吴。他指挥的这一路晋军的主要进攻目标是东吴西部重镇江陵（今湖北省江陵县）。晋军势如破竹，所向无敌。

这时，东吴都督孙歆镇守在江陵的对岸乐乡（今湖北省松滋市东北）等地，他认为凭借长江天险，晋军大部队难以南渡长江，所以战事一开始还有恃无恐。杜预决定先挫挫东吴军队的锐气。

二月五日，杜预派牙门官周旨等人挑选精兵八百，趁着迷茫夜色的掩护，神不知鬼不觉地乘船渡过长江，袭击乐乡。这支部队到了江南，沿途遍插旗帜，又在巴山（今湖北省松滋市西北）放起火来，袭击东吴的要害之地。孙歆看见这种情况，大吃一惊，对防守江陵的江陵督伍延说："晋军已从北方到了这里，好像是飞过长江的！"东吴军民不胜恐惧。

周旨还在乐乡城外埋下伏兵，让他们身着东吴军衣，正好碰上孙歆派出去抵抗另一路晋军的部队大败回城，周旨的伏兵也就尾随东吴败军，进了乐乡城，孙歆一点儿也没有发觉。于是，周旨的伏兵一直挺进到孙歆中军帐中，将孙歆直接捆绑了起来，后又立即撤退。

二月八日，杜预发起对江陵的进攻，东吴军心大乱，不到十天，攻克江陵，斩杀江陵督伍延。于是，沅江、湘江以南（今湖南省），直到交州（今越南北部）、广州（今两广地区）边界，东吴的各郡县纷纷交出印信投降。杜预拿着晋朝的符节，代表朝廷予以安抚。杜预指挥的这次战役共斩杀和俘虏东吴的都督、监军十四人，牙门官、郡守等一百二十余人。

俗话说：羊无头不走，鸟无头不飞；射人先射马，擒贼先擒王。何以擒王？钻心战术是一种选择。杜预不搞强拼硬攻，而是秘派精锐小部队，乘敌不备，深入敌腹，采用钻心擒头战术，取得了关键性胜利，值得称道。

226. 冯纨离间有术

（发掘认同）

晋朝尚书张华，他的文学、才干、见识都十分卓越，拥有很高的声望，不少人在议论中都认为他应担任“三公”高位。中书监荀勖、侍中冯紞因张华曾坚持讨伐东吴而使他们丢了脸（他们两人是反对派），所以对张华忌恨厌恶到极点。正好有一天，晋武帝司马炎问张华：“我如果死了，谁可以托付后事？”张华答道：“如果论品德高尚，又是皇家至亲，莫如齐王（司马攸，司马炎之弟）。”司马炎听了很失望（张华这样说，那司马炎的儿子、太子司马衷怎么办呢?），心里非常恼怒。荀勖等人抓住这个绝好机会，加以挑拨。

公元282年正月，司马炎任命张华为都督幽州（今河北省北部）诸军事。张华前往幽州，宣慰安抚汉人和胡人，政绩卓著，声誉更高。司马炎打算把他调回朝廷。有一天，冯紞在司马炎身旁，谈到钟会的往事，冯紞说：“钟会那时谋反，太祖（司马昭）有责任!”司马炎听了这话就变脸说：“你说的是什么话!”

冯紞赶快脱帽，请求宽恕，并回答说：“我听说，一个好马夫，一定知道如何使用六条缰绳，知道什么时候该拉紧，什么时候该放松。……刘邦尊崇五王（楚王韩信、梁王彭越、淮南王英布、燕王臧荼、韩王韩信）而最后灭绝了他们，刘秀抑制众将却使他们全部安乐终身。这不是在上的君主有‘仁慈’‘残暴'的不同，也不是在下的众臣有'愚蠢''聪明'的差别，而大半是由于放纵和约束使他们之间有了这样重大的差别。钟会的才智有限，可太祖对他称赞不已，擢升他到重要地位，交给他众多兵马，使得他自以为是，认为自己不会出差错，功劳也到了无法再赏的程度，这才生出叛逆的念头。假如当初太祖看重他的小小才能，又能用礼仪节制他，用权力抑制他，用法制规制他，他那种叛乱的念头就根本产生不了。"

司马炎说："你的话在理。"冯紞接着叩头说："陛下既然认为我说得对，就应该想到冰冻三尺，非一日之寒。不要使钟会这一类的人重蹈覆辙。"司马炎问："难道现在还有像钟会这样的人？"冯紞要求左右侍从退出，单独报告说："陛下的智囊（隐指张华），大功显耀天下，又身为一方大员，统领武装部队，这些都应在陛下圣明的思虑之中。"司马炎听后沉默不语，但也不再提征召张华回朝廷的事了。

为了达到阻止张华重回朝廷的目的，冯紞采用借古喻今、发掘认同的手段，使司马炎在不知不觉、自然而然之中被诱导到了他所希望的结果上。冯紞挑拨离间真正有智谋，也真可叹可畏！

227. 讽刺皇帝岳丈

（借古讽今）

齐王司马攸的德行和名望日益受人尊崇，司马炎身边憎恨司马攸的人，以太子以后能否顺利即位为由，建议司马炎让司马攸离开朝廷，回到自己的封国去。司马炎认为他们说得对，于是于公元 282 年十二月下诏，任命司马攸为大司马，给他都督青州诸军事的虚衔，把他调出京城回封国。很多大臣，其中包括征东大将军王浑之子、司马炎的女婿、侍中王济，都恳切规劝司马炎留下司马攸，司马炎一概不接受。

王济不甘心，还让妻子常山公主入宫，叩头哭泣，请皇亲留下司马攸。司马炎被激怒了，对侍中王戎说："兄弟是最亲的亲属，现在调齐王出朝，本来是我家中之事，可王济派妻子来，是为活人哭丧吗？"于是，司马炎将王济调出宫去担任国子祭酒。

第二年三月，司马攸因心中愤懑怨恨而生病，乞求守护先皇后的陵墓，不被司马炎允准。司马攸的病越来越重，司马炎还一再催他上路，司马攸只得强打精神入宫辞行。告辞回来只几天，司马攸便吐血而亡了。

公元285年正月，司马炎委任王浑为尚书左仆射，王济也重新担任侍中。王浑有一次在他主持的事务中存在处置不当的地方，王济发现后，不讲情面，依法纠察。王济的堂兄王佑一向跟王济不和，就诋毁王济不能宽容其父，司马炎因此又疏远了王济，后来又借办事违法免了他的职。

过了些日子，司马炎想恢复王济的官职，对侍中和峤说："我准备召见王济，先责骂他一顿，然后封他官职，你认为怎么样？"和峤说："王济生性豪爽，恐怕不肯受委屈。"司马炎还是把王济召来，严厉地训斥了他一顿，随后问他："你现在知道惭愧了吗？"王济却回答说："我想起《尺布》《斗粟》的歌谣，经常替陛下感到羞愧。别人有本事能使至亲的人疏远，我却不能使至亲的人更加亲密。在这件事上，我确实是愧对陛下啊！"

司马炎当然知道《尺布》《斗粟》是汉文帝时的歌谣。当年，汉文帝因对异母弟淮南王刘长不满，就废掉他的王爵，把他放逐到蜀地，刘长在途中绝食自杀。后来，民间有歌谣讽刺这件事，道："一尺布，尚可缝；一斗粟，尚可舂；兄弟二人不能相容。"很明显，王济是用这个故事来影射司马炎不能容忍司马攸在京，而使他死亡的旧事。王济的这番话貌似是自我批评，其实是对司马炎"教训"他的尖锐反击。司马炎听了王济这番话，无言以对，沉默不语。

王济很有讽刺的智谋，他采用借古讽今、貌似自责的方法说出心中所想，一番话让皇帝岳丈自己去体会品味。王济的讽刺略显刻薄，但他针砭皇室家弊，可以说是类比合适，讽刺适度。所以，皇帝听了，只能气在心头，却说不出话来。

228. 贾南风除太子

（假托王命）

晋武帝司马炎把才人谢玖赏赐给了太子司马衷，后谢玖生下了皇孙司马遹。有一天夜里，皇宫失火，司马炎登楼观察火势。当时只有五岁的司马遹，拉住爷爷的衣服下摆走到暗处，说："半夜突发事变，应当特别戒备，君主不可站在光亮处让人看到。"司马炎因此认为这个皇孙很不一般，曾对群臣称赞司马遹像自己的祖父司马懿。所以，天下人都归心司马遹。司马炎知道司马衷是个蠢材，但因为司马遹聪慧，始终没有改立太子的意思。

司马炎去世后，司马衷即位，贾南风当了皇后。贾后的母亲郭槐因女儿没有生养儿子，就时常劝贾后疼爱太子司马遹。但贾后的外甥贾谧骄横放任，不把司马遹放在眼里，经常欺侮他。郭槐对贾谧这个孙儿一直严厉叱责。郭槐为化解太子的仇怨，打算将贾谧的妹妹许配给司马遹当太子妃，可是，贾谧之母贾午跟她姐姐贾后都不同意，而替太子聘定尚书令王衍的幼女为太子妃。司马遹心中不满，常为此事愤愤不平。

郭槐后来病重，在临终时，她拉住女儿的手，一再叮嘱，要善待庶子司马遹，言辞非常恳切，并警告她说："赵粲（司马炎之妃）、贾午，一定会把你的家事搞乱。我死之后，不要再让她们随便进出皇宫，要用心记住我的话！"贾南风却没有听进去，反而跟赵粲、贾午图谋陷害太子司马遹。

公元299年十二月，太子司马遹的大儿子生病，司马遹为他请封王爵，没有被批准。大儿子病情加重，司马遹为其祈祷求福。贾南风听说后，认为下手的时机已到，就声称皇上身体不适，召太子入宫请安。司马遹进宫后，贾南风不见他，却把他安排在另一个房间，派宫女陈舞假称皇上赏赐给他三升酒，让他全部喝完。司马遹推辞说喝不完三升，陈舞逼他说："你是不孝啊！皇上赐你酒而你抗拒喝下，难道酒中有毒?”司马遹不得已将酒喝完，酩酊大醉。

贾南风让黄门侍郎潘岳写了一张草稿，命宫女承福拿着纸、笔和草稿，乘司马遹喝醉处于半昏迷状态，伪称奉皇上旨意命司马遹照抄一遍。草稿的内容是：“陛下应当自我了断，如不了断自己，我将亲手了断。皇后更应自己了断，如不自己了断，我当亲手了断。我已跟谢妃（司马遹生母）约定，到时候宫内外一起发动。不要再犹豫不决，以免招来后患。我在日、月、星三光下茹毛饮血，请上苍准许我扫除祸患，立道文（司马遹长子的乳名）为王，立蒋氏（道文之母）为王后。愿望达成，我将用猪、牛、羊三牲祭谢北君。”司马遹因神志不清，不能分辨，就照抄了，有的字只写了半边，贾南风把它补完整后，呈送给晋惠帝司马衷过目。

十二月三十日，司马衷召集百官，让黄门令董猛拿出司马遹照抄的信笺和已经写好的皇帝诏书，说：“司马遹的信如此大逆不道，现在处死!”并将信笺和诏书让所有公卿大臣传看，大家目瞪口呆，都不敢作声。张华提出：“废黜太子容易引起变乱，请皇上仔细考虑。”裴頠认为应先调查传送这份信笺的人和核对太子笔迹，恐怕里面有假。贾南风就拿出太子平常所写的十多张报告启事，大家对照以后，也没有人敢说不是太子的笔迹。

贾南风又让董猛出面，假托长广公主（司马炎的女儿）的话说：“事情应该马上决定，对那些不同意诛杀的，应该军法处置!”然而，大家仍议论纷纷，直到太阳西下，还没有做出决定。贾南风见张华等人态度坚决，害怕事情发生变化，就建议对太子不处死，只贬为平民。司马衷批准后，就派人前往东宫宣读诏书，把太子贬为平民。司马遹的母亲谢玖和其长子的母亲蒋氏被诛杀。

第二年正月，贾南风又安排一个黄门（宦官）自首，招认自己跟司马遹密谋杀害皇上。司马衷下令将司马遹押往许昌行宫囚禁。三月，贾南风又命太医令程据配制毒药，并假借皇帝名义，命黄门孙虑前往许昌毒杀司马遹。孙虑拿了毒药逼司马遹吃，司马遹不肯吃，孙虑就用捣药的铁杵将司马遹砸死了。

在计除太子司马遹的过程中，阴险恶毒的贾南风采用了布设陷阱、灌酒造假、假托王命、无中生有等手段。其中关键的手段是她能随意摆布白痴皇帝司马衷，敢于肆意假托皇命，为所欲为。具有极大讽刺意味的是，司马遹尸骨未寒，别人也以和贾南风同样的手段，假托皇命，将她逮捕，贬她为平民，并逼她喝毒酒而亡。这就叫自作孽，不可活。

229. 宋典拂鞭救主

（巧施障眼）

公元304年三月，晋惠帝司马衷下诏，封成都王司马颖为皇太弟，都督中外诸军事，仍兼任丞相。司马颖于是骄横奢侈，一天比一天厉害，其亲信近臣当权，全国上下都对他很失望。司空、东海王司马越，跟右卫将军陈眕、长沙王司马乂旧部上官巳等，密谋反抗司马颖。

七月初一，陈眕率军突入皇宫南门——云龙门，用皇帝诏书征召三公、文武百官和禁卫军将士，下令戒严，讨伐司马颖。初四，司马越侍奉司马衷御驾亲自北征，并通令全国，征召四方兵马。各地军队都涌抵安阳（今河南省安阳市），很快便集结了十多万人马，使司马颖所在的邺城（今河北省临漳县西南）震恐。

司马颖召来文武百官商议对策，东安王司马繇提出天子御驾亲征，应出城迎接认罪。司马颖拒绝，派石超率军五万突发攻击，司马越不能抵挡，撤退至汤阴（今河南省汤阴县），全军崩溃，司马衷被司马颖夺回邺城。陈眕、上官巳等拥戴太子司马覃固守京城洛阳。

司马颖对司马繇以前曾建议他迎接皇上御驾一事耿耿于怀，十分痛恨。八月初三，就命人逮捕司马繇，将他斩首。司马繇去世的哥哥之子司马睿，继承琅琊（在今山东省临沂市）王位，他稳重沉着、反应敏捷，又有气度，被朝廷任命为左将军。司马睿跟司马越的参军王导非常友善。王导是王敦的堂弟，也很有远见卓识。因朝廷内部不断发生惨剧（司马氏之间八王内斗），王导建议司马睿返回他的封国琅琊。正在这时，叔父司马繇被杀，正留在邺城侍奉皇上的司马睿害怕灾难会突然降临到自己头上，决心逃离邺城。

而司马颖早已下令，各地关卡渡口，严禁贵族和朝廷高官通过。所以，司马睿逃到河阳时，被渡口的检查人员拦住了。正在难以脱身之时，跟着司马睿的随从宋典从后面赶了上来，用手中的马鞭朝司马睿身上轻轻一拂，大笑着说："看守房子的！官家禁止贵人，你什么时候成了贵人也要被查啊！"检查人员见此情形就放司马睿过关了。司马睿到了洛阳，带着娘亲夏侯太妃，一同回到封国。

宋典在司马睿突遭盘查的情况下，用大声笑语、幽默的口吻、鞭梢轻拂的办法，掩盖了主人的真实身份，使司马睿顺利过关，逃脱困境。不要小看宋典上演巧施障眼的这一幕，它是精当智谋、过人胆量和临危不惧等良好素质的综合体现。这个宋典不简单！

230. 王导树司马睿

（借助名人）

公元305年八月，司空司马越任命司马睿为平东将军，监徐州诸军事，司马睿请王导担任司马，将军队事务交由王导处理。又过了两年，司马睿被朝廷任命为安东将军，都督徐州江南诸军事，镇守建业（今江苏省南京市）。公元307年九月初一，司马睿抵达建业，任命王导为安东司马，让他做自己的智囊。

刚来到江东，司马睿在这里没有什么名望，东吴士人因对他不服，并不依附于他。所以，司马睿到任后很久，仍没有什么人前往拜见。王导见此状况，十分忧虑，经常思考究竟该采取什么办法，才能尽快提高司马睿的威望。

正巧有一天，司马睿要前往水边参加修禊（祭祀鬼神）仪式，王导就利用这个机会，让司马睿坐在没有篷盖的大轿上，前面仪仗整齐，后面卫队森严，王导自己与从中原来的众多知名人士，都骑马随行。江东享有盛名的纪瞻、顾荣等人见到这种场面，大为震惊，纷纷在道旁参拜。

王导趁机劝司马睿说："要成大业，当务之急就是取得民心。顾荣、贺循是当地名门之首，享有广泛声望，您应该跟他们结交来凝聚民心。只要他们二位肯来，其他的人也都会来。"司马睿听了劝告后，派王导亲自拜访贺循、顾荣，二人都欣然接受延聘，贺循被任命为吴国内史，顾荣被任命为军司，加授散骑常侍。在他们的影响下，一批有识之士受到任用，东吴士人、百姓人心逐渐归附司马睿。十年之后，东晋建立，司马睿成为首位皇帝。

王导用名人帮司马睿树威望，是巧借名人效应和利用人们的从众心理，迅速增强司马睿的影响力。王导这一招还真有效，不愧是以后东晋王朝出将入相、有远见卓识的重臣。

231. 张宾葛陂对策

（审时度势）

公元 312 年二月，刘汉国镇东大将军石勒，在葛陂（今河南省平舆县东）建立基地，连营接寨，倡导农业，建造船舰，准备进攻驻防在建业的晋琅琊王、镇东将军司马睿。司马睿征调长江以南的所有晋军，集结于寿春（今安徽省寿县），任命镇东将军府长史纪瞻为扬威将军，统御各军，讨伐石勒。

适逢天降连绵大雨，三月不停，石勒营中军粮不继，瘟疫流行，士兵饥寒交迫，死亡过半。得到晋军即将发动攻击的情报，石勒召集众将研究对策。右长史刁膺建议：向晋朝投降，派人先送信给司马睿，请求去扫平北方河朔地区，用以赎罪，等纪瞻的军队撤退后，再作计较。石勒听后脸色大变，长声叹息。中坚将军夔安主张把大营迁到高岗上，以躲避水患。石勒说："你怎么这样胆小!”孔苌等三十多位将军要求各率部队，分道并进，乘夜袭击寿春，斩敌将领，占敌城池，食敌粮食，约定在年内攻破丹阳（即建业），平定江南。石勒笑道：“这是勇将的计策!”各赏给他们有护甲的战马一匹。

石勒回头问智囊张宾：“你的意见怎样?”张宾说：“将军攻陷晋都洛阳，生擒晋帝，屠杀晋朝亲王公侯高官，强夺王妃公主为姬妾，就是拔掉将军头发一根根地数，也数不尽将军的罪过，怎么还能作为臣属再去尊奉他们呢？去年杀掉王弥后，将军就不该来到这里。而今，数百里之内，大雨不止，正是警告将军不该在此久停。邺城有三个坚固的楼台，西边接近平阳（刘汉国都），四面有河山作为屏障，应该向北占据邺城为根据地，用来夺取黄河以北地区，平定了黄河以北，天下便没有比将军更强大的对手了。晋朝在寿春集结军队，只是怕将军前去攻打而已。如果听说我们拔营而去，他们会为自己得以保全而高兴，哪里还敢发动追击来对我们造成伤害？将军理应先命辎重粮秣向北进发，自己亲率大军直指寿春佯攻，忖量辎重粮秣走得够远，大军再慢慢撤退，何必忧虑进退失据呢?”

石勒听后，卷起衣袖，胡须颤动，激动地拍案说：“张先生的计策是对的!”斥责刁膺说：“你既然辅助我，就应该共同完成功业，怎么突然劝我投降？献这种烂计应该被斩首，但我知道你一向胆小，特别宽恕你一次。”于是把刁膺贬为将军，擢升张宾为右长史，称为“右侯”。石勒于是率军离开葛陂，派石虎率骑兵二千向寿春挺进，途中遇到晋军运输船队，石虎将士争相抢夺，被纪瞻击退，晋军还乘胜追了一百里，与石勒亲率的主军相遇，石勒结阵以待，纪瞻不敢攻击，退回寿春。

事实证明，张宾的葛陂对策非常正确。柏杨先生称它堪比诸葛亮的隆中对策。张宾没有被一时进退的情势所迷惑，能提出睿智的对策，就在于他能高屋建瓴、审时度势、认清大局。

232. 刘殷不彰君过

（避招风雨）

公元312年夏，刘汉国大昌文献公刘殷去世。刘殷做宰相时，从不冒犯君主的尊严，也不违背旨意，而是顺着事情的发展进言规劝、补正缺失、进献良策，对国家补益很多。

刘汉国国主刘聪每次与臣下们商议政事，刘殷当场都不表示赞成或反对；等大臣们退下后，刘殷就单独留下来，替刘聪分析比较，商讨解决问题的正确决策，刘聪从没有不听从的。

刘殷经常告诫子孙们："侍奉君主，应该尽力委婉规劝。对一般人尚且不能当面斥责他的过错，何况是天子呢？其实，委婉规劝同冒犯君主进行规劝没有什么差别，只是不显出君主的过错，所以是效果要好一些的办法。"

刘殷做官一直做到侍中、太保、录尚书事，国主特许他带着佩剑、穿着鞋子登上殿堂，入朝时不必碎步疾走，可乘着车辆进入宫殿。即使有此殊遇，刘殷在公卿大臣中间也总是态度恭顺，经常带着谦卑退让的神色，所以能在骄横凶暴的国家中立身，保全自己的富贵，不损伤自己美好的名声，以高龄去世。

刘殷确有其为官之谋：不彰显君主的过失，抹掉自身的光辉，在同事面前恭顺谦卑。其实，这三者都是避招风雨的应变之策。这种应变策略，貌似消极窝囊，其实是通过少惹是非、少生麻烦，开通一条能施展自己才华抱负的有效途径。当然，人要真正运用好这一招并非易事，不仅要有智谋，还得有超强的忍耐力。所以，刘殷并不容易！

233. 石勒假降王浚

（卑而骄之）

晋朝大司马、大都督、都督幽冀诸军事王浚，在幽州骄奢淫逸，以致民心背离，原来依附于他的鲜卑和乌桓部落都离他而去，加上连年蝗灾、旱灾严重，兵力越发衰弱。在这种情况下，刘汉国上党公、冀州牧、征东大将军石勒打算袭击吞并王浚。但是，因为不清楚王浚的内部情况，石勒准备派使者前往窥探。左右僚属建议石勒采用羊祜、陆抗的前例，以平等的地位写信给王浚。

石勒就此事专门询问右长史张宾，张宾说："王浚名义上是晋朝的臣子，但实际上，他早就想凭借手中实力自立为帝。他担心的只是四方豪杰不肯拥护，他想得到将军您，就像当年项羽想得到韩信一样。将军现已威震天下，现在即使用最谦卑的言辞、最厚重的礼物，向他屈膝侍奉，恐怕也不能让他相信，更何况用羊祜、陆抗那种模式，他怎么肯相信呢?"石勒听后说："对极了!"公元312年十二月，石勒派舍人王子春、董肇，携带大量金银财宝，带上石勒的表文，前往蓟城（今北京市）晋见王浚，说是要降附于他，助他早日登基。王浚大喜过望。

第二年正月，王子春等和王浚派出的使者一同到达襄国（今河北省邢台市西南），石勒把他的精锐部队和精良装备都隐藏起来，让王浚的使者看到的尽是些空虚的仓库和老弱士兵。石勒对使者也是毕恭毕敬，面朝北方行礼，恭敬地接过王浚的信。王浚送给石勒一柄拂尘，石勒假装不敢拿在手上使用，把它挂在了墙上，早晚向它叩拜，说："我不能见到王公，能见到他所赐之物，就跟见到王公一样。"石勒又派董肇向王浚上表，约定三月中旬亲往蓟州，尊奉王浚为帝。石勒还另写信给王浚的女婿枣嵩，请他在即将登基的皇帝面前为他美言，请求担任并州牧、广平公。王浚派出的使者回到蓟城后都说："石勒目前势单力薄，十分诚恳，没有二心。”王浚乐不可支，更加骄纵懈怠，不做戒备。

二月，石勒动员备战，准备袭击王浚，但因犹豫不决而没有发兵。在张宾敦促兵贵神速之下，石勒才连夜出发。三月，石勒大军抵达易水，王浚听说，下令准备筵席，款待拥戴他当皇帝的石勒。三月初三凌晨，石勒抵达蓟城，喝令守城卫士打开城门，城门打开后，石勒怀疑有埋伏，就先驱赶几千头牛羊进城，宣称是呈献的贡品，实际上是要堵塞大街小巷，使王浚的军队难以迅速集结。这时，王浚才开始感到不安，但一时又想不出如何应对。

石勒进城后，下令大肆抢劫。王浚的左右都急请抵抗，王浚仍不允许。不多会儿，石勒登上王浚的大厅，王浚仓皇出走，被石勒部属抓住。石勒差人将王浚的妻子找来，与她并肩而坐，让卫士押着王浚站在面前，王浚大骂：“胡奴戏弄你老子，怎么这样凶狠！”石勒说：“你位高权重，手握大军，却坐视晋朝崩溃而不肯援救，反而想自己当皇帝，难道还不凶狠？”石勒派将领王洛生领骑兵五百押送王浚前往襄国。王浚乘人不备，投水企图自杀，被护卫人员从水中拖出，捆绑手脚，在襄国的街市上斩杀了。

石勒的实力其实不比王浚强多少，但他善用智谋，采取制造假象、虚实相乱、假顺其意、卑而骄之等手段，使得王浚彻底放松警惕，在完全麻痹的状态下被轻易抓住。王浚太愚蠢，太可悲！

234. 李矩壮胆袭敌

（借助神道）

公元317年二月，刘汉国主刘聪派堂弟刘畅率领步兵、骑兵三万人进攻晋朝的荥阳，荥阳郡守李矩驻扎在韩王故垒（今河南省新郑市内），双方营地相距七里路。

刘畅派遣使者招降李矩。当时刘畅的军队突然到达，李矩来不及准备防御，于是派遣使者去见刘畅，诈称愿意投降。这样，刘畅就不再戒备，反而大摆筵席，犒赏士卒，将领们都喝得烂醉如泥。

李矩打算乘夜偷袭刘畅的军队，但士卒们都心存畏惧。于是李矩就派他的部将郭诵到子产祠（祭祀春秋时郑国正卿公孙侨的祠堂）祝祷，让巫师大声宣扬说："子产的神灵告知，到时会派神兵前来相助。"众人听后都奋勇争先。然后，李矩挑选一千名勇敢的士兵，令郭诵率领他们突袭刘畅的军营，斩敌首级几千。

刘畅只身逃出，仅免于死。

借助神道壮胆袭敌，与借助钟馗打鬼差不多是一个意思。这种办法在迷信的古代有时会管点儿用，也算是个计谋。但是，如果今天还有人靠这种办法行事，那他肯定有病，这种病就叫愚昧！

235. 刘粲计除太弟

（布设陷阱）

刘汉国中宫仆射郭猗与中护军靳准都怨恨皇太弟、大司徒刘乂。两人唆使相国、晋王刘粲去东宫做皇位继承人，并散布刘乂要叛乱谋反的消息。为了让国主刘聪相信刘乂谋反，靳准还向刘粲献计："等时机一到，我替殿下上表，奏报皇太弟的罪行。殿下可把皇太弟的宾客和与皇太弟往来的人拘捕拷问。有了供词以后，皇上就没有不相信的道理了。"

公元317年三月，刘粲指示他的党羽王平对刘乂说："刚刚接到宫中传来的密诏，说京城将有叛乱，你应该在外衣内穿上甲衣以防不测。"刘乂听信了他的话，让东宫的臣属都在外衣里穿上甲衣，以应付事变。

刘粲于是将此情况派人驰马告诉靳准和中常侍王沈。靳准就向刘聪禀报："皇太弟刘乂就要造反作乱了，手下的人都已内穿甲衣了。"刘聪大吃一惊，说："怎么会出现这种事呢？"王沈等人异口同声地说："我们早已听说皇太弟刘乂有犯上作乱之心，多次进言，但是陛下坚决不信我们的话。"

刘聪命令刘粲率领军队包围东宫。刘聪让靳准、王沈拘捕了听命于东宫的氐族、羌族酋长十多人，对其严刑拷打，把他们的脑袋都用木枷固定在高高的木格之上，烧红烙铁灼烫他们的双眼。酋长们熬受不过，被迫承认和刘乂共同谋图作乱。

刘聪对王沈等人说："我今天才知道你们的忠心！你们以后要坚持知无不言，不要记恨过去进言而不被信任！"于是又下令诛杀在东宫的属官，以及平时与刘乂亲近、交厚却被靳准、王沈等人憎恶的大臣几十人，活埋东宫卫队士兵一万五千多人。

四月，刘聪废黜了刘乂皇太弟的身份，改封北海王。不久，刘粲又让靳准谋杀了他。刘乂清秀爽朗，为人宽厚仁爱又有气度，为士人所景仰。刘聪听说刘乂的死讯，悲恸地说："我们兄弟仅剩二人却不能互相包容，怎么才能使天下人知晓我的心意呢！"此事引发了氐族、羌族纷纷叛变，刘聪让靳准代理车骑大将军，征讨平定了叛乱。

这是又一经典的邪智恶谋的"杰作"，让人触目惊心！郭猗、靳准和刘粲狼狈为奸，采取凭空捏造、埋设陷阱、严刑逼供等一连串的手段，将冤案铸成，除去了政敌。其"造诣"之高，使人叹为观止。此种"杰作"虽然令人切齿憎恨，却又难以杜绝，这大概就是所谓的人性丑陋使然。

236. 慕容翰出奇兵

（内外呼应）

晋朝平州（今辽宁省一部分）刺史崔毖自以为是中原有名望的人物，现在镇守辽东，而官吏百姓却大多归附鲜卑部落的大单于慕容廆，崔毖心中很不是滋味。崔毖多次派人招纳士民，但他们都不肯来。崔毖怀疑是慕容廆羁留了他们，于是暗中游说高句丽、辽西段家军和宇文部落，让他们联合攻伐慕容廆，约定剪灭慕容廆后，共同瓜分他的辖地。崔毖的亲信高瞻极力劝谏，崔毖不听。

公元319年十二月，高句丽、段氏、宇文氏三方出兵攻伐慕容廆的根据地棘城，慕容廆闭门固守，同时又派遣使者单独用牛和酒犒劳宇文部落。高句丽和段氏因此怀疑宇文部落和慕容廆有勾结，不愿冒被夹击的危险，就各自领军返还了。宇文部落首领宇文悉独官说："高句丽和段家军尽管回去了，我仍要独自攻取棘城。"

宇文部落有数十万士卒，营寨连绵四十里。慕容廆派人到徒河（今辽宁省锦州市）征召他的儿子慕容翰回棘城协防。慕容翰派人禀报父亲："悉独官倾国来犯，敌众我寡，宜于智取，难以力敌。现在城中军队已足以防御，我请求作为奇兵留在城外，伺机攻击，内外呼应同时出击，使他们惊恐不安而不知如何防备，这样一定能够打败他们。如果现在把军队都集中在了一起，他们便能专心攻城，没有其他顾虑，这不是上策。而且，一旦放弃徒河，实际上是向众人显示内心的胆怯，恐怕用不着交战，士气就要先丧尽了。”慕容廆犹豫不决，辽东人韩寿又对慕容廆说：“悉独官仗势凌人，将领骄纵，兵士懈怠，军阵松散，趁着他们没有防备，如果使用奇兵两面夹击，这必定能取胜。”慕容廆这才同意慕容翰留在徒河。

宇文悉独官得知消息后，说：“慕容翰向来骁勇善战，现在不进棘城，可能会成为祸患，应当先打败他，棘城不必担忧。”于是，他分出几千骑兵去袭击慕容翰。慕容翰得知后，派人假扮成段家军的使者，在路上迎住悉独官的骑兵，对他们说：“慕容翰一直就是我们的忧患，听说你们将要进攻他，我们已经严阵以待，你们可以快速前进。”

被派出的假使者刚一离开，慕容翰就立即率军出徒河城，设下埋伏等待宇文部落的军队。而宇文部落的骑兵听说段家军在前面呼应，非常高兴，骑马驰行，不加戒备，进入了慕容翰的埋伏圈中。慕容翰突然出击，全部俘获了他们，又乘机进军，并同时派遣密使抄小路告知慕容廆，让他调出军队来大战一场。慕容廆令其子慕容皝和长史裴嶷率领精锐部队充当先锋，自己统领大军随后。

宇文悉独官根本没有加以防备，突然听说慕容廆杀来，大惊失色，倾巢出战。两军前锋刚刚交战，慕容翰便率领数千骑兵从侧翼冲入悉独官军营，纵火焚烧。宇文部落的士卒们都非常恐慌，不知所措，四散逃跑，结果大败，只有悉独官一人逃脱。

在这里，我们看到了慕容翰具有临机应变、相机行事的高超造诣：首先，他通观全局，以智取胜，提出用奇兵在外策应的策略；然后，他抓住机会，使诈惑敌，引敌入伏；最后，伏击取胜，急告其父引大军速出攻敌，终于以少胜多，击败强敌。

237. 祖逖囊土充米

（无而示有）

范阳郡（今河北省涿州市）人祖逖，年轻时就立下大志，夜半睡觉听到鸡叫声就起床舞剑。闻鸡起舞，说的就是他。

公元311年五、六月，中原大乱，石勒的军队攻陷晋朝都城洛阳，晋怀帝司马炽被俘，不久被杀。公元313年八月，晋愍帝司马邺派殿中都尉刘蜀到建康（即建业，今江苏省南京市）送诏书给琅琊王、左丞相司马睿，让他北伐，会师中原。这时，祖逖正担任军咨祭酒，驻防京口（今江苏省镇江市），他积极招募壮士，同时又向司马睿报告，自荐率军出征，司马睿就任命他为奋威将军、豫州刺史。但是，司马睿对北伐的事比较消极，只拨给祖逖一千人的口粮、三千匹布，不供给兵器，让他自己设法招募军队。祖逖于是带领自己的部属一百多户人家北渡长江，船行到江心时，他敲着木桨发誓说："我如果不能廓清中原回来，就像江水一样有去无回！"

七年之后，公元320年六月，祖逖的部将韩潜和后赵将领桃豹分别占据陈川旧城蓬关（今河南省开封市南）：桃豹占据西台，出入经由南门；韩潜占据东台，出入经由东门。双方相持坚守达四十余天。渐渐地，双方粮食都不够吃了。祖逖觉察到，在此关头，谁有了粮食，谁就能取得最后的胜利。于是，祖逖心生一计，他让人在许多布袋子里装满了土，好像盛满了粮米的样子，派遣一千多人护运到韩潜营垒，又让几个人挑着真的米担子，故意散落在路边休息。当桃豹的士兵追来时，这几个人就丢下担子逃跑了。桃豹的军队饥饿已久，得到了那几担丢下的粮米，便真的以为祖逖的部队粮食充足，心中十分恐慌。

不久，后赵将领刘夜堂用一千头驴子为桃豹运送军粮。祖逖得知后，就派遣韩潜和别将冯铁在汴水北岸截击，全部予以缴获。桃豹因此连夜撤军逃跑了，驻扎在东燕城（今河南省延津县东北）。祖逖就让韩潜进军，驻扎在封丘（今河南省封丘县）来威胁桃豹。冯铁占据了蓬关的东、西二台，祖逖自己则镇守雍丘（今河南省杞县），经常派出部队截击后赵军队。后赵镇守边界的士兵归降祖逖的有很多，地盘也日渐缩小。

七月，晋元帝司马睿下诏，任命祖逖为镇西将军。

祖逖是晋朝有志向、有智谋的名将。他在这里运用的是无而示有、无中生有之计。军中无粮，他通过巧妙诳骗，使敌军相信自己有粮，打击了敌人的士气，然后再突袭敌军的运粮队，使自己变无为有，变诳为真，终于大获成功。

238. 石勒宴请李阳

（不记旧仇）

公元319年十一月，曾是前汉大将的石勒称赵王，大赦天下。比照刘备在巴蜀、曹操在邺城（今河北省临漳县西南）的情况，他以河内（今河南省沁阳市）等二十四郡为赵国。

两年以后，后赵王石勒把其家乡武乡（今山西省榆社县）的父老乡亲、旧友全部请到京城襄国（今河北省邢台市西南），摆下盛大筵席，与他们一起欢乐饮酒，畅谈往事。他忽然发现旧日邻居李阳没来。原来，石勒还是穷苦贫民时，跟邻居李阳为了争夺沤麻的池圹，曾经互相殴打，李阳因心怀恐惧，不敢前来。

石勒问明李阳不来的原因后，大笑了起来，对乡亲们说："其实，李阳是一个壮士！我与他曾经为争夺沤麻池圹打过架，但那是我当平民时结下的仇怨。现在，我正要包容天下，结纳四方壮士，怎么能包容不了一个普通汉子呢？"于是，石勒派人去请李阳。

李阳来到后，石勒立刻召见，大摆筵席，和他开怀畅饮，喝到高兴时，石勒拉着李阳的手臂说："从前我们打架，我饱尝了你的老拳，你也饱尝了我的毒手啊!"事后，石勒任命李阳为参军都尉。石勒还将武乡比作刘邦的家乡丰县和沛县，免除了百姓三世田赋捐税。

石勒不记李阳仇隙的事传开后，武乡百姓更加拥戴石勒了，其他地方的百姓听说后，也佩服石勒的胸怀博大，愿意为他效力。

只做一件具体的事情，就会收到巨大效应，是成事的一种智谋。石勒称帝之后不记旧仇，谦恭对待曾经交恶之邻，就是应用了这种谋略，看来他是取得了成功。石勒能成事，确有其非同一般的地方。

239. 温峤矫情脱险

（装醉卖疯）

公元 322 年闰十一月，晋元帝司马睿病死，太子司马绍继位，是为晋明帝。司马绍对忠心效命皇室的温峤十分信任，亲自任命他为中书令。当时，掌握朝廷大权的大将军王敦驻扎在于湖（今安徽省当涂县南），正积极图谋叛乱。王敦对温峤十分忌恨，故意上奏要求将温峤调去当他的左司马，以便控制温峤，司马绍也只能允准。

温峤到任后，心知王敦已难以规劝，就对他毕恭毕敬的，不时表现出巴结讨好的样子。在处理日常事务时，也不时打点儿小报告，贡献点儿小诡计，来满足王敦的私欲。温峤特别用心结交王敦的心腹钱凤，到处称赞钱凤有满腹经纶，对他表示由衷敬佩。温峤一向有知人之称，得到他好评的人，声誉就高。所以，钱凤听说温峤对他赞赏有加，也大为高兴，跟温峤十分知心友好。

公元 324 年夏，京城（即建康，今江苏省南京市）长官丹阳尹出缺，温峤向王敦建议道："京城长官之职是要害，阁下应亲选有才干的人担任才妥当。如让朝廷选任，恐怕未必理想。"王敦认为很对，便问温峤："你认为谁可以?"温峤答："我个人愚见，没有比钱凤更恰当的人了。"而钱凤出于感激，也推荐温峤。温峤听说后，假意再三推辞，王敦不准。六月，王敦上表，让皇上任命温峤为丹阳尹，目的是要温峤监视朝廷的动静。

温峤知道钱凤是个诡计多端且疑忌心强的人，怕自己一旦动身赴任，钱凤突然醒悟，便会阻挠自己赴京。于是，在王敦为温峤摆设的饯行宴会上，温峤故意兴高采烈地四处敬酒，敬到钱凤那里，钱凤还没有饮下，温峤就装作喝醉了酒，发起了酒疯，用手版把钱凤的头巾打落在地，还板起脸吼他："钱凤，你是什么东西，我温峤敬酒，你竟敢不干杯?"王敦以为他真醉了，便出面为他们调停。第二天，温峤动身出发，临上船前，温峤向王敦告辞，泪流满面，依依不舍，走出了大厅又重新折回，似有无限惜别之情。

温峤出发后，钱凤果然赶去跟王敦说："温峤跟朝廷关系十分密切，跟皇上的内兄庾亮的交情尤其深厚，这个人不能信赖。"王敦就劝说："温峤昨天喝醉了，对你有点儿失礼，你怎么就要报复人家!"

温峤回到建康后，把王敦企图谋反的事情全部报告给司马绍，请朝廷迅速戒备；又跟庾亮一起筹划讨伐王敦的准备工作。王敦接报后，大怒若狂，呼号道："我竟然钻进了这小子设下的圈套!"并写信给司徒王导说："温峤别后只不过几天，便做出这种事情，我当悬赏捉拿，亲自拔掉他的舌头!"司马绍下决心讨伐王敦，加授司徒王导为大都督兼领扬州刺史，任命温峤为都督东安北部诸军事，跟右将军卞敦据守石头城（建康城西北）。

温峤与王敦精彩斗智，用的主要手段就是矫情：他先是曲意奉迎，以麻痹政敌；其次以退为进，获脱逃良机；最后装醉卖疯，以绝后患。结果将王敦骗得结结实实，也让他最后输得精精光光。

240. 郭敬浴马退敌

（布设疑阵）

公元330年夏，后赵的荆州监军郭敬攻击襄阳（今湖北省襄阳市），晋朝的南中郎将兼监沔北军事周抚正驻屯在襄阳。

后赵国主石勒用驿马传令，命郭敬退守樊城（汉水为界，北为樊城，南为襄阳），将所有的军旗都隐藏起来，让城头显示一片寂静，好像全无人迹。石勒还指示："晋军如派人来侦察，就告诉他们：'你们要自爱，努力坚守。七八天以后，我军大部队就要来到，会互相策应，那时你们就插翅难飞，逃不掉了！'"

郭敬应命照办后，又命部属在渡口码头给战马洗澡，洗完一群又一群，一群马洗完后，再从头到尾洗，日夜不停地洗，一遍又一遍地洗。晋军侦察兵将后赵军队的这一情形报告给周抚，周抚分析认为，后赵军队将要发动强大攻击，心中大惧，就急忙放弃襄阳，向武昌逃奔，郭敬就这样没动一刀一枪进入了襄阳。从中州逃亡到襄阳的难民，全部归降后赵。晋朝已故的雍州（治所为襄阳）刺史魏该的弟弟魏遐也率领部众从石城（今湖北省钟祥市）出发，向郭敬投降。

郭敬下令拆除襄阳的城墙，把所有的民众都迁到沔水（汉水）北岸，修筑加固樊城城垒，派军驻防。后赵国任命郭敬为荆州刺史。晋朝廷认为周抚有罪，免除了他的官职。

在这里，石勒、郭敬采用布设疑阵、虚张声势的手段，使对手摸不透底细，产生判断错误和行动错误，终于被吓得弃城逃跑了。周抚被追责免职，一点儿都不冤。

241. 石勒不罚冯翥

（奖励直言）

后汉国主石勒虽不识字，但常让人读史书给他听，还不时地评论古今成败和历史人物，往往让大家心悦诚服。他正因为熟悉历史，所以懂得要成大业，必须鼓励直言，奖励直臣。

公元320年八月的一天，为石勒修建的皇宫落成，门禁开始森严起来，有一个喝醉了酒的胡人骑马乱闯，闯进了止车门。石勒大发雷霆，呵责宫门小执事冯翥，冯翥因恐惧过度，一时忘记石勒是胡人，对“胡”字极为忌讳，口不择言地答道：“是个喝醉酒的胡人骑马闯进来，我拼命吆喝阻挡，可怎么说也跟他说不清楚。”话刚说出，冯翥就感到自己惹祸了，犯了石勒的忌讳，石勒又是个执法严厉的主。不料，石勒不仅没动怒，还笑着说：“胡人本来就是很难跟他说清楚的。”没有处罚冯翥。

公元326年三月的一天，石勒在夜间改穿便衣，出外私访，检查城门的守卫情况。守城门的士兵不认识石勒，便不让他出城。石勒就用金银和绸缎向士兵们行贿，请求放他出城门。守卫永昌门的官长王假得知后，不仅不放行，还要逮捕他。正在这时，石勒的随从赶到，说明真相，王假才没动手。第二天一早，石勒就召见王假，王假忐忑不安，以为昨晚之事让石勒生气了，估计会受处罚。但是情况恰恰相反，石勒非常满意王假的表现，擢升他为振忠都尉，封关内侯。

五年以后的夏季，石勒前往邺城，打算在那里修建新的宫殿。廷尉续咸认为不可，上书谏劝，言辞恳切，态度坚决。石勒看了奏章，大发脾气，命人将续咸抓起来，准备处斩。中书令徐光听说后，求见石勒说：“续咸的话，如不能采用，也应大度包容，怎么能只因一言不中听就杀大臣？”石勒听后，感叹地说："当一个君主，竟连这样的小事都不能随心行事！一个市井小民，有了一百匹绸缎的家当，就想买个住宅，何况君主富有四海，难道不能再有一栋房子？这个宫殿将来还是要盖的，现在可暂停修建，以表示对直言忠臣的尊重，成全他的气节。"

然后，石勒命人把续咸放了出来，赏赐给他绸缎一百匹、米谷一百斛，并下诏给公卿百官，每年保荐"贤良""方正"，命"举人"保荐别人，拓宽朝廷征求贤才之路。他还在京城西边兴建明堂、学校、灵台。

石勒识字不多但爱动脑筋，他的高明之处，在于他知道顾社稷比顾自己的面子重要。所以，他奖励直臣，以鼓励直言。这是他智慧聪明的地方。

242. 李寿废成建汉

（炮制假信）

成汉国主李期变得越来越骄纵暴虐，一天比一天不可理喻，到处杀人，还侵吞被杀之人的财产和妇女，大臣们惶恐不安，觉得没有安全感。汉王李寿一向职高位重，拥有威名，李期和其兄建宁王李越都对他心存忌惮。李寿怕自己不能免于祸患，所以，每次到京城成都朝见时，总是让部下假造边境告急文书，谎报敌军入侵，李寿（时驻屯在涪城）即以边情紧急为由推辞不去。

当初，巴西隐士龚壮的父亲、叔父都是被李特（李期的祖父）杀死的，龚壮想要报仇，多年不脱丧服。李寿曾几次重金礼聘他，龚壮都不应征。现在，龚壮认为时机已经成熟，就去见李寿，李寿悄悄问他如何才能自保，龚壮说："巴蜀百姓本是晋朝臣民，大王如能发兵攻取成都，向晋朝称臣，谁不争着为大王当先锋呢？这样的话，那福分就可延续到子孙，英名永远不朽，岂止是摆脱今天的灾祸啊！"李寿觉得他说得有理，就与长史罗恒、解思明密谋，准备攻击成都。

李期对此事略有所闻，几次派中常侍许涪到李寿的镇所观察动静，又毒死了李寿的养弟安北将军李攸。李寿于是伪造妹夫任调的来信，信上说皇上（即李期）将要逮捕李寿，李寿的部众都相信了。就这样，李寿率领步骑兵一万多人，从涪城（今四川省绵阳市）出发，直袭成都，并向部众许诺，只要攻下成都，城中财物随他们掠取。李期没料到李寿会真的行动，一点儿防备都没有。李寿的世子李势任翊军校尉，打开城门迎接李寿，于是李寿攻克了成都，在宫门前驻军。李期只得派侍中慰问李寿。

李寿上书指控建宁王李越、尚书令景骞、尚书田褒和姚华、中常侍许涪及征西将军李遐、将军李西等人心怀奸邪，扰乱朝政。于是，这些人全部被逮捕诛杀。然后，李寿下令放纵大军劫掠，几天以后才停止。李寿又假传任太后的旨意，将李期废黜为邛都县公，囚禁在别处的宫殿。

罗恒、解思明、李奕等人劝李寿自称镇西将军、益州牧、成都王，向晋朝称臣，将李期送往建康。但大臣任调、司马蔡兴、侍中李艳等则建议李寿继承宝座，自己称帝。李寿让人占卜，占卜人说："可以当几年天子。"任调大喜说："能当一天就满足了，何况几年！"解思明说："几年天子，比当百世诸侯如何？"李寿说："朝闻道，夕死可矣！"于是，李寿在公元338年夏即帝位，改国号为汉。李寿用安车、束帛奉迎龚壮担任太师，龚壮誓言不再当官，对李寿赠送的礼物一件也没接受。

在废成建汉过程中，李寿的关键一招，是成功运用了无中生有的骗术。他假造了一封妹夫的来信，炮制了一个自己将被逮捕的谎言，骗取了部众们的信任，实现了他的政变。这种无中生有的欺骗伎俩，在历代宫廷政变中是不乏其例的。

243. 刘翔完成使命

（内促外压）

公元337年九月，晋朝所封辽东公、镇军大将军慕容皝的部将、镇军左长封奕等人，联合劝说慕容皝自己称王，慕容皝接受了。十月十四日，慕容皝立国，称前燕王。但是，他总觉得这个王不是晋朝皇帝所封，心理上感觉有点儿欠缺。

公元339年冬，慕容皝就派长史刘翔、参军鞠运前往晋朝京城建康，呈献不久前战胜后赵和辽西段氏部落的捷报，并说明自称前燕王只是一种权宜之计，同时，请求定下一个日期，双方各自向后赵发起进攻，南北夹击，共同平定中原。刘翔到达建康后，向晋朝提出加授慕容皝大将军头衔和颁发“燕王”印绶的请求。刘翔在建康待了一年多，晋朝廷有关人员对此议论纷纷，却没有结果。

于是，刘翔游说中常侍彧弘说：“（后赵）石虎占据八州地盘，有军队一百万，志在吞并长江、汉水地区，从索头、宇文部落到所有小国，没有不归顺的；只有慕容将军尊奉天子，忠诚贯日，却不能得到特别礼遇，我私下担心天下忠臣义士将会改变心意，再没有人敬重晋朝了。以前，公孙渊对东吴没有尺寸之功，东吴帝孙权还封他为燕王，更加九锡（尊礼大臣的器具）。而今，慕容将军屡挫后赵锋芒，声威震撼秦川、陇山（今陕西省中部和甘肃省南部）。石虎还接连不断地派出地位重要的使节，带来丰厚礼物，并用甜言蜜语劝告将军，准备加授慕容将军为曜威大将军，封辽西王。慕容将军认为石虎不是正统，加以拒绝。想不到现在晋朝竟然如此吝惜一个虚名，使忠良之人沮丧压抑，哪里是为国家的长远之计呢？以后再后悔，恐怕就来不及了！”

彧弘进宫把刘翔的话奏报给晋成帝司马衍，司马衍心里想着答应此事。正在这时，慕容皝突来奏章，严厉陈说："庾家兄弟专权，招致祸乱，应罢免斥退，以安定国家。"慕容皝还写信给中书监、参录尚书事庾冰，责备他执掌国家大权，却不能为国雪耻。庾冰大为恐惧，因慕容皝身处边远，晋朝无法控制他。于是，庾冰和中书令何充联名上书，请求批准刘翔的请求。

公元341年二月，晋朝加授慕容皝为使持节、大将军、都督河北诸军事，兼幽州牧、大单于，封燕王，各种仪仗用物及法令典章都特殊优待。又加授世子慕容俊为持节、安北将军、东夷校尉，封左贤王，赏赐的军事物资和器械以千万计。另加封慕容皝部属的功臣一百多人。

晋朝清谈误国，流弊严重，在此可见一斑。刘翔痛恨这种作风，但又不得不想法去完成使命。在内，他通过游说近侍，以开诚布公、直陈利害的说辞，使之发生刺而动之的效应，说动了皇帝；在外，他通过传递信息，让慕容皝上奏写信，向权臣施加压力，终于完成了使命，让慕容皝如愿以偿。

244. 前燕智取丸都

（反经行权）

公元342年冬，前燕建威将军慕容翰对前燕王慕容皝进言说："宇文部落强盛日久，屡次成为我国的祸患。现在宇文逸豆归篡权夺国，人心不归附他，加上他平庸昏昧，所用将帅无能，国家没有防卫，军队缺乏训练，如果现在攻击他们，必定百战百胜。然而问题在于高句丽离我国很近，对我国时常有窥探之心。他们知道宇文氏灭亡之后，祸患将会降临到他们头上，故而必定会乘我们后方空虚出动军队，袭我不备。这才是我们的心腹之患，应当先行除去。我们莫若先行攻取高句丽，回过头再攻取宇文部落，这样就易如反掌了。这两个国家一旦扫平，我们便可以尽得东海之利，使得国富兵强，无后顾之忧，然后就可以图谋中原了。”慕容皝听后说：“好!”

前燕军于是准备进攻高句丽。通往高句丽的道路有两条：一条是北道，平坦而宽阔；一条是南道，险要而狭窄。大家都想走北道。慕容翰却说：“敌虏以常情忖度我军，一定认为大军会走北道，因此肯定会注重防守北道而忽略南道。我军应当率领精兵从南道攻击，出其不意，其都城丸都（今吉林省集安市）唾手可得。另外再派遣一支非主力部队走北道，即使失利，因他们的腹心已经溃败，四肢便无能为力了。”慕容皝听从了他的建议。

十一月，慕容皝亲自带领精锐士兵四万人循南道出发，以慕容翰、慕容霸为前锋；另派长史王寓等人率领士兵一万五千人循北道进发，征伐高句丽。高句丽王高钊果然派遣他的弟弟高武率领五万精兵防守北道，自己率领留守的羸弱衰老之兵在南道防备。

慕容翰的前锋部队最先到达，与高钊交战。慕容皝率领的大军紧随在后面，高句丽军队阵势发生动摇，前燕大军乘势攻打，高句丽大败。前燕左长史韩寿斩高句丽大将阿佛和度加，各路军乘胜追袭，进入丸都。高句丽王高钊单人匹马逃跑了，慕容皝派使者招安他，他躲藏着不肯出来。

前燕轻车将军慕舆泥追击，俘虏了高钊的太后母亲和王后妻子，然后回军。而正在此时，传来北道军统帅王寓全军覆没的消息，慕容皝不敢继续追击了。

在这场战争中，慕容翰打破常规，反经行权，大军不走北道而从南道攻击，实现了避强击虚的目的，使敌人上了大当，大破敌军。慕容翰称得上是一位智勇双全的名将。正因为如此，他终为慕容皝所忌惮，一年多以后，慕容翰被逼服毒自尽，可悲可叹!

245. 桓温击灭成汉

（合势齐力）

公元346年冬，晋朝安西将军桓温准备讨伐成汉国，僚属们都认为不可行。江夏郡相袁乔向桓温建议说："攻取天下这样的大事，本来就不是按常理所能预测的，智慧高超的人自己心中决定就可以了，不必非要等众人的意见都一致。"桓温听从了袁乔的意见。

十一月，桓温率领益州刺史周抚、南郡郡守谯王司马无忌大举攻伐成汉，呈上奏章后立即行动；把留守事务委托给安西长史范汪，加授周抚为都督梁州四郡诸军事，命袁乔率领二千人作为前锋。

第二年的二月，桓温的部队抵达青衣（今四川省乐山市）。成汉国主李势大举出兵，派叔父右卫将军李福、堂兄镇南将军李权、前将军昝坚等人率领兵众，从山阳（峨眉山之南）开赴合水（岷江、青衣江合流处）。三月，桓温大军抵达彭模（今四川省彭山区东南）。有人提议应该分兵两路，分头并进，用以分散成汉军队的力量。袁乔却警告说："现在我们孤军深入到万里之外，取胜就可以建立大功，失败就无人可以活命，应当集中兵力，齐心协力，争取一战成功。如果兵分两路，则众心不一，万一有一方失败，讨伐大事就完了。不如军队合在一起向前推进，扔掉铁锅饭甑一类的炊具，每人只带三天的干粮，以显示义无反顾的决心，这样必定可以取得胜利。"桓温听从了他的建议，留下参军孙盛、周楚率领疲惫瘦弱的士兵守护军用物资，桓温亲自统率步兵直接开赴成都。

成汉国右卫将军李福进攻彭模，被晋朝孙盛等迎头痛击。桓温率军一路前进，遇上了李权，三次交战，三次获胜，成汉军溃败后纷纷逃回成都，成汉镇军将军李位都迎接桓温，向他投降。李势把全部兵众都调往成都城外笮桥（今成都市西南）迎战，桓温的前锋部队失利，参军龚护战死，流箭射中了桓温的马头。兵众们见状十分害怕，打算后退，桓温下令鸣金撤退，而负责传令的军吏却因恐慌过度误击成进攻的鼓声。袁乔拔出佩剑，督促士兵奋力攻战，终于打败成汉军队。桓温乘胜追击，抵达成都，放火焚烧城门。成汉国人惊慌恐惧，失去了继续抵抗的斗志。李势趁夜打开东门逃跑了，逃奔到葭萌（今四川省广元市西南）后，派散骑常侍王幼向桓温递送投降书。

一般说来，兵分两路，分进合击，也是正常的用兵之道。桓温采用袁乔提出的孤军不宜分兵的建议，让晋军合势齐力，轻装速进，终获全胜。袁乔善度势，有真智谋，是良将之材。

246. 高崧草书止军

（含蓄点拨）

公元349年六月，晋征西大将军桓温听说后赵石氏大乱，就向朝廷上疏，请求出兵攻取中原地区，但过了两年多也得不到回音。桓温知道这是朝廷仗恃中军将军殷浩来抗衡自己，内心十分愤怒。然而，他也一向知道殷浩的为人，所以也不在意他。因为国家没有别的灾变，几年间得以相持共处，朝廷对桓温只不过维持一般君臣名义上的关系而已。桓温管辖的八州之内民众的资财赋税，几乎不上交给朝廷。桓温多次请求北伐，朝廷都不同意。

公元351年十二月，桓温在又一次呈送请求北伐的奏章后，就立即行动，率领四五万人马顺江而下，驻屯在武昌（今湖北省鄂州市）。朝廷大为震恐。殷浩打算用辞官来躲避与桓温的公开冲突，又想用出示画有驺虞（一种兽名）旗帜的办法，让桓温的军队停止前进。吏部尚书王彪之对宰相、会稽王司马昱进言说："这些举动都是为自己考虑，并不能保全江山，不是替殿下考虑的计谋。如果殷浩辞官，那必将导致人心离乱，只剩天子独坐朝廷，到那时候，必须有人出来承担责任，这人不是殿下还能是谁呢？”

抚军司马高崧也对司马昱说：“您应该致信桓温，向他说明利害得失，他自然会率军返回。如果他不这样做，就整饬六军讨伐，正义和叛逆从这里判明！”于是，他就坐下来替司马昱起草书信说：“寇贼发难，应该平定，时机到来，应该把握。这确实是为国家着想的长谋远虑，平定天下的宏图大略，能够抓住这种机运的人，不是足下还能是谁呢？但兴师动众，应以雄厚的财力物力为基础；运输的艰难，是古人最头痛的事情，不可以一开始就认为它容易而不加以认真考虑。我之所以一直对北伐迟疑不决，原因就在这里。对于一种出乎寻常的举动，人们都会感到惊骇，各种议论说法也会纷至沓来，料想足下也有所闻。……我与足下，虽然任职有内外之分，但安定天下、保卫国家这个目标是一致的。天下的安危，与有完美德行的人相联系，我们应当先考虑使国家安宁，然后再图谋向外扩展，以使皇家的基业兴隆昌盛，使道义弘扬彰著，这就是我对足下的期望。这区区一点儿心意，怎么能再顾虑猜忌而不坦诚尽言呢？”

桓温见信后立即呈上奏章，诚惶诚恐地表示谢罪，率军返回了原来镇守的地方。

高崧起草的这封信是一篇政治杰作，既开诚布公地说明原因、告之利害，又引咎自责、含蓄点拨、启发自悟，使桓温见信后立马谢罪返军。高崧不废一刀一枪，就帮助朝廷平息了这场严重的政治危机，可谓智谋高超！

247. 慕容恪擒冉闵

（佯装屡败）

公元352年四月，前燕王慕容俊派辅国将军慕容恪等向冉魏国发动攻击，平狄将军慕容霸等对段勤发动攻击。

冉魏国主冉闵决定亲自率军迎战，大将军董闰、车骑将军张温规劝说：“鲜卑人（指前燕）乘胜进军，兵锋锐利，而且他们人多，我们人少，应该暂时躲避，等待他们骄惰之时，我们再增加援军，发动进攻。”冉闵大怒道：“我正打算俘虏这些人马以平幽州（今河北省北部），击斩慕容恪，现在遇到了慕容恪就要避开，人们将会怎么评说？”司徒刘茂、特进郎闿互相议论说：“我们的君王这次出征一定回不来，我们何必还坐在这里等待被侮辱诛杀呢？”两人一齐自杀了。

冉闵大军进驻安喜（今河北省定州市东），慕容恪也率军赶到。冉闵军前往常山郡，慕容恪尾随而至，在魏昌（今河北省无极县东北）的廉台村，两军会战十个回合，前燕军都不能获胜。冉闵一向骁勇善战，闻名于世，部众又都是精锐，前燕军心生恐惧。慕容恪巡视阵营，对将士们说：“冉闵勇而无谋，只是一个能单打独斗的莽夫！他们的部队虽然精良却疲惫不堪，实际上已难以继续战斗，一下就可以击破！”

冉魏军队多为步兵，前燕大军多是骑兵，冉闵率领部队向附近的树林地带移动。前燕的参军高开对慕容恪说：“我们的骑兵适合在平地作战，冉魏的步兵一旦进入树林，就难以制服他们了。我们应该赶紧派轻装骑兵阻截，等交战上了，假装战败逃跑，引诱他们到平地，然后才可以歼灭他们！”慕容恪听从了他的建议。冉魏军队果然被屡战屡“败”的前燕骑兵引诱进入了平地。

慕容恪把部队分成三部分，对将领们说：“冉闵性情轻率而又凶猛，也知道自己兵少，一定会跟我们以死相拼，我们在中军阵地集中兵力等待他，交战开始，你们就攻击他的侧翼，没有不能取胜的。”于是，挑选鲜卑射手五千人，用铁链连环锁住战马，结成方阵向前推进。冉闵所骑骏马名叫“朱龙”，能日行千里。冉闵左手拿着两边有刃的长矛，右手拿着带钩的铁戟，攻击前燕阵营，斩杀了三百来人。他望见眼前是统帅大旗，知道是前燕中军，便一直往里冲去。前燕两侧军队突然从两旁夹击，冉魏军大败。前燕军将冉闵团团围了好几重，冉闵仍突破重围，向东跑了二十多里后，“朱龙”突然倒毙，冉闵跌下马背，被前燕士兵生擒。

慕容恪采用高开示以假象的计策，佯装屡败，引诱冉魏步军离开林地进入平地，使得冉魏步兵原本的优势消失殆尽，却让前燕骑兵避开自身短处，发扬了本来的长处。正是扬长避短策略的正确运用，使得前燕打败了冉魏，生擒活捉冉闵。

248. 前燕久围广固

（不必求速）

公元356年冬，前燕国大司马慕容恪把自称齐王的段龛包围在他的根据地广固（今山东省青州市）城内，将领们都请求赶紧攻打。慕容恪却对他们说："用兵行军，有的应该缓慢，有的应该快速，不能不作分辨。如果敌我势均力敌，敌方又有强援，我方有腹背受敌夹击危险时，那进攻就不可不急。如我方强大而敌弱，又没有外援，完全在我掌控之下，那就应该包围他们，等待他们自取灭亡。兵法上说'十围五攻（兵力十倍于敌就包围他，兵力五倍于敌就攻击他）'，说的正是眼前的情况。"

慕容恪接着还对将领们说："段龛的军队还不少，军心还没有瓦解。以前济水之南那次会战，不是他的军队战斗力不强，而是他指挥无方招致的失败。现今他仗恃城池的坚固，上下同心协力，我们如果集中精锐部队攻打，估计几天工夫就能攻下来，但我军士兵的伤亡必定惨重。我军在中原用兵以来，没有得到过短暂的休整，每想到这一点，我夜里就难以入睡，怎么能轻易地让士兵们去送死呢？现在关键是夺取广固，不必追求成功的速度！"将领们听后，都说："这是我们想不到的地方。"

慕容恪的上述想法很快在军中传播开来，将士们感动欢欣。于是，他们开挖了更深的壕沟，修筑了更高的围墙，使包围圈编织得更严密。当地民众也争相捐运粮食供应围城的前燕军队。段龛严密防守城地，连砍柴割草的小路都被切断了，城中人们饥饿难忍，互相格杀后吃对方的肉。段龛率全军出城交战，慕容恪在包围圈内击败了他，并派出骑兵封锁广固所有城门，段龛亲自冲锋，才勉强独自冲进城，其余士兵全部覆没。这样，留守城中的残军士气沮丧，没有人有斗志。十一月十四日，段龛反绑双手，出城投降，同时，交出朱秃，被送往蓟城（今北京市）。

战争是统治者之间争斗最惨烈的手段，战争中将帅的行为举止关系到千万士兵的生命。慕容恪不求成功之速的观念，不仅体现了他广怀慈悲之心，更展现了他的睿智之谋。慕容恪其实用的也是一种激将起兴之计，正是在他不必求速、珍爱生命的影响下，将士们的自尊心、荣誉心、感激心被激发了出来，大家感动欢欣，用最实际的行动和巨大的力量，帮助将帅实现了既定目标。

249. 邓羌擒杀姚襄

（故意激怒）

归附晋朝不久，饱受中军将军、扬州刺史殷浩厌憎排挤的羌族酋长姚襄，终于在公元 354 年初派遣使者向前燕投降。姚襄的部属大多劝他回北方，他听从了。他先进军许昌，后进攻洛阳，受挫以后向北撤逃，占据襄陵（今山西省襄汾县）。

公元 357 年，姚襄图谋夺取关中（前秦管辖的范围）。四月，姚襄从北屈（今山西省吉县）进驻杏城（今陕西省黄陵县），派辅国将军姚兰前往敷城（今陕西省洛川县东南）夺地，派曜武将军姚益生、左将军王钦卢各率军招收羌族和匈奴族部落。羌人和匈奴人及前秦的汉人归附的有五万多户。

前秦对此不能视而不见，开始反击，前秦将领苻飞龙生擒姚兰。姚襄率军进驻黄落，前秦国主苻生派卫大将军广平王苻黄眉、平北将军苻道、龙骧将军东海王苻坚、建节将军邓羌，率步骑兵一万五千人来战。姚襄守住营垒不出战。邓羌对苻黄眉建议："姚襄发兵后被桓温、张平击败，锐气已失。然而，姚襄这个人倔强好胜，我们如果擂起战鼓，遍举军旗，直逼他的营阵，他一定忍受不住这种侮辱，而会羞愤交加，大怒出战，我们就可以在这场会战中擒获他。"

五月，邓羌率领三千骑兵，直逼姚襄大营，筑垒布阵。姚襄果然怒不可遏，率全军出战。邓羌佯装无法取胜而退，姚襄追击，追到三原（今陕西省三原县），邓羌掉头回攻姚襄，苻黄眉等大军随后赶到，发动攻击，姚襄的军队大败。姚襄所骑骏马突然栽倒，姚襄从马上跌下，前秦军队生擒姚襄并杀了他。姚襄的弟弟姚苌率领部众投降。

姚襄一直运载着其父姚弋仲的棺材随军行动，苻生以诸侯王的礼仪将姚弋仲安葬在孤磐（今甘肃省甘谷县境），并用公爵的礼仪埋葬姚襄。

邓羌在这里利用姚襄性格上的弱点，采用故意激怒之法，诱其躁动，失去理智，以致行动盲目而最后上当失败被杀。

250. 树权威行法治

（杀一儆百）

公元357年初夏，前秦国内发生政变，国主苻生荒淫暴虐，引起全国上下怨声载道，于是发生了政变，苻生被杀，苻坚被拥立登位，自称大秦天王。在酝酿政变的过程中，还是东海王的苻坚，由尚书吕婆楼推荐召见了王猛，二人一见如故，苻坚十分高兴，自认为自己遇到王猛如同刘备遇到了诸葛亮。苻坚登基后，王猛即被任命为中书侍郎，不久，又被任命为尚书左丞。

在苻坚的支持下，王猛日益掌握实权。这使王猛很快遭到皇亲国戚和有功旧臣的嫉恨。尤其是特进、姑臧侯樊世，他本是氐族的豪强大族，曾经辅佐过前秦国主苻健（苻生之父）平定关中，有大功于苻氏皇室。樊世特别厌恨王猛，公元358年九月的一天，他遇见王猛，说："我们辛苦耕种，你坐享其成吗?"王猛不客气地答道："不仅要你种庄稼，还要你当厨子，把粮食煮成饭!"樊世大怒道："我一定要把你的人头挂在长安城门上！不这样，我就不活在世上!"

后来，王猛将这件事报告给苻坚，苻坚听后非常生气地说："一定得杀掉这个氐族老夫，然后群臣百官才能恭敬从命。"正巧这时樊世进来言事，和王猛为这件事在苻坚面前争论起来，樊世跳起来要揍王猛，被左右拉开后，仍破口大骂。苻坚大怒，便下令将樊世杀了。从此，群臣百官见到王猛连大气都不敢出了。

又过了一年，苻坚任命咸阳内史王猛为侍中、中书令，兼领京兆尹，任命骁骑将军邓羌为御史中丞，让他们二人整顿官场秩序。特进、光禄大夫强德倚仗自己强太后（苻健之妻）弟弟的身份，纵酒任性，为非作歹，抢劫财物，奸淫妇女，无恶不作，是长安百姓的大祸害。王猛一上任就拘捕了他，问明罪行并上奏苻坚，不等回复，就马上处决了强德，并在街市上陈尸示众。苻坚见了奏章，急命使者去赦免强德，但是已经晚了。

王猛和邓羌志同道合，斩除邪恶，纠正冤案，无所顾忌，几十天时间，被处死和依法黜免的权贵、豪强、王公贵戚有二十多人。这震动了朝廷上下，奸人、恶棍销声匿迹，境内路不拾遗，风化大行。对此，苻坚感叹道："我到如今才知道，天下是要用法来治理的!"

要管理好国家和地方，必须树权威、行法纪，这样才能扫障碍、达治理。苻坚和王猛都清楚这一点，所以，苻坚采用杀一儆百的手段，杀了功勋老臣樊世，为王猛树威撑腰；王猛也用了这一招，杀了太后之弟强德，使作恶者震动遁迹。正是君臣二人敢于杀一儆百，使得前秦严明了法纪，上下令行禁止，前秦很快崛起了。

251. 王述应对桓温

（顺水推舟）

公元362年春，前燕国宁南将军吕护进攻由晋朝军队驻防的洛阳（今河南省洛阳市东）。四月，晋河南郡守戴施逃奔到宛城（今河南省南阳市），留守洛阳的晋冠军将军陈祐向朝廷告急。五月二十七日，晋征西大将军桓温派庾希和竟陵郡（今湖北省钟祥市）郡守邓遐率领水军三千人，协助陈祐守卫洛阳。

桓温还上疏，请朝廷把京城迁回洛阳，并将自永嘉（公元307年至313年）之乱流亡到江南的难民，一律迁回北方，使黄河以南地区户口充实。朝廷接到这份奏章，因畏惧桓温的权势而不敢表示反对。但是，中原地区已非当年，千里萧条，人心疑惧，虽然人人都知现在迁都洛阳绝不可以，却无人敢先出来劝谏。散骑常侍领著作郎孙绰上疏劝谏，桓温见了很不高兴，说："告诉孙绰，为什么不按照他写的《遂初赋》所说的去隐居，却去管别人的家庭和国家的事情呢?"

这时，晋廷对桓温的迁都主张既忧又惧，打算派侍中去劝阻桓温。扬州刺史王述却说："桓温只是想用大话、空话威慑朝廷当权者而已，并不是真想这样蛮干。只要顺着他所说的，他就不会真的那样去做了。"于是，晋哀帝司马丕下诏给桓温说："自从国内战乱至今，已经六十年了，戎狄凶暴横行，代代相传。我一直回头向北眺望，感慨悲怆，充盈胸怀。得知你想亲率三军，扫荡妖魔，肃清京畿，光复旧都，如果不是置生死于度外、立志杀身报国的英雄，谁能如此？各项措施就都托付给你了。只是黄河、洛水一带，城池荒芜，需要经营的事情很多，开始营建的辛劳，恐怕会使你费尽心力的。"迁都的事情，桓温后来果然没有再提及。

桓温又建议将洛阳的编钟和钟架运往京城建康（今江苏省南京市），王述认为："永嘉之乱，国势衰退，只能暂时建都江南，现在大家应努力做的正是平定天下，回到旧日的京城。如果办不到的话，也应该首先考虑把皇家祖先的坟墓迁过来，而不应该先迁编钟和钟架！"桓温于是也作罢了。

这是政治上的一场智斗。桓温提出迁都洛阳只是个借口，目的是给当政者出难题。王述建议的应对之策是：不去直接点明桓温的不当之处，而是因势利导、顺水推舟，使他在心理上得到满足后，自悟此事烫手，因而偃旗息鼓。采用顺水推舟之法，往往可以起到"以四两拨千斤"的作用，使为难棘手之事得以轻松化解。

252. 慕容垂后击胜

（以逸待劳）

公元369年四月，晋大司马桓温率领步骑兵五万人，从兖州（在今山东省西南）出发，第三次北伐前燕。开始两三个月，晋军节节胜利，势如破竹。七月，桓温抵达枋头（今河南省淇县东南）。

前燕国主慕容暐及太傅慕容评十分恐惧，打算逃回故都和龙（即龙城，今辽宁省朝阳市）。吴王慕容垂说："我请求去攻打他们，如果不能取胜，再逃也不晚。"慕容暐于是委派慕容垂接替乐安王慕容臧为使持节南讨大都督，率领征南将军范阳王慕容德等五万人马去抵御桓温。同时，又派散骑侍郎乐嵩到前秦求救，承诺割让虎牢以西的土地作为酬劳。前秦国主苻坚同意派出两万人的援军前往前燕，并任命王猛为尚书令。

自此以后，桓温交战屡屡失利，加之晋军粮道被前燕军队切断，粮食储备也已空竭；又听说前秦的援军将要到来，九月十九日，桓温下令焚毁舟船，丢弃重型装备武器，从陆路向南回撤。桓温命毛虎生统领东燕等四郡的一切军务，兼任东燕郡守。

桓温从东燕出了仓垣（今河南省开封市东北），一路上掘井饮水，跋涉七百多里。前燕众将领都争着要追击桓温，慕容垂却说：“不行，桓温刚刚撤退，心中惊恐未定，一定会严加戒备，选择最精锐的部队来殿后，我们现在追赶攻打他们，未必能达到目的，不如暂缓一下，让他们庆幸我们没有追上来，这样他们就一定会日夜急行。等到他们的士兵力量耗尽、气势衰竭再攻打他们，没有不胜的。”

于是，慕容垂就率领八千骑兵遥遥尾随晋军，跟在桓温的后边慢慢行进。桓温果然日夜兼程。过了几天，慕容垂告诉将领说：“可以攻打桓温了！”兵将们就迅速地追击，在襄邑（在今河南省睢县）追上了桓温主力。范阳王慕容德已预先率领四千精锐骑兵埋伏在襄邑东面的山涧中，形成了与慕容垂前后夹击桓温之势。结果晋军大败，被斩首的就有万人之多。前秦的援军也在谯郡（今安徽省亳州市）拦腰攻击，再次大破晋军。

慕容垂很懂败军心态，先不忙急追而缓缓尾随，待败军放松警惕之时，再倾全力一击，果获全胜。慕容垂采用的是以逸待劳的策略，只是他运用得很灵活独特而已。

253. 王猛坑慕容垂

（骗人入套）

前燕国太后可足浑与太傅慕容评厌恨、嫉妒吴王慕容垂，密谋要诛杀他。公元 369 年十一月，慕容垂带领一家老小投奔前秦。

前秦国主苻坚得到慕容垂前来投奔的消息，大喜过望，亲自到京城长安郊外迎接。关中的读书人和平民都听说过慕容垂父子的大名，非常仰慕他们。

时任前秦尚书令的王猛却警告苻坚说：“慕容垂父子好似水中蛟龙、山上虎狼，不是可以驯服的人物，一旦风云变化，就没有人能控制他们，不如早早除掉他们。”

苻坚说：“我正在招揽天下豪杰，肃清四海，怎么能随意诛杀人？而且他们刚来时，我已推心置腹予以接受，一个平民百姓尚且不会轻易离弃患难中的朋友，何况是一国君主？”苻坚任命慕容垂为冠军将军，封宾徒侯；任命慕容垂的侄儿慕容楷为积弩将军。

公元369年十一月，苻坚因前燕违背割让虎牢以西给前秦的承诺，派辅国将军王猛、建威将军梁成、洛州（今河南省三门峡市）刺史邓羌，率领步骑兵三万人攻伐前燕。十二月，进攻洛阳。

王猛从长安出发时，请慕容垂的儿子慕容令当他的参军事官，担任向导。临走时，王猛又专门拜会慕容垂，筵席上酒过三巡，王猛对慕容垂说：“今天就要告别，老友用什么礼物相赠，使我能睹物思人？”慕容垂就解下佩刀送给王猛。

王猛到了洛阳后，就用重金收买了慕容垂的亲信金熙，让金熙诈称是慕容垂派出的使者，以慕容垂的佩刀为凭，对慕容令说：“我们父子到此，只为逃命，可是现在王猛却拿我们当仇敌，谗言诋毁日益加重；前秦国主虽然表面宽厚友善，可心里怎么想的却难以得知。大丈夫想逃死而最终不能幸免，将被天下人耻笑。我听说东朝（前燕）近来有点儿醒悟，皇上与太后互相抱怨，所以我决定回去。现特派人通知你，我已经出发，你一有机会就赶快跑!”慕容令怀疑此事的真实性，犹豫了一整天，又无法核实。最后无可奈何，只好带领旧日骑兵侍卫，假装到郊外打猎，实则前往石门，投靠前燕安乐王慕容臧。王猛立即上疏报告慕容令叛变。慕容垂知道后大为惊恐，率领家属再度逃亡，逃至蓝田（今陕西省蓝田县），追兵赶到，他们全部被抓。

苻坚在太极殿东堂亲自接见慕容垂，安慰他说：“你家跟国家失和，才前来投奔我。你那位贤明的儿子心里不忘本，仍依恋故国。人各有志，不应深加责备。不过，前燕将亡，不是一个慕容令能保存它的，只可惜是白白跳进虎口而已。而且，父子兄弟之间，各人的罪恶不相互牵连，你为什么要过分恐惧，狼狈到此种程度呢?”苻坚对待慕容垂仍如往日一样。然而，前燕国认为：慕容令既已逃亡又返回，其父慕容垂仍受前秦尊崇优待，怀疑慕容令在使用反间计，就把他放逐到位于故都龙城（今辽宁省朝阳市）东北六百里的沙城去了。

王猛在这里采取收买亲信、假传谎言、布设陷阱、骗人入套的手段，使刚来归附的慕容垂父子顿陷急急逃离的狼狈境况，差一点儿就遭杀身之祸。虽然王猛是那个时代为数不多的杰出人物，我们也弄不清他的真实目的是什么，但他诬陷栽赃的行径实在是既机深谋高，又很卑鄙龌龊。司马光嗤之为“市井鬻卖之行”，柏杨批评其为“人格上的一个污点”。金无足赤，人无完人，王猛是为一例。

254. 王猛迁就邓羌

（容人所短）

公元370年四月，前秦国主苻坚派辅国将军王猛统领镇南将军杨安等十名将领，率步骑兵六万人讨伐前燕。六月，苻坚在灞上（今陕西省西安市东）为王猛送行。八月，前燕国主慕容暐命令太傅、上庸王慕容评统率京城内外精兵三十万人抵抗前秦。王猛的军队先后攻下壶关（今山西省长治市北）、晋阳（今山西省太原市）。十月初十，王猛留下将军毛当戍守晋阳，自己进军潞川（今漳水上游、在山西省黎城县内），与慕容评相对峙。

十月二十一日，王猛派将军徐成去侦查前燕军队阵地，限定他中午返回，而徐成一直到了黄昏才回来。王猛很生气，要杀掉徐成。洛州刺史邓羌向王猛求情说：“如今敌众我寡，明天一早就要交战。徐成是一员大将，应该姑且宽恕他。”王猛说：“如果不杀徐成，就无法严肃军纪。”邓羌坚持说：“徐成是我邓羌的老郡守，虽说延误了期限应该处决，但我愿意和他一起在战场上立功赎罪。”

王猛还是不同意宽恕徐成。邓羌大怒，飞马回到军营，敲响战鼓，率领士兵要攻打王猛。王猛派人询问邓羌这样做的原因，邓羌说：“我们接受皇上诏令讨伐敌人，现在敌人就在眼前却要自相残杀，我要先把他除掉！”王猛称赞邓羌仗义勇敢，派人去告诉他说：“将军别这样干了，我现在就赦免徐成。”徐成获免后，邓羌去王猛那里谢罪。王猛拉着他的手说：“我只是考验将军而已，将军对本郡的老长官尚且如此，何况是对国家呢？我不再忧虑敌寇了！”

二十三日，王猛在渭源排开阵势并告诫将士说：“我王猛承蒙国恩，肩负内外重任，如今与各位深入敌境，应该竭尽全力，殊死战斗，有进无退，共建功勋，以报效国家。胜利以后，回去接受圣君的封赏，与父母举杯庆祝，不是很美妙吗？”众将士都踊跃争先，破釜弃粮，高呼竞相前进。王猛见前燕士兵太多，对邓羌说：“今天的战事，非将军不能攻破强大的敌人，成败的关键在此一举，将军为此尽力吧！”邓羌说：“如果能委任我为司隶校尉的话，您就不必为打败敌人担忧了。”王猛说：“这不是我权力和职务所能做到的事，但我可任命你为安定郡守，封万户侯。”邓羌不高兴地退了下去。

不久，双方短兵相接，王猛召唤邓羌，邓羌不加理睬。王猛驰马跑到邓羌大营，答应了他想担任司隶校尉的要求，邓羌于是在军帐中开怀大饮，然后与张蚝、徐成等人跨上战马，挥动长矛，冲向前燕军阵。他们四番出入，旁若无人，杀伤数百人。到中午时分，前燕军队大败，被俘获斩首的有五万多人。王猛乘胜追击，前燕军队被杀和投降的又有十万多人。慕容评单人匹马地逃回邺城。

此战一败，前燕大势已去。不久，前燕国主慕容暐被前秦游击将军郭庆捉住，前燕就此灭亡。十一月，苻坚委任王猛为使持节、都督关东六州诸军事、车骑大将军、开府仪同三司、冀州牧，镇守邺城，晋爵为清河郡侯，把慕容评府中的财物全部赏赐给他。任命镇南将军杨安为博平县侯。委任邓羌担任使持节、征虏将军、安定郡守，赐爵真定郡侯。委任郭庆为使持节、都督幽州诸军事、幽州刺史，镇守蓟城，赐爵襄城侯。其余将领士兵各依等级赐封奖赏。

人无完人，人皆有短，一个聪明的领导者要想充分发挥属下的长处，就要善于容其弱点、容其不足。王猛深悉这一驭人智术，一再容忍迁就邓羌，终于在关键时刻，使邓羌最大限度地发挥自身潜力，共同为前秦立下了消灭敌国的大功。

255. 桓温擅行废立

（谣言惑众）

晋大司马桓温倚仗着他的才能和声望，一直怀有非分的念头，曾经拍着枕头慨叹说："大丈夫不能流芳百世，也当遗臭万年!"桓温本来准备先在河朔（黄河以北）建立功业，获得盛大声望以后，再回京城接受九锡的礼遇。想不到前年在枋头被前燕击败，严重影响了他的声望。一直到公元 371 年初攻克寿春（今安徽省寿春县），平定叛乱，桓温问参军郗超："这一仗能不能消除枋头战败的耻辱呢?"郗超说："不能!"

过了一段时间，有一天，郗超在桓温那里留宿，两人彻夜长谈，郗超问桓温："您难道一点儿也不发愁吗?"桓温说："你有什么话告诉我?"郗超说："您身负天下重任，而今以六十岁的高龄遭北伐大败，如果不能建立非常之功业，就不足以提高您在百姓心目中的地位!"桓温问："那该怎么办呢?"郗超说："您如果不做出伊尹放逐太甲（伊尹为商初大臣，太甲是商代国君，传说太甲因破坏汤法、不理国政而被伊尹放逐）、霍光废黜昌邑王（霍光为西汉大臣，曾迎立昌邑王刘贺为帝，不久又废黜刘贺，另迎立汉宣帝）那样的事情，就无法建立权威，镇压天下之人。"桓温一向有这个想法，非常同意郗超所论，两人就一起谋划。

只是因为晋废帝司马奕一向谨慎小心，从来没有什么过失，他们就决定采取人身攻击，在男女关系上搞臭司马奕，而这种事情又无法证实。于是，就有谣言散播出来："皇上早就有阳痿之疾，他宠幸相龙、计好、朱炅宝等男人，由他们服侍起居；且与田氏、孟氏两位嫔妃生下三个男孩，正打算先封他们为亲王，以后继承皇位，转移司马氏基业。"谣言在民间秘密流传，人们无法辨别真假。

十一月初九，桓温从广陵（今江苏省扬州市）返回姑孰（今安徽省当涂县），十三日抵达京城建康，含蓄劝说褚太后废黜司马奕，由丞相、会稽王司马昱继位，还事先草拟好了诏令呈上。褚太后正在佛堂烧香，内侍通报说："外面有紧急奏章。"褚太后出来接过奏章，靠着门观看，只看了几行，就说："我本来也怀疑这件事。"褚太后看了一半就不再看了，命内侍拿来笔墨，加上："未亡人不幸遭受这么多忧患，想起死去的，挂念活着的，心如刀割！"

十一月十五口，桓温在朝堂召集文武百官，宣布褚太后的诏令，废黜司马奕为东海王，让丞相、会稽王司马昱即位为帝。百官进入太极前殿，桓温让督护竺瑶、散骑侍郎刘亨收走了皇帝的玉玺和印绶。废帝司马奕头戴白帽，身穿单衣，走下西堂，乘着牛车出了神虎门。当天，司马昱即位，改年号为咸安。

前秦国主苻坚听说桓温行废立皇帝之事，对群臣说："桓温以前在灞上吃了败仗，后来在枋头又吃了败仗，不去自我反省检讨，向全国百姓谢罪，反而变本加厉，用罢黜君主来满足私欲。六十岁的老家伙，这样做事情，将来凭什么被天下人包容呢？俗话说'受老婆的气，却向老父发作'，就是说的桓温这种人！"

舆论可以是上层人物的议论，也可以是民间百姓的言谈。控制、封锁社会舆论，甚至故意捏造出蛊盛人心的谣言，就是舆论惑众的欺骗手法，也是统治者在争斗中经常利用的制驭权术。在这里，桓温"炉火纯青"地通过阴谋暗算、制造谣言、操纵舆论、欺骗世人，终于顺顺当当地达到了他卑鄙的目的。

256. 司马昱护兄长

（委婉相拒）

晋太宰、武陵王司马晞，是司马昱的兄长，他喜好军事，桓温很忌惮他，打算罢黜他。桓温询问尚书左仆射王彪之的意见，王彪之说："司马晞在皇族中血缘最近、地位尊贵，又没有明显的罪状，不能因为猜忌怀疑就处罚他。您拥立了圣明的皇上，自应尊崇和辅助皇室，跟伊尹、姬旦媲美。这是一件大事，应该再仔细考虑！"桓温说："此事已定，你不必再说。"

最初，中军将军、扬州刺史殷浩屡次北伐受挫，被征西大将军桓温上书指控，桓温要求朝廷罢黜他。朝廷不得已将殷浩贬为平民，不久，殷浩在他的贬所去世。殷浩去世后，桓温派人带着信件前去吊丧，殷浩之子殷涓既不答礼，也不向桓温道谢，却跟武陵王司马晞来往交游。广州刺史庾蕴是前徐、兖二州刺史庾希的弟弟，一向跟桓温有私怨隔阂。桓温对殷、庾两家族强势的影响力深为厌恶。现在，他以为时机到了，就迫不及待地下手了。

公元 371 年十一月十七日，桓温指使他的弟弟桓秘胁迫新蔡王司马晃到太极殿西堂叩头自首，招供自己跟司马晞父子、著作郎殷涓、太宰长史庾倩、掾属曹秀、舍人刘强、散骑常侍庾柔等人密谋反叛。司马昱面对司马晃，流下痛苦的眼泪。桓温下令，把这些人全部逮捕交付廷尉审处。庾倩、庾柔都是庾蕴的弟弟。十九日，桓温诛杀已逊位皇帝司马奕的三个儿子和他们的母亲。二十日，御史中丞、谯王司马恬根据桓温授意，上疏请求依法诛杀武陵王司马晞。司马昱下诏说："我心中悲痛，不忍心听到这种事，何况还要我说出口？还是另外再作讨论！"

二十一日，桓温上疏指控司马晞父子将要成为祸乱的源头，请求免除司马晞的官职，让他以亲王身份回到封国。司马昱下诏批准，连同司马晞的世子司马琮、梁王司马逢的官职一并免除。同日桓温又上奏，坚请诛杀司马晞，措辞严厉急切。司马昱见后，亲笔给桓温写了一份诏书："如果晋朝的国运还可延续，请你奉行上一次的诏书；如果晋朝的大运已去，就请允许我为贤能上进的人让道。"桓温看过后，汗流满面，脸色大变，最后只好让步，奏请撤销司马晞父子三人的爵位，贬为平民，连同家属，全部迁徙到新安郡（今浙江省淳安县）。二十二日，又把新蔡王司马晃也贬为平民，放逐衡阳郡（今湖南省湘潭市西南）。而殷涓、庾倩、曹秀、刘强、庾柔，一齐斩首，屠灭全族。庾希听到家人遭大祸，跟弟弟会稽参军庾邈父子，逃到海陵（今江苏省泰州市）的荒村湖泽之中。

自此，桓温的威势更为显赫。但好景不长，不到两年，桓温就因病重而逝。

桓温在这里凭借有利地位，采用诬以谋反、假托王命的手段，欲将异己强权势力一举荡灭。刚刚即位、地位不稳的司马昱对桓温要杀其兄的图谋，既不能断然拒绝，也不能草率同意。他先顺其意，罢免了兄弟父子三人的官职；再委婉相拒，宣称自己可以让贤，使桓温不得不让步，总算保全了司马晞全家。司马昱将以屈求伸的婉拒之道用得很娴熟，也颇为成功。

257. 高泰辞简释纠

（善于发问）

公元372年，前秦阳平公苻融在冀州牧任内，以严格的标准选择属官，选用的人都是名重当时的人物，其中就任用了河间郡相申绍为治中别驾。苻融年纪轻，为政喜好新奇，喜欢以苛刻、细察小事显示自己的精明。申绍曾多次劝他改正，引导他实行宽容和缓的政策，苻融虽然尊重申绍，却未完全听从他的意见。后来，申绍被调出去任济北郡守，苻融屡因犯过错而遭受朝廷谴责，这才后悔没有听从申绍的劝告。

苻融曾经因为擅自修造学舍触犯法令而被朝廷有关部门纠察。他派了主簿李纂到京城长安去为自己申辩。李纂忧虑恐惧，竟在半路上死了。苻融就去询问申绍："还有谁可以派去?"申绍说："前燕国尚书郎高泰，思路清晰，口才流利，有胆有智，可以派他去。"此前，丞相王猛和苻融曾多次征召高泰当官，高泰都不接受，到这时，苻融对高泰说："君子救人于危难之中，你不要再推辞了!"高泰于是听从了命令。

高泰到达长安，王猛见到他笑着说："高子伯（高泰字子伯）今天才来，为什么这样迟呢?"高泰说："有罪的人前来受刑，何必问迟早呢?"王猛说："你说的是什么?"高泰说："从前，鲁僖公因在泮水建立学宫而被颂扬，齐宣王因在稷下设馆尊待学士而留美名。现在，阳平公修建学宫，只不过是仿效齐、鲁，不但没有得到皇上下达诏书加以褒奖，反而麻烦有关官府举发弹劾。明公辅佐圣朝，如此惩罚劝勉，我等小吏能到哪里去逃避罪责呢?"王猛说："这是我的过错。"事情由此得以圆满了结。王猛为之叹息说："高子伯哪能是阳平公可以把他当属吏的人!"

王猛把这件事禀告给前秦国主苻坚，苻坚于是召见了高泰，很喜欢他，并向他询问治国的根本之策。高泰回答说："治国之本在于得到人才，要获得人才在于审慎选拔，审慎选拔就在于核实真情，从来没有任官人选恰当而国家不能实现大治的。"苻坚说："这话真可谓是言辞简略而道理深博呀!"他就想委任高泰为尚书郎。高泰坚决请求回冀州，苻坚只能答应。

既然当了说客，会不会说，善不善问，大有讲究。善于发问，并从发问中进行说服，这是由善问而知彼的方法。高泰采用这种方法，借古喻今，只用了几句话和一个反问，就把事情搞定了。李纂是怕难以完成任务而在半路上愁死的，高泰只一小会儿就解决了问题，这就是人与人在智力、智商、智谋上的差别。

258. 苻坚重用王猛

（信而不疑）

王猛在前秦国主苻坚的支持下，曾在一年之内五次升迁。他铲除权贵，以法治国，内平五公，外灭前燕，为前秦立下赫赫功劳。公元372年六月，苻坚任命王猛为丞相、中书监、尚书令、太子太傅、司隶校尉，以前担任的职位和封号——特进、散骑常侍、持节、车骑大将军、清河郡侯等，也依旧保留。

八月，王猛抵达长安，苻坚又加封他为都督中外诸军事。王猛推辞说："丞相职位显耀，太傅身份尊贵，尚书令事务繁多，司隶校尉责任重大，还要总管军务，承受实施诏命之责，文武两职集于一身，大事小事都要去管，就是伊尹、吕望、萧何、邓禹那样的贤能大才，尚且不能兼顾，更何况像我这样远逊于他们的人呢?"奏章连续上了多次，苻坚还是不准，说："我正统一四海，除了你，没有别的人可以委以重任。你不能推辞丞相，就像我不能推辞天下一样。"

王猛当了丞相，苻坚高踞宝座，拱手而治。王猛主政，文武群臣统一接受领导，无论内外军政大事，无不经由王猛处理。王猛刚正严明，廉洁肃穆，善恶分明。他罢免庸俗无能的官员，提拔被埋没在底层的有才能的人。他鼓励耕田播种、植桑养蚕，训练军队，任用官员符合他们的才能，施用刑罚有恰当的依据。因此，国家富裕，武力强大，攻无不胜，战无不克，前秦实现大治。苻坚下令给太子符宏和长乐公苻丕等人说："你们对待王猛公，要像对待我一样。"

公元375年六月，王猛患病不起，苻坚亲往南郊、北郊和宗庙、社稷坛为他祈祷，并分派侍臣前往黄河、华山祈求河神、山神保佑。王猛的病情略有好转，苻坚又立刻下令赦免死刑以下的犯人。王猛上疏说："没想到陛下为救我的命竟去干预天地大德，自开天辟地以来，君王如此对待臣下的情况是从来没有过的。我曾听说，报答恩德最好的办法是言无不尽，谨以我将死之身，向陛下献上最后的忠诚。陛下的威德功业震动八荒，声望教化普及天地，九州百郡十有其七，击平前燕、夺取巴蜀如拾草籽。但是，能创业的不一定能守成，会开头的未必会坚持到最后。所以，古代圣明的君王，知道建立功业的艰难，都是兢兢业业，如临深渊。敬盼陛下能效法前代圣贤，若如此，那就是天下的大幸！”苻坚看了，十分悲痛。

七月，苻坚亲往王猛家探病，并询问王猛身后之事。王猛说：“晋朝虽偏居长江之南，但他们是帝王正统，君臣相安，上下安睦。我死之后，望陛下不要去图谋晋朝。鲜卑人、西羌人才是我们的仇敌，终将成为我们的祸患，应逐渐消除他们，这对社稷有益。”说完，王猛就去世了。苻坚亲自参与王猛的入殓仪式，几次痛哭流涕，对太子苻宏说：“莫非是上天不让我统一天下？为什么这么快就夺去了我的王猛？”然后，按照汉朝安葬霍光的规格安葬了王猛。

王猛是中国古代成功的杰出人物，他在有生之年，才华得以施展，抱负得以实现，是与苻坚对他一见如故、一生信而不疑密切相关的。苻坚的深信不疑，使王猛终身感激并为之鞠躬尽瘁，最后换来了君臣相得益彰而前秦强盛大治的局面。所以，深信不疑地任用王猛，显示了苻坚的大聪明、大智谋，他因此也成为中国古代可圈可点的一位杰出帝王。

259. 苻坚轻罚马晖

（一策两全）

公元 376 年夏天，前秦决定并吞前凉，前秦国主苻坚下诏：“（前凉）张天锡虽向我们称臣，接受我们的任职，但内心并未彻底归顺，兹派使持节、武卫将军苟苌、左将军毛盛、中书令梁熙、步兵校尉姚苌等率军向黄河西岸挺进。另派尚书郎阎负、梁殊携带诏书前往姑臧（今甘肃省武威市），征召张天锡入京朝见。如张天锡违抗，大军立即讨伐。”苻坚又命秦州刺史苟池、河州刺史李辩、凉州刺史王统率领三个州的武装部队支援苟苌。

七月，阎负、梁殊来到姑臧。张天锡召集文武官员，共商对策，最后决定拒绝去长安，并奋袖出臂大喊道：“我意已决，再有言降者，立斩！”又派人去询问阎负、梁殊：“你们是打算活着回去，还是死后回去？”阎负等不肯屈就。张天锡命人将他们两人绑至军营大门外，让士兵交叉射击至死。张天锡另命龙骧将军马建率军两万，抵抗前秦军队。

前秦得知张天锡射杀阎、梁两人的消息后，就发动了对前凉的总攻击。八月，梁熙、姚苌、王统、李辩，从青石津（今甘肃省兰州市西北）渡过黄河，攻击前凉骁烈将军梁济所据守的河会城（今兰州市西），梁济投降。前秦军队又攻克缠缩城（今甘肃省永登县内），迫使前凉龙骧将军马建率部一万人投降。前秦军还先后大败前凉征东将军常据与前凉司兵赵充哲所率军队，张天锡仅率领数千骑兵逃回姑臧。二十七日，前秦军队抵达姑臧，张天锡亲往前秦大营投降。

苟苌率军进攻前凉时，曾派扬武将军马晖、建武将军杜周率领骑兵八千人，向西迂回到恩宿（在今甘肃省永昌县西），企图切断张天锡的逃亡退路，约定日期在姑臧会师。马晖等穿过沼泽，正逢雨水不止，耽误了行程，未能在规定时间内抵达，按律当斩，有关部门奏请逮捕马晖等下狱。苻坚见了奏章后说：“河水在春冬时节干涸，在夏秋之时猛涨，苟苌对天时地利的情况不够了解，因而调度失当造成这种情况，不是马晖等人的罪。天下正在有事，应该宽恕他们的过失，鼓励他们建功立业。现派马晖等前往北方的军队中，攻击索虏（代国索头部落），来为自己赎罪。”

有官员认为，从万里之遥派调军队，绝对赶不上前方的迫切需要。苻坚说：“马晖等人正高兴被免于死罪，一定会全力以赴，不能用常理去判断他们此时的情况。”马晖等率军一天走两天的路程，急速行军，竟赶上了向东进发的大军。

一个有智谋的统御人物，想问题做决策首先考虑的是要取得最佳效果，使一个决策能达到两个或更多的目的。苻坚轻罚马晖让其戴罪立功，就是运用了一策保两全的策略，既保护了将才，又满足了北方军事的迫切需求。

260. 郗超智止父恸

（情感转移）

公元377年十二月，临海郡守郗超去世。当初，郗超与晋大司马桓温结为同党，因为其父会稽郡守郗愔忠诚于王室，所以没有让父亲知道。

郗超在自己病重后，拿出一箱子文件交给他的门生说："家父年事已高，我死了以后，如果他因哀痛惋惜而影响起居饮食，可以把这个箱子呈送给他；如果没有出现这种情况，就把这只箱子烧掉。"

郗超死后，郗愔果然因哀痛思念儿子而生病了，于是郗超的门生呈上了箱子，箱子里全是郗超和桓温商议密谋背叛司马皇家的往返信件。郗愔见后勃然大怒，说："这小子死得已经算晚了！"于是就不再为他悲伤流泪了。

情感是人所特有的心理活动的体现，情感影响人的行为取向。若要改变人的一种行为取向，有智谋的人就会从转变人的情感入手，这样会起到事半功倍的效果。郗超懂得这个道理，他借助曾与桓温密谋反叛司马皇室的遗信，转移了其父对他去世后哀伤的情感，达到了让其父节哀止悲的目的。郗超用这种办法来让父亲止哀，可称得上是用心良苦，别出心裁！

261. 谢玄淝水败秦

（利用机会）

公元383年七月，前秦国主苻坚不顾众人劝说，下达诏令，开始大举进犯东晋。八月初二，苻坚命阳平公苻融督促张蚝、慕容垂等率步骑兵二十五万人作为先锋。八月初八，苻坚兵发长安，亲率步骑兵约九十万人，绵延千里。九月，东晋颁下诏书，任命尚书仆射谢石为征虏将军、征讨大都督，以徐州、兖州二州刺史谢玄为前锋都督，与谢石之子、辅国将军谢琰等人率八万将士抵抗，又派龙骧将军胡彬率领五千水军去援助寿阳（今安徽省寿县）。

十月，苻融等人攻打寿阳。十八日，攻克了寿阳，俘获晋平虏将军徐元喜等人。在西面战场上，慕容垂攻下了郧城（今湖北省安陆市）。胡彬听说寿阳被攻陷，退守硖石（今安徽省凤台县南）。

十一月，前秦军队逼近淝水（今安徽省境内东淝河，西入淮河）布阵，使晋军只能在东岸停住，无法渡河作战。谢玄派使者对前秦阳平公苻融说："阁下孤军深入，却紧逼淝水布阵，这是长久抵持的策略，不是速战速决的办法。如果您能让贵军兵阵稍稍后退，让晋朝的军队得以渡河，再一决胜负，岂不是更好?"

前秦的将领们听后都说："我众敌寡，不如遏制他们，使他们不能上岸，这样才可万无一失。"苻坚却认为不可，说："只要带领兵众稍微后退一点儿，在他们渡河到一半的时候，我们出动铁甲骑兵奋起攻击，就没有不胜的道理!"苻融也认为可以，于是就挥舞战旗，指挥兵众后退。

前秦的军队这一退就不可收拾了，晋军将领谢玄、谢琰、桓伊等率领军队渡过淝水攻击他们。苻融骑马跑过军阵，想去收拾退逃的兵众，结果战马跌倒，苻融被晋兵杀死，前秦的军队于是就四散溃逃了。

谢玄等乘胜追击，一直追到青冈（今安徽省寿县西），前秦军队一败涂地，很多人自相践踏而死，遮蔽山野，堵塞山川。逃跑的人听到刮风的声音和鹤的鸣叫声，都以为是东晋的军队追到了，昼夜不敢停歇地逃命，慌不择路，风餐露宿，饥寒交迫，死掉的人十有七八。东晋军队缴获了苻坚乘坐的装饰有云母的车子。苻坚也身中流箭，单身匹马逃到淮河以北，后来只率领一千多骑兵，投奔慕容垂大营。

谢玄利用苻坚、苻融自恃敌寡我众的轻敌情绪，以及祈望速战速决的克敌之心，投石问路，提出一个让对方愿意考虑的建议。当这个建议被对方愚蠢地接受后，晋军在实施中，利用这一难逢的机会，暗中用计，猛施突袭，霎时就给前秦军队带来一场灭顶之灾。前秦这一仗是败在上当同意淝水这一退上，苻坚、苻融是败在智谋的不足上。

262. 慕容隆平叛乱

（见势行事）

最初，安次（今河北省廊坊市）变民首领齐涉集结八千多家人占据新栅（今地不详），归附后燕，后燕国主慕容垂任命他为魏郡郡守。不久，齐涉又背叛后燕，与晋叛将张愿私下勾结。张愿亲率一万多人进驻祝阿（今山东省禹城市）的瓮口（今地不详），并且联络丁零部落酋长翟辽，共同呼应齐涉。

后燕高阳王慕容隆向慕容垂建议说："新栅城池坚固，如要硬攻，不容易在短时间内攻破。如果大军被困在城下，张愿率领大批流民再从西边引来丁零部落，可能会出现重大祸患。依我观察，张愿的部众虽多，但都是新近归附的，打不了硬仗。我们应该乘张愿自己找上门这个机会，先对他发动攻击。张愿父子仗恃他们骁勇，一定不会躲避，这就可以一战将他们制伏。张愿被打败，齐涉没有了外援，就不能独存了。”慕容垂听从了他的建议。

公元387年二月，慕容垂派范阳王慕容德、陈留王慕容绍、龙骧将军张崇，统领步骑兵二万人，跟慕容隆会合，一起攻打张愿。大军到达离瓮口还有二十多里的斗城时，就下马卸鞍，暂时休息。张愿率军突然来袭，后燕士兵惊慌失措，慕容德的部落慌忙撤退，而慕容隆的部队原地不动，只是加强了戒备。张愿的儿子张龟率部冲锋而至，慕容隆派身边将领王末迎战，斩杀了张龟。慕容隆再慢慢推行作战，张愿的军队才撤了回去。

慕容德率部奔退了一里多地，重新整顿兵马，回来与慕容隆会合，并对慕容隆说：“贼寇气势正盛，我们应该暂缓前进。”慕容隆却说：“张愿乘我们不备来突袭，按理说能获大胜。但是，由于我们的将士被隔在黄河渡口的南岸，后无退路，只能拼死力战，所以最后击退敌人。现在敌军没有占到便宜，士气已经衰败，是前进还是退守，议论不一，敌军已不能齐心奋战，我军应迅速攻击他们。”慕容德对侄儿慕容隆说：“我听你的指挥。”

于是，慕容隆指挥全军前进，在瓮口与敌军会战，大败张愿军队，斩杀七千八百多人，张愿逃跑到三布口（今山东省肥城市东）。后燕军队进入历城（今山东省济南市）、青州（今山东省北部）、兖州（今山东省西部）、徐州（今江苏省北部）各郡县及军事据点，大多投降后燕。慕容垂命慕容绍镇守历城，慕容德等班师回朝。后来，新栅人冬鸾发动兵变，生擒了齐涉，押送到后燕。慕容垂斩齐涉父子，其他人全部赦免。

见势行事是指面临复杂情形，能跳出固定思维，全面立体地分析情况，并提出非同寻常的解决办法。在此次平叛中，慕容隆就很有见势行事的能力。他依据形势，建议不强硬攻打新栅而先击外援，使新栅失援而难以独存。后来在战斗中击退敌人的突袭后，洞悉到敌人锐气已衰，主张速进攻敌。由于慕容垂、慕容德的先后支持，慕容隆的智谋得以施展，才能得以发挥，终于平定了这次叛乱。

263. 吕光平定凉州

（主动出击）

公元387年，后凉国发生严重饥荒，每斗谷米竟然卖到五百钱，人们饥饿难忍，互相格杀吞食，死亡的人超过一半。

后凉西平（今青海省西宁市）郡守康宁，自称匈奴王，击杀湟河（今青海省化隆县）郡守强禧后叛变。张掖（今甘肃省张掖市）郡守彭晃也跟着叛变，并且与东边的康宁和西边已夺取酒泉郡（今甘肃省酒泉市）的王穆联合。

后凉国主吕光打算亲率军队前往攻击彭晃，众将领都说："现在康宁在南方，正等待机会对我们动手。如果彭晃、王穆还没有被制伏，而康宁又带兵杀来，我们就会进退两难，局势一定会非常危险。"

吕光对大家说："诸位的判断完全正确！可是，如果现在我们不主动攻击他们，就只好坐在这里等他们来攻打我们。一旦这三个盗贼结成联盟，东西夹击我们，那姑臧（后凉首都，今甘肃省武威市）城外的地方，就不再归我们所有，大事就无可挽救了。现在，彭晃刚刚叛变，与康宁、王穆的勾结还不紧密，我们出其不意地主动进攻，比较容易取胜。"吕光于是亲率三万骑兵，日夜兼程，抵达张掖郡，猛攻二十天，攻破了城池，杀死了彭晃。

王穆聚众起兵的时候，曾派使节召请敦煌的隐士郭瑀，郭瑀和同郡人索嘏一同起兵响应王穆，并捐赠给王穆三万石粮食。王穆任命郭瑀为郡守府左长史、军师将军，任命索嘏为敦煌郡守。不久，王穆听信谗言，率军攻打索嘏。郭瑀尽力劝阻，王穆不听。郭瑀辞职，出城后大哭，回家绝食而亡。

吕光听说后说："两个贼寇自己互相攻击，一定会被生擒活捉。我们不能因为害怕连续作战带给我们的辛苦而失去一劳永逸的良机。"于是，又亲率步骑兵两万人，攻克了酒泉，进军凉兴郡（在今甘肃省瓜州县西南）。王穆急忙带着军队撤退，还没有跑回老巢，在半路上，部队就一哄而散。王穆独自骑马逃跑，被骍马（今甘肃省玉门市东北）县令郭文砍下了脑袋，送往吕光那里。

吕光面对严峻的叛情，审时度势，当机立断，主动出击，出其不意地攻克最关键的目标，终于破除了可能被东西夹攻的危局，赢得了战场主动权，平定了凉州。主动出击是主动摆脱困境的一种积极策略的运用，吕光成功地运用了这种方法，摆脱了危机。

264. 姚苌营小为奇

（故意示弱）

公元390年四月，前秦镇东将军魏揭飞自称冲天王，率领氐人、胡人组成的军队，攻击后秦安北将军姚当成据守的杏城（今陕西省黄陵县）。后秦镇军将军雷恶地也叛离后秦，响应魏揭飞，攻击后秦镇东将军姚汉得据守的李润（今陕西省大荔县北）。

后秦国主姚苌准备亲自率军迎战，大臣们说："陛下不担心只近在六十里的苻登（时前秦军队已在临潼县），却顾虑远在六百里外的魏揭飞，这是为什么？"姚苌说："苻登不是我们马上就能消灭的，长安城也不是苻登立刻就能攻克的。而雷恶地的谋略非同凡人，如果他结交南面的魏揭飞与东面的董成，再占据杏城、李润，那么，长安的东面和北面就不再是我们的了。"

于是，姚苌秘密率领一支一千六百人的精锐部队前往迎战。魏揭飞、雷恶地的部队有几万人，氐人、胡人前往投奔的络绎不绝。姚苌每看到一支军队前去依附敌方，就十分高兴。身边的大臣问他为什么，姚苌说："魏揭飞等人煽动与他们共同作恶的人，他们的种族部落很繁杂，我虽然能打败他们的首脑，但他们手下的党羽却不容易一下子都消灭。现在，他们像乌鸦一样聚集到了这里，我可以乘胜攻击，一网将他们打尽了。”

魏揭飞发现后秦军队人很少，就出动全部兵力进行攻击。姚苌坚守营垒，不与敌军交战，故意显示自己兵力薄弱，但在暗中派自己的儿子中军将军姚崇率领几百骑兵绕到敌后偷袭，使魏揭飞的部队顿时乱作一团。姚苌趁这个机会命镇远将军王超等人率主力进攻，斩魏揭飞及他手下将士一万多人。雷恶地投降后，姚苌还像当初一样对待他。雷恶地对人说：“我自以为智谋勇气高出常人，可是每次遇到姚公就无法施展，看来我命中注定要做他的臣子。”

姚苌命姚当成在他们原先驻扎营地的每根木栅栏留下的栅洞孔里都竖立一根木牌，用以纪念表彰这次战功。过了一年多，姚苌问起此事，姚当成说：“因为营地太小，我已经把营地扩大了。”姚苌说：“我从成人以来，与人作战，从来没有像这一仗那么痛快过，仅用一千多骑兵就击败了三万多敌军。军营小才显出用兵之奇，营地大又有什么可贵？”

姚苌打赢这一仗，不仅在于他能审时度势、高瞻远瞩地做出正确决策，还在于他在战役中施用了聪明对策：一边故意示弱，坚守营垒不交战，以假象惑敌；一边在偷袭得手后，以主力开展正面直攻，终于以少胜多，漂亮地打赢了这一仗！

265. 后燕击灭翟钊

（声西击南）

公元 392 年三月，后燕国主慕容垂带领部队南下袭击进犯境内的丁零部落首领、魏天王翟钊。四月，翟钊的将领翟辽向南撤退，回到他们的都城滑台（今河南省滑县）。翟钊向西燕求救。

西燕国主慕容永召集文武大臣商议，尚书郎鲍遵说：“让两个盗贼互相打斗，等到他们全都精疲力竭，我们再紧跟他们背后，这是卞庄子的谋略。”中书侍郎张腾说：“慕容垂强大，翟钊微弱，胜利的一方怎么会筋疲力尽？不如急行援救，造成鼎足三分之势。我们马上率军直扑中山（后燕都城，今河北省定州市），白天多设疑兵，夜间遍增火把，显示我们兵多势众，慕容垂一定会回救京都。这样，我军在正面迎战，翟钊在背后猛冲，这是天赐我们击败后燕的良机，万不可失。”慕容永不听。

六月，慕容垂的大军抵达黎阳（今河南省浚县），来到黄河北岸边准备渡河南下。翟钊则把他的部队布置在黄河南岸以抵拒后燕军队。十六日，慕容垂把大营西迁到西津（黎阳城西古黄河渡口），距离黎阳四十里，制作了牛皮战船一百多艘，假装把军卒兵器满载船上，逆水而上。慕容垂的目的就是引诱翟钊扑向西津。翟钊得到报告，急忙带领部队直扑西津防卫。等翟钊的军队一开拔，慕容垂就暗中派遣中垒将军、桂林王慕容镇等人率兵从黎阳正面渡口连夜强行渡河，并立即在黄河南岸安营扎寨，天亮时，后燕大营已全部构筑完成。

翟钊得知这个消息后，又急忙返回来，攻打慕容镇等人修筑的新营垒。慕容垂命令慕容镇等人坚守防备，不许应战。翟钊的兵马一夜之间往来奔波，疲劳不堪，有的中暑了，他们攻打后燕的营垒难以取胜，正要撤退，慕容镇等人突然带兵从营垒中杀出。与此同时，后燕骠骑将军慕容农率军从西津渡过黄河，向东挺进，与慕容镇等人左右夹击翟钊，把翟钊的军队打得大败。

翟钊逃回滑台，带领妻子儿女，收拾残部，向北渡过黄河，逃入白鹿山（在今河南省辉县西）。他在此凭借山势险峻，严密把守，使后燕的军队无法进击。慕容农说：“翟钊没有军粮，一定不能长久地在山中蜷缩。”于是，他率领部队回营，只留下一些骑兵监视。不久，翟钊果然下山来了，慕容农马上挥师回军，把翟钊的部众全部俘获，只有翟钊单人匹马地逃往长子（西燕都城，今山西省长子县）。

西燕国主慕容永任命翟钊为车骑大将军、兖州牧，封东郡王。一年后，翟钊叛变，慕容永斩了翟钊。两年后，慕容垂率领大军征伐西燕，慕容永最后也落得个国破身亡的结局。

慕容垂这一仗打得有智谋，他运用声东击西、虚实相乱的手段，用假象诱敌西上，自己则乘虚南下，演了一出声西击南，弄得翟钊来回折腾，最后被两面夹攻，大败而去。慕容永不听张腾的建议，想坐山观虎斗，尽管躲过了眼前的劫难，却免不了最后被狼狈吞噬的祸患。慕容永实在蠢得可以！

266. 北魏大胜后燕

（夺气攻心）

公元395年四月，北魏国主拓跋珪公开背叛后燕国，进逼抄掠沿边地区依附后燕的一些部落。五月，后燕国主慕容垂派太子慕容宝、辽西王慕容农、赵王慕容麟率领八万士兵，从五原（今内蒙古自治区包头市）进发讨伐拓跋珪，准备给北魏一个教训；又让范阳王慕容德、陈留王慕容绍另率领步骑兵一万八千人作为后援。

七月，北魏长史张兖听说后燕大军将要到来，就向拓跋珪献计说："后燕被滑台灭翟钊、长子灭西燕两次战役的胜利冲昏了头脑，现倾全国人力物力来攻打我们，有轻视我们的心理。我们应利用敌人的这种心理，假装疲惫衰弱，让他们更骄傲，这样才能克敌制胜。"

拓跋珪听从了张兖的计策，令所有部队和人口家畜大迁移，渡过黄河，向西走了一千多里来躲避后燕大军。后燕大军到达五原后，收降了北魏旁支部落三万多家，收割了杂粮一百多万斛，兴置了黑城（包头市北），并把大军开到黄河北岸，打造船只，准备渡河。拓跋珪也派了右司马许谦去向后秦求援。八月，拓跋珪在黄河南岸集结武装部队，九月，开拔军队到达黄河边上。

慕容宝五月从后燕都城中山出发时，后燕国主慕容垂已患病。等后燕大军到达五原时，拓跋珪派人埋伏在中山跟后燕大军之间的交通线上，将后燕的使者全部抓住，这使慕容宝等人一连几个月都没有得到慕容垂的消息。拓跋珪把俘虏的使者押到黄河边，让他们隔河告诉慕容宝："你爹已死了，为什么不早点儿回去?"慕容宝等人听后担忧恐惧不已，士兵们也都恐慌不安。

拓跋珪命陈留公拓跋虔率领骑兵五万驻屯在黄河东岸，派东平公拓跋仪带领十万骑兵驻屯在黄河北岸，又派略阳公拓跋遵带领七万骑兵堵在后燕军队的南边，阻止后燕大军渡河南下。后秦国主姚兴也派出杨佛嵩率军救援北魏。后燕大军与北魏大军隔着黄河僵持了二十多天。这时，后燕赵王慕容麟的部将慕舆嵩等人以为慕容垂真的死了，打算发动兵变，拥戴慕容麟为后燕国主。后来事情败露，慕舆嵩等人被处死，于是慕容宝与慕容麟相互猜忌。在这种情况下，十月二十五日，后燕大军焚烧了自己的战船，趁着夜色撤退了。当时，黄河水还没有完全冻结，慕容宝认为北魏大军难以渡过黄河追击，所以没有派出后卫掩护。

可是，想不到十一月初三，突然刮起北风，气温骤降，一夜之间，黄河冰封。拓跋珪率领军队北渡黄河，留下辎重粮秣，特别挑选了两万多精锐骑兵，急速追击后燕军队。后燕军队此时已撤退到参合陂（在今山西省阳高县东北），大风陡起，黑气弥漫，排山倒海般从后面压上来，瞬时笼罩住整个部队。随军高僧支昙猛提醒慕容宝说："大风迅猛，这是北魏军队就要赶到的征兆，应派兵殿后抵御。"慕容宝认为恰恰相反，所以不以为然。支昙猛反复请求，惹得赵王慕容麟要杀他。经支昙猛再三哭劝并在司徒慕容德的劝告下，慕容宝才派慕容麟率领三万骑兵殿后。慕容麟认为支昙猛是胡说，所以放纵部队边走边打猎，毫不在意，也没有任何警戒。慕容宝派出侦察北魏军队的骑兵，走了十多里路后，就都解鞍倒头大睡。

北魏军队日夜不停地追赶，十一月初九，追到参合陂西北，而后燕军队的营地就在参合陂东边，紧傍蟠羊山（在今内蒙古自治区兴和县西南）南面的河边，对敌行踪毫无知觉。拓跋珪连夜部署偷袭后燕军队，士卒衔枚，束住马口，悄悄地接近敌军。初十，太阳初升，北魏军队已登上山顶，俯视后燕军营。后燕军队正准备东行，抬头发现北魏大军已漫山遍野，士兵们大惊失色，一片混乱。拓跋珪下令进攻，后燕军队逃进河里，人仰马翻，压死和淹死的士兵数以万计。而略阳公拓跋遵率军又绕到后燕军队前方阻击，四五万后燕士兵惊恐万状，一时间全部放下武器投降，逃出来的只有几千人，太子慕容宝等人都是单人匹马逃走的。

北魏军队斩杀了后燕国右仆射、陈留王慕容绍，生擒了鲁阳王慕容倭奴、桂林王慕容道成、济阴公慕容尹国等文武百官数千人，缴获的铠甲、粮秣、辎重数以万计，又把全部俘虏活埋了。

拓跋珪在这一仗中，一是采用张兖假装疲弱，以卑而骄之的计谋，大步后撤，以骄敌心；二是断绝后燕军队与后方的联系，虚实相乱，制造谣言，夺气攻心，使后燕军队内部发生恐慌；三是利用后燕军队的麻痹心理，速追突袭，终于使北魏军全胜后燕。这场战争体现了拓跋珪非同一般的智谋。但是，坑杀几万降俘，不仅野蛮，更为不智。

267. 乞伏乾归破敌

（假传情报）

公元397年正月，后凉国主吕光因西秦国主乞伏乾归反复无常（先向后凉称臣，后又反悔），决定向西秦发动大规模进攻。

西秦的官员们听说后，都请求逃到东边的成纪（今甘肃省秦安县北）去躲避。乞伏乾归对大家说：“战场上决定胜败的因素，在于统帅头脑是灵活还是笨拙，不在于士兵人数的多少。吕光的军队将士虽多，可是缺乏纪律，他的弟弟吕延有勇无谋，不必在意。他的精锐部队都在吕延那里，吕延一败，吕光自然就逃走了。”

吕光驻军在长最（今甘肃省永登县南），派太原公吕纂等率领三万步骑兵进攻金城（今甘肃省兰州市）。乞伏乾归率军两万救援，还没有赶到，吕纂等已经攻陷金城。吕光又派将领梁恭等率一万多精锐部队，直指阳武下峡（今甘肃省靖远县境），跟秦州刺史没奕干会合，攻击阳武下峡东部；派天水公吕延率领枹罕（今甘肃省临夏市）军队，先后攻克临洮（今甘肃省岷县）、武始（今甘肃省临洮县）、河关（今甘肃省积石山县）。

面对这种局面，乞伏乾归使出诡计，让人向吕延呈献假情报："乞伏乾归部众崩溃了，正在向成纪逃亡。"吕延听说后，打算亲自率领轻骑部队追击，司马耿稚劝阻说："乞伏乾归勇气谋略都超过常人，怎么可能望风瓦解，匹马奔逃？以前，乞伏乾归击破王广、杨定，都是故意制造自己的弱点，引诱他们上当。何况那个送情报的线人，眼睛高抬，表情闪烁，定有奸诈。我们应高度戒备，步步为营，使步骑兵密切配合，然后出击，就没有攻克不了的道理！"

吕延对耿稚的劝告听不进去，命大军前进，果然跌入乞伏乾归的埋伏，吕延被杀。耿稚和将军姜显集结残兵败将，退回枹罕驻守。吕光也就率军退回姑臧。

乞伏乾归在这里用的是假传情报、骗人入套之策，使吕延信以为真，以为大有可图，最终钻入圈套。不是乞伏乾归太聪明，而是吕延太愚笨！耿稚看得很清楚，如果按他的打法，乞伏乾归的诡计未必能够得逞。

268. 桓修献计退军

（近利诱惑）

公元398年八月，因对会稽王、相国司马道子和谯王司马尚之兄弟当政不满，晋青、兖二州刺史王恭和豫州刺史庾楷、荆州刺史殷仲堪、广州刺史桓玄互相联络结盟，公推王恭为盟主，约定日期，大军同时向东晋京城发动攻击。

但是，西路军出师并不顺利，庾楷在牛渚（今安徽省马鞍山市西南）被司马尚之打得大败，单人匹马地投奔桓玄。王恭的司马刘牢之，在进军途中被收买，临阵突然倒戈，王恭在逃跑途中被捕后遭处斩。

不久，西路军南郡郡相杨佺期、桓玄率领的舰队，大破骠骑司马、丹阳尹司马恢之所属的舰队，进抵石头城（京城建康西北），殷仲堪率领的部队进抵芜湖（今安徽省芜湖市）。东晋朝廷急征数万人据守石头城抵御。杨佺期、桓玄等上疏替王恭申辩，要求诛杀刘牢之。刘牢之率领北府的部众赶往新亭（建康城西南）驻扎。杨佺期、桓玄看到后，脸色大变，将部队撤退到蔡洲（今江苏省南京市西南长江中的小岛）。朝廷因不清楚西路军的虚实，只看到殷仲堪的几万将士遍布京城附近地区，所以感到忧虑和压迫。

左卫将军桓修是桓冲之子、桓玄的堂兄，他对司马道之说："我已经清楚他们的内情，西路军的问题可以通过分化瓦解解决。殷仲堪、桓玄以下的将领全指望着王恭，王恭被杀以后，他们沮丧和恐惧交集。现在如果用重大利益去引诱桓玄和杨佺期，二人必然心中欢喜。桓玄可以制服殷仲堪，杨佺期也有可能倒戈，这样就可以拿下殷仲堪了。"

司马道之采纳了桓修的建议，委任桓玄为江州刺史，任命杨佺期接替郗恢为都督梁、雍、秦三州诸军事，兼雍州刺史，召回郗恢任尚书。还任命桓修为荆州刺史，暂兼左卫将军，带领其文武僚属，命刘牢之派一千士兵护送桓修到差上任。贬殷仲堪为广州刺史。派殷仲堪的叔父、太常殷茂去西路军大营宣诏，命殷仲堪立即退兵。

殷仲堪听到殷茂宣读的诏书，大怒，催促桓玄、杨佺期发动攻击。桓玄、杨佺期对朝廷的任命感到高兴，打算接受，对发动进攻犹豫不决。殷仲堪得到消息，就急忙从芜湖撤军返回，并派人告诉蔡洲大营的将士："你们如果不马上回撤，等我回到江陵，就屠灭你们全家！"杨佺期的部将刘系率领二千人首先返回。桓玄等人心中恐慌，匆忙向西撤退，一路上不敢停留，追到寻阳，才追上殷仲堪。

十月二十三日，三人在寻阳结盟，对天发誓，对抗朝廷，联名上疏给晋安帝司马德宗，替王恭申辩，请诛刘牢之和谯王司马尚之，并控诉道："殷仲堪没有犯罪，为什么独遭贬谪？"朝廷接到他们的奏章后，大为震骇，内外一片骚乱。于是，朝廷罢免桓修，命殷仲堪仍回荆州原位，颁下温和的诏书，希望和解，殷仲堪等这才接受诏命。御史中丞江绩弹劾桓修专为自己谋利，使朝廷疑惑而采取了错误的措施。晋安帝下诏，免除桓修官职。

桓修贡献给朝廷的是近利诱惑、分化瓦解之策。这种策略是封建专制统治者制衡和解决内斗的惯用伎俩，屡屡能够获得成功，非常灵验。只是当政者为求苟安，没有让这幕闹剧继续演下去，只好让桓修成为平息内斗的牺牲品了。

269. 刘裕钓敌上钩

（空城为饵）

公元400年十一月，晋朝宁国将军高雅之跟造反的孙恩部众在余姚（今浙江省余姚市）会战，高雅之大败，逃向山阴（今浙江省绍兴市）。晋安帝司马德宗下诏，命镇北将军、兖州和青州二州的刺史刘牢之兼任都督会稽等五郡诸军事，率军攻击孙恩，孙恩再度退回海上（今舟山岛）。刘牢之向东推进，驻防上虞（今浙江省上虞区），命参军刘裕驻防句章（今浙江省宁波市南）。

第二年三月，孙恩率部众向北直扑海盐（今浙江省海盐县），参军刘裕尾随追击，在海盐故城（今浙江省平湖市东南）构筑阵地。孙恩不久就来攻城，刘裕率军杀出阵地，斩杀了他的领将姚盛，打退了孙恩的部众。孙恩的部众虽败，但他知道刘裕城中的守军不多，又派部众杀回。

刘裕见城中军队太少，难以抵抗，就心生一计：传令在夜晚将所有军旗收起，将精锐主力部队全部撤下，埋伏起来。第二天清早，大开城门，只派了一些老弱残兵登上城墙。孙恩部众在城外远远望见此情形，大声发问：“刘裕哪里去了？”城上老兵回答：“昨夜已率领人马逃走了！”孙恩部众听后，见城内空虚，就一拥而入。刘裕突然发动埋伏军士，大破孙恩军队。孙恩见一时不能攻克，就放弃了海盐，向北推进，攻击沪渎（今上海市青浦区）。刘裕也放弃了海盐，尾随追击孙恩军队。

海盐令鲍陋派儿子鲍嗣之率领一千多吴地士兵，请求充当追敌前锋。刘裕对他说：“贼寇的军队十分厉害，东吴人又不习打仗，如果前锋失利，将会影响主力部队作战，你们可以跟在我们后面造声势。”鲍嗣之不听从。刘裕只好沿途埋伏大量的旗帜战鼓。等前锋一交战，各处伏兵全部发动，刘裕高举军旗，擂响战鼓，孙恩军队以为四面八方都有军队包围，马上撤退。鲍嗣之莽撞追击，结果战死。孙恩军队乘机反攻，刘裕且战且退，率领的士兵们死伤大半，后退到先前交战的地方，刘裕命左右脱去战死者的衣服，以显示从容不迫。孙恩军队怀疑有诈，不敢逼近。刘裕突然大声呼喊，全军顿时拼死反攻，孙恩恐惧，急行撤退，刘裕才脱离战场，率军返回。

十一月，时任晋下邳郡守的刘裕又追击孙恩到沪渎、海盐，再度击败孙恩等人，斩杀和俘虏敌军数以万计，孙恩只好从浃口逃回大海（舟山岛）。

刘裕在海盐守卫战中，以空城为饵，钓敌上钩，伏而击之，以少胜多；在其后的追击中，他先以故布疑阵获胜，后以虚张声势撤离，显示了出色的军事才能。刘裕身手不凡。

270. 沮渠蒙逊谋位

（一箭双雕）

北凉国主段业对京城张掖（今甘肃省张掖市）郡守沮渠蒙逊的勇敢善战和足智多谋暗中畏惧，打算将他打发得越远越好。沮渠蒙逊了解自己的处境，尽量忍受委屈，与外面不多接触。

沮渠蒙逊对他的哥哥、辅国将军沮渠男成说：“段公缺乏鉴赏和决断能力，不是平难息灾的领袖人物。从前，我们还顾忌索嗣、马权，现在他们全部遭到诛杀，段业已经失去了爪牙。我打算除掉他，拥戴哥哥你上位，你以为如何?”沮渠男成说：“段业本是一个孤独的外乡人，是我们沮渠家拥戴他登上王位的，他依靠我们兄弟，好像鱼儿离不开水。要知道，别人亲信我们，而我们反过来谋害他，这是一件凶事。”沮渠蒙逊于是请求当西安（今甘肃省山丹县西）郡守，段业也乐意他离开，就立刻批准了。

沮渠蒙逊表面上邀请哥哥沮渠男成一块前往祭祀兰门山（今甘肃省山丹县西南），暗中却命司马许咸向段业告密：“沮渠男成准备在休假日发动政变，如果有一天，他忽然请求祭祀兰门山，我的话就应验了。”沮渠男成那一天果然向段业请求祭祀兰门山。段业立即逮捕沮渠男成，命他自杀。

沮渠男成对段业说：“很显然，这是沮渠蒙逊的计谋：他先跟我密商，要我背叛，我因手足情深，不愿检举他。只因有我在，恐怕部众不听他的指挥，所以约我一同祭祀兰门山，他反过来诬陷我，是想借大王的手把我除掉。我乞请大王假称已将我处决，公布我的罪状，届时沮渠蒙逊必定叛变，然后让我奉大王之命前往讨伐，就可以制服他。”段业不听，斩杀了沮渠男成。

沮渠男成被杀后，沮渠蒙逊果然泪流满脸地对部众们说：“我哥哥对段业忠心耿耿，而段业却无缘无故冤杀了他，各位怎能不替他报仇?况且，当初大家拥护段业，为的是安定人心，现在却是遍地烽火，这证明他是难以庇护我们渡过灾难的。”沮渠男成一向受公众爱戴，所以群情激愤，都向着张掖进军，走到氐池（今甘肃省张掖市东）时，已集结一万多人。镇军将军臧莫孩率领他的军队也投降过来，羌人、胡人中有很多人起兵响应，沮渠蒙逊进军逼近侯坞（今甘肃省张掖市东）。

公元401年五月，沮渠蒙逊大军抵达张掖城下，已向沮渠蒙逊投降的右将军田昂的侄儿田承爱砍开城门，迎进沮渠蒙逊的军队，段业左右人等全部逃散。沮渠蒙逊入城，段业希望能放他回东方，与妻儿团聚，沮渠蒙逊不听，斩杀了他。不久，沮渠蒙逊被推举为大都督、大将军、凉州牧，赦免境内罪犯，改年号永安，成为北凉新国主。

沮渠蒙逊在这里采取暗中告密、布设陷阱、借刀杀人的策略，实现了一箭双雕的目的：既清除了自己最大的威胁（他哥哥），又利用哥哥被杀，施行哀兵之计，形成强大的力量，推翻了段业。沮渠蒙逊的邪智歪谋得逞了，最终坐上了北凉新国主的宝座。

271. 拓跋珪围柴壁

（围紧堵实）

公元402年五月，后秦国主姚兴派义阳公姚平、右仆射狄伯支等率领步骑兵四万人进攻北魏，姚兴亲率主力随后推进。姚平攻击乾壁（今山西省襄汾县东南），六十多天才攻克。七月，北魏国主拓跋珪派毗陵王拓跋顺及豫州刺史长孙肥等率六万骑兵为前锋，自己率领大军尾随开进，对后秦军队迎头痛击。

八月，拓跋珪率军抵达永安（今山西省霍州市），后秦姚平派勇将率精锐骑兵二百人前来侦察。北魏长孙肥迎战，将二百人全部活捉。姚平立即撤退，拓跋珪追击。八月初九，在柴壁（今山西省临汾市西南）追上了姚平，姚平据守，北魏把柴壁城团团围住。姚兴亲率后秦军四万七千人救援，打算进军天渡（柴壁在汾水东，天渡在汾水西），运粮接济姚平。

北魏随军的博士李先说："《兵法》上说：'居于高处，将被敌人围困；居于低处，会被敌人囚禁。'后秦军队同时犯了这两项错误。在姚兴来到前，我们应先派突击部队占领天渡，柴壁就可以不战而得。"拓跋珪下令兴筑重重围墙，加强包围圈的纵深程度，做到对内阻止姚平冲出来，对外防止姚兴援军攻进来。广武将军安同建议："汾水之东，有个叫蒙坑（今山西省襄汾县南）的地方，东西三百多里，无路可通。姚兴此来必然会沿汾水之西直逼柴壁，这样的话，敌军声势互相呼应，重围即使再坚固，也难以制伏他们。我们不如搭起浮桥，进到汾水西岸，筑起围墙来阻止他们，即使敌军逼近，他们也毫无办法施展。"拓跋珪采纳了他的建议。

姚兴抵达蒲坂（今山西省永济市），对北魏军队很畏惧，不敢前进，很久才向前推进。八月二十八日，拓跋珪率三万步骑兵，在蒙坑南面迎战姚兴，杀了一千多人，姚兴撤退四十余里，姚平也不敢出城。拓跋珪又分别派遣部队占据险要地势，使后秦军队不能接近柴壁。姚兴于是渡汾水，在西岸依山建营驻扎。姚兴还把柏树砍下，扔进汾水上游，让它们顺流而下，希望撞毁北魏军队所建的浮桥。北魏军队却从水中捞起它们用来劈柴煮饭。

十月，姚平坚守的柴壁粮食吃光、箭矢用完了。一天深夜，姚平率军向西南突围。姚兴的大营紧挨汾水西岸，擂动战鼓，高声呼喊，接应姚平突围。姚兴希望姚平拼命突围，而姚平则盼望姚兴攻击北魏军队的包围圈，好让他们突围成功。双方只在那里互相呼叫，却不敢强攻敌人的阵地。姚平不能突围，无计可施，只能率领部下投汾水自杀，很多将领都跟随姚平投水。拓跋珪派善游的将士用钩子把投水的后秦将士打捞上来，没有逃漏一个人，俘虏后秦将领四十多人，留在岸上的两万多士兵也全部束手就擒。姚兴在西岸眼睁睁地看着后秦将士因走投无路投水后被俘，却无法去搭救，全军恸哭，声震山谷。

姚兴几次派使者请求和解，拓跋珪拒绝，并乘胜进攻后秦的蒲坂，守将姚绪坚守不应战。正在此时，北方柔然打算攻击北魏，拓跋珪听到消息后，于十月十三日率军撤退。

姚兴打的这一仗，最终损兵折将，搬起石头砸了自己的脚。拓跋珪采取的计谋是：围得严严实实，堵得结结实实，让被围的出不来、救援的进不去。看起来好像算不上什么高明的智谋，但战争实践证明，能用好围紧堵实这一手，也是克敌制胜的好计谋。

272. 梁构答北凉王

（偷换标准）

公元402年底，后秦国主姚兴派遣使者任命南凉王秃发傉檀为车骑将军、广武公，任命北凉王沮渠蒙逊为镇西将军、沙州刺史、西海侯。第二年，后秦国派遣使者梁构来到北凉的都城张掖（今甘肃省张掖市），沮渠蒙逊问梁构："秃发傉檀被封为公爵，而我却只能被封为侯爵，为什么有这样的差别?"

梁构不慌不忙地回答说："秃发傉檀凶狠而狡诈，他对朝廷的忠诚还不十分明显，所以，朝廷才用看似尊贵的爵位和虚名来拴住他。将军您的忠诚可与太阳争辉，本来应该让您到朝廷去辅佐皇室执掌朝政的，但我们怎么能用那种虚假、不信任的态度对待您呢？我们圣明的朝廷授给爵位，一定要让它与功劳相称，像尹纬、姚晃，当初都是辅佐立国的大功臣，像齐难、徐洛，也都是名重一时的勇猛将领，但他们所封的爵位都没有超过侯爵和伯爵的，将军您为什么要居于他们之前呢？东汉时的窦融是个非常谨慎的人，他坚决推辞封给他高官，不愿让自己的官位居于旧臣老将之前，想不到将军会忽然提出这样的问题!"

沮渠蒙逊又问："朝廷为什么不就近将张掖封给我，却反而将遥远的西海（今青海省青海湖一带）封给我呢?"梁构回答说："张掖，将军您已经拥有了，之所以把遥远的西海封给您，是想扩大将军您的封国的范围罢了。"

沮渠蒙逊听了梁构的回答，十分高兴，于是接受了后秦的任命。

本来封爵高低是与功劳大小相对应的。可是，梁构在解释中给出的是忠诚的标准：南凉王凶狡、不够忠诚，为了笼络他，封他公爵；北凉王忠诚贯日，不能用虚假的态度对待他。看来，北凉王认同并乐于接受这样的解释。梁构采用的是偷换标准概念、发掘对方认同的方法，巧妙而得当地回答了这个颇为难答的问题。梁构是很有心智的。

273. 何无忌攻敌舫

（造势夺声）

公元403年九月，晋安帝司马德宗下诏擢升桓玄为相国，统领文武百官，以十个郡的采邑封他为楚王，加授九锡。十一月二十一日，晋安帝驾临宝殿，派遣兼太保、领司徒的王谧手捧皇帝的玉玺印绶，将帝位禅让给楚王、相国桓玄。桓玄于十二月初三正式登基。桓玄称帝后，晋朝的一些将领们互相联络，谋划起兵讨伐桓玄。

第二年二月，大家共同推举建武将军刘裕为征讨桓玄的盟主，总督徐州的行政事务。三月初二，刘裕率领征讨部队打败桓玄的部队进入建康，桓玄向西逃亡到寻阳（今江西省九江市）。三月初五，刘裕被推举为使持节、都督扬徐兖豫青冀幽并八州诸军事、徐州刺史。三月十四日，桓玄挟持晋安帝继续向西逃窜，四月初三，逃到江陵（今湖北省江陵县）。桓玄命武卫将军庾稚祖、江夏郡守桓道恭率领几千人增援龙骧将军何澹之，加强湓口（今江西省九江市、寻阳东）的防御。讨伐桓玄的青州刺史刘毅统领琅玡郡内史何无忌、义昌郡守刘道规等几支军队随后紧追。

何无忌、刘道规的部队尾追到了桑落洲（今九江市北长江中小岛）。四月二十三日，何澹之等人带领水师迎战。何澹之平常所乘坐的船只装饰得很华美，旌旗插得很多。何无忌说："敌寇的首领一定不会坐在这条船上，不过想欺骗我们罢了，我们应该尽快进攻它。"众人说："何澹之不在这条船上，即使缴获了它也没有什么用处。"何无忌说："现在敌众我寡，我们此战没有必胜的把握。何澹之既然不坐在这条船上，那船上的战斗力一定薄弱，我们以强力进攻，一定能缴获这条船；缴获了它，那么敌人的气势就会受挫，我们的气势就会倍增。这样的话，我们就一定能打败这些敌寇。"刘道规应声说："非常对！"

于是，他们带兵前去猛攻那条船，把它缴获了，并乘势大声呼喊道：“已经活捉到何澹之了！”何澹之军中大为惊惧，纷扰四起，何无忌的军队也以为真的是这样，士气大振，于是乘胜大举进攻何澹之等人的部队，把他们打得大败。何无忌等人攻克了湓口，开进寻阳据守，并派遣使节将装着晋室宗庙的祖先牌位的石匣送回京城。朝廷加授刘裕为都督江州诸军事。

何无忌攻击敌舫就是将小事大作，采用的是巧用机缘、造势夺声的策略，果然达到了长我士气、灭敌气势的目的，打败了敌军。

274. 刘勃勃打游击

（出其不意）

赫连勃勃是匈奴酋长刘卫辰的幼子，原名刘勃勃。他身材魁梧、容貌漂亮、仪表堂堂、生性善辩、聪慧机智，先是投奔后秦，后秦高平公没奕干把女儿嫁给了他。后秦国主姚兴对赫连勃勃的宠爱和赏赐，甚至超过了功臣旧属。姚兴的弟弟姚邕劝说他道：“赫连勃勃这个人不可过于亲近。”姚兴并不重视，仍任命赫连勃勃为安北将军，封五原公，并把三交（今陕西省榆林市境内）地区的五个鲜卑部落及其他杂族两万多家交给他，让他镇守朔方（今内蒙古自治区杭锦旗北）。

公元402年十月，后秦跟北魏和好，赫连勃勃听说后非常愤怒，于是谋划背叛后秦。正巧这时，柔然可汗郁久闾社仑向后秦进贡八千匹马，走到大城（今内蒙古自治区左杭锦旗东南）的时候，赫连勃勃把马匹全部抢走，并把自己的三万多部众集结在一起，假装去高平川（今宁夏南部清水河流域）打猎，却借机突然袭击杀死了后秦高平公没奕干，并且吞并了他的部众。赫连勃勃自以为是夏后氏的后代，公元407年六月，自封为大夏天王、大单于，下令大赦，改年号为龙升，设置文武百官。

当年冬，大夏王赫连勃勃先攻破了鲜卑族首领薛干等三个部落，收降了他们的部众一万多人。他又进攻后秦三城（今陕西省延安市东南）以北各个边防要塞，斩杀了后秦将领杨丕、姚石生等人。他的部将们都说："陛下如果打算夺取关中，就应该首先巩固自己的根基，使我们的人心中有一个寄托凭借的地方。高平这地方山高河深，地势险要，容易驻守，土地又很富饶肥沃，可以在这里建立都城。"

赫连勃勃对将领们说："你们只知其一，不知其二。我的宏伟大业才不过刚刚开始，士卒部众还不够多。姚兴也是一代英雄，他的那些将领又都肯为他效命，关中之地是不可能轻易攻取的。我们现在如果只是固守一个城池，他们一定会倾全力向我们发动进攻，我们兵力少，绝不是他的对手，恐怕会立趋灭亡。不如像现在这样，率领骁勇的骑兵四处出击，来去如风，出其不意，他们营救前面，我们便袭击后面，他们营救后面，我们便袭击前面，使他们疲于奔命，自顾不暇，我们却游击四处，猎取现成的食物，从容自若。这样，用不了十年，岭北（今陕西省礼泉县后九嵕山以北）、河东（今山西省西南部）的大片地区就会全部是我们的了。等姚兴死后，他继位的儿子昏庸懦弱，我们就可以慢慢夺取长安，这些都在我的谋划之中。"从此，他们进扰抢掠岭北地区，岭北各个城池连白天都不敢打开城门。

看到这种情况，姚兴才叹息说："我不听信姚邕的话，才弄到今天这个地步。"

二十世纪三十年代，毛泽东总结出游击战争十六字基本原则：敌进我退，敌驻我扰，敌疲我打，敌退我追。这种战术成为以弱胜强的经典杰作。在一千五百年前，赫连勃勃就对游击战术有所领悟，提出不能"专固一城"，而应出其不意，救前而击后，救后则击前，使敌疲于奔命，并成功于一时。这说明赫连勃勃智商够高。

275. 刘穆之劝刘裕

（直接对话）

公元408年正月，晋南平郡公、左将军刘毅等人不希望讨伐桓玄的勤王军队首领、镇军将军刘裕留在朝中辅佐政事，因而提议任命中领军谢混为扬州刺史，也有人提出让刘裕在丹徒（今江苏省镇江市东）兼管扬州，而把朝中的政务直接交由孟昶实际管理。朝廷特意派遣尚书右丞皮沈带着这样两个方案，前去征询刘裕的意见。

皮沈首先见了刘裕的记室录事参军刘穆之，把朝廷中讨论的情况简要告诉了他。刘穆之假装起身上厕所，秘密地写了纸条告诉刘裕："皮沈说的话，千万别听从。"

刘裕接见了皮沈，寒暄后送他出去，又召唤刘穆之进来询问对策。刘穆之说："晋朝廷对朝政失去控制已很久了，现在天命已经转移。您兴复皇室，功高德彰，地位重要，在今天的形势下，怎么还能一味谦让，而去永远做一个守着藩地的普通将领呢？刘毅、孟昶等人和您一样从平民起家，当年共同倡导大义，谋取富贵。因举事的时候，有先有后，所以当时便都推举您做了盟主，他们并不是对您诚心诚意、心服口服，更不是与您有君臣的名分。所以，当他们的力量与您相当、地位又与您差不多的时候，终究是要互相吞并、排挤的。"

刘穆之接着说："正因如此，京畿扬州是可以起到决定性作用的根本所在，决不可以把它拱手让给别人。上一次把它授予王谧，不过是权宜之计，这次如果再把它交给别人，那您可就要受到别人的制约了。权柄一旦失去，再想得到就没有机会和理由了，那样一来，将来的危险会难以想象。现在，朝廷中有这样的议论，您应该乘机表明态度做出答复。但是，如果您难以启齿说这个职位只有您合适，不妨这样说：'中央地区是治理国家的根本，宰辅的地位崇高显要，选定这样官员的事关系重大，不可在外地随便发几声空议论敷衍，我将尽快进京上朝，再与你们一起充分交换意见。’您到了京城，他们就不敢越过您再把这官职委派给别人了。”

刘裕听从了刘穆之的建议，朝廷于是征召刘裕任侍中、车骑将军、开府仪同三司、扬州刺史、录尚书事，他原来的徐、兖二州刺史的职务仍然兼任。刘裕上疏辞让兖州刺史，另任命诸葛长民为青州刺史，镇守丹徒。

刘穆之是劝刘裕跳过“二传手”皮沈，直接与最高当局者对话面晤，果然达到了目的。很多时候，中间环节往往成事不足，刘穆之正是看透了这一点！

276. 刘裕料敌如神

（知己知彼）

公元409年二月，南燕国将领慕容兴宗、斛谷提、公孙归等率领骑兵进扰晋朝边境，攻克宿豫（今江苏省宿迁市），大肆抢劫掳掠而去。不久，公孙归又攻击晋济南郡，俘虏一千多人而回。在此情形下，彭城（今江苏省徐州市）以南的晋朝民众都纷纷筑堡修寨聚集起来自保。

三月，晋中军将军刘裕上表请求讨伐南燕，群臣议论纷纷，都认为不可，只有左仆射孟昶、车骑司马谢裕、参军臧熹认为一定会取胜，鼓励刘裕出征。四月十一日，刘裕亲率北伐军队从建康出发，由淮河进入泗水。五月，晋军抵达下邳（今江苏省睢宁县北），留下舰船、辎重，步行进军琅琊。所经地方，都修堡筑城，留军守卫。

有人对刘裕说：“南燕军队如果堵住地势险要的大岘山（今山东省临朐县南沂山），或者坚壁清野，固守城池，那么我军不但不能建功立业，恐怕连家都回不了，那可怎么办呢？”刘裕说：“我对这些因素已考虑清楚。鲜卑人贪图近利，没有长远眼光，前进时只盼能多多掳掠抢夺财物，后退时却生怕踩坏田里的庄稼，认为我们孤军深入，势难持久。他们最多进军防守临朐或退守京城广固（今山东省青州市），一定不会据守险要或者坚壁清野。这一点，我敢向各位保证。”

南燕国主慕容超听到晋军前来进伐的消息，召集群臣商议对策。征虏将军公孙五楼说：“晋军快速果断，利在速战速决，不可与他们争锋。我军应据守大岘山，扼住咽喉，让他们无法深入。这样拖延时间，削弱他们的士气，然后挑选精锐骑兵两千人，沿海岸往南开进，切断他们的粮道。另外，让兖州刺史段晖率领兖州军队，沿梁父山东下，实现对晋军腹背夹击，这是上策。命令各地官员凭险固守城池，留够必需的粮食物资，余下的全部烧毁，再把田里的庄稼割光，让敌军得不到东西补充给养。敌军想吃饱没粮食，求作战无人应战，十天半月，什么都不用做，就可以克制他们，这是中策。但如果放晋军进入大岘山，我们再出城迎战，这可是下策。”

慕容超却认为：“今年的吉星在三齐，我们不用打仗也能战胜敌军；敌军进入我们的领土作战，我们是主，形势对我们有利；更何况，他们远道而来，疲惫不堪，一定不能持久。我们据守五州，人民富庶，铁甲骑兵数万，庄稼遍布田野，为什么要迁移百姓，割光庄稼，先行削弱自己呢？不如放他们进入大岘山，我们再派精锐骑兵冲锋陷阵，践踏他们，何必担心不胜？”慕容超不听辅国将军、广宁王慕容贺赖卢和太尉、桂林王慕容镇等人的苦苦劝谏，下令撤回莒城、梁父二地的守军，加强修筑广固的防御工程，挑选将士兵马，严阵以待晋军到来。

晋军沿途北上，一直没有遇到南燕军队的阻截，等过了大岘山，刘裕举手上指，感谢上苍，掩饰不住心中的喜悦。左右兵士问：“你还没有看到敌人，就自己先高兴起来，这是为什么？”刘裕说：“大军已通过险地，士兵们没有退路，心怀拼死作战的决心；粮草都储存在田地里，大军不必为缺粮草而担忧，敌军已落入我们的掌握之中了。”此后，晋军在刘裕的指挥下，果然节节取胜。

“将在谋而不在勇，兵在精而不在多”，这是兵家取胜的至理名言。慕容超刚愎自用无大谋，不能采纳正确的应敌良策，难免失败。刘裕能知己知彼，对敌将的意图了如指掌，使本军将士皆怀决战之心，终操胜券。将帅智谋的高低决定战争的胜败，此战是又一佳例。

277. 胡藩潜师克敌

（出奇制胜）

公元 409 年六月十二日，刘裕率领征伐南燕的军队抵达东莞（今山东省沂水县东北）。

南燕国主慕容超原先已派遣征虏将军公孙五楼，辅国将军、广宁王慕容贺赖卢和左将军段晖等人，率领步骑兵五万人屯驻在临朐（今山东省临朐县），听说晋军已经通过大岘山，便亲自带领步骑兵四万人前去临朐增援，并令公孙五楼率领骑兵开进巨蔑水（流经临朐县南，即今弥河）据守。晋军的前锋孟龙符攻击公孙五楼，将他打得大败，公孙五楼撤退。

刘裕出动四千辆战车分为左右两翼，排成方阵缓缓向前推进，在临朐城南与南燕军队交战，直到太阳渐渐西移，双方还没有决出胜负。这时，晋参军胡藩向刘裕建议说："南燕出动全部人马与我们交战，现在临朐城中的守军一定很少。我愿意带领一支骑兵部队，出其不意，从小路去攻夺这座城池，这是韩信用来击败赵国的办法。"

于是，刘裕就派胡藩和咨议参军檀韶、建威将军向弥偷偷地率军队绕到南燕军队的后面进攻临朐，并自称是从海路直接赶来增援的轻装部队。向弥身披铠甲，首先登上城墙，终于攻破该城。慕容超听说临朐被攻占后，大吃一惊，单人匹马地赶到城南去同在那里作战的段晖会合。

刘裕乘机发动大军奋力猛攻，南燕军队大败，段晖等十多名将领被斩杀。慕容超逃回京城广固。晋军缴获了他的玉玺、车銮及挂在辇车后的豹尾。刘裕乘胜追击，一直追到广固（今山东省青州市）。

这显然是采用出其不意、攻其不备的计策，突袭敌军的薄弱环节，达到出奇制胜的目的。胡藩率领的奇兵果然为夺取该战的胜利立下了大功。

278. 吓阻后秦救援

（以诳对诳）

公元409年七月，刘裕包围了南燕京城广固并攻克了外城。南燕国主慕容超聚集军队进入内城据守。慕容超派人向刘裕提出割让大岘山以南地区的讲和请求，并愿做晋朝的藩臣，刘裕没有答应。同时，慕容超还派尚书令韩范向后秦请求救援。

后秦王姚兴派遣使者来对刘裕说："慕容氏与我们相邻，关系友善。现在你们晋国这样急迫地进攻他们，我后秦已派遣十万精锐强壮的骑兵屯聚在洛阳。你们的军队如果不撤回，那我们就要长驱直入了。"刘裕把后秦的使者叫到跟前来说："告诉姚兴，我打败南燕国之后，停止军事行动三年，然后就要去夺取你们的关中、洛阳。你们今天要是能自己送上门，就请快点儿来吧！"

记室录事参军刘穆之听说后秦的使节来了，就骑着快马来拜见刘裕，但后秦的使者已经离开了。刘裕把自己说的这番话告诉了刘穆之。刘穆之埋怨说："平时事无大小，您都会找我商量，这件事情太重要了，应该仔细考虑之后再决定，怎么可以贸然地回答呢？您所说的这番话不但不足以威慑敌人，反而会激怒他们。如果广固还没有攻下来，而那些羌族的敌寇（姚兴）又突然到来，您怎么对付他们？"

刘裕笑着说："这是用兵之道，不是你所能明白的，所以才不告诉你。大凡用兵，贵在神速，他们如果真的要赶来救援的话，一定会怕我们知道，哪里还能事先派出使者前来通知我并说这番话呢？这是他们的大话！晋军不外出征战已经很久了。羌人看到我们大举讨伐三齐之地，心中已经开始畏惧。他们连保全自己都来不及，怎么还能去救援别人呢？"

事实正如刘裕所预料的，后秦援军迟迟未来。第二年的二月，广固城被攻破，慕容超被俘，南燕灭亡。

刘裕以谎对谎、以诳对诳，也是一种将计就计之法。这一招确实有效，后秦的援军始终没有出现。战争既是力量的较量，更是智谋的角逐，刘裕能从夸大之词中看透实情，又反用其道，以夸大之词吓阻敌援，这正是他谋识过人的地方。

279. 拓跋嗣行大赦

（主动解脱）

公元409年十月十七日，北魏国主拓跋嗣即位。因为郡县之中的土豪劣绅大多成为百姓的祸患，所以，他在第二年正月，就用措辞温和、条件宽厚的诏书征召他们全部来京。这些豪绅留恋故土，不愿意迁往京城，而郡县官吏又逼迫他们上路，于是，一些刁横无赖的年轻人逃出来后又都聚集在山窝草泽之中，因此，各地的盗贼蜂起。

拓跋嗣召集"八公"共同商议这件事说："我本打算为民除害，但地方官吏却不能对他们进行安抚，反而迫使他们纷纷起来叛乱。现在，犯罪的人已经很多了，又不可能把他们全部杀掉，我打算下令大赦境内，使他们安心，怎么样？"

元城侯拓跋屈说："百姓逃亡出去做了盗贼，不治他们的罪反而赦免，这是在上位的尊贵者反过来向在下位的卑贱者低头，不如诛杀为首作恶的，而赦免那些附和的党羽。"

白马侯崔宏说："圣上统驭万民，目的就是要让他们安定，不是要和他们较量谁胜谁负。因此，大赦虽然不是最好的办法，却可以通达权变。拓跋屈提出要先诛后赦，是'杀'和'赦'两个步骤都不能免，哪里比得上只一个'赦'就可以把他们平定了呢？大赦之后，如还有人不肯听从，再杀不晚！"

拓跋嗣听从了崔宏的意见。公元410年二月初一，他派遣将军于栗磾带领骑兵一万人，讨伐抗拒大赦令而仍然作乱的人，所到之处，全部平定。

刚刚登上国主宝座的拓跋嗣听从崔宏的建议，采用主动解决矛盾的大赦之策，漂亮地解决了一场内乱。凡是理智的统治者都应该做出这样的选择。

280. 计除诸葛长民

（故意误时）

公元412年九月，晋朝廷发布皇帝诏书，宣布卫将军、荆州刺史刘毅罪状，太尉刘裕率领晋朝大军前往征讨刘毅。豫州刺史诸葛长民被任命为监太尉留府事，主持军政。刘裕怕诸葛长民难以单独担负重任，再加授丹阳尹刘穆之为建武将军，设建武将军府，以防意外。

九月二十九日，刘裕抵达姑孰（今安徽省当涂县），任命王镇恶为振武将军，跟龙骧将军蒯恩率一百艘舰艇，在主力舰队前，先行出发，不分昼夜，逆江前进。十月二十二日，王镇恶领兵攻下江陵（今湖北省江陵县），刘毅在逃跑途中上吊自杀了。

诸葛长民骄横任性、贪污奢侈、违法乱纪，遭到吏民痛恨，害怕刘裕将他治罪。当他听到刘毅自杀的消息后，就对左右亲信说："前年杀彭越，今年杀韩信，大祸就要降临了。"借刘邦讽喻刘裕。诸葛长民之弟、辅国大将军诸葛黎民也游说他的哥哥，说："刘毅家覆灭，使诸葛家恐惧，应在刘裕未回京前，先下手为强。”诸葛长民犹豫不决。

时在江陵的辅国将军王诞报告刘裕，要求先东下返回京城，刘裕说：“诸葛长民已怀疑心，你怎么还敢随便前往？”王诞说：“诸葛长民知道我一向受您的垂爱照顾，而今独自轻装回去，可使他认为您对他没有误会。”刘裕肯定他的勇气，同意让他先回去。

公元413年二月，刘裕从江陵东下返京（建康，今江苏省南京市），先行把辎重物资快速陆续运回，但军队却屡屡没有按照规定时间行进，总是停留不前，以致诸葛长民和公卿大臣们每日到新亭（建康城西南）迎接，都因延期没有接到。二月三十日夜，刘裕乘轻便快艇到达建康城南东府。

三月初一一大早，诸葛长民得知消息，大吃一惊，急忙前往晋见。刘裕命丁旿等力士埋伏停当，然后接待诸葛长民入座，屏退左右，只留下他们二人闲话。凡是平日里没有尽情说出来的话，在闲话中都一一说了出来，诸葛长民以为误会已消，十分高兴。这时，丁旿从帐幕后出来，在座位上抓住诸葛长民，击断他的肋骨，将他殴击至死，并命侍从将他的尸体送交廷尉处定罪。然后，命人逮捕并杀害诸葛长民的弟弟诸葛黎民、幼弟诸葛幼民和堂弟宁朔将军诸葛秀之。

刘裕先是同意亲信王诞独自回京，以麻痹诸葛长民；然后，故意误时，让朝中大臣摸不准他回来的准确时间；最后，布设一个温馨的陷阱，在诸葛长民欢欣释怀之时，突施袭击杀之。其实，诸葛长民虽有不满之心，却无反叛之胆。刘裕在逼死刘毅后，又设计除掉诸葛长民，无非是急于为他不久后废晋帝自立扫清道路。

281. 刘钟劝朱龄石

（直陈利害）

公元412年十二月，根据太尉刘裕的推荐，晋朝廷任命朱龄石为益州刺史，率领宁朔将军臧熹、河间郡守蒯恩、下邳郡守刘钟等，向西蜀发动征伐。刘裕还将征伐刘毅的大军分出一半——两万人，配备给朱龄石。

刘裕与朱龄石秘密商议进军策略，刘裕说："刘敬宣当年出兵沿内水（涪江）到黄虎（今四川省射洪县），无功而返。敌军会认为我们这次可能会从外水（岷江）进军，但更会认为我们会出其不意地仍沿内水进攻。所以，西蜀的重兵一定会集中在涪城（今四川省绵阳市）严守内水。如果我们向黄虎进军，就正好落入他们的圈套。因此，我大军主力应顺外水直扑成都，另派一支迷惑敌军的部队从内水进军，这是克敌制胜的奇计。"为了防止泄密，刘裕另写一封密信给朱龄石，信封上写道："到白帝（今重庆市奉节县东）再打开。"所以，征伐大军开拔后，没人知道进军路线。

公元413年五月，晋军抵达白帝，朱龄石拆开刘裕的密信，上面写着："大军全部从外水北上，攻取成都；臧熹从中水（今沱江）攻取广汉；年老体弱的官兵乘坐十多艘高大战舰，从内水向黄虎开进。"于是，三路大军日夜兼程，向前推进。西蜀国主谯纵果然命辅国将军谯道福重兵镇守涪城，严防内水。

朱龄石率领大军进抵平模（今四川省彭山区南），离成都二百里。谯纵派秦州刺史侯晖、尚书仆射谯诜率军一万余人驻守平模，在岷江两岸建筑城堡来抗拒晋军。朱龄石问刘钟："现在天气炎热难耐，而敌寇凭险严守，发动攻击未必奏效，只会白白增添士卒们的疲惫。我考虑暂时让兵士们休整，养精蓄锐，等待有空隙可乘，你认为如何？"

刘钟答道："不能这样！先前我们扬言大军从内水进攻，谯道福因而不敢离开涪城。现在，我们的主力突然在这里出现，大出他们的意料，侯晖之辈已经吓破了胆。敌军之所以把守险要，挡住我们的去路，正说明他们心中恐惧，不敢正面交战。我们应趁他们恐惧不安之时，集中投入所有精锐进行全力攻击，一定可以成功。攻克平模后，我们就可擂动战鼓，奋勇直前，成都他们绝对守不住了。相反，如果我们延缓进攻，稍做休整，敌人就会摸清我们的虚实。如果守卫涪城的敌军主力突然聚来，跟平模的守军会合，共同抵御我军，敌军军心可安定，良将得以聚集，这样的话，我军求战而不可得，军粮也供应不上，两万多大军就要成为他们的俘虏了。”朱龄石听从了他的意见，指挥大军猛攻守敌，攻克岷江北、南二城，直扑成都。

七月五日，谯纵放弃成都逃跑。九日，朱龄石进入成都。谯纵走投无路，上吊自尽，谯道福被俘斩杀，西蜀国灭亡。

刘钟以单刀直入、直陈利害的方法，指出缓兵休整会带来的危害，终使朱龄石改变了主意，实现了刘裕的战略意图。在攻击西蜀这一仗中，刘钟对朱龄石的智睿劝告，功不可没。

282. 檀祗智退暴徒

（乱点更鼓）

公元414年，叛离晋朝、亡命在外多年的司马国璠、司马叔璠兄弟（晋河间王司马昙之子，为避桓玄之乱，于公元406年投奔南燕），聚集了部众几百人偷偷渡过淮河，趁一个阴沉的夜晚，突袭广陵（今江苏省扬州市）城衙。当时的青州刺史兼广陵郡相是檀祗。

当司马国璠这伙暴徒攻入厅堂时，檀祗听到消息，震惊不已，急忙出来探视，打算组织部众抵拒，却被乱箭射伤，只得退回。

面对突发状况，一时又难以调集人马，檀祗沉思片刻，心生一计。他吩咐左右侍从说："贼寇乘夜入城，就是要杀我们一个措手不及。现在快去找值更人员，叫他们立刻敲出五更鼓，贼寇听到鼓声响起，怕天亮脱不了身，就一定会撤走。"

左右侍从传下命令，不久，五更鼓响起，司马国璠急忙率领这伙暴徒逃出城外。

在被暴徒围困、身负创伤的情形下，檀祗临危不乱、智从心生，用乱点更鼓的办法，制造假象，扰敌心神，破解危局，真令人拍案叫绝。檀祗的这一应急智谋，实在难得！

283. 摆却月阵破敌

（以守为攻）

公元417年三月，晋太尉刘裕率领军队北上讨伐后秦。大军沿着黄河南岸西进，北魏派出几千骑兵沿着黄河北岸跟随晋军行进。

晋军士兵在南岸用长达百丈的绳子牵引战船，因风急浪高，有的绳子突然绷断，战船漂到北岸，船上的晋军士兵都被北魏军队诛杀抢掠。刘裕派军队上岸攻击，晋军一上岸，北魏军队就逃走了，等晋军回到船上，北魏军队又返回岸边。

四月，刘裕派白直队主（相当于侍卫长）丁旿统领武士七百人、战车一百辆，登上黄河北岸，在距河岸一百步的地方，布下一个却月阵（半圆月阵）。却月阵背靠河岸，状如新月，中间向外凸出，两端绕过来连着河道。每辆战车上安排七个武士。却月阵布置完毕，在阵中竖起一面白色羽旗。

北魏军队不明白晋军想干什么，所以不敢轻举妄动。刘裕先派宁朔将军朱超石严加戒备，准备出战。等却月阵中的白旗一举起来，朱超石就率领两千士兵飞奔进去，携带大弩一百张，每辆战车上增加二十人，并在车辕上设置挡箭板。北魏军队看到战阵已经完成，就开始进逼包围。北魏司徒长孙嵩又带领三万骑兵前来援助，从四面八方向却月阵展开肉搏冲锋。晋军的大弩不能阻止敌人进攻的势头。

当时，朱超石另外还带了一些大铁锤和一千多支长铁矛，这时，他就命人把长铁矛折成三四尺长一截，用铁锤将铁矛敲打锋利，用力投射出去，一支铁矛射出就能贯穿三四个人的胸脯。北魏士兵招架不住，一时间全部四散奔逃，阵亡将士的尸体堆积如丘。

晋军又在战场上杀死了北魏冀州刺史阿薄干，北魏军队败退，逃回畔城（今山东省聊城市西）。朱超石率领宁朔将军胡籓、宁远将军刘世祖乘胜追击，又一次大败北魏军，斩杀和俘虏了数以千计的敌人。

摆出却月阵让敌军不敢轻举妄动，而投射出来的铁矛杀伤力巨大，结果是两千多人竟然击退了几万人马的进攻。这是一个采用以守为攻计策、实现以少胜多的突出战例。

284. 王镇恶败姚泓

（自断退路）

公元417年八月初二，晋太尉刘裕抵达潼关（今陕西省潼关县北）。龙骧将军王镇恶请求率领舰船部队由黄河入渭水，进攻后秦都城长安，刘裕准许。王镇恶的舰队进入渭水后，逆水而上，向长安进发。舰队由艨艟小艇组成，划桨的将士都隐蔽在艇仓之内，从外面看，只看见艇前进，却看不见人。后秦的百姓和将士们都没见过这种情形，大为惊奇，以为有神相助。

八月二十三日一早，舰队抵达长安之北的渭桥，王镇恶令将士们进餐。餐后，全部人马上岸登陆，谁不离船登陆，立马诛杀，很快，所有舰艇上空无一人。王镇恶让这些舰艇顺渭水随波东下，倏忽之间，所有舰艇全部消失。当时，后秦国主姚泓的御营还有几万大军，王镇恶对众将士说："我们的家乡在江南，这里是长安的北门外，离家有万里之遥。现在舰艇、衣物、粮秣都已随水而去。今日进攻，战胜自然立功显名，而战败连尸骨都运不回去，没有别路可走，大家努力吧!"

说完，王镇恶就身先士卒，冲在前面，士兵们气势激昂，踊跃战斗，争着向前，结果大败后秦守卫渭桥的姚丕部队。姚泓率军急援渭桥，却被败退下来的姚丕败军冲击践踏，还没有接战就溃不成军，镇西将军姚谌等全部阵亡，姚泓单人匹马逃回皇宫。王镇恶于是从平朔门（长安城北门）进入长安城。姚泓与车骑将军姚裕等带着几百名骑兵逃奔石桥（长安城东北）。东平公姚赞听说姚泓战败，急忙率军前来救援，可是，兵无斗志，一下子都溃散了。

姚泓打算出来投降，他的儿子姚佛念才十一岁，对父亲说："晋国人势必要在我们身上达到目的而称心快意，就是投降了也不能免死，不如自杀吧!"姚泓听后心中悲伤，没作回答，姚佛念爬上宫墙，自己跳下摔死。八月二十四日，姚泓带着妻子儿女和群臣到王镇恶军营请降，王镇恶将他们逮捕，投入监所。

九月，刘裕到达长安，王镇恶到灞上迎接。刘裕慰劳他说："成就我霸业的人，就是你啊!"后来，刘裕又把姚泓送到建康，将他在街市上斩首示众。

王镇恶使用的"自断退路"这一招，其实是"置之死地而后生"之策的具体灵活运用。用这种办法，为将帅者，他的综合分析、随机应变和果敢决断的能力都要强，否则的话，这一招就可能会导致彻底失败而贻笑大方。

285. 北凉击灭西凉

（声东伏西）

公元420年七月，北凉国主沮渠蒙逊打算攻伐西凉，就先在东面进攻西秦的浩亹（今甘肃省永登县西南）。北凉的大军一到浩亹，沮渠蒙逊立刻秘密回军，将军队暗暗进驻川岩（今甘肃省张掖市西南）。

西凉国主李歆得知沮渠蒙逊进攻西秦浩亹的消息，就想乘北凉西部防务空虚，进攻张掖（今甘肃省张掖市）。右长史宋繇、左长史张体顺极力劝阻，李歆听不进去。李歆的母亲、太后尹氏也警告李歆说："沮渠蒙逊善于用兵，你不是他的对手。这些年，他一直想吞并我们。你的王国虽小，但足够你推行善政，修德养民，以静制动。沮渠蒙逊如果昏庸暴虐，百姓自然会归附你；如果他为政英明，你就应该侍奉他。怎么能轻举妄动，希望侥幸取胜呢？以我判断，此次出战，不仅会使我军受损，还会使国家灭亡。"李歆仍然听不进去。宋繇叹息说："到了这种地步，大势已去了！"

李歆率领步骑兵三万人从京城酒泉（今甘肃省酒泉市）向东进发。沮渠蒙逊听说后，十分高兴，说："李歆已经跳进了我的圈套！但如果让他知道我调回了军队，设下了埋伏，他一定不敢继续前进。"于是，沮渠蒙逊声称在西部边境已经攻克浩亹，并下令还要攻击那里的黄谷。李歆得知后，大喜若狂，指挥大军开进都渎涧（今甘肃省张掖市西）。沮渠蒙逊指挥早已部署在那里等待西凉军的北凉军队发起攻击，双方在怀城（今甘肃省张掖市西）决战，李歆的西凉军大败。有人劝李歆退回酒泉，保卫京都，李歆说："我违背娘亲教诲，以致失败，不杀掉这个胡蛮，有什么脸面去见老母？"于是，他率军在蓼泉（今甘肃省张掖市西）与北凉军再战，西凉军又大败，李歆被杀。

李歆的弟弟、酒泉郡守李翻等人，向西逃往敦煌（今甘肃省敦煌市）。沮渠蒙逊进入酒泉，禁止抢掠，百姓生活安定。任命宋繇为吏部郎中，掌管文官的任免。西凉以前的臣僚中，有才干声望的都以礼相待，并征召为官。沮渠蒙逊回到都城姑臧（今甘肃省武威市），见到被俘的西凉尹太后，当面安抚慰问她。尹太后说："李家被胡人灭掉，还有什么可说的。"有人对她说："现在，你们母子的性命都握在别人手中，怎么可以这样傲慢！而国家灭亡，儿子被杀，你却一点儿忧愁都没有，这是为什么？"尹太后说："生死存亡，自有天命，为什么要像普通人那样，作小儿女的悲伤呢？我只是个老太婆，现在国破家亡，怎么还能贪恋余生，做别人的臣妾呢？只求早死，就算万幸了。"沮渠蒙逊得知后，非常赞赏，不再加罪，并为儿子沮渠牧犍聘娶了尹太后的女儿。

不久，李歆的弟弟、敦煌郡守李询向北凉投降被拒后自杀，西凉国灭亡。

沮渠蒙逊在这一仗中采用虚实相乱、声东伏西的谋略，击灭了西凉。李歆似乎是个蠢莽之夫，实在不是沮渠蒙逊的对手。如果李歆有其母一半的见识，也许就不会输得如此之惨！

286. 刘裕杀晋恭帝

（制造空当）

晋恭帝司马德文是在公元 418 年冬天，被宋公刘裕从琅琊王拥立为帝的。一年半后，司马德文让位，宋王刘裕即帝位，成为南朝宋开朝皇帝宋武帝。司马德文被封为零陵王，皇后褚灵媛被降为王妃。

刘裕虽然称帝，但恐晋皇室死灰复燃，除去废帝成了他心上一件大事。但明目张胆杀之，有失人心。经过思索，刘裕心生一计，将一瓦罐毒酒交给曾担任琅琊王郎中令的张伟，让他献给司马德文而毒杀之。张伟领命后，叹息着说道："毒杀君王而求活命，还不如一死。"于是就在路上自饮毒酒而亡。

太常褚秀之、侍中褚淡之，二人都是以前的皇后、现在的王妃褚灵媛的哥哥，他们俩虽然是皇亲，但都效忠于刘裕。以前，司马德文的妻妾中，如果有人生下男孩，刘裕就命褚秀之兄弟乘便扼杀，以断晋室之嗣。刘裕在派张伟送毒酒之计不成后，又想起利用褚秀之兄弟。

司马德文逊位以后，也深恐自己不免毒手，就与褚妃同居一室，在床前自己煮饭烧汤，饮食等所需物品都由褚妃亲手操办，所以，刘裕派去的人没有机会下手。公元421年九月，刘裕找来褚淡之和他的哥哥右卫将军褚叔度，让他们前往探视妹妹褚妃，褚妃出来在另一间房间与两兄长相见。此时，另外埋伏的人翻墙进入司马德文所住的屋子，将毒药递给司马德文，逼他饮服。

司马德文见状，知道难免一死，但不肯饮毒酒而死，来人怕时久生事，就一拥而上，用被子将司马德文捂死了。刘裕见司马德文已死，率领文武百官亲临朝堂哭悼三天。八个月之后，刘裕也病重去世。

刘裕为破司马德文的自保之策，派褚妃的两个兄长探视褚妃，造成司马德文夫妇暂时分开、各处一室的情形。正是利用这一空当，刘裕派去除掉司马德文的人能够乘虚而入，得手除之。封建社会的政治斗争就是这样残忍、阴险！

287. 谢瞻忧灾惕祸

（见于未萌）

在南朝宋武帝刘裕还是晋朝宋公时，谢瞻担任宋国的中书侍郎，他的弟弟谢晦为右卫将军。当时，谢晦已经是位高权重。有一次，他从彭城（今江苏省徐州市）回京迎接家属，朝臣和宾客们得知，从四面八方涌来，车马塞满了巷口。

此时，恰逢谢瞻在家，眼见如此情景，不胜惊骇。待来客散尽，谢瞻对谢晦说："你的声望和地位并不很高，人家却如此奉承你！我们家一向自甘淡泊，不愿过于干涉朝政，交游的人不是亲戚就是朋友。而你却倾动朝野，这哪里是家门之福?"第二天，谢瞻就派人买来竹竿，在院子中间扎起一道篱笆，将两家的门户分开，并对谢晦说："我实在不愿见到这种场面。"

数日后，谢瞻返回彭城，前往拜见宋公刘裕说："我本是素族的士人，祖、父的官禄不过二千石，而我弟谢晦年方三十，志向平庸，才能不高，得大将军您的重用，荣宠冠于朝野，身居尊崇地位，岂不知，福过灾生，其应无远，恳请您贬降谢晦的官阶，以保我衰微的谢氏家族。"此后，他还多次向刘裕提出这样的陈情和要求，但始终没有获准。

谢晦有时会将朝廷中的机密要事告诉谢瞻，谢瞻就会将这些机密故意讲给亲戚朋友听，作为取笑的谈资，目的在于让谢晦有所忌讳而闭口，不去再泄露。当刘裕即位当了皇帝，谢晦因辅助开国有功，官位更高，责任愈重，而谢瞻却因此更为忧惧。公元 421 年，谢瞻在担任豫章太守任上患病不治。临终前，他还留给谢晦一封信，信上说："我幸而保全一身，还有什么恨事呢！你要自思勉励，为国为家。"

公元 422 年五月，刘裕病重去世，太子刘义符即皇帝位，年仅十七岁。两年后，时任刘宋司空的徐羡之、尚书令傅亮、南兖州刺史檀道济等人废杀少帝刘义符，领军将军谢晦也参与其谋。公元 426 年正月，刘宋文帝刘义隆疑忌前事，公布徐羡之、傅亮、谢晦杀害刘义符的罪状，发兵讨伐已任荆州刺史的谢晦，谢晦兵败被俘伏诛，同时被斩的还有他的两个弟弟、儿子和侄子们。谢瞻的忧虑终于变成了现实。

俗话说："愚者昧于成事，智者见于未萌。"谢瞻能见事于未萌，忧灾惕祸，先筑篱隔门庭，再求贬降其弟，并留书函警诫，正是智者所为。可是，谢晦就是一个遇事则迷的愚昏者，最终不仅自己遭遇了杀身之祸，还祸及家族。

288. 安颉擒赫连昌

（以攻为守）

公元428年二月，北魏平北将军尉眷围攻夏国国主赫连昌所在的上邽（今甘肃省天水市），赫连昌退守平凉（今甘肃省华亭县）。

北魏司空奚斤进抵安定（今甘肃省镇原县东南），与宗正、太仆丘堆的军队会师。奚斤军中瘟疫流行，战马大批死亡，士兵又缺乏粮食，无法进攻，只好修筑营垒固守。奚斤派丘堆到乡村征粮，因没有戒备，被赫连昌军队袭击，丘堆大败，只剩几百骑兵逃回安定。

赫连昌率军乘胜追击，每天都到城外抢掠。北魏军队得不到粮草，将领们开始担忧。监军侍御史安颉说："我们接受诏命是来消灭敌军的，现在却被敌军包围，困守孤城，就算不被敌人杀死，也会坐罪被杀，进退都无法活命。可是，各位王公爵爷却还如此平静而坐，难道想不出取胜的计策吗？"

奚斤说："现在我军没有马匹，用步兵去攻击骑兵，一定不能取胜。必须等朝廷的援兵赶来，合力进攻敌人。"安颉说："现在强敌在城外游荡，我军已疲惫不堪，粮草也将用尽，再不决一死战，灭亡就在早晚，哪有时间等待援兵啊？反正都是死，就不能力战而死吗？"奚斤还是以战马太少为由拒绝了。

安颉说："现在把将领们的坐骑集中起来，可凑到二百匹马。我自告奋勇招募敢死队出击，就算不能打败敌人，也可挫挫他们的锐气。更何况赫连昌猖狂而无谋，喜欢逞能又轻敌，常常亲自出来挑战，大家都认识他的相貌。如果我们埋伏士兵突袭，很有可能活捉赫连昌。"奚斤仍然面有难色。

安颉就暗中跟尉眷等人策划，挑选战马骑士，严阵以待。不久，赫连昌果然又出来攻城，安颉率敢死队亲自出城应战。赫连昌到阵前交锋，北魏敢死队认出了他，争着去围攻他。正巧，刮起了狂风，尘灰飞扬，白天如同黑夜，昏暗不清，赫连昌失利败退，安颉乘此追击，赫连昌的坐骑突然栽倒，人从马上摔了下来，结果就被安颉生擒了。

面对重敌围困，安颉运用以攻为守的策略，组建敢死骑兵队以少对多，尽管有点儿铤而走险，却是眼前最积极的应对之术，总比愁拥围城、消极待援强。结果，安颉成功了。

289. 崔浩驳倒张渊

（直刺伤疤）

公元429年四月，北魏国主拓跋焘准备对不断骚扰北方边境的柔然汗国进行一次大规模攻击，于是在平城（今山西省大同市）的南郊举行阅兵大典。拓跋焘先行祭天，然后部署部队，下令排列战阵。朝廷内外群臣都不愿远征打这一仗，连拓跋焘的乳母保太后都一再劝阻，只有太常崔浩极力赞同。尚书令刘絜等人共同推举太史令张渊、徐辩（两人原为夏国太史令）向拓跋焘分析不宜北伐的理由，他们说："根据星象，北伐肯定要失败，即使战胜，也对皇上不利。"群臣也都异口同声地称赞张渊、徐辩的说法，说他们的判断没有一件事不准确的。拓跋焘心里大不高兴，下诏命令崔浩与张渊等人在御前辩论。

崔浩质问张渊、徐辩："据我观察星象，三年之内天子将大破旄头星之国。柔然、高车都是旄头星的部众，希望陛下不要迟疑。"张渊、徐辩说："柔然是荒凉无用的东西，我们得到他们的土地，也不能耕种收获粮食；得到他们的百姓也不能当臣民驱使。而且，他们往来疾速无常，难以攻取制服，为什么我们要急不可待地动员大队人马去讨伐他们呢？"

崔浩说："张渊、徐辩如果谈论天文，还算是他们的本职，至于说到人间事务和当前形势，恐怕就不是他们能通晓的。二位说的是汉朝一些人士的老生常谈，用在今天完全不切实际了。为什么呢？柔然本是我国北方藩属，中途背叛离去。现在我们要诛灭其元凶，收聚原来的百姓，让他们能够为我国所用，不是毫无用处。世人都说张渊、徐辩通晓天文历法，能准确占卜，决断成功失败，我倒想提一个问题：统万城（原夏国京城，今陕西省靖边县北）在没有陷落之前，有没有溃败的征兆？如果你不知道，是你没能耐；如果你知道而不说，那是你对主上不忠。”这时，已投降北魏的夏国原国主赫连昌也在座，张渊等人因当时确实未曾说过有败亡的征兆，十分惭愧，无法回答。拓跋焘大为高兴。

御前辩论结束后，公卿大臣中有人责怪崔浩说：“如今南面宋国的敌人正在伺机进犯，而我们却置之不顾而兴兵北伐；如果柔然听说我们进攻，又逃得无影无踪，我们这样前进得不到收获，后面却有强敌逼近，那时将怎么办呢？”崔浩说：“事情不会是这样的。今天的形势是，我们如不先破柔然，就没有办法对付南面的敌寇……现在皇上的决心已定，为什么还要阻挠他？”寇谦之对崔浩说：“柔然果真可以一举攻克吗？”崔浩说：“必克无疑。只怕各位将领眼光短小、瞻前顾后，不能乘胜深入，以致会影响战事而得不到彻底的胜利。”

四月二十九日，拓跋焘从平城出发，命北平王长孙嵩、广陵公楼伏连留守京城。拓跋焘向东取道黑山（今内蒙古呼和浩特市境内）；派平阳王长孙翰向西取道大娥山，两路大军约定在柔然国的王庭（今蒙古国哈拉和林市）会师。最终，北魏军队大败柔然军队，柔然族人先后投降北魏的有三十多万个帐落。

十月，拓跋焘回到平城后，下诏加授崔浩侍中、特进、抚军大将军等职务，酬赏他谋划的功劳。

崔浩采取直刺伤疤的策略，揭露了张渊、徐辩在夏国京城统万被北魏攻陷前就没有能预测它有败亡的征兆，不仅使张、徐二人张口结舌、无言以答，更让大家明白他们的预测是不可信的，无形之中消弭了张、徐的影响。崔浩用这种办法使他们两人处于难以自圆其说的狼狈境地，从而达到了否定他们意见的目的，是既简单又巧妙的一招！

290. 杜骥嫁祸他人

（先诳后诬）

南朝宋文帝刘义隆自即位以来，就有收复黄河以南失地的雄心。公元 430 年三月，刘义隆下诏，挑选武装精兵五万人，交给右将军到彦之，责令他率领安北将军王仲德、兖州刺史竺灵秀带水军进入黄河。另派骁骑将军段宏率精锐骑兵八千，直指虎牢（今河南省荥阳市西北）；豫州刺史刘德武领军一万，随后进发。到彦之率领的北伐先锋大军从淮河进入泗水，因天旱水浅，舰船每天才行驶十里，从四月出发，一直到七月，才到须昌（今山东省东平县西北），进入黄河，逆流而上。

北魏国主拓跋焘认为黄河南岸的四个军事重镇兵力太少，下令放弃黄河以南所有土地，各路兵马都撤回到黄河北岸。从七月四日至二十六目，碻磝（今山东省茌平县西南）、滑台（今河南省滑县）、金墉（今河南省洛阳市东）、虎牢四个镇的北魏守军先后弃城撤军。到彦之留下司徒从事郎中朱修之守滑台，司州刺史尹冲守虎牢，建武将军杜骥守金墉。没打什么仗，刘宋军就将司州、兖州全部收复。

八月，拓跋焘派冠军将军安颉统领各路人马，反击刘宋北伐大军。二十四日，又派征西大将军长孙道生前往黄河北岸，与那里的河防部队会师，防备到彦之。十月二十二日，安颉从粟津（今河南省范县东）渡黄河南下，进攻金墉。这时的金墉因很久没有整修，防御设施残毁，人口稀少，而且刘宋的守军缺乏粮秣。奉命防守的杜骥打算弃城撤退，又怕不战而退受军法惩治。

当初，南朝宋武帝刘裕引兵灭掉后秦后，曾派人将在洛阳的皇家巨钟连同庞大的钟架运往江南，中途有一只大钟不慎落入洛水中。此时，刘义隆正派出副将军姚耸夫率领一千五百名士兵前往洛水打捞。杜骥得知此情，心中一亮，就亲自前往拜见姚耸夫，诳骗他说："金墉城已修缮完毕，粮秣充足，现在所缺的只是兵力。眼下北魏的骑兵南下，我们应同心合力抵抗，等建立了大功再打捞也不晚。"姚耸夫信以为真，可领兵到了金墉，所见完全不是杜骥所说的那样，就立即引军而退。而杜骥也乘此机会，放弃守城之责，向南逃走。

十月二十三日，北魏冠军将军安颉攻克金墉，残杀刘宋留守将士五千余人。杜骥逃回建康，立即报告刘义隆说："我本来要死守金墉，但姚耸夫刚刚进城，就回头逃跑，军心随之浮动，逃亡者不计其数，以致不能挽救，只得弃城而还。"刘义隆大怒，逮捕已撤退到寿阳（今安徽省寿县）的姚耸夫，将他就地斩首。杜骥却因此得免。

杜骥为了达到既能逃脱又不被惩处的目的，先采用诱人上钩之计，骗得姚耸夫引兵前来。姚耸夫发觉上当后急忙退走，却又被杜骥抓住把柄，恶人先告状，姚耸夫终于成了替罪羊。杜骥以先诳后诬的手段，嫁祸于人，使自己金蝉脱壳。如此将军、如此心谋，怎么能打得了胜仗?!

291. 檀道济夜唱筹

（巧施障眼）

公元430年十一月初十，南朝宋朝廷加封征南将军檀道济为都督征讨诸军务，统率大队人马讨伐北魏。

第二年二月，檀道济率领宋军到达济水边，二十多天的时间里，先后与北魏军队交战三十多次，一面作战，一面前进，檀道济大多获胜。宋军抵达历城（今山东省济南市），北魏寿光侯叔孙建等人派轻装骑兵往来截击，出没在宋军的前后，还焚烧了宋军的粮草。不久，檀道济因为军中缺粮不能继续前进。所以，北魏冠军将军安颉、安南大将军司马楚之等人没有了后顾之忧，得以集中全部力量攻打滑台（今河南省滑县）。初十，北魏军队攻克滑台。

檀道济的大军终因粮尽而只好从历城撤军。宋军里有逃走、投降北魏的士兵，把宋军的这个困境透露给了北魏军。于是，北魏军队猛追檀道济，宋军人心惶惶，眼看就要溃散。在这种情况下，檀道济利用夜色的掩护，命士卒把沙子当粮食，一斗一斗地量，而且边量边报出数字，然后再用军中仅剩下的一点儿谷米覆盖在沙堆上。等到天亮时，北魏军遥遥看到覆盖着粮食的沙堆，以为檀道济军中的粮食还很充裕，认为是那个降卒假报军情，便杀了他。

当时，檀道济的兵少而北魏军人多势众，北魏的骑兵从四面八方包围了檀道济的军队。檀道济命令军士们都披上盔甲，而他自己则穿着白色的便服，带领部队缓缓出城而去。北魏军以为宋军有伏兵，不仅不敢逼近，还稍稍后退。这样，檀道济得以保全军队，平安撤回。

檀道济量沙唱筹，采用虚实相乱、巧施障眼之策，迷惑了敌人，使自己的部队平安脱身撤退，他这种应变的智谋，让人钦佩叫绝！

292. 刘道济破谣言

（遣回众侍）

公元432年秋，南宋益州变民蜂起，变民首领赵广率众进攻成都（今四川省成都市），益州刺史刘道济登城固守。变民军集结至十余万，从四面八方把成都密密围住。刘道济派中兵参军裴方明、任浪之各率一千余人出城挑战，二人先后败回。十二月，裴方明等再度出击，屡战屡破变民军，终于使变民军崩溃。程道养结集残兵七千人返回广汉（今四川省三台县），赵广另率五千余人返回涪城（今四川省绵阳市）。

之前，别驾张熙建议刘道济出售仓库粮食。所以，从九月末成都被围，到十二月解围，剩粮已全部吃光。裴方明率二千人出城寻粮，却被变民军打败，裴方明落得个单人匹马逃回，而变民军乘机又包围成都。裴方明半夜逃到城下，城上垂下绳索将他救回。刘道济摆下饭菜请他进餐，裴方明流泪哭泣，不能下咽。刘道济对他说："你这就不是大丈夫所为了！这点儿小失败，何至于这样想不开？反军声势已竭，朝廷援军就要来到，只要你活着回来，何必担忧反军？"然后就把自己的直属军队拨出一部分给裴方明。

变民军围在城外扬言："裴方明已死！"城中将士、百姓不明就里，大为恐慌。刘道济下令燃起火把，将裴方明置于光亮处，让大家都能看清他，人心才归于安定。刘道济将州府的财物都搬到北射堂，命裴方明招募新军。可这时，城中又谣言四起，有人言之凿凿地说刘道济已经寿终正寝了，所以，没有人肯去应征。刘道济依照参军梁俊之的建议，告诉侍奉在自己左右的三十余位仆人："我的病稍微减轻了，你们可以回家休息了！"仆人们各自回到自己家里，刘道济病亡的谣言很快就平息了，应募参军者每天达到一千多人。

公元 433 年二月，刘道济去世，梁俊之、裴方明等将他的尸体秘密掩埋在书房后面，模仿刘道济的笔迹批示下属递呈的文书，连他的母亲、妻子都不知道他已过世。得知变民首领程道养在毁金桥登上高台祭祀天神，裴方明率三千人出击，结果，程道养大败，退回固守广汉。三月，赵广等从广汉到郫县（今四川郫都区）构筑阵地，连营数百座。受荆州刺史、临川王刘义庆派遣，救援成都的巴东郡守周籍之率两千人马与裴方明会师，联合攻克郫县，再攻广汉。赵广等放弃广汉，退守涪城及五城（今四川省中江县）。四月初十，裴方明等发布刘道济的死讯。

在紧要关头，刘道济懂得要稳定人心。他对败军之将，招待吃饭、慰勉激励、补充军队，并倾财助其募军。对动荡人心的谣言，他采用主动解脱之法，先下令点燃火把，让众人验明正身；后又遣回众仆人归家休息，都使谣言不攻自破。刘道济破谣言、稳人心的智谋甚有值得借鉴之处。

293. 陆俟料事如神

（思远虑长）

公元433年初，北魏平凉地区（今甘肃省华亭县）的匈奴族修屠部落人、征西将军金崖与羌族人、泾州（今甘肃省泾川县）刺史狄子玉二人，跟安定（泾州所属郡的治所）镇守将延普争权。金崖、狄子玉兴兵攻打延普，没有取胜，撤军退守胡空谷（今陕西省彬县西南）。北魏国主拓跋焘任命驻守虎牢镇的大将陆俟为安定镇大将，袭击金崖等人，最终将他们都抓获了。

拓跋焘随即征召陆俟担任散骑常侍，再出任怀荒镇（今河北省张北县）大将。不到一年，北方高车部落的几位酋长指控陆俟执法行事严苛，急躁少恩，请求调回前任的镇将郎孤。拓跋焘于是将陆俟召回，重派郎孤代替陆俟。陆俟回到京都后，对拓跋焘说："用不了一年，郎孤一定失败，高车部落一定叛变。"拓跋焘大怒，严厉斥责了陆俟，未再授予他官职，只命他以建业公的身份回家。

第二年，高车部落各酋长果然杀掉郎孤，背叛了朝廷。拓跋焘十分惊异，立即召见陆俟，问他："你是怎么知道会出现今天的局面呢？"陆俟说："高车人不知道上下尊卑的礼节，所以我才用威严的手段进行统治，用法律制服和约束他们的行为，打算逐渐训导，使他们知道尊卑，懂得约束自己的行为。但是，高车各部落的酋长们却厌恶我的所作所为，就控告我严酷寡恩，而盛赞郎孤的美德。我因有罪而被免职回家，郎孤却得以官复原职重新镇守怀荒镇，他为自己的声誉沾沾自喜，更加有意博得别人对他的赞誉，专用宽厚的态度对待他们。像高车部落这般不懂礼仪的人，很容易骄傲怠慢，不过一年，就不再有一点儿上下尊卑的观念，郎孤因不能忍受他们的所为，势必又会用刑法制裁他们。这样一来，人们心怀怨恨，就一定会产生祸乱。"

拓跋焘听了后笑着说道："你的身材虽短，思虑却很长远呐！"当日，又重新任命陆俟为散骑常侍。

陆俟是个有主见智谋的人，通过亲自治理的实践，深知图虚名、只治标的办法是无法长久的。所以，他对郎孤将要发生的事情，就有了准确的预见。领导者应多具备一些思远虑长的智慧。

294. 公主掷衣救儿

（巧用机缘）

公元440年秋天，南朝宋文帝刘义隆感觉到司徒、彭城王刘义康对自己的猜忌怨恨已经很明显了，势必会酿成祸乱。十月初三，刘义隆命刘义康进宫值班，随即把他软禁在中书省。当天晚上，分别逮捕、处死了阴谋策划让刘义康登上帝位的领军将军刘湛等人。刘义隆派人把刘湛等人的罪状传达给刘义康。刘义康上疏请求辞职，刘义隆下诏命刘义康为江州刺史，仍然保留侍中、大将军等旧职，出京镇守豫章（今江西省南昌市）。

骁骑将军徐湛之与刘义康的关系特别亲密，刘义隆心里恼恨他。刘义康失败后，徐湛之也跟着被捕，罪当斩首。徐湛之的母亲是会稽长公主，在兄弟姐妹中年龄最大，又是臧皇后嫡生，一向受刘义隆礼遇，皇室内部事务不论大小，一定先征询她的意见后才实行。当初，宋武帝刘裕贫贱的时候，曾经在新洲（今江苏省南京市北长江中小岛）砍割荻草，身穿一件补过的衫袄，是臧皇后亲手缝制的。刘裕做了皇帝以后，臧皇后把这件破袄交给会稽公主，说："后世子孙，万一有人骄奢不知节俭，你可以把这件衣服拿给他们看。"

到这会儿，因徐湛之之事紧急，会稽公主入宫来见皇帝弟弟，一见面就大声号哭，也不跪拜行臣妾之礼，而把用绸缎包裹着的那件破衣抛掷在地上，说：

"你们家本来出身贫贱，这是我娘亲为你父亲做的衣裳，今天你们才吃了一天饱饭，就想杀死我儿子了！"刘义隆于是赦免了徐湛之的死罪。

过了一段时间，刘义隆驾临会稽公主家赴宴，兄弟姐妹在一起非常愉快。突然，会稽公主起身跪在地上，向刘义隆再拜叩头，不胜悲伤。刘义隆不明白她的用意，亲自把她扶了起来。会稽公主说："义康到了晚年时，陛下一定不能容他，今日特地求你饶他一命。"随后痛哭不止。刘义隆也泪流满面，遥指着蒋山说："你不必担心，我如果违背今日誓言，就是辜负了高帝。"把正在饮用的酒封起来，派人送给远在千里之外的刘义康，并附上一封信说："我跟会稽姐一起饮宴，想起弟弟，把剩下的酒封好送你！"因此，会稽公主在世的日子里，刘义康得以平安度过。

会稽公主很会巧用机缘这一谋略。她先是急中生智，利用母亲保存父亲贫贱时的破衫袄，抛掷耍泼，救下了儿子；又利用姐弟欢会的场合，悲伤跪求，为落难的刘义康求情，保了弟弟的平安。女人们的这种智慧往往出人意料，是男人们难以企及的。

295. 古弼捽殴入谏

（与众不同）

公元444年正月初六，北魏太子拓跋晃开始总管政务。北魏国主拓跋焘任命侍中、中书监穆寿，司徒崔浩，侍中张黎、古弼辅佐太子裁决日常政务。凡百官上书给太子时都要称臣，礼仪与皇帝相同。

古弼为人忠厚谨慎，质朴直率，有一次，他认为设在上谷的皇家苑囿占地太广，请求缩减大半面积用来赐给贫民。他进宫晋见拓跋焘，打算奏请这件事情。当时，拓跋焘正在同给事中刘树下围棋，心思不在古弼身上。古弼坐等了很久，仍得不到说话的机会。突然，古弼站起身子，上前一把揪住刘树的头发，把他拉下床，并揪着刘树的耳朵，殴打他的脊背，一边打一边喊叫：“朝廷治理不好，实在是你的罪过!”

拓跋焘见状，大惊失色，连忙放下棋子说：“不听你上奏，是我的过错，跟刘树有什么关系！放了他!”于是，古弼详细汇报了自己的想法建议，拓跋焘完全同意了他的建议。最后，古弼说：“我身为臣属，竟无礼到这种程度，罪过实在太大了。”说完就自己出宫来到宫门前，脱掉官帽、光着脚请求处罚。拓跋焘召见古弼，对他说：“你有什么罪过呢？快戴上帽子、穿上鞋子做你该做的事去吧。只要是对国家有利、方便百姓的事，就要竭力去做，不要有任何顾虑。”

这一年的八月初三，拓跋焘去河西（黄河河套地区）狩猎，让尚书令古弼留守京城。拓跋焘下诏命古弼将肥壮的马供给狩猎部队，但古弼提供的却全是瘦弱的老马。拓跋焘勃然大怒道：“笔头奴（古弼的头长得尖，拓跋焘把他的脑袋比作笔尖）胆敢对我的诏令打折扣，等我回去先斩他的人头!”古弼的部属惶惶不安，唯恐牵连被杀。这时，古弼却说：“我身为人臣，不让君主沉湎于游玩狩猎之中，这是小罪。如果不预防这种情况，国家万一出现不测之事，使国家缺少军队使用的物资，这是大罪。而今，北方柔然正强盛，南方的敌寇未消灭，我将肥壮马匹供给军队，将瘦弱马匹供应狩猎，这是为国家的长久利益着想，即使被处死又有什么可悲伤的呢？更何况这一切是我一人所决定的，你们不必担心!”

拓跋焘听说后，感叹着说道：“我有这样的臣子，是国家之宝啊!”赏赐给了古弼一套衣服、两匹马和十头鹿。

古弼捽殴入谏和以弱马供猎，让我们看见了一个忠慎质直、藏智于拙的皇帝近侍的形象。但是，古弼能用这种别出心裁、与众不同的办法达到劝谏的目的，与拓跋焘的英明大有关系。如果拓跋焘是那种昏庸之主的话，恐怕史书上留下的是古弼大不敬的罪名和被罢黜的下场。

296. 刘义隆善训诫

（因势利导）

南朝宋武帝刘裕认为荆州地处长江的重要地位，土地广阔，距京城又远，当地物资兵力占朝廷的半数之多，所以，留下遗诏命令由诸子依次镇守荆州。宋文帝刘义隆在公元432年六月，任命临川王刘义庆为都督荆、雍等七州诸军事、荆州刺史。刘义庆在荆州一待转眼已经八年了，就请皇上为他选一个接替者。按顺序下一个人应该轮到南谯王刘义宣去接替，但刘义隆认为刘义宣才能平庸鄙陋，不愿任用他。公元439年二月，就任命衡阳王刘义季为都督荆、湘等八州诸军事、荆州刺史。

公元444年八月，衡阳王刘义季被朝廷任命为征北大将军、开府仪同三司、南兖州刺史。谁来接替他当荆州刺史呢？按照刘义隆的初衷是不想任用刘义宣的。但是，上次故意不任用刘义宣后，会稽长公主曾经多次为刘义宣求情，最后，刘义隆不得已任命南谯王刘义宣为荆州刺史。

在正式任命刘义宣为荆州刺史前，刘义隆先亲笔赐给刘义宣一份手诏，在这份手诏里，他告诫刘义宣说："义季因在西方的时间太长久了，连着向我上书请求还都，现在打算应允他的请求，而用你去代替他。义季虽然没有突出的功绩，但他洁身自好、勤俭节约、胸怀宽广、待人诚恳、不放纵部下，他的声名在西部非常显盛，受到士族和庶民的拥戴，负责监察的官员没有提出调他离任的动议。这次改换荆州刺史，我让你去接替，是因为你跟义季辈分一样，想试试你们各自的能力。你去了荆州，假如有一件事处理得不当，就会既在荆楚一带造成互相之间的隔碍，还会让人将换人不当的讥讽落到我身上。至于交给你的这个差事也不难，你也不过就是努力治理、谨慎为之罢了，不要让人们指指点点、议论纷纷就行。"

刘义宣受命到了荆州镇所，努力按照刘义隆所告诫的去做，勤勉小心，各种事务处理得倒也有条不紊。

刘义隆在手诏中，既没有慷慨陈词，也没有厉言疾语，只是将这次人事调动的原因、如果出现问题人们的责怪、对他到任后最起码的要求，不徐不疾，娓娓道出。刘义隆采取的是因势利导之法，从结果来看，还是奏效的。

297. 孔熙先引同党

（投其所好）

南朝宋员外散骑侍郎孔熙先博学文史，兼通方术，有纵横之才，野心勃勃。但是他不受上司重视，多年未得升迁，很不得意，心中愤愤不平。他的父亲孔默之，曾为广州刺史，因贪赃枉法被判刑，幸亏大将军、彭城王刘义康相护，才得以免罪。对此，孔默之、孔熙先父子（对刘义康）心存感激，常怀报恩之心。

公元440年十月，刘义康因刘湛之案，被免去司徒、尚书之职，贬到豫章（今江西省南昌市），孔熙先大为不满。而且，根据天文星象和神秘预言显示，宋文帝刘义隆将死于骨肉互相残杀中，新一任的天子将在江州（州府设在豫章）兴起。孔熙先就想暗中拉拢朝臣，伺机为乱。

孔熙先发现左卫将军、太子詹事范晔对现状不满，就决定先将他引为同党。可是，在范晔眼中，孔熙先没有分量，又素无往来，怎么去接近呢？孔熙先想起与范晔的外甥谢综认识，就不顾身份、百般奉承谢综，谢综于是引荐他跟自己的舅舅范晔认识。孔熙先家境富裕，常常跟范晔一起赌博。在赌博中，孔熙先经常假装自己赌技拙劣，故意输钱给范晔。范晔既贪图孔熙先的钱财，又喜爱他的才华，两人谈得十分融洽，随着交往的增多，两人关系越来越亲密，终成为莫逆之交。

见时机成熟，在一个气氛融洽的场合，孔熙先把自己准备顺应天命、广结雄豪、里应外合、发动政变、拥立刘义康以报大恩的想法告诉了范晔。见范晔听后吃惊发呆、犹豫不敢决定，孔熙先又煽动说：“前辈世代清白烜赫，可是却不能跟皇家通婚，以致世人把你们当猪狗看待，前辈却不认为这是一种耻辱，还打算为皇家效死，岂不是特别糊涂吗?”范晔家里有伤风败俗的丑闻，范晔听后，正中心病，嘴上不吱声，但决定参与的心意已动。

当时，范晔与吏部尚书沈演之同受刘义隆重视，常常一起被召见。每次召见，如果范晔先到，一定等沈演之到，再一起入内。可是，如果沈演之先到，会往往先被刘义隆单独召见。对此，范晔心生怨恨。这些愤懑因素渐渐增多，再加上孔熙先经常在旁煽动，范晔逐渐生出反心。

孔熙先见初步目的已经达到，后来又同范晔一起，上结彭城王刘义康，下连大将军府史仲承祖、丹阳尹徐湛之等，再加上范、孔两家是亲属，就结成了一个反叛团伙，准备在公元445年九月作乱。但在节骨眼上，徐湛之告发了这个阴谋，范、孔团伙被一网打尽、全部处死，刘义康被贬为庶人。

在这里，孔熙先采用投其所好的手段，不吝精力和钱财，一面故意赌博输钱，一面陪着范晔谈经说史，双管齐下，天长日久，终于达到了将范晔引为同党、共行谋逆的目的。范晔因交友不慎，为孔熙先所累而丧生，令人惋惜！但也有史家认为，范晔此案是一起难以昭雪的冤案。

298. 宗悫智破象阵

（以假慑真）

最初，林邑（今越南中部）国王范阳迈虽派了使节向南朝宋进贡，但仍不断进犯抢劫宋，而使节进贡的物品也很简陋。文帝刘义隆得知后很愤怒，派龙骧将军、交州刺史檀和之领兵讨伐。宗悫家世代都是文人，只有宗悫喜爱军旅，他常说："愿乘长风破万里浪。"听说檀和之讨伐林邑，宗悫自请往讨，被授振武将军，又被檀和之派为前锋。

范阳迈得知宋交州大军出动，就派使节来求和，并归还被他们所掳掠的日南郡（今越南美丽县）民众，还送上黄金一万斤、白银十万斤。刘义隆下诏给檀和之说："范阳迈如真有诚意，应允许他归顺。"檀和之率军抵达朱梧（今越南日南郡府所在地），派府户曹参军姜仲基等去见范阳迈，范阳迈将他们抓了起来。檀和之于是进军，包围林邑将领范扶龙据守的区粟城（今地不详）。范阳迈派将领范毗沙达前往增援，宗悫秘密行军，迎击范毗沙达，击破了林邑军。

公元446年五月，檀和之等攻占了区粟城，斩杀守将范扶龙。接着，领兵乘胜追杀，进入象浦。范阳迈连连败退，于心不甘，就倾全国之兵抵抗宋军，还专门出动了象阵。林邑地处南方，多大象。林邑军将群象披挂上马用的铠甲，浩浩荡荡开上前线，从前面望不到后面。宋军尽管英勇，但面对这群庞然大物，却连打败仗。

怎样才能有效破解象阵？经过思索，宗悫说："大象虽然庞大，但也属兽类。我听说外国有一种狮子，十分凶猛，能威伏百兽。"于是，依照狮子的模样制作了假狮子，宗悫让人多多制造，运到阵前跟象群对抗。象群毕竟是兽，不知狮子真假，见群狮扑来，惊恐四处逃散，林邑军被打得大败。檀和之占领了林邑王城，范阳迈父子狼狈出逃。

攻下林邑，宋军掳获了不知名称的宝物不可胜数，宗悫不取一件。回家的时候，衣服及梳头用具，跟过去的一样，仍然十分简朴。

昔有田单火牛阵大破燕军，今有宗悫假狮群破真象阵。这两个战例，都是将帅能匠心独运、别出心裁，运用以假慑真、出奇制胜的计谋而获胜的。本来，战争就是充满诸多不确定因素的博弈，仅靠唯上唯书而不知相机行事的，是注定要失败的。

299. 赦吴叔得吴首

（收买内奸）

北魏民间流传着一句民谣：“灭亡北魏的人是吴。”卢水（今流经甘肃省武威市及永昌县的石平河）匈奴人盖吴在杏城（今陕西省黄陵县西南）聚众造反，各部落的匈奴人都争着响应盖吴，很快就聚集了十多万人。盖吴先自封为天台王，后败而复起，自封为秦地王。盖吴还派使节去宋国上书表示归顺并求援，文帝刘义隆下诏任命盖吴为雍州刺史，封为北地公，又派雍、梁二州出动军队驻扎在边境，作为对盖吴的声援。北魏国主拓跋焘几番调兵遣将围攻盖吴。

公元 446 年夏天，拓跋焘派永昌王拓跋仁、高凉王拓跋那督统北道各路军队前去讨伐盖吴。八月，拓跋那等率军击败了盖吴，俘获了盖吴的两个叔父。将士们想把他们押送到平城去请功，而镇守长安的大将陆俟不主张这样，他对大家说：“长安险要坚固，风俗豪爽强悍，和平时期都不应该被忽视，何况正是战乱之后呢！现在如果不杀盖吴，长安的战乱就不会停止。现今盖吴独自一人潜逃，如果不是他的亲信，谁能接近他呢？如果留下十万大军去追捕他一人，不是长久之策。我们不如私下里释放盖吴的叔父，同时赦免他们的妻子和孩子，让他们自己去寻找盖吴，我们就一定可以抓到盖吴。”

众将领说："陆公说得对！但是，如果抓住了贼寇不杀，反而放他们回去，假如他们不再回来，谁来承担这个罪责呢？"陆俟说："这个罪责由我替各位承担了。"高凉王拓跋那也认为陆俟的计策可行，于是赦免了盖吴的两个叔父，并同他们约定返回日期后就将他们放走了。

到了约定的日子，盖吴的两个叔叔还没有回来，将领们一个个都怪罪陆俟，陆俟说："他们俩还没有找到下手的机会罢了，他们一定不会辜负我们的。"几天以后，盖吴的叔叔果然带着盖吴的首级回来了，陆俟等人随即用驿车把人头送到平城（今山西省大同市）。之后，永昌王拓跋仁讨伐盖吴余党白广平和路那罗，全部平定了他们。北魏朝廷擢升陆俟为内都大官（北魏官名，与中都大官、外都大官同掌刑狱）。

陆俟的主张其实就是收买内奸，利用内奸杀了盖吴。这个办法要比用十万大军去追捕一人高明得多。俗话说：强敌易御，内奸难防。盖吴死在了亲人内奸刀下。陆俟勇于承担责任，使利用内奸杀盖吴之计得以实施，收到事半而功倍的效果。

300. 平定刘超之乱

（示假隐真）

在安定（今甘肃省泾川县）定居的卢水胡人刘超等人集聚了一万多人造反叛乱。由于陆俟的威望和恩德在关中享有盛名，北魏国主拓跋焘加封陆俟为都督秦、雍二州诸军事，镇守长安，平定叛乱。行前，拓跋焘对陆俟说："关中接受我国教化的日子不长，我们的恩德和信誉都还没有建立，所以近年屡屡发生叛乱。这次你去平叛，如果交给你一支大军，刘超知道后，必定会合兵一处，据守险要，不易攻取。如果派兵太少，更难以克制。盼你自谋善策，早日奏捷。”

陆俟于是单身匹马到长安就职。刘超等得到消息后，大喜过望，认为陆俟也是个平常之辈。陆俟到任后，先派人向刘超晓之以成败利害，为了表示诚心，还提出愿娶刘超之女为妻，结成姻亲，用来招降。但是，刘超非常警惕，并仗恃自己部众强大，并无归降之意。

陆俟先将刘超稳住，过了不久，又亲率一队人马前往安定，跟刘超会晤，实为探听虚实。刘超派人来迎接，却又对陆俟说：“随从部队如超过三百人，我们用弓箭迎候。如果不超过三百人，我们以酒宴款待。”陆俟明白刘超对他不信任，就只带了二百骑兵去拜会刘超。到达营中，只见戒备森严，陆俟在席间与刘超杯觥交错，尽量饮酒，毫不节制，酩酊大醉而归。其实，陆俟对如何破敌已经成竹在胸了。

不久，陆俟遴选了五百精锐骑兵，组成敢死队，装成出外打猎的样子，又顺道转来刘超军中。陆俟事先与敢死队约定：“只要看见我装出醉态，大家就一起发动！”刘超见陆俟又来，设宴招待，如同往日，也放松了戒备。陆俟见时机已到，假装饮醉，突然跳上马背，大声呼喊，挥刀一击，砍下了刘超的人头。敢死队应声而起，左冲右突，杀伤杀死刘超士兵数千人。就这样，刘超之乱被平定了下来。

陆俟面对强敌，善用智谋，采取示假隐真、假象惑敌的计策：先是单身赴任，让刘超轻视自己；再去输诚坦陈、提亲结好、联络感情；最后亲往访问、痛饮尽欢、大醉而归。结果麻痹了刘超，使他放松了戒备，着了陆俟的道儿，落得人亡军溃的下场。陆俟平定刘超之乱，又提供了一个兵不厌诈、以智取胜的生动战例。

301. 高允诚实免罪

（鉴往应今）

北魏司徒崔浩，自恃才高并被北魏国主拓跋焘所宠信，独揽朝中大权。拓跋焘还让崔浩兼秘书事务，让他和中书侍郎兼领著作郎高允共同撰写《国记》，对他们说："一定要根据事实撰写。"

著作令史闵湛、郗标，性情乖巧奸佞，受到崔浩的宠信。崔浩竭力推荐闵湛、郗标有著书立说的才能，而闵湛、郗标反过来又建议崔浩把他所撰写的《国记》刻在石碑上，以此显示崔浩的秉笔直书。崔浩竟然采纳了闵湛、郗标的建议，把《国记》刻在石碑上，立在郊外祭祀的神坛东侧，造价三百万。

崔浩在《国记》中书写北魏祖先们的事迹，记得非常详细真实，石碑排列在大路旁，来往的人看了之后都作为谈论的资料。北方鲜卑人对此无一不愤恨，纷纷向拓跋焘控告，认为这是大肆张扬祖先的过错和污点。拓跋焘听说后大怒，派有关部门调查崔浩和其他秘书郎吏等人的罪状。

高允曾经教授过太子拓跋晃经书。见崔浩被捕入狱，太子想为高允开脱，就让高允和他一同进宫拜见拓跋焘，事先还叮嘱高允要顺着他的话回答。太子见了拓跋焘说："高允做事一向小心谨慎，而且地位卑贱，人微言轻，《国记》都由崔浩主管制定，我请求赦免高允的死罪！"

拓跋焘召见高允，问道："《国记》都是崔浩一人写的吗？"高允回答说："《太祖记》由前著作郎邓渊撰写，《先帝记》和《今记》是我和崔浩两人共撰。但崔浩兼事多而无暇顾及，他只不过总揽了一下《国记》的大纲而已，并未亲自撰写多少，至于撰写工作，我做得要比崔浩多得多。"拓跋焘听后大怒说道："高允的罪行比崔浩严重，怎么能让他不死呢？"太子很害怕地说："皇上威严，高允是被吓迷糊了，所以他语无伦次。我以前问过他，他说此事是崔浩一人所为。”拓跋焘质问高允：“真的像太子所说的那样吗?”高允回答说：“以我的罪是应当诛灭全族的，不敢乱讲欺骗。太子殿下是可怜我的遭遇，想要放我一条生路。他实际上确实没有问过我，我也没有说过那些话，我不敢胡言乱语地欺骗您。”

拓跋焘回过头对太子说：“这就是正直啊！这在人情上很难做到，而高允却做到了！临死不改变说法，这是诚实信义。作为臣子，不欺骗君主，这就是忠贞。应该特别赦免他的罪，以示褒扬他的品质。”于是，拓跋焘赦免了高允。

后来，太子责怪高允不懂得机变，高允对太子说：“若我当时领受殿下再生的恩德，而违心说假话苟且免死，这不是我所愿意做的事。”太子听了很受感动并称叹高允。高允退下后对人说：“我之所以不按太子的引导去做，就是怕辜负了翟黑子（北魏辽东公，受拓跋焘宠爱，奉派出使并州，接受绢一千匹的贿赂，被人检举，向高允求救，高允劝其如实坦白，翟不听，反而坚不承认，拓跋焘怒而斩之）。”

能理智地借鉴故人往事的经验教训，来恰当地应对眼前发生的人和事，可称之为鉴往应今。高允采用了这种应变之策，宁愿被杀也不说假话。很显然，他的选择是明智的！而拓跋焘褒扬他而赦免之，也是明智的。

302. 郦范谋划有智

（审时度势）

公元467年春天，北魏派平东将军长孙陵等率兵南下，向被宋占据的青州进军，征南大将军慕容白曜率领骑兵五万人作为后继援军。慕容白曜到达无盐（今山东省东平县）后，想进攻守卫无盐城的宋军。但是，将佐们都认为攻城器械不完备，不宜仓促攻城。

这时，左司马郦范说："我们现在是以轻装部队远途奔袭，深入敌境，怎么能够滞留迟缓！无盐守将申纂也一定会认为我军来得快，不会马上围城进攻，所以不会格外防备；如果现在我们出其不意地进击，可一战而胜。"慕容白曜说："司马的主意很对！"于是，慕容白曜假装率兵撤退，申纂果然不再设防。三月初三凌晨，慕容白曜突然进攻无盐城，吃早饭时就攻了下来。申纂乘乱逃跑了，后被北魏军活捉后杀死。

慕容白曜攻下无盐后，打算将无盐全城人当作战利品赏赐给部下，郦范对他说："古齐地，是形势重要的地区，应该有长远经营的安排。现在我军刚入齐境，人心尚不顺服，而城池相连，互相观望，都有固守抗拒之心，如果不用恩德和诚信安抚他们，不容易平定啊！"慕容白曜听了就把无盐人全部赦免释放了。

慕容白曜想要进攻肥城（今山东省肥城市），郦范劝他说："肥城虽小，但攻打起来很费时间，胜了不能增加我们的军势，败了就足以挫伤我军军威。他们已经看到无盐城被攻破，死伤遍地，不会不感到恐惧害怕。如果我军先用一封檄书警告他们，他们纵使不投降，也会自行逃散。"慕容白曜听从了他的建议，肥城守军果然溃散，北魏军缴获粮食三十万斛。

慕容白曜对郦范说："这次出征，得到你的谋划协助，三齐之地定能轻易平定。"接着又夺下了麋沟（今山东省肥城市境内）、垣苗（今山东省济南市长清区）二城。十天之内，连拔四城，声威震撼齐地。

郦范颇能审时度势，并且善于相机行事。在这里，他为慕容白曜三次谋划：一是出敌不意、速攻克敌；二是善待齐民、恩信安抚；三是预告利害、不攻自溃，结果都获得了成功。郦范称得上是那个时代有智谋的人物。

303. 垣崇祖智退敌

（因形造势）

公元467年春天，北魏军队攻入彭城时，据守在彭城的效忠于宋的寻阳政权的征北参军垣崇祖率领部属逃奔到朐山（今江苏省连云港市西南）并占据了那里，之后他派人到建康请求归降。宋辅国将军萧道成任命他为朐山的守将。朐山濒临大海，十分荒凉，与世隔绝，人心不安。垣崇祖把船集中在海边，打算一旦发生意外，就逃进大海。

北魏东徐州刺史成固公驻防在圂城（今山东省沂水县境内）。八月，垣崇祖的一个部将因犯了罪，就逃走投奔了北魏。于是，成固公派出步骑兵两万人攻袭朐山，距城只有二十里时，守城部队才发觉。此时，垣崇祖恰恰出城送客不在城中，城里的军民惊慌骚乱，全部争着上船准备逃跑。

垣崇祖送完客人回到城里，看到这种混乱的局面后，对心腹人员说："胡虏这次进犯，并不是有事先准备的行动，只是听了叛逃者报告而临时来犯的，所以容易用计骗过他们。现在，只要能有一百多人回到城里，事情就可以成功。只是人心一经惊吓，已不能使他们集结起来。你们可以迅速跑到一里开外的地方，从那里一边飞奔而来，一边大声呼喊：'艾塘（今江苏省连云港市西北）的义军已经打败北魏军队，等待驻防军队速速前往，相助追击敌虏。'"已在船上的人们听到了果然大为兴奋，纷纷争相登岸。

看见这种情形后，垣崇祖引导人们回朐山城据守，将病弱者送到海岛上，让每人都手持两支火把，爬上山擂鼓呐喊。北魏的侦察骑兵以为守备朐山的军队兵力强大，于是全军撤退了。不久，宋明帝刘彧任命垣崇祖为北琅邪、兰陵二郡郡守。

此后又过了十几年，宋齐王萧道成接受了宋顺帝刘准的禅让，成为齐高帝。

此时，垣崇祖已是齐的豫州刺史。公元480年二月，北魏出动步骑兵号称二十万向豫州袭来，垣崇祖召集文武官员商议对策。垣崇祖力主坚决防守外城，在寿阳西北修筑堤坝以截淝水，并在坝北筑小城吸引敌军攻打，再伺机决堤放水冲灌围城之敌，终于计策成功，打败了北魏军队，淹死的敌军人马数以千计。

在这里，垣崇祖面对紧危情况，先采用因形造势、舆论导众的办法，迅速稳定了人心；后又采取虚实相乱、虚张声势的计谋，蒙骗了强敌并使其自动撤退了。垣崇祖随机应变的能力很强，智退敌军可书一笔。

304. 张敬儿杀叛王

（诈降突袭）

宋桂阳王、征南大将军、江州刺史刘休范，因平时平庸木讷，比较迟钝愚笨，不受诸位兄弟平等对待，舆论人心也不向着他，所以在明帝刘彧末年能躲过杀身之祸。公元472年，刘彧去世，废帝刘昱即位，因年龄幼小，操纵朝政的仍是前朝皇帝的亲信近臣阮佃夫等人。刘休范自认为若论尊贵和亲缘关系无人能超过他，应该被委为宰相，但目的不能达到，于是，他心中十分怨恨气愤。在心腹的策动下，他就在寻阳（今江西省九江市）招引勇士、修治器械、礼贤下士、厚给资助，朝廷知道刘休范怀有异志，密加防范。

正巧，当时驻夏口（今湖北省武汉市）的郢州刺史出缺，朝廷认为此地居于寻阳上游，打算派亲信人员去镇守。公元473年二月，任命才四岁的晋熙王刘燮为郢州刺史，配以重兵，镇守夏口。因担心刘燮等前往任所经过寻阳时可能会遭刘休范截留，就命刘燮等绕过寻阳，从小道前往。刘休范知悉，大为愤怒，跟典签许公舆密谋袭击京城建康。公元474年五月十二日，刘休范起兵反抗朝廷。十六日，刘休范率军二万人、骑兵五百人，从寻阳出发，昼夜不停地前进。

消息传来，右卫将军萧道成率军进驻新亭（今江苏省南京市南），阻挡刘休范。二十三日，刘休范在新林（在新亭之南）登岸，攻击新亭的萧道成营垒。萧道成率军死抵，从上午苦战到中午。刘休范穿白色便服，坐着轻便小轿，登上新亭南边的临沧观，仅带卫士数十人。萧道成手下的屯骑校尉黄回与越骑校尉张敬儿，见刘休范左右护卫不多，就商议向刘休范诈降，从而发动偷袭。

张敬儿将此计向萧道成报告，萧道成说："你如能成功，就把本州（张敬儿是雍州人，本州指雍州）奖赏给你。"张敬儿、黄回二人出城南下，放下武器，大喊投降，刘休范得知大喜，忙将二人唤到轿旁，黄回假装传达萧道成的秘密计划，刘休范深信不疑，把两个儿子刘德宣、刘德嗣送给萧道成作为信守承诺的人质。两个儿子一到，萧道成立即将他们杀了。

刘休范却还在与黄回、张敬儿推心置腹，把他们留在身边。刘休范的亲信加以劝阻，刘休范不予理睬。刘休范每天饮酒，侍卫人员并没有严密防卫，黄回向张敬儿使了一个眼色，张敬儿抽出刘休范防身佩刀，砍下了刘休范的人头，侍卫人员惊恐逃散。张敬儿骑马飞奔，把刘休范的人头带至新亭。二十六日，张敬儿又在宣阳门外大破叛军，乘胜攻克东府，叛军全部被平定。六月一日，朝廷擢升萧道成为中领军、南兖州刺史，留在京城，负责卫戍。

张敬儿、黄回使用假装投降之策杀了刘休范，是平定此次军事反叛的关键一招。诈降之计如获成功，能达到出其不意、攻其不备的效果，所以，历史上时有此计的运用。但是，这次诈降似乎成功得太容易了些，这肯定跟刘休范平庸愚钝、智力欠缺有关。否则，张、黄二人也许就不会那样轻易得手了。

305. 范标卖友求荣

（见风使舵）

北魏南部尚书李敷、仪曹尚书李䜣，两人从小感情亲密，他们俩与中书侍郎卢度世，都先后受到拓跋焘、拓跋弘的宠信，参与机密决策，负责撰写发布诏书。后来，李䜣出任相州刺史，接受贿赂，被人检举。当时，位居中枢的李敷为老友掩护。拓跋弘发觉后大怒，下诏用囚车将李䜣押回京都平城（今山西省大同市），调查结果是李䜣贪赃枉法且证据确凿，应判死刑。

当时，李敷的弟弟李奕，受冯太后的特别宠爱，拓跋弘心里对此已经很腻味并疏远了他们两兄弟。有关官员奉命告诉李䜣，如果他能出面揭发李敷兄弟的隐私，可免死罪。李䜣于心不忍，又实在不知道李敷兄弟的隐私，恨不得自我了断。他的女婿裴攸劝说："你何必为了维护他人而送掉自己的性命！有个叫冯阐的，曾被李敷害死，他家对李敷恨之入骨，只要去问问冯阐的弟弟，一定可以探听到李敷兄弟的隐私。"李䜣听从了女婿的主意，准备对李敷兄弟落井下石。

正巧，这时又有赵郡人范标上书告发李敷兄弟三十多条大罪，拓跋弘大怒，李敷、李奕兄弟被诛杀，李䜣获得从宽发落，但仍被鞭打、剃光头发，充当杂役。不久，拓跋弘又任命他为太仓尚书，兼管南部事务。再后来，拓跋弘又任命他先后担任徐州刺史、仓部尚书。

此时，李䜣对那个已经任卢奴（今河北省定州市）县令的范标十分宠信了。李䜣的弟弟、左将军李瑛提醒李䜣："范标一直笑脸迎人，用财物结交权贵，不讲道德礼义，眼里只有势利。听他说话，比蜜还甜；看他行为，十分邪恶，如不早早与他断绝往来，再后悔就来不及了。"李䜣非但不信，反而更加信任范标，把心中的秘密都告诉了他。

公元476年六月，拓跋弘突然去世，时任南部尚书的李䜣被任命为司空。一年后，尚书左仆射赵黑向执掌朝政的冯太后举报李䜣弄权专横，李䜣于是又被外放任徐州刺史。范标知道冯太后痛恨李䜣（因李䜣告发了她的情夫李奕），于是就向冯太后说李䜣私通外国，打算献出国土、投降敌人。冯太后将李䜣召回审问，李䜣一口否认，就让范标与他当堂对质。李䜣见范标居然卖友求荣，气愤地质问范标："你今天血口喷人诬陷我，我还能说什么？但你受我恩惠如此之厚，怎么忍心下此毒手？"

范标本是势利小人，为达个人目的，从来不择手段。他听了李䜣的质问，却反过来质问李䜣："我受你的恩惠，怎么比得上你受李敷的恩惠？你忍心对李敷下毒手，我为什么不能忍心对你？"李䜣听罢，叹息着说道："我不听李瑛的话，后悔果然来不及了。"赵黑在中间又坐实他的罪名。公元477年十月，李䜣和他的两个儿子被诛杀。

范标见冯太后当政并心里忌恨李䜣，认为这是自己争取锦绣前程的大好机会。他立即见风使舵，迎合太后、告发李䜣，当堂对证。因李䜣将范标视为心腹，毫不设防，他的秘密和把柄都被范标掌握，只能被动挨斩，难以逃脱。李䜣负李敷，是卖友求生；范标负李䜣，是卖友求荣。李䜣或可悯，范标只可憎！

306. 柳世隆守夏口

（扼守要冲）

公元477年七月，中领军萧道成命越骑校尉王敬则秘密结交南朝宋废帝刘昱左右亲信杨玉夫、杨万年、陈奉伯等二十五人，他们都在后宫寝殿供职，让他们窥探机会，伺机下手，除掉荒淫凶暴的刘昱。七日夜晚，乘刘昱喝了酒沉醉不醒，杨玉夫与杨万年联手，拔出刘昱的防身佩刀，砍下了刘昱的人头。

七月八日，萧道成以皇太后王贞丰的名义，发布命令，列举刘昱罪状，贬降刘昱为苍梧王，立安成王刘准为帝。十一日，宋顺帝刘准登上皇帝宝座。十三日，萧道成亲自坐镇东府（宰相府），成为朝廷的实际掌权者。十五日，刘准任命萧道成为司空、录尚书事、骠骑大将军。晋熙王刘燮被任命为扬州刺史，萧道成的长子萧赜被任命为左卫将军，跟刘燮同时从夏口东下。

萧赜原来是晋熙王、郢州刺史刘燮的长史兼行郢州事，萧道成现在让他整修城池，装备武器，为暗中防备对朝廷怀有野心且又居长江重镇的荆州刺史沈攸之。萧赜回京前，豫州刺史刘怀珍提醒萧道成，说："夏口地居要冲，应当有恰当的人去驻守。"萧道成就写信给萧赜说："你既然要来京城，应物色一个文武全才又跟你见解相同的人选，把你走后的大事委托给他。"萧赜就推荐原是刘燮的司马的柳世隆接替自己。萧道成就任命柳世隆为新任郢州刺史、武陵王长史兼行郢州事。萧赜离开夏口前，对柳世隆说："沈攸之一旦反叛，万一纵火焚烧停泊在夏口的船舰，船舰顺长江东下，就很难控制。如能把他拖住在郢州城下，虽会受到他的攻打，但他一时攻不下来。到那时，你在内，我在外，来个内外夹攻，一定能破贼。"

果然，萧赜离开夏口东下不久，沈攸之便在荆州举兵，顺长江而下。闰十二月十四日，沈攸之抵达郢城（即夏口）外，仗恃自己兵力强大，认为郢城薄弱，挡不住他的进攻，就派人对柳世隆说："我奉皇太后之命进京，你我一样效忠皇家，定能明白我的意思。"柳世隆假意答道："我早就听说将军率军东下的消息，郢城只是一个小镇，我们只求自保而已。"沈攸之打算只留下一小部分军队盯住郢城，而自己亲率大军东下。就在沈攸之大军要出发的时候，柳世隆却派出兵马前来挑战，前军中兵参军焦度还在城楼对沈攸之破口大骂。沈攸之果然被激怒，撤销东下命令，回军攻城，命各军登陆，焚烧村庄，兴筑长墙，将郢城团团围住，日夜攻打。柳世隆借助坚城抵抗，沈攸之不能攻克，他率领的大军牢牢地被拖住在夏口。

就在柳世隆与沈攸之激战之际，萧赜派出军主桓敬等八军，进驻西塞（今湖北省黄石市），作为对柳世隆的声援。就这样，沈攸之攻打郢城历时三十多天不能攻克，士气大衰，军中逃亡者日渐增多，连沈攸之的司马刘攘兵都写了投降信，射进郢城。公元478年正月十九日夜晚，刘攘兵纵火烧营，率军而去。沈攸之大营起火，霎时瓦解，士卒四散逃命，沈攸之只得收拢残部，返回他们的出发地江陵（今湖北省江陵县）。

柳世隆坚守夏口，是贯彻萧赜意图而进行的积极的、有智谋的作为：扼守要冲，牵制强敌，守得越牢，就越对大局有利。这场郢城保卫战，挫败了沈攸之进京夺权的图谋，使萧道成的势力得到了加强，朝着取代刘宋的目标迈进了一大步。

307. 萧道成能宽容

（不计前嫌）

宋荆州刺史沈攸之起兵反叛朝廷失败，在西返途中走投无路，跟儿子沈之和在华容（今湖北省潜江市西南）边界的栎树林中上吊身亡。公元478年九月二日，宋顺帝刘准下诏，任命萧道成为大都督中外诸军事、太傅、扬州牧，原来职务仍然担任。第二年三月，又命萧道成为相国、封齐公。四月，齐公萧道成又晋升为齐王。四月二十日，刘准下诏禅让帝位给齐王萧道成，二十三日，萧道成正式登基称帝，成为南朝齐的开国皇帝。

十一年前，萧道成镇守淮阴时，深受宋明帝刘彧的猜忌，使他恐惧不安，甚至打算投降北魏。在他的北面是青州（今山东省淄博市南），他写信给当时任青州刺史的王玄邈，有意与之结交。王玄邈的长史房叔安劝王玄邈说："将军如今身担州镇重任，如果无缘无故做出不忠不孝之事，三齐士民宁愿跳入东海淹死，也不敢追随将军。"王玄邈听从了房叔安的话，没有回萧道成的信。之后，王玄邈解职，离开青州回京（建康，今江苏南京市），途经淮阴时，在卫兵护卫下驱车而过。到了京城，就向刘彧检举萧道成怀有异心。

后来，刘彧被杀，萧道成在朝中的地位越来越高，宋顺帝刘准升明年间，又成为辅政重臣，皇帝成了他手中的傀儡。萧道成当了骠骑大将军，延请王玄邈当司马。王玄邈没想到事情会出现这样的结果，非常害怕萧道成会为前事报复加害他，心里很恐惧。但是，萧道成对王玄邈还和当初一样，没有一点儿打击报复的影子。

公元479年十月，李乌奴又反叛作乱，率领氐族部落军队一千多人攻击梁州（今陕西省汉中市），攻陷了白马戍（今陕西省勉县西）。王玄邈先是仓促应战，被打败后，他觉得不能硬拼，便派人去假投降，结果李乌奴中计被击败。萧道成听到消息后说："王玄邈果然没有辜负我待他的一番心意。"房叔安时任宁蜀（今四川省双流区）郡守，萧道成欣赏他的忠贞正直，打算升他为梁州刺史，不巧，这时房叔安却因病逝世了。

作为统御人物，只有做到不计前嫌，才能发现人才、挖掘人才、保住人才。萧道成宽容王玄邈，以礼对待以前的非礼，以仁对待曾经的非仁，就是使用不计前嫌之策，赢得了王玄邈的效忠。这种能宽容的心胸和气度，是一种爱才、用才的远见和智慧。

308. 王僧虔却高官

（适可而止）

南朝齐高帝萧道成立国，王僧虔被任命为持节、都督湘州诸军事、征南将军、湘州刺史。公元482年，萧道成去世，武帝萧颐继位。萧颐即擢升王僧虔为侍中、左光禄大夫、开府仪同三司。王僧虔却坚决辞让开府仪同三司一职。

当时，王僧虔的侄子王俭也在朝中任高官，他对王俭说："你在朝廷中担负重任，即将成为三公，我如果再接受开府仪同三司之职，便是一家人中出现了两个宰相级官员，我实在感到很畏惧。”一段时间过后，王僧虔仍没有接受那项任命，萧颐才不得不答应了下来，公元483年七月，加授王僧虔为特进。

王俭造了一座横梁跨度很大的书斋，稍微超过了规定的规模。王僧虔看了以后，非常不高兴，竟然连门都没有跨进去，王俭当天便将书斋拆掉了。

当初，王弘与兄弟们在一起聚会，任凭儿孙们游戏自适。王僧达跳下地来，装扮成小老虎的模样。王僧绰端正地坐着，用蜡烛做成一只凤凰，王僧达把凤凰抢过去打坏了，他也不感到可惜。王僧虔却把十二粒棋子垒起来，棋子不会倒落，也不用重垒。

王弘见了叹息着说：“僧达才华出众、性情豪爽，应该说并不比别人差。但是，我担心他终究会给我家带来危难（王僧达于公元458年被宋帝刘骏交付廷尉，命他自杀）。僧绰会凭自己的名声和品行而受到赞誉。僧虔肯定是一个谨厚长者，会成为三公宰相。”后来，三个人的结局，果然和他预言的完全一样。

王僧虔坚决拒任高官，宁愿接受较低的职位，这是极富机谋的姿态。这其中的智慧，在于能够审时度势，做到适可而止。这样的结果：本人获得了不贪高位的名声，避免了嫉妒者可能射出的中伤攻击之箭，使自己今后的宦途更加平安坦顺。王僧虔是个聪明人。

309. 成淹语难齐使

（接箭反击）

公元490年九月，北魏临朝称制二十五年之久的太皇太后冯氏去世。第二年二月，南朝齐武帝萧颐派遣散骑常侍裴昭明、散骑侍郎谢竣，前往北魏吊唁冯太后。他们准备穿着在本国平常穿的朱色官服去祭祀，接待他们的北魏官员制止说："吊丧有一定的礼节，怎么可以穿着艳丽的朱色官服进入令人悲痛的祭堂呢？"

裴昭明等人被阻拦，心中恼怒，说："我们是受本国朝命前来吊丧的，没有胆量敢擅自更换服装。"双方各讲各的理由，就此事争来争去，裴昭明等人始终坚持不换服装，双方陷入僵局。北魏国主拓跋宏听说此事，命尚书李冲物色饱学之士与裴昭明等人辩论，一定不能让齐使者穿本朝官服入吊。李冲举荐了著作郎成淹。

裴昭明见了成淹，问道："你朝不允许我等穿本国朝服吊丧，不知出于哪一部圣典？"成淹答道："吉事凶事不同，仪礼各有成规，身穿羔羊皮袍，头戴朝冠，是不可以前去吊丧的，这一点，连三岁孩童都明白。古有季孙，将去晋国，行前专意请教学习丧礼。而阁下从长江以南，千里迢迢前来奔丧，却还要问穿丧服吊丧出自哪本经典。一个使节的成功和失败，怎么相差得这么远呢？"寥寥数言，成淹即转守为攻。

裴昭明见状，转换话题，又问："两国交往所用的礼仪应该对等，我朝高帝逝世时，贵国派李彪前来吊唁，并没有穿白色丧服，我朝也并不认为有何不当，更没有像今天这般对我苦苦相逼！"成淹答道："贵国君主不能严格遵守居丧礼仪，把老父安葬后，才过一个月，丧礼即告结束。李彪到达贵国时，贵国上自君王，下至官属，都身佩宝玉，满庭作响，貂尾和金饰都闪闪发光，耀人眼目。李彪如果不经主人批准，怎么敢一个人穿着丧服置身于眼花缭乱的人群中呢？我们皇上仁爱孝顺，可媲美圣明的虞舜，在守丧期间，居陋室、喝稀粥，怎么可以用这里跟那里相比较呢？"

裴昭明不以为然地说："夏、商、周三代，制度礼仪各不相同，谁能判断谁好谁坏？"成淹立即抓住话头说："这么说，虞舜、商代高宗（商朝二十三任帝）服三年之丧的做法都不当吗？"这一问让裴昭明、谢竣有点儿尴尬，互相看了一眼后，笑答："批评别人孝行的人，心中没有亲近的人，我们怎敢如此？"于是，二人解释说："我们前来贵国时，只携带了短裤短袄罩甲，都是武官的服装，不便吊丧，只有请主人借给我们丧服。可是，这样却又使我们违背了本国旨意，回去之后，一定会被治罪。"

成淹见裴昭明已作让步，又添一语说："如果贵国有君子的话，你们出使他国，言谈举止恰当得体，将会得到奖赏。如果没有君子，你们出使，增加了国家的荣耀，纵使因此受到处罚，又有什么关系！这件事将来自有优秀的史官将它记录下来。"于是，将丧衣丧帽借给了裴昭明等，让他们完成了使命。事后，拓跋宏嘉许成淹的聪敏，擢升他为侍郎，赏给一百匹绢。

这一场争执被成淹以智巧之言化解，显示了他出色的辩才和过人的机敏。成淹采用接箭反击、以矛陷盾之法，使对手暴露破绽而陷于被动，使自己转守为攻，占据了主动。外交上的唇枪舌剑，就是一场斗识斗智的较量！

310. 拓跋宏迁都城

（以退求进）

北魏国主孝文帝拓跋宏因京城平城（今山西省大同市）气候寒冷，夏季六月有时还在下雪，而且经常狂风大作，飞沙漫天，就想把都城迁到洛阳。但是，他又担心文武官员们不同意，于是就宣称要大举进攻齐，打算以此胁迫大家。他的想法一经透露，就遭到不明孝文帝真实意图的尚书、任城王拓跋澄的质疑。

拓跋宏回到皇宫，立刻召见了拓跋澄，屏退左右侍从，对他说："今天我所要做的这件事情确实很不容易。我国是在北方兴起的，后来迁都到平城。但是，平城只是个用武之地，而不适宜施行文教治理。现在，我打算进行移风易俗的重大变革，这条路走起来确实困难，我想以大军南下征伐为由，将京都迁往中原，你认为怎么样？"

拓跋澄知道了拓跋宏的真实意图后，说："陛下打算迁都到中原，借以扩大疆土，征服四海，这一想法正是以前周代和汉代兴旺发达的原因。"拓跋宏又说："北方人习惯留恋于旧有的生活方式，一旦宣布了这个决定，百姓一定会惊恐骚乱起来，怎么办呢？”拓跋澄回答说：“非常之事，本来就不是常人所能做得了的。陛下的决断出自圣明的内心，他们能怎么样呢？”拓跋宏高兴地说：“任城王真是我的张子房啊！”

公元493年六月初七，拓跋宏下令在黄河上修筑大桥，准备让南下大军渡过。七月初十，北魏全国实行戒严，发表正式文告，并将文告送往各地，宣称要南伐。八月十一日，拓跋宏亲自率领三十多万步骑兵从平城出发，进行南伐。九月二十日渡过黄河，九月二十二日抵达洛阳。

拓跋宏从平城至洛阳这一路上，天一直在下雨，没有停过。九月二十八日，他下诏命令各路大军继续向南进发。二十九日，拓跋宏自穿军服，手持马鞭，又要骑马出发。文武官员赶紧拦马叩拜阻止，拓跋宏装着勃然大怒，斥退众官，又要纵马出发。这时，安定王拓跋休等人都流着眼泪恳切劝谏。拓跋宏于是告谕群臣：“兴师动众却没有成果，怎么给后人做榜样？我们世世代代居住在幽朔，一直盼望南迁中原。如果大家一定要停止南伐，那就应该迁都到这里，各位王公认为如何？同意迁都的站左边，不同意的站右边。”

南安王拓跋桢进言说：“成就大功业的人，不与众人合谋。如今，陛下如果放弃南伐的谋略，迁都到洛阳，这正是臣等所希望的，是百姓的幸运。”群臣随之都高呼万岁。当时，与王室同起于北荒的鲜卑族人，虽然不乐意向南迁移，但又害怕再向南征战，所以，也就没人敢反对。这样，北魏的迁都大计就确定了下来。

公元494年十月初三，北魏任命东阳王拓跋丕为太傅、录尚书事，留守平城。初七，拓跋宏亲往太庙祭告，派高阳王拓跋雍等将祖先牌位迁往洛阳。三天后，拓跋宏从平城出发，前往新都洛阳。

拓跋宏为统一认识，用心良苦！为了实现南迁都城的目标，而将它隐藏在虚张声势的南伐后面。人们的思维习惯往往是遇难而退，退而求其次。这样，真实目标自然而然就会被大家认可，目标也就容易实现。拓跋宏正是懂得这一点，他知道直接迁都难度较大，所以他在这里采用以退求进的策略，以南伐之名行南迁之实，终于实现了预定目的。知其难为而巧成之，拓跋宏称得上是有谋之君。

311. 萧鸾显痣称帝

（假人之口）

公元 494 年七月，南朝齐西昌侯萧鸾与手握兵权的萧谌、萧坦之及左仆射王晏等人相勾结，将齐帝萧昭业斩杀及废黜，迎立新安王萧昭文为新帝。九月，萧鸾被任命为太傅、领大将军、扬州牧、都督中外诸军事，并加以特殊的礼仪，晋升为宣城王。萧鸾于是广揽党羽，觊觎帝位。

皇帝新立，萧鸾作为辅政大臣，虽然一手专权，独断国政，但是人们心中并不服气。他想要树立威信，夺取帝位，还需要进一步制造舆论，以征服人心。萧鸾的后肩胛上有一颗大红痣，许多人都不知道。骠骑咨议参军江祐与萧鸾是表兄弟，自幼与萧鸾要好，知道他这颗红痣。江祐就建议萧鸾将它向大家展示，让众人信服。萧鸾认为他说得在理，决定在这颗红痣上做文章。

有一次，晋寿（今四川省广元市西南）郡守王洪范还朝，萧鸾把他请到家中做客，故意当着他的面换衣裳，把那颗红痣露了出来。王洪范见到萧鸾这颗大红痣，十分惊奇，萧鸾却对他神秘地说："相面者曾见过此痣，认为这是日月之相、帝王之相，你可千万不要把它乱说出去。"王洪范却说："大王身上有日月之相，此事怎么可以隐瞒？当今天下不稳，正待贵人来治，您有此贵相，我自当让公卿皆知。"朝中大臣很快就都知道了这件事，都说朝中出了贵人。于是，萧鸾篡位的时机成熟了。

十月十日，在萧鸾的导演下，皇太后王宝明下诏："新即位的君王年纪太小，对政治不太了解，而且从小染病，不能担负如此重任。太傅、宣城王原是宣帝后裔，又深受太祖（萧道成）的钟爱，应该承受天命。改封皇帝为海陵王。"并命萧鸾当萧道成的第三子。二十二日，萧鸾正式登基，是为齐明帝。

肩上长痣与脸上长斑、胸上长毛，都是人的生理现象，根本说不上是什么贵异的标志。萧鸾故意显露红痣，其实是用假人之口之策，为他收揽人心、废帝自立而制造舆论和影响。在政治斗争中，有些话自己不便直说，如果通过别人之口说出来，也许会收到更好的效果。看来，萧鸾是用好了这一招。

312. 崔庆远答元宏

（迂回巧对）

公元495年正月，北魏国主元宏（即拓跋宏，改姓元）率领大军渡过淮河南下，二月，来到寿阳（今安徽省寿县）城下。初五，元宏派人让齐守军派代表跟他会谈。齐明帝萧鸾的弟弟丰城公、豫州刺史萧遥昌派参军崔庆远出城对话。

崔庆远见了元宏就质问："您为什么突然率领大军压境?"元宏答："当然是有原因的，你是要我直言直语，还是要我说得含糊一点儿?"崔庆远说："不知道您为何而来，所以，也无所谓隐瞒含糊。"元宏就问："萧鸾为什么罢黜前面两位皇帝（萧昭业、萧昭文)?"崔庆远明白，元宏是想以此为借口讨伐齐。

崔庆远想了想，回答说："罢黜昏君，另立英明，古今同理，并非只是这一次，有什么地方使您如此大惑不解呢?"元宏又问："萧道成的子孙，现在何方?"崔庆远答："有七位亲王因一同作恶，已经像当年管国国君、蔡国国君一样，受国法诛杀。其余的二十多位亲王，有的在朝身居要职，有的在地方镇治一方。"元宏又问："你的主人，如果不忘忠义，为什么不遴选皇家近亲而立，像周公辅佐周成王那样，却要自己夺而取之?"崔庆远答道："周成王有仅次于圣人的品德，所以周公可以辅佐他。现在，皇家近亲中，无人能比得上周成王的，今上才不得不自己登基。而且，汉代的霍光也是舍弃汉武帝的近亲而立皇帝的，主要是看贤不贤能罢了。"元宏接着问："霍光为什么不自立为帝?"崔庆远答道："霍光非刘氏，今上可以比拟汉宣帝刘病已，怎么能比拟霍光呢？如果那样比拟的话，周武王讨伐商纣帝，不拥戴微子而自己去辅佐他，难道也能说他贪图天下吗？"

元宏听完大笑起来说："我来兴师问罪，如果情况如你所说的那样，可以释人疑虑，消除误会了。"崔庆远见元宏有所动，乘机说："见可而进，知难而退，是圣人的武备啊！"元宏问："你是想让我与齐和好，还是不和？"崔庆远又答："和则两国交欢，民众受福；不和则两国交怨，百姓遭殃。两种结果，由您的圣心裁决。"

元宏听了，赏赐给崔庆远酒肉、衣服，打发他走了。初九，元宏放弃寿阳，沿着淮河向东前进。

机智的外交语言是一种艺术，更是一种无形的力量。崔庆远凭着自己的学识和口才，借古论今，迂回陈词，巧妙地对答了元宏的兴师问罪，化解了寿阳城下的一场争战。当然，崔庆远的对话之所以能起到这样的作用，与元宏尊崇儒家文化大有关系。如若不然，崔庆远要么没有可能说这些话，要么说了，也只是对牛弹琴罢了。

313. 元英袭击汉中

（并攻一营）

公元 495 年二月十七日，北魏国主元宏亲率大军南征到达钟离（今安徽省凤阳县），三月初九离开钟离。元宏在钟离的时候，北魏仇池（今甘肃省西和县南）镇都大将、梁州刺史元英请求率领本州军兵会同平南将军刘藻一起去袭击汉中（今陕西省汉中市），元宏准许了他的请求。南齐的梁州刺史萧懿派遣部下将领尹绍祖、梁季群等率领两万兵马，占据险要之处，构筑了五座营栅来抵御北魏军队的进犯。

依据南齐军队的动向，元英对部下说："他们的主帅出身低微，难以统一协调作战。我这里如果挑选精兵集中力量攻打他们一个营，他们一定不会互相救援。如果攻克一个营，其余四个营就都会不战而逃。"于是，他率领士兵对其中一个营发起急攻，一举而攻克，其他四个营见状都逃散了。结果，北魏军队生擒了梁季群，斩敌三千多，俘虏七百多人。元英乘胜追击，向南郑（今陕西省南郑区）逼近。萧懿又派遣他的部将姜修抗击元英，元英以伏兵攻其不备，把姜修及其部属全部擒获。

这时，萧懿手下的其他军队相继赶到，由于元英部下的将士们已十分疲劳，没有料到另有敌军到来，所以非常惧怕，准备逃跑。元英却毫不畏惧，他镇定自若，故意骑马缓行，登上高处瞭望敌情，东指指、西划划，做出一副指挥部署的样子，然后整理好队伍前进。萧懿的军队见此情形，怀疑元英设有伏兵，犹豫着又向来路退回。元英见敌中计，立即下令追击，破敌获胜，于是包围了南郑。

南郑城被北魏军队围困了几十天，城中一片慌乱，军心动摇，人人自危。正在这时，元宏命令元英撤兵返回，元英安排老弱兵丁先行，自己率领精壮兵力殿后，并派使者去同萧懿告别。萧懿以为又是元英在使计，不敢轻动，等元英都撤走一天了，萧懿的军队还不敢打开城门。两天之后，萧懿才派遣部将追击，元英和将士们一起下马迎战，吓得萧懿的追兵不敢迫近，就这样尾追了四天四夜，才不得不返撤。

元英在攻伐汉中的战役中，先集中兵力攻敌一营，终使五营敌军俱溃；再缓马徐行使敌疑有伏兵、犹豫引退，而终于破敌围城；最后撤军时，专门遣使告别，使敌以为有诈，只能迟迟尾随追之，无果而返。无论进攻和撤退，元英都能以智谋胜敌，使敌军始终处于被动地位。元英打仗很有智谋！

314. 傅永夜战胜敌

（混淆灯识）

公元497年十二月，南朝齐将军鲁康祚、赵公政率兵一万人进攻北魏的太仓口（今河南省息县境内），北魏豫州刺史王肃命令长史傅永率领三千军兵去迎战。

鲁康祚、赵公政驻扎在淮水之南，傅永驻扎在淮水之北，彼此相距十多里远。傅永对部下说："南方人喜欢夜间偷袭敌营，他们肯定会在渡河的地方设置灯火，作为河水深浅的标识，以指示何处可以涉渡。"于是，到了夜里，傅永把所率部队分为两部分，让他们埋伏在营盘外。他又安排用葫芦大瓢储满燃料，暗中派人渡到淮水南岸水深处安放，并吩咐他们："一看对岸火起，你们就把它们点燃。"

当天晚上，鲁康祚等人果然带领军队渡河偷袭傅永的营地，傅永的伏兵左右夹击他们，鲁康祚败走，慌乱中撤到淮河边上，这时，傅永派往南岸的人都已点起了火，使得南岸灯火连绵，鲁康祚等不知应从何处渡归，只好胡乱涉水而逃，溺死和被杀的有好几千人。最后，傅永活捉了赵公政，并且找到了鲁康祚的尸体，全军大胜而归。

不久，齐豫州刺史裴叔业又进攻北魏楚王戍（今河南省信阳市北），王肃再次命令傅永去迎战。傅永带了一个心腹将领骑马急奔到楚王戍，命令士兵们填平戍城外边的深壕，夜里又在城外埋伏了一千多人的部队。天亮时，裴叔业等人到了城东，正部署军力准备围城攻打。傅永的伏兵对裴叔业的后军进行突袭，破敌获胜。裴叔业留下将佐防守营盘，自己带领几千精兵去援救后军。傅永登上城门楼，见裴叔业已往南走了几里，就命令打开城门，奋力出击。结果大败敌军，缴获了裴叔业的伞扇、鼓幕、盔甲及兵器一万多件。裴叔业进退失据，只好逃走了。

傅永手下的人想要追击，傅永不许，对他们说："我们的兵力不满三千，他们的兵力还很强，并不是力量不足而败逃，只是落入我的计谋圈套罢了。他们不知我们的虚实，经此一击，足以使他们闻风丧胆，何必再去追击！"北魏国主元宏派遣谒者到前线任命傅永为安远将军、汝南郡守，封贝丘县男。傅永勇武有力，并且好学能文，元宏赞叹说："上马能击贼，下马作文章，只有傅永一人！"

傅永在淮水边的夜战中，用以假乱真、混淆灯识的手段，使敌军退归失去准确目标，胡乱涉水而逃，以少胜多，大胜敌军。这一仗称得上是智胜之阵！

315. 刘暄逃脱惩罚

（嫁祸他人）

公元498年七月，齐明帝萧鸾逝世，太子萧宝卷继位。萧宝卷当太子的时候，就厌恶学习读书，只喜欢玩耍，嬉戏无度。他性情内向，很少说话，登基之后，不跟朝廷官员接触，只宠信宦官、提刀侍卫及随身承应敕命的应敕等人。

这时，扬州刺史、始安王萧遥光和尚书令徐孝嗣、右仆射江祏、右将军萧坦之、侍中江祀、卫尉刘暄轮流在宫内值班，各人以自己的想法签署颁发诏书。时任雍州刺史的萧衍听说这种情况后，对堂舅、录事参军张弘策说："一国三公，还不堪其乱，何况六个贵人同朝，势必相互争夺，乱事将要发生了。"

萧宝卷失德的情况日渐显著，江祏建议废黜他，拥立江夏王萧宝玄，刘暄坚决反对。原来，刘暄曾任郢州刺史萧宝玄的郢州行事，处处管制萧宝玄。有人曾经呈献马匹，萧宝玄要去看看，刘暄说："马有什么好看的！"萧宝玄的妃子要厨房煮鸡杂碎，刘暄说："早上刚煮过鸡杂碎，不能再麻烦了！"萧宝玄恨恨地说："刘暄与我没有一点儿舅甥亲情！"刘暄知道萧宝玄对自己不满，所以反对立他为帝，而主张立建安王萧宝寅。

江祏跟始安王萧遥光也在秘密商议。萧遥光也有自己的打算，因为自己是萧鸾的弟弟，在宗族中自己年纪最长，应当被立为皇帝，他便将此意暗示给江祏。江祏的弟弟江祀也认为立小皇帝难以辅佐，劝江祏拥立萧遥光。而刘暄认为，若立萧遥光为帝，自己的帝舅地位便失去了，所以，坚决反对立萧遥光为帝。这样弄得江祏不知立谁为好。萧遥光听说刘暄反对立自己为帝，大怒，派侍从黄昙庆埋伏在青溪桥，准备刺杀刘暄。但是，刘暄的护卫甚多，防范严密，黄昙庆不敢动手。

刘暄发觉这件事后，就立即向萧宝卷告发江祏的阴谋，把一切责任都推到江祏身上。萧宝卷下令逮捕江祏、江祀兄弟，并将他们处死。刘暄听见江祏等被处死的消息后，心中不安，睡梦里忽然惊醒，狂奔到屋外，问左右侍从："抓我的人来了没有？"过了很久，神色才安定下来。这一场废立闹剧至此收场，萧宝卷则更加纵情任性、肆意妄为了。

刘暄通过恶人先告状、出卖同伙的手段，达到了转移视线、嫁祸他人的目的，为自己扯脱了干系，逃避了惩罚。这大概是小人、恶人常常图保自身的急中生智吧！

316. 萧衍宴请刺客

（一箭三雕）

公元500年，南朝齐帝萧宝卷猜忌朝臣，滥杀群下。十月十三日，萧宝卷派人把毒药送给尚书令萧懿。萧懿在服毒身死前说："我弟萧衍在雍州，实在很替朝廷担心。"萧懿的弟弟、侄儿们全部逃亡，躲在民间，只有萧融被捕斩首。

最初萧宝卷怀疑雍州刺史萧衍可能对朝廷图谋不轨，就派直后将军郑植以探望其弟郑绍叔的名义，前往行刺萧衍。郑绍叔早就在萧衍手下任中兵参军，萧衍做了雍州刺史后，郑绍叔当了宁蛮长史，因雍州刺史兼任宁蛮校尉，郑绍叔成了萧衍的重要助手。

郑绍叔见到突然前来的哥哥，弄清楚郑植此行的真实目的后，秘密报告给了萧衍。萧衍觉得对郑植既不能置之不理，又不能公然加以诛杀。置之不理会危及自身，公然诛杀则对不住郑绍叔。于是，萧衍想出了一个两全之策。

一天，萧衍在郑绍叔家摆下筵席，招待郑家兄弟。酒席间，萧衍半开玩笑地说："朝廷派你当刺客，今天宴会，只有我和你们两兄弟，正是下手的好机会！"宾主都大笑起来。郑植知道萧衍已经知悉了他此行的目的，只得作罢。吃完饭后，萧衍又领着郑植参观襄阳城的整体城防工程、仓库、士兵、军马、武器、船舰。郑植参观完告退，对郑绍叔说："雍州实力雄厚，不容易对付。"郑绍叔乘机对郑植说："弟弟回京后，应将所见到的情况如实禀报天子，如果朝廷要用武力夺取雍州，我只能借此地兵马与之决一死战。"郑植返京时，郑绍叔送他到南岘（襄阳城南），挥泪握别。

当萧懿被害的消息传到襄阳时，萧衍立即深夜在家中召集部属和幕僚商讨对策，最后决定用最强烈的手段做出反应。十一月十九日，萧衍集合僚属，建立大本营，竖起义旗，集结部队，反抗朝廷。

萧衍宴请刺客，应该说是选择了最恰当的处理方式，达到了一箭三雕的目的：一是利用宴会轻松的气氛，用开玩笑的方式揭露了对方的真实意图，暗示对方自己已有准备，使其不敢轻举妄动；二是没有公然杀掉刺客，顾念了郑绍叔的兄弟情谊，使郑绍叔对自己更加忠心；三是将郑植变成了雍州声威的传声筒，向朝廷进行了一次有力的示威。萧衍这一招，让人不由得拍手称妙！

317. 两空函定一州

（巧用反间）

萧衍在襄阳竖起义旗，反抗朝廷，集结了一万多名士兵、一千多匹战马、三千多艘船舰。这时，南康王萧宝融任荆州刺史，西中郎长史萧颖胄为行府州事。齐帝萧宝卷派了辅国将军、巴西和梓潼二郡郡守刘山阳率领三千士兵赴任；并命他路过江陵（今湖北省江陵县）时，会同萧颖胄的军队袭击襄阳。

萧衍得知这一情报后就派了参军王天虎去江陵，给荆州和西中郎府的官员们每人送了一封信，信中说："刘山阳率军西上，将同时袭击荆州和雍州。"萧衍对部属将佐们说："荆州人向来惧怕襄阳人，加上两州地界相邻，唇亡齿寒，所以，不可能不与我们暗中联络，通力合作。我只要能集结荆、雍二州兵力，擂动战鼓，大举东下，就是让韩信、白起复活再生，也难以拯救建康朝廷，何况是一个昏君差使着一帮提刀传敕的宠幸之徒！"

萧颖胄接到萧衍的信后却犹豫不定，而刘山阳军已到达巴陵（今湖南省岳阳市）。萧衍再次派王天虎携带两封书信送给萧颖胄和他的弟弟萧颖达。王天虎出发后，萧衍对张弘策说："用兵之道，攻心为上。前些天，我派王天虎去荆州，给每人都送了信。这次再十万火急地赶去，只给萧颖胄两兄弟呈递了两封信，信中只写'由王天虎口述'。他们问口述的内容，王天虎又一句答不上来，因为我压根就没向王天虎交代过什么。王天虎是萧颖胄的亲戚，荆州那边的人一定会认为他们一起隐瞒着什么秘密，于是每人都会心生疑虑，他们之间就会互不信任。这样的话，萧颖胄就会进退两难，无论如何都解释不清，必定会跳进我设的圈套之中，我这是用两封空函而平定一州的妙计啊！"

刘山阳到了江安（今湖北省公安县），迟疑停留了十多天，不往前进。萧颖胄大为恐惧，不知如何是好。夜晚，他召集西中郎参军席阐文、柳忱秘商，席阑文说："萧衍在雍州招兵买马，已不是一两天的事了。江陵人一向畏惧襄阳人，又寡不敌众，要攻克他们，办不到；即使能克制他们，他们最终也不会为朝廷所容忍。现在，如果杀了刘山阳，与雍州一起举兵，另立新天子以令诸侯，则霸业可成。目前的问题是刘山阳迟疑不前，显然是对我们不信任。只有一个办法能消除他的疑虑，那就是先斩王天虎，把首级送给刘山阳，才能化解他的猜疑。等刘山阳来了以后，再向他下手，不可能不成功。"柳忱也劝萧颖胄认真加以考虑，萧颖达也劝哥哥听从席阑文的计策。

第二天早晨，萧颖胄召见王天虎，说："你跟刘山阳相识，事到如今，不得不借用一下你的人头。"于是，命人斩了王天虎，将他的首级送给刘山阳。同时他征调民间的车辆和牛只，声称出动步军讨伐襄阳。刘山阳见状大为高兴，十一月十八日，刘山阳抵达江津（今湖北省江陵县东南），独自乘坐一辆车，只带了几十个侍卫进城去拜会萧颖胄。刘山阳一进城门，就被埋伏在那里的伏兵杀死在车中，刘山阳的副军主李元履收拾余部，请求归降。

荆州和雍州就这样实现了联合反抗朝廷的目的。萧衍送出两封空信，实行的是虚实相乱、巧用反间的计谋，使萧颖胄陷入进退两难的境况，只能被迫与雍州联兵共图大业。而萧颖胄为骗刘山阳上当，不惜使出苦肉计。最悲惨的是王天虎，稀里糊涂地成了萧衍、萧颖胄实现政治联手的牺牲品。

318. 萧衍专攻郢城

（掌控关键）

公元501年三月十一日，南朝齐反对建康朝廷的首脑、南康王萧宝融在江陵登基称帝。次日，萧宝融下诏，将在建康的齐帝萧宝卷贬黜为涪陵王。十五日，萧宝融命尚书令萧颖胄行荆州刺史，加授左仆射萧衍为征东大将军、都督征讨诸军事，赐给皇帝诛杀时专用的铜斧。

四月，萧衍出沔水（汉水），命王茂、萧颖达等进军逼近郢城（今湖北省武汉市长江南）。建康朝廷得知郢城危急，便派出吴子阳、陈虎牙等十三军前去增援，推进到了巴口（今湖北省黄州区东）。六月，江陵朝廷派卫尉席阐文往前方慰劳萧衍的雍州部队，携带着萧颖胄等人的共同建议，对萧衍说："现今，我军分散在长江两岸，没有集中力量包围郢城，攻取西阳（今湖北省黄州区）、武昌（今湖北省鄂州市）、江州（今江西省九江市）。建康的援兵已到，我们丧失了时机。不如与北魏联络，请求支援，仍不失为上策。"

萧衍说："汉口（今武汉市汉水北）城上通荆州、雍州，控制秦州、梁州，粮秣和辎重的补给，全靠这个通道。所以，我才主张用重兵控制汉口，通联各州。现在如果集中兵力包围郢城，并分兵去夺取其他城池，那鲁山（今武汉市汉水南）之敌，就会切断沔水（汉水）交通，扼住我们的咽喉。粮秣、辎重运输一旦不通，我们的军队自然会离散，怎么能持久呢？

"最近，冠军将军邓元起也要求带三千兵马去平定寻阳（今江西省九江市西南）。我告诉他，如果寻阳守将识时务，只用派一个说客便可完成；如果寻阳守将抗拒，三千兵马不见得管用。西阳、武易倒是不难拿下，问题在于拿下两城后，就得分兵防守，还需要相应的粮秣和辎重。一时之间，我们没有这个能力。而且，建康方面的军队万一沿江西上，用一万人马攻打这两城，两城在地势上无法互救。如果我们分兵两路增援，那首尾两端都削弱了；如果不派兵去救援，孤城必定陷落。一城失守，其他各城会相继沦陷，这样的话，创天下大业之事必然就会失败。

"现在，我们只要攻克郢城，就能沿长江两岸席卷而下，西阳、武昌自然闻风投降，何必分散兵力，自找麻烦！更何况，我们拥有数州的巨大兵力，去诛灭几个小人，等于用一条大河去浇山火，不可能扑不灭。何至于向北方的戎狄求救而示弱于天下？而且，戎狄也未必信任我们，徒使我们蒙受投降外邦的丑名，这实在是下策，怎么说得上是上策呢？"萧衍分析透彻，说服了众人。

这时，建康军队吴子阳等率领的增援郢城的部队已经挺进到了加湖（今湖北省武汉市北），距郢城三十里。七月初，萧衍派王茂、曹仲宗等，趁水势上涨，率舰队袭击加湖。初五，加湖防卫崩溃，吴子阳等逃跑，将士被杀或溺死的数以万计。加湖大捷后，鲁山、郢城完全丧失了被救援的可能。在绝望中，两城守将先后开城投降，萧衍完全占据了郢州。

掌控关键，集中兵力，攻其一点，必定势张力强，气旺心坚，是兵家取胜之道。为欲求多得，多方出击，分散兵力，难免势衰力弱，气竭心摇，乃兵家用兵之忌。萧衍懂得用兵之道，坐镇汉口，集中兵力，专攻郢城，突破一点，终于赢得了这场战争的主动权。

319. 萧衍降陈伯之

（假人之口）

萧衍占据郢城后，就让各路军队立即开拔上路，沿着长江向江州（今江西省九江市）进发。驻守江州的是江州刺史陈伯之，他是刚刚被建康朝廷派遣西上攻击荆州、雍州的都督前锋诸军事。萧衍对将领们说：“现在寻阳人心一定大乱，我们只要送去一纸文告，就可以平定。”

于是，萧衍就在俘虏中搜查出一个叫苏隆之的人，这个人曾经是陈伯之属下的幢主，便派他去劝说陈伯之归降，条件是任命他当安东将军、江州刺史。陈伯之让苏隆之回报，答应投降，但仍怀二心，说：“大军不必马上顺江而下。”萧衍听闻，立即明白了陈伯之的心思，说：“陈伯之这话，就是想脚踩两条船，我们应乘其犹豫不决之时，大军急进相逼，使他计无可出，不得不降。”便派邓元起率军先行顺流而下，杨公则直袭柴桑，萧衍跟各将领陆续出动。邓元起至寻阳，陈伯之集结部队退保湖口（鄱阳湖注入长江处，今江西省湖口县），而留其子陈虎牙守湓城（湖口西）。直到萧衍大军来到，陈伯之才被逼无奈，缴出武器，正式投降。

陈伯之虽然已归降，但仍未死心。在随萧衍围困建康时，陈伯之奉命困守西明门（建康城西北门），每逢城里有人出来投降，陈伯之都要召见他们，让他们挨近自己，与他们密谈很久。萧衍得知这种情况后，怕他反复无常，再倒向对方，就秘密地对陈伯之说："我听说建康城里的人对你献出江州投降，痛恨到切齿入骨，打算派刺客干掉你，请你特别小心。"陈伯之并不完全相信萧衍所说的话。

为了让陈伯之相信，萧衍改换了一种方式。正巧，这时，有个叫郑伯伦的将领出城来投降，萧衍便把他找来，吩咐一番，让他去拜访陈伯之。郑伯伦见到陈伯之，按萧衍的吩咐对他说："城里的人对你痛恨极了，曾打算派亲信见你，用高官贵爵相许，引你回降，等你归降后，就砍断你的双手双脚。如果你不归降，就要派刺客杀你，你要小心防备！"陈伯之见郑伯伦也这么说，心中大为恐惧，对萧衍的话深信不疑，从此不敢再怀二心。

陈伯之对萧衍三心二意，是因为对建康朝廷还有期待和希望。萧衍先是通过急进相逼，使陈伯之计无所出，不得不降。然后又采用制造假话、假人之口之策，实现釜底抽薪，终于使陈伯之绝了心中的希望，不敢再三心二意。萧衍的这一番煞费苦心，也有一份用人任才的智谋。但是，好景不长，陈伯之最后还是受人挑拨，反叛梁，投降北魏，辜负了萧衍的这番苦心。

320. 冯道根守阜陵

（谋事于先）

公元502年三月二十八日，齐和帝萧宝融下诏，把帝位禅让给梁王萧衍。四月初八，梁王萧衍在建康南郊正式登基称帝。初九，梁武帝萧衍下诏封萧宝融为巴陵王。萧衍达到了改朝换代的目的。

萧衍起兵襄阳时，冯道根曾率领能打仗的乡里子弟投奔萧衍，攻打建康时，他勇猛无比，杀敌甚多。梁建立后，冯道根被任命为骁骑将军，后迁为游击将军。公元503年，冯道根被任命为宁朔将军、南梁（今安徽省寿县东南）郡守，镇守阜陵（今安徽省全椒县东南）。八月，北魏大军向梁发起进攻。

冯道根刚刚就职，就立即修筑城墙，并派出探马深入敌境，侦查敌军动静，好像北魏军队马上就要逼近了似的。大家对他这种煞有介事的紧张状态不以为然，还笑他胆子太小了。冯道根却自嘲地说："处于守势，就要处处小心谨慎，好像很胆怯；处于攻势，就要争先恐后，勇不可当，这正是我们目前的形势。"

冯道根不理会众人的嘲笑，仍然组织修城不止，每天都如临大敌。十一月，城墙还没有完全整修完毕，北魏统军党法宗等率领两万大军，突然杀到城下。此时，城墙尚未完工，城里军队又少，难以据城抵御。那些嘲笑冯道根胆怯的人再也笑不出来了，而是惊慌失措，面无人色，不知如何是好。

这时，倒是被笑为胆怯的冯道根却显出大将风度。他命令手下大开城门，自己穿着家常便服，不着铠甲，登上城楼观察。同时他又派出精锐部队两百人，出城迎战，挫败敌军攻势。北魏军看到城楼上主帅神意安闲，城下士兵勇猛，进攻又不顺利，认为阜陵难攻，就向后撤退。冯道根见此情况，亲率一百多人的骑兵，攻击并击破北魏的别动部队。北魏军队因粮秣运输线被切断，只能撤退。

不久，朝廷就任命冯道根为右卫将军、豫州刺史。冯道根性情谨慎，待人宽厚，木讷不善言辞；能约束士卒行动，军纪森严。每遇到将领争功时，只有他在旁不言不语。冯道根处理事务清廉扼要，官民对他都很感念。萧衍曾赞叹他说：“冯道根在哪里，哪里就平静无事，使朝廷想不起还有一个州。”

冯道根胆“怯”在先，未雨绸缪，其实是谋事在先，避危在前，事实证明，他是棋先一着，谋高一筹。再看他从容迎敌，以静制动，以小搏强，终使强敌退去，真可称得上是一位有智有勇的将领！

321. 韦叡进军合肥

（当机立断）

公元506年五月，梁豫州刺史韦叡派遣长史王超等人，进攻北魏军队盘踞的小岘，没有攻下来。韦叡出来巡视阵地，只见北魏派出了数百人排阵在城门外，韦叡想去攻击他们，手下的将领都说：“刚才我们轻装出营，没有出战的准备，应该回去给士兵们发甲衣，才可以进攻。”

韦叡对他们说：“不对！小岘城中有两千多人，足以固守，现在他们无缘无故派兵到城外来，这些人一定是英勇善战的战士，如果能挫败他们，小岘城就自然能攻下来了。”众人还在犹豫，韦叡指着他手中的符节说：“朝廷给了我这个东西，不是用来做装饰的，我韦叡的军法是不容违反的！”于是，他率军向北魏军队发起攻击，战士们殊死作战，北魏兵士们败逃，梁军乘势攻击小岘，第二天夜间就攻下了它。攻下小岘以后，梁军很快就抵达了北魏南疆重镇合肥（今安徽省合肥市）。

原先，梁右军司马胡景略等攻打合肥而久攻不下，韦叡来到后巡察了合肥周围的山川地形，夜间，他率领众人筑堰堵住了肥水（东淝河），很快，堤堰筑成，水路开通，梁船只战舰相继而至。北魏军队修筑了东西两座小城夹护合肥，韦叡先攻下了这两座小城。这时，北魏大将杨灵胤统率五万军队忽然赶到，梁众将害怕抵挡不住，请求上奏朝廷增派兵力，韦叡笑着说："敌人来到了才请求增兵，怎么来得及呢？况且我方增兵，对方也会增兵，用兵之法贵在出奇制胜，哪里在于人数多寡！"于是，他下令主动出击杨灵胤，打败了他。

北魏军队曾经一度攻到堤堰下，兵势很凶猛，韦叡手下的将领们建议退回巢湖去，有人则提出回保三汊（今安徽省合肥市南，巢湖水至此分岔为三而得名），韦叡发怒说："岂有此理！"命人取来自己的伞扇麾幢，树立在堤下，以示毫无撤退之意。北魏军想要凿毁堰堤，韦叡亲自与敌人搏斗。韦叡还起造战船，船桥的高度与合肥城相等，从四面合围合肥城，城里的人都怕得哭起来了，敌将杜元伦登上城墙督战，被弩射中而亡。公元506年五月中旬，合肥城溃破，梁军俘虏斩杀北魏军一万多人，掠获的牛羊数万头。

韦叡等各路人马继续推进，抵达东陵，萧衍下诏班师。将领们担心北魏军队会追击，韦叡就将所有辎重车辆置于撤退大军的前面，而自己乘坐小轿留在最后。北魏军畏服韦叡威名，只远远观望，不敢逼近，韦叡遂得全军而还。朝廷把豫州州治迁到了合肥。

韦叡在进攻合肥的战役中，当机立断克小岘，主动出击败敌援，决不退缩卫堤堰，他的智谋尽现在他的勇敢果断之中。殊不知，能够勇敢果断，即是一种高超智谋的体现。

322. 杨椿泾州平叛

（欲擒先纵）

公元506年七月，北魏兼太仆卿杨椿率军讨伐泾州（今甘肃省泾川县）变民首领、登基称王的陈瞻，陈瞻固守险要地势进行抵抗。

面对这种情况，北魏的将领们有的建议在山路上埋设伏兵，切断山区对外的所有交通，等陈瞻把粮食吃完了再行进攻；有的建议砍伐山上的树木，纵火烧山，然后再进军。

杨椿说："你们说的都不是最好的办法。自从朝廷派出大军征剿以来，所经之处全部攻克，盗匪（陈瞻）之所以逃入深山，不过是为了逃命。现在下令各军不准骚扰民间。盗匪一定认为我们畏惧山势险要，不敢进攻。等他们的戒备松懈了，我们奋勇一击，就可以一扫而平。"

大军于是就停了下来，不再继续前进。陈瞻的部众果然渐渐出山来抢劫，杨椿不仅不去干涉，还故意用些马羊之类当诱饵，让陈瞻部众抢走，并不派人追捕。时间一长，陈瞻部众的戒备更松懈了，胆子慢慢大了起来，抢劫也多了起来。

就在这时，杨椿却开始悄悄地挑选精悍兵士，让他们口中衔着木棒（防止发出声响），乘夜突袭陈瞻部众所在地，斩了陈瞻，并把他的首级送到了京城洛阳。于是，秦州、泾州全部平定。

杨椿为了更有效地消灭对手，先满足对手逃命求生的欲望，麻痹其斗志，松懈其戒备，然后突袭而歼之。"欲抑之，必先张之；欲擒之，必先纵之。"杨椿这里用的欲抑先张、欲擒先纵之策，显然颇有成效。

323. 元英收复三关

（各个击破）

公元508年九月，北魏郢州司马彭珍等叛变，暗中引导梁军来攻击义阳（郢州所在，今河南省信阳市）。在义阳南边的三关（西为平靖关，东为武阳关及黄岘关）戍主侯登等献出城池，向梁投降。郢州刺史娄悦登城自守。北魏朝廷任命中山王元英（拓跋改姓为元）为都督南征诸军事，率步骑兵三万，从汝南（今河南省汝南县）出发增援。

第二年正月，元英率军抵达义阳，打算南下收复三关（在大别山上，今湖北省与河南省东段省界），经过研究，做出判断："三关互相依赖，如同左右双手，只要攻破一关，其他两关就会自己崩溃。攻打难攻的，不如攻打易攻的，应先攻东关（武阳关，今河南省信阳市南）。"

元英怕其他两关会集中力量支援东关，就派长史李华率领有五个指挥官的部队攻击西关（平靖关，今湖北省广水市东北），用以牵制梁军队，自己亲自率军向东关进发。此时，梁云骑将军马广驻防在长薄（三关据点），军主胡之超驻防在松岘（三关据点）。十八日，元英抵达长薄，二十日攻下长薄，马广逃回东关，元英南征大军将东关包围。

梁武帝萧衍派冠军将军彭瓮生、骠骑将军徐元季增援东关。元英见状，下令撤除对东关的包围，故意让梁这两支援军入城，说："据我观察，这个城池容易夺取！"梁援军进入东关后，元英又将东关包围并发动攻击，只攻了六日就攻下了，俘虏梁三个将领及士卒七千多人。接着，攻击黄岘关（今河南省罗山县西南），守关梁将领太子左卫率李元履弃城逃走。元英最后攻击西关，梁司州刺史马仙琕也弃城而逃。

萧衍急派南郡郡守韦叡率军支援马仙琕，而元英此时正在急追马仙琕，打算雪洗两年前在邵阳洲（今安徽省凤阳县东北淮河中的小岛）战败的耻辱。元英听说韦叡援军抵达，即行撤退。萧衍也下诏停战。

面对要收复的多个目标，元英采取各个击破、先易后难的策略，虽然说不上是什么大的智谋，但也算是领兵打仗的将军应具有的通常智谋。看来，用这个策略收复三关是对的。

324. 崔延伯阻敌援

（巧置障碍）

公元505年九月，南朝梁左游击将军赵祖悦袭取北魏的西硖石（今安徽省凤台县西南）后，立即将它作为军事基地，对寿阳（今安徽省寿县）施加压力；又筑起外城，将淮河沿岸百姓强迁到内城，以增加守卫实力。南梁将军田道龙等还攻击附近北魏的军事据点，北魏扬州刺史李崇分别派出将领阻击。二十三日，北魏派遣代（假）镇南将军崔亮反攻西硖石，又派镇东将军萧宝寅直接攻击淮河大堤，打算掘开它。不久，崔亮率军抵达西硖石，赵祖悦迎战失败，登城固守，崔亮将西硖石包围。

公元506年正月，崔亮围攻西硖石，不能攻克；就跟李崇约定日期，水陆两路，同时进攻。但每到约定的日期，李崇都没有动静。北魏胡太后因为前方将领各自为政，指挥不能统一，就又命吏部尚书李平为使持节、镇军大将军兼尚书右仆射，率步骑兵两千前往寿阳，建立行台，统一指挥，如有违令，军法处置。北魏萧宝寅派轻车将军刘智文等渡过淮河，攻破南梁军的三个据点。二月初八，在淮河北岸，又击败南梁将领垣孟孙等。李平到达西硖石后，督促李崇、崔亮两军发动进攻，无人敢违抗命令，几次作战都获胜。

梁帝萧衍派左卫将军昌义之增援淮河大堤（今安徽省明光市北），还没有到达，大堤守将、都督淮上诸军事康绚已经把萧宝寅的部队击退了。萧衍就命昌义之会同直阁王神念，逆淮河而上去增援西硖石。崔亮就派所属将领崔延伯防守下蔡（今安徽省凤台县），以阻止南梁对西硖石的援军。

崔延伯和副将伊瓮生，分别在淮河两岸夹水筑营。崔延伯广泛收集车轮，命人将车轮的外围去掉，把轮柱削尖，将轮轴相并，用当地的竹子做成竹索，把它们串联起来，从北岸拉到南岸，重叠设置了十多条，横断河面，两岸各建造一个巨大辘轳，可以随时拉起竹索，使削尖的轮柱露出水面，也可以放下竹索，使它们沉入水下，不易被敌人烧毁破坏。这样，既切断了南梁据守西硖石的守将赵祖悦的退路，又阻绝了昌义之、王神念驻扎在梁城（寿阳城东南）的南梁军队对西硖石的增援。

北魏统帅李平于是指挥水陆两军齐攻西硖石，攻克了外城。二月十八日，赵祖悦出城投降被杀掉，他的部属都被俘获。北魏军队班师返回。

崔延伯就地取材、巧置障碍、夹河把守、阻敌进退，应是北魏赢得收复西硖石之战的关键环节。看来，崔延伯有点儿智谋。但是，他终究是勇猛多于智谋，在十年后讨伐万俟丑奴时，不幸中箭身亡。

325. 于谨束身诣阙

（主动解脱）

北魏变民军首领葛荣得到了前首领鲜于修礼的部众后，向北开往瀛洲（今河北省河间市），北魏广阳王元深从交津（今河北省武安市西南）率军队跟踪追击。公元 526 年九月十五日，葛荣到达白牛逻（今河北省蠡县境内），派出轻骑兵对庄武王元融大营发动突然袭击并杀死了他。葛荣自称天子，定国号为齐，改换年号为广安。

元深听到元融战败被杀的消息后，就按兵不动。侍中元晏秘密地向胡太后打小报告说："广阳王元深徘徊不前，坐图非分之想。有一个叫于谨的人，智谋才能过人，担任元深的军师，在如今动荡不安之时，恐怕元深不再是陛下的忠臣。"胡太后对元晏的话深以为虑，便在尚书省门前张榜，以重赏招募能抓住于谨的人。

于谨听到这个消息后，就对元深说："如今是太后当朝执政，信任重用谗邪奸佞之徒，如果她不明白您一向对她忠心耿耿，恐怕灾祸很快会降临到您的头上。我请求捆绑了自己去朝廷，向有关官署投案服罪。"于是，于谨直接来到尚书省门前的榜文之下，自称是于谨，有关官吏把情况上报给朝廷。胡太后召见了于谨，勃然大怒地斥责了他。于谨详细地陈述了元深对朝廷的忠诚，同时说明了按兵不动的具体原因。胡太后了解了情况，就放了于谨。

元深率军队回撤到定州（今河北省定州市），定州刺史杨津也怀疑元深图谋不轨。元深听说后，就在州城南边的佛寺里住了两天。元深召集都督毛谥等数人，手臂相交，订立盟誓，期许危难来临之时互相救援。但正是这个密约，反而引起毛谥的警觉，他向杨津报告说："元深要阴谋叛变。"杨津就命毛谥讨伐元深，元深逃跑，毛谥在后面叫喊追赶。元深和身边亲近抄小路走到博陵（今河北省安平县）地界，遇到了葛荣手下的流动骑兵，被俘虏并送到了葛荣帐下。葛荣的一些部众见逮到元深，十分欣喜。葛荣因刚刚称帝却对此大为厌恶，便杀了元深。城阳王元徽乘机诬陷元深投降了叛军，逮捕了他的妻儿。后来，元深的府佐宋游道为元深申诉冤屈，元深的妻儿才得以获释。

同样是遭遇了怀疑，有于谨助谋，元深就能脱嫌而平安；于谨不在，元深就狼狈不堪，自己逃跑被杀，妻儿受累被抓。于谨实在是智高之士。于谨在这里采用的是主动投案、以求解脱的应变之术，使自己和元深化险为夷，摆脱了危机。

326. 崔孝芬戳谎言

（转换问题）

公元527年二月，南朝梁徐州刺史成景俊进攻北魏彭城（今江苏省徐州市），北魏任命前荆州刺史崔孝芬为徐州行台，率军抵御南梁军。

六年半之前，时任北魏侍中、领军将军的元叉与卫将军刘腾相勾结，利用国主元诩年幼，诬陷杀害了太傅、清河王元怿，幽禁了胡太后。公元525年四月，刘腾去世了，元诩已十六岁，便与胡太后共谋，追削刘腾官职，罢黜元叉为民，后赐其自尽。在后来纠肃元叉党羽的行动中，崔孝芬曾被视为元叉的同党，跟卢同等人都被免官除爵，姓名也被从官府的名簿中剔出。

现在，在即将前往徐州赴任的前夕，崔孝芬进宫向胡太后辞别，胡太后对他说："我跟你是儿女亲家（崔女是元诩的世妇），你为何要把头伸进元叉的车子里，还说'应该把这个老太婆（胡太后）立即赶跑'?"

崔孝芬听后说："我世代受国家的厚恩，确实没有说过这样的话。如果我真说过这种话，谁又能够听到呢？如果真有人听到过，那么，他跟元叉的亲密就远远超过我了。"胡太后听了，心里明白了，怨恨化解了，不由得面有愧色。

南梁成景俊准备拦截泗水来淹灌彭城，崔孝芬与都督李叔仁等进攻成景俊，成景俊逃了回去。

胡太后问崔孝芬的话，显然是陷害崔孝芬的人编造的谎话。对此，崔孝芬没有发誓赌咒、矢口否认，只是在略做辩解后，采用顺水推舟、转换问题的方法，借着这个谎言，提出新的问题，使胡太后陷入深思，她在想明白以后，又感到内疚。崔孝芬这种戳穿谎言的办法，使自己摆脱了被动，让对方恍然大悟，确实是非常巧妙高明的。

327. 陈庆之战涡阳

（以变应变）

公元527年十月，南梁领军曹仲宗、东宫直阁陈庆之，联军进攻北魏涡阳（今安徽省蒙城县），南梁武帝萧衍下诏，命寻阳（今江西省九江市）郡守韦放率军会攻。这时，北魏散骑常侍费穆率军突然出现，而韦放的营垒还没筑成，手下只有二百余人。韦放脱掉头盔，跳下马背，坐在交椅（马扎）上，指挥部署，士卒们殊死奋战，以一当百，将北魏军队击退。

北魏再派将军元昭率军五万，增援涡阳，前锋抵达驼涧（今安徽省蒙城县西北），距涡阳四十里。陈庆之主张迎战，可韦放认为北魏援军前锋一定是轻装精锐部队，最好不要去攻击，应坐待敌军到来。陈庆之说："魏军远征南下，士卒疲惫，又离我们较远，一定不会想到我们会主动突击，应乘他们还没全部集结到齐的机会，攻击他们，挫败他们的锐气。诸位放心，我只率我部单独进攻。"于是，陈庆之率领帐下二百骑兵出击，攻破了元昭的前锋，北魏军队大为惊骇。

陈庆之袭击取胜后，就会同各军连营而进，背靠涡阳城，跟北魏军队对峙。从春季到冬季，交锋数十上百次，将士们劳苦不堪。这时，又传来北魏还将在南梁军后面兴筑营垒的消息，曹仲宗等担心腹背受敌，商量撤退。因担心陈庆之反对，曹仲宗是背着陈庆之与诸将谋议此事的。

陈庆之闻知后，就手持皇帝颁发的符令，站在大营门前说："各军在此集结已经一年，国库大量消耗。而诸位却全无斗志，只想后退，这岂是立功报国的态度？简直是一群烧杀抢掠的暴徒。兵法上说：置之死地而后生。我们就是要等到敌军完全集结，使自己处于危险境地，再跟他们决一死战。如有人仍想撤退，我这里另有皇上密旨，如有违抗者，我将遵旨行事。"曹仲宗等人才打消撤退的念头。

北魏军队连续修筑了十三座营垒，打算控制南梁军队。南梁军队已身置险境，知道只有胜才能生。陈庆之在夜色的掩护下，出动骑兵，战马衔枚，向北魏突击，攻破四座营垒，北魏涡阳城主王纬请求投降。韦放在投降的将士中，挑选三十多人，放他们回去，让他们到各营垒报告消息。陈庆之再把所俘虏的人编队，命他们回营，梁军则擂鼓呐喊，紧随其后，声势如泰山压顶，剩余的九个营垒先后崩溃。南梁军队乘胜追击，几乎将北魏军队全部斩杀和俘虏，尸体塞满了涡水（涡阳城北，淮河支流），连河水都流不动。南梁军队占领了涡阳，十一月九日，在涡均设置西徐州。

兵无常势，水无常形，善于用兵，才能取胜。陈庆之在涡阳之战中，能够审时度势，活用兵法，以变应变，终于使全军获胜。

328. 杨侃智破城围

（避强击弱）

公元527年十月，北魏雍州刺史萧宝寅反叛，占据关中（今陕西省中部），自称齐帝，尚书仆射长孙稚奉命为行台，前往讨伐。其时，薛凤贤聚众造反，其族人薛修义也在河东郡（今山西省永济市东南）聚集部众，占领盐池（今山西省运城市南），围攻蒲坂（今山西省永济市），东西相连，响应萧宝寅。北魏派都督宗正珍孙讨伐他们。公元528年正月，萧宝寅围攻冯翊（今陕西省高陵区），不能攻克，而长孙稚的大军已开抵恒农（今河南省三门峡市）。

叛军据险守关，强攻难以奏效，长孙稚召集部属商讨进攻作战事宜。行台左丞杨侃对长孙稚说：“从前，曹操跟据守潼关（今陕西省潼关县）的韩遂、马超对抗。韩遂、马超的才干根本不是曹操的对手，然而两军对峙了很长时间，不能决定胜负，原因在于韩、马二人据守的是险要之地。而今，敌寇防御已十分坚固，即使曹操再生，也无法施展他的智略和勇气。您不如北上夺取蒲坂，再西渡黄河，深入敌方心脏，把军队挺进到死战之地。这样，华州（今陕西省大荔县）之围，不用战斗，就会自动解除；潼关守军也会自动退走。周围的城池解决了，长安就成了一座孤城，可坐而取之。若我的这个愚昧计策可行的话，我愿当您的前锋。”

长孙稚说：“你这个计策倒是很好，但现在的情势是薛修义包围河东郡，薛凤贤盘踞安邑（今山西省运城市），宗正珍孙固守虞坂（今山西省平陆县北），使我军寸步难进，怎么前往呢？”杨侃说：“宗正珍孙是一介武夫，因偶然的机缘得以成为将领，他只能供别人驱使，哪能指挥得了别人！河东郡府设在蒲坂，西临黄河，郡境几乎全在郡城之东。薛修义裹胁变民军队在西面围攻蒲坂，战士们的父母妻子一定仍留在原来居住的东面村落，一旦听说官军来到，都会担心家人的安危，势必会望风披靡，立刻不战而溃。”

于是长孙稚派儿子长孙子彦跟杨侃率领骑兵从恒农北渡黄河，占领石锥壁（今山西省运城市西南）。杨侃说：“现在暂驻在这里等待后面的步兵，同时观察民心动向。”对那些送来投降名册的人，命他们各回本村，并让他们注意官军的信号：“等官军一连燃起三堆烽火时，各村也要马上燃起烽火相呼应。那些不燃烽火的村落，显然是叛军的同党，官军要发动进攻，杀掉他们，并把没收来的财产、妇女犒赏军队。”村民们互相传告，那些即使不想投降的村落也燃起了烽火，一夜之间，处处烈焰冲天，火光照耀数百里，正在围攻蒲坂的变民军大为惊骇，不知后面发生了什么变故，各自奔回，薛修义也狼狈逃回，跟薛凤贤一起向官军投降。正月十八，长孙稚攻克了潼关，进入河东郡。

杨侃的计策获得了成功，华州之围顿时解除。正月十九，萧宝寅携带妻儿，只带着一百多名骑兵从长安逃出，投奔了万俟丑奴（另一反民首领）。二月，长孙稚被朝廷任命为车骑大将军、开府仪同三司、雍州刺史、尚书仆射、西道行台。

避实击虚、避强击弱，是战争中常用的谋略。长孙稚能够迅速克敌制胜，连解多处之围，就得益于杨侃就地运用了这种计谋。

329. 尔朱荣平葛荣

（快速遣散）

公元528年八月，北魏变民首领、自称齐帝的葛荣率领军队包围了邺城（今河北省临漳县西南），军队号称百万之多，其游勇散兵已越过了汲郡（今河南省卫辉市），所到之处大肆残杀抢掠。北魏柱国大将军、录尚书事尔朱荣上表朝廷请求前往讨伐，国主元子攸批准。

九月，尔朱荣将他的侄儿肆州刺史尔朱天光召来，命他镇守晋阳，对他说："我本人不能到的地方，只有你在，才能使我放心。"尔朱荣自己则率领七千精锐骑兵，每个骑兵各备两匹战马，以侯景为前锋，抄近路日夜兼程，往东出了滏口（太行八陉之一，今河北省武安市南）。葛荣作乱为时已久，一直横行在黄河以北地区，而尔朱荣的兵马甚少，与葛荣的军队力量悬殊，人们议论纷纷，认为尔朱荣没有取胜的希望。葛荣听说后，喜形于色，对他的部众下令说："尔朱荣容易对付，你们每人都准备好一根长绳，到时候只管捆绑敌人就行了。"于是，葛荣从邺城往北，排开几十里长的阵营，像张开的簸箕一样向前推进。

尔朱荣将部队埋伏在山谷之中，设为奇兵，分派督将以上的军官每三人为一组，每组配备几百名骑兵，命每组所到之处扬起尘土，擂起战鼓，大声喊叫，让敌人弄不清虚实。又考虑到人马逼近作战，用刀不如用棒，尔朱荣命令士兵们每人身带一根短棒，放在马鞍边，并告谕大家不按斩下敌人的首级多少论功，只需用木棒猛击就行了。他还分别组织强壮勇猛的士兵四处冲击，部队号令严明，将士们个个奋勇杀敌。尔朱荣亲自冲锋陷阵，从敌人背后杀出，里外合击，把敌人打得大败，在阵前抓获了葛荣，其余反民士兵全部投降。

因为投降的反民士兵人数太多，如果不马上将他们一一分开处置，恐怕会引起他们的疑虑恐惧，说不定还会再次聚集造反。于是，尔朱荣下令让他们各随其便，亲属可以相随，在哪里停留居住均可。这样一来，投降的士兵们人人欢喜，很快便四处逃散，几十万人马仅一早晨就遣散光了。等到这些士兵走出百里外，才开始分路收容、编组押解，根据当地情况加以安置，使大家都感到满意。尔朱荣又从葛荣的队伍中选拔了一批将领，根据他们的才能，分别授予适当官职，使他们安定了下来。当时人们对尔朱荣处置事情如此迅速果断都很佩服。尔朱荣又派人用囚车将葛荣送到洛阳，这样，冀、定、沧、瀛、殷五州就全部平定了。

设疑兵之计；以棒代刀，适应近战之需；身先士卒，冲锋陷阵，这些都是尔朱荣能平定葛荣之乱的重要因素。而他为了避免意外不测，相机行事，快速遣散众多降将降卒，各随其便，任所居止，让几十万人一朝散尽；然后，分道安置，量才授任。使局面得以极快安定下来，是能平定葛荣之乱更为重要的因素。尔朱荣确实有智谋。

330. 急占荥阳据之

（死中求生）

公元528年二月，北魏胡太后毒死亲生独子、国主元诩，扶立只有三岁的元钊为帝，以便自己掌控。车骑大将军、并肆汾广恒云六州讨虏大都督尔朱荣发动政变，另立长乐王元子攸为帝，抓住胡太后及三岁小皇帝，在河阴把他们投入黄河淹死。

四月，北魏北海王元颢被任命为太傅，并要去接任相州刺史。他走到汲郡（今河南省卫辉市）时，就接到葛荣大军南下和尔朱荣河阴暴行的消息，暗中就作了自救的打算，就地停留，不再前进。他让他的舅父、殷州刺史范遵暂缓上任，而任为行相州事，去接任前相州刺史李神，镇守邺城（今河北省临漳县西）。行台甄密得知元颢心中另有打算，就罢黜范遵，再推荐李神摄相州事，并派军队前往迎接元颢，同时观察他的动向。元颢接到情报，放弃大军，只率领左右侍卫南下投奔南梁。

十月，南梁武帝萧衍封北魏北海王元颢为魏王，派东宫直阁将军陈庆之率军护送元颢归国，元颢跟陈庆之乘北魏边界防务空虚，从铚城（今安徽省宿州市西南）向前推进，占领荥城（今河南省虞城县西南），抵达梁国（首府睢阳，今河南省睢县）。北魏将领丘大千率七万人马，分筑了九座营垒抵抗元颢，陈庆之向丘大千发动攻击，从早上一直打到午后，攻下三座营垒，丘大千投降。第二年四月，元颢登上高台，焚烧木柴祭天，在睢阳城南登基称帝。北魏济阴王元晖业率二万羽林军驻扎在考城（今河南省民权县东），陈庆之攻陷了它，活捉了元晖业。

公元529年五月十七日，元颢攻克梁国，任命陈庆之为卫将军、徐州刺史，率军西进。北魏尚书左仆射杨昱手握七万重兵把守荥阳（今河南省荥阳市），陈庆之率军攻击，没能打下来。元颢派人游说杨昱投降，杨昱拒绝了。北魏的增援部队上党王元天穆、骠骑将军尔朱吐没儿各率大军先后抵达，南梁军大为恐惧。面对危情，陈庆之解下马鞍，喂马吃草，并勉励将士们：“我们进入北魏以来，攻城略地，打了多少恶仗！你们格杀人家的父兄，抢掠人家的子女，难以数清。来增援的魏军都是仇人。我们才七千人，敌援却有三十万。今日之事，只有决心拼死一搏，才可以从死中求生。敌军骑兵太多，不可跟他们野战，应趁他们还未全部到达之机，发动急攻，占领荥阳死守。各位不必犹豫，自己去宰割吧！”

陈庆之一番话，使众将士明白了自己的危险处境，只有拿下荥阳才是唯一生路。于是，众人擂动战鼓，驱使攻城，士兵们像蚂蚁一样攀登而人。五月二十三日，终于攻下荥阳，生擒杨昱。不久，元天穆等率军杀到，陈庆之出动三千骑兵，出城迎战，大破元天穆。接着，陈庆之又率军先后攻克虎牢（今河南省荥阳市西）、洛阳。陈庆之率领的数千人马的部队，从铚城到洛阳，共攻城三十二座，经历四十七次会战，所向无敌。

陈庆之不仅临危不惧，解鞍秣马，从容应敌，稳定了军心；更采用告之利害之法，向众将士透彻摆明死中求生的唯一出路就是占领荥阳后死守，激发了众人的死战决心，终于以弱胜强，大破敌军。正是陈庆之的大智大勇，使他获得了四十七次会战的全胜！

331. 侯渊智平幽州

（巧施离间）

公元529年九月，北魏太原王、大丞相、都督河北畿外诸军事尔朱荣派大都督侯渊前往蓟城（今北京市大兴区），讨伐葛荣占据幽州的余部韩楼。尔朱荣给他配备的兵力很少，只有七百多名骑兵。有人为侯渊说话，请求多给他派些人马，尔朱荣却说："侯渊这个人善于随机应变，如果让他指挥很多军队，未必能调度得当。现在让侯渊率领这些为数不多的军队讨伐叛军，一定能取得胜利。"

侯渊领命以后，向外虚张声势，多多增设供应士兵的炉灶器具，亲自率领几百名骑兵深入韩楼控制的地区。在离蓟城一百多里的地方，遭遇反民军头目陈周的步兵和骑兵一万多人，侯渊把军队埋伏起来从背后突击，把反民军打得大败，俘获五千余人。之后，侯渊马上命人将马匹和武器归还给了这些士兵，并放他们回蓟城去，侯渊的左右疑惑地问："我们已经抓住了这些叛军，您为什么还要发还武器、马匹放他们回去呢？"侯渊说："我军兵力很小，不能对他们力战死拼，必须设计离间他们，使他们互相猜忌，这样才能取胜。"

侯渊估计被释放的反民军俘虏已经到达蓟城，便率领骑兵连夜追击，天亮时分，赶到了蓟城之下，攻打城门。韩楼果然怀疑那些被放还的降卒已被收买，做了侯渊的内应。霎时大为惊恐，弃城逃跑，侯渊追上去抓获了韩楼，幽州便平定了。北魏朝廷任命侯渊为平州刺史，镇守范阳（今河北省涿州市）。

侯渊在这里采用巧施离间、故布疑阵之策，以为数不多的军队，轻松平定了幽州。侯渊机智应变堪称道，尔朱荣知人善任亦堪称道。

332. 贺拔岳擒尉迟

（引人入套）

公元528年七月，关陇反民军首领万俟丑奴自称天子，设置文武百官。正巧赶上波斯国（古伊朗）向北魏献狮子，被万俟丑奴截留下来，于是万俟丑奴改年号为神兽。

公元530年，万俟丑奴进扰关中（今陕西省中部），三月，亲自率领军队包围了岐州（今陕西省凤翔县），派遣其大行台尉迟菩萨、仆射万俟仵从武功（今陕西省武功县西）南渡渭水，围攻北魏军队的营盘。北魏骠骑大将军、雍州刺史尔朱天光派武卫将军、左大都督贺拔岳率领一千骑兵前往救援，而尉迟菩萨等已经拔寨返回了。贺拔岳故意杀害掠夺万俟丑奴的官吏百姓，以此来激怒尉迟菩萨，但尉迟菩萨已率领两万步兵和骑兵回到了渭水北岸。

贺拔岳就带领几十名骑兵在渭水南岸与北岸的尉迟菩萨隔河对话，夸耀北魏的国威。尉迟菩萨没有亲自出面，只让使者去传话，贺拔岳大怒，说道："我跟尉迟菩萨说话，你算什么人?"就一箭射杀了传话的人。

第二天，贺拔岳又带领一百多名骑兵隔着河跟反民军喊话，一边喊话，一边渐渐将敌军引向东边，一直到了一处可以涉水过河的浅水区，贺拔岳好像受到惊吓，突然驰马向东狂跑，反民军以为贺拔岳恐惧要逃跑，立即撇下步兵，以骑兵从浅水区渡过渭水追击。

贺拔岳早就沿着横冈设下伏兵，等反民军一半人马刚渡河到横冈东，贺拔岳回兵反击，伏兵也同时出动，结果反民军大败，纷纷逃走。贺拔岳下令：反民军凡下马的不杀。于是，反民军士兵纷纷下马，很快就俘虏了三千人，连同全部马匹，最后还擒获了尉迟菩萨。

北魏军队于是渡过渭水，归降的反民军士兵有一万多人，连辎重都一起被缴获过来了。万俟丑奴听说了后，就放弃了岐州，向北逃回了安定（今甘肃省泾川县），在平亭（今泾川县北）扎营。尔朱天光这才从雍州来到岐州，跟贺拔岳会合。

在这一仗中，贺拔岳采用的是创设情景、引人入套之策，他假装受惊狂逃，将追他的敌军引入预先设伏的地方，再回兵攻击，使敌军溃败、敌将被擒。

333. 高欢挥拳自饰

（掩人耳目）

公元530年九月，北魏国主元子攸诛杀了尔朱荣之后，尔朱荣的侄子、颍川王、汾州刺史尔朱兆占领晋阳（今山西省太原市）造反，另立长广王元晔为帝。不久，尔朱兆攻下京城洛阳，将元子攸押解到晋阳绞死。

十二月，受原国主元子攸之命，河西反民首领纥豆陵步蕃在秀容郡（今山西省朔州市西北，尔朱家族根据地）袭击、大破尔朱兆军，南下逼近晋阳，尔朱兆恐慌，派人征调晋州刺史高欢增援。当纥豆陵步蕃率军挺进到乐平郡（今山西省和顺县西北）时，高欢与尔朱兆联合进攻，大破敌军，并追击到石鼓山（在秀容郡境内），斩纥豆陵步蕃，其部众四散逃跑。尔朱兆对高欢大为感激，互相发誓，永为结义兄弟。尔朱兆率数十骑兵，到高欢大营拜访，欢宴通宵。

当初，反民首领葛荣的部众流散到并州、肆州的有二十多万，深受契胡（尔朱家所属部落）欺凌，难以生存，这些流散人员前后发生二十六次反抗，被屠杀的超过一半，却仍然反抗不止。尔朱兆十分忧虑，在席间，向高欢询问对策。高欢说："他们六镇（葛荣军都是六镇人）叛军的残余，无法全部杀光，最好是由大王的心腹亲信出任统御他们的头领，再发生犯法的，就治这个头领的罪，这样要处罚的人一定大为减少。”

尔朱兆听后说：“你说得对，那谁可以当这个头领呢?”贺拔允当时正巧在座，就说请尔朱兆让高欢去当头领。高欢听了立即跳起来，伸出拳头，猛击贺拔允的嘴巴，打落了他的一颗牙齿，并对他咆哮说：“过去天柱将军（尔朱荣）在世时，你们这些奴才就像猎鹰猎狗一样听话。而今，天下大事怎么处理，自由大王决定安排，你小子这样没大没小地乱讲，该立即诛杀。”尔朱兆认为高欢的确对自己很忠诚，就把葛荣残部完全交给了高欢。

高欢知道尔朱兆此时已经喝醉酒，说的也是醉话，恐怕尔朱兆醒后会反悔，就立即出帐，传达命令，说：“我奉命接管六镇降户，六镇降户都到汾河东岸集中，听候号令。”于是，在阳曲川（今山西省阳曲县境）竖起军旗，建立大营，整顿训练。军士们素来厌恶尔朱兆而乐于归属高欢，所以没有人不愿到高欢部下的。不久，高欢又向尔朱兆建议，让六镇降户前往山东（今太行山以东）寻找粮食，以图温饱，然后再来接受调动差遣。尔朱兆也没有听从部下劝阻，无任何防范地批准了，高欢得以引军东下。

第二年春天，高欢到了山东，约束人马，严肃军纪，不准损害百姓财物；每经麦田，都下马牵行，远近乡邻听到这些情况，都赞扬高欢的部队有素养，军容齐整，人心对他越发归附。

高欢突然挥出的那一拳，是巧施障眼、掩人耳目的把戏。他借贺拔允被打落的一颗牙齿，掩饰自己的宏图雄心，达到了让尔朱兆信任并委派他掌管葛荣残部的目的。从此，高欢在外手握大军，这似借给蛟龙云和雨，已不是尔朱家族再能控制的了。

334. 煽动部下起事

（假造上命）

公元531年四月，北魏任命高欢为大都督、东道大行台、冀州刺史。六月，高欢打算起兵讨伐掌控朝政的尔朱氏。镇南大将军斛律金、军主库狄干，跟高欢的妻弟娄昭、娄昭的姐夫段荣等人，都劝高欢起兵。

一天，高欢假造一份朝廷的诏书，要尔朱兆让高欢将全部六镇人员配属给尔朱氏所属部落作为亲兵。军中将士皆知尔朱氏暴虐，忧愁恐惧，怨声一片。过了几天，高欢又假造了并州刺史尔朱兆的命令，征调高欢手下部队去讨伐步落稽部落。

于是高欢一面集结了一万人，扬言出发作战；一面又暗使亲信孙腾、尉景等人请求延期五天再出发，这样延期了两次。到出发的那一天，高欢亲送大军到郊外上道，泪流满面，与众将士一一握手话别，大家一齐放声大哭，声震原野。

见众人的情绪已经被煽动起来，高欢就对大家说："我跟各位全都离乡背井，流亡在外，情义如同一家，想不到当权者如此支配安排。而今一直向西，上前线作战，固然是一死；已延误了军期，也是一死；到达后配给尔朱所属部落，仍难逃一死，怎么办呢？"众人呐喊道："只有造反！"高欢说："造反倒是救命的应急之计，只是要推举一个盟主，谁可以担当？"众人共同推举高欢。

高欢乘此机会对大家说："你们这些六镇乡亲，剽悍难制。各位难道没有看见，领导你们起事的葛荣，部众号称百万，但无纪律，难以约束，终于自取毁灭。现在，你们推我为首，应该跟从前不一样。现在约定二事：第一，不得欺压虐待汉人；第二，如违军令，生死由我决定。大家如果接受这两条，我就当这个头领；如果不接受，我不愿意被天下人耻笑。"众人都叩头说："是生是死，听你命令！”高欢于是杀牛犒赏众将士。

六月二十二日，高欢在信都（今河北省冀州区）正式武装起事，但还不敢公开宣布反抗尔朱氏。十月，在部属的推动下，高欢在信都城西拥立勃海太守元朗为帝，自任丞相、大都督，打出征讨尔朱氏的旗号。后来，高欢终于打败尔朱氏，掌握了朝中大权，并建立了东魏。

在这里，高欢采取假造上命、假戏真唱的计策，达到了煽动人心、为我所用的效果。高欢在经营自己的权势中，确有与众不同的智谋和手段。

335. 成全高欢父子

（主动解套）

东魏勃海王、丞相高欢的嫡长子高澄，与高欢的妾郑氏通奸，高欢袭击稽胡回来后，一个婢女向他告密，还有两个婢女在一旁作证。高欢把高澄打了一百棍后关押了起来，高澄之母娄妃也被隔离起来，不允许她见高澄。高欢以前把北魏国主元修的皇后尔朱英娥收纳为妾，非常宠爱她，她生了一个儿子叫高滶，高欢打算改立高滶为继承人。高澄见情况严重，就向尚书左仆射司马子如求救。

司马子如来到勃海王府拜见高欢，假装不知道发生了什么事，请求见一见娄妃，高欢便把家里的情况详细地告诉了司马子如。司马子如听后说：“我儿子司马消难也和我的小妾私通。这种丑事只可掩盖，怎么可以宣扬？娄妃是王爷您的结发妻子，曾长期用父母家的钱财资助过您。您以前在怀朔（今河南省沁阳市）时被上司杖责，背无完肤，娄妃日夜守护在您身边侍奉；后来为了躲避葛荣之乱，你们一同逃奔到并州，生活贫困，娄妃点燃马粪为您做饭，亲自为您制作靴子，这种患难之情怎么可以忘掉呀？你们夫妇才貌般配，所生女儿许配给了天子，儿子高澄将继承大业。况且娄妃的弟弟娄领军功勋卓著，又手握禁军，怎么可以轻易就翻脸呢？更何况婢女的话也不见得可信！"

高欢听后，就让司马子如重新审问了这件事情。司马子如见到高澄，责备他说："你身为男子汉，怎么可以因为害怕威严就自己诬蔑自己呢！"与此同时，司马子如教唆作证的两个婢女推翻了自己的证词，胁迫告状的婢女上吊自杀，说她是畏罪自杀，然后向高欢报告："那件事果然是无中生有。"高欢听了非常高兴，派人传见娄妃和高澄。娄妃远远看见高欢，便走一步叩一个头，高澄也是一边跪一边向前爬，父子、夫妻互相都流下了眼泪，从此又和好如初。

高欢设宴款待了司马子如，说："成全我们父子关系的，是司马子如您啊！"并赏赐给司马子如黄金一百三十斤。

司马子如摆平高澄私通父妾之事，使用的是主动解套之策：通过暗示让高澄拒绝承认；教唆两个婢女推翻以前的证词；胁迫告状人上吊自尽，三个环节都解了套，事情就摆脱出来了。司马子如尽管使高欢夫妻、父子关系和好了，却是以歪曲事实、逼死人命为代价的，这实在是十足的歪智恶谋！

336. 宇文泰擢苏绰

（适时任才）

西魏丞相宇文泰任用苏绰为行台郎中，过了一年多，宇文泰对苏绰并不是很重视，但行台官署的人都称赞苏绰有才能，遇到疑难问题，都找他商量，请他帮助解决。

有一次，宇文泰与尚书仆射周惠达讨论一件事情，周惠达回答不出来，就请求出去找人咨询。周惠达出去找到苏绰，苏绰为他分析解释，拟定对策，周惠达听后回去报告宇文泰。宇文泰听了，十分赞赏，就问："谁和你一起讨论的?”周惠达说是苏绰，并称赞他有辅佐君王的才能，于是宇文泰提升苏绰为著作郎。

有一天，宇文泰与公卿大臣一起去昆明池参观捕鱼，走到汉代传下来的仓池时，询问身边的人，来到了什么地方，没有一个人知道。宇文泰就召见苏绰来询问，苏绰回答得既详细又生动。宇文泰大为高兴，又问天地万物的起源，以及历代王朝兴亡事迹，苏绰都对答如流。宇文泰与苏绰并肩骑马前行，到了昆明池，竟没有撒网捕鱼，就立即返回了。

宇文泰将苏绰留在官署过夜，向他询问为政之道。开始时，宇文泰是躺着听的，后来，当苏绰指出治理国家的关键时，宇文泰起身，整理好衣服，端坐着听，不知不觉将双膝移近苏绰。两人一直交谈到天亮还没谈完。第二天上朝，宇文泰对周惠达说：“苏绰真是一个奇才，我要让他管理政事。”随即任命苏绰为大行台左丞，参与并主管机密决策，从此，宇文泰对苏绰越来越宠信。

苏绰也不辜负宇文泰的期望，开始拟订处理公文的程序、权力运转的规则，建立预算制度和管理户籍的细则，后世的人大多承袭、遵循、沿用他确定的这些规则办法。

发现了人才而不适时任用，就等于没有发现人才。宇文泰的智慧就在于当他一发现苏绰的确是人才，就适时任才。这样，不仅使得人才及时发挥了应有的作用，也使宇文泰自己的事业大得裨益！

337. 宇文泰败窦泰

（舍近击远）

公元536年十二月，东魏丞相高欢统领几路兵马讨伐西魏，派司徒高敖曹进军上洛（今陕西省商洛市），大都督窦泰进军潼关，高欢自己则率军驻扎在蒲坂，命令士兵们建造了三座跨河浮桥，准备渡黄河。

西魏丞相宇文泰驻军在广阳，他对手下的将领说："敌军从三个方向牵制我们，又建造了浮桥来表明他们一定要渡河，其用意不过是想在这里牵制我军，以便让窦泰得以乘虚从西边渡河进攻我们。高欢自从起兵以来，窦泰经常充当先锋，他手下有许多精锐士兵，多次打了胜仗，因而变得很骄傲，现在如果我们出兵突袭他的话，一定能够取胜，只要打败了窦泰，高欢就会不战而逃。"

宇文泰手下的将领们却说："敌军近在眼前，我们舍弃眼前的敌军不打，而去袭击远处的敌军，万一出现失误，后悔都来不及了！不如分兵抵御他们。"宇文泰对大家说："高欢两次攻打潼关时，我军主力始终没有离开灞上（今陕西省西安市东），以防守为主。现在他们又大举进犯，仍会认为我们会采取跟以前一样的防守战略，已存轻视我军之心。我们现在就是要利用这个机会突袭他们，何愁不能取胜！敌军虽然搭建了浮桥，但还不能径直渡河，用不了五天，我一定会捉住窦泰！"

公元537年正月，宇文泰返回京城长安，众将领还是意见不一。宇文泰先不提自己的计谋，而是召来担任直事郎中的侄子宇文深，问他有何退敌之法，宇文深回答："我军如果攻打蒲坂，高欢必定坚守不出，窦泰就会包抄我军后路进行增援，那样我军就会腹背受敌，这是一种很危险的办法。最好是选出一支轻装的精锐部队，悄悄从小关（潼关南禁谷）偷渡出去，窦泰性格急躁，必定会来阻截寻战，而高欢持重，不会立即救援。这样的话，我们迅速猛攻窦泰，就一定能生擒他。活捉了窦泰，高欢的气势自然削弱，再回师攻击他，定能取胜。”宇文泰听后说：“这正是我的想法。”

于是，宇文泰就扬言准备死守陇右地区。正月十五日，宇文泰拜见了西魏国主元宝炬后就率领军队悄悄向东进发，十七日早晨到达小关。窦泰听说敌军逼近，立即从冈陵（今山西省永济市西南黄河北岸渡口）渡过黄河迎战。宇文泰从马牧泽（小关东北）出击，围攻窦泰，大获全胜，窦泰全军覆没，他本人也自杀了。高欢因为黄河上结的冰太薄，无法渡河救援，只好拆除浮桥退军而去。

宇文泰舍近击远，采用的是出其不意、攻其不备的策略，打乱了敌军预期的战役意图，赢得了战场主动权，实现了后发制人。

338. 西魏以少胜多

（主动迎战）

公元537年秋天，西魏丞相宇文泰听了侄儿、直事郎中宇文深的建议，准备攻取东魏的恒农（此为东恒农，今河南省三门峡市）。八月十四日，宇文泰率领李弼等十二位将领讨伐东魏，委任北雍州刺史于谨为前锋，进攻盘豆（今河南省灵宝市西），占领了该城。二十五日，攻到恒农，二十七日，占领恒农，活捉东魏陕州刺史李徽伯，俘虏了他的八千东魏士兵。

闰九月，东魏丞相高欢再次向西魏发动大规模进攻，他亲率大军二十万从壶口（今山西省吉县西黄河断崖）向蒲津（今山西省永济市西黄河渡口）进发，派司徒高敖曹率领三万人马进攻河南地区。当时，关中发生饥荒，西魏宇文泰所率领的将士不足一万人，在恒农吃住了五十多天，听说高欢就要西渡黄河，就带领部队退回关中，于是高敖曹随后包围了恒农。高欢没有听从部下劝他不要渡过黄河、只在各个要道布置防守、不与西魏军队在旷野作战的建议，还是从蒲津渡过了黄河。

宇文泰由恒农退到渭水南岸，下令向各州征调兵马，但一时都还到不了。他想尽快攻击高欢，可手下众将都认为寡不敌众，无法打击对方，请求等待高欢再往西前进一段，观察一下敌军的动向再作打算。宇文泰对他们说："高欢如果攻到长安，那么就会使人心大大涣散；如今趁他们远道而来，立足未稳，我们可以将他击败。"随即，他下令在渭水上建造浮桥，士兵们带足三天干粮，率领轻装骑兵北渡渭水，辎重物资则让人集中在渭水南岸，再沿河往西运送。十月初一，宇文泰进军到了沙苑（今陕西省大荔县南），距离东魏的军队仅六十里路。

高欢听说宇文泰的军队到了，便在十月初二率领兵马前来会战。西魏军队那边，外出侦察的骑兵回来报告说高欢的军队就要到达，宇文泰召集众将商量对策。开府仪同三司李弼说："敌众我寡，我们不能在正面平坦的地方摆开战阵，此处东十里有一个叫渭曲（渭水弯曲处）的地方，应先占据那里等待敌军到来。"宇文泰接受李弼的建议，背靠渭水，东西列阵，命士兵都埋伏在芦苇中，约定听到鼓声就发起攻击。

傍晚时分，东魏的兵马来到渭曲，望见西魏的兵马很少，便争先恐后地冲向前去，队形大乱。两军将要相接时，宇文泰敲响了战鼓，战士们都奋勇而起，于谨等六支部队与敌军短兵相接，李弼率领铁甲骑兵从两侧拦击，东魏军队被拦腰切为两段，于是乱作一团，一败涂地。这一仗，高欢损失甲士八万人，丢弃铠甲兵仗十八万件。宇文泰追击高欢一直到黄河边。

宇文泰引兵返回渭水南岸，这时从各州征调的兵马才刚刚到达。于是，他命令将士们在交战的沙苑战场，每人栽种一棵柳树以纪念这次战役的胜利。

沙苑之役，西魏之所以能以少胜多，打败东魏，宇文泰善用地形、陷敌于伏固然是重要原因；而他在敌立足未稳之时，能善判形势，敢于当机立断、主动迎战，则是更为重要的原因。

339. 李穆智救主帅

（制造场景）

东魏大行台侯景、大都督高敖曹等人率领军队，包围了西魏骠骑大将军独孤信驻守的金墉城（今河南省洛阳市西北角），太师高欢率领大部队紧跟其后。侯景下令纵火焚烧了洛阳城内所有的官署和民宅，残存下来的只有十分之二、三。西魏国主元宝炬打算赴洛阳拜祭祖宗陵墓，正好收到独孤信的告急文书，就与丞相宇文泰一道向东进发，命令开府仪同三司李弼、车骑大将军达奚武率领一千骑兵为先头部队。

公元538年八月初三，宇文泰到达谷城（今河南省洛阳市西北），侯景等人严阵以待宇文泰前来。东魏的开府仪同三司莫多娄贷文生性勇猛而执拗，不听从上司命令，擅自率领一千骑兵推进。夜里，他们在孝水（在洛阳市西北注人谷水）遇上了李弼和达奚武。李弼命令士兵们擂鼓呐喊，在地上拖树枝扬起尘土，莫多娄贷文以为遇上了对方的大部队，转身逃跑，被李弼追上杀死，手下的一千骑兵全部被俘虏。

宇文泰进军到瀍河（流经洛阳市南）东部地区，侯景等人连夜撤除了对金墉的包围退走了。初四，宇文泰率轻装骑兵追击侯景直到黄河岸边，侯景北据黄河桥，南倚邙山（洛阳城北），摆开阵势，与宇文泰决战。突然，宇文泰坐的战马中了流箭，受惊狂奔，把宇文泰从马上甩了下来，而东魏的兵马已追到跟前，宇文泰身边的随从都逃散了。

这时，都督李穆见到这种危急情况，急中生智，跳下马来，一边挥鞭抽打宇文泰的后背，一边骂道："你这狼狈不堪的小卒，你们的主帅在哪里？你怎么一个人待在这里？"东魏的追兵见到这种情景，也就没有怀疑地上的宇文泰是贵人，撇开了他继续向前追击。敌兵过去后，李穆将自己的马让给宇文泰骑，两人一起逃出战场。

西魏的部队后经过组织重新振作起来，又向东魏军队展开反击，东魏遭到惨败，将士们纷纷往北逃窜。

在极其危急的情势面前，李穆采用制造场景的蒙骗计谋，骗过了追来的敌军，使宇文泰脱离了险境。李穆急中所生的这一智，不仅救了主帅，更使这场战役实现了反败为胜，功劳非同一般！

340. 申徽计缚邓彦

（假顺其意）

公元545年，西魏东阳王元荣担任瓜州（今甘肃省敦煌市）刺史，元荣带着女婿邓彦一同到瓜州上任。元荣死后，瓜州首屈一指的望族上表朝廷，请求让元荣的儿子元康继任瓜州刺史，可是邓彦却杀掉了元康，自己篡夺了这个职位。

当时，西魏朝廷无力讨伐邓彦，只好顺水推舟任命邓彦为瓜州刺史，但屡次征召邓彦进京，他却概不理睬，并且在暗中与南面的吐谷浑（古代西北部的少数民族部落）勾结。西魏丞相宇文泰考虑到瓜州路途遥远，难以动用大军远征，便想用计谋捕捉邓彦。他委任给事黄门侍郎申徽为河西大使，密令他除掉邓彦。

申徽只带领五十名骑兵前往瓜州，到达瓜州以后就住在宾馆里。邓彦看到申徽人单势孤，就没有怀疑他。申徽先派人暗中劝说邓彦回京城朝见，邓彦不听从；申徽于是又派人告诉邓彦，表示赞成邓彦留在瓜州，邓彦相信了申徽的话，便亲自来到宾馆与申徽相见。

申徽事先已与瓜州的主簿令狐整等秘密策划好了，等邓彦来后，就在座位上捉住他，并把他捆绑了起来；随后，他们就宣读诏书，安抚官吏和百姓，并对大家说："大批人马随后就要来到。"瓜州城里没有人再敢乱说乱动。于是，申徽把邓彦押送到了长安。宇文泰命申徽为都官尚书（掌军事刑狱）。

第二年夏天，大家商议推举令狐整为瓜州刺史，令狐整推辞了。于是，他推举西魏朝廷派遣出使波斯的使者张道义暂时主持瓜州的政务，并把这件事上报给朝廷。很快西魏朝廷正式任命申徽为瓜州刺史，令狐整担任寿昌（今甘肃省敦煌市西南）郡守，加封为襄武男。

申徽有很强的随机应变能力，见实在劝不动邓彦进京，就立即采取假顺其意之策，把邓彦引入早已成为陷阱的宾馆，不费一兵一卒就缚住了他，成功完成使命。

341. 韦孝宽守玉壁

（以战对战）

公元546年八月，西魏调并州刺史王思政为荆州刺史，并让他从众将中推举一位可以继任的人选。王思政推举了晋州刺史韦孝宽，丞相宇文泰采纳了王思政的建议。

东魏丞相高欢调动崤山以东的全部兵马再次讨伐西魏。八月二十三日，东魏军队从邺城（今河北省临漳县西）出发到晋阳（今山西省太原市）与诸将会师；九月，东魏大军越过国境，抵达西魏并州州府玉壁（今山西省稷山县）并将它团团包围起来。东魏军队日夜不停地进攻玉壁，但西魏韦孝宽却随机应变，坚守抵御。

高欢在玉壁城南筑起土山，想利用土山进攻城里。玉壁城上原来就有两座碉楼，韦孝宽就让人把木头绑在碉楼上接高，让碉楼始终高于城外敌军所堆的土山，以抵御敌人的进攻。高欢又派人掘地，挖了十条地道，采用术士李业兴的“孤虚法”（利用六十甲子演化而归纳出的一种法术）调集人马，重点进攻非常险要的城北。韦孝宽则指挥部队挖了一条长长的大沟，以此来阻截敌人所挖的地道。他挑选了精锐士兵守在沟上，每当敌人穿过地道来到壕沟时，兵士们就把他们捉住或杀死。韦孝宽又让人在沟外堆积柴草火种，一旦地道内发现敌人，就把柴草塞入地道，把火点着，再用皮排鼓风吹火，使地道内的敌人全都烧得焦头烂额。

东魏军又用一种坚固的攻城车撞击城墙，攻城车所撞之处，没有不被摧毁撞坏的，西魏军没有一种武器可以抵挡它。韦孝宽就指挥部下把布匹缝制成很大的帐幔，迎着战车张开布幔，由于布幔悬空而富有弹性，所以，攻城车无法撞坏它。敌军又把松枝、麻毛之类的易燃物绑在长杆上，灌油放火烧幔帐，而且还想烧毁城楼。韦孝宽便让人制作了一种长钩，并把钩刀磨得很锋利，等敌人的火杆将要触及布幔时，就用钩刀远远地切断它，绑在火杆上的易燃物品便纷纷坠地。

东魏军又在城池四周挖了二十条地道，在地道里支撑上木柱，然后放火烧毁这些木柱，木柱烧断，地道上面的城墙就随之崩塌。韦孝宽就在崩塌的地方竖起了木栅栏用来抵抗敌人的进攻，敌人因此无法攻入城内。在城外，东魏军攻打玉壁城的方法已经用尽，而城内守御的办法还绰绰有余。

韦孝宽又派兵夺取了东魏军在城外筑的土山。高欢无可奈何，派人劝韦孝宽投降，被一口拒绝；又让人把悬赏捉拿韦孝宽的赏格用箭射入城中，赏格写道：“凡能斩杀韦孝宽而投降的人，就拜任他为太尉，并加封他为开国郡公，赏赐万匹绢帛。”韦孝宽便在它的背面提笔写上：“能杀掉高欢的人，也能得到同样的奖赏。”然后射回城外。

东魏军队苦攻玉壁五十天，战死和病死的士兵共七万多人。高欢精疲力竭，又积劳成疾。十一月初一，高欢率领军队撤围退走了。西魏朝廷擢升韦孝宽为骠骑大将军、开府仪同三司，封建忠公。当时的人都认为王思政识人。

面对高欢的围攻，韦孝宽没有以被动挨打的姿态守城，而是随机应变，采取以战止战、积极对战的战术，重创敌军，赢得了这场保卫战的胜利。

342. 侯景钓萧正德

（投其所好）

南朝梁临贺王萧正德是武帝萧衍早时没有儿子时，将弟弟萧宏的儿子抱来养的养子。后来，萧衍成了南梁的开国皇帝，又有了自己的亲生儿子，就立了自己的儿子萧统为太子，改立萧正德为西丰侯。

萧正德为人粗鄙、不拘礼节、人品低劣，见自己失宠于萧衍，心怀怨恨，常揣不轨之心，总希望国家出点儿乱子。他任轻车将军时，曾出逃到北魏，后不得已又返回。萧衍也没有加罪于他，仍恢复他的封爵和官职，后又封他为临贺郡王，任侍中、抚军将军，加左卫将军。萧衍对他的优待，仍不能平息他因失去帝位继承机会而产生的怨恨，他私下蓄养党羽、积蓄粮食、积聚财货。

侯景原来是东魏司徒、河南大将军、大行台，国主高欢去世、其子高澄即位后，想调回侯景，夺其兵权，侯景不愿失去兵权，便以河南之地向西魏投降，西魏知道侯景狡诈多变，对他并不信任，侯景就又投奔南梁，南梁任他为大将军，封爵河南王。公元548年正月，东魏东南道行台慕容绍宗，指挥精锐骑兵夹攻据守涡阳（今安徽省蒙城县）的侯景，侯景的军队溃败，侯景南逃到寿阳（今安徽省寿县）。不久，东魏提出与南梁议和，侯景认为双方议和于他不利，就拼命反对。在多次反对无效后，侯景在八月初十，在寿阳举兵反叛。

侯景对于萧正德的心思十分清楚，所以，在举兵之前通过萧正德在北方时认识的熟人徐思玉写信给萧正德，说：“如今皇上年纪已大，奸臣乱国，国家的败亡为期不远。大王您本是皇位继承人，中途却被废黜，四海之人都归心于您。我虽不敏，却一直想为您诚心效劳，但愿大王您顺从民愿，明察我的这份心意。”萧正德见信后大喜过望，说：“侯公的意愿，跟我不谋而合，是天助我也！”回信说：“我有此心意为时已久。现在，我负责内部，你负责外部，还有什么办不到的事呢？良机难得，时候已到。”

侯景得到萧正德的策应，便起兵反叛。他发兵先攻下马头（寿阳西）等处，又袭击谯州（今安徽省滁州市），进攻历阳郡（今安徽省和县），抵达长江边。萧正德对外声称运载荻草，派出几十艘大船接应，侯景大军从横江（今安徽省和县东南长江渡口）渡过长江，在采石（今安徽省马鞍山市南）登岸。接着，向建康（今江苏省南京市）进军，在张侯桥（建康城南）与萧正德的部众会合，并在萧正德的引领下从宣阳门进入建康。萧正德面对宫城门楼，低头叩拜，感叹哭泣，再跟随侯景抵达南岸，与侯景部队融合为一。

公元548年十一月一日，萧正德终于如愿以偿，被侯景立为皇帝。然而，他这个皇帝名号，只不过是侯景借以达到自己目的的钓饵，萧正德只是被钓上来并被侯景攥在手中的一条鱼而已。第二年三月，侯景的军队攻下建康以后，侯景戏剧性地改任萧正德为大司马，萧正德从傀儡宝座上跌落了下来，魂飞魄散，进宫晋见萧衍，边叩头边哭泣。萧衍说：“哭泣又哭泣，不停地哭泣，后悔又怎么来得及？”不久，深恨侯景出卖自己的萧正德，暗中联络鄱阳王萧范调兵入宫之事泄露，六月二十九日，侯景绞死了萧正德。

侯景深知萧正德心怀怨恨，采取投其所好、引其上钩之策，使萧正德与他结成同盟，内外勾结，阴谋作乱，终成祸害。可叹，萧正德的屁股在皇帝的位子上还没坐热，就被一脚踢开，最后还丢了性命。这是萧正德利令智昏的结局。

343. 冼氏智破反军

（假顺其意）

高凉（今广东省阳江市）的冼氏家族，世代都是蛮族部落首领，拥有部落十万余户。冼家有一个女儿，足智多谋，善于用兵，各部落都佩服她的信义，南梁罗州（今广东省化州市）刺史冯融聘她给儿子高凉郡守冯宝做媳妇。冯融尽管世代为地方长官，但由于不是土著出身，所以号令不通。冼氏嫁给冯宝后，管教本宗族的人，让他们遵守平民应尽的礼节。她常常和冯宝一起研究诉讼案件，如果蛮族首领有犯法之处，即使这些首领是自己的亲戚也决不宽恕。从此以后，冯家的政令才得以施行。

公元550年六月，高州（州府设在高凉）刺史李迁仕占据大皋口，派使者去召见冯宝。冯宝想应召而行，冼氏夫人制止他说：“刺史一般情况下不应该无缘无故召见太守，他这次召见你，一定有诈，恐怕是要骗你一块儿起兵谋反。”冯宝说：“你怎么知道的？”冼氏说：“李刺史受朝廷征召，要他率军勤王，他却声称自己有病不去，同时又铸造兵器、聚集队伍，然后再征召你去，这一定是要拿你做人质，好胁迫你的军队一块儿去作乱。建议你先别去，观察一下事态的变化之后再说。”过了几天，李迁仕果然造反了。

李迁仕派杜平虏为主帅领兵进入灨石（赣江中险滩），在鱼梁（今江西省万安县）筑城以威胁南康（今江西省赣州市），南梁将领陈霸先派周文育率军攻击他。冼氏对冯宝说：“杜平虏是一员猛将，现在进入灨石与官军对抗，看形势一时是回不来了。他回不来，李迁仕一个人在高州是不能有什么作为的。这时，你如果自己带兵前去，必然会与李迁仕的军队发生激战，所以，你不如先派使者带着厚礼，用谦恭的言辞对李迁仕说：‘我自己不敢出头露面，想派我的妻子代替我晋见您。’他听了这话，肯定大喜过望而没有戒备。那时，我带一千多名士兵，挑着各样杂物，步行而去，声言是去交纳财物以抵罪愆，这样去接近他的军营栅栏，突然发起攻击，必定能破敌。”

冯宝听从了她的计谋，让冼氏夫人带了一千多人前往，李迁仕果然毫不防备，冼氏夫人挥兵袭击，大败李迁仕，李迁仕逃回宁都（今江西省宁都县）自保，这时，周文育也击退了杜平虏，占领了鱼梁城。冼氏夫人与陈霸先在灨石会面，回去后对冯宝说：“陈将军不是平常人，极得部众拥护，一定可以平定侯景，你应多多援助他。”

冼氏夫人先能见微知著，看穿李迁仕想挟持丈夫谋反的意图，不让丈夫贸然应召；接着让丈夫假顺其意，派使者持礼请求由妻子代为晋见，消除李迁仕的戒备；最后，由她亲率士卒以交纳财物赎罪为名前往，突施袭击，打败了李迁仕反军。在这里，我们见识了一位智勇双全的古代女性。

344. 李远拔刀立嫡

（虚张声势）

西魏太师宇文泰娶了前国主元修的妹妹冯翊公主为妻，生下儿子略阳公宇文觉，姚夫人则生下宁都公宇文毓。宇文毓在宇文泰几个儿子中最年长，娶了大司马独孤信的女儿为妻。

公元556年夏天，宇文泰准备确立继承人，对公卿大臣们说：“我想立嫡出的世子宇文觉为世子，又担心大司马独孤信心里有疑惑，这事该怎么办呢?”众大臣都默不作声。

这时，尚书左仆射李远说话了，他说：“从来立世子都是先看他是不是嫡出，不是看他是不是年长，把略阳公宇文觉立为世子，您有什么可疑虑的呢?如果怕独孤信有意见而生出嫌隙，就可以先把他杀了。”说完就拔出刀来要行动。

宇文泰见状，马上站起来阻止说："何至于要这样做呢?"独孤信也赶快作了一番自我陈述来解释，表示对李远的建议并无异议，李远这才作罢。于是大臣们也都赞成李远的建议。

散会出来后，李远向独孤信道歉说："面临国家大事不得不这样做，请谅解。"独孤信也向李远致谢说："今天多亏了您才把这件大事决定了下来。"

于是，宇文泰立略阳公宇文觉为世子。是年十月，宇文泰去世，十五岁的宇文觉继承宇文泰的爵位，当时，他只有十五岁。两个月以后，宇文觉被封为周公。西魏国主元廓被迫将帝位禅让给周公，宇文觉即位为周王，成为北周的开国皇帝。

虚张声势是故意装出样子吓唬别人，以实现某种目的的一种有效应变策略。李远拔刀威胁独孤信，使宇文泰顺利立嫡，就是运用了这一计策。从效果上看，貌似鲁莽的李远，实有深谋。

345. 陆腾陵州平獠

（乘彼不虞）

公元556年八月，西魏江州刺史陆腾讨伐陵州（今四川省仁寿县）的獠族反民，反民部落的城寨靠山而筑，很难攻克。

陆腾反复思虑该用什么办法才能将其攻克，他终于想出了一个办法。他让人物色了几个能唱歌会跳舞的女郎，将她们带到反民部落占据的城寨下，让她们又唱歌又跳舞。

獠族反民军的士兵没有看见过这样的场面，就都放下了武器，携妻抱子，站在城寨上观看热闹。这时候，陆腾却在暗中调动兵马，从城寨的其他三面同时登上城。

霎时，陆腾的士兵们从三面杀来，斩杀了獠民一万五千人，这次獠民族的反抗被完全平息了下去。

陆腾采取的是巧施障眼、乘彼不虞之策，用歌舞女郎在城下表演吸引守城獠民的注意力，然后暗中乘虚而攻之，平定了这场獠民反抗。陆腾也算是动了一番脑筋的。

346. 于谨挺宇文护

（率先垂范）

西魏安定公、太师宇文泰于公元556年十月在返回长安途经牵屯山（今宁夏固原市原州区南）时病倒了，就派驿马传令召来他的侄儿中山公宇文护。宇文护赶到泾州（今甘肃省泾川县），拜见宇文泰。宇文泰对宇文护说："我几个儿子都年幼，而外敌都很强大，我把天下大事全委托给你了，你要努力成就我平生的志愿。"十月初四，宇文泰病逝于云阳（今陕西省泾阳县西北）。

中山公宇文护的名望地位比较低，虽然受到宇文泰的临终嘱托，但其他王公大臣都想执掌政权，谁也不肯服从他。宇文护向大司寇于谨求教对策，于谨说："我很早就蒙受先公宇文泰的特别器重，恩情深于骨肉之亲。今天的事，我必定会以性命争取成功。但是，与各位王公大臣商议大事，您一定不能退让。"

第二天，王公大臣们聚会商议国家大事，于谨说："过去皇室曾陷于倾覆的危险之中，如果没有安定公宇文泰济困扶危，就不会有今天这种局面。如今，安定公突然去世，他的嗣位的世子虽然幼小，但中山公是安定公兄长的儿子，又接受了安定公的临终托付，军国大事理应归他主持。"说话时，他声音高亢、神色严厉，众人都为之惊悚震动。

宇文护接着也说："辅政之事是我们的家事，我宇文护虽然平庸愚昧，但又怎么敢推辞呢?"于谨与宇文护同辈，宇文护以前常常向他跪拜致礼，到了这时，于谨站起来对宇文护说："您要是出面统御军国大事，我们这些人就都有所依靠了。"说完便朝宇文护跪拜了两次，各位王公大臣迫于于谨的威望，也跟着跪拜了两次，于是大家的意见统一了起来。宇文护便开始整顿内外，安抚文武百官，人心就逐渐安定下来了。

于谨为了报宇文泰的知遇之恩，力挺宇文护，事先指点宇文护到时候绝不能谦让。然后，在朝议时，于谨不仅言正辞严地表明应由宇文护主持军国大事的态度，还一反常态地率先向原本对他行礼的宇文护行礼。正是于谨以身作则、率先垂范，终于使众大臣跟着行礼，统一了由宇文护主持大政的意见，达到了目的。而宇文护采取借助权威之策，懂得通过于谨来实现目的，也是有智之举。

347. 周文育智胜敌

（佯动欺敌）

公元555年九月，南梁司空、开府仪同三司陈霸先发动军事政变，绞死了向北齐妥协的太尉王僧辩，在建康（今江苏省南京市）另立萧方智为帝，被加授尚书令、都督中外诸军事、车骑将军、扬州牧、南徐州刺史，独掌了朝中大权。公元557年二月，曲江侯、广州刺史萧勃起兵反对陈霸先，派东衡州刺史欧阳頠跟他的部将傅泰、萧孜当前锋，萧孜是萧勃的侄子。南江州刺史余孝顷响应，率军会师。陈霸先派平西将军周文育率军讨伐反军。

周文育在讨伐中缺少战船，得知余孝顷有战船停泊在上牢（今江西省奉新县东北），就派军主焦僧度前往袭击，全部俘获而归。有了战船，周文育就在豫章（今江西省南昌市）构筑栅栏防御工事，伺机进攻。不久，周文育军中粮食吃尽，军心动摇，将领们打算撤退，周文育不同意，但是军粮是必须马上解决的。为了解决军粮，周文育派人从小路送信给临川郡内史周迪，表示愿意和他结为异姓兄弟，周迪见信，大为高兴，承诺供应粮食。军粮问题解决了，周文育抓住时机与反抗军决战。

为了麻痹敌人，周文育一面让军中老弱士兵乘原来的船舰，沿着赣江顺流而下，一面把在豫章所设的防御工事和营寨焚烧掉，假装就要撤退。余孝顷见了，以为周文育撤军了，心中大喜，不再戒备。周文育却亲率主力由小路兼程前进，迅速占领了芊韶（今江西省丰城市东北）。芊韶位于苦竹滩与蹠口城之间，上游有欧阳頠、萧孜，下游有傅泰、余孝顷。周文育军像楔子一样楔入中间，构筑城垒工事，大宴将士。反军万万没料到周文育会来这一手，大为惊骇，欧阳頠退回泥溪（今江西省新干县南）自守。周文育派严威将军周铁虎等袭击泥溪，活捉了欧阳頠。

于是，周文育大张旗鼓，盛陈兵甲，让欧阳頠与自己同乘一船。在船上，周文育设宴招待欧阳頠，让船顺水而下，驶到蹠口城。反军见此情况，知道上游已被击破，顿时士气沮丧。周文育乘势派将领丁法洪攻击蹠口城傅泰，城破并生擒了傅泰，萧孜、余孝顷退走。

周文育在这场战役中，先是巧取军粮，稳定人心；再佯动欺敌，伪装退却以麻痹敌人；随后楔入敌阵，使敌不战自乱；最后邀被擒敌将同船宴饮，顺流而下，乘势克敌。这一仗，充分体现出周文育随机应变、智谋制敌的能力。

348. 贺若敦善使诈

（虚实相乱）

陈国太尉侯瑱等人带兵逼近北周掌控的湘州（今湖南省长沙市）。北周军司马贺若敦率领步骑兵前往救援，打败了侯瑱，乘胜前进，在湘川（湘水边）驻扎下来。

公元560年九月初七，北周将领独孤盛率水军和贺若敦一起推进。十三日，陈国派大将徐度领兵在巴丘山（今湖南省岳阳市西南）和侯瑱大军会合。时逢秋水泛滥，独孤盛、贺若敦的军队粮援被切断，只好让士兵到处抢掠，以供军需。贺若敦担心侯瑱知道他粮食短缺，就在军营内聚起许多土堆，然后在上面覆盖一层米，并召来军营旁边的村民进营，假装找他们了解情况，然后打发他们回去，有意让村民把看见营内一堆堆米粮的事说出去。侯瑱听信了村民的传言，以为北周军营内粮食很充足。贺若敦又增修营垒，搭盖庐舍，做出打算久留的样子。湘州、罗州（今湖南省湘阴县北）之间因战事迁延，荒废了农事。侯瑱等人对贺若敦无可奈何。

在这以前，当地人经常驾轻便小船，运载米粟鸡鸭去犒劳供应侯瑱的军队。贺若敦对此深以为忧，于是他就让士兵们冒充当地居民在船上装载货物，并在船中埋伏甲士。侯瑱的军队远远望见，以为是犒劳供应的船又来了，就迎船而上，争着取船上的东西。这时，埋伏在船内的北周甲士一跃而出，把来取东西的侯军士兵全抓获了。自此以后，即使有真的犒劳供应运来，侯瑱怕其中有诈，都加以拒绝并实施攻击。

还有，贺若敦的军队中不断有反叛的人乘着马去投奔侯瑱。针对这种情况，贺若敦就找来一匹马，一边让人牵着它走近船，一边又让船上的人迎出来用鞭子猛抽那马。这样反复了几次，这匹马见了船就非常畏惧，不敢靠过去。然后，贺若敦在湘江边埋伏下伏兵，派人骑上这匹怕上船的马去招呼侯瑱军队，假称是来投诚的。侯瑱派兵渡江来迎接，士兵们争着上前牵马，而那匹马因怕挨打，怎么也不上船。在马抗拒挣扎时，贺若敦的伏兵突然冒了出来，把来接应的士兵全杀了。此事后，凡是北周军队里真有人逃亡投奔侯瑱的，侯军都不相信，严加拒绝，并对其实施攻击。

侯瑱跟贺若敦僵持了几个月，始终无法取胜。

贺若敦为避免敌军知道他军中缺粮，使用了虚实相乱、假人之口之策；为断绝当地百姓乘船犒劳陈军的情况，巧施将计就计之策；为防军中反叛官兵投敌，用了假借诱饵、布设陷阱之策，都收到了预期效果。他称得上是多智善谋之将。

349. 韦孝宽筑边城

（燃灯设疑）

北周离石（今山西省吕梁市离石区）以南，不肯归附的匈奴人经常在北周边境骚扰掳掠，抢了就跑回他们居住的北齐境内，所以，北周军队不能越境去征讨剿除。时任北周勋州（今山西省稷山县）刺史的韦孝宽，打算在匈奴人进出而地势险要的地方修筑城堡来控扼他们，于是征调河西（汾水以西）一带役夫及囚徒十万人，另派武装士兵一百人，派开府仪同三司姚岳去监督修筑。

姚岳因监卫的兵力太少，心里害怕不敢去。韦孝宽对他说：“我估计这座城十天就可以修筑完毕。城址距离北齐的晋州（今山西省临汾市）四百多里路，我们第一天动工，第二天敌境内才会得到消息。假如晋州敌军想阻挠破坏，调齐军队要三天时间，谋划商量对策和准备粮秣武器又要用去两天时间，等他们赶到我们修城的地方，没有两天时间也是赶不到的。所以，在他们赶到之前，我们的城垣和护城壕沟已经修好了。”命姚岳赶紧前往修筑。

北齐军队果然来到边境上探望，因怀疑有北周军队的埋伏，就停下来不再前进。当天晚上，韦孝宽命人在汾水以南，依傍着介山、稷山（今山西省万荣县南、东南）的那些村庄四处点燃灯火，北齐人以为火光之处都是北周的军营，赶紧收兵回营自守去了。最后姚岳把城堡修筑好，顺利返回。

韦孝宽不仅对敌军的反应、动态了如指掌，当敌军抵达边境时，他又沉着镇定，采用燃灯设疑之策，吓退敌军，使姚岳顺利完成了修筑任务。

350. 辛昂速平万荣

（当断立行）

公元566年秋天，北周信州蛮（今重庆市奉带县一带少数民族）酋长冉令贤、向五子王等，据守巴峡（今重庆市奉节县东）起兵造反，攻陷白帝城（信州州府），变民蜂起，蔓延两千余里。北周朝廷先后派开府仪同三司元契、赵刚等讨伐，都不能攻克。九月，又派开府仪同三司陆腾率王亮、司马裔再讨伐，终于平定了信州蛮。

北周吏部官员辛昂，奉命视察梁州（今陕西省南部）、益州（今四川省中南部），并且督运军粮，支援陆腾平蛮大军。当时，临州、信州、楚州、合州等州的百姓，很多人都加入了造反军，辛昂向他们分析祸福，于是不少人向朝廷投降，像回到了自己家乡。辛昂命年老力弱的人运送粮秣，年轻力壮的人参加战斗，大家都乐意听他的指挥。

辛昂完成任务后，在归京的路上，巴州万荣郡（今四川省达州市西）的反民正聚集起兵，围攻郡城，切断道路。辛昂见此情形，对他的部属说：“乱民猖狂，如果将情况奏报朝廷，等待上面指示，那一座孤城早就陷落了。只要有利于朝廷、有利于百姓的，就应该当断立行。”于是，就在通州（今四川省达州市）、开州（今重庆市开县）就地招兵买马，集结三千兵马，加速前往平定。

万荣郡的反民军没有想到官军会这样迅速来到，等他们发觉时，官军已经抵达营垒之下。反民们认为朝廷大军已到，没再抵抗，望风瓦解，一个郡得以平定。北周朝廷对辛昂这样的反应能力十分嘉许，任命他为渠州（今四川省渠县）刺史。

辛昂面对危急情势，当断立行、招兵急往，使万荣得以迅速平定。如果此时当断不断，必然酿成大乱，更受其害。敢于临危立断者，既是勇者，更是智者。

351. 赵文表平獠乱

（并用两手）

公元568年冬天，北周梁州桓陵（今四川省营山县、蓬安县一带）的獠民造反起事，北周朝廷派梁州总管府长史赵文表率兵前往讨伐。众将领准备从四面同时进攻，赵文表却说：“如果四面同时围攻，他们就没有活路，一定会拼死和我们对抗，那就难以攻克了。我们现在如对他们恩威并用，对顽抗者诛杀，对改恶从善者安抚，就容易击破他们。”于是，就把赵文表的这个意图传达到军中，让全军一体遵行。

当时，归附北周并参加了军队的獠卒，有不少与桓陵的獠民沾亲带故，就把以上情况告诉了他们。桓陵的獠民还在犹豫不决，而赵文表的军队已经开到了那里。通往桓陵山区的道路有两条，一条平坦，一条险要。有几个獠民部落头目前来拜见赵文表，表示愿意充当向导。赵文表对他们说：“这条路宽敞平坦，无须你们当向导。请诸位先回去劝说子弟们，让他们赶紧前来投降。”便送他们回去了。

赵文表回头对将领们说："獠人的头目们以为我们会从平坦的道路进军，一定会在那里设下埋伏阻击我们，我们应当出其不意地行动。"于是，他就率领军队从那条险要的路上开进。登高瞭望，果然发现在平坦的大路旁边有伏兵。

桓陵獠民部落的计谋未能得逞，便争相率领部落前来投降。赵文表对他们都一一加以抚慰，仍旧向他们征收赋税，没有人敢违抗。不久，北周朝廷任命赵文表为蓬州（今四川省营山县东北）刺史。

赵文表采用了两手：一手恩威并用，实行分化瓦解；一手出其不意，从险路进逼，使獠民部落所设埋伏无效，终于平定了这次民变。

352. 高俨除和士开

（上下其手）

公元571年四月，北齐十四岁的琅邪王高俨被任命为太保。高俨因为淮阳王和士开、武卫大将军穆提婆等人专权蛮横、骄纵奢侈，心里非常不满。和士开、穆提婆也互相嘀咕说："高俨目光炯炯有神，几步之外，就感到他气势逼人，平时跟他面对面，不知不觉就出了一身大汗。我们见天子奏事，也不会这样。"因此很忌惮高俨，想把高俨调离国主所居的南宫，入居北宫，每五天朝见一次，而且不准随时去见胡太后。

高俨被任命为太保后，其他官职都被撤除，不过仍保留御史中丞和京畿大都督之职。和士开等认为北宫有武器库，又打算把高俨调到外面去，再剥夺他的兵权。治书侍御史王子宜，和高俨的亲信、开府仪同三司高舍洛及中常侍刘辟强劝说高俨，说："殿下受到疏远，都是和士开从中挑拨离间，您怎么可以离开北宫，住到民间去呢？"

高俨对侍中、右仆射冯子琮（胡太后的妹夫）说：“和士开罪大恶极，我想杀了他，怎么样？”冯子琮心里也想废黜高纬，拥立高俨为帝，就借此机会鼓励促成。高俨就让王子宜上书弹劾和士开犯罪，请求将他逮捕审讯。冯子琮将这封奏书掺杂在其他普通的文件中，呈送给高纬，高纬没有仔细审阅就批准了。

于是，高俨就骗领军库狄伏连说：“奉皇上旨令，要你逮捕和士开。”库狄伏连立马报告给了冯子琮，请他奏报核准。冯子琮说：“琅邪王亲自接到诏令，何必再奏？”库狄伏连就相信了，派遣京畿的士兵，埋伏在神虎（端门的西门）外，并告诫守门卫士不要让和士开进入。

七月二十五日清晨，和士开像往常一样，入宫早朝，库狄伏连迎上前拉住了他的手说：“今天有一件大好的事情。”王子宜就把一封信交给和士开，说：“皇上有旨，命大王去台省觐见。”又派卫士护送他。高俨派都督冯永洛在台省杀了和士开。

九月二十五日，北齐国主高纬在和士开的死党陆令萱等人的鼓动下，还是将高俨杀害了。之前，胡太后派人用弓弦绞死了冯子琮，库狄伏连和王子宜等人也分别受到了处罚。

这里显然是反对和士开的一帮人利用年少的高俨对和士开的不满，采取互相勾结、上下其手的办法，达到了杀死和士开的目的。但是，阴谋暴露后，他们自己同样也付出了惨重的代价。

353. 韦孝宽善行间

（编造民谣）

早在公元538年十二月，东魏将领段琛等人占据宜阳（今河南省宜阳县西），他们派遣阳州（州治宜阳）刺史牛道恒去引诱西魏边境地带的百姓。那时的韦孝宽担任西魏南兖州（今江苏省扬州市）刺史，对牛道恒的所为深感忧虑。于是，他暗中派人偷取牛道恒的手迹，又令善于模仿的人照着练习，临摹牛道恒的字迹，然后伪造了一封牛道恒写给韦孝宽的书信，信中透露出牛道恒想归附西魏的意思，还故意在信纸上留下蜡迹，好像是在晚上写的信。

假信准备好以后，韦孝宽派间谍人员故意将它遗失在段琛的营房内。段琛看了这封信后果然对牛道恒产生了怀疑。韦孝宽乘他们相互猜忌之际，出兵袭击了他们，先后活捉了牛道恒和段琛，崤山、渑池地区（今河南省渑池县西）得以平静下来。

在这件事发生二十多年后，北齐替代了东魏，北周替代了西魏。公元561年二月，时任北周小司徒的韦孝宽曾经在玉壁（今山西省稷山县）建立过功勋，朝廷便在玉壁设置勋州，任命韦孝宽为勋州刺史。韦孝宽为人讲信用、善施恩，也善于利用间谍。有的北齐人接受了韦孝宽的金钱财物，远远地寄来情报书信，所以北齐的一举一动，北周都能事先知道得一清二楚。当时，北周有一位名叫许盆的主帅，将所戍守的城池献出，投奔了北齐，韦孝宽密派间谍去收拾他，不消多时，就取了他的首级而返。

时任北齐咸阳王、左丞相的斛律光，生性节俭、不喜声色，处理政务机智有谋，自年轻时参军，从没有打过败仗，深为北周所忌惮。公元572年，北周勋州刺史韦孝宽决定在北齐内制造冤狱，用以铲除强大的对手，于是命参军曲岩制作了歌谣，歌辞赋曰："百升飞上天，明月照长安。"（百升就是"斛"，明月是斛律光的字）“高山不推自崩，槲木不扶自举。”（高山暗指北齐王室，槲木暗指斛律氏）并派出间谍把歌谣传到北齐京城邺城（今河北省临漳县西南），广为散布。

当时，权倾朝野的北齐尚书右仆射祖珽与斛律光矛盾很深，听到散布的歌谣后，就和北齐国主高纬左右的陆令萱、何洪珍一起添枝加叶地向高纬禀告此事，高纬相信了他们的话，七月二十八日，高纬下诏宣布斛律光谋反并屠灭了斛律光全族。北周国主宇文邕听说斛律光被杀，大喜，为此大赦全国。

韦孝宽先用伪造书信、制造矛盾之法，擒获了敌将，击败了东魏；后又用编造民谣、舆论惑众之法，使强大的对手斛律光被除掉。他使用离间计的手段真的是十分高明！他的智谋所产生的作用真的是非常巨大！北齐的气数也真的是到了尽头！

354. 陆令萱害胡后

（故意激怒）

北齐胡太后很淫荡却不知收敛，竟跟沙门统（佛教总监）昙献私通，以致很多和尚有时甚至戏称昙献是“太上皇”。国主高纬听说了此事，却不肯相信，后来有一天，他朝见胡太后，看见有两位漂亮的尼姑，大为动情，便召她们去陪宿，发现竟是男人。于是，昙献等人的奸情暴露，全部被诛杀。高纬为母亲的行为感到羞耻，公元571年十月，派人软禁了胡太后。

胡太后对自己的行为深感惭愧，所以尽心竭虑地讨高纬欢心，把自己哥哥胡长仁的女儿盛装打扮，接到宫中同住，故意让高纬看见。不久，高纬果然看到了胡太后的侄女，十分喜欢，立即将她封为昭仪。

陆令萱是高纬的奶娘，聪明伶俐，善体人意，精于谄媚，很受胡太后宠爱，早些年就封她为郡君，高纬也命她为女侍中。宫女穆舍利，是斛律皇后的婢女，受高纬的宠爱。陆令萱为拍她马屁，自愿当她的干妈，并使她成为高纬的妃子，封为弘德夫人，还让自己的儿子骆提婆改姓为穆。不久，穆夫人就生下皇子高恒，高恒被立为太子。

公元572年秋天，北齐咸阳王、左丞相斛律光被诬而被屠灭全族，斛律皇后也遭到罢黜，贬为平民。陆令萱就打算让穆夫人当皇后，而胡太后却打算让自己的侄女当皇后。胡太后知道现在自己力量不够（还在软禁之中），只好低声下气，送陆令萱贵重礼物，又跟她结拜成姐妹，求她帮忙。陆令萱也因胡昭仪正受高纬宠信，不得不跟祖珽联合奏报高纬，封胡昭仪为皇后。八月十九日，高纬下诏封胡昭仪为皇后。

可是，陆令萱一直念念不忘让穆昭仪（已由夫人升为昭仪）当上皇后，而此刻的胡皇后正受高纬宠爱，无法挑拨离间。陆令萱就命法师使用妖术害胡皇后，不到一个月，胡皇后就神思恍惚、失去常态，一会儿喃喃自语，一会儿笑个不停，高纬对她由恐惧而渐渐厌恶。陆令萱又特制一种绸缎宝帐，以及一种特别的枕席和器物玩具，都是稀世宝物。有一天，陆令萱让穆昭仪穿上皇后的衣裳，坐在宝帐中，自己前去告诉高纬说："有一位圣女出世，我带你去看看。"等高纬发现是穆昭仪时，陆令萱说："像这样的美女不当皇后，还有谁配当皇后?"高纬赞同她的话。十月二十六日，高纬封穆皇后为右皇后，胡皇后为左皇后。

胡皇后得以立为皇后，原本不是陆令萱的本意，现在，陆令萱又要再施毒计了。有一天，陆令萱在胡太后面前脸色大变，义愤填膺地说："什么东西，还是亲侄女呢，竟说出那种话来!"胡太后追问缘由，陆令萱拒绝了，说："不能说出来!"胡太后坚持要听，陆令萱说："你侄女告诉皇上：'太后的行为太不靠谱，不可以当榜样!'"这句话击中了胡太后的要害，胡太后被刺激得像发疯一样，立刻命胡皇后出来，当场把她的头发剃光，送回娘家。闰十二月初，胡皇后遭罢黜，被贬为平民。从此，陆令萱跟她儿子侍中穆提婆权势倾动朝野。

从这个故事中我们难得地看到，帝王的后宫是那样荒淫无耻、尔虞我诈、互相倾轧，充满着阴谋与诡计。陆令萱为了让干女儿当上皇后，不仅使用巫术害人，还用无中生有、编造谎言、直刺伤疤、故意激怒等手段，让胡太后气得发疯，罢黜了无辜受害的胡皇后，从而达到了自己的目的。看了真是令人切齿痛恨陆令萱！

355. 贺若弼不明言

（内外有别）

北周国主宇文邕对待太子宇文赟的管教很严格，太子每次朝见，行动进退的礼节和群臣一样，即使是严冬盛夏，也得不到休息；因为太子嗜酒，宇文邕还禁止让人送酒到东宫；太子犯了错，宇文邕动辄用拳头或棍棒责打。宇文邕还对太子说："自古以来，太子被废掉的有多少人？除你以外，我难道不能立别的儿子当太子吗？"命令东宫的官员记录太子的言行，每月向他报告。太子害怕父亲的威严，就竭力矫饰自己的言行，因此，太子的过失和恶行，宇文邕就不再知道了。

北周上开府仪同大将军王轨，曾经对春宫小内史贺若弼说："我看太子终究难以担当治国的重任。"贺若弼深以为然，并劝王轨向宇文邕陈述。王轨后来趁着在宇文邕身边侍奉的机会，对宇文邕说："人们并没有听说皇太子有仁孝的名声，恐怕他不能胜任陛下的家事。愚臣我见识短浅，说的话不足为信。陛下一向认为贺若弼有文武奇才，他也常为这件事而忧虑。"

宇文邕便召贺若弼来问，贺若弼却回答说："皇太子在东宫修养自身的品德，没听说有什么过失。"二人退出以后，王轨就责备贺若弼："你平日无所不谈，今日面对皇上，为什么如此反复无常？"贺若弼对他说："这就是您的不是了。太子是国家的储君，怎么能随便议论？如果事情稍有差错，便会遭到灭族之祸。我本以为您只是单独向皇上密陈对太子的意见，怎会料到您竟然当众向皇上公开启奏!”王轨听后，沉默了很久后，说:“我专心一意为国家，没有考虑个人的利害得失。刚才当众说了这事，确实不大妥当。”

后来，王轨又借参加宫中宴会的机会，举杯向宇文邕敬酒祝寿，用手捋着宇文邕的胡须说:“可爱的好老头儿，只是遗憾继承人太弱了。”又有一次，王轨突然对宇文邕说:“皇太子不配做一国之主!”宇文邕深深感到王轨说的话很有道理，但是第二个儿子汉王宇文赞同样不成材，其他儿子年纪尚幼，所以宇文赟才没有被废掉。

两年以后，公元578年夏天，宇文邕在率领军队北伐突厥时，突然病危，在返回长安的当天晚上逝世，年方三十六岁。太子宇文赟即位。宇文赟当政不久，得知王轨曾经劝过先皇变易皇储之事，就将王轨杀掉了。

王轨虽然不计个人得失，直言太子不堪，精神可嘉。但是，当众明言变易皇储之事，确实不妥，最终因此丧命。反观贺若弼在处理这件事上就比较聪明，虽给人留下似乎心口不一的印象，但他坚持内外有别是正确的。只有这样，才有利于特殊问题的解决，也能使自身免于不测。

356. 察变智逃脱身

（赶跑驿马）

公元579年二月，北周宇文赟将皇位传给皇太子宇文阐，自称天元皇帝。一年多以后，由于宇文赟的骄纵奢侈更加肆无忌惮，于公元580年五月十一日，突然病逝了。当时，宇文阐还年幼，随王、左大丞相杨坚受命辅政。

杨坚认为相州总管尉迟迥地位高、名望大，担心他有异图，就派他的儿子魏安公尉迟惇带着宇文阐的诏书，召尉迟炯还京参加天元皇帝的葬礼。五月二十八日，北周朝廷任命上柱国韦孝宽为相州总管，又任命小司徒叱列长义为相州刺史，命他先赶赴邺城（今河北省临漳县西南），而韦孝宽随后进发。

尉迟迥深知杨坚将会篡夺帝位而危害北周政权，就秘密计划起兵讨伐他。正巧，接替他职务的韦孝宽抵达朝歌（今河南省淇县），尉迟迥派遣部下大都督贺兰贵，带着他的亲笔信来问候韦孝宽。韦孝宽留下贺兰贵交谈，从贺兰贵的言谈话语中觉察到尉迟迥可能会有变故，就假称有病，缓慢而行。同时，他派人以寻医买药为名到相州，暗中侦察尉迟迥的动静。

韦孝宽的侄子韦艺，当时正在尉迟迥手下任魏郡郡守。尉迟迥派韦艺去迎接韦孝宽。韦孝宽问他关于尉迟迥的所作所为，因韦艺与尉迟迥是同党，韦艺不肯据实回答。韦孝宽大怒，要杀韦艺，韦艺惧怕，才把尉迟迥的密谋全部告诉了韦孝宽。韦孝宽听说后就带着韦艺一路向西奔还。他每经过一个亭驿，就将驿站的传马全部赶跑，并对掌管驿站的驿司说："蜀公尉迟迥很快就要到来，应该赶快准备酒宴招待。"

隔不多久，尉迟迥派遣仪同大将军梁子康，带着数百名骑兵追赶韦孝宽，每追到一个驿站，遇到的都是丰盛的酒宴招待，又加上没有可以替换的马匹，于是就停留下来，不能继续追赶了。韦孝宽和韦艺因此得免于难。

韦孝宽采用别出新招的办法应对急追之兵：让驿站赶跑驿马，并以酒宴盛情款待后追者，使后追者难以追赶。这种别出心裁的办法，反映了韦孝宽超强的随机应变的智谋。

357. 李穆巧表心意

（妙送熨斗）

公元580年六月，北周蜀公、相州总管尉迟迥，自称大总管，行皇帝职权，在相州（州治邺城，今河北省临漳县西南）起兵，讨伐左大丞相杨坚，国内有十四州、几十万军队响应。

尉迟迥派人约请大左辅、并州（州治晋阳，今山西省太原市）刺史李穆支持他兴兵讨伐之举，李穆逮捕了使者，并把尉迟迥的信件呈报朝廷。李穆的儿子李士荣，知道父亲控制着集结天下精兵的地方，暗中劝父亲支持尉迟迥，李穆坚决地拒绝了。杨坚也不放心，派春宫内史上大夫柳裘晋见李穆，分析利害；更命在朝任职的李穆之子、天官左侍上士李浑，回并州转达其愿意结交的诚心。

在这种情势之下，李穆为表明自己的心意，就命李浑带了一把熨斗呈送给杨坚，并说："愿你手执权柄，熨平天下。"另外又呈送杨坚一条十三环金带。系有十三个金环的腰带，乃是皇帝的装束。杨坚见了大为高兴，立命李浑往前方大营晋见韦孝宽，陈述李穆的决定。

李穆的侄儿、怀州（州治野王，今河南省沁阳市）刺史李崇，开始时准备响应尉迟迥，后来得知李穆支持杨坚的消息，也归附了杨坚。正是有了李穆、梁睿、刘昉、郑译等一批文官武将的支持，杨坚在第二年顺利实现了北周皇帝的禅位，登上了皇帝的宝座，建立了隋朝。

在关键时刻，李穆巧妙地送了熨斗和十三环金带，非常明晰地表明了自己的政治意向，胜过千言万语。这是既让杨坚放心的妙招，更是李穆审时度势、顺时而动的智慧之举。

358. 不能临战易将

（只派监军）

公元580年六月十日，北周左大丞相杨坚调发关中军队，任命韦孝宽为行军元帅，郧公梁士彦、安乐公元谐、化政公宇文忻、濮阳公宇文述、武乡公崔弘度、清河公杨素、陇西公李询等人为行军总管，分别率领军队讨伐尉迟迥。

不久，担任行军元帅府长史的李询秘密地向杨坚报告："梁士彦、宇文忻和崔弘度三位行军总管接受过尉迟迥馈赠的金钱，因此军中不安，人心异动。"杨坚深为担忧，就与内史上大夫郑译商议派谁去取代他们三个人。

这时，御正下大夫李德林对杨坚建议说："您与这些将领本来都是国家重臣，地位相当，他们没有服从您的义务，现在您只是凭借天子的名义去控制驾驭他们罢了。以前派遣的将领，您怀疑他们怀有异志；那么，以后再派出去的人，您又怎么知道他们都会成为您的心腹呢？再说，他们三个人收取尉迟迥金钱的事，真假不明，现在突然派人去替换他们，他们可能会害怕获罪而逃跑；如果把他们都抓起来，那么前线的将帅自郧国公韦孝宽以下，恐怕就会人人自危。况且，临战易将，正是战国时燕国、赵国被齐国、秦国打败（燕国命骑劫接替乐毅，被齐国田单打败；赵国用赵括替代廉颇，被秦国白起打败）的根本原因。以我愚见，您只要派一位足智多谋，又为众将信服的心腹立即到军中去，观察将领们的举动。他们纵然怀有异图，也肯定不敢轻举妄动，即使有异常举动，也能制服他们。"

杨坚听后恍然大悟，对李德林说："如果不是你讲明这一番话，几乎要坏了大事。"于是命令少内下大夫崔仲方前去监察诸军，并有权节制前方军事行动。崔仲方以父亲在山东而推辞。杨坚又派刘昉、郑译去，两人也都推辞。丞相府司录高颎自告奋勇请求前往，杨坚大喜，就派他前往。从此以后，凡是处理军务，杨坚都要跟李德林商议。

李德林采取单刀直入、告之利害与借古喻今、启发自悟相结合的方法进行劝谏，终于让杨坚改变了派后将取代前将的糟糕想法，只派出了监军，避免了节外生枝，从而成就了大事。

359. 于仲文败檀让

（冒充信使）

北周蜀公、相州总管尉迟迥起兵谋反，派遣他委任的大将军檀让到黄河以南攻城略地。左大丞相杨坚则派河南道行军总管于仲文从洛阳起兵，讨伐叛军。

公元580年八月，于仲文率军进到离梁郡（今河南省商丘市）只有七里路的蓼堤（汴河河堤），与檀让的军队相遇，檀让的军队有几万人。于仲文见此情况，却派了一些老弱残兵应战，并假装败退，檀让就不再戒备。这时，于仲文却发动了反击，大破檀让军，生擒五千多人、斩杀七百人。

于仲文进攻梁郡，反叛军守将刘子宽弃城逃跑。于仲文又攻曹州（今山东省定陶区西），俘虏叛军刺史李仲康。檀让率领剩下的军队驻扎在成武（今山东省成武县），于仲文发动袭击，大破檀让，攻克成武。檀让只身逃脱，投奔沛县（今江苏省沛县）守将席毗罗。

席毗罗是尉迟迥的一员爱将，拥有部众十万，驻扎在沛县，打算进攻徐州（今江苏省徐州市）。席毗罗的妻子当时留在金乡（今山东省金乡县），于仲文就派人冒充席毗罗的信差，告诉金乡城主徐善净说："檀让明天中午会到贵城，公布蜀公命令，奖赏全体将士。"金乡的军队士兵听了大为欢喜。于仲文于是挑选精兵，打着叛军的旌旗，兼程前进。徐善净望见，以为檀让驾到，出城迎接。于仲文将他生擒，不费一刀一枪占领了金乡。

占领金乡后，众多将领建议屠城，于仲文说："此城是席毗罗起兵的根据地，如果饶恕他的妻子，他的士兵们就会自动逃回，他的军队也就溃散了。如果马上屠城，他们的希望就全都断绝了，就会顽抗死战。"大家认为有理。席毗罗仗恃自己兵多，率领大军来到。于仲文设下埋伏反击，席毗罗的军队被打散，争相逃命，落入洙水（泗水支流）的士卒的尸体堆积得连水都流不动了。于仲文生擒檀让，装入囚车，押送到京城；斩杀席毗罗，把人头送往长安。

于是，黄河以南地区的秩序逐渐恢复。

于仲文在与檀让的交战中屡次用计取胜。他先以弱兵假败、施攻其无备之计，初胜檀让；继而冒充信使、传递虚假信息而轻取金乡；还宽待席妻，不准屠城，以涣散叛军人心。于仲文以智谋打败了檀让。檀让之败，不是兵不如人，实为智不及人！

360. 长孙晟谋突厥

（分化瓦解）

突厥是六世纪北周北方的少数民族，经常南犯，骚扰边境。公元 580 年六月，北周派汝南公宇文神庆、司卫上士长孙晟护送千金公主前往突厥和亲，嫁给大可汗阿史那摄图，称为沙钵略可汗，以安抚突厥。

公元 581 年二月，杨坚建立隋朝后，对待突厥就没有北周时那么恭敬谨慎了，突厥十分怨恨。北周出嫁的千金公主痛心娘家的覆灭，日夜请求沙钵略出兵为宇文皇族复仇。沙钵略对部属说："我是周朝的至亲，如今隋公杨坚改周自立为帝，我却不能制止，还有什么脸面见我的妻子？"就与故北齐营州刺史高宝宁联合攻击隋朝边境，策划各部落共同向南进攻。杨坚非常担心，派兵屯驻北边，以防突厥南犯。

长孙晟因护送千金公主前往突厥和亲，突厥可汗喜爱他的射技，留他在突厥整整一年，命皇族子弟和贵族跟他亲密交往，学会他的射技。沙钵略可汗的弟弟阿史那处罗侯，尤其受部众爱戴，他哥哥对他很是猜忌。阿史那处罗侯暗中派心腹跟长孙晟订交，秘密盟誓，结为外援。长孙晟跟他到处狩猎，借此机会观察山川形势，部众强弱，对各种情况一一记在心头。

因突厥要攻击隋朝，已任奉车都尉的长孙晟上疏献计说："达头可汗玷厥跟沙钵略可汗摄图相比，兵力强于摄图，地位却低微，表面追随摄图，内心仇隙已很明显。如果从中挑拨，他们必然会发生内斗。处罗侯是摄图的弟弟，奸诈狡猾却势力薄弱，处心积虑讨别人喜欢，贵族们都爱戴他，因而受摄图猜忌，心里很不自在，深怀疑惧。阿波可汗大逻像老鼠一样，伸头四望，夹在两大强权之间，虽然十分畏惧摄图，接受其驱使，但只是暂时服从强者，还没有完全确定立场。"

"现下之计，我们应该远交近攻，离间强者，招抚弱者。派人结交玷厥，说服他跟我们合作，那摄图就只得撤回军队，戒备西部边界。我们再结交处罗侯，并联合奚部落、霫部落，则摄图势必会分出部队，守卫东方疆域。他们的头部跟尾巴互相猜忌，腹部跟心脏互相隔离，数十年后，找一个机会，出动军队讨伐，一定能一举荡平突厥。"

杨坚看到奏章，大为高兴，召见长孙晟。长孙晟口述形势，手画山河，描述突厥内部虚实，了如指掌，杨坚称奇赞叹，对长孙晟的建议全盘采纳。杨坚派太仆元晖前往伊吾（今新疆哈密市），晋见玷厥，代表隋朝赏赐他狼头大旗。玷厥派使节前往隋朝报聘，杨坚命他们坐在摄图使节的上位。再任命长孙晟为车骑将军，前往黄龙（泛指东北地区各部落王庭），携带金银财宝，赏赐给奚部落、霫部落、契丹部落，由他们派出向导，得以抵达处罗侯的帐篷，诚恳结交，引诱他们归附隋朝。反间行动开始后，突厥内部果然互相猜忌，不能团结。

长孙晟建议采取远交近攻、分化瓦解的策略对付突厥的侵扰，作用明显。这一谋策，不仅对隋初巩固北方、南征江南、统一全国有着重大影响，而且对以后千百年封建王朝处理边境事务的影响也很大。

361. 柳彧谏减琐务

（实话实说）

隋文帝杨坚称帝后，日理万机，将精力都花在批阅奏章上，而文武百官奏请的事情，又都十分琐碎。公元583年十二月，治书侍御史柳彧就上疏劝谏杨坚。

柳彧在奏疏中说："我曾经听说，上古时代圣明的君主没有能超过唐尧和虞舜的。而圣明的含义是不亲自处理烦琐细碎的小事。舜任命五臣，尧咨询四岳，二位君王拱手垂袖，没做什么具体的事，而天下得治。所谓访求贤才时辛劳，而任用贤才后安逸，正是如此。"

"陛下留心治理国家，固然不在意疲劳，而群臣由于惧怕多做多错受惩处，故而不敢自行决定，一切都要请示，遂使上奏的奏章数量过多。导致您甚至连盖房子之类的细小之事，接受或颁发一点儿轻微的物品，都要一一进行批复。于是，白天办公到日落，忘记了吃饭，晚上办公到半夜，忘记了睡觉；文武百官动不动就往上报告，劳累皇上。"

"我盼望圣上垂听我的建议，尽量减少繁杂琐务，除非是国家大事，不是臣属可以做主的，请求陛下决定外，其他那些细小的事情，都应交给有关单位负责，使陛下圣体健康、寿命无疆，臣属们也蒙受到了庇护恩典。"杨坚见到柳彧的上疏，十分嘉许，说："柳彧是正直之士，国之瑰宝！"

当时，隋朝大多数刺史都由军人担任，很多人没有行政能力。柳彧又上疏说："从前，刘秀跟二十八位将领，披荆斩棘，平定天下，等到全国统一，大业告成后，并不让他们担任政府官职。我刚看到诏书任命上柱国和千子为杞州（今河南省滑县）刺史。和千子以前任赵州（今河北省隆尧县）刺史时，赵州人在歌谣中说：'老禾不早割，余种污良田。'和千子的专长是骑马射箭，至于主持官府、治理民众，他就不了解了。如果要优崇年老功臣，可以厚赏金银绸缎。如果让他当刺史推行政令，国家的损失就太大了。”杨坚认为有理，和千子就被免职了。

柳彧对杨坚所谏的两件事，都不是用含蓄婉转、迂回侧击的办法，而是实话实说，一是一，二是二，不掩饰、不含糊。结果，杨坚反而乐意接受柳彧的直谏。所以，怀着真诚之心，进行实事求是的劝谏，也是睿智之举，它更容易得到被规劝者的信任从而被接受。

362. 隋军轻渡长江

（虚虚实实）

公元587年十一月，隋文帝杨坚向尚书左仆射高颎询问灭陈朝的方略，高颎回答说：“应在他们将要收割水稻的时候，我们进行小规模的动员、集结兵马，声称袭击，他们沿江各渡口，必定集结军队，严阵以待，这就足够耽误他们收割，使水稻烂在田中。等他们部署定当，我们随即复员。如此再三再四，他们就会认为我方不过是虚张声势，故意让他们筋疲力尽。最后，我们真的集结大军时，他们绝不肯马上相信，在他们犹豫不定之际，我们已渡过长江，登陆作战，士气必高于平日。”杨坚批准了这项行动计划。

公元588年三月，杨坚下诏通告天下，将进攻陈朝。十月二十八日，杨坚因各地动员完成，前往皇家祖庙向祖先焚香祷告。命晋王杨广、秦王杨俊、清河公杨素为大军元帅。杨广从六合（今江苏省六合区）出发，杨俊从襄阳（今湖北省襄阳市）出发，杨素从永安（今重庆市奉节县）出发，荆州刺史刘仁恩从江陵（今湖北省江陵县）出发，蕲州刺史王世积从蕲春（今湖北省蕲春县）出发，庐州总管韩擒虎从庐江（今安徽省庐江县）出发，吴州总管贺若弼从广陵（今江苏省扬州市）出发，青州总管燕荣从东海出发。共计出动总管九十人，士卒五十一万八千人，都受晋王指挥。东起东海，西连巴蜀，旌旗连接，船舰相衔，横亘数千里。杨坚命左仆射高颎为晋王元帅长史，右仆射王韶为司马，军中一切事务由二人裁决。十二月初，东路隋军抵达长江。

公元589年元月初一，吴州总管贺若弼从广陵率军渡过长江。最初，贺若弼把军营中很多老马卖掉，向陈朝购买船只，藏在隐秘的地方。又另买了五六十艘破船，停泊在码头，陈朝派出的间谍侦察后，认为隋朝没有别的船舰。贺若弼又奏准：隋朝的江防部队，每到换防，都要从各地先来广陵集中。于是，每到换防之际，广陵旌旗满地，帐篷遍布原野。陈朝开始时认为隋军集结，好像要发动进攻，立即紧急动员，增援沿江防务。后来，才知道隋军只不过是江防部队换防，就立即复员。再后来就不把这种集结看成是一件大事，也不再戒备了。贺若弼还派军队沿江打猎，人喊马嘶，惊天动地，陈朝军队在恐慌了几次之后，也不再有什么反应了。所以，当贺若弼大军真的横渡长江时，陈朝沿江军民竟没有人发觉。

庐州总管韩擒虎率五百人在夜色的掩护下，从横江（今安徽省和县东南）南渡长江，在采石矶（今安徽省马鞍山市西南）登陆，陈朝守城官员和士兵正酩酊大醉，隋军轻易占领了城池。从元月初一起，只用了二十天时间，隋军就攻克建康（今江苏省南京市），活捉陈叔宝，灭掉了陈朝。

隋军在高颎、贺若弼等的指挥下，采取虚张声势、虚实相乱的计策，真真假假、虚虚实实，使陈军摸不清底细，产生了判断和行为错误：先是警惕应对，继而见怪不怪，等“狼”真的来了，却没有一点儿动静。隋军正是利用人们熟视无睹、常见不疑的毛病，轻而易举地渡过了长江天堑。

363. 陈叔慎杀庞晖

（设宴激情）

公元589年二月，隋朝清河公杨素率领水军夺取荆州（今湖北省江陵县）、巴州（今湖南省岳阳市）后，派别动部队将领庞晖率军南下，一直攻到湘州（今湖南省长沙市），湘州城中的陈军守军都已无斗志，要求投降。

时任湘州刺史的陈朝岳阳王、智武将军陈叔慎才十八岁，知道只凭自己单枪匹马去抵抗隋军是绝对不行的。于是，他设下宴席，招待他的文武属官们。在酒酣耳热之际，陈叔慎叹息说："我们君臣之间的大义，难道到今天就为止了吗？"说得众人伤心不已，长史谢基竟趴在地下，痛哭流涕。湘州助防、遂兴侯陈正理在座，起身说："主辱而臣死，诸位谁不是陈朝之臣？如今国家有难，正是需要我们效命的时候，即使不能成功，也能够显示我们做臣子的节操。否则的话，青门之外，想死都不能！这是最后的机会，不可迟疑，最后响应的斩首！"

众人见陈正理这样，全都响应。陈叔慎大喜，安排杀猪宰羊，与众人设坛盟誓，决心抵抗隋军。陈叔慎派人向庞晖送去诈降信，约好献城投降的日期。庞晖相信了，按约定的时间进入湘州，而陈叔慎已埋伏军队等待。庞晖进城后，陈叔慎的伏兵一齐杀出，逮捕庞晖及侍卫亲兵，游街示众后，全部斩杀。

然后，陈叔慎高坐阅兵台，招兵买马，几天时间，集结五千人。衡阳郡守樊通、武州（今湖南省常德市）邬居业，都表示派军支援湘州，抗击隋军。

在国亡城破之际，陈叔慎采用创设场景之策，设酒宴营造出一种上下悲愤的氛围，激发部众斗志，终于决心拼死抵抗强敌。尽管陈叔慎最后失败了，但其不甘自灭的精神是可嘉的，他设宴激情的智谋是成功的。

364. 赵绰巧救来旷

（引咎自诬）

隋朝大理寺掌固来旷上疏弹劾大理寺法官定罪判刑太轻太宽，隋文帝杨坚认为来旷忠心耿直，命他每天早朝时站在五品官员的行列中参见。

来旷检举大理寺少卿赵绰随意减免囚犯刑罚，杨坚就派亲信近臣去调查了解，发现赵绰并没有徇私枉法之事，不禁大怒，下令诛杀来旷。

赵绰却竭力反对杀来旷，认为来旷所犯的罪不足以被处死。杨坚不听，袍袖一挥，转身就走。赵绰见状，急忙说："小臣不再说来旷，本来还有别的事，还没来得及奏报陛下。"杨坚就命人带赵绰进入后殿。

进入后殿后，赵绰连忙叩头请罪，说："臣有三罪：一是臣身为大理寺少卿，不能管束好掌固，使来旷犯了国法；二是罪犯罪不当死，而臣不能冒死力争；三是臣本无其他事奏报，却当众说谎而为入见陛下。"杨坚脸上的怒容才缓和了下来。

正巧，独孤皇后坐在旁边，下令赏赐赵绰两盅金杯美酒，然后把两个金杯也赏给了赵绰。来旷因此免除死刑，只是被贬放到广州（今广东省广州市）。

杨坚因赵绰忠诚正直，常常召他进宫，有时杨坚跟独孤皇后同座，命赵绰也坐，要他批评时政的得失，对赵绰的前后赏赐，以万为单位计算。

杨坚为人喜怒无常，对人处罚不遵法度，赵绰却是一位以认真公平著称的执法官。这里，赵绰先以迂为直，通过撒一个谎，让杀来旷一事延缓了一下；然后，他又引咎自诬，让杨坚维持了面子，来旷的命也保住了。赵绰为了认真执法，用心确实良苦啊！

365. 杨广诡计夺储

（矫装伪饰）

在北周宇文赟将帝位禅让给隋王杨坚后，隋王世子杨勇随后就被册立为皇太子了。最初，隋文帝杨坚让太子杨勇参与军政大事，杨勇时常提出一些批评或建议，杨坚全部采纳。

杨勇性情宽恕忠厚，诚恳豪爽，从不伪装。杨勇曾将蜀人制造的精美铠甲，再加雕饰，因杨坚生性节俭，见了不高兴，曾批评过杨勇。后来有一年冬至，百官晋见杨勇，杨勇出动乐队公开接受朝贺。杨坚知道这件事情后，下诏说这不合乎规矩，应立即停止。从此，杨坚对杨勇的恩宠开始减少，还逐渐产生猜疑。

杨勇好女色，内宫有很多被他宠爱的姬妾，昭训云氏尤其受到宠幸。太子妃元氏不得宠，突发心脏病，两天就死了，独孤皇后怀疑有别因，严厉责备杨勇。云昭训总掌东宫以后，云氏和其他太子姬妾为杨勇生下一堆儿子，独孤皇后更愤愤不平，不断派出暗探，寻找杨勇的过错。

而杨坚的次子晋王杨广却很小心地伪装掩饰自己，每天只跟正妻萧妃一人相聚，后宫姬妾有了身孕都不让生育（或堕胎，或扼杀），独孤皇后因此称赞杨广贤德。杨广对所有当权官员都用心用意交往。杨坚及独孤皇后每次派左右侍从到杨广那里，来者不论贵贱，杨广和萧妃都在门口恭迎，还特备盛宴美食招待，临走时还要送一份厚礼。来往的婢仆没有一个不称赞杨广仁孝的。

杨坚和独孤皇后曾驾临杨广的宅第，杨广屏退所有的美姬，把她们藏在别的房间里，只留下老的丑的，身上穿着没有绣花的衣服，在左右服侍。房内屏帐改用素色丝绢，故意弄断乐器上的弦并让它积满灰尘。杨坚见了，认为杨广不喜声色，回宫告诉侍臣，心里非常喜悦，侍臣们也应声为国家庆贺。因此，在所有儿子中，杨坚特别宠爱杨广。

杨广担任扬州总管，有一次到京城朝见，将要返回镇所之前，进入内宫向皇后辞行，匍匐在地痛哭流涕；独孤皇后也老泪横流。杨广哭诉担心受太子迫害，生怕陷于危险境地，独孤皇后乘机也发泄了对太子的愤怒和不满，从此，独孤皇后决心罢黜杨勇而改封杨广为太子。

后来，杨广在独孤皇后的支持下，与越国公杨素、大理寺少卿杨约相勾结，买通太子杨勇宠爱的东宫官员姬威，由姬威上书检举太子谋反的种种过失和罪恶，杨坚终于在公元600年十月，废黜太子杨勇；十一月，晋封杨广为太子。

杨广为夺储君之位，可谓处心积虑，费尽心机。他采取弄虚作假、矫装伪饰的手段，上欺父母，下媚百官，还勾结权贵，网结死党，罗织罪名，诬告其兄，终使自己的阴谋得逞。而正是杨广的邪智阴谋的得逞，他登基后给当时社会和百姓带来沉重灾难，也使隋代与秦朝一样二世而亡。

366. 王通“无辩”“不争”

（以静待哗）

公元603年，龙门（今山西省河津市）人王通到皇宫门前献上《太平十二策》，隋文帝杨坚未予采用，王通作罢返回。他就在黄河、汾水一带教书，他的学生有很多是从偏远地方慕名而来的。后来朝廷多次征召他出来做官，他都不出来。

尚书左仆射、越国公杨素很器重王通，劝他做官，王通说：“我有祖先留下的破草房足以遮挡风雨，薄田足以使我喝上稠粥，读书论道足以自娱。希望明公端正自己的言行来治理天下，如四时和谐，年年丰收，我也就受到许多恩赐了。我不愿意做官。”

有人挑拨离间，对杨素说王通的坏话：“他实在是太怠慢您了，您为什么要尊敬他呢?”杨素也把这个问题拿来问王通，王通说：“假如您是可以被怠慢的，那么我这样岂不是正好；假如您是不可以被怠慢的，那么我就必有所失。得与失都在我自己，您又何必在意呢?”杨素还是一如既往地尊重他。

王通的弟子贾琼问王通如何才能平息诽谤，王通说：“不要去争辩。”贾琼又问如何消除怨恨，王通说：“不要去争胜。”王通曾声称：“一个不用下达宽赦令的国家，它的刑法一定公允；一个横征暴敛的国家，它的财力必然脆弱。”又说：“听到诽谤就发怒的人，容易跌进谗言者的圈套；听到称赞就高兴的人，容易为阿谀奉承者所利用。如果去掉这两种毛病，谗言奸佞就会远离而去。”

大业末年，王通在家去世，他的弟子追赠他为“文中子”。

王通的“无辩”“不争”，看似无所作为，其实是一种以静待哗、以柔克刚的高明的应变智谋。能有如此襟怀的一生，是一种智慧人生。

367. 用牛驴阵败敌

（别出新招）

公元604年七月二十一日，隋朝发布文帝杨坚的死讯，太子杨广继位，是为炀帝。汉王杨谅深受杨坚宠爱，担任并州总管，统辖五十二州，授予应变全权。杨谅见宫中发生剧变，发动军队反抗朝廷，有十九个州参加兵变。

杨广任命李子雄为上大将军抵达幽州，让他率领幽州步骑兵三万人，从井陉关（太行八陉之一，在今河北省井陉县西）西进，攻击杨谅。李子雄在抱犊山下击破反抗军大将军刘建。而代州（今山西省代县）总管李景，却仍被反抗军将领乔钟葵包围了一个多月。杨广下诏命朔州（今山西省朔州市）刺史杨义臣增援代州。

杨义臣率领步骑兵二万人，在夜晚南下，突过西陉（今山西省代县西北），向东南推进，乔钟葵集中所有军队迎战。杨义臣因自己兵力薄弱，就下令搜索军中的牛和驴，一共得到数千头，再命士卒数百人，每人携带一个战鼓，把数千头牛和驴暗暗赶到山谷。

傍晚，杨义臣再跟乔钟葵会战，双方刚刚接触，杨义臣就命人把牛驴赶出山谷。一时间，几千头牛和驴奔跑前进，战鼓如雷，尘土蔽天。乔钟葵不知真相，以为朝廷军队发动了伏兵，立即溃散四逃。杨义臣乘胜追击，大破反抗军。

杨义臣受到战国时田单火牛阵破燕复齐故事的启发，在敌强我弱的情势下，相机行事，别出新招，关键时刻出动牛驴阵，迷惑冲溃了反抗军，赢得了此役胜利。

368. 不可投亲奔友

（认清本质）

隋朝越国公杨素亲率主力北上，进攻汉王杨谅的基地并州（治所晋阳，今山西省太原市）。杨谅派他的大将赵子开率十余万大军，切断并州四周所有的交通线，据守高壁（今山西省灵石县南），连营五十里。

杨素命各将领挺进，并亲率一支奇袭部队，暗中进入霍山（今山西省霍山县东南），沿着悬崖峭壁前进，绕到反抗军背后，直攻大营，擂鼓纵火，反抗军被袭，不知所措，自相践踏，死伤数万人。反抗军的介州（今山西省介休市）刺史梁修罗，听到杨素大军来到，立即弃城逃跑。

杨谅得知赵子开失败的消息，大为恐慌，亲率十万军队在蒿泽（今山西省汾阳市北）布防抵抗。不料大雨倾盆，杨谅想率军撤退。咨议参军王頍劝阻说："杨素孤军深入，人困马乏，大王率领精锐部队，亲自出击，必定取胜。而今，刚看到敌人，就回身退走，显示我们胆怯，会使军心沮丧，而增添敌军气焰。

大王不可回军。”杨谅不理，退守清源（今山西省清徐县）。

王頍对他的儿子说：“情况恶劣，大军一定失败，你要紧跟着我。”杨谅退回晋阳坚守，杨素四面包围，杨谅束手无策，请求投降。他所有在外地的党羽也都被扫平。杨广派杨约带着亲手写的诏书慰劳杨素。

王頍打算北投突厥，逃进深山，而道路断绝，他知道无法逃生，就告诉儿子：“我的谋略不亚于杨素，只因我所有建议都不被采纳，就到了今天这种地步，你不能坐在这里等他们捉拿，让那些无赖小丑成名。我死之后，你要继续逃命，无论如何，不可投奔亲戚朋友！”于是自杀，尸体被掩埋在石洞中。

他的儿子躲藏在深山中，几天没有饭吃，只好去投奔亲戚朋友，最后被生擒活捉，连同王頍的尸体，送到晋阳，一齐斩首。

在大难临头之际，王頍警告儿子：“不可投奔亲戚朋友！”这实在是一句认清人性本质、悟透人生历练的睿智之言。遭遇危难，亲朋为保自身，避之唯恐不及，所剩下的情谊极其有限！所以，柏杨先生有言：“凡是要逃亡或正在逃亡的英雄豪杰，都要谨记王頍之言！”

369. 挖坑陷象破阵

（临机应变）

隋文帝杨坚末年，文武百官中有人传说林邑国（今越南中部）出产奇珍异宝。当时，天下升平，四方安晏。交州（今越南东北北宁府）道行军总管刘方刚刚平定交州民变。杨坚立即命他为驩州（今越南荣市）道行军总管，南下征伐林邑国。刘方派钦州（今广西钦州市）刺史宁长真等率步骑兵一万多人，从越裳（今越南甘禄县）出发，刘方与大将军张训（音）等人率领水军，从比景（今越南筝河口）出发。公元605年正月，隋朝水军抵达林邑国港口。

林邑国国王梵志派遣军队扼守险要地形，抗拒隋军进攻。刘方不断击败林邑国的进攻，南渡阇黎江，林邑军乘坐巨象从四面八方向隋军攻击。隋军的情势不妙，于是，刘方命士兵在地上挖掘大量小坑，上面覆盖乱草，看起来仍是一片平地。然后，隋军主动派兵挑战，两军刚一接触，隋军假装战败逃走。林邑军驱赶大象追杀，却有很多大象踏进了小坑，横七竖八，乱成一团，林邑军大为惊恐。

这时，刘方指挥隋军用强弓射击大象，没有陷进小坑的大象，转身逃走，反而冲向林邑军营，经过群象践踏的林邑军营顿时一片狼藉，隋军乘胜进攻，林邑军大败，被杀及被俘的数以万计。刘方率军追击，连战连捷，经过马援铜柱南，行军八日，抵达林邑国首都典冲（今越南茶荞城）。

四月，梵志放弃首都，乘船逃往大海。刘方进城，缴获梵志皇家祠庙中供奉的由黄金铸成的牌位十八个。刘方竖立石碑，上刻此次征战的战功，然后班师回朝。可是，士兵们不服水土、双足肿胀，死亡率达十分之四、五，刘方也因患病在归途中去世。

刘方能以挖坑陷象之法，大破象阵，打败林邑军，表明他临机应变的智慧和能力是很强大的。

370. 说服处罗可汗

（软硬兼施）

隋朝黄门侍郎裴矩听说西突厥处罗可汗阿史那达漫思念寄居在隋都大兴（今陕西省西安市）鸿胪寺的母亲，便建议朝廷派遣使节去招抚他。公元 608 年二月六日，隋炀帝杨广派司朝谒者崔君肃携带诏书去沟通联络。

可是，阿史那达漫接见崔君肃，态度倨傲，接诏书时又不起身叩拜。崔君肃对他说："突厥本是一个国家，中间分裂成为东西敌对的两个国家，每年都交战，经过几十年残杀，仍不能击败对方，说明双方势均力敌。但是，东突厥启民可汗阿史那染干，率领他百万之众的部落，谦卑委屈，对大隋天子称臣，是为什么呢？只不过是对您有切齿痛恨，又不能单独制伏您，而想获得隋朝的力量来征服您而已！"

"其实，隋朝廷的文武百官都想接受启民可汗的请求，皇上也已经同意，眼看就要出兵了，而您母亲向夫人，担心西突厥被消灭，每天早晚都守在宫门前，双膝跪地，哭泣不止，请皇上派使节召唤可汗，让您归降臣服。皇上怜悯向夫人爱子之情，所以命我来到这里。"

"想不到可汗您的态度竟傲慢到如此程度！向夫人显然是在欺君，她会被横尸闹市，人头将会被传送到西域各地示众。而大隋军队势必出发，加上东突厥的部队，进行两面夹攻，可汗您的灭亡就在眼前。我真想不通，您为什么就不肯叩一个头，而要去断送娘亲的性命？为什么不肯说一句称臣的话，而宁愿使国家成为废墟?!"

阿史那达漫听完崔君肃说的这番话，跳了起来，流泪叩头，跪接了诏书，称谢不止。也派使节随从崔君肃前往隋朝进贡汗血马。

崔君肃软硬兼施、刚柔相济的一番劝诫，既摆明了眼前形势，又借助亲情说事，道明了利和害，终于说服了倨傲的处罗可汗归服，完成了使命。

371. 杨义臣不出战

（示弱装怯）

公元616年十二月，反民军头领张金称、郝孝德、孙宣雅、高士达、杨公卿等抢劫黄河以北，攻陷城池，施行屠杀。隋军防不胜防，隋军将领失败逃亡的，一个接连一个。

隋炀帝杨广派了太仆卿杨义臣讨伐张金称，张金称在平恩（今河北省曲周县本南）东北筑营，杨义臣率军直到临清（今河北省临西县）之西，紧靠永济渠筑营，距张金称营地四十里，深挖壕沟，高建垒墙，不出来应战。

张金称每天早上率领军队到隋军大营西边，杨义臣下令准备出击，身穿铠甲，跟张金称约定时间会战，可是到了约定时间仍紧闭营门，不出来会战，一直到夜晚，张金称才回营。第二天一早，张金称又来炫耀自己的军队，如此这般，一个多月，杨义臣就是坚不出战。

张金称以为杨义臣肯定是胆怯，就不断逼近隋军大营，对杨义臣侮辱诟骂。杨义臣就告诉张金称："你明天早上来，我一定出兵。"张金称已经不把杨义臣看在眼里，就随便同意了，也没有进行戒备。这天晚上，杨义臣挑选精锐骑兵两千人，向南从馆陶（今河北省馆陶县）渡永济渠，埋伏得当。

第二天清晨，当张金称率军离营，往东北方隋军大营开拔后，杨义臣布置的伏兵立即从东南方攻击张金称营中的随军家属。张金称得到报告后，急忙回军营救，杨义臣率军又从后面追上来攻击，将张金称打得大败，只有左右侍卫人员与他一起逃到永济渠以东。一个多月以后，在一次扫荡战役中，张金称被擒获后杀害。

杨义臣采取示弱装怯之策，使张金称产生轻敌之心；然后，又利用张金称的轻敌麻痹，出其不意地夜出伏兵；第二天一早，攻敌不备，实施了对张金称的两头夹击，终于战而胜之。杨义臣打仗真会动脑筋。

372. 李渊稳住李密

（假意奉承）

公元617年六月，隋唐公李渊手下的将领裴寂等人给李渊上尊号为大将军。七月初四，李渊任命儿子李元吉为太原郡守，留守晋阳（今山西省太原市）。初五，李渊统率将士三万人从晋阳出发，在军营门前誓师，向各郡县发布檄文，宣布尊立代王杨侑（炀帝之孙）为帝。

李渊写书信招抚反隋义军首领李密，李密却自恃兵势强盛，想当盟主。他让祖君彦回信说："我和兄长您虽然支派不同，但都是李姓同宗，我自知势单力薄，只是被天下英雄共推为盟主。希望你提携辅助，同心协力，完成在咸阳活捉嬴婴、在牧野灭掉商辛这样的大业，岂不是一件很盛大的事吗？"他还暗示李渊亲率步骑兵几千人到河内郡（今河南省沁阳市）来，和他当面缔结盟约。

李渊接到复信，笑着说："李密狂妄自大，不是一封书信就可以招来的。我在关中正有战事，如果马上与他断绝来往，就是又树了一个强敌，不如用谦卑逢迎之语吹捧他，使他心志骄横，让他替我挡住成皋（今河南省荥阳市汜水镇西）之道，牵制东都（洛阳）的军队，我就可以专心一意地西征。等到关中平定以后，我们依据险要之地，养精蓄锐，静观鹬蚌相争，坐收渔人之利，也为时未晚。"

于是，李渊让温大雅回信说："我虽平庸愚昧，但幸而承继了祖宗功业，使我出任为巡行天下的使者，入朝典掌六军。国家有难而不出来扶助，是要被所有贤人君子责备的，所以我才大规模地召集义兵，与北狄和解，共同救助天下，目的仍在于尊崇隋王室。天生众民，一定要有管理他们的官吏，而今为治民之官的人，除了您又能是谁呢？老夫我已过了五十岁了，没有这个心愿了。我很高兴拥戴您，这已经是攀鳞附翼了，希望您早些应验图谶，以安定万民！您是李姓宗盟之长，我的宗属之籍还需得到您的容纳，如仍把我封在唐地，这样的殊荣已经足够了。将商辛诛灭于牧野这样的大业，我是不敢说的；在咸阳活捉嬴婴之事，我也是不敢听命于您的。汾晋（今山西省）一带，还需我安抚管理，盟津会盟，我还顾不上卜定日期。”

李密收到李渊的信后很高兴，他将信给僚佐们看，说：“唐公推举我，天下很容易平定了！”从此，双方的信使往来不绝。

李渊采用假意奉承、戴高帽的办法，巧妙地实施了障眼之法，使李密信以为真，失去了防范警惕之心。正是李密的智不如人，才使李渊夺得了隋朝天下。

373. 李渊爱惜忠臣

（大胆任用）

公元617年七月，隋唐公李渊在晋阳起兵，九月，率各路人马西渡黄河。时任左武侯大将军、河东郡（今山西省永济市）守将的屈突通得知这一消息后，命鹰扬郎将尧君素留守蒲坂（河东郡城），自己亲率数万军队，去增援京城大兴（今陕西省西安市），被李渊的部将刘文静在潼关（今陕西省潼关县内）阻遏，相持一月有余。

十二月，屈突通命部将桑显和夜袭刘文静大营，刘文静、段志玄竭力苦战，桑显和战败，单人匹马逃走，部众全部被俘，屈突通越发陷于窘困。有人劝说他投降，屈突通流泪说：“我历事两主，受人厚禄而不管别人的灾难，我不能这样做。”他常摸着自己的脖子说：“迟早要为国家受人一刀！”他勉励将士，没有一次不痛哭流涕的，部众们也因此深受感动。

李渊派屈突通的家仆前往劝降，屈突通立马将家仆斩首。后来，听说大兴陷落，家属全部被李渊所俘，屈突通就命桑显和留下镇守潼关，自己率军东下，打算前往洛阳。屈突通刚刚出发，桑显和就献出城池，向刘文静投降。刘文静派窦琮等率轻装骑兵，会同桑显和，东下尾追，在稠桑（今河南省灵宝市北）追上。屈突通列阵迎敌，窦琮命屈突通之子屈突寿上前劝降，屈突通大喊道："过去我与你是父子，今天我与你是仇敌。"说完，命左右一齐射箭，使屈突寿无法上前。

这时，桑显和在阵前向屈突通的部众高喊："现在，京城已被攻陷，你们都是关中人，父母老小都在关中，还想到哪里去?"屈突通的部众都放下武器投降。屈突通知道军心已失，失败难以幸免，就跳下马背，向东南叩拜，号啕大哭，遥对炀帝说："臣力绝而兵败，并不敢辜负圣恩，这是天地神灵所明察的。"李渊军队的士兵们捉住了屈突通，把他递送到大兴。

李渊听说后，立即召见屈突通，称赞他是隋朝的忠臣，任命他为隋西京朝廷的兵部尚书，封蒋公，兼任秦王李世民的行军元帅长史。以后，屈突通随李世民平定薛举，围困洛阳城、征讨王世充，战功卓著。屈突通七十二岁去世，作为唐朝的功臣，他的画像后来被挂上了凌烟阁。

李渊晋阳起义时，兵不过数万，但他最后能平定八方，一统神州，其最重要的原因之一，在于他善识贤臣，爱惜忠臣，对他们以诚相待，充分信任，大胆使用，使他们得以充分施展才能，建功立业。收降屈突通一例，可以窥见李渊明智用人之一斑。

374. 刘兰成夺郡城

（造势夺声）

公元618年，时值隋末唐初，变民蜂起。北海郡（今山东省青州市）变民首领綦公顺，率领他的三万部众攻打郡城，已经攻克了外城，并继续进攻内城。城中粮食已用尽，綦公顺自以为攻破只是早晚的事，没有做防备。中过明经科（一种科举资格）的刘兰成集合城里骁勇青年一百多人袭击綦公顺，城里的士兵们跟着他们一起攻击，綦公顺大败，弃营逃跑，郡城得以保全。于是，郡里的长官及豪门巨族把城里的百姓武装起来，分为六支军队，各自统领一军，刘兰成也率领了一军。

有一位姓宋的书佐（以前称参军），在各军之间挑拨离间说："刘兰成深得人心，一定对各位不利，不如杀了他。"大家不忍心杀刘兰成，只是夺了他的兵权，改交宋书佐统领。刘兰成恐怕大祸终究会临头，就逃跑投奔了綦公顺。綦公顺军中欢欣鼓舞，打算拥戴他为首领，刘兰成坚决推辞，綦公顺就命他为长史，军事行动都听他的决定。

过了五十多天，刘兰成在军中挑选骁勇健壮的士兵一百五十人，前往抄掠北海郡。在距郡城四十里处，留下十人，命他们多多割草，分成一百余堆；距城二十里处，又留下二十人，各人手执一面大旗；距城五六里处，又留下三十人，埋伏在险要之处；刘兰成亲率十人，夜晚潜行，在距城一里左右的地方埋伏下来；其余八十人分别布置，约定只要听到鼓声，就抢夺人口家畜急速逃离，同时焚烧草堆。

第二天早晨，城中守军远望没有烟尘，百姓们纷纷出城砍柴放牧。中午时分，刘兰成率领十人直扑城门，城上顿时锣鼓大作。刘兰成的部属听到后，伏兵四面窜出，抢掠牲畜一千余头，俘虏了砍柴和放牧的人，随即撤退。刘兰成估计抄掠的人已离远，才缓缓而返。城里虽然出兵尾追，但恐怕另有埋伏，不敢急追；又见前面旌旗飞舞，烟火弥漫，更不敢前进。不久，城里知道刘兰成前次行动只不过是很少的一些人，后悔没有穷追猛打。

这样又过了一个多月，刘兰成计划夺取郡城，改率二十人直扑城门。城中军民竞相出城追赶，追了不到十里，綦公顺大军杀到，城中军民急奔回城，綦公顺进军围城。刘兰成出面一召唤，城中百姓争相出城投降。刘兰成安抚老弱，慰劳幼小，对郡里官员很尊重，见到宋书佐也以礼相待，同过去一样，仍给他旅费，送他出境，城内城外皆平安。

刘兰成打的虽然不是什么大阵仗，但也懂得采用造势夺声、虚实相乱的用兵之策，所以，也鼓捣出了名堂。

375. 李世民夺高墌

（先守后攻）

公元618年十一月，唐朝秦王李世民率领唐军抵达高墌（今甘肃省泾川县东），自称秦帝的薛仁果（薛举之子）命宗罗睺率军抵抗。宗罗睺不断挑衅唐军，李世民紧闭营门不出，将领们纷纷请战，李世民说：“我军才打了败仗，士气不振，敌方仗恃最近的胜利，有轻视我军之心，我们应该紧闭营门，等待时机。等到他们骄傲轻敌，我们士气奋发，就可一战而胜。”于是下令军中：“有敢请战者，斩首!”双方对峙六十多天，薛仁果军队的粮食吃完了，他的部将梁胡郎等人率领各自的部队来向唐军投降。

李世民知道薛仁果的将士已有叛离之心，就命行军总管梁实驻军浅水原（今陕西省长武县）引诱薛仁果军。宗罗睺知道后非常高兴，出动全部精锐部队进攻梁实。梁实坚守险要之地而不应战，因营中缺水，人马好几天没水喝，而宗罗睺进攻更加猛烈。李世民估计秦军已经疲惫，就对将领们说："可以出战了！"天快亮时，李世民让右武侯大将军庞玉在浅水原列阵。宗罗睺合兵攻庞玉，庞玉迎战，几乎不能坚持。李世民带领大军出其不意地从浅水原北出现，宗罗睺率军迎战。

这时，只见李世民率领几十名骁勇骑兵，率先攻入敌阵，唐军内外奋力攻击，呐喊声震天动地。宗罗睺军败溃，被杀数千人。李世民要率两千多骁勇骑兵追击，被窦轨拦住马苦苦地劝阻："薛仁果仍据守坚城，我们虽打败了宗罗睺，但绝不可轻易冒进，请按兵不动，静观变化。"李世民说："对此，我已考虑很久，现在我军势如破竹，机不可失，舅舅不要再多说了！"于是李世民继续进军。

薛仁果在城下列阵，李世民在泾水旁扎营靠近他，薛仁果下属勇将浑幹等人到唐军阵前投降。薛仁果恐惧撤退，回城坚守。天快黑时，唐朝大军相继赶到，包围了高墌城。半夜，守城士兵纷纷下城投降。薛仁果无计可施，初八，出城投降，李世民获得了精兵一万，男女百姓五万。

诸将都向李世民道贺，顺便问："大王第一次攻击就获胜，竟然舍弃步兵，又无攻城器械，轻骑直捣城下，大家都认为无法克城，您却很快攻克了，是何原因？"李世民说："宗罗睺的部属都是陇西人，将领骁勇，士卒剽悍，必须出其不意才能打败他，所以杀伤俘虏不多。如果迟迟不追击，让他们都撤到城内，薛仁果再加以安抚重用，我们就不容易攻克制伏，所以，我才急于进攻。他们一旦四散，就会纷纷逃回陇西，高墌城里虚弱，薛仁果吓破了胆，就没有时间仔细谋划，只能仓促行事。这就是我取胜的原因。"众将听后都心悦诚服。

李世民在这一仗中，依据战场形势，先坚营不出，以守为攻，避敌锋芒，待敌骄疲；然后，采用出其不意、主动出击之策，乘势突进，围城迫敌。正是他恰当运用了先守后攻的策略，才打败了薛仁果。

376. 用婴儿作幌子

（故意弄错）

公元619年四月初七，郑王王世充篡隋自立为郑帝。第二年七月初一，唐高祖李渊下诏命秦王李世民统率诸军攻打王世充。

十月十五日，唐行军总管罗士信袭击郑国的硖石堡（今河南省新安县西）并攻克了它。罗士信又进军并包围了千金堡（今河南省洛阳市东北），堡中的郑军守军破口大骂唐军。

夜晚，罗士信派了一百多人抱着数十个婴儿来到千金堡城下，让婴儿们啼哭呼叫，并向城头上要求打开城门，说："我们是从东部逃出来投奔罗总管的。"接着又互相说："糟糕，这里是千金堡，我们走错了地方！"随即仓皇逃跑了。

堡中的郑军以为罗士信的军队已经离去，来的这些人是从洛阳逃亡的人，于是出堡追击他们。

罗士信在路旁设下了埋伏，等到千金堡守军一打开城门，就立刻突击攻入，杀了堡中所有人。

罗士信借用婴儿作幌子，巧施障眼法，故意弄错装惊逃，引敌入伏克敌堡。这一仗虽不大，智谋却颇为高明。

377. 行一策获二得

（围城打援）

公元621年二月，唐朝秦王李世民讨伐郑帝王世充，进攻洛阳。唐军包围了洛阳宫城，城中守卫严密，尽管唐军四面进攻，昼夜不停，但十多天过去了，还没有攻下来。三十日，王世充的郑州司兵沈悦派人到唐左武侯大将军李世勣处请降，唐左卫将军王君廓在这天夜晚率军突袭武牢，与沈悦里应外合，唐军攻陷了武牢（郑州州城）。

三月，夏王窦建德应王世充的请求，发兵援救洛阳，王世充之弟、徐州行台王世辩，派部将郭士衡率军几千人，与夏军会师，共十余万人，号称三十万，在成皋东边的板渚（黄河南岸）扎营，与王世充互通消息。

李世民召开军事会议，将领们纷纷要求暂避窦建德锋芒，退到潼关（今陕西省潼关县）。郭孝恪反对，说："王世充穷途末路，就要投降，窦建德恰在这时远来帮助他，是老天爷要使他们父子二人同时灭亡。我们应据守武牢的险要，伺机出击，必定会打败他。"记室薛收则提出："现在最好的办法是分兵围住洛阳，深挖壕沟，高筑营垒，王世充来进攻，不可与他应战。然后，大王亲率精锐部队，先占据成皋，激励兵众，训练士卒，严阵以待，以逸待劳，定能战胜克制他们。窦建德一破，王世充自然瓦解，不出二十天，两个头子即可就擒！"

李世民称赞这个策略，把自己所掌握的部队分作两部，一部派屈突通等当齐王李元吉的助手，继续加强对洛阳的包围；一部由李世民自己率领骁勇将士三千人，向东前往武牢。王世充登城望见唐军行动，但因摸不清意图，竟没敢出击。由于李世民占据了武牢，窦建德在武牢受阻，无法前进，留在原地停驻了一个多月，打了几仗都没能取胜，将士们都想回去。凌敬劝窦建德渡过黄河，避免继续相持，从其他方向对唐军施压，就可震骇关中，使郑国之围自解。但因王世充不断告急，将领们又希望决战，窦建德没有采纳这一良策。

唐军的间谍报告：“窦建德探听到唐军草料用尽，要到黄河以北牧马，将利用这个机会，袭击武牢。”五月初一，李世民北渡黄河，从南面逼近广武（今河南省荥阳市），侦察夏军形势，并故意留下一千多匹战马，在黄河边吃草，作为诱饵，当天傍晚，就返回武牢。第二天，窦建德果然率领所有军队开进，自板渚逼近牛口（今河南省荥阳市西北，汜水注入黄河处），筑营列阵，北倚黄河，西接汜水，南到鹊山（今荥阳市汜水镇东南），连绵二十里，在战鼓声中向前推进。李世民指挥唐军奋力激战，夏军将士溃败逃散，唐军活捉了窦建德，俘虏了五万人。郑军将领王德仁放弃洛阳老城（今河南省洛阳市东白马寺东）逃走，副将赵季卿献出城池，向唐军投降。

五月八日，李世民将窦建德等人装进囚车，送到洛阳城下，展示给王世充看。王世充跟窦建德遥遥对话，泣不成声。五月九日，王世充换穿白色衣服，率领太子王玄宏及文武官员约两千余人，到唐军营门投降。李世民受降后，整顿各军，先行进入洛阳，分别防守街巷市场，禁止抢劫，无人敢违反命令。

李世民不惧强敌，果敢地采用了郭孝恪、薛收二人之策，紧围洛阳城而打敌之援军，果然行此一策而获二得：擒获了窦建德，迫降了王世充。最后，也拿下了洛阳城。

378. 李靖弃舰放漂

（制造假象）

公元621年九月底，唐朝下诏征发巴蜀军队，任命赵郡王李孝恭为荆湘道行军总管，李靖代理行军长史，统领十二总管，从夔州（今重庆市奉节县）沿长江向东顺流而下，又任命庐江王李瑗为荆郢道行军元帅，黔州刺史田世康取道辰州道（今湖南省沅陵县），黄州总管周法明走夏口道（今湖北省武汉市），合兵攻打自称梁帝的萧铣。当月，李孝恭从夔州出发，当时峡江涨水，众将领请求等水势稍落后再进军，李靖说："兵贵神速。我们的军队刚刚聚集，萧铣还不知道，如果趁着江水暴涨，疾速抵达他们的江陵城（今湖北省江陵县）下，乘其不备发动袭击，必定能活捉萧铣。不可失去良机！"李孝恭听从了他的意见。

十月初七，李孝恭率领两千多艘战船沿江而下，萧铣因江水正涨，行舟不易，未做任何戒备；李孝恭等人攻下荆门、宜都二镇，推进到夷陵（今湖北省宜昌市）。萧铣的将领文士弘率精兵数万驻扎在清江（今湖北省宜都市注入长江处），初九，李孝恭打跑了他，获得战船三百多艘，被杀死、淹死的梁军数以万计，一直追击到百里洲（今湖北省宜都市南长江中小岛）。文士弘收拾残兵再战，又被打败，进入北江。萧铣的江州总管盖彦举率五个州投降。

当初，萧铣怕手下将领恃功难驭，为解除手下将领的军权，去年十一月裁减军队去经营农业，只留下了数千人充当禁卫。当他听说唐军来到，而文士弘又大败的消息，大为恐惧。仓促之间征兵勤王，而可征之兵都在江南、岭南之外，道路险阻遥远，不能马上聚结，只能动用现有兵力来迎敌。李孝恭将发动攻击，李靖劝阻说："我们不如暂且停泊南岸，缓他一天，他们的兵力一定会分散，有的留下抵抗，有的回去固守，兵力分散之后，气势就更衰弱，我们趁他们懈怠而攻击之，没有不胜的道理。如果现在立马攻打，他们一定会合力死战，楚地兵卒剽悍勇猛，不容易抵挡。”李孝恭不采纳，命李靖留守大营，亲自带领精兵出战，果然失败逃回，撤退到南岸。这时，梁军士卒们都纷纷离开了自己的船舰，去抢掠唐军的军用物资，每人都背负着沉重的东西，以致脚步不稳，行动困难，李靖发现梁军混乱，立即组织唐军反击，大败梁军，乘胜直抵江陵，攻入外城。

接着，唐军攻拔了梁军的水军码头，掳获了大量敌船。李靖建议李孝恭把这些船舰全部弃于江中，随它们漂荡。将领们全部反对，说：“击败敌人而缴获的战胜品应该利用，怎么还让它们再回到敌人手里而增加他们的战斗力?”李靖说：“萧铣的地盘，南到五岭以南，东到洞庭。我们孤军深入，如果攻城不下，而梁军从四面赶来增援江陵，我军就会腹背受敌，进退不成，即使拥有这些船又有什么用？现在，放弃这些船舰，让它们遮满江面顺流而下，梁军援兵看到，一定以为江陵已陷落，不敢再轻率进军，派部队前来侦察，至少也要花十天半月，我们足以攻下江陵了。”梁军的援兵看到空舰蔽江而下，果然迟疑不敢前进。

萧铣在被唐军围攻、内外消息断绝的情况下，听了中书侍郎岑文本的劝说，打开城门出降。萧铣投降几天以后，他的十多万援军来到江陵，听说江陵已失守，就纷纷脱下征袍放下武器降唐。

李靖采用弃舰放漂之策，就是要制造假象，显示江陵失陷，以达到夺敌之气、攻敌之心的目的。这一计谋成功实施，敌人的援军果然迟疑而不敢前进了，被围的江陵守军只得投降了。

379. 李世民退突厥

（故意示强）

公元626年八月初八，唐高祖李渊下令将帝位传给太子李世民，李世民坚辞，李渊不准。八月初九，李世民在东宫显德殿登基称帝。太宗李世民刚称帝半个月，八月二十四日，东突厥军进犯高陵县（今陕西省高陵区）。二十六日，唐泾州道行军总管尉迟敬德在泾阳（今陕西省泾阳县）跟东突厥军交战，大破东突厥军，俘获东突厥俟斤阿史德乌没啜，斩杀一千多人。

八月二十八日，颉利可汗进军到渭水上的便桥北岸桥头，派他的心腹执失思力到长安晋见李世民，以此来观察唐军虚实。执失思力夸张声称："我颉利可汗与突利可汗已率军百万，如今到来了！"李世民斥责他说："我跟你们可汗当面结盟和睦亲善，赠送金银绸缎，前后多到无法计算。你们可汗背盟率军深入我国土，竟然毫不愧疚！你们虽是戎狄之人，也应有常人之心，怎么能把恩德全忘而自夸强大？我今天就先斩了你的人头！"执失思力恐惧求饶，尚书左、右仆射萧瑀、封德彝建议礼送执失思力回去，李世民说："今天我要送他回去，蛮虏必以为我怕他们，就会更加放肆。"于是，就把执失思力囚禁在门下省。

李世民亲自出玄武门（宫城北面中门），跟侍中高士廉、中书令房玄龄等六人骑马到渭水便桥南岸，跟颉利可汗隔水对话，指责颉利背盟，东突厥将士大吃一惊，都纷纷下马遥拜。一会儿工夫，唐军纷纷抵达，旌旗招展，铠甲耀目，遮蔽原野。颉利可汗发现执失思力没有回来，而唐帝却轻易挺身而出，军队阵容盛大，脸上露出了惧色。李世民指挥各军退而列阵，自己单人匹马留在岸边跟颉利可汗对话。

萧瑀认为李世民过于轻敌，拦住马头劝阻，李世民对他说："我已筹划得当，不是你能了解的。突厥之所以敢倾全国兵力来犯并直抵京郊，是因为他们知道我朝有内乱之祸患，我又刚登帝位，他们认为我肯定不能抵御。如果我显示出虚弱，关闭城门，抗拒防守，他们必定会放纵军队，大肆劫掠，到时局势就没法控制。所以，我单人匹马出来，表示并没有把他们看在眼里。我又炫耀强大军容，使他们知道我军必然会迎战，一切都出乎他们意料，使他们不知该如何应对才好。他们已深入我国内地，心怀警惕疑惧，在此情况下，跟他们作战就一定会胜利，跟他们讲和就一定稳固。制伏东突厥，就在这次行动，你只管在一旁看好了。”

当天，颉利可汗又派使节向唐朝请求谈判，李世民接受后就返回了宫中。八月三十日，李世民再往长安城西郊，在渭水便桥上跟颉利可汗斩白马盟誓，东突厥引领军队撤退。

李世民在这里采用的是出其不意、故意示强、反客为主之策，打的是一场心理战，使颉利的如意算盘被打乱，不知该如何应对为好，更增添了疑惧，只能撤退大军，无功而返。李世民凭着过人的勇气和智谋，不动刀枪而退敌，令人佩服！

380. 封爵不问亲仇

（唯才是举）

公元626年九月二十四日，唐太宗李世民与群臣当面议定开国元勋长孙无忌等人的爵位封邑，命陈叔达在殿下唱名公布。李世民说：“我给你们的功劳和赏赐，或许并不恰当，你们可以自己申诉。”于是，各将领争夺功劳，乱成一团。

太宗之叔、淮安王李神通对房玄龄、杜如晦功居在他之上不服，李世民向他一一摆明事实，指出房玄龄等人的功劳应在李神通之上，并说：“叔父是皇亲国戚，我没有什么好吝惜的，但不能徇私滥情，与有功之臣同样行赏！”于是众将互相议论说："陛下极为公平，即使对皇叔也不徇私情，我们这些人怎么敢不守本分呢！"大家都心悦诚服。

中书令房玄龄曾经奏说："秦王府的旧僚属未能升迁的，都在满腹怨言道：'我们侍奉在皇上身边已好多年了，如今除授官职，反而都在前太子宫和齐王府僚属的后面，我等旧人倒不如那些新来的。'"

李世民说："君主大公无私，因此能使天下人心悦诚服。朕与你们平日的衣食都取之于百姓，所以设置官吏定职守都是为了百姓，理应选择贤才加以任用，怎么能以新人旧人来作为选拔人才的先后顺序呢？如果新人贤能，故旧不才，怎么可以舍弃新人而专取故旧呢！如今不谈论他是否贤能而只是怨声不断，这岂是为政之道！"

李世民不问亲仇、唯才是举，体现了他的雄才大略和聪明智慧。所以，他执政后很快就稳定了政局，巩固了自己的政权，并开创了名垂千古的贞观盛世。

381．不取伪诈权术

（诚治天下）

公元627年五月，有人上书请求除去奸佞之臣，唐太宗李世民问："谁是奸佞之臣？"

此人回答说："臣身居朝野，不能确知谁是奸佞之臣，但建议陛下与群臣谈话，有时可佯装恼怒去试探他们，那些坚持己见、不屈服压力的，就是正直的臣子；那些畏惧威严而顺从上意的，就是奸佞之臣了。"

李世民听后说："君主，是水的源头；群臣，是水的支流。如果源头浑浊而要求支流清澈，是绝不可能的。君主自己做假使诈，又凭什么要求臣下必须正直呢？朕以至诚之心来治理天下，见到前代帝王喜好用权谋诡计对待臣下，常常觉得这是可鄙的行为。你的建议虽然好，但朕不能采纳。”

李世民反对权术，主张以至诚治天下，换来的是贞观大治，事实证明，这样才是最聪明、最智慧的！

382. 唐太宗不修殿

（自我抑制）

唐太宗李世民曾经对公卿大臣们说：“从前大禹凿山治水，劳民也太厉害了，然而百姓都欢欣去做，没有怨谤之言，因为知道禹不是为了自己，而是为了百姓的利益，所以虽劳而不怨恨。秦始皇营造宫殿弄得百姓怨声载道，奋而图谋离叛，这是因为秦始皇不是为了百姓，而是损民以利己的缘故。

“奇珍异宝，是人人都想要得到的，但是如果放纵自己的欲望，无止境地竭力追求，就必然内坠其心志，外竭其财力，民心怨叛，那么国家危亡就会立刻到来了。

“朕曾经想打造一座殿宇，材料用度都已具备，即可兴工，但有鉴于秦的灭亡，便停止了这项工程。凡王侯公卿及以下官员都应该体会朕的这个想法。”

太宗诏下，君臣上下，都注意俭约，以后二十年里，国内风俗变得朴素，所穿衣服只用布帛，不用锦绣，官府和百姓都很富足。

唐太宗的自我抑制，来自他想努力避免秦败君亡的明智。他从明智自抑中得到了双重报偿——国家和百姓都得到了休养和富足。

383. 祥瑞在于得贤

（不信迷信）

公元628年九月初三，唐太宗李世民说："近来见群臣屡上表章，称贺祥瑞之事。其实，为君者若能使天下百姓家家丰足，人人饱暖，即使那时没有一件祥瑞之事，也不妨碍其为尧、舜；如果因为君主纵欲靡费，使得百姓忧愁怨恨，即使那时有再多的祥瑞，也不影响其成为桀、纣。北魏的时候，官吏焚烧连理树，煮白雉鸡吃，难道连理树、白雉鸡会是盛世的征兆吗？"

初四，李世民下诏说："从今以后，除非有大的祥瑞，才可上表奏闻，此外的各种祥瑞，申报给有关部门就行了。"

曾经有白鹊在皇宫寝殿的槐树上建巢，其巢两个相连着合而为一，两头大、中间小，似腰鼓形状。大臣们对此齐声称贺道："世间少有白鹊，又少有合欢之巢，今在寝殿，实为祥瑞，理当称贺。"

李世民却道："我常常笑话隋炀帝杨广喜好祥瑞，最后是君愚臣谄而亡国。祥瑞在于得到贤才，像这样一鹊之奇、一巢之异，有什么值得庆贺的？"就下令毁掉白鹊巢窝，将白鹊纵放到野外。

古人牵强附会，将一些稍异于常态的自然物视为吉祥之兆，史书中记载得连篇累牍，其实是十分荒唐的一种迷信。唐太宗不信迷信，并提出得贤才是祥瑞，实在是超世睿智之见！正是这种谋识和胸襟，才使他成为中国封建社会的一位彪炳千古的杰出帝王。

384. 李世民奖魏征

（善听谏言）

唐太宗李世民即位以后，励精图治，多次让魏征进入其卧室内，询问政治得失。魏征知无不言，李世民都高兴地采纳了。

公元627年九月，岭南部落首领冯盎、谈殿等互相攻斗，很久没有入朝。地方各州府前后几十次奏报冯盎叛变，李世民打算派将军蔺暮等人征发江、岭地区数十州的军队，南下讨伐。时任谏议大夫的魏征劝阻说："中原初定，岭南路遥途险，瘴气瘟疫流行，不可驻扎重兵。而且，冯盎反状未明，不应兴师动众。"李世民说："检举冯盎谋反者络绎不绝，怎么能说他反状未明呢?"

魏征答道："冯盎如反叛，必定分兵占据险要之地，攻掠临近州县。现在，检举他谋反已有多年，而冯氏兵马未越出其辖境，这明显无反叛迹象。各州府怀疑冯氏谋反，陛下又不派使臣前去抚慰，冯氏害怕被处死，所以不敢入朝。如能派使臣向他示以诚意，冯氏欣喜能免于祸患，这样就可以不劳一兵一卒而使他宾服。"李世民于是下令收兵。十月初六，派员外散骑侍郎李公掩持节前往岭南安抚。冯盎派他的儿子冯智戴跟随李公掩入京朝拜。李世民说："魏征只让我派出一个使臣，岭南就得以安定，胜过十万大军的作用，不能不奖赏。"赐给魏征绢帛五百匹。

不久，有人告发已任尚书右丞的魏征用人不公，偏袒亲属，李世民派御史大夫温彦博审查，没有发现实据。温彦博对李世民说："魏征做事不知掩饰，不回避嫌疑，虽内无私心，也有应指责的地方。"李世民命温彦博把这话告诉魏征，并特别吩咐："从此以后做事应注意掩饰。"有一天，魏征入宫觐见，对李世民说："我听说，君主与臣下就像一个整体，彼此应当真心相待，如果上下都对自己的行为加以掩饰，那国家是兴还是亡，恐怕就难以预料了，我不敢尊奉诏命。”李世民突然领悟，说：“我已经后悔了。”魏征拜了两拜又道：“我有幸适逢陛下，希望陛下让我做‘良臣’，不要让我当‘忠臣’。”李世民问：“良臣和忠臣，有什么区别？”魏征答：“后稷、契、皋陶（分别是舜帝时掌农业、教化、司法的官员）时，君臣同心合力，共享尊贵荣华，就是所说的‘良臣’。龙逄（夏桀的大夫）、比干（商纣王之叔），在殿上与君王激争，身已被杀，国也灭亡，这就是所说的‘忠臣’。”李世民大喜，赐给他丝绢五百匹。

十多年后，公元643年正月十七日，魏征去世，李世民命九品以上文武百官都去奔丧，赐给仪仗和鼓吹，陪葬在昭陵。李世民非常思念魏征，对身边的大臣说：“以铜为镜，可以正衣冠；以史为镜，可以知兴替；以人为镜，可以明得失。魏征死了，朕失去了一面镜子啊！”

魏征敢谏、善谏，需要勇气，更需要智慧；李世民纳谏、奖谏，不仅需要胸怀，同样更需要智慧。千古君臣际会，其实是智慧的融通；贞观之治，其实是智慧之治。

385. 汲取杨坚教训

（择贤任才）

公元630年七月初二，唐太宗李世民问尚书左仆射房玄龄、御史中丞萧瑀：“隋文帝杨坚是一位什么样的君主？”

两人回答说：“隋文帝勤于治理国家政务，每天临朝听政，有时到了午后还不能结束。他接见五品以上的官员时，让他们入座谈论，漫长而无止境，以致侍卫们不能换班，只好站在那里进餐。他的性情虽然不够厚道，但也算得上是位励精图治的君主了。”

李世民说：“你们是只知其一，不知其二。杨坚并不聪明，却喜欢自作聪明，挑剔别人的小毛病。不聪明则观察事情就难以透彻，喜欢苛察挑剔小毛病则容易对人对事疑虑重重。杨坚凡事都自己裁决，不信任群臣。天下之大，日理万机，即使累得身心憔悴，也难以全都处理得合情合理。群臣既已了解君主的心意，也就只有一切听候最高指示，虽发现君主有差失，也没人敢劝谏，所以隋朝只传了两代就覆亡了。

“我就不这样，跟他相反，我选择天下贤能人才，分别担任各种官职，让他们去思虑天下大事，由宰相把关，研究考虑妥善，然后再上奏，由我阅知而定夺。有功的就赏赐，有罪的就刑罚，谁敢不尽心竭力，进德修业，还有什么好忧虑天下不能治理好呢!”

于是，李世民敕令文武百官：“自今以后，诏书手令有不恰当的地方，都应当执意复奏，不可一味阿谀顺从，应尽量表达自己的意见。”

李世民通过总结杨坚失在“事皆自决，不任群臣”的教训，在自己治理的实践中，反其道而行之，采取择贤任才、功赏罪刑的办法，果然，成效斐然，气象万千，上下同心，国泰民安。隋文帝与唐太宗一比较，境界高下，不问便知。

386. 省己过诫李治

（自知之明）

公元648年正月初八，唐太宗李世民自作一书，叫作《帝范》，共有十二篇，赐给太子李治，每篇的篇名分别是《君体》《建亲》《求贤》《审官》《纳谏》《去谗》《戒盈》《崇俭》《赏罚》《务农》《阅武》《崇文》。

李世民对李治说：“帝王修身治国的道理，都在这十二篇之中了。我若去世，就无别言嘱咐了。”又说：“你应当另求古代贤哲的帝王为师，像我那样为君，不足效法。古人说效法上等的，仅能得其中；效法中等的，不免为下了。我自居位以来，过失不少，锦绣珠玉从未断过，宫室台榭屡有兴建，犬马鹰隼无论多远也要罗致而来，游幸四方造成各地供给烦劳，这些都是我的大过错，你千万不要认为那是对的而效仿。”

他还告诫太子：“回顾我大济苍生，有益于民众的地方很多。开创大唐基业，这功劳也大。有益于人民的地方多，损害人民的地方少，因此人民才不怨恨；功劳大而过失小，所以王业才稳固；然而与古代帝王的尽善尽美相比，实在有很多令人羞愧的地方。你没有我的这些功劳勤苦，却承受我的荣华富贵，应竭力行善举，国家便可得到安定；如果骄奢怠惰，那恐怕连自身也难保。什么东西成功来之不易而失败可能很迅速，这说的就是国家大业；什么东西失去很容易而得到很难，那说的就是天子之位，怎么能不珍惜？怎么能不谨慎呢？”

李世民真诚而客观地反思自己晚年的失误，以此教育太子，确是一位难得有自知之明的君主。这样一位古代贤智之君，确实令人敬佩。

387. 不以权势御下

（深结其心）

李世勣曾在出击突厥时立下大功。当时，晋王李治遥领并州（今山西省太原市）大都督，唐太宗李世民任命李世勣为光禄大夫，兼任并州大都督长史，到公元641年冬天，已经十六年了。李世勣在并州，有令必行、有禁必止，百姓都感恩怀德，诚心归服。李世民对近臣说：“杨广劳苦人民，兴建长城，防备突厥南下进扰，最终全无用处。朕只是将李世勣安置在晋阳，北方沿边一带安定，连尘土都不飞扬，把他比作长城，不是更壮观吗？”十一月，李世民擢升李世勣为兵部尚书。

李世勣曾经生过一场急病，吃药的秘方上说：“胡须的灰可以治疗这种病。”李世民知道后，就把自己的胡须剪下，烧成灰烬，亲自和到药丸里。李世勣深受感动，叩头出血谢恩。李世民说：“我为的是国家，不是为你，有什么好谢的!”公元 643 年四月，李世民罢黜阴谋谋反的原太子李承乾，立晋王李治为太子，李世勣因原为李治的长史，被李世民任命为太子詹事（东宫总管）、同中书门下三品。

有一次，在李世民主持的宴会上，气氛融洽，李世民慢慢地对李世勣说：“我在功臣里挑选可以托付孤儿寡妇的人，觉得没有人比你更合适了。你当年不辜负李密，以后怎么会辜负我呢?”李世勣涕泪满面，谢恩立誓，把手指都咬出了血。就在宴会上，李世勣饮酒沉醉，李世民脱下龙袍盖在了他身上。

公元 649 年夏天，李世民卧病在床，对李治说：“李世勣的才能智慧，绰绰有余，但你对他没有恩德，恐怕难以使他效忠。我现在要贬他离京外任，他如果马上出发，等我死后，你就擢升他为尚书仆射，视为亲信。他蒙受了你的恩惠，必定会为你尽忠竭力。”五月十五日，李世民任命李世勣为叠州（今甘肃省迭部县）都督，李世勣接到诏书，没有回家就上任去了。二十六日，李世民去世，葬于昭陵。

五月二十九日，李治即皇帝位。六月四日，唐高宗李治任李世勣为特进、检校洛州（今河南省洛阳市）刺史、洛阳宫留守。六月二十日，李治又擢升李世勣为开府仪同三司、同中书门下三品（宰相），参与掌管机密大事。九月三十日，李治册拜李世勣为尚书左仆射，完全如李世民临终前安排的那样。

李世勣仍如对李世民一样效忠李治，为国建功立业。公元 668 年，李世勣任辽东道行军大总管，率领唐军，击伐高丽，渡过鸭绿江，攻陷平壤城，俘虏高丽王高藏，胜利而归，将高藏等呈献于昭陵，洗雪了李世民以前征伐高丽失利的耻辱。一年以后，唐司空、太子太师、英公李世勣病逝，享年七十六岁。

只满足于部下的表面服从，不是高明的领导者。李世民用人的睿智高明之处不在于使用权势压服臣下，而在于采取深结其心、推心置腹的办法，关怀、体贴、信任臣下，使臣下口服心服，不仅与他同心协力，更能为他尽心竭虑，李世勣就是其中的一个典型。这样的领导人肯定能深得人心，他领导的政权就肯定能安定稳固，这难道不是最出类拔萃的大智慧吗？

388. 李义府的自救

（投其所欲）

公元654、655年，唐后宫斗争白热化，王皇后、萧淑妃联合起来和昭仪武曌互相攻击。王皇后得到的宠爱虽然衰退，但唐高宗李治还没有罢黜她的意思。正巧，武曌生了一个女儿，王皇后到床前探望，十分怜爱这个婴儿，抱起来逗弄，等王皇后告辞后，武曌暗中将亲生女儿掐死，并用锦被盖住。李治前来探望，武曌把婴儿抱起来给李治，发现婴儿已死，左右都说："皇后刚来过这里。"李治暴跳说："皇后杀了我的女儿！"武曌抓住机会，边哭边诉王皇后的罪行，王皇后无法证明自己不是凶手，李治这才考虑罢黜王皇后。

但是，李治担心朝廷高官重臣会反对罢黜王皇后，就跟武曌一同前往太尉长孙无忌家，酒足饭饱之后，李治任命长孙无忌宠爱的侍妾所生的三个儿子一律担任朝散大夫，还送给长孙无忌十车金银、珠宝、绸缎。李治假装无意中提到王皇后没儿子，向长孙无忌做出暗示。长孙无忌故意岔开话题。后来，武曌娘亲多次亲往长孙无忌家，请求支持，长孙无忌始终不肯答应。

中书舍人李义府，一向受长孙无忌轻视，将要贬任壁州（今四川省通江县）司马。皇帝的诏书还没有下达到门下省，李义府已经秘密得到消息，就向另一位中书舍人王德俭请教如何自救，王德俭对他说："皇上早就打算封武曌当皇后了，一直犹豫不决，只是因为怕宰相反对，你如果能够大声一呼，领头奏请皇上封武曌为皇后，包管转祸为福。"

李义府认为这个判断正确，当天，代替王德俭在中书省值夜，写好奏章，到内宫大门呈递。李治见了大为高兴，召见李义府，当面交换意见，赏赐珍珠一斗，仍留任原官。武曌也派人秘密向李义府致谢，予以鼓励。不久，李义府被越级擢升为中书侍郎。几个月以后，李义府又被加授参知政事（实际宰相）。

李义府容貌温和忠厚，对人谦卑恭敬，跟人谈话时一定面带微笑，但他工于心计、狡诈阴险、猜忌恶毒、暗下毒手，所以，当时人称“李义府笑里藏刀”，又称他为“李猫”。

投其所欲、投人所好，是能使心怀叵测者最快速实现目标的手段、计谋。李义府为了自救，瞅准皇帝李治的所欲是要让武曌当上皇后，就是采用了投其所欲之法，公开上奏要求封武曌为皇后，果然立竿见影、转祸为福，不仅没有外贬、留任原官，而且还连连获得了越级擢升。这不能不说也是另外的一种智和谋吧！

389. 遣回印度法师

（不信神仙）

李治还在当太子的时候，太子右卫率长史王玄策在征调吐蕃、泥婆国的军队击破中天竺国（现印度恒河中游）时，结识该国法师那罗迩娑婆寐，带他一起回国。那罗迩娑婆寐自称有使人长生不老的方法，唐太宗李世民相信了他的话，对他十分尊敬，命他调配长生不死之药。

李世民派了使节到四面八方搜求奇怪的药材、矿石，还派人万里迢迢前去婆罗门多国（印度半岛）等地采集药材。那罗迩娑婆寐所说的那些话，迂阔荒谬，云山雾罩，不切实际，只不过是为了拖延时间、尽情享受荣华富贵而已，所以，长生不死之药始终没有配成，李世民就命人遣送他回国。

李治登基当了皇帝后，那罗迩娑婆寐又来到长安，李治要再遣送他回国。

公元 657 年七月二十五日，时任道王友的王玄策当面上奏说："这个婆罗门确有本事调制长生不死药，誓言一定可以成功，如果遣送他，失之交臂，实在可惜了！"

王玄策退出后，李治对侍从官员们说："自古以来，哪有什么神仙？秦始皇嬴政、汉武帝刘彻，都用尽千方百计追求，使百姓生活凋敝，最后毫无所获。如果真的有长生不死的人，他们如今都在哪里呢？"

司空李世勣回答说："诚如陛下所言，这个那罗迩娑婆寐这次来，只见他容貌憔悴、头发苍白，已经比上次来时衰老了，怎么可能长生？陛下命他回国，朝廷内外都会一片欢欣。"那罗迩娑婆寐最后在长安逝世。

英明盖世的人，并不一定处处睿智；平庸怯弱的人，也不一定事事愚拙。所谓智者千虑有一失，愚者千虑有一得，就是这个意思。李治就是这样。他虽然放任武则天上位，最后养虎为患，自己也深受其害，在他手里种下了异化蜕变大唐天下的祸根，但在不信神仙这点上，应该承认，他比秦皇汉武乃至其父，还要聪察明晓不少。

390. 裴行俭平安西

（制敌贵诈）

公元 679 年，西突厥十姓可汗阿史那都支和他的另一部落首领李遮匐，联合吐蕃，进逼安西（唐方镇名，都护府设在碎叶城，今吉尔吉斯斯坦境内），唐朝廷打算出动军队讨伐。时任吏部侍郎的裴行俭说："吐蕃对我进扰，刘审礼兵败人亡，现在战事还没有止息，怎么能再向西北出兵呢？现在波斯王已死，他的儿子泥洹师作为人质还在京师长安，应该派使者送他回波斯登基，路上途径阿史那都支和李遮匐辖区时，乘机突袭，可以不流血而活捉他们。"唐高宗李治同意了。

六月，朝廷任命裴行俭担任使节，前往册封泥洹师为波斯王，并兼任安抚大食国（唐代后称阿拉伯帝国）的特使。裴行俭推荐肃州（今甘肃省酒泉市）刺史王方翼为自己的副使，仍摄理安西都护。

裴行俭曾经担任过西州（今新疆吐鲁番市东）长史，现在他奉命出使路过西州时，当地的官吏百姓都到郊外迎接他。裴行俭召集当地的豪杰子弟一千多人跟随自己，并声称天气太热，不适合远行，要等天气稍稍转凉再向西进发。阿史那都支暗中侦知后，就没有严密设置防备。

裴行俭从容不迫地召见龟兹（今新疆库车县）、毗沙（今新疆和田市）、焉耆（今新疆焉耆县）、疏勒（今新疆喀什市）四镇的胡族酋长，对他们说："以前我们在西州时，一起打猎很愉快，现在想重新寻回以前的欢乐，谁愿意与我一同去打猎？"胡族子弟们争着要陪裴行俭出猎，差不多又召集到一万人。

裴行俭明着打猎，暗中却整编队伍，几天后，就突然日夜兼程迅速西进。到距离阿史那都支所在部落十多里的地方时，先派遣与阿史那都支亲近的人向他问安，表面上装得很悠闲，好像只是路过拜访、并非要讨伐袭击他的样子，接着又派使者急召阿史那都支来相见。

阿史那都支原先已和李遮匐约好，等到八月中秋一起抵拒唐朝的使者，突然听说唐军到达，一时想不出什么办法，只好率领子弟出来迎接拜见，于是全部被抓获。接着，裴行俭又借用阿史那都支的令箭，召集他所属各部落的酋长，把他们一起押送到碎叶城。然后挑选精锐骑兵，轻装前进，日夜兼程，突袭李遮匐。在中途俘获了阿史那都支派往李遮匐处返回的使者，以及与他同行的李遮匐派出的使者。

裴行俭释放了李遮匐的使者，让他先回去报告李遮匐，说阿史那都支已经投降，李遮匐走投无路，也只好投降了。裴行俭就把阿史那都支、李遮匐拘押起来，带回朝廷，打发波斯王自己返回他的国家，留下王方翼驻扎在安西，命他督修碎叶城。十一月，李治称赞裴行俭为文武全才，命他担任礼部尚书，兼检校右卫大将军。

裴行俭认为："用兵之道，抚士贵诚，制敌贵诈。"在平定安西之役中，他制敌用了三招：一是舆论惑敌，放出风声，等天凉再行，使敌松懈；二是假象迷敌，扬言打猎，结集人员，整训部队；三是奇速奔敌，出其不意，乱敌图谋，逼敌投降。所以，没有激斗，也无流血，安西即告平定。裴行俭确是一位很有智谋的将才。

391. 唐军兵败硖石

（布设陷阱）

公元696年五月，营州契丹部落松漠都督李尽忠、归诚州刺史孙万荣起兵反唐，攻陷营州（今辽宁省朝阳市），杀了都督赵文翙。八月二十八日，唐左鹰扬卫将军曹仁师、右金吾卫大将军张玄遇、司农少卿麻仁节等率领征讨军，与反叛的契丹部落交战于硖石谷（今河北省昌黎县北），唐军大败。

在这之前，契丹攻下营州时，俘虏唐兵数百人，囚禁在地牢中。听说唐军快要来到，契丹人让一个把守地牢的霫族人欺骗俘虏们说："我们的家属饥寒交迫，难以生存，只等唐军一到来就投降。"接着，契丹人便放出俘虏，供给他们糠粥喝，慰劳他们说："养着你们，我们没有粮食，杀死你们，又不忍心，现在放你们走。"于是，将俘虏都释放了。

这些俘虏们回到幽州（今北京市），报告了上述情况，唐军听到后，都争先恐后地攻入敌阵。唐军到达黄獐谷，契丹军又故意让老弱妇童出来投降，在路边丢弃一些老牛瘦马。曹仁师等见状便留下了步兵，带领骑兵快速前进。契丹军设下埋伏从侧面进攻唐军，用套索将张玄遇与麻仁节绊倒，生擒了他们。唐军将士死尸布满山谷，很少有人逃脱。

契丹军获得了唐军印信，就伪造了文书让张玄遇等签署，送到幽州总管燕匪石、宗怀昌处，说："官军已经破契丹，如果你们到营州晚了，军官要论斩，兵士不予论功加勋。”燕匪石等得到公文，日夜兼程西行，连吃饭睡觉都顾不上，一直赶赴营州，兵马十分疲乏；结果被契丹军在中途埋伏截击，燕匪石等全军覆没。

契丹反叛军的将领很会用计谋，他采用布设陷阱之策，先释俘传递假情报，再让老弱妇幼假装投降，最后伪造被俘敌将的公文，诱使唐军一步步迈向灭亡的深渊。

392. 姚崇巧惩张说

（故意装跛）

公元713年十月十四日，唐玄宗李隆基在渭川（今陕西省临潼市内的渭河）狩猎。李隆基打算把同州（今陕西省大荔县）刺史姚元之任为宰相，中书令张说心中嫉妒，便指使御史大夫赵彦昭弹劾姚元之，李隆基不接受。张说又指使殿中监姜皎向李隆基进言：“陛下多次想挑选一名河东总管，却一直找不到合适的人选，臣现在找到了。”李隆基问是谁，姜皎说：“姚元之文武全才，最为恰当。”李隆基说：“这是张说在捣鬼，你怎么敢当面欺君罔上，论罪当处死刑。”姜皎叩头认罪。李隆基立即派遣宦官征召姚元之前来行宫。姚元之抵达时，李隆基正在狩猎，当时就接见了他，任命他为兵部尚书、同中书门下三品（宰相）。

十二月十三日，李隆基又任命姚元之兼任紫微令（即中书令）。姚元之为了避李隆基的“开元神武皇帝”尊号中的“元”字，就恢复了他的原名“姚崇”。

姚崇担任宰相职务以后，紫微令张说感到担忧恐惧，便暗中到岐王李隆范那里表明自己倾心效忠之意。有一天，姚崇在便殿上回答李隆基的问话时，走路故意装出有点儿跛的样子，李隆基问他：“你的脚是不是犯毛病了？”姚崇回答说："臣有心腹之疾，没有足疾。"李隆基问是怎么回事，姚崇答道："岐王是陛下爱弟，张说是陛下辅政之臣，他却躲在车中秘密前往岐王府，臣怕岐王受到误导，所以心里十分担忧。"

二十四日，李隆基把张说贬谪为相州（今河南省安阳市）刺史。

姚崇和张说都是唐朝的贤相，但两人并不契合。在这里，姚崇先以创设场景之法，故意装跛，引起李隆基注意，然后巧转话题，道出了自己的忧心，揭穿了张说的不当行径，使他受到应有的惩处。

393. 姚崇智敏对答

（诚实无欺）

黄门监（掌朝廷监察）魏知古原是小官吏出身，得到姚崇的引荐，步步上升，终于与姚崇同时担任宰相。姚崇内心有些轻视魏知古，所以让他代理吏部尚书职务，负责主持东都洛阳的官吏铨选事宜，另派吏部尚书宋璟在黄门省负责审定吏部、兵部注拟的六品以下执事官。魏知古为此事对姚崇记恨在心。

姚崇的两个儿子在分设于东都洛阳的中央机构任职，依仗着父亲曾经对魏知古有恩，大肆揽权受贿，并不断地代他人向魏知古求官。魏知古回到长安后，把姚家二子的情形全部向唐玄宗李隆基报告了。

公元 714 年五月的一天，李隆基漫不经心地问姚崇："你的儿子们的才干、品性怎么样？现在当什么官职？"姚崇很快就揣摩到了玄宗的心思，便回答说："臣有三个儿子，其中两个在东都任职，他们为人欲望大而且行为不检点，肯定有私事去请托魏知古，只不过臣还未来得及去讯问他们。"李隆基原以为姚崇一定会为他的儿子遮掩，等听了他的这番回答以后，就高兴地问姚崇："你是怎么知道这些情况的呢？"姚崇回答说："魏知古地位卑微之时，臣曾经多方关照他。

臣的儿子愚笨鲁钝，认为魏知古一定会因此感激臣，会包容他们为非作歹，才敢向他求情请托。”

李隆基听后，认为姚崇诚实无欺，没有私心，反而瞧不起魏知古有负姚崇提携之恩，打算罢免他的官职。姚崇执意请求李隆基不要这样做，说：“此事是我的两个儿子行为不检，破坏了陛下的法度，陛下能赦免他们的罪过，臣已感万幸了；如果因为臣的缘故而斥逐魏知古，天下人会认为陛下是在偏袒臣，这样就会累及圣上的德政。”李隆基权衡再三才答应了他的请求。

但是，只过了两天，唐玄宗就免去了魏知古宰相的职务，改任他为工部尚书。

姚崇的智敏在于李隆基一问儿子的情况，心中就明白必是魏知古利用儿子请托做文章。姚崇照实对答，使他在李隆基心目中的形象不损反荣，而魏知古的形象在李隆基心目中不荣反损。所以，诚实无欺、照实回答，也是一种智慧的应对之术。

394. 防止突厥袭扰

（将机就计）

唐玄宗李隆基决定于公元725年十一月举行泰山封禅大典。四月，中书令张说担忧在皇帝东行主持泰山封禅期间，东突厥会乘机发动攻击，进扰边境，觉得应该加强边防，于是就召见兵部郎中裴光庭来咨询。

裴光庭对张说道：“封禅是天子将已成就的功业上报皇天的大典，现在皇上正要登泰山祭告上天，却对戎狄惧怕起来，这不是显示天子盛德的办法。”张说问道：“那么，我们应该怎么办呢？”

裴光庭回答说：“四方蛮夷中，数东突厥最为强大，东突厥最近多次请求与我朝和亲，可朝廷一直含糊应付，没有答应。现在不妨派出一名使臣到突厥，征召他们的一位大臣陪同皇上前往泰山封禅，他们一定欣然从命。东突厥来人了，其他戎狄酋长就没有不来的了。我们就可以高枕无忧了。”张说称赞说：“这个主意好极了，我真比不上你啊！”便立即上报，请李隆基批准施行。

李隆基就派中书直省袁振任代理鸿胪寺卿出使东突厥，东突厥可汗毗伽与公爵阿史那阙、智囊暾欲谷环坐在牙帐之中，设宴款待袁振，并对袁振说：“吐蕃是‘狗种’，奚、契丹部落本是我们的奴隶，他们的酋长都能娶唐公主为妻。而我们前后多次向大唐求婚，都未能获准，这究竟是什么原因呢？我们也知道嫁到吐蕃的公主，并不都是唐天子的亲生女儿，但谁又管是真是假！只是我们屡次求婚都碰钉子，使我们在各番国人面前深感没有面子。”

袁振答应回国后代他们向唐天子上奏求婚。毗伽可汗便派了大臣阿史德颉利发前往唐朝进贡，并顺便随从李隆基东行封禅。十一月，李隆基主持的泰山封禅顺利进行，十二月返回东都洛阳。东突厥使者请求归国，李隆基给了他丰厚的赏赐，但最终还是没有答应许配公主给东突厥。

善于把握时机，巧于利用机遇，向对方施计，称之为将机就计，裴光庭提出的就是这种计策。他巧妙地利用东突厥迫切希望和亲的心情和时机，让东突厥乐意派出大臣朝唐，并随从唐天子赴泰山封禅，就免除了泰山封禅期间会出现的后顾之忧。

395. 张守珪守瓜州

（似有实无）

公元727年九月初七，吐蕃国大将悉诺逻恭禄和烛龙莽布支攻陷瓜州，并毁坏了瓜州城。

十月，唐朝廷任命原朔方节度使萧嵩为河西节度副使。萧嵩奏请朝廷任命建康（今甘肃省高台县西）军使张守珪担任瓜州刺史。张守珪率领瓜州幸存下来的残兵败将修筑被毁的旧城。

当筑城的夹板刚刚立起来时，吐蕃军队又突然杀到，瓜州城中的人都吓得相顾失色，没有人有投入战斗的勇气。张守珪说："敌军众多，我方人少，又处在蒙受战乱创伤之后，决不能用刀箭跟他们对抗，而应当用奇计取胜。"于是，他在城楼上设宴，安然饮酒作乐。吐蕃军怀疑他已做了充分准备，不敢进攻而撤走了。

张守珪乘机纵兵追击，打得敌军败退而逃。张守珪于是再修复瓜州城，收聚流散的老百姓，让他们都恢复原有的生业。朝廷嘉奖张守珪的功劳，在瓜州设置了都督府，任命张守珪担任都督。

张守珪俨然是摆出了空城计，采取的是似有实无的计策，运用虚实变换、以虚当实的手段，给吐蕃军施加了强烈的心理压力，使他们疑虑重重，迫使他们只得不攻而撤了。

396. 解决关中缺粮

（改革运输）

公元733年秋天，关中（今陕西省中部）地区久雨不停，大水成灾，粮价飞涨。唐玄宗李隆基打算前往东都洛阳，将京兆尹裴耀卿召来商议。

裴耀卿回答说："关中地狭，产粮也少，所以历代皇上都常去东都，以减少关内（关中）粮食供应，太宗、高宗时，官员们薪俸不多，每年从关东（潼关以东）由水路运一二十万石，足够使用。而现在朝廷开支日增，运输粮食比以前多出几倍，仍不能维持，以致陛下冒着寒冷与炎热前往东都，以体恤百姓穷苦。

"因此，臣建议：将司农所收到的所有粮食都集中在东都，由东都再转运西上，充实关中的粮食。如果关中能储备可供数年使用之粮，就不必再担心水灾旱灾。再建议在河口（汴水注入黄河之口，今河南省郑州市西北）兴筑粮仓，让江南运粮船只到此卸下粮食，即行折回。朝廷再自行雇船，分别驶进黄河、洛水。

"同时，在三门峡（今河南省三门峡市东）东西两侧各兴筑一个粮仓，粮食运到，即行储存。如水势险恶时，船只停航；水势畅通时，船只就出动。或在山上另凿山道，用车辆运输，那就再不会有耽误停滞这样的事情发生了，每年可以节省开支数万钱。黄河、渭水河畔到处有两汉、隋朝的旧粮仓，重新修整，并不困难。"李隆基听了非常赞同。

第二年七月，李隆基任命时任侍中的裴耀卿为江淮、河南转运使，在河口设转运站。八月十四日，在转运站东边，设河阴仓（汴水北岸）；在转运站西边，设柏崖仓（黄河北岸）；在三门峡东，设集津仓；在三门峡西，设盐仓。沿着黄河，凿开山道十八里，用此避开三门峡的急湍恶流。

以前，运粮船只把江淮一带的稻米先运到洛阳北城的含嘉仓，再转装车辆，陆行三百里，运到陕州（今河南省三门峡市），大约两斛的运费是一千钱。现在，裴耀卿就命长江、淮河大船，把粮食全部运到河阴仓，再用小船分别转运到含嘉仓和太原仓（今河南省三门峡市西南）。从太原仓转入渭水，再运到关中。历时三年，共运稻米七百万斛，省下车钱三十万串。有人建议，把省下来的钱呈献给皇帝，裴耀卿说："这是朝廷省下来的钱，怎么可以拿它去邀功讨宠呢？"上疏奏准，这些钱全部拨作调节基金使用。

裴耀卿为解决关中缺粮难题，提出改革粮食运输的建议，是极有智慧的。这样的改革，不仅解决了关中、朝廷因运输受水灾影响造成缺粮的问题，还大大节省了开支。尤为可贵的是，裴耀卿还不愿将节省下来的钱拿去邀功取宠，真是令人敬佩！

397. 严安之治乱局

（画地相戒）

公元735年正月十八，唐玄宗李隆基举行藉田礼，亲自扶犁春耕，以示重农，推犁几次后才停下来，公卿及以下官员都耕完一亩；又大赦天下，特准东都洛阳城内欢乐宴饮三天。

李隆基亲临五凤楼设宴，观看的人群喧闹拥挤不堪，连宴饮时伴奏的音乐也无法演奏，维持秩序的金吾兵手中的白棍棒挥动如雨，也无法遏制住混乱的局面，李隆基对此十分忧虑。

这时，李隆基身边的宦官首领高力士上奏说，河南县丞严安之治安严厉，人们都害怕他，请让他来制止这种混乱，李隆基同意了。

严安之到达现场后，用手中的笏板绕着五凤楼前的场地画了一个圈说："违反禁令而越过这条线的人立即处死！”于是，在此后的三天中，人们都指着严安之所画的线，互相告诫，没有人敢违犯。

为什么五凤楼前的拥挤不堪让皇帝发愁、金吾卫没有办法，而严县丞在地上画了一个圈就给治住了呢？因为皇帝没有治理过这样的事，金吾卫只知道弹压震慑，而负责治安的县丞对这种情况司空见惯、驾轻就熟。所以，严安之划地相戒，其实是他从实践中得出的智谋。

398. 吉温榜掠无痕

（制造恐怖）

公元745年，唐玄宗李隆基的两个宰相李适之（御史大夫）与李林甫（中书令）因为争权而产生裂痕。李适之兼任兵部尚书，驸马张垍为兵部侍郎，也受到李林甫的忌恨，于是就指使人检举兵部铨选官员有不法谋利的事情，逮捕了六十多人，交付京兆尹和御史台共同审理，审了好几天，没有审出什么结果来。

在这种情形下，京兆尹萧炅派了法曹吉温去审理，吉温是武曌当皇帝时信用的酷吏吉顼的侄儿。他进入拘押人犯的院中，将兵部的官员留在外面，先从后厅押来两个重刑犯人审讯，时而用杖猛打，时而用重物狠压，犯人号叫呼喊之声，惨不忍闻，都说：“只要让我活命，拿纸来，我什么都承认。”

兵部的官员们早就听说过吉温残酷无情，被引入院后，都违心地认了罪，无人敢违背吉温的意图。很快，这件冤案就被铸成，而检验囚犯时也没有发现其被拷打过的痕迹。

六月二十五日，李隆基下敕书责备兵部前后主持铨选事务的侍郎和吏部掌判选院事务的南曹郎官，并且原谅了他们的过错。

吉温制造恐怖审案环境，并对它巧加利用，其实是心理战术，起到摄人心魄、夺人心志的作用，使人违背意愿，于是铸成冤案。这种办法残酷、卑鄙，有时却是奏效的。这是酷吏、恶吏运用邪恶智谋的一个典例。

399. 张巡坚守雍丘

（巧用草人）

公元756年七月，安史之乱投降了叛军的原雍丘县令令狐潮率兵再攻雍丘（今河南省杞县），包围了唐将张巡。张巡已坚守了雍丘城四十多天，与朝廷的联系断绝。令狐潮得知唐玄宗李隆基已逃往蜀中，就写信招降张巡。张巡手下的六个大将官职不小，不是开府，就是特进，也都劝张巡投降。张巡假装允诺。第二天，张巡在堂上供置唐玄宗的画像，率领将士朝拜，然后把那六个将领带到面前，指责他们不忠不义并杀了他们。从此军心更加坚定。

此时，雍丘城中的箭已经用尽，张巡就命令士兵们用稻草扎成一千多个草人，给它们穿上黑衣服，到夜晚用绳子拴着草人一排排放下城来。令狐潮的军队见有人出城，争相发箭，过了很长时间才知道放下来的是草人。张巡就这样智取敌箭数十万支。

后来，张巡又在夜里用绳子拴着草人放下城去，叛军们见了大笑，知道张巡是故伎重演，放下来的是草人，就不加防备。利用叛军的这种麻痹意识，有一天夜晚，张巡组成五百多人的敢死队，从城上缒下，突袭叛军大营，令狐潮的军队顿时大乱，焚烧了营垒就逃跑了，张巡的军队追杀了十多里才返回。令狐潮兵败，又气又恨，遂又增兵把雍丘城紧紧包围。

张巡采用虚实相乱之策，虚虚实实，巧用草人，智取敌箭，突袭敌营，是智谋在战场上的作用发挥得淋漓尽致的突出一例。并非军人出身的张巡不简单！

400. 李光弼守太原

（以守为攻）

公元757年正月，安史之乱的叛军大将史思明统领几路兵马共十万大军，前来进攻太原（今山西省太原市）。当时，守卫太原的是北都留守、同平章事李光弼，他部下的精兵都已开赴朔方（今宁夏灵武市），剩下的团练兵都是乌合之众，不满一万人。史思明以为太原城唾手可得，想攻下太原后，就立刻进军，直接进攻朔方和河西、陇右。

太原城里的将领们都十分恐惧，商议修理城池抵抗叛军，李光弼说："太原城周长四十里，叛军将至却要大兴劳役，是未见到敌人而先疲困自己。"于是，亲自率领士兵与百姓在城外挖掘壕沟、坚固城池，又让士兵们做了几十万块砖坯，大家都不知道有什么用处。等到叛军在城外进攻，李光弼就让士兵用砖坯加厚城墙，有毁坏的地方立刻修补。

史思明围攻太原一个多月，还没攻下。他就挑选骁勇善战的士兵作为流动作战部队，告诫他们："我攻打城北时，你们就偷偷地到城南去监视；我进攻城东时，你们就到城西去监视，一发现机会，就立即进攻。"但李光弼军令严整，即使叛军没有进攻的地方，巡逻警戒也未曾松懈，因此，叛军无法攻入城内。

李光弼又在军队里征募人才，凡是有一技之长的，都被选出来根据才能任用，做到人尽其才。李光弼得到安边军的三个铸钱的工匠，他们擅长挖掘地道。当叛军士兵在城下仰头辱骂时，李光弼就派人从地道里拉住叫骂人的脚，把他们拉进地道，送到城墙上斩首。从此，叛军士兵走路的时候都低头看着地下。叛军又做了云梯和土山攻城，李光弼挖掘地道迎战，使敌人的那些攀城器具一靠近城墙就都陷入地下。叛军起初攻势猛烈，李光弼就造了大炮，发射大石，一发就能打死二十几个人。叛军被打死的有十分之二三，于是就退到几十步以外安营，更加严密地把城围住。

李光弼还派人假装与叛军相约，定好日期出城投降，叛军很高兴，没有防备。李光弼让士兵们在叛军的军营四周挖地道，用木头支撑。到了约定之日，李光弼率兵站在城上，派遣裨将带领几千人出城，好像投降的样子，叛军都在旁边观看。突然军营中的地陷落了，死了一千多人，叛军惊慌失措乱了阵脚，官军击鼓呼喊乘机进攻，俘虏斩杀叛军数以万计。这时候，恰好安禄山死亡的消息传来了，安庆绪命令史思明回守范阳（今北京市），留下蔡希德等人继续围攻太原。

在敌强我弱、不宜攻敌的情况下，不消极应对、被动挨打，而是积极设法挫败敌人，使自己变被动为主动，这是以守为攻的策略。在这里，李光弼将这种策谋运用得很成功。

401. 张巡死守睢阳

（随机应变）

公元757年正月，安庆绪派手下大将尹子奇率领十三万叛军进攻睢阳（今河南省商丘市）。守城的是唐河南节度副使张巡与睢阳郡守许远，二者联合起来共有六千八百人。叛军发动全部兵力进攻，张巡亲自督战，勉励将士，昼夜苦战，有时候一天里交战二十多次。叛军攻城不下，就乘夜撤退离去。

三月，尹子奇又率领大军前来进攻，屡次被张巡挫败。七月，尹子奇再次征召几万名士兵围攻睢阳。由于长期抵抗叛军，士兵死伤很多，城内只剩下一千六百人，士兵们都因为饥饿、疾病不堪战斗，只能被叛军团团包围。

张巡准备守城的各种器具用来抵抗敌人。叛军制作了云梯，像半边彩虹一样高大，上面可容纳二百精兵，云梯一直推到城墙下，想让士兵跳进城里。张巡就事先在城墙上凿了三个孔洞，等云梯靠近时，从一个洞里伸出一根大木头，顶端安置铁钩，钩住云梯，让它不能退后；又从一个洞里伸出一根木头，顶住云梯，让它不能前进；再从另外一个孔洞伸出一根木头，顶端安置铁笼，里面装着燃烧物去焚烧云梯，云梯从中间被烧断，上面的士兵全被烧死。

叛军又用钩车钩城头上的阁楼，钩车所到之处，阁楼无不崩陷。张巡就在大木头的尾端安置连锁，锁头上安置大铁环，套住叛军的钩车头，然后用皮车拔进城里，截断车上的钩头，而把车放掉。叛军又制作木驴攻城，张巡就熔化铁水浇灌木驴，木驴立刻被销毁。

叛军最后在城西北角用土袋和木柴堆积成阶道，想借此登城。张巡不与争锋，只是在每天夜里派人偷偷地把松明与干草投进阶道里，前后十多天，叛军一点儿没有觉察。张巡乘机派军队出战，命人顺风纵火焚烧阶道，叛军无法救火，经过二十多天大火才熄灭。

张巡的所作所为，都是随机应变，立刻办理。叛军佩服他的智谋，不敢再来进攻，于是在城外挖了三道壕沟，立木栅围城，张巡也在城内挖掘壕沟拒敌。十月初九，因粮尽援绝，将士疲病，睢阳城被叛军攻陷，张巡等将领被俘，因拒不降被杀。张巡临死前，脸不变色，神情如常。

张巡守睢阳，不仅置生死于度外，还能随机应变，想出诸多奇招、妙招，并且立即付诸行动，重创围城叛军。他真称得上是有勇、有谋、有气节的将军。

402. 李光弼赚敌马

（利用天性）

公元759年十月，史思明率领叛军进攻洛阳西北面、黄河北岸的河阳（今河南省孟州市）。

史思明有良马一千多匹，他让士兵每天将它们放出来在黄河南岸的沙洲上放养洗浴，以显示他的骏马多，让唐军看到自己军队的雄厚实力。

面对这种情况，对抗叛军的唐军将领李光弼突然想出了一个办法。他下令把军中的母马都挑选出来，共聚集了五百匹，把这些母马生的马驹都圈在城里。当叛军的良马又来到河对岸炫耀时，李光弼下令把几百匹母马全部放了出去。因为母马思恋子马，一时马叫声嘶鸣不已，叛军的良马看见后，都纷纷渡过黄河向北游去追赶母马。等到叛军发现情况不妙时，叛军的一千多匹良马已经被唐军士卒全部赶入城中。

史思明见此情况，十分愤怒，就在黄河中摆列了数百艘战船，在船队前摆上火船，想要顺流而下烧毁浮桥。李光弼事先预备了数百根百尺长的木杆，用大木头固定撑住其根，把用毡裹的铁叉安装在长杆前端，阻拦并叉住驶来的火船，使火船无法前进，不久，火船就自动烧毁了。然后又用铁叉拦住后来的那些战船，从桥上用炮发射大石块攻击，被击中的船只纷纷沉没，叛军大败而退。

李光弼深知马性并巧妙利用了马的天性，赚了敌人一千多匹良马，做成了这笔无本万利的“生意”，实在令人赞叹！

403. 马燧置顿回纥

（杀鸡儆猴）

公元762年九月，唐代宗李豫派使者到回纥汗国请派军队协助唐朝讨伐叛将史朝义。十月，回纥登里可汗药罗葛移地健在河北县（今山西省平陆县）扎营。二十三日，唐回联军从陕州（今河南省三门峡市）出发，开始向史朝义的军队大规模进攻并收复东都洛阳。后来，史朝义接连败阵，走投无路，只好上吊自杀。

平定史朝义后，回纥登里可汗告辞回国，他的部队在所经过的地方，奸淫烧杀、抢夺劫掠，唐朝地方官府供应的粮食稍不如意，他们就立刻挥刀杀人，没有任何顾忌。陈郑、泽潞节度使李抱玉打算派属下官员负责办理回纥军队沿途的安顿招待之事，可是因为害怕，谁也不敢承担，只有赵城（今山西省洪洞县北）县尉马燧主动请求去办理。

在回纥大军将要到达时，马燧先派人送贵重物品贿赂他们的将领，要求他们约束士兵不得凶暴抢劫，拿到贿赂物品的将领们就留给他一面令旗，说："回纥士兵如果有违犯军令的，你可以自行杀掉他们。"马燧又从监狱中提出几个已被判死刑、等待执行的囚犯，充当自己的左右侍从，他们稍有违令，马燧就大喝一声，立即拖出去斩首。

回纥士兵看到这种情景，你望我，我望你，脸色大变。消息传开后，凡是经过这个地区的回纥军都安安静静，遵守约束。李抱玉对马燧的应变智慧和能力大感惊奇。

前面有县丞严安之画地相戒，解决了使皇帝忧虑的治安问题。这里又有县尉马燧采用创造场景、杀鸡儆猴之策，妥善处理了许多官吏害怕承担的安顿招待回纥军队的事情。他们的聪明智谋是从自己的实践体验中总结出来的，并不是突然拍脑袋得出来的。

404. 段秀实解危机

（告之利害）

公元764年八月，唐汾阳王郭子仪自河中进京朝见。就在这时，泾原节度使上奏说，仆固怀恩招引回纥、吐蕃军队十万即将来犯，京城长安惊骇震动。唐代宗李豫诏命郭子仪率领诸将前往奉天（今陕西省乾县）坐镇。九月二十日，郭子仪听说吐蕃军队逼近邠州（今陕西省彬县）的消息，就派长子朔方兵马使郭晞率军一万余人前往救援。

仆固怀恩与回纥、吐蕃联军进逼奉天，郭子仪大军在奉天西北的乾陵之南构筑营阵。十月八日，仆固、回、吐联军原以为唐军没有戒备，打算发动突袭，忽然见到前有唐军，大为惊骇，不敢进攻，立即撤退。十三日，仆固、回、吐联军抵达邠州，进攻邠州没有成功，二十一日，就渡过泾水逃跑了。

十一月十四日，郭子仪从行营返回京城。郭晞仍留在邠州，放纵部下士兵们掳掠烧杀，横暴凶残。邠宁节度使白孝德极为恼怒，但碍于郭子仪的声威，不敢声张。泾州刺史段秀实自告奋勇请求担任都虞侯（主纠察），白孝德认可。段秀实到任一个月时，郭晞部下的十七名士兵，到街上买酒作乐，用刀刺死卖酒老汉，并砸坏酿酒器具。段秀实派兵逮捕了他们，并将他们斩首，用长矛插着这些人的头，竖在市场门口。

这个情况立刻使郭晞的整个军营闹腾了起来，士兵们都穿上铠甲，准备发动攻击。白孝德吓得要死，急召段秀实问："现在怎么办呢?"段秀实说："没什么了不起的，让我去解决。"白孝德派数十名随从保护他，段秀实谢绝了，只带了一个跛脚的老汉牵马，一直走到郭晞的营门前。这时，披甲的士兵们从里面冲了出来，段秀实却边笑边往里走着，说："杀一个老兵，何必披甲呢！我是戴着我的脑袋来的！"士兵们一时惊愕在那里。

乘这个时机，段秀实开导士兵们："郭常侍（郭晞）有什么对不起你们的？副元帅（郭子仪）又有什么对不起你们的？你们为什么一定要去毁坏郭家呢？"郭晞出来接见，段秀实就责备他说："副元帅功盖天地，应考虑善始善终，如今你放纵士兵为非作歹，他们的行为会导致变乱，变乱一起，定会牵连副元帅。既然变乱由你而引起，郭家的盖世英名，还能剩下多少呢？"

段秀实的话还没说完，郭晞向他拜了两拜说："多亏您用大道理来教导我，指示我不走歪道，您的重恩大德，我怎么敢不听从呢？"回头训斥披甲士兵说："都给我脱下铠甲，回到自己的队伍中去，再敢大声喧闹的，斩首！"当晚，段秀实留在郭晞军营住宿，郭晞一夜未脱衣服，并派警卫彻夜巡逻，保卫段秀实。第二天一早，段秀实和郭晞一同到白孝德那里，郭晞为军纪不严之事检讨致歉，并请求改过。从此，邠州再无士卒闹事。

段秀实先用以静待哗之法，单人匹马且笑且往郭营，送上自己的人头，让杀气腾腾的士兵们感到意外、惊愕。然后段秀实用一番告之以利害的说辞，使郭晞认识到士兵胡闹的严重性和必须严管的必要性，终于解决了一场危机。由此可见，整顿军纪，解决危机，要有胆气，更需智识。

405. 破王童之作乱

（打乱更次）

公元 768 年十二月初九，唐代宗李豫下诏任命邠宁节度使马璘改任泾原节度使，把邠州、宁州、庆州三州，划归朔方（今宁夏回族自治区灵武市）统辖。马璘先去泾州（今甘肃省泾川县）修筑城池，让都虞侯段秀实担任邠州留后。

当初，四镇、北庭的军队（总部设在北庭府，今新疆吉木萨尔县），远来中原，共赴国难，长期滞留异乡，辗转征战，不断迁移。四镇的军队经过汴州、虢州、凤翔，北庭的军队历经怀州、绛州、鄜州，最终到达邠州（今陕西省彬县），辛苦疲劳，刚刚安定下来，忽听又要移防泾州，立刻怨声载道。刀斧兵马使王童之打算反抗，约定十二月二十一日凌晨，大营擂起床鼓号令的时候发难。

但在前一天晚上，有人向段秀实告了密。段秀实就装作没事人一样，召见负责报时的主管人，故意做出因他没有准确报时而大发雷霆的样子，下令每次换更，都必须要来禀报。于是，就在他禀报的时候，段秀实有意延迟数刻时间，本来五更天亮，现在打四更时天已大亮，王童之竟来不及发难。段秀实本打算惩办王童之，但兵变的形迹并不明显，怕大家怀疑他制造冤狱，正犹豫着。恰巧，这时候，告密人又检举："今天夜晚，他们打算纵火焚烧马坊草料，利用众人救火的机会武装作乱。"夜半，马坊果然起火。段秀实下令不准救火，凡在走动的官兵一律站在原地，原来坐着躺着的官兵，仍然继续坐着躺着，各将领各自监视自己的部队，加强戒备。王童之请示救火，被段秀实拒绝。等到天亮，逮捕王童之跟他的同党八人，全部斩首。

然后段秀实下令："凡是最后开拔的，就屠灭全族；凡散布谣言的，就军法惩处。"于是全军顺利移防泾州。

段秀实得知王童之将作乱的消息，镇定自如，因形造势，处理得很有智慧。他先用打乱更次的办法，使作乱者错失时机；后又采取以静待哗之策，使作乱难以进行。就这样，两次作乱的危机都被顺利化解。

406. 杨炎作两税法

（以财计征）

唐朝初年，朝廷征税的办法称作租（田赋）、庸（劳役）、调（捐税）。有田土的就应缴田赋，有人丁的就应服劳役，有户籍的就应缴捐税。在唐玄宗李隆基当政末期，户籍逐渐破坏失散，残留下来的记载大多已与实际不符。到了至德年间，全国战乱，到处征收赋敛，逼迫催促，再也没有一定的标准。征税部门增加了，可是互相之间谁也管不着谁，于是，各自巧立名目，随意增课，旧的没有废除，新的又出台，毫无限度。

在这种情况下，富足人家人丁多，不是当官，就是出家当和尚，都可以免除赋税劳役；贫困人家人丁多，却没有隐瞒逃避的办法，于是富家越发优裕，贫家越发穷苦。征税的官吏们又乘机侵吞，十天半月就征收一次，百姓们无法负担这种苛税，大多数都逃亡流徙成为浮户，仍然留下来的本地百姓不到原来总数的百分之四五。

事情发展到了这种地步，宰相杨炎在公元 780 年建议实行两税法：事先估算州县每年所需开支和应上缴朝廷的数目，然后量出为入，根据这个总数量向治下百姓征收赋税。户口不管是原来定居的，还是流动来的，都以现在居住地登记入册；人口不分成丁、中男，都按贫富状况划分等级；流动经商的人，按所在州县缴纳三十分之一的盈利，使他们与定居民户一同纳税，而不能侥幸获利。定居百姓的赋税，分夏、秋两季征缴。以前实行的租、庸、调和各种杂徭一概免除，而整个征税事务由度支部门全权负责管理。

唐德宗李适采纳了杨炎的建议，于是下令免除百姓以前尚未缴清的赋税，全面实施两税法。

杨炎的两税法将租、庸、调三项内容改革为地税和产税两大类。它把以人丁为本的征税改为按照财产多少征税，既提高了赋税的合理性，也减轻了封建国家对农民的人身控制，是一种历史的进步。后世大多沿袭这种办法。

407. 李忠臣的“救人”

（正话诙说）

公元780年三月，翰林学士、左散骑常侍张涉接受了前任湖南观察使辛京杲的贿赂，事情被发现后，唐德宗李适震怒，打算将张涉依法严惩。

这时候，检校司空（三公之一）、同平章事（实质宰相）、奉朝请（特准参加御前会报）李忠臣劝德宗说：“陛下您贵为天子，而您的老师却因生活贫困而触犯法律，依我看来，这不是您老师的过错。”李适的怒气因此才消了不少，初六这一天，李适将张涉撤职，遣送回原籍。

辛京杲有一次因心中一时怒起，用乱棍打死了一个家仆，有关部门的主管官吏上奏称，按照相关法律，应将辛京杲判以死刑，李适准备依奏处理。这时，李忠臣说：“辛京杲早就该死了！”李适问是何道理，李忠臣说：“辛京杲的父亲、叔父和兄弟们全都为国战死，只有辛京杲一人死里逃生，至今还活着，所以我认为他早就该死了。”

李适听了李忠臣所说的这番话后，动了恻隐之心，只把辛京杲贬为诸王的师父。李忠臣利用机会救人，多半都是采用这种方式。

柏杨先生鄙视李忠臣这种出卖良知人格的行为，并指出他竟因此得到“救人”的好评是传统文化中的一种毒素。但是，李忠臣采用这种正话诙说的方式使帝王改变了念头，收到了“救人”的效果，倒也不失为一种巧智。

408. 刘晏养民为先

（贵籴贱粜）

最初，尚书左仆射刘晏担任吏部尚书，杨炎担任吏部侍郎，刘、杨两人关系很不融洽。后来，杨炎担任了宰相，借口大权应该收归尚书省，让皇帝下诏罢免刘晏担任的转运、租庸、青苗、盐铁使等职务。

公元780年二月，唐德宗李适又听信杨炎的话，以刘晏上奏不符合实际情况为借口，将刘晏降职为忠州（今重庆市忠县）刺史。七月，为迎合杨炎的旨意，荆南节度使庾准诬告刘晏与凤翔尹朱泚通信，信中辞多怨恨和想抗拒朝廷，被李适秘密派出的宦官勒杀在忠州。天下人都觉得刘晏死得冤枉。

刘晏是个理财专家。他认为国家的人口增多，那么赋税的来源就广，因此，他掌管朝廷财赋，以爱护百姓为先。他在各道都设置负责巡视下情的知院官，每隔十天和一个月，都要把该道所属州县降雨量、降雪量以及粮食是丰收还是歉收的各种具体情况上报转运使司。如果是丰收年景，就高价买进粮食；如果是歉收年景，就将库粮低价卖出，或用库粮换取各种日常用品，供应官府所需，或运到粮食丰收的地区卖出。

知院官如发现某一地区有歉收迹象时，就要向转运司事先呈报，说明某月需要免除多少赋税，某月需要多少救济。到时候，刘晏不等州县申报，就已主动上奏核准实施，以解百姓危急，从未错过时机，不会等到百姓已经困苦、流亡、饿死，然后才去赈济。因此，百姓得以安居乐业，户口繁衍增加。

刘晏开始当转运使时，全国户口不超过二百万户，而到刘晏当政的后期，户籍总数已达三百万户；而且凡是刘晏管辖的地方户口都有增加，其他地方的户口却没有增加。他任转运使之初，国家财赋收入每年不过四百万缗；到了他执政的后期，则超过一千万缗。

刘晏改革并推行的贵籴贱粜"常平法"，表面上似乎对官府无利，并需付出一定费用，实则使老百姓避免了粮食太贵或太贱的危害，维护了社会安定，最终保证国家赋税日益增多。这才是一种真正的大智谋！

409. 大计不吝小费

（长远着眼）

刘晏当转运使时，认为长江、汴河、黄河、渭水，水情各不相同，要各自视情况建造合适的运船，培训行船运输人员。刘晏在扬子（今江苏省扬州市南长江渡口）设置十个造船场建造运输船，每造一艘船付给工钱一千缗。

有人认为："造一艘船所花费的钱实际上不到付给他们的一半，这样付钱实在是浪费太多了。"刘晏却说："我不这样认为，要干大事情，本来就不能在小的花费方面太吝啬。凡是干一件事，都要有长远的打算。现在船场才开始设置，做事的人很多，应该先让这些人的私人用度不困窘，那么他们为官家造出来的船才会牢固耐用。如果一开始就同他们在费用方面斤斤计较，那怎能企望他们造出来的船可以长期使用呢？日后一定会有人指责我所付的工钱太多而要减少的，如果付的工价减少一半之内的，还勉强可以维持船的质量水平，如果减少一半以上，那造出来的船就不能运输粮食了。"

过了五十年，有关主管部门果然将造船工价减去一半。到了唐懿宗咸通年间，有关主管部门核算造船工价，照实核给，使造船者除工钱外没有一点儿赚头。于是所造出来的船更加薄脆而容易损坏，果然如刘晏所预言的，漕运于是废止了。

刘晏办事勤勤恳恳，全力以赴，凡事不论轻重缓急，一定在当天处理完毕，绝不留到第二天，后来掌管财赋大权的人没有一个人能赶上他的。

刘晏“论大计不惜小费”，看似浪费了一点儿，实际是从漕运的长远大计考虑的。后来的有关部门实报实销，不留一点儿余地，看似十分节约，结果惜小而碍大，使漕运大计终于废弛。两者孰智孰愚，不是一目了然吗？

410. 屏姬妾待卢杞

（注重细节）

御史中丞卢杞，是卢奕的儿子，他的相貌奇丑无比，脸色深青，但是口才很好。唐德宗李适很喜欢他，公元781年二月十八日，提升他为御史大夫，兼任京畿观察使一职。

这时，汾阳王郭子仪已退休在家，以忘情声色来排遣岁月。郭子仪每次接见宾客，他的姬妾都不离左右。有一天，卢杞到郭子仪那里探视他的病情，郭子仪听说卢杞来了，就把所有的侍妾都支走，一个不准出来，他独自一个人在厅中接待卢杞，并与他谈了很久。卢杞认为郭子仪很重视他，大有知遇之意。

等卢杞告退后，家眷们问郭子仪：“你平日接待客人都不避讳我们在场，为什么今天却要这般慎重？”郭子仪回答说：“你们不知道，卢杞这个人有才干，但心胸狭窄，睚眦必报。长相又难看，半边脸是青的。你们妇道人家最爱笑，没事也笑。如果看见卢杞的半边青脸一定会笑，他就会记恨在心，他一旦得志，你们和我的儿孙就没有一个能活得成的！”

不久，卢杞果然当了宰相。他知道李适为人好猜疑，因而常常以自己怀疑、猜想的事情在德宗面前挑拨是非，离间君臣关系。凡是过去看不起、得罪过他的人，都难免杀身抄家的冤报。只有郭子仪家，即使有人稍有不法之事，卢杞也能曲予保全。

屏退姬妾而专待卢杞，既避免了家人可能引起别人的记恨，又让人有了被重视的感觉，这是郭子仪在细节上的智慧。凭着这种智慧，郭子仪做到了“功盖天下而主不疑，位极人臣而众不疾，穷奢极欲而人不非之”，活到了八十五岁而善终。

411. 李泌孤身入陕

（减轻动静）

公元785年七月，陕虢都兵马使达奚抱晖用毒酒毒死了节度使张劝，自己总揽军务，请求朝廷任命自己为节度使，而且还暗中勾结已背叛唐朝廷的朔方节度使李怀光的部将达奚小俊作为援助。

唐德宗李适对左散骑常侍李泌说：“如果蒲、陕联合抗拒朝廷，就不是一下子所能制服的了。而且达奚抱晖如果占据了陕州，水陆运输都会被阻断。不得不麻烦你亲自去一趟。”初八，德宗任命李泌为陕虢都防御水陆运使，并准备派神策军护送他赴任。李适问李泌：“你需要多少人？”李泌回答说：“陕州（今河南省三门峡市）城三面是悬崖绝壁，如果攻打的话，不知何时才能攻克。请让我单人匹马去那里。”李适考虑再三，终于同意了。

于是，李泌召见从陕州过来上奏的官员及在长安的将领官吏，对他们说：“皇上因陕州、虢州有饥荒，所以不让我出任节度使，而只让我出任水陆运使，想让我监督江淮地区的粮运，去赈济灾民。陕虢行营驻扎在夏县（今山西省夏县），如果达奚抱晖听从调遣，朝廷会让他统领行营；如果有功，就会赐给他节度使旌节。”达奚抱晖探得消息后，稍稍安心了。李泌把情况报告给李适说：“我只是想使陕虢士兵得到粮食，达奚抱晖想得到节度使旌节，那他一定不会害死我。”李适听了称好。十五日，李泌向李适告别，十七日，李适加授李泌为陕虢观察使。

李泌东出潼关以后，鄜坊节度使唐朝臣率步、骑兵三千人奉密旨要护送李泌前往陕州，但被谢绝。李泌把他们打发走后，自己策马飞奔而行。到达目的地的前一天夜晚，李泌留宿在曲沃（今三门峡市西南），将佐们不等达奚抱晖下令就前来迎接。李泌笑着说："我的事情就要成功了。"李泌距离州城还有十五里的时候，达奚抱晖也出来谒见李泌。李泌称赞他代理政事、保全城池的功劳，使达奚抱晖十分高兴。在宾客将佐中有人请李泌屏退他人，说是有事禀告，李泌一概不予理睬，只索取账簿文书，专心整治粮食储备。从此，心里不安的人都安定了下来。

第二天，李泌把达奚抱晖召唤到住宅，告诉他说："我并非爱护你才不杀你的，只是怕以后发生危难的地方，朝廷派遣的将领都不能进去，所以才饶你一命。你立即替我带着灵牌和祭品去祭祀前任节度使张劝，然后去逃生，千万不要进关，自找一个安身之处，再暗中接走一家老小，我保证你不会发生什么麻烦。"达奚小俊率军已抵达边境，听说李泌已入陕州，即率军撤退。

李泌在解决达奚抱晖还未公开叛变的危机中，采用避招风雨的软办法，他缩小目标、孤身东行，减小动静、少生麻烦，不接宾客、专理粮储，当众抚慰、私下忠告，终于消弭了一场危机，稳定了一方局面和人心。

412. 韩滉委任随军

（用人以长）

公元787年二月，镇海节度使、同平章事又兼任江淮转运使的韩滉去世。韩滉长期在浙江东西两道任职，他所任用的下属官吏，都是分别按照他们的长处来选拔委任的，未发生他过用人不当的事情。

曾经有位老朋友的儿子来拜谒韩滉，韩滉考察他的能力，未发现他有任何长处。韩滉带他一同赴宴，直到宴席都结束了，他都没有看一次左右两边的人，也没有与坐在一起的人说过一句话。

几天以后，韩滉就委任他朋友的儿子为随军一职，让他看管仓库的大门。这个人整天在库房门前端正地坐在那儿，库房的官吏和士兵没有人敢随便出入的。

如果都能像韩滉这样用人以长，天下就没有不可用之人。

领导者能发现人的长处并按照人的长处委任相应职事，这是需要见识和智慧的。有了这样的智慧，就能做到“无不得人”。韩滉就是一个榜样！

413. 李泌停胡客供

（一策多全）

天宝年间以来，因为河西（今甘肃省中、西部）、陇右（今青海省东部）一带被吐蕃攻陷，安西（唐方镇名，治所设龟兹，今新疆库车县）、北庭（唐方镇名，治所设北庭府，今新疆吉木萨尔县）来朝廷奏办事情的人，以及西域各地派驻在长安城的使者，由于回去的道路断绝，他们的人员马匹都要依靠鸿胪寺供给，礼宾院又委托京兆府及所属各县供应他们，由度支部门列入预算。由于度支部门经常不能按时拨发，使得长安的商市店铺因这些人不断赊贷不还而负担沉重，达到了无法忍受的程度。

这时已任中书侍郎、同平章事的李泌了解到这些胡族客使在长安城居留时间已很长，有的已达四十余年，而且都已结婚生子，买田置宅，还放高利贷赚钱，活得都很滋润，根本不打算回故乡去了。李泌下令对那些经过核检有田有产的胡人，停发他们的给养。这样总共核检出四千人之多，准备一律停止供给。

这些胡族的客使们都拥到相府申诉此事，要求收回成命。李泌对他们说：“这都是过去那些宰相的过错所造成的，天下哪有外国使节留在京城几十年而不回去的？现在应该向回纥借道，或者从海道打发使者们回国。如果有不愿回国的，应当前往鸿胪寺自行说明，然后授给他们一定的职位，发给相应的薪俸，充当唐朝的臣子。人生应当抓住机会，发展自己，贡献社会，怎么能一辈子作客而死在异国他乡呢？”结果，这些胡族的客使们没有一个人愿意回国的。

于是，李泌将他们分别送到左、右神策军，让有王子和使节身份的，担任无职事的散兵马使或押牙官，其余的人都当士兵。这样一来，禁卫亲军愈发壮大了。最后，鸿胪寺所供应的胡族客使才有十多个人，每年为度支部门节省钱财五十万缗，长安城内的商人们大为欢喜。

李泌果断停发胡客供养之举，实现了一策多全：既节省了财政开支，又壮大了禁卫亲军，还解决了长安商人的沉重负担。李泌这一举三得，显示其不愧为一位有卓见、善智谋的宰相。

414. 孟之周稳邠军

（日飨将士）

公元801年五月二十四日，朔方地区邠、宁、庆三州节度使杨朝晟逝世。杨朝晟病重时，曾召集幕僚们说：“我的病好不了了，按惯例，对朔方军任命主将，多半从本军中挑选。这样虽然符合了大家的心愿，但不合朝廷的规矩。宁州（今甘肃省宁县）刺史刘南金，熟悉军事，最好让他代理行军司马，暂时主持军中大事，等朝廷选派好主帅，一定不会有什么可忧虑的事了。”杨朝晟还亲笔写信给监军宦官刘英倩，刘英倩再奏报朝廷。

军中的将士们私下议论说：“朝廷任命的主帅，我们接受，即使任命刘南金为主帅，我们也接受。可是，如果任命的主帅出自其他军镇的将领，他一定会将他的嫡系部队带过来，那么，我们一定会遭到排斥，所以我们一定要抵制到底。”

五月二十八日，唐德宗李适派宦官到邠州（今陕西省彬县）察看军情，军中多半拥护刘南金担任主帅。三十日，李适再派宦官薛盈珍携带诏书前往宁州。六月三日，薛盈珍抵达邠宁军中，宣读诏书说：“李朝寀率领的军队原本也属朔方军，现在再与邠宁军合而为一，声势会更加雄壮，可威慑塞外戎狄。现任命李朝寀为节度使，刘南金为节度副使，军中将士认为如何？”将领们都表示愿意接受。

六月初五，都虞侯史经向将士们透露说：“李朝寀命令收缴我们的弓箭刀剑，又教我们送两千套铠甲去。”大家说：“李大帅是打算派两千心腹部队到这里。我们的妻儿老小还能保全吗？”当天晚上，将士们去刘南金家，打算推举他为主帅，刘南金关闭军府大门，不让大家进去。将士们又去了兵马使高固家，高固逃跑躲了起来，被大家搜寻了出来。高固对大家说：“如果你们能听我的话，我就答应你们的要求。”大家齐声说：“唯你的命令是从！”高固说：“不要杀人，不要劫财！”大家说：“绝对遵守。”于是，一同晋见监军宦官，请他奏报朝廷。然而将士们想到刘南金已接受朝廷任命，出任节度副使，他一定会阻挠此事，就谎称监军有令，要刘南金商议事情，他一来，大家就把他杀了。

六月初七，朝廷颁下李朝寀的任命，可就在当天，宁州兵变的消息就传到了朝廷，李适连忙收回诏命，又派薛盈珍前往调查。六月十一日，薛盈珍抵达宁州大营，各将领坚决拥护高固，薛盈珍当即以皇帝旨意的名义，宣布高固掌管军中事务。

这时，已经有人将六月初七诏书任命李朝寀的内容传到了邠州，留守在邠州的军队大为困惑，不知道该怎么办，奸邪之人利用军心不稳的机会，准备发动变乱。留后孟之周将精锐甲兵全部安置在府衙的庭院中，每天用丰富的酒肉犒赏将士，对内赢得了大家的欢心，对外阻吓准备闹事的那伙人，邠州军队没有发生变乱，都是由于孟之周的谋略起了作用。六月十八日，李适下诏命高固为邠宁节度使。

面对变乱逼至的局面，孟之周将精锐甲兵集中安置，并对每个人以好酒好肉供飨之。这一谋略的实施，既使将士们乐而安之，又对阴谋作乱者造成巨大威胁，使邠州军队避免发生变乱，最终稳定了邠宁军队。

415. 柳晟两问平忿

（启发自悟）

公元806年十月，唐宪宗李纯任命将作监柳晟为山南西道节度使。柳晟到达汉中（今陕西省汉中市）地区时，讨伐叛将西川节度副使、代理节度使事务刘辟的汉中府兵部队正巧回来了。部队还没有进城，又接到皇帝诏令，要调他们去镇守梓州（今四川省三台县）。将士们又是怨恨，又是愤怒，胁迫监军宦官，眼看要发生兵变。

柳晟听说这事后，快鞭策马，急速进城，安慰犒劳这些将士。停了一会儿，柳晟便问将士们："你们是怎么立了功呀？"将士们回答说："是因为讨伐诛杀了叛将刘辟。"柳晟又说："由于刘辟不肯接受诏令，反抗朝廷，所以让你们有了立功的机会，怎么能又让别的人来讨伐你们而去建立功劳呢？"

将士们听后都向柳晟行礼谢罪，请求按照诏书命令前往戍守之地。军府这样才获得了安宁。

凯旋的将士们，人还未进城，就又要调往他地镇守，肯定心有不满，情绪失常。柳晟的两句问话，采用的是针刺皮球、启其自悟之策，使将士们迅速明白对错，纠正自己错误的行为。

416. 李绛说动李纯

（以利制权）

公元812年八月，魏博节度使田季安去世，他的十一岁的儿子田怀谏被立为节度副使。牙内兵马使田兴被召回，任步射都知兵马使。因为田怀谏年纪太小，军政军务都由他的家奴蒋士则决定。蒋士则多次以自己的好恶调换各将领的职务，引起大家的愤怒。而朝廷对主帅的任命一直没下达，军中将士人心不安。

有一天，田兴早上进入军府，几千名士兵突然喧闹起哄，围着田兴叩头行礼，请求他担任留后（候补节度使）职务。田兴惊惶地扑倒在地，众人仍不肯散去，过了很久，田兴估计难以走脱，便对大家说："你们肯听从我的话吗?"大家都说："愿听从你的号令。"田兴说："不许冒犯副使（田怀谏），遵守朝廷法令，向朝廷申报图籍，请朝廷委派官吏，各位同意我这样做，我才答应担任留后。"大家都说："完全同意!"田兴就杀了蒋士则等十余人，并将田怀谏全家迁出军府居住。

十月十日，魏博监军宦官将上述情况奏报朝廷，唐宪宗李纯连忙召集宰相们前来商议。李吉甫提请皇帝派遣宫中宦官使者前去慰抚，观察事态变化，李绛却说："不能这样做！现在田兴呈献他的属地和军队，坐在那里等待朝廷指令，如果不乘此机会诚心对待他，以隆厚的恩典维系他，而一定要让宫中派出的使者到了那里以后，带回将士们为请求任命田兴为节度使的表章回朝，然后再授予他这一职务，这是恩惠来自下面，而不是出自陛下。这样的话，田兴对朝廷感恩戴德的心意也就比不上现在就将节度使职务授给他。机会一经失去，后悔就来不及了。"李纯最后还是按照惯例，派遣宫中宦官使者张忠顺前往魏博慰问，打算等他回来以后再议定主帅任命事宜。

十月十八日，李绛又对李纯说："朝廷的恩德威信，是丧失还是重建，在此一举。时机千载难逢，为什么随便放弃呢？利害十分明显，请陛下不要迟疑，明天一早就颁布白麻纸诏书，任命田兴为节度使，这样还来得及。”李纯还打算依照惯例，先命田兴为留后，李绛说：“田兴对朝廷如此恭谨顺从，如不对他施行非同寻常的恩典，就不能使他对朝廷有超常的感激。”李纯最终采纳了李绛的主张，十九日，任命田兴为魏博节度使。张忠顺还没有踏上归程，皇帝的诏命就到达了魏州（今河北省大名县）。田兴感谢皇恩，呜咽流泪，全军将士无不欢欣鼓舞。

根据是否有利情况而采取相应行动，称之为以利制权，通俗地说，就是怎么做最有利就怎么去做，不拘泥于成例。李绛劝说李纯，让李纯运用这种办法，对田兴施行非同寻常的恩典，果然达到了使田兴对朝廷超常感激的目的。

417. 公主遣回宫女

（主动解除）

翰林学士独孤郁是前宰相权德舆的女婿。唐宪宗李纯称赞独孤郁才华横溢，叹息地说：“权德舆能找到独孤郁这样的女婿，我怎么就找不到呢?!”在此以前，公主只嫁给皇亲国戚和高官贵爵家的子弟，李纯这才命各宰相在公卿大夫的子弟中遴选温文尔雅且可以担任重要官职的年轻人，征求他们的意见。很多家庭都不愿高攀公主，只有曾任太保的杜佑的孙子司议郎杜悰愿意。

公元814年七月二十三日，李纯擢升杜悰为殿中少监、驸马都尉，娶岐阳公主。八月十九日，两人成婚。岐阳公主品行贤淑，杜家是个大家族，公主的长辈不下几十人，公主对他们都很谦恭、委婉、和善、顺从，就像普通家庭中的媳妇对待自己家人的礼数那样。在之后的二十年时间里，杜家人都挑不出公主一点儿娇贵傲慢的地方。

岐阳公主刚到杜家时，就跟杜悰商量说："父皇赏赐给我们的奴仆婢女，这些人绝对不可能对杜家人服服帖帖、低头听命的，最好上奏陛下，将他们都收回皇宫。我们所用的奴仆都从市场上买那些出身贫贱寒微的人，他们比较听使唤。"这样实行以后，家门之内果然一片平静安宁，听不到争吵的声音。

岐阳公主不仅贤淑，也很有智识，她主动表示遣回皇帝送的宫中奴仆婢女，实行的是主动解除之策，先断绝了容易导致与夫家发生矛盾的重要途径，使得全家得以享受长久、和顺、安宁的生活，也使自己的婚姻更加美满、幸福。岐阳公主的智商和情商都很高！

418. 柳公绰善对答

（强调职责）

公元816年十一月初九，唐宪宗李纯任命给事中柳公绰为京兆尹。柳公绰刚上任前往公府途中，有一个神策军的下级军官策马横冲直撞地闯向柳公绰前面的仪卫。柳公绰停住马，喝令用军棍将此人打死。

第二天，柳公绰前往延英殿朝见，李纯满面怒容，责问柳公绰擅自杀人的情况，柳公绰回答说："陛下不认为我愚昧，让我担任京兆尹。京兆府是京城所在，京兆尹象征京师的尊严，现在我刚刚就任，一个下级军官竟敢如此横冲直撞，这是轻视陛下的诏令，并不只是轻慢了我一个人。我只知道杖打不守规矩礼节的人，不知道他是神策军的军官。"

李纯又问柳公绰："你为什么不上奏呢？"柳公绰回答说："我的职责是应该杖打他，而不是上奏。"李纯接着问："那么，什么人应当上奏呢？"柳公绰回答说："遭受杖打的人所在的军队应该奏报。倘若那人死在街道上，那么金吾卫负责巡逻的御史应该奏报。"李纯扣不上他的罪名，也就无法责罚他。

退朝以后，李纯对身边的侍从们说："你们必须小心对待此人，连朕也畏惧他啊！"

柳公绰对皇帝责问杖杀神策军小将之事，强调是自己的职责所在；对责问为何不上奏、谁人应上奏，强调是有关部门应上奏，而非自己的职责。几句话一答，使得已发怒的皇帝无话可说并心怀惕厉。这就是聪敏智慧回答的效果。

419. 李愬夜袭蔡州

（出敌不意）

公元 816 年十二月，唐宪宗李纯任命太子府詹事李愬为唐、随、邓三州节度使，讨伐淮西叛军首领吴元济。次年三月，李愬来到唐州（今河南省泌阳市），亲自看望将士，抚慰伤病的士兵，不摆主帅威严的架子。他打算袭取蔡州（淮西叛军总部所在，今河南省汝南县），向朝廷上表，请求增加兵力。他得到了归降的士兵，一定亲自询问，因此对敌方地形的远近险易、兵力的虚实布置都了若指掌。

公元 817 年五月，李愬派兵攻打朗山（今河南省确山县），淮西的军队来援救，朝廷的军队吃了败仗，将士们都很怨恨，只有李愬一人高兴地说："这是我的计策！"他又招募敢死将士三千人，亲自加以训练。九月，李愬准备攻打吴房（今河南省遂平县），将领们劝阻说："今天是不利于攻战的往亡日啊。"李愬说："我们兵力太少，不能与敌方正面交战，应采取出其不意的行动。今天是往亡日，敌人不会防备我们，我们正好可乘机进攻。"于是，李愬率军前往，攻克了吴房外城，斩首一千余级。残余的敌军退保里城，不敢出战。李愬就率领兵马撤回，借以诱敌出城。淮西叛将孙献忠果然中计，带领五百名精锐骑兵从背后追击李愬的军队。李愬的将士们惊慌失措，准备逃走，李愬下马坐在胡床上，下令说："谁敢后退就杀谁！"将士们回身与敌拼死作战，斩杀孙献忠，淮西兵马这才撤退。有人劝李愬乘胜攻打吴房里城，说是能够攻克。李愬说："这不是我的计策。"于是他就带领兵马返回营地。

十月十五日，李愬命令三千将士作前锋，三千将士作后卫，自己和监军带三千将士作中军，全军向东进发。晚上，攻克淮西军队盘踞的张柴村后，有关将领询问军队下一步的目标，李愬说："进蔡州城抓住吴元济！"大家都大惊失色，但又都畏惧李愬，不敢违抗命令。到了半夜，雪下得越来越大，军队行军七十里，十六日四更凌晨，李愬来到蔡州城下。到了鸡叫雪停之时，李愬军队已神不知鬼不觉地攻入蔡州城，包围了吴元济的军府，吴元济登上牙城，抵御官军。第二天，官军攻打牙城，吴元济被擒。十八日，李愬用囚车将吴元济送往京城，并向裴度报告。

李愬率军返回文城栅（今河南省遂平县西南），将领们向他请教："开始，您在朗山战败，却不发愁；后来，在吴房取胜了，却不去夺取；冒着大风雪而不肯停止行军，孤军深入敌境却不畏惧，最后终于成功了，请允许我们冒昧地询问其中的缘故。"李愬说："朗山失败，敌人便轻视我们，就会不作防备。如果夺取吴房，吴房的人马便要逃奔蔡州，合力坚守，所以留下它以分散敌军兵力。急风暴雪，天色昏暗，告急烽火无法传递，敌军就不会知道我们的行动。孤军深入，将士们只有拼命战斗，打起仗来自然加倍出力。一般说来，眼光放得远的人就不会顾及近处的事情，考虑大事的人不必知悉琐碎细小的事情。如果因为小胜就沾沾自喜，因为小败就忧虑沮丧，是自己先挫伤了自己，哪里还能建功立业？"大家听了都很服气。

十一月三日，李纯任命李愬为山南东道节度使，封凉国公。

李愬为袭取蔡州，综合运用了多种计谋：朗山战败使的是卑而骄敌；不克吴房使的是分散敌军；雪夜突袭使的是出敌不意；孤军深入敌后是置死后生，终于获得了成功，平定了此次叛乱。

420. 李逢吉会劝谏

（制造台阶）

公元825年正月初七，唐敬宗李湛亲自到京城南郊祭天。回宫后，他登上丹凤楼，下诏大赦天下，改年号为宝历。

这以前，鄠县（今陕西省鄠邑区）县令崔发有一天听到外面大声喧哗吵闹，询问发生了什么事，左右回答说："是皇家五坊（是为皇帝饲养鹰犬的地方）的人在殴打百姓。"崔发大怒，命令将这些人逮捕并拖到厅堂上。当时天已黄昏，过了很久，崔发来询问，才发现他们是出使的宦官。李湛得知后大怒，下令逮捕崔发并将他押在御史台监狱。

发布大赦令那天，崔发与即将被赦免的罪犯都立在丹凤楼下的金鸡杆下，等待赦罪释放。忽然来了有品级的宦官数十人，手执棍棒乱打崔发，打得崔发满脸是血、牙齿脱落、不省人事后才离开。崔发昏迷了很久才慢慢苏醒过来，这时又有宦官跑来要继续打他，御史台的小吏用席子遮挡住了崔发，崔发才幸免再次被打。于是，李湛下令，将崔发重新押回监狱，而释放其余罪犯。

崔发又被押回御史台监狱后，给事中李渤上奏说："县令固然不应该随便拉扯宦官，但宦官也不应该随便殴打御囚，两方面所犯的罪是一样的。然而，县令所犯的罪在大赦之前，宦官所犯的罪在大赦之后。宦官横蛮凶暴竟到了这种程度，若不及早用法律制裁，我担心四方藩镇得知，会对朝廷产生怠慢之心。"谏议大夫张仲方和其他谏官上奏规劝的很多，李湛一概听不进去。

二月十四日，宰相李逢吉等在一个适当的机会，语气和缓地对李湛说："崔发擅自拖扯、羁押宦官，诚然犯了大不敬之罪。但他的娘亲是以前宰相韦贯之的姐姐，快八十多岁了，自从崔发下狱，她因忧愁而得了病。陛下正用孝道治理天下，这件事应该怜悯她。"李湛于是哀怜地说："近来谏官们上奏，只说崔发冤枉，没有说他的大不敬罪，也没有讲到他还有老母。像你这样说，我为什么不赦免他呢!”随即命令宦官赦免崔发的罪，送他回家，又安慰他的母亲。他母亲当着宦官的面，打了崔发四十棒。

李湛当时只有十七岁，是一个任性、好面子的大孩子。李渤给他讲道理，好似对牛弹琴，李逢吉的话既给了他面子，又给他制造了台阶，他自然乐于赶驴下坡了。从这里可见李湛才具平平，而李逢吉十分善于揣摩人心。

421. 裴度失印不急

（沉着应对）

公元826年二月初九，唐敬宗李湛任命裴度为司空、同平章事。一次，裴度在中书门下办公时，左右官吏忽然来向他报告说，官印不见了。当时听到这话的人都大惊失色，裴度却仍然饮酒，神色自如。隔了一会儿，左右官吏又来报告说，大印在原来的地方找到了，裴度好像没有听见，也不说话。

有人问他为什么是这样的态度，裴度说：“大印一时丢失，肯定是有官吏偷了去私盖印制文书。如果追查急了就会把印销毁或扔到池水里，如果不动声色、不去急于追究的话，那印就会回到原来的地方。”众人都叹服他的见识和度量。

四年以后，年届六十六岁的宰相裴度由于年老多病，恳切地递交了辞呈。李湛任命裴度为司徒、平章军国事，让他在疾病减轻一些的时候，三五天到中书省去一次就可以了。

面对失印这样的突发事件，裴度采取以静待哗、沉着应对的处置方法，从结果看，他的处理是非常恰当的。裴度能如此处理，关键在于他的谋识非同一般。

422. 在陕宽至鄂严

（变通行事）

公元831年八月十三日，唐文宗李昂改任陕虢观察使崔郾为鄂岳观察使。

鄂岳之地有山有河，处在百越、巴蜀、荆汉的交会地带，地方上群起为盗的很多，抢劫行人舟船，不论老人儿童，一旦被抓住就全部杀死。崔郾上任后，训练士卒，休整武器，建造战船，追捕讨伐，不到一年，群盗就全部被讨灭。

崔郾在陕虢任职时，为政宽厚仁慈，有时一个月都不鞭打惩罚一个人。但到鄂岳后，却严刑峻法。有人问他是什么原因，崔郾说："陕虢地方土地贫瘠，百姓穷困，我整天安抚都来不及，唯恐惊扰百姓；鄂岳这地方却大不相同，这里地势险要，氏族杂居，夷人习性崇尚强悍狡诈，如果不用重刑，就难以治理。为政者最重要的是要知道变通，说的就是这种情形。"

能审时度势，懂变通行事，具体事情具体对待，不按固定的模式行事，是聪明人的做法。崔郾算得上是这样的聪明人。

423. 杜悰出谋化怨

（感动对方）

公元832年冬，唐文宗李昂任命前任西川节度使李德裕为兵部尚书。

从前，宰相李宗闵与李德裕之间有仇怨。现在，李德裕从西川回京，李昂对待他很亲近敬重，看情形就要任命他为宰相，尽管李宗闵千方百计阻挠，但看来已无法阻止。

京兆尹杜悰是李宗闵的同党，他曾经拜访李宗闵，看到李宗闵神情忧郁，就说："你是不是在担心李德裕？"李宗闵说："是！你有什么办法挽救？"杜悰说："我有一个办法，一定可以化解你们之间的怨恨，只怕你不能采用！"李宗闵说："什么办法？"

杜悰说："李德裕的文学造诣很高，但因不是科第出身，心里常常觉得遗憾，如果能举荐他主持科举考试，他一定会非常高兴。"李宗闵沉默了一会儿，说："再想想别的办法。"杜悰又说："要不然就让他担任御史大夫。"李宗闵说："这个办法倒可行。"

杜悰再三与李宗闵说定后，就到李德裕那里去。李德裕作揖相迎，并说："你怎么想起来看我这闲散之人？"杜悰说："李相公要我转达他对你的致意！"随即把推荐他为御史大夫的事告诉了他。李德裕既惊且喜，感动得淌下眼泪，说："这样的大门官，我这个后进小子哪里担当得起？"一再托杜悰感谢李宗闵。

后来，李宗闵又跟给事中杨虞卿谋划此事，杨虞卿反对，事情就因中途变卦而停止。一个多月后，李昂任命李德裕为宰相。

杜悰出谋让李宗闵用封官许愿的办法，化解李德裕与他的怨恨。这件事情最后没办成，但从当时的情况看，李德裕还是很感激李宗闵的，他们的关系一下亲密了许多。看来，主动采取能感动对方的办法，化解对方的怨恨，能收到事半功倍的效用。

424. 柳公权消外议

（抽薪止沸）

公元833年十一月十六日，唐文宗李昂向翰林学士柳公权询问，外面有些什么议论，柳公权回答："郭旼当了邠宁节度使，大家都感到很疑惑。"

李昂就说："郭旼是尚父郭子仪的侄儿，太皇太后的叔父，做官从来没有什么过失，从金吾卫大将调去当一个小节度使，外面有什么好不满意的？"

柳公权说："不是议论郭旼该不该当节度使，而是听说陛下最近召唤他的两个女儿进宫，不知有没有这回事？"李昂说："有此事，但她们进宫只是参见太皇太后！"

柳公权接着说："外面不知道内幕，都说郭旼是把两个女儿呈献给后宫，所以陛下给他当了节度使。"

李昂低头想了好久，说："那该怎么办呢？"柳公权说："只要从太皇太后住的兴庆宫把她们送回家，外面的议论自然会平息。"当天，太皇太后就派遣中使将郭旼的两个女儿送回家了。

釜底抽薪，釜中烧沸的水就不再翻腾，慢慢降温，直至平息。柳公权为李昂消除外议的办法就是断薪止沸，郭家两女就是"薪"，送回两女，郭旼外调节度使的非议自然止息。处理此类事情，这是明智的办法。

425. 尚婢婢缓兵计

（假装屈服）

吐蕃国鄯州（今青海省乐都区）节度使尚婢婢，世代担任吐蕃宰相。尚婢婢喜好读书，不愿做官，很受国人尊敬。尚婢婢四十多岁了，吐蕃国君彝泰赞普强行征召他镇守鄯州。尚婢婢为人宽厚，沉着稳健而有谋略，训练的士兵无不英勇精悍。

自称宰相的论恐热虽然对外自称是义兵，但实际上是阴谋篡夺国君之位。论恐热猜忌尚婢婢，担心他从后面进攻自己，打算先歼灭尚婢婢的军队。公元843年六月，论恐热大举出兵进攻尚婢婢，旌旗和各种牲畜等绵延达千里之远。到达镇西（今青海省循化县）时，碰到大风雷电，被雷电烧死十几个部将和几百头牲畜。论恐热认为是不祥之兆，心中有所畏惧，于是停留不前。

尚婢婢听说论恐热出师不利后，就对部下说："论恐热这次出兵，把我们看作蝼蛄和蚂蚁，以为可以轻易消灭我们。现在，他遇上了天灾，使他失去了信心而犹豫不决，不敢继续前进，我们不如假装欢迎并屈服他，以促使他退兵，这样他就会更加骄傲而不作防备，然后我们就可以谋划收拾他了。"

于是，尚婢婢就派人送金银绸帛、牛酒前往犒赏论恐热的军队，并写信给论恐热说："您这次大举义兵挽救国家的危难，国内无人敢不服从。您只要派一个甲士送一封简短的信，我怎么敢不服从？何必兴师动众，远道而来？我的本性愚笨，只是爱好读书，已经去世的赞普命我镇守鄯州，我感到自己很不称职，昼夜惶恐不安，只求能退下来安居林下。现在，您如果同意我引退，回到田野去，那是很符合我平生意愿的。"

论恐热接到尚婢婢的信后很高兴，把它拿给部将们看，并说："尚婢婢只知读书，哪里知道用兵打仗之事！等我夺取国家大权，就任命他为宰相，让他坐在家里，也不会有所作为。”于是，他复信给尚婢婢，用好言好语答应了他，随后引兵退走了。尚婢婢得知后，拍着大腿大笑道：“即使我国没有赞普，则应归于大唐，哪里能够侍奉像论恐热这样的鼠犬之辈呢！”

三个月以后，论恐热屯兵大夏川，尚婢婢部将庞结心和莽罗薛吕带领精兵五万人进攻他。论恐热中了埋伏，被庞结心和莽罗薛吕前后夹击打得大败，士兵尸体横卧五十里，淹死者不计其数，只有论恐热单独逃回。

尚婢婢采用假装屈服、假顺其意之策，用一封假情假意的信，以骄敌手，赢得时间。然后，集结精锐，实施突袭，终于打败对手，达到了目的。

426. 韦澳妥处庄吏

（两面兼顾）

公元856年五月二十五日，唐宣宗李忱看到京兆地区长久以来都未治理好，就任命翰林学士、工部侍郎韦澳为京兆尹。韦澳为人公正耿直，到任以后，豪门贵戚都有所收敛。

李忱舅父郑光的庄园里，有一个庄吏非常骄横，横行乡里，多年不向官府交纳租税。韦澳把这个庄吏抓了起来并给他戴上刑具。李忱知道后问韦澳：“你打算如何处理他？”韦澳说：“想依法惩办他。”李忱又问：“可是郑光非常喜欢他，怎么办？”韦澳回答说：“陛下把我从内庭调出去当京兆尹，就是为了清除京城里长久解决不了的弊害，如果郑光的庄吏多年为害，却能够得到宽大而免于处罚，那么陛下所制定的法律只是管制贫穷小民的，臣实在是不敢奉行这样的诏命。”

李忱听后就对韦澳说：“你说的确实不错，但郑光纠缠我没完，你不如狠狠地责打他一顿，只免他一死，可不可以？”韦澳说：“我不敢再不奉陛下的当面诏示，但请允许我继续关押那个庄吏，等到他把欠的租税交足后再释放他。”李忱说：“当然可以，我为舅父郑光的缘故而干预了你依法行事，深感惭愧啊！”

韦澳回到京兆府衙，立即重重责打了郑光的庄吏，并督促他把所欠的数百斛租税缴齐后，才将他交还给郑光。

韦澳既依法行法，让强横的庄吏受到应有的惩罚，又顾及皇帝的面子，给了李忱一个合适的交代，两面兼顾，处置得当。当然，韦澳能够这样做，除了他自身的品质和智慧外，与李忱的宽厚和明达也大有关系。李忱的“大中之治”有其祖李世民之风。

427. 王式平定浙东

（思虑深长）

公元859年十二月，浙江反民首领裘甫屡败官军，势力发展得很快。唐懿宗李漼听从大臣们的建议，任命前安南都护王式为浙东观察使。公元860年四月十五日，浙东观察使王式进入越州（今浙江省绍兴市），政事交接完毕以后，为他的前任郑祗德设置酒宴。十六日，王式在越州远郊为郑祗德饯行，尽欢而回。于是，他开始重申军令，这以后，浙东将士们原来诉说供应不足的不再开口，声称有病的起床了，先前请求调职的也都沉默了。

王式命令各县打开仓库赈济穷苦百姓，有人警告说：“浙东盗贼还未平定，正急需军粮，不可以发放粮食。”王式说：“这不是你们所能了解的了。”有人建议设置烽火台来侦察反民军的远近和人数多少等情况，王式听后只是笑而不作回答；他挑选老弱胆小的士卒，让他们骑着健壮的马匹，配备少量的武器，作为侦察骑兵，部下众人都感到奇怪，但又不敢多问。

五月二十九日，浙东东路军在南陈馆（今浙江省宁海县西南）大破反民军首领裘甫的军队，斩数千人。六月十二日，东路军、南路军在剡县（今浙江省嵊州市）城下完成包围。反民军固守，两军猛烈攻击，经过三天时间八十六次会战，反民军请求投降，官军终于俘虏了裘甫等人，最后平定了浙东。

各将领回到越州，王式大摆酒宴庆功。诸将领请教王式说："我们生长在军旅之中，多次参加战斗，今年终于追随大帅打败了贼人，然而还有一些不明了的地方。敢问：您刚到越州时，军粮正缺，而您却命人将仓库里的粮食拿出来救济灾民，这是为什么？"王式说："这很容易理解，贼人聚粮用来引诱饥民，我给饥民散发粮食，他们就不会去参加盗贼一伙了。况且，各县没有军队，盗贼到来，那些仓库里的粮食正好资助了盗贼。"

将领们又问："那么，您不设烽火台，又是为什么？"王式说："烽火台是为了催促救兵而设的，现在军队都出动了，城内没有兵可以继续调发了，设了烽火台后，只是惊扰百姓，使我军自乱溃败而已。"诸将领又问："您又为什么只挑老弱胆小的士卒去当侦察骑兵，而且只给少量的兵器呢？"王式回答说："如果侦察骑兵选派勇武敢斗的士兵，并配给锋利的武器，那么遇到敌军就可能会不自量力而挺身搏斗，甚至不幸死亡。这样，就没有人回来报告了，那么贼人来了就不知道了。"

众将领听后，都十分佩服，说："这些都是我们的思虑赶不上的。"

由此可见，王式比将领们在看事情上能更深一层、思虑得更长一些。而能够做到这样思虑深长，无疑是谋识高人一筹。

428. 崔安潜治盗贼

（近利诱惑）

公元879年四月，西川节度使崔安潜上任，但他却不追究盗贼横行之事，蜀中人都感到奇怪。崔安潜认为："盗贼如果不是因为受捕盗官吏的包容，就不能有所行动。现在如果严厉查究，那应该受惩罚的人就会太多了，如果一一搜捕，只能徒增纷扰。"

初五，崔安潜从官库中取出一千五百缗钱，分别摆在成都蚕市、药市、杂货七宝市上，在市上挂出告示，说："有能够告发并逮捕一名盗贼的，赏钱五百缗。盗贼不能单独作案，一定会有同伙，如同伙告发，可以赦免他的罪，和平常人一样领赏。"不久，就有一人捕获一名盗贼来到官府领赏，被捕的盗贼不服气对方，说："你和我一同做盗贼有十七年之久，抢到的赃物都是平分，你怎么能捉拿我呢？我跟你同归于尽算了！"

崔安潜对盗贼说："你既然知道我贴出了告示，为什么不先把他捕捉送来？如果是那样的话，他就应该被处死，而你就可得到赏钱了。他既然已比你先走了一步，那你被处死还有什么可说的？"崔安潜立即在盗贼面前命令给捕盗的人赏钱，然后将盗贼押到市上活活剐死，并诛灭他全家。

事情发生后，那些盗贼和他们的同伙之间互相猜忌，感到没有地方可以立足了，当天夜里等不到天亮，就分散逃出本地境界，西川境内再没有一个盗贼了。

崔安潜的治盗术是近利诱惑、以盗治盗。这个办法一时看来还管用，但治不了本、断不了根。所以，它的作用也就很有限了。

429. 郭琪巧计保家

（巧施障眼）

公元880年十二月初五，黄巢起义军攻入长安，唐僖宗李儇逃亡川西，一个多月以后，到达成都。抵达成都后，李儇对西川官兵每人赏钱三缗。宦官田令孜担任行在都指挥处置使后，每有四方贡输而来的金帛，就自作主张颁发和赐予随从李儇南来的中央各军，几乎没有间断的时候，却没有给蜀军发一点儿财物，蜀军对此很有怨言。

公元881年七月二十日，田令孜宴请本土蜀军和外来客军的都头，用金杯饮酒，饮后就把杯子赏给各人，都头们都拜谢后接受了，只有西川黄头军军使郭琪拒绝接受，并要求田令孜减少对将领们的赏赐，把这些财物分赐给蜀军，使蜀军和外来的客军得到的赏赐一样。田令孜假装很重视郭琪，问他曾有过什么功劳，并亲自用另外的酒壶斟了一杯酒给他。郭琪知道酒中有毒，但不得已，只好拜了两拜后把这杯酒喝了下去。回到家后，郭琪杀死一个婢女，喝她的血来解毒，吐出几升黑色的浆液，于是就带领他的部下造反了。

二十一日，郭琪的部属焚烧街坊，劫掠市场，成都城一片混乱。田令孜奉拥李儇保卫东城，紧闭城门，命各军攻击乱军。郭琪收兵回营，西川节度使陈敬瑄命都押牙（大营管理官）安金山带领军队围攻他，郭琪趁夜突围而逃，逃奔到广都（今四川省双流区东南），跟随的士兵都溃散了，到了江边只有厅吏一个人还跟着他。

郭琪对厅吏说："陈公知道我没有罪，但军府已被惊扰，不能不责罚我而使大家安定下来。你侍奉我能够有始有终，我现在就可以报答你了。你带着我的印信和佩剑到陈公那里报告说：'郭琪逃跑到渡口时，我用剑击杀了他，他落入水中，尸体随急流漂走了，只获得他的印信和佩剑呈献给您！'陈公一定会根据你的报告在街上贴出告示、挂出印信和佩剑，以安定人心。这样，你一定会得到优厚的赏赐，我的家人也可得保平安。我由此前往广陵（今江苏省扬州市）投奔淮南节度使高骈，几天过后，你可以私下将我的情况告诉我的家人。”于是，郭琪将印和佩剑解下来交给了厅吏，然后顺流东逃而去。

厅吏依郭琪所言见了陈敬瑄，献上了印信和佩剑，果然，郭琪一家得以赦免。

障眼法是一种应变术，它通过掩人耳目的方式达到逃脱危险、保命全身的目的。郭琪在危急之机，能够从容巧施障眼之策，既逃了命，又保了家，还报答了人，使人不能不佩服其智谋如此精到。

430. 高仁厚平阡能

（反用间谍）

公元882年秋，邛州（今四川省邛崃市）阡能的造反部队势力越来越大，逐渐蔓延到蜀州境内。西川节度使陈敬瑄派遣将领杨行迁等人前往弹压，杨行迁等人却久而无动。陈敬瑄只得改派押牙（大营管理官）高仁厚担任都招讨指挥使，率领五百士兵去代替杨行迁。

高仁厚来到军中，在出发的前一天，有一个卖面条的小贩，从早上到中午，进出营区四次之多，引起了巡逻队的怀疑，巡逻队将他逮捕审讯，果然是阡能派来的间谍。高仁厚下令给他松绑，又温和相待，弄清了这个间谍是被逼迫而来的。高仁厚对他说：“我相信你是这样的，怎么能忍心杀害你呢？我现在就放你回去，解救你的父母妻子，只要你告诉阡能：‘高仁厚明日就发兵，所带士兵只有五百人，没有多少人马。’可是，我救了你们一家人，你也要为我对你们营寨里的人偷偷传话说：‘陈敬瑄大帅怜悯你们都是善良之辈，受贼寇控制，不得已才如此。高仁厚想要拯救你们，为你们洗脱罪责。他来时，你们就要扔掉兵器投降，他会叫人在你们背上写‘归顺’两字，让你回去重操旧业。他想要杀掉的，只是阡能、罗浑擎、句胡僧、罗夫子和韩求那五个人，一定不会牵连老百姓的。”阡能派来的这个间谍答应了，高仁厚就让他回去了。

阡能听说高仁厚快要到了，就派遣罗浑擎在双流的西面设立了五个营寨，在野桥箐一带埋伏了一千多名士兵，以迎战官军。高仁厚刺探到这一情报，就带领士兵将罗浑擎的军营包围了起来，下令不要剿杀，并派遣士兵脱掉军衣，换穿平民服装，士兵偷偷溜进罗军的营中传话，如同那天对那个间谍说的一样。阡能的部众听了非常喜欢，欢呼鼓噪，争先恐后地丢弃盔甲兵器，要求投降，下拜的人多得像高山倾倒一样。高仁厚对这些归降的人都加以安抚劝导，在他们的背上写上“归顺”二字，然后让他们返营，告诉那些还没有投降的人。于是，营寨里剩下的人也都争着跑出来投降。罗浑擎只好越过堑壕，狼狈逃跑，结果被他的部下抓住，押送到了高仁厚那里。

其他地方的造反部众的营寨，高仁厚也分别派遣将领前往招降。高仁厚出兵共六天，五支造反部队全都被平定了。

高仁厚不逼而劝、反用间谍，很快平定了阡能之乱。他的前任只知镇压却久而无功，与之相比，谁智谁能，一目了然。

431. 李克用妻有谋

（善于劝导）

公元 884 年五月十四日，唐雁门节度使李克用到达汴州（今河南省开封市），在城外安营扎寨；驻在城内的宣武节度使朱全忠十分诚恳地请李克用入城，在上源驿下榻。朱全忠为李克用置办酒席招待，准备的音乐、馔食、器具都非常精美、丰盛，礼貌也很周到。

李克用却趁着喝酒、借着酒意，发起酒疯，大发脾气，多有恶语伤人之处，朱全忠的心里愤愤不平。到了傍晚，酒宴结束，李克用的随从们也都喝得大醉。宣武军将领杨彦洪与朱全忠密谋，把马车连起来，用树木做栅栏，堵住主要道路，然后派出军队包围上源驿，攻打李克用，厮杀呼喊的声音顿时惊天动地。李克用已醉，不知道这一切，他的亲兵薛志勤、史敬思等十多人奋力搏斗，扶着李克用翻墙突围，登上尉氏城门，用绳索系在身上吊下去才得以逃脱。监军陈景思等三百余人，都被汴州朱全忠军队杀害。事变中，杨洪彦被朱全忠误认为是雁门军将而射杀。

李克用的妻子刘氏，聪明而又有谋略。李克用身边的人有先从汴州城内逃脱回来的，把汴州城内朱全忠发动变乱一事告诉了她。刘氏听了，不动声色，立即就把他们斩了。她暗中召集军中大将商议，谋划保全军队退却。天快亮时，李克用回到军营，想带兵去攻打朱全忠，刘氏对他说："您现在正在为国家讨伐贼寇，解救东面各路官军的燃眉之急，今天汴州朱全忠一伙人忘恩负义，竟阴谋害您，您应当向朝廷申诉才是。假如您擅自带领军队去攻打他，那么天下人怎么能分清这件事的是非曲直呢！而且朱全忠也就有话可说了。"李克用听从了妻子的话，带领军队离去了。

李克用离开前，写了一封信责备朱全忠。朱全忠回信说："前天晚上的变乱，我实在不知道，是朝廷派遣的使臣与杨洪彦一起谋划的，杨洪彦既然已经服罪处死，只有请您体察原谅了。"

在这件突发事变中，我们可以见到刘氏临危不乱、以静待哗的身姿，以及她能够顾念大局、随机应变、善于劝导的机智。相比她那个借酒发疯、喝得酩酊大醉的丈夫李克用来说，刘氏的见识真是强得太多了。

432. 高仁厚追逃兵

（假人之口）

公元884年三月，唐僖宗李儇颁发诏令，削去东川节度使杨师立的官爵，任命眉州防御使高仁厚为东川节度使留后，率领五千军队进行讨伐，命西川押牙将杨茂言为行军副使。五月十三日，高仁厚驻军德阳（今四川省德阳市）。杨师立派他的部将郑君雄、张士安严守鹿头关进行抵抗。

郑君雄、张士安坚守壁垒，拒不出阵应战，高仁厚说："如果发动进攻，对郑君雄、张士安有利而对我们有害；如果包围了他们，那么他们就会困乏窘迫，而我们能以逸待劳。"于是，就布置了十二个营寨，将东川军坚守的城堡包围了起来。十七日晚上二更时分，郑君雄等人出动精锐部队袭击城北副使的营寨，行军副使杨茂言抵挡不住，率领部众抛下营寨逃跑了，旁边几个营寨的将士看见副使逃走，也跟着一起逃跑了。

东川军队于是集中兵力向南攻击主帅高仁厚的中军。高仁厚听说这件事后，下令把营寨大门打开，点亮火炬照着，亲率士兵在大道两旁埋伏下来。东川军队到达后，看到高仁厚军队的营门大开，不敢进入，调头往回走。高仁厚下令伏兵发起进攻，东川军的人马就崩溃逃跑了。高仁厚的军队一直追到东川军城关下，迫使他们躲进堑壕中，斩杀俘获大量人马而归。

高仁厚考虑到十七日晚上那些抛下营寨逃跑的官兵太多，第二天一旦军法审判，恐怕会杀掉太多人，就暗地里召见孔目官张韶，吩咐他："你赶快派遣'步探子'（军中的谍报人员）率领几十个人分别去追回那些逃跑的官兵，以你的口气告诉他们：'幸好高大帅没有出营，对你们逃走的事情并不知情。你们赶快回营寨，明天早上照常参见他，不用担忧。'"张韶一向有忠厚长者的名声，大家都相信他。所以，到了四更时分，逃走的官兵纷纷回来了。只有杨茂言逃到了张杷（今四川省三台县南），谍报人员才追上了他。高仁厚听到各军营里打更击鼓和平常一样，高兴地说："都回来了。"

第二天早上，各营寨的将领集合参见高仁厚，都以为主帅真的不知道他们出逃的事。坐了好久后，高仁厚对杨茂言说："晚天夜里听说你身先士卒，竟跑到了张杷，有没有这回事?"杨茂言回答说："晚天夜里听到贼寇攻打中军，身边的人说您已经撤离了，我就快马加鞭跟随上去，后来了解到您根本没有离去，所以又回到营寨之中了。"

高仁厚对他说："我与你都是接受皇上的谕令，率领军队讨伐贼寇。假如是我先逃跑，你应当呵斥我下马，就地执行军法，而代行总理军中事宜，然后奏报皇上。如今你抢先逃走，又说谎进行欺骗蒙蔽，按理应当怎么办?"杨茂言拱手作揖说："应当处死。"高仁厚说："是该如此!"高仁厚命令左右将他拿下，斩首正法，各将都吓得双腿发抖。

高仁厚又召来昨夜俘虏的几十名东川士兵，给他们解开绳索并放他们回去。郑君雄等人听到这件事后很害怕，说："高仁厚的法令这样严明，从现在起，咱们的人马不能再出去了!"

高仁厚追逃兵与众不同，采取假人之口的计策，通过将士们都信得过的张韶向逃兵传递一个速归无妨的口信，利用众人侥幸过关的心理，竟然使全部逃兵连夜归了队。高仁厚的智谋确实非同一般。

433. 冯行袭斩孙喜

（戴高帽子）

公元884年，均州（今湖北省丹江口市西北）的造反农民首领孙喜聚集了几千人，筹划攻打均州州城，刺史吕烨不知道怎么办才好。都将冯行袭在汉江南面埋伏了军队，自己乘坐小船过江去迎接孙喜，并对他说："均州城内的百姓能得到像您这样好的长官，没有不拥护的，但你的随从部属太多了，城里百姓们害怕抢劫，心里还在犹豫怀疑。你不如把军队安置在江北，独自和左右亲信轻装过江，由我在前面为你引导，告谕均州城内的人，那么就没有不归顺服从您的人了。"

孙喜认为这样符合情理，便同意了冯行袭的建议。不久，孙喜渡过了汉江，军中官吏们前来迎接拜见，原来埋伏下的军队突然发动攻击，冯行袭亲自向孙喜进攻，将孙喜斩杀，跟随孙喜过来的人也都被杀死，江北的军队望见这一情形都溃散逃亡了。山南东道节度使上疏奏报冯行袭的功劳，皇帝下令任命冯行袭为均州刺史。

均州西南有座长山，正好是襄州、邓州进入蜀地的交通要道，不少盗贼占据了这个地方，掠抢送往成都的贡品赋税，冯行袭带兵去讨伐剿灭了他们，前往蜀地的道路才恢复通行。

冯行袭只是耍了一个小把戏，当面戴高帽，背后设陷阱，说不上很聪明。只是孙喜太蠢，才上当受骗，命丧黄泉。

434. 张全义克河阳

（后发制人）

当初，河阳节度使李罕之和河南尹张全义割臂结盟，彼此相处十分融洽。李罕之很勇敢但没有智谋，性情又贪婪残暴，心中轻视张全义。他听说张全义勤奋节俭，致力于耕种，便嘲笑他说："这个人不过是田里的一介农夫而已！"

张全义听到这话，毫不介意。李罕之多次向张全义索要谷物、布帛，张全义都给了他。于是，李罕之的索要便没有止境，河南府这地方难以满足供给，稍不如他所愿，他就常常用刑具把河南地方的主管官员抓起来押到河阳（今河南省孟州市）责打，河南府的文武官员都愤恨难忍。张全义却安抚说："李大帅所要的东西，怎么能不给？"仍尽力地侍奉他，好像很害怕他的样子，李罕之就更加骄横起来。

李罕之手下人马不耕种庄稼，专门抢劫掠夺搜刮资财，缺粮时以人肉作为粮食。这时，李罕之发动全部人马去攻打绛州（今山西省新绛县），绛州刺史王友遇投降。李罕之又进攻晋州（今山西省临汾市），护国节度使王重盈暗中联合张全义来对付李罕之。于是，张全义暗中发动民兵，晚上，乘着李罕之后方空虚袭击河阳，天亮以后，攻进河阳的南城、北城、中城，李罕之跳过城墙徒步逃走，张全义把他的全家都俘虏了，自己兼任了河阳节度使。

张全义的智谋在于不计较小事，先曲意逢迎，而在关键时刻后发制人，一击必胜。

435. 王建诡计得印

（敲山震虎）

西川节度使留后韦昭度带领各道军队十余万人马，讨伐原西川节度使陈敬瑄，已经三年而不能攻克成都，军队粮食物资的运送供给不上，朝中大臣商议打算停战退兵。公元891年三月二十五日，唐昭宗李晔下诏恢复陈敬瑄的官职爵位。命东川节度使顾彦朗、永平节度使王建率军分别回到各自的镇所梓州、邛州。

王建看到皇上下达休战的诏令，说：“大功就要告成了，为什么还要放弃呢?”就和谋士周庠商量谋划。周庠劝王建请韦昭度回朝，由自己留下来独自夺取成都，占为己有。王建采纳了这个建议，于是上疏说：“陈敬瑄、田令孜罪恶深重，不可赦免，我希望拼命去完成讨伐任务。”韦昭度无法决定，大军因之不能东返京师。王建又游说韦昭度说：“如今，关东（潼关以东）地区的藩镇互相吞并，那才是朝廷的心腹大患啊！您应该早些回朝，跟皇上商讨如何谋划。陈敬瑄不过像一块疥癣之疾，花不了多少时间就可以解决，把他交给我，由我来负责处理。”韦昭度仍然犹豫不决。

四月二十一日，王建暗中指使东川将领唐友通等人在韦昭度的行辕门外抓住了韦昭度的亲信骆保，声称他盗卖军中的粮食，把他剁成了碎块，吞吃下肚。韦昭度听后大为恐惧，马上推说自己生病，把印章、符节交给了王建，并用公文命王建掌管节度使、招抚使、制置使等三使留后的职务，兼任行营招讨使的职务，自己即日东返。

王建亲自将韦昭度送至新都（今四川省新都区），并跪在马前向他举杯敬酒，流泪哭泣，依依惜别。当韦昭度刚出剑门（今四川省剑阁县北剑门关）时，王建就立刻派军队封锁关门，不准东川军进入。韦昭度回到京师，被任命为东都洛阳留守。

王建采用杀鸡儆猴的办法，让人剁杀韦昭度的亲信，以达到敲山震虎的作用，吓得韦昭度连忙交出印信远离祸患，实现由自己掌权的目的。

436. 盖寓别样喻谏

（佯助其怒）

公元895年十二月十三日，唐朝廷封陇西郡王李克用为晋王，命李罕之兼任侍中，命河东大将盖寓兼任容州观察使，李克用的其余部将、佐吏及他们的儿孙都升官晋爵。

李克用个性严厉而急躁，他身边左右侍从稍有一点儿小过失，就会被他立刻处死，没有人敢违抗他。只有盖寓聪明慧黠，能够揣摩他的心意，并用委婉的言辞进行劝说，李克用没有一次不听从的。李克用有时大发雷霆，错误责罚手下将吏，盖寓会假装跟他同样怒不可遏，表面上是给他火上浇油，结果李克用反而常常因此消除了怒气而放过了他们。盖寓如果有所劝谏，一定会拿眼前发生而李克用可能了解的事做比喻，李克用因此对他十分宠爱信任。所辖境内的将领官吏也都依附他，权力几乎和李克用相等了。

朝廷和邻近各道派使节来到河东，无论是赏赐还是馈赠，都是先送给李克用，然后就送给盖寓。朱全忠屡次派人挑拨离间李克用和盖寓的关系，甚至故意制造谣言，称盖寓已取代李克用，李克用听说以后，反而待盖寓更加信任友好了。

盖寓善于揣摩，知道李克用对稍有过失者的一腔怒气不发泄出来，是不会善罢甘休的。所以，李克用火冒三丈时，他不但不劝，反而假装跟他一样发怒，等李克用怒火泄完，事情就有了转机。这也算是一种别样的喻谏智慧吧！

437. 柴再用保光州

（以屈求伸）

公元905年十月初六，唐诸道兵马元帅朱全忠从襄州（今湖北省襄阳市）出发，初七到达枣阳（今湖北省枣阳市），遇到大雨，大军继续前进，自申州（今河南省信阳市）至光州（今河南省潢川县），道路崎岖狭窄，泥泞不堪，人困马乏。天已入冬，寒冷刺骨，可是士卒还没有换上棉衣，很多人都逃亡了。

朱全忠派人告诉光州刺史柴再用："献城投降，我就任命你为蔡州（今河南省汝南县）刺史；不献城归降，我就要屠城！"柴再用严加守备，披甲登城，看见朱全忠后拜伏在地，非常恭敬地说："光州城小兵弱，不值得大王为它动威发怒。大王如果先攻克寿州（今安徽省寿县），我怎么敢不听从命令。"朱全忠在光州城东留驻十天后就走了。

二十三日，朱全忠从光州出发，继续东进，迷失道路一百余里，又遇连绵大雨，等到抵达寿州，寿州军民已经坚壁清野等待着他。朱全忠想要包围寿州城，但因没有树木可以用来修建栅栏，只好退兵驻扎正阳（今安徽省寿县西南）。

十一月初二，朱全忠渡过淮河北返，光州刺史柴再用绕道袭击他的后军，斩首三千级，获得器械粮草数以万计。朱全忠对此行十分后悔，更加烦躁愤怒。

以屈求伸是一种应变智谋，往往是个人处在比较危险的境地时所应用的策略。柴再用的应变术运用得很到位：虽屈却有度，没有放弃原则立场；屈是为了伸，待朱全忠失利北返，就绕道袭击之。那种会屈而不会伸，或曲有余伸不足，都不能归入这种应变术。

438. 周德威败梁军

（相机行事）

公元910年十二月二十五日，唐晋王李存勖率领进攻后梁的军队到达赵州（今河北省赵县），与所属振武节度使周德威会合。二十六日，李存勖率军继续前进，距离柏乡（今河北省柏乡县）三十里，派周德威等率胡人骑兵逼近后梁营寨挑战，后梁军闭门不出。二十七日，又向前推进，距柏乡五里，在野河北扎营，又派胡人骑兵逼近后梁阵地纵马射箭，并且大声辱骂后梁军。

后梁将领韩勍紧率领步兵、骑兵三万人马，分三路追击前来挑战的唐军。后梁军铠甲头盔华丽，光彩夺目，唐军见了，未交战就丧失了士气。周德威对将领李存璋说："后梁军看起来不是真想作战，只是在炫耀军力罢了。不挫败他们的锐气，我军就不能振作起来。"周德威亲自率领精锐骑兵一千多人攻击后梁军的两翼，左冲右突，多次冲进冲出，俘获一百多人，边战边退，一直退到野河，后梁军也退回去了。

周德威对晋王李存勖说："敌人的声势很盛，应当按兵不动来等待他们士气衰退。"李存勖说："我们是孤军远道而来，就是要救别人的危急，镇州、定州和河东三镇军队只不过是乌合之众，只利于速战速决，你却要按兵不动持重求稳，这是什么道理呢？"周德威说："镇州、定州的军队，善于据城防守，不擅长旷野里作战。我晋军仗恃的是骑兵，在平原旷野里作战最为有利，可以纵马奔驰冲击。现在逼近敌人的营寨门，战马难以伸展四足，况且敌众而我寡，难以持久，如果让敌人知道我军的虚实，那就危险了。"李存勖听后不高兴，退入帐中躺在床上，诸将没有人敢说话。

周德威前去谒见监军张承业说："大王继位后，不久前突然打了个大胜仗，现在有点儿轻敌了，不仔细衡量双方力量而想速战速决。现在我们离敌人只有咫尺，两军不过一水之隔罢了。他们如果造桥过来逼近我军，我军就会立刻被消灭。不如退兵到高邑（今河北省高邑县），引诱敌人离开营垒，他们出战时，我们就退回，他们回营，我们就出战，另派轻骑部队抄袭他们输送的粮饷。不过一个多月，打败敌人是无疑的了。”从投降过来的后梁士兵口中证实，后梁军队正在造许多浮桥，李存勖接受了周德威的建议，当天就撤营退保高邑。

最后，唐军打败了后梁军，后梁的龙骧、神捷两军的精兵几乎被全歼，从野河到柏乡，伏尸遍地。

周德威不盲从晋王速战速决的主意，而是从实际出发，相机行事，提出退保高邑、诱敌离营、敌战我退、敌退我战、袭敌粮道的用兵之策，真是难得、可贵！正是有赖于这样的用兵智谋，李存勖终于打败敌军，赢得了胜利。

439. 回马冲移漂标

（急中生智）

公元913年十一月底，后梁任命宁国节度使王景仁为淮南西北行营招讨应接使，率军一万余人，进攻南吴国所属的庐州（今安徽省合肥市）、寿州（今安徽省寿县）。

十二月底，南吴国镇海节度使徐温、平卢节度使朱谨率领将领们抵御后梁军队，两国军队在赵步（今寿县东北）相遇。当时，南吴国兵马还没有完全集结，徐温只率领四千士兵迎战王景仁，因寡不敌众不能抵挡而退败。

王景仁乘胜追击，眼看追到险要的地方，南吴军大惊失色。这时，南吴的左骁卫大将军陈绍挥舞长枪高声疾呼：“引诱敌人深入已经足够了，现在开始反攻！”他掉转马头，冲进后梁军队，他的部众跟着他一起进攻后梁军，后梁军队才开始撤退。事后，徐温拍着陈绍的背说：“若不是你机智勇敢，我们就会陷入困境了。”赏赐给他很多金帛，陈绍全部赏给了部下。

不久，南吴军队集结起来以后，又与后梁军战于霍丘（今安徽省霍邱南），结果后梁军大败，王景仁和几个骑兵走在队伍的后面，南吴军士兵不敢逼近。后梁军队在徒步蹚过淮水南下时，曾经在水浅的地方做了标志，南吴霍丘守将朱景将这些标志放在木头上，把它们漂放到水深的地方去。后梁军战败回逃时，都急于匆匆按照过河时设置的标志涉水渡河，结果被淹死的士兵有一半以上。南吴国人把被淹死的后梁士兵的尸体集中起来，在霍丘封筑成高土冢，以此来炫耀南吴军所取得的胜利。

陈绍急中生智，掉转身子来了个回马冲，就使敌军慌忙撤退；朱景灵机一动，将敌军蹚过河时留下的标志从水浅处移到水深之处，使敌军死亡惨重，小小的一个智谋，有时就是一个闪念，在战争中发挥的作用竟会如此之大！

440. 韩延徽被重用

（慧眼识才）

契丹酋长耶律阿保机自称皇帝，契丹国人称他为天皇王，以他的妻子述律氏为皇后，设置了百官，公元916年，定年号为神册。

述律皇后勇敢决断，反应迅速，又多智慧权变。阿保机每兴师动众，述律皇后都会参与谋划，阿保机曾经穿过沙漠去攻打党项部落（今黄河河套一带），留下述律皇后留守。黄头、臭泊室韦二部落（今内蒙古东北部）趁阿保机不在，联合发动突袭，企图大肆掳掠一番，述律皇后得知此事后，集结武装部队，严阵以待，奋勇迎战，大破二部落联军。由此，述律皇后的英明震动了各少数民族。

燕国国主刘守光晚年力量非常衰困，曾派遣参军韩延徽前往契丹求救，韩延徽拒绝向阿保机叩头，阿保机十分生气，将他扣留，并发配他到野外牧马。

韩延徽是幽州人，很有智谋，也能写文章，述律皇后告诉阿保机："韩延徽能够坚守气节而不屈服，是当今的贤者，怎么能侮辱他，让他去放马呢？应以礼相待而重用他。"阿保机于是召见了韩延徽，并与他谈话，十分投缘，相见恨晚，把他当作主要的智囊参谋人物，一举一动都和他商量。韩延徽这才教导契丹建立政府，创设制度，修筑城郭，规划设立里巷，安置汉人居住，协助他们男婚女嫁，开垦种植荒田。此后，汉人都各自安居乐业，逃亡的人就越来越少。契丹的声威之所以能使北方的各国各部落慑服，韩延徽的功劳很大。

公元917年，南吴王杨隆演派遣使者携带"猛火油"送给阿保机，说："攻城时，用这种油点燃焚烧城楼，如敌人用水来浇它，反而能使火势更大。"阿保机大喜过望，便立即选拔三万骑兵准备攻打幽州。述律皇后笑道："怎么可以为了试验一种油而发起对一国的攻打？"她指着军帐前面的树对阿保机说："这棵树没有了皮，它还能不能活？"阿保机说："当然不能活。"述律皇后说："幽州城也和这种树一样，我们只要派三千骑兵埋伏在城的附近，抢掠它的四围，就好像剥了幽州的皮，城里无粮可吃，用不了几年，他们自然陷入困境，何必如此轻举妄动？"阿保机这才停止了对幽州城的进攻。

柏杨先生认为"猛火油"一节是为了美化述律氏而凭空编造的。但是，她慧眼识才并让阿保机重用韩延徽，使契丹声威日隆，无疑是极有智谋的。述律皇后称得上是一个有勇有谋的女人。

441. 钱传瓘战狼山

（巧用灰沙）

公元919年三月，后梁国主朱友贞下诏，命吴越王钱镠出军讨伐南吴。钱镠命镇海节度副大使钱传瓘为都指挥使，率领五百艘军舰，从东州（今江苏省常州市东南）向南吴进发。南吴派舒州（今安徽省潜山县）刺史彭彦章及裨将陈汾等迎战。两军的舰队在长江相遇，钱传瓘之前就下了命令，每只船舰都要携带草灰、豆子及细沙。

四月八日，两国舰队在狼山（今江苏省南通市南）江面上会战。南吴舰队顺风急驶，钱传瓘率舰躲避，等南吴军舰穿过后，吴越舰队就在后面尾追。南吴舰队回头应战，钱传瓘就下令顺着风势撒扬草灰，使得南吴的水军将士们不能张眼。

等到两国舰队擦身而过、舰舷甲板互相挨近时，钱传瓘又命将士们把细沙撒到自己的舰船上，而把豆子撒到南吴的舰船上，豆子一染上水和血，南吴将士踩到上面，一个个都滑倒了，难以还手作战。

钱传瓘乘势纵火烧敌舰船，南吴彭彦章竭力死战，刀剑折断后就用木棍搏斗，身受数十处创伤，裨将陈汾却按兵不救。彭彦章知道没有希望了，就自杀了。吴越俘虏南吴裨将七十人，格杀士兵一千多人，焚烧敌舰船四百艘。

钱传瓘在狼山之役中，巧妙地利用草灰、豆子和细沙，使这些看似无关痛痒的东西成为削敌优势、挫敌士气、克敌制胜的重要物品，确实很有智谋。

442. “铁枪”三日破敌

（攻敌不备）

公元923年闰四月，后梁国主朱友贞听说郓州（今山东省东平县）失守，十分害怕。宰相敬翔知道后梁已经很危险了，于是把绳子塞在靴子里，进宫求见朱友贞，说：“先帝夺取天下的时候，不认为我敬翔没有才能，无论什么谋划都让我参与。现在敌人的势力更加强大，而陛下不把我的话当回事，我活着也没有什么用了，不如去死。”于是从靴子里取出绳子就要上吊。朱友贞急忙劝阻，并问他有什么话想说。敬翔说："现在的情况十分紧急，不任用王彦章为大将，就无可挽救了。"朱友贞听从了敬翔的建议，任命王彦章担任北面招讨使。

后唐庄宗李存勖听说后，亲自领着亲军驻扎在澶州（今河南省内黄县东南），命令蕃汉马步都虞侯朱守殷坚守德胜城（今河南省濮阳市），并告诫他说："这个王铁枪（王彦章绰号）勇敢果决，他们乘着士卒愤怒激动的气势，一定会突然攻击你，你应该谨慎小心地防守！"朱守殷是李存勖小时候所用的奴仆。

朱友贞召见了王彦章，问他需要多长时间可以击败后唐军，王彦章回答说："三天！"左右大臣们听后都哑然失笑。王彦章率兵出发，用了两天时间就赶到了滑州（今河南省滑县）。五月十八日，王彦章大办筵席，暗中却派人在杨村（今河南省濮阳市西古黄河渡口）准备船只。当天夜里，他命令六百士兵都拿着大斧，船上载着铁匠，备好了鼓风的皮囊和木炭，顺流而下。这时筵席还没有结束，王彦章假装换衣服，出去后就率领几千精兵沿着黄河南岸直奔德胜城。

这时，天下着小雨，朱守殷没有一点儿防备，船上王彦章的士兵将河上的铁链用火烧断，然后用大斧将浮桥砍断，王彦章自己则率领精兵迅速向德胜南城猛攻。浮桥被砍断了，德胜南城也随即被攻破了，共斩杀后唐军数千人，这时距王彦章接受命令刚好三天。

因为浮桥被砍断，身在德胜北城的朱守殷只好用小船载着士兵渡过黄河来援救南城，但已经来不及了。王彦章接着又向位于黄河南岸的潘张、麻家口、景店等后唐军的营寨发起进攻，都一一攻了下来。王彦章的军队一时声威大震。

王彦章正是采用出兵迅速、外弛内张、攻敌不备之策，加上能身先士卒不怕死，终于实现三日破敌的诺言，真正有智有勇！

443. 敬新磨救县令

（谀言戏谏）

后唐庄宗李存勖小时候就喜欢戏曲，所以十分宠爱优伶们，让他们侍奉在左右。他有时候也自己涂上粉墨，和优伶们一起在宫廷里戏耍，来讨刘夫人高兴。

李存勖的艺名叫“李天下”。有一次他在演戏的时候，自己喊自己“李天下、李天下”，一个叫敬新磨的优伶突然上前来打他的耳光，李存勖立即变了脸色，众优伶都感到害怕。这时，敬新磨慢慢地说：“治理天下的人只有一个，您还喊谁呢？”李存勖听了很高兴，赏赐给了他很丰厚的礼物。

李存勖曾经在中牟（今河南省中牟县）打猎，践踏了百姓种的庄稼。中牟县令站在他的马前进谏说：“陛下是老百姓的父母，怎么能够毁坏他们赖以为生的东西呢？您是想让他们饿死以后把尸体扔到山沟里去吗？”李存勖听了十分生气，大声斥责让他离去，并准备杀死他。

敬新磨赶紧追上那个县令，并将他抓回到李存勖的马前，责骂他说：“你当县令，难道不知道我们的天子喜欢打猎吗？你为什么要放任百姓在这儿种地，来妨碍我们的天子驰骋打猎呢？你真的是罪当处死。”随后便请求李存勖把他杀掉。李存勖听了笑一笑，就不再追究了。

一般来说，人们都不喜欢听逆耳直言，而喜欢听顺耳谀言。敬新磨懂得这一点并戏剧化地加以运用，救了县令一命，很是聪明。但是，如果谀言戏谏的情况泛滥起来，就是好事吗？未必！

444. 李守贞败契丹

（善用时机）

公元944年闰十二月，契丹再次大举进扰后晋，扫荡邢（今河北省邢台市）、洺（今河北省永平县东南）、磁（今河北省磁县）三州，劫掠一空，并进入邺都（今河北省大名县）境内。第二年正月，后晋出帝石重贵下诏亲征。

三月初九，后晋顺国节度使、都招讨使杜威等人率领的各路军队在定州（今河北省定州市）会合，经过几次战斗，从俘虏口中得知契丹主耶律德光亲自率领骑兵八万多人正在赶来，杜威等人一听害怕了起来，退保泰州（今河北省保定市）。契丹军很快也到达了泰州，后晋军又退到阳城（今河北省顺平县东南）。

二十七日，后晋军到达白团卫村，埋设木栅，修筑营垒。契丹兵把他们重重包围，并派出军队到营寨后面切断后晋军的粮道。当天夜晚，东北风大起，刮破房屋，摧折树木，后晋军在营内掘井，边掘边塌，人马干渴难忍。到天亮，风刮得更厉害了。耶律德光坐在奚部落特制的大车中，对部众下令说："后晋军队就剩这些了，我们要把他们全部抓住，然后向南夺取大梁（今河南省开封市）！"于是命令契丹铁甲骑兵把后晋军营团团围住，下马拔除木栅鹿角，扫平地面，然后冲入晋军营中，格杀后晋士兵，又顺风纵火，助长声势。

后晋的士兵们见到这种情形都很愤怒，大呼道："都招讨使为什么不出战，让士兵们白白送死！"将领们也都请求出战，杜威说："等风势稍缓，再慢慢看可不可以出战。"这时，马步都监李守贞说："敌兵人多而我们人少，但风沙里看不清谁多谁少，只有奋勇作战的人才能取胜，这风正好是来帮助我们的，如果等风停了，我们这些人就一个都剩不下了。"于是，他便当即大呼："各队人马一起杀敌呀!”又对杜威说:“您擅长守卫,我就率中路军与敌人决一死战了!”马步左右厢都排阵使符彦卿也说:“与其束手就擒,不如以身殉国!”便与张彦泽、药元福及皇甫遇等人带领精锐骑兵出西门进击契丹军队,其他将领也随后杀到。在他们的进攻之下,契丹军队后退了几百步。

符彦卿等人问李守贞:“现在是拉着队伍来回游弋呢,还是一直往前冲杀,直到打胜为止呢?”李守贞说:“形势已经到了这个地步,哪里还有掉转马头的道理?应该长驱直入取得胜利为止!”符彦卿等人又策马冲了过去。这时风势更大,天昏地暗,符彦卿等人率领骑兵一万余人侧攻契丹军阵,喊杀之声震天动地。契丹军队大败而逃,溃败之势有如山崩。李守贞指挥步兵和骑兵同时进攻,追逐败兵二十多里。

善于把握时机,巧于利用机遇,向敌方施以计谋,能产生意料不到的效果。李守贞就是利用风沙里看不清谁多谁少的时机,趁着一片混沌,拼死奋勇出击,终于以少胜多,大败契丹。他运用的正是兵法上的诡道,打得英勇,赢得漂亮!

445. 阚璠接受外任

(因人成事)

杜建徽是前吴越王钱镠的创业功臣,他的孙儿内都监使杜昭达与内牙上统军使阚璠争相贪赃枉法。钱塘富商程昭悦用金钱珍宝结交杜、阚二人,通过两人关系,程昭悦终于接近了权力中心,当上了现吴越王钱弘佐的左右侍从。

程昭悦绝顶聪明,性情狡狯,又工于谄媚,钱弘佐十分欣赏他,对其宠爱程度超过其他将领,阚璠愤愤不平。程昭悦知道后,就前往阚璠处道歉赔罪,阚璠责备他很久,最后说:“我本想把你杀掉,你既然已悔过,我也就不再放在心里。”程昭悦心里恐惧,于是开始谋划除掉阚璠。

阚璠独断专行，又刚愎自用，朝廷中很多官员厌恶他，程昭悦打算把阚璠先贬出朝廷，去当地方官，但又怕他发觉内幕，顶着不去。于是，程昭悦就私下对右统军使胡进思说："我准备任命你及阚璠都各回自己的家乡做长官，你能使阚璠不起疑心吗?"胡进思答应了。

就这样，朝廷任命阚璠为明州（今浙江省宁波市）刺史，胡进思为湖州（今浙江省湖州市）刺史。阚璠大怒说："把我赶出朝廷，是要抛弃我!"胡进思在一旁说："我们这些老兵，能得到一个大州，算幸运的了，应该心满意足了，不去上任，还想什么?"阚璠听了才接受了安排。不久，程昭悦用其他理由，把胡进思留了下来。

后来，程昭悦诬陷阚璠、杜昭达合谋拥奉钱仁俊（钱镠的另一个孙儿）共同叛乱，将他们抓到狱中罗织罪名而定罪。公元945年十一月，阚、杜二人被钱弘佐下诏诛杀。程昭悦终于除掉了阚璠。

心机颇深的程昭悦，先做通与阚璠资历相似又忠厚木讷的胡进思的工作，让胡进思说出了那几句话，使得阚璠无法反驳，只得默认接受外调，到地方任职。程昭悦采用的就是因人成事、假人之口的策略，收到了想要的效果：将阚璠挤出了朝廷，最后除掉了他。

446. 劝阻铸造铁钱

（直陈利害）

公元946年冬天，吴越王钱弘佐考虑铸造铁钱，用来提高军队官兵们的薪饷和奖金。他的弟弟、牙内都虞侯钱弘亿认为不妥当。

钱弘亿劝阻说："铸铁钱有八条害处：新铁钱一发行，旧铜钱都流入邻国，这是第一条；铁钱可在我国使用却不能在他国使用，商人不使用，百货也就不能流通，这是第二条；采铜被严格禁止，百姓还有偷偷铸造的，何况家家都有铁锅，地里有铧犁，私铸犯法的必然增多，这是第三条；闽国因铸造铁钱，引起社会动乱，终于亡国，不值得去效仿，这是第四条；我国国库本来就很充裕，而铸铁钱是自己向外显示我们很穷，这是第五条；官兵的薪俸和赏赐本有常规，无缘无故加以提高，会诱发他们贪得无厌之心，这是第六条；一旦钱法改变，酿成弊端，不可能马上恢复旧规，这是第七条；'钱'是国姓，改动是不吉祥的，这是第八条。"

钱弘佐听了弟弟的劝阻，停止了铸铁钱的行动。

钱弘亿采取直陈利害的方法，列举铸造铁钱的弊端，使钱弘佐领悟到了如仍坚持铸铁钱，将会严重损害本国自身的利益，于是幡然而止，应是明智之举。

447. 郭威围困河中

（以静制动）

自从河中、永兴、凤翔三处藩镇抗拒后汉朝廷以来，朝廷连续派出多路军队进行讨伐。但是，从春到秋，这些讨伐的军队都互相观望而不肯进攻作战。后汉隐帝刘承祐为此忧虑，打算派朝廷重臣临阵督战，公元 948 年八月初六，命郭威为西面军前招慰安抚使，各路人马都归郭威节制。

郭威将要上路时，向太师冯道请教良策。冯道说："（已反叛朝廷，自称秦王）李守贞自认为是沙场老将，深受士卒们拥护。望您不要吝惜官家的财物，对士卒应大肆赏赐，这样就夺走了他所倚仗的优势了。"郭威听从了冯道的这条计策。自此，众人之心开始归附郭威。

郭威指挥各将领从三路进攻李守贞所在的河中（今山西省永济市）城，八月二十三日，后汉军队兵临河中城下。李守贞在城上看到后，大惊失色。众将领想赶快攻城，郭威说："李守贞是前朝（后晋）有经验的老将，勇猛善斗，慷慨好施，屡次建立战功。况且河中城临黄河，城楼护墙完好坚固，不容轻视。况且他凭城高而战，我们向上仰攻，这和领着士兵去赴汤蹈火有什么不同？勇气有盛有衰，进攻有缓有急，时机有宜与不宜，事情有优先与延后；不如筑起长墙，将他们团团围住，使他上天无路，入地无门。而我们守在外面，清洗武器，放牧战马，坐吃转运而来的粮食，做到温饱有余。等城中粮食吃完了，公私资源全部枯竭了，然后一面使用云梯冲车进攻城门，一面传播朝廷文告，招降他们。城里的将士们势必会各自脱身逃命，就是父子都难以照顾，更何况是乌合之众!"

于是，郭威征调各州民夫两万余人，命令白文珂等人率领军队，挖掘深壕，修筑长墙，互相连接，排列军队，把河中城团团围住。郭威又对将领们说："李守贞以前畏惧高祖（刘知远）不敢嚣张；因为我们从太原崛起，功业不显赫，他就有轻视我们之心，所以才敢反叛，我们正应该以静制动来应对。"于是，下令收藏起军旗，不再擂鼓，只沿黄河设置烽火台传递军情，连绵几十里，派士兵轮班守卫；派水军船只沿河巡逻，城内有偷渡的人，无一不抓获，这样，李守贞就成了网中之物了。

第二年七月十三日，郭威攻克河中外城，李守贞退守内城。二十一日，李守贞跟他的妻子及儿子李崇勋等，纵火自焚而死。

郭威依据敌情我情来判明攻与不攻的利害得失，没有简单地去有地就争、有城就攻，而是采用了"城有所不攻"的策略。以静制动，将河中城团团围住，围得水泄不通。经过将近一年的努力，终获成功。

448. 不立碑瓦棺殓

（叮嘱薄葬）

公元952年五月，南唐以司徒名义退休的李建勋去世。临死前，李建勋告诫他的家人说："世道到了如此地步，我能够正常死亡，已经是很幸运的了！千万不要替我起坟，也不要为我立碑，安葬以后，任由农家在坟上耕种，免得以后成为别人盗挖我坟墓的标志。"后来，南唐灭亡，各权贵人家高大的墓冢没有不被发掘的，只有李建勋的墓没有人知道在哪里。

后周太祖郭威屡次告诫他儿子晋王郭荣说："从前，我西征的时候，看到关中唐朝十八座皇陵没有不被发掘的，这中间没有别的政治原因，只是其中埋藏了太多的金银璧玉罢了。我死了之后，一定要给我穿上纸做的衣服，用瓦棺收殓我，马上入土安葬，不要久留宫中；墓穴不要用石头，只用砖砌就行；工匠民夫都要出钱雇佣，不要骚扰百姓，埋葬完毕，招募靠近陵墓的百姓三十家，免除他们的赋税差役，让他们负责洒扫照顾。不要修建地下宫室，不要设置守陵宫女，不要造石羊、石虎、石人、石马，只要在墓前立一块石碑，上面写道：'后周天子平生俭朴节约，遗嘱用纸衣、瓦棺，继任天子不敢违背。'你如果不照我的意思去做，我地下有知，绝不保佑你。"

公元954年正月十七日，郭威逝世，晋王郭荣继位。

李建勋和郭威死前叮嘱薄葬，那是阅尽人间沧桑而得出的智慧总结。道理并不高深，但要真正实行，只有具备了较高智慧的明智之人才能做到。否则，为什么从古至今，有那么多人死后墓碑越立越高大、葬礼越办越隆重呢？

449. 斩望风而逃者

（严执军法）

公元954年三月十九日，后周军与后汉军在巴公原（今山西省晋城市东北）会战。后汉主刘崇率中军列阵，武宁节度使张元徽军在左翼，契丹派出的武定节度使、政事令杨衮军在右翼，威严整齐。周世宗郭荣命令义成节度使白重赞与侍卫马步都虞侯李重进率军列阵左（西）翼，马军都指挥使、宁江节度使樊爱能与步军都指挥使、清淮节度使何徽率军列阵右（东）翼，宣徽使向训与郑州防御使率精锐骑兵居中央。殿前都指挥使张永德则率禁军保护郭荣亲临沙场督战。

刘崇得知后周郭荣亲临战阵，便嘉奖重赏张元徽，催他乘胜进兵。张元徽前往攻阵，坐骑摔倒，被后周士兵所杀，张元徽是后汉猛将，后汉军因而大失士气。这时，南风越刮越大，后周军顺风奋勇争先，后汉军逆风迎敌，大败。刘崇亲自举起红旗收兵，仍不能制止溃逃。右翼杨衮害怕后周军的英勇，不敢救援，而且记恨不久前刘崇的大话，只保全契丹军平安撤退。

这时，后周军樊爱能、何徽突然领着数千骑兵向南逃奔，右翼军溃散，还箭上弦，刀出鞘，抢掠本军供应前方军用的辎重物资的车辆，护送运输的后勤部队官兵差役四处逃命。郭荣派亲信和侍卫亲军军官前往制止，没人肯听令，有的使者还被杀死。樊爱能还劝正率军北上的刘词停止行动，被刘词拒绝，刘词率领继续士兵进发。此时，后汉军还有一万多人，凭着山涧为障碍而布阵。傍晚，刘词赶到，与友军联合进攻，又大败后汉军，后周军一直追击到高平（今山西省高平市），后汉军士兵的尸体填满山谷，丢弃的御用物品及军用物资、武器、家畜，不计其数。樊爱能等听到前线大捷的消息，才率领士兵们渐渐北返，也有的到第二天天亮还回不来的。

郭荣打算斩樊爱能等以整肃军纪，但一直犹豫不决。二十五日，郭荣躺在行宫锦帐里的床上休息，张永德在旁侍候。郭荣就此事询问他，张永德回答说："樊爱能这些人，从未立过大功，却侥幸受到重任，一见敌人，就先逃走，即令处死，也抵不了他应负的责任。而且，陛下正打算削平群雄，统一天下，如果军法不能严厉执行，虽有勇猛的将领、百万大军，又怎么能为陛下所用呢？"郭荣听了，跳了起来，把枕头掷到地下，大声称好。

郭荣立即下令，逮捕樊爱能、何徽及他们部队中军使以上的军官七十余人，斥责他们说："你们都是历经几朝的老将，不是不能打仗；这次望风而逃，没有别的原因，正是想把我当作奇货珍宝，卖给刘崇而已。"随即将他们全部斩首。因何徽先前守卫晋州立过大功，本打算饶他一死，但考虑了一会儿，认为军法不可废弃，也将他一并正法，但赐给棺材，送回故乡安葬。

自此之后，骄兵悍将才知道军法严厉，有所畏惧，姑息养奸的政令不再通行了。

郭荣痛下决心，以严执军纪之名，杀了临敌望风而逃又抢掠本军物资的樊爱能一伙人，无疑是英明之举、有智之为。否则，军人就会成为一帮无法无天的匪徒，只会祸国殃民。

450. 只求精不求多

（精简缩编）

公元954年十月初八，后周撤销安远军、永清军。

当初，宫禁警卫官兵，历代相承，只求息事宁人，得过且过，不但没有魄力整编精简，反而唯恐激起事变，因此，皇家禁军几乎全是老弱残兵，又骄横懒散，根本不能作战。每遇敌人，不是逃跑，就是投降，历代国破家亡，大多是由于这个缘故。世宗郭荣经过高平之役，方才知道这种严重积弊。

十月二十二日，郭荣对侍从大臣说："大凡军队只求精而不求多，如今用一百个农夫也未必能供养得起一名带甲的士兵，为什么要榨取百姓的血汗去供养一批没用的东西呢？况且，老幼强弱不分，勇敢懦怯无别，用什么去激励士兵？"于是下令各军精简缩编。

按照此令，健壮的士兵升到上军，老弱的一律淘汰。又因为骁勇战士大都被各藩镇所网罗收养，郭荣又下诏招募天下勇士，由地方送到京城开封，命时任殿前都虞侯的赵匡胤挑选，将其中最强壮的组成殿前各路亲军。其余骑兵、步兵各军，也命将帅分别挑选。自此以后，禁军兵强马壮，同时期没一个朝代可以比得上的，四方征战，所到之处捷报频传。这就是挑将选兵的效果。

郭荣经过高平之役，深知禁军严重积弊，下决心精简缩编禁军，只求精不求多，无疑极为睿智，结果是富有成效的。可惜的是，郭荣五年后英年早逝，结果这支精简后兵强马壮的禁军，成了为赵匡胤织的嫁衣裳。

451. 郭荣敬重王朴

（适时任才）

公元955年，后周世宗郭荣对宰相们说："我常常思考如何才能治理好国家的方略，都得不到要领，即使睡觉吃饭的时候也念念不忘。自后唐、后晋以来，吴地、蜀地、幽州、并州等地区，分别跟中原隔绝，不能统一。应该命左右朝臣撰写《为君难为臣不易论》和《开边策》各一篇，我将一一阅览。"

比部郎中王朴进献的策文中说："进用贤人，斥退庸人，是收揽人才的办法；推恩施惠，诚心相待，是团结人心的办法；奖赏功劳，惩罚罪过，是鼓励尽忠效力的办法；革除奢侈，厉行节约，是使国家富足的办法；适时征调劳役，减少田赋捐税，是藏富于民的办法。等到群贤毕集，政治理顺，财用充足，士民归附，然后妥善加以运作，任何巨大的勋业，没有不成功的。”并提出先平定长江以北，再图江南、岭南、巴蜀，最后夺取燕地和河东的谋略。

郭荣高兴地接受了王朴的建议，当时，文武百官大多墨守成规、得过且过，所提意见很少有可取的，只有王朴意气焕发，有谋略能决断，所做的规划设计都符合郭荣的心意。郭荣因此看重王朴的气质胆识。不久，擢升王朴为左谏议大夫，知开封府事。公元957年八月，郭荣又命枢密副使、户部侍郎王朴，摄理太保，升任枢密使。十月，又命王朴为东京（开封府）留守，全权处理军国大事。

公元959年三月十五日，枢密使王朴英年早逝。郭荣亲往灵堂祭悼，用玉斧砍地，几次放声大哭，不能自制。王朴性情刚强而敏锐，智谋韬略超过常人，郭荣因此十分痛惜他。王朴去世三个月后，六月十九日，郭荣病逝，时年39岁。

郭荣重视人才，敬重王朴，适时任才，并对文武人才一视同仁，显示了一位英明统御者的气度和智慧。所以，后周在他统治的五年半时间里，开疆拓土，所向无敌，气象渐新。

452. 单人匹马释纠

（主动解脱）

殿前都指挥使张永德是后周世宗郭荣的妹夫，侍卫亲军都指挥使李重进是郭荣的表兄弟，两人都不喜欢对方，关系不和。张永德秘密检举李重进有外心，郭荣不相信。当时，两人都手握重兵，众人心里都很担忧恐惧。

有一天，李重进单人匹马来到张永德的大营，从容不迫地欢宴饮酒，对张永德说：“你我二人，都因为是皇亲国戚的缘故，很侥幸地升到了将帅高位，为什么要相互猜忌排斥到如此严重的地步呢?”张永德这才消除了对李重进的敌意，人心也就安定了下来。

南唐国主李璟得到李重进被怀疑而引起后周人心不稳的消息，就在蜡丸内藏书信，传送给李重进，用高官厚禄进行引诱，信中都是毁谤、伤害郭荣和挑拨离间的话。李重进把此信奏报给了朝廷。

当危机的起因与自己密切相关、旁人又难以帮助转圜时，运用主动解脱的办法，是摆脱危机和困境的有效应变之术。李重进采用的就是这种办法，应该说很有勇气、很睿智，效果也不错。